银川市人民政府 主办
银川市统计局
国家统计局银川调查队 编

2018 银川统计年鉴

YINCHUAN STATISTICAL YEARBOOK

中国统计出版社
China Statistics Press

图书在版编目（CIP）数据

银川统计年鉴.2018/银川市统计局,国家统计局银川调查队编.
--北京:中国统计出版社,2018.9
ISBN 978-7-5037-8579-5
Ⅰ.①银… Ⅱ.①银… ②国… Ⅲ.①统计资料－银川－2018－年鉴 Ⅳ.①C832.431-54
中国版本图书馆CIP数据核字(2018)第178126号

银川统计年鉴-2018

作　者/ 银川市统计局 国家统计局银川调查队
责任编辑/ 陈越月
装帧设计/ 张　兰
出版发行/ 中国统计出版社
地　址/ 北京市丰台区西三环南路甲6号 邮政编码/100073
电　话/ 邮购（010）63376909 书店（010）68783171
网　址/ http://csp.stats.gov.cn
印　刷/ 银川金利丰彩色印刷有限责任公司
经　销/ 新华书店
开　本/ 890mm×1240mm 1/16
字　数/ 1250千字
印　张/ 41.5
版　别/ 2018年12月第1版
版　次/ 2018年12月第1次印刷
定　价/ 300元

如有印装差错，由本社发行部调换。

《银川统计年鉴—2018》编辑委员会

《银川统计年鉴—2018》编辑部

编辑说明

一、《银川统计年鉴—2018》是一部全面反映银川市经济和社会发展状况的综合性统计资料年刊。本书收录了银川市2017年经济和社会发展等方面的统计数据以及历史重要年份的全市主要统计数据，它是认识和研究银川市情、交流社会信息、制定政策、指导工作不可缺少的重要工具，也是国内外了解银川的主要窗口。

二、本年鉴内容分特载、统计资料、附记三个部分。统计资料有15个部分组成，即：1.综合；2.人口及劳动力；3.农业；4；工业；5.能源；6.固定资产投资；7.建筑业；8.交通运输与邮电；9.内贸、外贸和旅游；10.财政金融保险；11.人民生活和物价；12.城市公用事业；13.教育、科学、文化；14.卫生、体育、民政、司法及其他；15.全区分市县资料。为便于读者使用，每部分都附有主要统计指标解释。

三、本年鉴的统计范围均为“地区”口径，含三区两县一市，包括行政区划内中央、自治区属在银单位的统计资料内容，为地域统计。

四、《银川统计年鉴—2018》是在市委、市政府和编委会领导以及各供稿单位的关心和大力支持下完成，在此谨致以诚挚的谢意！竭诚欢迎广大读者对年鉴的不足之处给予批评和指正，帮助我们进一步提高编辑水平。

编者

2018年12月

主要年份银川市地区生产总值（亿元）

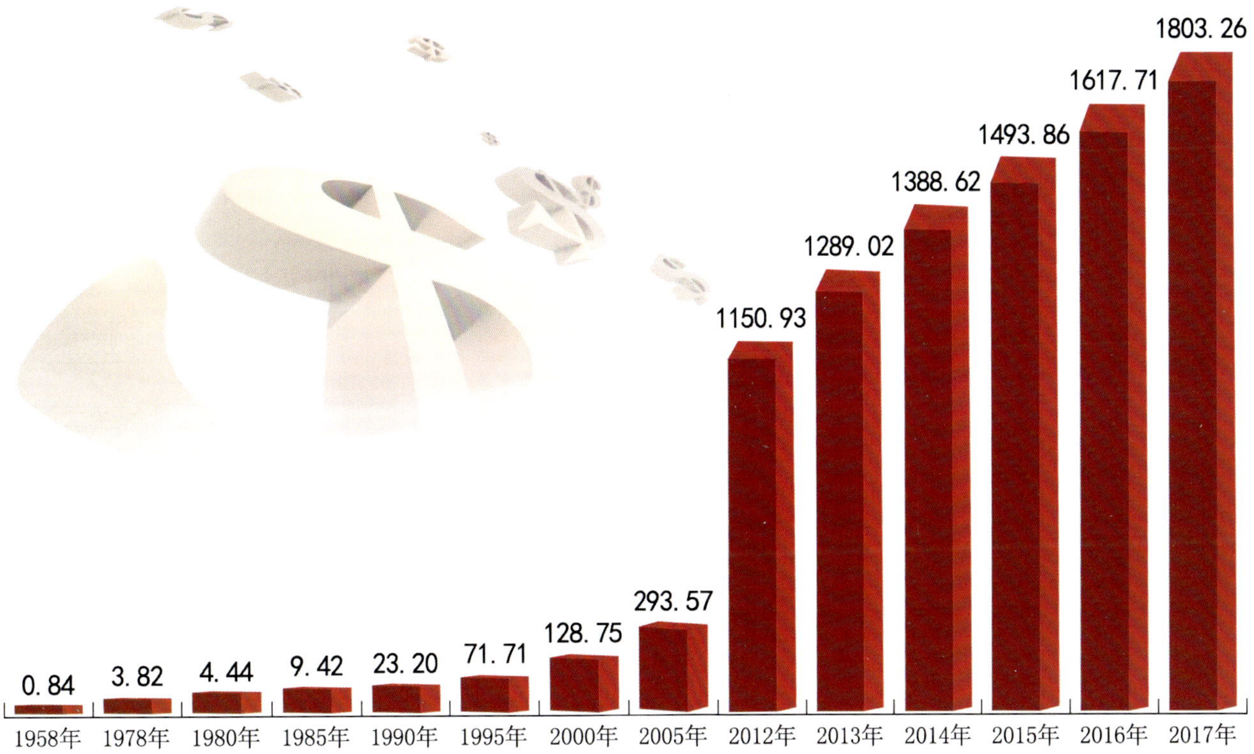

主要年份银川市人均地区生产总值（元）

主要年份银川市地区生产总值构成（%）

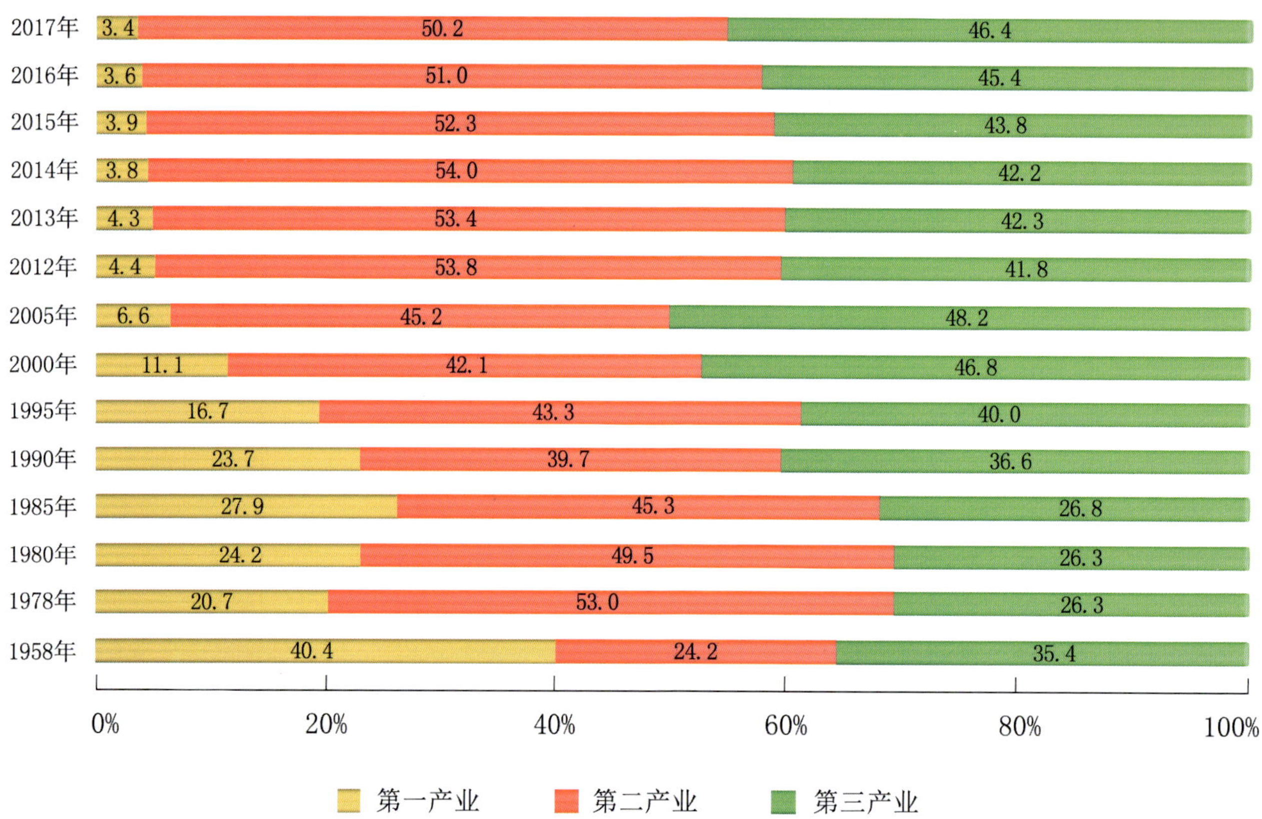

主要年份银川市全社会固定资产投资额（亿元）

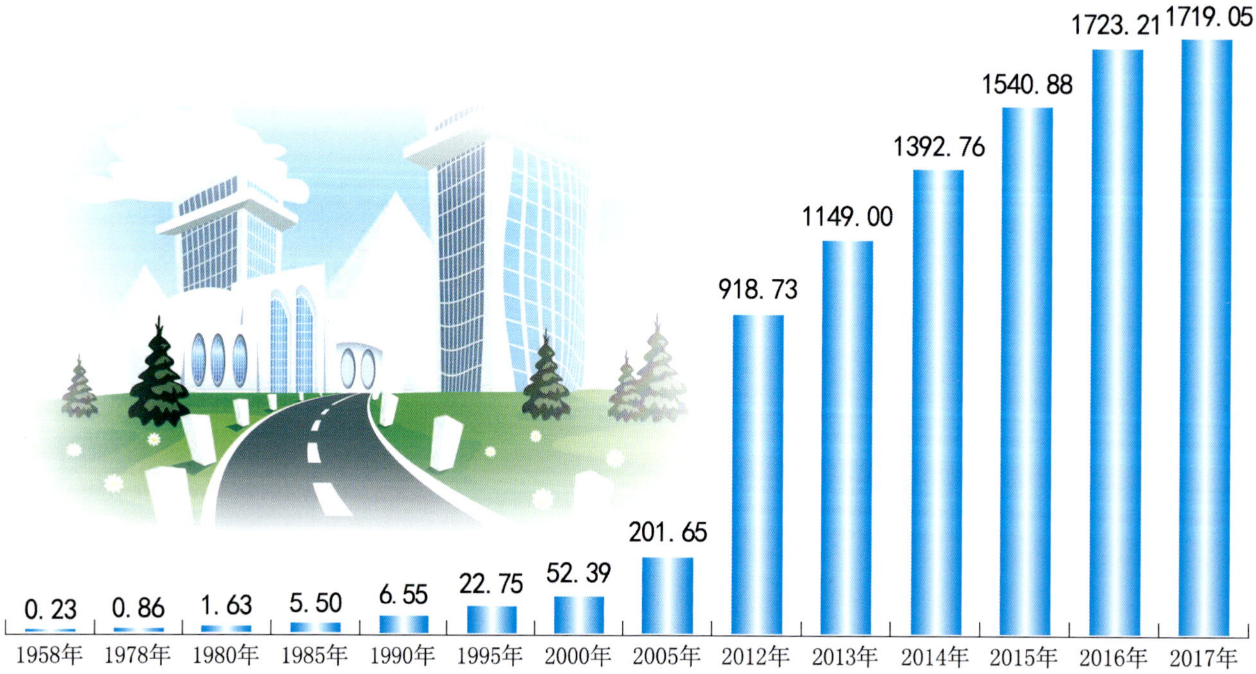

主要年份银川市社会消费品零售总额（亿元）

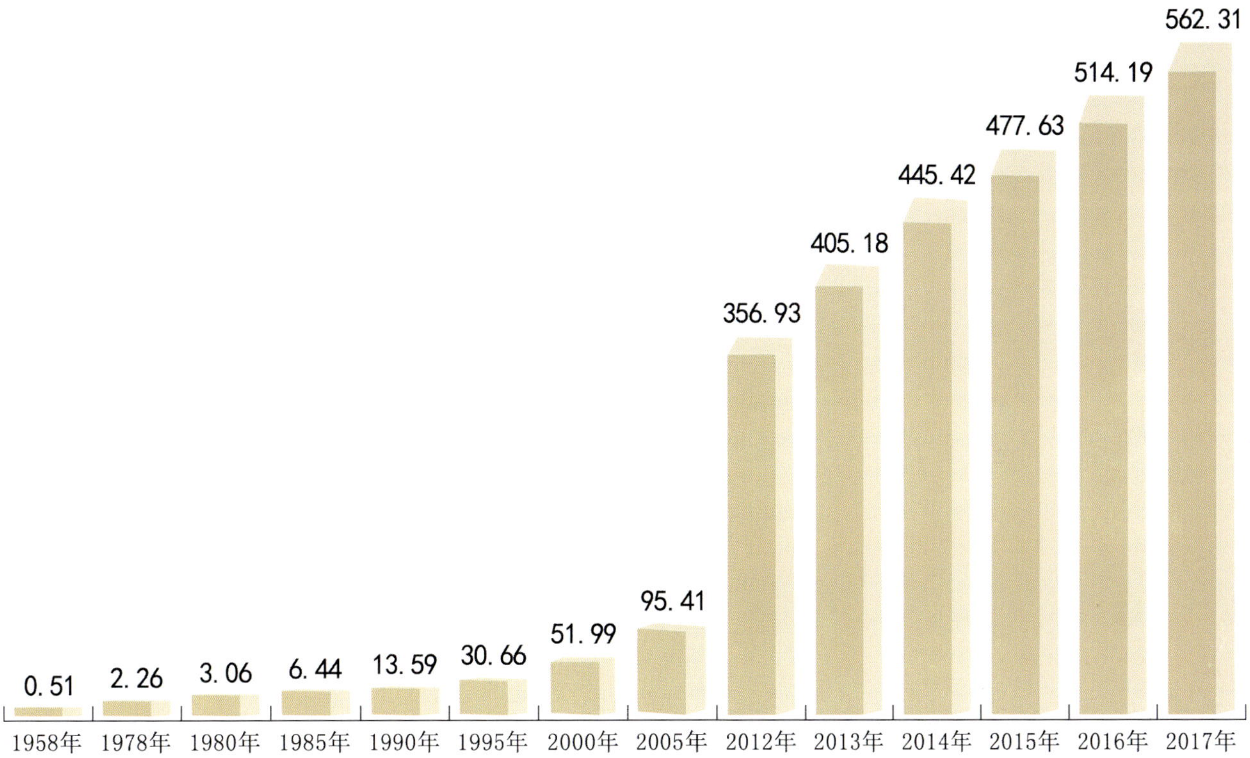

主要年份银川市地方财政收入、支出（亿元）

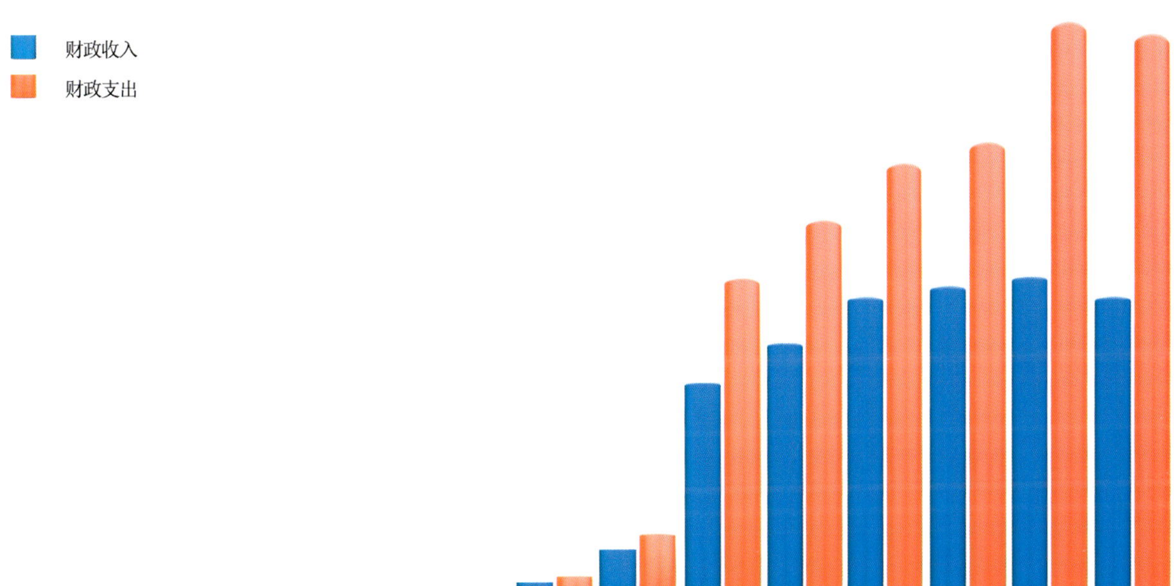

	1958年	1978年	1980年	1985年	1990年	1995年	2000年	2005年	2012年	2013年	2014年	2015年	2016年	2017年
财政收入	0.08	0.73	0.39	1.32	2.30	2.64	9.50	24.93	187.31	223.29	251.73	243.83	227.62	224.50
财政支出	0.10	0.68	0.67	1.22	2.24	4.30	12.38	34.36	267.23	307.78	368.56	371.81	397.04	392.49

主要年份银川市镇居民人均可支配收入（元）

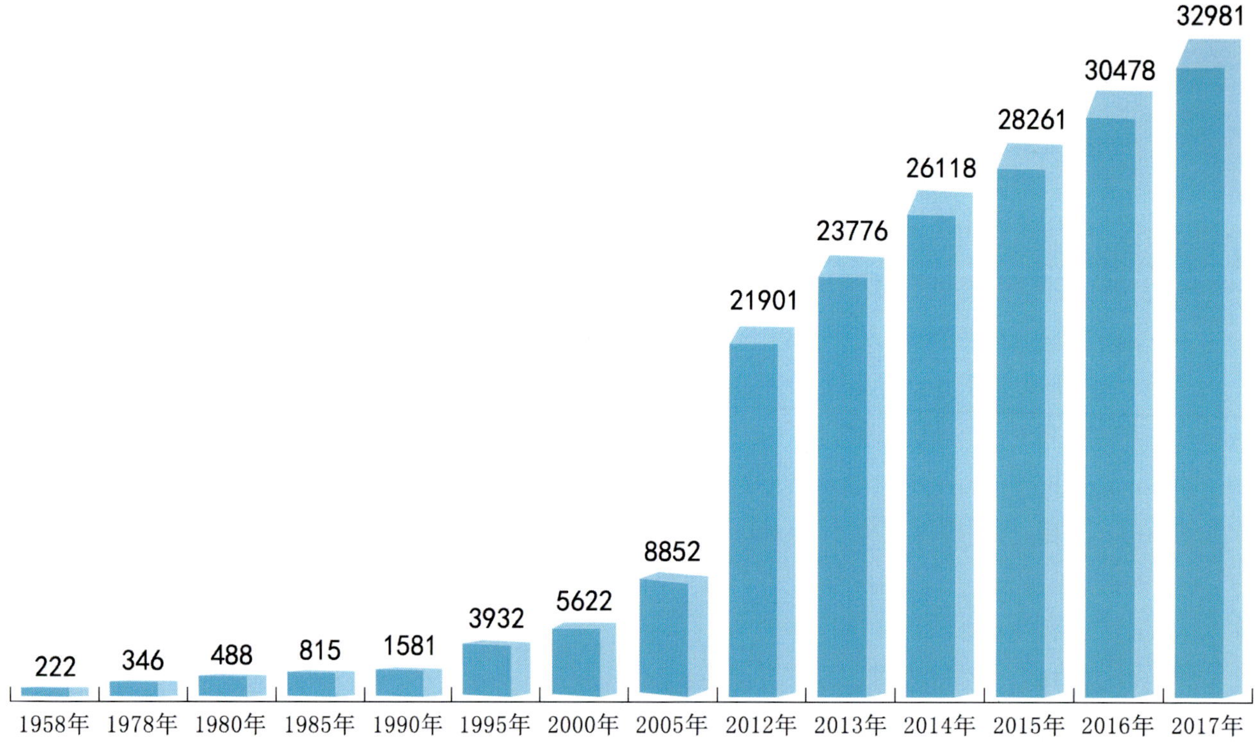

主要年份银川市农村居民可支配收入（元）

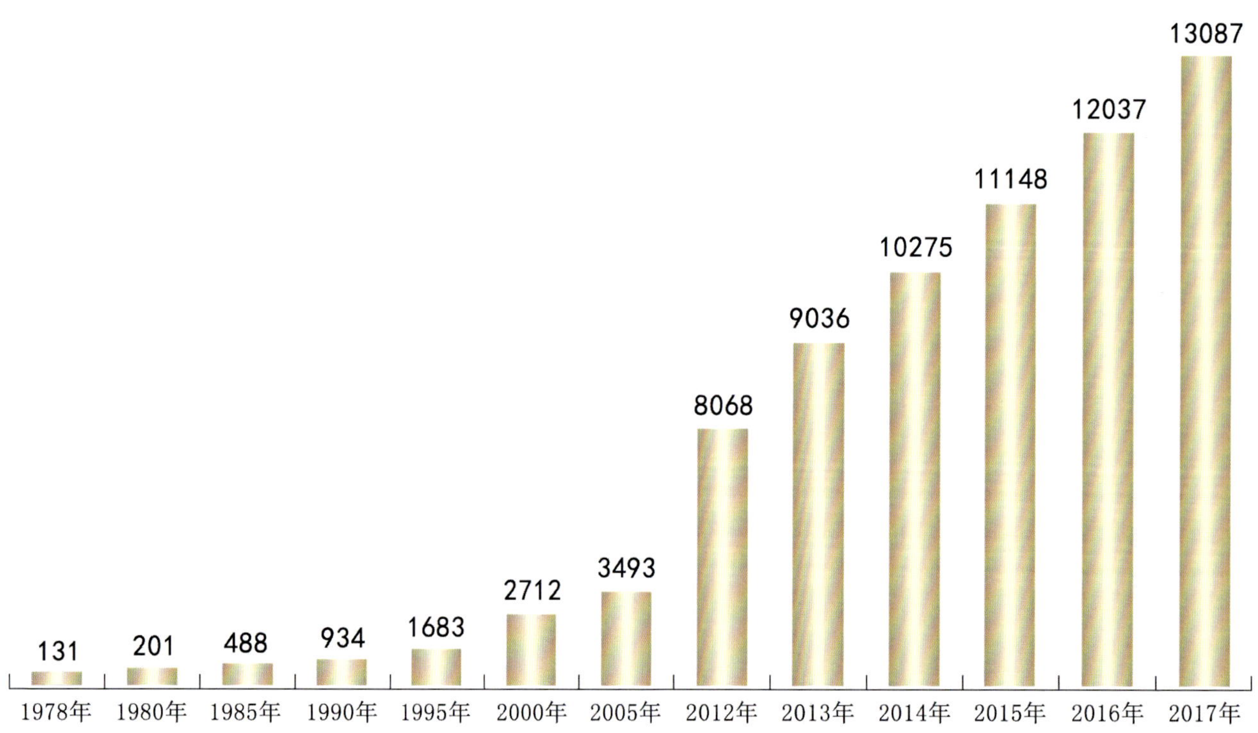

目　　录
CONTENTS

特　载
Special Issue

统计资料
Statistial Data

一、综　合
General Survey

二、人口及劳动力

Population and Labor Resources

三、农业

Agriculture

四、工业

Industry

五、能源

Energy

六、固定资产投资

Investment in Fixed Assets

七、建 筑 业

Construction

八、交通运输与邮电

Transport, Postal and Telecommunication Services

九、内贸、外贸和旅游

Domestic Trade, Foreign Trade and Tourism

十、财政金融保险

Governement Finance,Financial Intermediation and Insurance

十一、人民生活和物价

people's living conditions ang price indices

十二、城市公用事业

City Public Utilities

十三、教育、科学、文化

Education,Science and Culture

十四、卫生、体育、民政、司法及其他

Public Health,Sports,Civil Administration,Justic ang Others

十五、全区分市县资料

Statistical Data by City and County

特　载
Special Issue

政府工作报告

——2018年1月11日在银川市第十五届人民代表大会第二次会议上

银川市人民政府市长　杨玉经

各位代表：

现在，我代表市人民政府向大会作政府工作报告，请予审查，并请市政协委员和其他列席会议的同志提出意见。

一、2017年工作回顾

过去一年，面对复杂多变的外部环境和持续加大的经济下行压力，在自治区党委、政府和市委的坚强领导下，在市人大及其常委会和市政协的监督支持下，市政府团结带领全市人民，把握新常态，贯彻新理念，积极应对各种困难和挑战，全力以赴推进发展。预计，全年地区生产总值增长8.0%；规模以上工业增加值增长8.5%；全社会固定资产投资增长1.0%；社会消费品零售总额增长9.5%；地方财政一般公共预算收入同口径增长9.2%；城乡居民人均可支配收入分别增长8.1%和8.5%；外贸进出口总额增长55%。三度蝉联“全国文明城市”，第八次获评“全国双拥模范城市”，入选首批十大“中国旅游休闲示范城市”，喜获“全国幸福城市”“中国领军智慧城市”等10多项国家级殊荣，银川的知名度、美誉度大幅提升。

一年来的主要工作是：

——经济发展质量进一步提升。坚持创新引领，加快转型升级，出台“创新驱动三年行动计划”，精准打好“工业19条”“房地产16条”“科技强市17条”等政策组合拳。组建银川产业技术研究院，搭建创新平台111个，引进培养急需紧缺人才2000多名。新增一批“专精特新”中小企业，引进比亚迪新能源汽车项目，高端装备制造业向智能化、绿色化迈进，国家智慧型纺织基地初现规模，百亿级晶体材料产业集聚发展，高技术产业增加值增长30%。农业优势特色产业产值比重达到90%以上，优质蔬菜、乳品和葡萄酒、花卉等特色农产品出口30多个国家和地区，农业嘉年华等活动引领创意休闲产业蓬勃发展，跻身国家休闲农业乡村旅游示范市。国家现代服务业综合试点成效明显，“欢乐购物季”等活动带动消费升级，“消费在银川”品牌效应进一步凸显，会展经济持续升温，网络零售交易额增长20%，社会物流总额增长17.6%，文化消费增长15%。全域旅游核心区建设扎实推进，游客接待量、旅游收入分别增长29.7%和22.9%。41家知名互联网企业集聚银川，数字经济、共享经济不断壮大。

——改革开放活力进一步迸发。坚持以改革促开放，以开放促发展，56项改革任务全面落实。供给侧结构性改革取得实效，淘汰落后产能10万吨，万元GDP能耗下降5%，待售商品房去化周期缩短至12个月，降低企业电力、税费、制度性交易等成本9亿多元。“放管服”改革持续深化，实现证照电子化和网上审批100%，“不见面”审批事项达到80%，审批时限提速88%，审管互动、监管联动日趋成熟，新增企业、注册资本分别增长13.41%和3.89%。金融改革效果显著，25支产业基金撬动346亿元社会资本投入实体经济，西部担保公司担保额突破240亿元，通联资本公司成功发行全区首单境外债券3亿美元，创设西北首家股权科技板，金融业增加值占三产比重达到26%。农业农村改革步伐加快，农村土地承包确权通过自治区验收，土地股份经营、陆基生态渔场等新模式助推农村经济发展。公立医院改革得到国务院肯定。国资国企、文化教育、社会保障等领域改革稳步推进。"两园三区"开放平台加快建设。中关村双创园引进创新型企业24家，银川·中关村创新中心挂牌运营；丝路经济园引进总部经济、金融商贸等高轻新项目20个；经开区与北京经开区共建"一带一路"国际产业园，引进石墨烯等高端项目6个；滨河新区现代纺织、大数据、生命健康等产业集聚发展；综保区国际快件、裘皮集散、棉花外发加工等功能不断拓展，通关时间压缩70%。开放通道更加畅通。新增国内国际航线13条，旅客吞吐量突破800万人次。月牙湖通航机场开航运营。开通银川至德黑兰国际货运班列，出口货值4200万美元。对外经贸合作取得新进展。引进外资20.51亿美元。设立驻沙特(吉达)经贸联络处，中沙产能合作进入实质性阶段。加强与京津冀、长三角地区及全国工商联会员单位合作交流，招商引资到位资金突破600亿元。

——城乡人居环境进一步改善。坚持城乡统筹，加快生态文明建设，出台"生态立市三年行动计划"，编制新型城镇化、海绵城市等各类规划35项，空间规划、"城市双修"、城市设计等国家级改革试点顺利推进。闽宁镇、掌政镇被评为全国第二批特色小城镇。高铁、公路、综合交通枢纽、地下综合管廊、"东热西送"等重点项目加快实施，新建改建城市道路(街巷)38条，改造棚户区7021套、老旧小区352万平方米、城市积水点19处，北京路、贺兰山路沿线违规"住改商"整改率达到75%。垃圾资源化利用率达到70%。智慧交通、智慧政务等智能化服务更加便民，银川入围国际标准化组织ISO智慧城市标准试点。城乡环境综合治理"九大行动"扎实推进，中央环保督察反馈问题抓紧整改，贺兰山东麓国家级自然保护区年度整治任务全面完成，转入生态修复、完善管理阶段。出台大气治理10条，建成全区首个大气监测超级站，改造淘汰燃煤锅炉599台，清查整治散乱污企业461家，更新新能源公交车500辆，投放共享单车3万辆，淘汰黄标车、老旧车辆1.5万辆，空气质量下滑势头得到有效遏制。强力开展冬季大气污染防治攻坚战，冬季优良天数达标率首次突破75%。788名河长领责护河，第七、九污水处理厂建成，第二、四、五污水处理厂完成提标改造，完成9条城市黑臭水体年度治理任务，整治湖泊湿地6800亩，全国水生态文明城市试点通过国家验收，提名国际湿地城市认证。实施生态绿化项目52个，造林5万亩，花博园和10个小微公园建成投用，人均公园面积、湿地面积分别达到16.52平方米和240平方米，居西部省会城市首位。成功举办第九届中国花卉博览会、TMF全球智慧城市峰会、亚洲都市景观奖颁奖礼等重大节会，向国内外全方位展示了银川形象。

——人民群众幸福感进一步增强。财政支出80%以上用于民生，20件民生实事全面完成。出台"脱贫富民三年行动计划"，扶贫保全覆盖，完成润丰村等4个安置点1556户7013人搬迁，1个贫困村和8216名建档立卡贫困群众脱贫销号，移民地区人均收入增长11.67%，分别高于城乡居民人均可支配收入3.57和3.17个百分点。就业创业扶持力度持续加大，建成创业孵化基地5个，创业带动就业19651人，新增城镇就业6万人，农村劳动力转移就业10.8万人，城镇登记失业率3.56%。城乡居民基础养老金最低标准提高至220元，高于西北其他省会城市。5.63万名被征地农民养老保险转入城镇职工养老保险。城乡居民医保财政补助提高6.4个百分点。在西部地区率先将因病、残疾照顾返贫致贫家庭纳入低保，城乡低保补助标准分别提高30%和20%。建成保障房6000套，发放廉租补贴1927万元，3万余名困难群众受益。公积金互助功能不断拓展，1.1万户家庭圆了住房梦。创新"首都带首府"教育、医疗合作模式。新建中小学、幼儿园16所，增加学位14500个，完成100所中小学信息化改造，购买151所普惠性民办幼儿园服务。出台健康银川实施意见，组建医疗联合体6个，引进互联网医疗企业20家，服务全国患者436万人次。成功举办首届银川国际马拉松、全国青少年阳光体育大会等全民健身活动，全民运动健康意识进一步增强。建成并免费开放基层综合性文化服务中心30个，开展文化惠民活动2700余场次。首届文化创意节、互联网电影节圆满落幕，赴国外文化交流50余场次，贺兰山文化等特色文化品牌影响力不断提升。"平安银川"建设深入推进，八类主要刑事案件立案数下降16%。安全生产四项约束性指标全面下降。食品药品安全保障水平持续改善，防灾减灾救灾和突发事件应急处置能力不断增强。城市公共安全指数位居全国35个主要城市第五。民族团结进步示范市创建工作扎实推进，宗教工作法治化水平显著提升。工会、青少年、妇女儿童、残疾人、红十字、档案、文史、普法、气象等工作取得新成绩。

——政府治理能力进一步提升。认真学习贯彻党的十九大、自治区第十二次党代会、十二届三次全会精神和市委十四届四次、五次全会精神,“两学一做”学习教育常态化制度化扎实推进,“四个意识”进一步增强,抓落实的能力得到提升。自觉接受人大法律监督,主动接受政协民主监督和社会公众监督,人大议案建议和政协提案办复率达100%。依法制定行政规范性文件13件、废止16件,主动公开政府信息10.8万余条。城市执法体制改革全面实施,80%执法力量下沉基层一线。严格落实中央八项规定精神、国务院“约法三章”和区市若干规定,全面加强行政监察、审计监督、执纪问责,查处违反中央八项规定精神案件43起问责29人,开展“电视问政”5期问责干部142人,解决群众关注的热点难点问题465件,问责“三不为”干部161人,政府工作效率和服务质量显著提升。被列为国务院第四次大督查实地免督查单位,荣获“中国政务服务突出贡献奖”。

各位代表,过去的一年,我们遇到的困难比预料的多,面对的挑战比预估的大,取得这样的成绩实属不易。这是自治区党委、政府和市委坚强领导的结果,是市人大、政协关心支持的结果,是全市上下务实苦干、攻坚克难、团结拼搏的结果。在此,我代表市人民政府,向全市人民,向给予政府工作大力支持的人大代表、政协委员,向各民主党派、工商联、各人民团体和社会各界人士,向驻银中央和自治区各单位,向驻银解放军、武警消防官兵、公安干警,向关心和支持银川改革发展的社会各界朋友们,表示崇高的敬意和衷心的感谢!

在看到成绩的同时,我们也清醒地认识到,对照中央“五位一体”总体布局和“四个全面”战略布局,对照自治区党委、政府“走在前、作表率”的要求,对照人民群众日益增长的美好生活需要,我们的工作还有不少差距,发展中的一些矛盾问题集中显现,主要是:经济总量不大,发展层次不高,面临着加快发展与提高质量、高端突破与补齐短板等诸多挑战;产业结构单一,发展倚重倚能,面临着污染落后产能退出与新旧动能转换不畅、产业转型升级与集群培育等诸多难题;城市发展模式粗放,功能配套还不能满足发展要求,面临着土地等存量资源利用效率不高与发展空间受限、城市承载力较低与城市运营成本较高等诸多矛盾;乡村建设滞后,改革发展任务繁重,面临着城乡发展不平衡与缩小城乡差距、乡村振兴与城乡一体发展等诸多压力;居民增收难度加大,民生保障水平不高,面临着投资不足与消费乏力、财力紧张与提高社会保障能力等诸多困难;发展对创新要素吸附力不强,高层次人才等资源严重短缺,面临着推动科学发展与干部能力不足、事业留人与招才引智等诸多考验。这些矛盾问题交织迭加,困扰和制约着银川的发展。特别需要说明的是,虽然经过不懈努力,去年固定资产投资、优良天数两项指标还是没有达到年初预期目标。在此,诚恳接受各位代表和全市人民的批评。我们将本着对党、对人民、对银川发展高度负责的态度,下大力气解决存在的问题,全力做好今后各项工作。

二、2018年工作安排

今年是贯彻落实党的十九大和自治区第十二次党代会精神的开局之年,是决胜全面建成小康社会、实施“十三五”规划承上启下的关键一年,同时迎来了改革开放40周年和自治区成立60周年。立足当前,展望未来,党的十九大开启了新时代中国特色社会主义新征程,自治区第十二次党代会描绘了未来五年全区发展的宏伟蓝图,特别是市委十四届四次、五次全会把握新形势、贯彻新部署、顺应新期待、追求新作为,提出了“绿色、高端、和谐、宜居”城市发展理念和在全区率先全面建成小康社会、率先开启全面建设社会主义现代化新征程奋斗目标,为银川加快发展指明了方向,是做好当前和今后一个时期工作的行动纲领。站在新时代的新起点,重新审视首府大环境、新优势,银川将迎来新一轮发展机遇期,只要我们奋发有为、敢为人先,就一定能够爬坡过坎、转型升级。奋进正当其时、发展正当其势。我们要牢固树立政治意识、大局意识、核心意识、看齐意识,紧紧团结和依靠全市人民,坚决克服惯性思维和路径依赖,拿出“人一之我十之、人十之我百之”的干劲,追求卓越、示范引领,切实把理念变成思路,把思路转化成行动,把行动落实成项目,把项目建设成工程,努力走出一条符合银川实际的高质量发展之路。

按照市委十四届五次全会部署，今年政府工作的总体要求是：高举中国特色社会主义伟大旗帜，以习近平新时代中国特色社会主义思想为指导，深入贯彻落实党的十九大、自治区第十二次党代会、十二届三次全会和市委十四届四次、五次全会精神，全面落实中央、自治区经济工作会议各项决策部署，坚持稳中求进、好中求快工作总基调，按照高质量发展和“走在前、作表率”的要求，坚持“绿色、高端、和谐、宜居”城市发展理念，以首府责任、首府标准、首府担当，深入实施创新驱动、生态立市、脱贫富民、乡村振兴发展战略，着力打好“三大战役”、实施“五大工程”、开展“六项计划”、推进“四项行动”，以新时代的新气象新作为，喜迎自治区成立60周年，奋力开创“两个率先”新局面。

全市经济社会发展主要预期目标是：地区生产总值、规模以上工业增加值、全社会固定资产投资、社会消费品零售总额均增长8.0%左右，地方财政一般公共预算收入增长7.0%左右，城乡居民人均可支配收入分别增长7.5%和8.0%，节能减排和环境质量完成自治区下达目标任务，努力在实际工作中争取更好结果。

（一）聚焦绿色发展，打好“三大战役”，加快建设西北地区生态文明先行市。着眼生态脆弱现状，深入实施生态立市战略，坚持“破”与“立”并重，打破资源环境约束趋紧瓶颈，加快形成绿色发展新格局，让绿水青山变成金山银山。

打好绿色生产战役。坚持绿色低碳循环发展，提高经济绿色化程度，向绿色要产品质量、要生活品质、要发展效益，决不要带污染的GDP。加快绿色生产体系建设。实施绿色制造三年行动计划，开展绿色园区示范创建，深入推进园区低成本改造，推行园区综合能源资源一体化解决方案，建设绿色管理服务平台，争创1家自治区及以上绿色园区。开展工厂用地集约化、生产清洁化、废物资源化、能源低碳化等绿色改造，争创5家自治区及以上绿色工厂。开展绿色供应链管理试点，加快建立以资源节约、环境友好为导向的采购、生产、营销、回收及物流体系。支持企业参与创建国家标准和行业标准，打造一批高质量的绿色产品。着眼于产业发展前沿，深入研究、大力培育发展新产业新业态新技术新模式，加快构建新兴绿色产业体系。推广绿色建筑和建材，发展装配式建筑。淘汰无效低效落后产能。制定产业引进和限制目录，严格执行环境保护、产品质量、安全生产等方面的法律法规和标准，淘汰活性炭、水泥等落后产能2万吨。坚持“一企一策”，逐步出清“僵尸企业”。严格能源消耗总量和强度双控制度，加快变频节能、余热回收等节能技术应用，完成污水处理设施技改、生物发酵企业尾气治理等20个以上清洁化改造项目。积极倡导绿色生活方式。广泛开展创建节约型机关、绿色家庭、绿色学校、绿色社区和绿色出行等行动，推进全民节能、节水，推广低碳交通，普及绿色消费，让勤俭节约、绿色低碳、文明健康的生活方式成为全市人民的行动自觉。

打好生态系统保护战役。山水林田湖草构成的塞上江南景观是大自然对银川的馈赠，凝结着历代银川人的辛勤劳动和付出。我们要将山水林田湖草作为一个生命共同体，加快生态保护和修复，林果结合、草畜结合、种养结合，推进生态治理、造林绿化、景观打造和农林牧渔业一体化发展，实现生态效益、社会效益、经济效益相统一。着力拓展绿色空间。严守生态保护红线、永久基本农田、城镇开发边界三条控制线，统筹推进经济林建设、绿化美化、防沙治沙、湿地保护、水土保持等工作，抓好贺兰山东麓国家级自然保护区银川段生态修复和长效管护，实施黄河两岸、艾依河两侧、贺兰山东麓生态林建设，提升生态系统质量和稳定性，切实维护好西北生态安全屏障。加强国土空间绿化。突出生态功能，兼顾景观功能、游憩功能、户外功能和经济功能，启动大规模国土绿化行动，引导社会各界参与生态建设，实施城市主干道景观提升等一批生态绿化项目，在城乡社区小区、企业机关、公园广场等空地，见缝插绿、植绿添绿，植树造林7.74万亩，建设10个小微公园，改造提升城市公园，争创国家森林城市，争取通过国际湿地城市认证。

打好环境问题整治战役。紧盯全面建成小康社会生态环境短板，全力加强污染防治，突出抓好大气、水、土壤等污染治理，全面完成中央环保督察反馈问题整改，着力控制污染源头，狠抓末端排放治理，让群众感受到环境改善的成果。抓好大气污染防治。坚决打赢蓝天保卫战，完成“东热西送”一期工程，全部拆除20蒸吨以下燃煤锅炉，力争建成区集中供热率达到75%。全面完成火电及企业自备燃煤发电机组超低排放改造，巩固药企异味治理成果，大力整治秸秆焚烧行为。严格落实建筑工地“6个100%”扬尘防控措施。深化“以克论净、深度保洁”模式，实施道路积尘考核，积极推进市区主干道路机械化清扫全覆盖，确保扬尘污染得到有效控制。推进老旧车辆淘汰，加强高排放车辆监管。新辟、优化调整、加密公交线路30条，更新一批新能源公交车，建设充电桩1185个，推广使用新能源汽车。力争空气质量优良天数比例达到75%，带给群众更多蓝天幸福感。抓好水污染防治。开展水环境治理三年行动和清河专项行动。深化保护母亲河、艾依河行动，全面消除城市黑臭水体，建成6条排水沟入黄截污净化人工湿地，黄河和艾依河银川段水质达到Ⅲ类。实施西北部区域防洪排涝及湖库水系综合整治工程，构建“六纵六横”河湖库连通水系。建成区污水全部接入处理管网，处理率达到98%，所有污水处理厂达到一级A排放标准。实施城市水源地替代工程，关停城市68眼自备井，搬迁、关停绕城高速以内“小散乱污”企业、污染源和禁养区内所有畜禽养殖场(养殖小区)，让人民群众喝上干净水。抓好土壤污染防治。开展土壤污染状况详查，完成1033个土壤详查点位监测。建立土壤环境保护与污染治理项目库，实施土壤污染治理与修复技术应用试点项目。推进农业绿色发展“五大行动”“三减”计划，力争化肥农药减少20%，让人民群众“米袋子”“菜篮子”更安全。像对待生命一样对待生态环境，实行最严格的生态环境保护制度。健全环保信用评价、信息强制性披露、严惩重罚等制度，建立司法联动机制，以“零容忍”的态度惩处破坏生态环境行为，让银川天更蓝、地更绿、水更美、空气更清新。

各位代表，绿色是生命之源、发展之本。人与自然是生命共同体，人类对大自然的伤害最终会伤及人类自身。我们要始终保持绿色发展定力，把绿色理念融入决策、实践、发展的各个阶段，体现在生产、生活、生态的各个方面，共建共享山清水秀的优美环境，筑牢可持续发展的基础，切实让“风景”变成“产业”，将“美丽”变成“生产力”。

（二）聚焦高端发展，实施“五大工程”，加快建设国际化、现代化、智慧化城市。端正首府站位，激活后发优势，把握新时代经济发展特征，深入实施创新驱动战略，瞄准产业高端和高端产业，率先推动经济质量变革、效率变革、动力变革。

实施产业转型升级工程。坚持产业集群化、高端化、智能化发展方向，加快“互联网+”、大数据、人工智能与实体经济深度融合，推动主导产业全产业链发展和衍生产业、配套产业、关联产业统筹发展，着力提高产业规模层次和产品质量效益，抢占发展制高点，推动形成“10+X”产业发展格局，切实把每一项产业做成能够支撑发展、聚才引智、值得为之奉献的事业。高端装备制造业，瞄准中国制造2025，加快信息化、数字化、智能化改造步伐，大力推进智能铸造、智能仪表等产业项目，建设智能工厂、数字化车间5家，培育“两化”融合标杆示范企业10家。积极争取航空航天、国防科工等军工集团来银发展。现代纺织产业，依托国家智慧型纺织基地，加快构建从纺纱、面料、服装到终端市场全产业链，推动恒天如意12万吨氨纶、1亿米色织布等项目建成投产，培育2-3个高端品牌，推动科技时尚绿色纺织集群发展。新材料产业，推动光伏、晶体材料从多晶硅、硅片、拉棒、切片、电池及组件全产业链、集群化发展，加快石墨烯储能材料生产项目建设，抓好天通蓝宝石二期、银和大尺寸半导体、隆基硅二期等项目建设，打造晶体材料产业集群。新能源产业，实施宝丰光伏二期、德润葡光互补等项目，提升国家新能源综合示范城市品牌效应。现代服务业，着力向专业化、精细化和高品质转变，建设一批智慧商圈和特色街区，发展线上、线下相结合的“新零售”，办好“欢乐购物季”、汽博会、房博会等品牌活动和展会。大力发展研发设计、金融贸易、商务咨询、信息技术、知识产权服务等新业态。现代物流产业，以推进物流网络化、智能化、柔性化发展为重点，实施“互联网+”流通行动计划，完善冷链物流体系，加快智慧物流、标准化配送和追溯体系建设，打造西北地区物流枢纽。文化旅游产业，制定全域旅游实施意见。加快国家文化消费试点城市建设，创建特色文化产业示范基地，支持影视动漫、数字文化创意等新兴文化产业发展。推进丝路明珠塔、长城神秘西夏文创园等项目，发展大阅海旅游圈。推动西夏陵申遗、贺兰山岩画申报国家5A级景区。完善旅游基础配套，实施“旅游+”计划，开发旅游新产品新业态，推动旅游与文化、运动休闲、健康医养等业态融合发展。布局“银川故事”“新丝路驿站”推介银川，打响“丝路明珠·魅力银川”城市品牌。力争游客接待量和旅游收入增长

15%以上。新能源汽车产业，以发展整车和关键零部件为重点，实施比亚迪纯电动乘用车、云轨、纯电动客车生产基地项目建设。生命健康产业，突出医养结合、康体保健，抓好滨河生命谷、宝丰健康城等项目建设，支持互联网医疗加快发展，高起点打造养老、医疗、康复为一体的健康产业基地。规划建设生物医药基地，支持开发生产特色高端原料药和仿制药。葡萄酒产业，充分发挥银川产业技术研究院科技引领推广作用，建立一体化全产业链技术标准体系和管理规范，培育龙头企业和知名品牌，发展壮大集种植、酿造、研发、品牌建设为一体的产业集群，办好贺兰山葡萄酒国际旅游节，打造国际葡萄酒之都。抓好传统产业改造提升，实施40个重大技改项目，推动能源化工、生物医药、羊绒加工等传统产业老树发新芽。大力发展大数据、云计算、电子商务、电子竞技、通用航空等新产业新业态，培育新的经济增长点。

实施园区转型发展工程。针对现有园区有数量缺质量、多而不强的现状，要按照"整合园区、盘活存量、低端退出、转型升级"的思路，推动园区高端高效高速发展。优化园区发展布局。以"两园三区"为重点，构建"一县一园、一园多区、各有特色"的发展格局，做强主业，提质增效。中关村双创园，重点链接北京中关村高端制造、研发孵化、科技金融等新兴产业，抓好宇联智能科技创新中心、集成电路产业研发中心、物美数据中心等项目，打造西部"中关村"。丝路经济园，重点发展以民营总部经济为引领的金融贸易、信息技术等现代服务业，引进民营企业总部。经济技术开发区，与北京经开区共建"一带一路"国际产业园，重点推动高端装备制造、新材料、生产性服务业等产业集群发展。滨河新区，与苏州工业园区合作共建飞地工业园，实施山屿海医养、钛酸锂电池等项目，全力推动"一核三业五谷"发展。综合保税区，整合临港经济区，重点发展现代纺织、黄金珠宝、航空物流等保税加工、保税物流、保税服务业，加快推进展览中心、如意全智能数字化纺纱等项目建设，打造加工贸易产业聚集区、国际物流分拨中转区、现代服务业创新区。兴庆区，整合通航产业园、商贸物流中心，重点发展商贸流通、通航运营、高端批发零售及服务业，打造消费经济牵引带、商贸物流集散地和国家通航产业示范区。金凤区，依托阅海湾中央商务区，重点发展总部经济、金融贸易、现代服务等核心产业，打造内陆开放型经济试验区核心区、中阿经贸合作示范区。西夏区，整合公铁物流园，深化与京东、普洛斯物流合作，完善现有基础设施网络和供应链，打造"一带一路"沿线综合性物流节点。永宁县，整合闽宁扶贫产业园、望远工业园，重点发展新能源轨道交通、生物发酵及制药产业，打造宁夏生物医药产业基地和闽宁对口协作产业聚集区。贺兰县，整合生态纺织园、德胜工业园、生物科技园，重点发展现代纺织、现代服务、特色农产品加工产业，打造现代纺织新城、特色农产品加工区。灵武市，整合高新技术开发区、再生资源循环经济示范区，重点发展现代纺织、再生资源循环利用及再制造产业，打造中国"羊绒之都"、国家"城市矿产"示范区。创新园区体制机制。在丝路经济园、中关村双创园率先引进专业化园区管理公司，启动市场化运营管理试点。分类制定差异化、个性化指标体系、政策体系、统计体系、考核评价体系，开展绩效考核、人事调配等配套改革试点，提升园区发展效益，打造经济发展主战场主引擎。

实施项目攻坚工程。坚持经济工作项目化，切实把握投速、投量、投向、投效，以投资驱动、项目拉动稳增长、调结构、添动力、促转型。深入研究项目。对标中央、自治区重大发展战略和重大项目包、资金包、政策包，围绕"两园三区"基础配套、"十大产业"延链补链、新兴产业集聚壮大和生态环保、民生改善等重点领域，认真研究、科学谋划、包装储备一批投资强度大、经济效益好、牵引作用强的重大项目，编制重大项目三年滚动投资计划，形成有特色、有针对性的梯次项目库，增强可持续发展后劲。加快项目建设。严格落实市级领导包抓和"五个一"项目推进机制，计划实施首批项目1030个，总投资3880亿元。重点抓好自治区在银实施的20个60大庆项目，推动天山·海世界一期、共享装备制造双创示范基地、瑞信葡萄生态旅游等项目建成投用。突出抓好市级15个60大庆项目，建成妇幼保健院产科大楼、紧急救援中心等项目。全力抓好"两园三区"基础设施等100个市级重点项目，力促一批重大项目建成投产。大力引进项目。坚持引资引智引技并举，开展战略招商、产业链招商、项目招商，实施央企和民企500强、军工企业、上市公司对接入银行动，引进一批10亿元以上大项目好项目，推动中阿博览会等重大节会签约项目早落地、早建设、早见效。健全基金引导、高比例配资等招商引资机制，推行统计入库考核制度，将项目资金争取情况与部门预算、绩效考核挂钩，确保政策性项目资金增长10%以上。开展“投资环境提升年”活动。以自治区60周年大庆氛围营造、环境整治为契机，聚焦发展环境、市场发育体系的突出问题，统筹抓好优惠政策落实、政务环境优化等工作，切实完善相关政策，着力降低企业制度性交易成本和融资、电力、物流等生产经营成本，努力营造国际化便利化法治化投资环境。

实施科技强市工程。加快宁夏沿黄科技创新改革试验区、银川人才管理改革试验区建设，打造西部创新发展高地。搭建科技创新平台。依托银川产业技术研究院，深化与科技强省、知名院校、科研院所合作共建，实施一批重大科技创新项目，加快组建中国葡萄酒、上海交大新材料、环境生态、军民融合技术创新中心等产业研究院，建设5–7家科技成果转移转化研究机构，在北京中关村、苏州工业园等科技资源聚集地搭建3–5家离岸孵化器，推动科技成果就近就地孵化、项目银川转化。大力引进培养创新人才。坚持不求所有、但求所用，围绕主导产业编制尖端急需人才目录，依托创新创意在银川、大学生引进万人计划等品牌活动，柔性引进科技创新、现代金融、现代农业等方面高精尖缺人才600名左右、高层次创新团队15个以上；实施“五项人才工程”，培育一批科技领军人才、“银川工匠”和农村、社区适用人才。构建“亲”“清”新型政商关系，主动为非公经济和中小微企业搭好平台、搞好服务，全力打造一支具有战略眼光、全局视野、创新能力、善于经营的现代企业家队伍。营造风生水起的创新生态。探索知识产权综合管理改革，加强知识产权保护，完善科技创新成果运行激励、业绩分配、转化运用等机制，搭建科研成果交易服务平台。建立健全人才多元评价和激励体系，设立人才发展专项资金，完善人才认定、住房保障、支持创新创业等一揽子政策，启动高端人才社区建设，加大高端人才科研启动经费补助、研究成果奖励，让各类人才的创造力竞相迸发、聪明才智充分涌流。

实施改革开放驱动工程。深化重点领域关键环节改革，扩大开放范围和层次。深化“放管服”改革。加快全国行政审批标准化试点建设，全面推行“不见面、马上办”，力争80%进厅事项网上办理。深化“证照分离”，推进“多证合一、一照一码”等商事制度改革，让群众和企业少跑腿、好办事。积极稳妥推进综合行政执法改革，深化智慧化、网格化和跨部门、跨领域“双随机一公开”监管，努力做到放得更活、管得更好、服务更优。深化金融和财税改革。加大力度引进银行、证券、保险、基金等金融业态和各大金融机构、法人机构总部，争取国家进出口银行在银设立分行；加快组建地方法人银行、寿险公司、消费金融公司。设立中关村双创园、石墨烯等产业基金，争取培育1–2家A股上市企业、8家新三板挂牌公司。落实“营改增”等减税降费政策和水资源税、环保税改革，推进“先税后证”税收征管，涵养财源、增强财力。实行全口径预算管理和政府举债终身问责、倒查责任等制度，开展跨部门联合监管，严格规范政府举债行为，坚决遏制债务增量，稳步化解存量债务。加强金融机构内控制度建设。探索建立金融主体双向信用评级体系和“黑名单”制度，防范特色支柱产业龙头企业出现债务危机，严厉打击金融违法行为，守住不发生系统性区域性金融风险的底线。深化国资国企改革。有效整合国有资产，健全国企法人治理结构，推进混合所有制改革及员工持股试点。改革国企监管体制和财务管理机制，立制度、定底线、抓关键、强问责，完善国资监管机构投资风险、收益评估、责任追究等制度，实行重大投融资行为科学论证、依规评估和集中研究决策，提高国资保值增值能力。深入推进社保统筹、文化旅游、教育卫生等领域改革。拓展开放空间。深度融入“一带一路”战略，加快内陆开放型经济试验区核心区建设，推进投资贸易便利化。夯实开放载体。完善综合保税区、滨河新区等重点园区、重要区域基础配套和产业协作功能，打造内引外联的强大引擎、招商引资的集聚平台。拓宽开放通道。陆上，推动银川公铁物流园海关监管区建设，申建铁路一类口岸，加快进口肉类（水果、种苗）、整车进口指定口岸建设，深化与连云港、威海等港口合作，提升银川至德黑兰双向货运班列开行质量。主动承接高铁时代多元化运输需求，加快银川火车站、空港等综合枢纽建设，规划建设轨道交通。畅通公铁物流中心、国际航空港、综合保税区运输通道，积极发展多式联运。空中，提升已开通的国际航班运载能力，新开至卡塔尔多哈、韩国仁川直达航线，优化加密国内航线网络布局，争取机场72小时过境免签等政策落地，积极推进离境退税试点，力争进出境快件突破20万件，打造区域航空枢纽。网上，申建国家跨境电子商务综合试验区，探索"平台服务+通关机制+境外配送"跨境电子商务模式，加快海外仓和进口产品分拨中心建设，拓展多层次网上国际贸易。深化对外贸易。复制自贸区创新做法，积极申请一般纳税人试点政策，优化企业通关环境。积极参与国际产能合作，加快中沙产业园建设，支持本地企业在境外建立资源、产业、研发基地和营销网络，加快优势特色产品、技术、服务对外出口。全年进出口总额增长10%以上。深化与京津冀、长三角、珠三角和宁蒙陕甘毗邻地区经济合作，吸引国内外资本、产业、人才、技术等发展要素向银川汇聚。

各位代表，高端是竞争力的体现。高端的事业源于创新的思维，呼唤尖端的人才，需要宽广的平台，推动高质量的发展。我们要以世界眼光审视高端，以博大胸怀谋划高端，以精尖科技创造高端，以集群产业孕育高端，以国际标准衡量高端，让高端成为银川大地的最强音、引领发展的加速器、造福百姓的新动能。

（三）聚焦和谐发展，开展"六项计划"，加快建设更具幸福感的城市。针对民生保障薄弱环节，要始终把人民对美好生活的向往作为我们工作的出发点和落脚点，坚持抓发展与惠民生相结合，深入实施脱贫富民战略，在发展中提高保障和改善民生水平。

开展精准脱贫计划。小康路上一个都不能少。坚持扶贫同扶智扶志相结合，发挥各级干部特别是驻村和帮扶干部的作用，创新群众工作方法，加强教育培训引导，着力激发贫困群众勤劳致富的内生动力。严格按照"六个精准"要求，突出"一村一策、一户一策、一人一策"，实施三年滚动脱贫行动计划，统筹推进"五个一批"，开展产业扶贫、金融扶贫、精神脱贫等"八个专项行动"，深化闽宁扶贫协作，重点实施10个扶贫产业，每村扶持壮大1-2个农业支柱产业，培育10家扶贫产业合作社、100名致富带头人，进一步提高扶贫小额贷款覆盖率。做好建档立卡贫困户社保兜底工作，全面完成"十三五"移民搬迁安置任务，确保8535名建档立卡贫困群众脱贫销号、16个贫困村脱贫摘帽，移民收入增长10%。完善脱贫退出、激励约束等机制，健全督查、通报、协调、问责等制度，扎实开展扶贫领域腐败和作风问题专项整治，严防"数字脱贫""被脱贫"，确保脱真贫、真脱贫。

开展就业增收计划。就业是最大的民生，收入是群众最关心的大事。完善就业创业政策服务体系，突出抓好高校毕业生、农民工、困难人员等重点人群就业创业，搭建"互联网+"、创新工场、双创示范基地等孵化创新平台10个以上，以创业带动就业。开展职业技能培训1万人以上，转移农村劳动力就业8万人。购买公益性岗位1000个，新增城镇就业4.5万人，城镇登记失业率控制在4.0%以内。实施差异化收入分配激励政策，完善工资正常增长机制，进一步提高转移性、工资性、经营性和财产性收入，千方百计让老百姓的钱袋子鼓起来。

开展社会保障提升计划。社会保障是群众生存发展的最后防线。坚持兜底线、织密网、建机制，让人民群众老有所养、困有所助、危有所救。深化社会保险"五险合一"经办体制改革，在全区率先完成国家第二批社会保险经办标准化试点工作。深入推进按病种分值付费方式改革，控制医疗费用不合理增长。深化机关事业单位养老保险制度改革，推进职工医保异地结算和大病保险"一站式"服务，稳步提高城乡居民、城镇职工养老保险和医疗保险保障水平。实施"同舟计划"，将建筑企业农民工全部纳入工伤保险。大力发展残疾人和慈善公益事业。健全农村留守儿童、老年人和妇女关爱服务体系，做好城乡低收入群体救助帮扶工作。加快建立多主体供应、多渠道保障、租购并举的住房制度，积极发展住房租赁市场，加大棚改货币化安置力度，筹集棚户区改造房源8397套，改造城中村137.8万平方米、城市危旧房17.56万平方米，力争用两年时间完成城中村拆迁改造安置，让住房困难群众住上"暖心房"。

开展教育质量提升计划。切实把群众家门口学校办好、办出质量。深化"首都带首府"教育合作，推进优质教育资源提标扩面。新建续建二十九中、北师大银川学校等20所中小学、幼儿园，扩大普惠性民办幼儿园购买服务，着力解决"择校热""大班额"问题。推广学校联盟、集团化办学、智慧教育，推动优质教育资源向农村延伸、义务教育由基本均衡向优质均衡转化，促进城乡教育一体化发展。普及高中阶段教育，扩大农村户籍学生免学费覆盖面。加强校企合作，推动现代职业教育产教融合，一次性就业率保持在95%以上。探索开展婴幼儿照护、儿童早期教育服务。推动民办教育、特殊教育健康发展。

开展健康银川建设计划。没有全民健康就没有全面小康。深化“首都带首府”医疗合作，加强人才培养、技术交流、医疗协作，提升银川现代医疗卫生服务水平。实施爱心护理院、第一人民医院滨河医院等项目，统筹智慧医疗、医联体、急救一体化建设。推进“三医”联动改革，落实药品“两票制”改革，推广预约诊疗、远程医疗、家庭医生等便民惠民措施，让群众在家门口享受优质的医疗服务。加强重大疾病防控，实施传统中医药传承创新工程。争创全国食品安全示范城市，加强食品药品安全监管，建设“智慧食安”监管网，构建食品安全追溯体系，让群众吃得更放心。完善慢行步道等健身基础设施，举办银川国际马拉松等赛事，大力开展全民健身活动，打造具有区域特色的健身休闲示范市。

开展文明城市巩固提升计划。全力推进深化全国文明城市建设三年提升工程。践行社会主义核心价值观，广泛开展理想信念教育，培育社会公德、职业道德、家庭美德、个人品德。加强诚信体系建设，健全守信激励和失信惩戒机制，共享应用失信人员信息，建设“信用银川”。加强公共文化服务体系建设，办好中国银川互联网电影节、文化创意节等活动，提升文化软实力。持续深化文明村镇、文明单位、文明家庭、文明校园及“最美社区”“最美乡村”等创建，选树“最美家庭”“最美银川人”等道德楷模。大力弘扬时代风尚，扎实开展“四送六进·文化惠民”“书香银川·银川书香”等活动，引领提升市民素质，让文明成为银川最靓底色。

各位代表，和谐是发展的基础。自然和则美，生命和则康，社会和则安，民族和则兴、国家和则强。唯有“和”才能“合”，才能凝聚起同舟共济、合力攻坚的磅礴力量。全市上下要齐心协力，共同建设安全稳定、文明有序的和谐城市，让人民群众在和谐发展中不断增强获得感、幸福感、安全感。

（四）聚焦宜居发展，推进“四项行动”，加快建设西北地区重要中心城市。倍加珍视资源环境，着力推动城市精明增长，以银川都市圈为主体形态，推进大中小城市和小城镇、乡村协调发展，不断放大银川平原宜居宜业的独特优势，全面提升银川的宜居性和美誉度。

推进银川都市圈引领发展行动。制定银川都市圈建设实施意见，充分发挥龙头带动作用，加快建设创新绿色智慧宜居都市圈。深化产业分工协作。围绕都市圈五大优势产业集群，主动做好与石嘴山市、吴忠市、宁东在能源化工、纺织产业等类同领域的协作，逐步清出不符合银川发展定位的产业。加快重大基础设施互联互通。配合自治区抓好银西、包银高铁、乌银高速公路、国际航空港综合枢纽等重大项目建设，打通石嘴山–银川–青铜峡、艾依河至沙湖旅游快速通道，推进都市圈公交一卡通，构建“半小时经济圈”。统筹能源、供水、供暖、光纤等地下管网联通共享，推进区域天然气长输管线建设，实施都市圈城乡西线供水等项目，解决用气紧张和饮用水源不足问题。加强生态环境共保共治。制定实施银川都市圈三年城乡生态绿化行动计划，强化外围防沙治沙和荒漠化治理，加快建设“三大生态经济廊道”。建立环境保护联防联控机制，开展跨区域联合执法，保护好“母亲河”、守护好“父亲山”。推动公共服务共建共享。申办世界城市日全球主场活动，持续放大“教育在银川、医疗在银川”等品牌效应，服务和辐射带动区域发展。

推进城市功能提升行动。坚持精致规划、精心建设、精细管理，抓好“城市双修”、城市设计、新型城镇化等国家级综合试点，启动《银川城市总体规划（2018–2035）》编制工作，推进“兴庆率先”“金凤跨越”“西夏突破”，贺兰、永宁“两翼齐飞”，灵武与综保区、滨河新区、宁东融合发展，构建结构合理、分工明确、功能互补、产城融合的空间格局。健全完善工业园区、城镇、乡村低效用地评估机制，最大限度挖掘盘活城镇低效用地。创新长期租赁、租让结合、先租后让等多元供地方式，推动城市更新与产业深度融合、互促共进。实施凤凰北街打通、贺兰山西路拓宽改造等项目，改造提升10条小街巷，打通断头路，畅通微循环。新建一批停车场，切实解决交通拥堵问题。抓好垃圾分类示范城市建设，规划建设城市餐厨垃圾处理厂，改扩建一批小型垃圾转运站，配套建设20座公厕。壮大“银川眼”市民监督队伍，把精细化、精准化的管理延伸到城市的每个角落。

推进农业农村优先发展行动。制定乡村振兴

三年行动计划，加快推进农业农村现代化，着力建设“产业兴旺、生态宜居、乡风文明、治理有效、生活富裕”的新农村。以产业振兴带动乡村振兴，加快构建现代农业“三大体系”，调整优化现代农业区域产业功能布局，延长产业链、提升价值链、拓展增收链，推动农业提质增效。建设三区都市型生态高效农业产业发展区、两县一市优势特色产业发展区，做精优质粮食产业，粮食生产功能区稳定在93万亩，做强草畜产业集群，做大做响优质蔬菜、花卉园艺、适水产业和都市创意休闲产业，大力发展休闲观光、田园综合体等乡村旅游，加快推进一二三产融合发展，千方百计增加农民收入。深化农业农村改革，落实“三权分置”政策，加快建立利益联结分享机制。突出“塞上江南”主题，打造一批特色小城镇、美丽乡村和美丽庭院。以“两处理、两改造”为抓手，持续推进农村基础设施配套和环境综合整治，推动城市供热、给排水、天然气、污水管网向农村延伸，开展农村“厕所革命”，力争卫生厕所普及率100%。提升农村绿化、环保、卫生等基础设施和公共服务配套标准，营造良好人居环境。

推进社会治理提升行动。优化智慧城市运行管理机制，加快推进互联网、物联网、大数据在政务服务、民生、城市治理等领域的应用，推动社会治理高效精准、惠民便民。加强“平安银川”建设，深化“雪亮工程”，严厉打击违法犯罪行为。坚持安全发展，健全公共安全体系，完善安全生产责任制，强化重点行业、领域排查治理，坚决遏制重特大事故发生。推进应急体系建设，提高突发事件应急处置和防灾减灾救灾能力。加强信访维稳工作，强化重大决策社会稳定风险评估，完善矛盾纠纷多元调解体系，最大限度减少不和谐因素。深入开展民族团结创建活动，争创全国民族团结进步示范市，依法加强宗教事务管理。深化军民融合，争创全国双拥模范城市九连冠。

各位代表，宜居是城市的永恒追求。城市让生活更美好，宜居让城市更集聚。建设宜居城市、美好家园，是每个人的向往。要把银川当作我们共同的家，精心地去规划它、建设它、经营它、呵护它，不断提升城市内涵、品质、实力，使人民群众生活得更方便、更暖心、更美好。

三、加强政府自身建设

打铁必须自身硬。我们要主动适应发展新形势、人民新期待，加快政府职能转变，不断提高科学施政水平，努力建设人民满意的政府。

建设学习型政府。始终把思想政治建设摆在首位，系统学习党的十九大精神和习近平新时代中国特色社会主义思想，扎实推进“两学一做”学习教育常态化制度化，积极开展“不忘初心、牢记使命”和“红船精神”等主题教育，增强“四个意识”，坚定“四个自信”，始终与以习近平同志为核心的党中央保持高度一致，确保思想不偏向、工作不走样。加强市政府党组工作，自觉贯彻执行民主集中制等各项制度，把党领导一切贯穿于政府工作全过程。着眼银川市长远发展，立足工作实际和岗位职责，深入开展学习型机关创建、“大走访、大调研”等活动，深化移动端、互联网等学习平台应用，及时掌握现代金融、市场经济、智能智慧、互联网科技等相关知识，推动知识结构、能力结构变革更新，增强政府系统科学发展、改革创新、群众工作、狠抓落实、驾驭风险的能力和水平。

建设法治型政府。始终把依法行政贯穿于工作全过程。完善权力清单、责任清单，加强动态监管，严格依照法定权限和程序行使权力、履行职责。进一步完善政府议事规则，严格落实重大事项报告制度和重大决策风险评估制度，推进重大行政决策程序立法和合法性审查，出台重大决策事项目录，落实行政决策后评估、责任追究及倒查机制，提升政府决策科学化、民主化、法治化水平。主动接受人大法律监督、政协民主监督，高质量办理人大议案建议和政协提案。全面推进政务公开，有效畅通舆论监督和社会监督渠道。进一步加强政府立法，修订环境保护、城乡建设等领域政府规章，强化规范性文件监督管理。深入开展“七五”普法，创建法治政府示范市。

建设效能型政府。执行力是政府行政的生命力。我们要始终和全市人民想在一起、干在一起，大力倡导“深、严、细、实”作风，积极弘扬“钉钉子”“马上办”精神，建立“年初建账、年中查账、年底交账”工作推进机制，实行重点任务清单管理、销号认定、全程监督，强化政务督查、履职问责，全面提升行政效能。对标“四风”问题十种新表现，扎实开展

“学查改”作风整治活动，以更高标准、更严举措正风肃纪，严防“四风”反弹回潮。进一步健全绩效考核体系，完善正向激励和容错纠错机制，旗帜鲜明为改革创新者撑腰鼓劲，激励广大公职人员担当实干，做出让人民群众满意的实绩。

建设廉洁型政府。始终把全面从严治党的各项要求落实到政府工作的各个环节，认真履行党风廉政建设责任制和“一岗双责”，严格执行《准则》《条例》，深入落实中央八项规定精神、国务院“约法三章”和区市若干规定，凡是群众反映强烈的问题都要严肃认真对待，凡是损害群众利益的行为都要坚决纠正。完善权力运行制约监督机制，深化领导干部经济责任审计，推进国资国企、脱贫攻坚、工程招投标等重点领域廉政监督和审计监督全覆盖，让权力在阳光下运行。牢固树立过紧日子的思想，全面推行预算绩效管理评价，严控一般性支出，严禁铺张浪费。倡导“100-1=0”的廉洁从政理念，教育公职人员知敬畏、存戒惧、守底线，无禁区、全覆盖、零容忍查处腐败问题，切实做到干部清正、政府清廉。

各位代表，使命重在担当，实干赢得未来。政府是党的路线的坚定执行者、落实者，是人民利益的坚定维护者、实现者。站在新起点、展望新发展，让我们更加紧密地团结在以习近平同志为核心的党中央周围，在自治区党委、政府和市委的坚强领导下，始终把人民群众对美好生活的向往装在心里、抓在手上、落实到行动中，不忘初心、牢记使命，攻坚克难、砥砺奋进，为在全区率先全面建成小康社会、率先开启全面建设社会主义现代化新征程而努力奋斗！

名词解释：

1.“专精特新”中小企业：指具有“专业化、精细化、特色化和新颖化”特征的工业中小企业。

2.“两园三区”：银川中关村创新创业科技园、银川丝路经济园，银川经济技术开发区、滨河新区、综保区。

3.“城市双修”：生态修复、城市修补。

4.“东热西送”：指以华电灵武电厂为热源，向银川市进行长距离集中供热，满足银川市兴庆区、金凤区等区域冬季集中供暖需求，同时也将有效提高冬季供热期间城市空气质量。该项目是西北首家采用长距离、跨黄河、大温差热泵技术，应用“互联网+智能”模式的供热项目。

5.“住改商”：私自改变房屋住宅的使用属性，将住宅改变为商用房。

6.城乡环境综合治理“九大行动”：市容市貌环境治理、农村环境治理、大气污染治理、绿化美化城乡、水环境治理、公共交通综合治理、智慧城市建设、文明城市提升、中央环保督察反馈问题整改专项行动。

7.扶贫保：为贫困户量身打造家庭成员意外伤害保险、大病补充医疗保险、借款人意外伤害保险和优势特色产业保险，重点解决建档立卡贫困人口因意外风险、大病风险等致贫返贫问题。

8.八类案件：对故意杀人、故意伤害致人重伤或者死亡、强奸、抢劫、贩卖毒品、放火、爆炸、投毒罪的总称。

9.安全生产四项约束性指标：事故发生起数、人员受伤率、人员死亡率和直接经济损失。

10.“三不为”：不想为、不敢为、不会为。

11.“走在前、作表率”：2017年6月16日，石泰峰书记在银川市领导干部大会上提出，银川要在创新驱动上走在前、作表率，在脱贫富民上走在前、作表率，在生态建设上走在前、作表率，在银川都市圈建设上走在前、作表率，在提升社会治理水平上走在前、作表率。

12.“两个率先”：在全区率先全面建成小康社会、率先开启全面建设社会主义现代化新征程。

13.“六纵六横”河湖库连通水系：六纵，贺兰山东麓、西干渠西侧自南向北贯穿11座拦洪库，银川市生态景观长廊，北部排水体系潜在缓压线，东环高速交通枢纽带迎宾线，古河道生态产业线，滨河大道旅游观光线。六横，北部排洪线，湖泊湿地退水通道修复线，城区泄洪排水线，东部防洪排水主通道，南部排洪主通道，永宁县防洪排涝主干线。

14.农业绿色发展“五大行动”“三减”计划：“五大行动”，畜禽粪污资源化利用、果菜有机肥替代化肥、秸秆处理、农膜回收和水生生物保护行动；“三减”计划，减少化肥、减少农药、减少除草剂施用量。

15.“两化”融合：以信息化带动工业化、以工业化促进信息化。

16.“新零售”：企业以互联网为依托，通过运用大数据、人工智能等先进技术手段，对商品的生产、流通与销售过程进行升级改造，重塑业态结构与生态圈，并对线上服务、线下体验以及现代物流进行深度融合的零售新模式。

17.“银川故事”“新丝路驿站”：在国内以重点旅游城市、年接待500万游客以上景区为主，布局“银川故事”宣传营销中心；在丝绸之路沿线国家布局“新丝路驿站”银川国际旅游推广中心。

18.“一核三业五谷”：“一核”，大数据产业核；“三业”，智慧服务业、智慧制造业和智慧文旅业；“五谷”，智慧制造谷、智慧生命谷、智慧服务业谷、智慧文旅谷、智慧能源谷。

19.“城市矿产”：指工业化和城镇化过程中产生和蕴藏于废旧机电设备、电子产品、金属和塑料包装物以及废料中，可循环利用的资源。

20.“十大产业”：高端装备制造业、新材料、新能源、现代纺织、葡萄酒产业、现代服务业、文化旅游、现代物流、新能源汽车产业和生命健康。

21.“五个一”项目推进机制：一个重点项目、一套工作班子、一个实施方案、一套验收标准、一套考核办法。

22.“五项人才工程”：优秀人才开发、后备人才成长、专业技术人才梯次培养、“凤城系列”人才培养、“银川工匠”应用型人才培养工程。

23.“双随机一公开”：在监管过程中随机抽取检查对象，随机选派执法检查人员，抽查情况及查处结果及时向社会公开。

24.“六个精准”：扶贫对象精准、项目安排精准、资金使用精准、措施到户精准、因村派人精准、脱贫成效精准。

25.“五个一批”：发展生产脱贫一批、易地扶贫搬迁脱贫一批、生态补偿脱贫一批、发展教育脱贫一批、社会保障兜底一批。

26.“八个专项行动”：特色产业增收脱贫、“两个稳定就业”脱贫、科技兴农富农、行业和社会救助扶贫、金融扶贫、精神脱贫、社会保障兜底、全国脱贫攻坚示范区创建行动。

27.“同舟计划”：根据建筑行业特点、保障建筑业职工工伤保险权益而专门出台的政策。

28.“两票制”：药品从药厂卖到一级经销商开一次发票，从经销商卖到医院再开一次发票，减少流通环节的层层盘剥，并且每个品种的一级经销商不得超过2个，进一步降低药品虚高价格，减轻群众用药负担。

29.“三大生态经济廊道”：沿黄河、沿贺兰山东麓、沿艾依河生态经济廊道。

30.现代农业“三大体系”：产业体系、经营体系和生产体系。

31.“三权分置”：所有权、承包权、经营权三权分置。

32.“两处理、两改造”：垃圾处理、污水处理和改造厨房、改造厕所。

33.“雪亮工程”：以县、乡、村三级综治中心为指挥平台、以综治信息化为支撑、以网格化管理为基础、以公共安全视频监控联网应用为重点的“群众性治安防控工程”。

34.“红船精神”：开天辟地、敢为人先的首创精神，坚定理想、百折不挠的奋斗精神，立党为公、忠诚为民的奉献精神。

银川市2018年国民经济和社会发展计划

银川市发展和改革委员会

一、总体思路及主要预期目标

2018年是全面贯彻落实党的十九大精神的开局之年，是改革开放40周年，也是实施“十三五”规划承上启下的关键一年，全市经济社会发展的总体思路是：深入贯彻落实党的十九大、中央经济工作会议、自治区第十二次党代会和市委十四届四次、五次全会精神，按照“绿色、高端、和谐、宜居”城市发展理念，牢固树立首府责任、首府标准、首府担当，坚持以供给侧结构性改革为主线，大力实施创新驱动、脱贫富民、生态立市、乡村振兴发展战略，聚焦“扩总量、提质量、聚动能、激活力”，不断推动全市经济发展质量变革、效率变革、动力变革，奋力开创“两个率先”新局面。

2018年国民经济和社会发展主要目标预期如下：地区生产总值增长8.0%左右；规模以上工业增加值增长8.0%左右；全社会固定资产投资增长8.0%左右；社会消费品零售总额增长8.0%左右；地方财政一般公共预算收入增长7.0%左右；城乡居民人均可支配收入分别增长7.5%和8.0%；城镇登记失业率控制在4.0%以内；居民价格消费指数控制在3.0%以内；能源消耗总量和强度“双控”指标、化学需氧量排放量、二氧化碳排放量、二氧化硫排放量、安全生产五项控制指标全面下降，亿元地区生产总值生产安全事故死亡率、煤矿百万吨死亡率均控制在自治区下达的考核目标之内。

为顺利实现上述目标，全市上下要按照市委、政府的统一部署，重点抓好以下工作：

二、主要任务

(一)坚持绿色发展，改善生态环境，建设天蓝地绿水美的美丽银川。深入实施“生态立市”战略，加大生态环境保护，推动绿色发展。一是抓好环境问题整治。抓好大气污染防治。全部拆除20蒸吨以下燃煤锅炉，加快推进“东热西送”一期工程项目，加强对机动车排放不达标污染治理及秸秆焚烧环境监管，推动城市空气质量改善，力争空气质量优良天数比例达到75%。抓好水污染防治。实施“六纵六横”水网体系建设，新增水域面积5000亩。层层压实河长制。推进“保护母亲河”、“保护艾依河”行动，深化城镇生活污水治理，加快整治城市黑臭水体。抓好土壤污染防治。实施农用地土壤环境分级管理，严格控制农田周边企业“三废”排放，控制农业面源污染，逐步完成老、重工业集中区域污染场地治理修复项目。二是构筑绿色空间。实施银川市西北部区域防洪排涝及湖库水系综合整治工程、艾依河及主干道景观提升等生态绿化工程，植树造林7.74万亩，建设10个小微公园，力争创建国家森林城市。建成6条排水沟入黄截污净化人工湿地，确保全市重点河湖水域面积只增不减、只扩不缩、只退不占。积极开展生态保护补偿试点，构建产权清晰、多元参与、激励约束并重、系统完整的生态文明制度体系。三是加大节能减排力度。落实工业领域减排降碳行动，推进绿色产业、绿色园区发展。大力发展节能环保、清洁生产、清洁能源产业，严控“两高一低”项目准入。加强城市绿道等公共慢行系统建设，推进城市公交和出租车绿色化、低碳化替换。

（二）坚持高端引领，优化经济结构，确保全市经济高质量发展。一是坚持项目带动，扩大经济总量。坚持经济工作项目化，优化投资结构，提高投资效率，促进经济平稳增长。做大项目盘子。聚焦十九大后国家、自治区的政策走向，围绕自治区"三大战略""银川都市圈"和"两园三区"建设，谋划编制全市第一批建设项目1033个，总投资3962亿元，年度计划投资1692亿元。突出抓好重点项目建设。大力推进自治区在银实施重点项目、60大庆项目进度，实施石墨烯改性三元材料、银川紧急救援中心等100个市级重点项目建设。多措并举争取资金。积极对接，跑部进厅，争取更多的项目挤进国家、自治区投资计划。规范"PPP"等融资模式，引进撬动更多社会资本参与项目建设。同步对接城投债、项目收益债、短融等模式，为重大项目建设提供多元化的资金支持。激发民间资本活力。围绕"两园三区"建设，在产业扶持、要素保障、项目落地、人才引进等方面出台更优惠的政策，吸引央企、民营企业来银投资，完成自治区下达的目标任务。二是加快转型升级，提升经济质量。以推进供给侧结构改革为主线，坚持传统产业"存量提升"和新兴产业"增量培育"并举。优化园区发展布局。以"两园三区"建设为重点，构建"一县一园，一园多区"各有特色的发展格局，做强主业，提质增效。重点发展"十大产业"。高端装备制造业，深入对接《中国制造2025》，推进智能制造、智能仪表等产业项目。现代纺织产业，依托国家智慧型纺织基地建设，培育2–3个高端品牌，推动科技时尚绿色纺织集群发展。新材料产业，实施天通蓝宝石二期、隆基硅二期等项目建设。新能源产业，实施宝丰光伏二期、德润葡光互补等项目。新能源汽车产业，实施比亚迪云轨生产基地、纯电动客车生产基地、纯电动乘用车生产基地项目。现代服务业，推动研发设计、金融贸易、商务咨询、数字创意、知识产权服务等生产性服务。加快电子商务和实体零售的协调发展，持续放大"消费在银川"品牌效应。依托丝路经济园，放大阅海湾中央商务区辐射带动功能，着力发展金融保险、总部经济等现代服务业，打响"丝路明珠·魅力银川"城市品牌。现代物流产业，实施"互联网+"流通行动计划，完善冷链物流体系，加快智慧物流、标准化配送和追溯体系建设，打造西北地区物流枢纽。文化旅游产业，抓好国家文化消费试点城市建设，创建特色文化产业示范基地。加快西夏王陵申遗，推进长城神秘西夏文创园、天山·海世界一期等重点项目建成投入运营，创建全域旅游示范区。生命健康产业，加快推进滨河生命谷、宝丰健康城等项目建设，支持互联网医院蓬勃发展。葡萄酒产业，充分发挥银川产业技术研究院科技引领推广作用，设立葡萄产业发展基金，实施品牌创优战略，新增酿酒葡萄种植基地面积6000亩，全力打造中国葡萄酒之都。三是强化创新驱动，聚集发展动能。积极搭平台、建机制、引人才、优服务，着力创建国家创新型城市。加快推进科技创新平台建设。依托银川中关村创新创业科技园，引进聚集一批创新型企业，集聚高端创新要素，打造北京—银川协同创新示范区。增强企业自主创新能力。强化企业技术创新主体地位，实施重点和重大科技创新项目60个。实施更具吸引力的人才集聚政策，引进和培养一批具有国际水平的战略科技人才、科技领军人才、青年科技人才和高水平创新团队。加大科技成果转化。依托银川产业技术研究院，加强与国内外知名大学、科研院所、科技型企业的创新合作，让银川成为科学技术的试验田、科技成果的转化地。抢抓国家军民融合发展战略机遇，加大与军工集团对接，争取引进国防科工等军民融合项目落户银川。四是推进改革开放，激发发展活力。深入推进重点领域改革。深化"放管服"改革，建设"24小时自助服务终端"，推动实体大厅与网上大厅融合发展，全面推进"不见面，马上办"的审批模式，力争80%进厅事项网上办理。稳步推进行政综合执法改革。深化推进商事制度改革，放宽服务业准入限制，加快要素价格市场化改革，完善市场监管体制。深化金融改革，争取国家进出口银行在银设立分行，新三板新增挂牌企业8家。加快建立葡萄酒、新能源汽车、羊绒等产业发展引导基金。规范政府举债行为，强化金融风险防范。继续深化农村集体产权制度改革，加快推进银川农村产权交易服务中心建设。落实第二轮土地承包到期后再延长三十年政策。深化国企改革，支持非公有制经济依法进入更多领域，开展混合所有制企业员工持股试点工作。推动形成全面开放新格局。积极融入"一带一路"建设，让中国企业、中国制造"在银川聚合，去中东中亚"，深化与沿线国家和地区务实合作，推动产品、品牌、技术、产能走出去。全力建设“两园三区”等开放新平台,吸引国内外先进生产要素向银川流动。加快推进对外开放通道建设,加快建立银川与国内主要城市空中快线,增加至宁波、苏州等长三角直飞航班,增开至卡塔尔多哈、韩国仁川直达航线。着力推动银川至德黑兰国际货运班列常态化运行,加快推进银川公铁物流园海关监管区等项目建设,申建铁路一类口岸,全力打造国家级多式联运物流示范区。加快跨境电商园区和海外仓建设。

(三)坚持和谐共享,注重以民为本,满足群众美好生活向往和期盼。全力解决全市人民最关心最直接最现实的利益问题,努力补齐影响群众生活品质短板,让城市更加宜居、社会更加和谐、人民生活更加幸福。一是全力办好惠民利民实事,继续办好20件民生实事,推进棚户区、老旧小区改造,筹集棚户区改造房源8397套,完成10条小街巷改造项目。新建续建中小学、幼儿园20所,启动北师大银川附属学校建设工作。加快实施市妇幼保健院产科大楼、市紧急救援中心等自治区60大庆项目。切实做好民生领域价格监管,确保物价平稳。二是扎实开展精准扶贫脱贫。注重扶贫同扶志、扶智相结合,开展产业扶贫、金融扶贫、精神脱贫等“八个专项行动”,完成8535名建档立卡贫困群众脱贫销号,16个贫困村脱贫摘帽,移民收入增长10%。三是大力实施富民工程。大力发展就业容量大的中小微企业、劳动密集型企业,培育群众能参与、得实惠的增收致富产业。大规模开展职业技能培训,做好重点群体就业工作,新增城镇就业4.5万人,转移农村劳动力就业8万人。四是加强社会保障体系建设。继续做好城乡居民社会养老、医疗保险等参保扩面工作。实施社会治理提升工程,加强“平安银川”建设,协调推进综治、禁毒、安全生产、应急保障、信访维稳、民族团结、双拥共建等工作。

(四)坚持宜居共建,统筹区域发展,提升一体化水平。主动引领银川都市圈建设,深入实施“乡村振兴”战略,拓展新空间,提升宜居度。一是大力推进银川都市圈建设。配合自治区抓好银西、包银高铁、乌银高速公路、国际航空港综合枢纽等重大项目建设,打通石嘴山-银川-青铜峡、艾依河至沙湖旅游快速通道,推进都市圈公交一卡通,加快构建银川、石嘴山、吴忠、宁东一体化发展格局。二是实施乡村振兴战略。坚持农业农村优先发展,加快推进农业农村现代化。深入推进农村集体产权制度,保障农民财产权益,壮大集体经济。大力推进城市供热、供排水、天然气向农村延伸,公共服务向农村覆盖,管理功能向农村辐射。加快农村宽带、公路、危房、饮水等设施改造,推进“厕所革命”和环境综合整治。打造一批特色小城镇、美丽乡村和美丽庭院。因地制宜发展葡萄酒、花卉园艺、适水产业、都市创意休闲等特色产业,促进农民增收。三是优化城市功能布局。实施“兴庆率先”“金凤跨越”“西夏突破”,提升主城区集聚辐射功能。协同推进贺兰、永宁与主城区一体化发展,实现“两翼齐飞”。加快灵武市与综保区、滨河新区、宁东联动融合发展。四是统筹推进城乡协调发展。加快推进丝路经济园、中关村双创园基础设施配套、银川火车站综合枢纽、沈阳路向西延伸、文昌街向北延伸、小微公园、城市景观林带绿化等项目建设,夯实城市服务功能。加快特色小镇建设,推进土地、户籍、住房、就业、社会保障等方面制度创新,有序推进农村各项改革和农业转移人口市民化。绿化等项目建设,夯实城市服务功能。加快特色小镇建设,推进土地、户籍、住房、就业、社会保障等方面制度创新,有序推进农村各项改革和农业转移人口市民化。

附件:银川市2018年国民经济和社会发展计划草案主要指标表

附件

银川市2018年国民经济和社会发展计划草案主要指标表

指标名称	2016年完成情况		2017年计划		2017年完成情况		2018年计划建议	
	总量（亿元）	增速（%）	总量（亿元）	增速（%）	总量（亿元）	增速（%）	总量（亿元）	增速（%）
地区生产总值	1617.71	8.1	1747	8.0左右	1803.17	8.0	1962	8.0左右
第一产业	58.61	4.4	62	4.5	61.38	4.2	65	4.5
第二产业	825.61	6.6	885	8.0	908.6	6.5	976	7.5
#规上工业增加值	533.06	8.5	580	8.5	580	8.5	630	8.0左右
第三产业	733.48	10.3	800	9.0	833.18	10.1	921	9.0
全社会固定资产投资	1723.31	11.8	1895	10.0左右	1719.05	1.4	1857	8.0左右
社会消费品零售总额	514.19	7.7	555	8.0	562.31	9.4	607	8.0左右
公共财政预算收入	173.20	13.0	186	7.5左右	177.46	9.2	190	7.0左右
城镇居民人均可支配收入(元)	30478	7.8	32916	8.0左右	32981	8.2	35455	7.5左右
农村居民人均可支配收入(元)	12037	8.0	13060	8.5左右	13087	8.7	14134	8.0左右

注：公共财政预算收入增速按可比口径计算。

关于2017年银川市及市本级预算执行情况和2018年银川市及市本级预算草案的报告

——2018年1月11日在银川市第十五届人民代表大会第二次会议上

银川市财政局

各位代表:

受市人民政府委托,现将2017年银川市及市本级预算执行情况和2018年银川市及市本级预算草案的报告提请大会审查,并请市政协委员和其他列席会议的同志提出意见。

一、2017年全市及市本级预算执行情况

2017年,在市委的坚强领导下,全市认真贯彻执行中央、自治区各项决策部署和市第十五届人大第一次会议的各项决议,坚持稳中求进工作总基调,坚持"绿色、高端、和谐、宜居"城市发展理念和"走在前、作表率"的总要求,抢抓机遇,顽强拼搏,财政发展改革取得新进展,预算完成情况较好。

(一)一般公共预算执行情况

1.全市一般公共预算执行情况。2017年全市全口径一般公共预算收入434.25亿元。其中:自治区转移支付收入162.29亿元;地方一般公共预算收入177.46亿元,完成年度预算任务的100.7%,同口径增长9.2%。地方一般公共预算总支出434.25亿元。其中:地方一般公共预算支出342.67亿元,同比增长3.5%。

银川经济技术开发区本级一般公共预算总收入16.37亿元。其中:一般公共预算收入完成11.42亿元,完成年初预算的120.12%,同口径下降7.63%;上级转移支付收入1.68亿元;调入稳定调节基金1.14亿元;上年结余结转0.06亿元;一般债务转贷收入2.07亿元。银川经济技术开发区本级一般公共预算总支出16.37亿元。其中:一般公共预算支出完成11.67亿元,专项上解支出0.27亿元,一般债务还本支出2.07亿元,安排预算稳定调节基金1.99亿元,年终结余0.37亿元。

2.市本级一般公共预算执行情况。2017年市本级一般公共预算总收入212.94亿元。其中:自治区转移支付收入84.58亿元,一般公共预算收入86.70亿元,为年初预算的102.5%,同口径增长11.3%。市本级一般公共预算总支出212.94亿元。其中:一般公共预算支出145.33亿元,为变动预算的99.9%,同比增长0.4%。

(二)政府性基金预算执行情况

1.全市政府性基金预算执行情况。全市地方政府性基金总收入89.22亿元。其中:政府性基金收入42.79亿元,同比下降20.6%,上级转移支付收入0.80亿元。全市地方政府性基金预算总支出89.22亿元。其中:政府性基金支出48.73亿元,同比下降25.2%。

银川经济技术开发区政府性基金预算收入0.43亿元,上年结余收入0.60亿元。政府性基金预算支出1.03亿元。

2.市本级政府性基金预算执行情况。2017年市本级政府性基金预算总收入45.83亿元。其中:政府性基金预算收入25.48亿元,上级补助收入0.69亿元。政府性基金预算总支出45.83亿元。其中:政府性基金支出15.71亿元,补助下级支出14.45亿元。

(三)地方政府债券预算执行情况

自治区转贷全市地方政府债券105.40亿元。其中市本级40.70亿元,市辖三区11.76亿元,两县

一市52.94亿元。

自治区转贷市本级地方政府债券40.70亿元，其中：新增债券7亿元，地方政府置换债券33.70亿元。

（四）国有资本经营预算执行情况

市属企业国有资本经营预算收入1378万元，主要是国有企业上缴的国有资本经营收益。当年无支出，全部结转下年度使用。

（五）社会保险基金预算执行情况

社会保险基金总收入90.30亿元，社会保险基金总支出89.79亿元。社会保险基金滚存结余56.28亿元。

（六）需要说明的情况

1.因地方政府置换债券增加，经市人大常委会审查批准，调整市本级一般公共预算支出17.21亿元，用于安排职工生育保险基金财政补贴及机关事业单位养老保险财政兜底等项目支出。

2.因预算执行中需要对年初预算进行调整，经市人大常委会审查批准，将产业基金5亿元、科技投资基金2亿元进行调整，专项用于支柱产业扶持和智慧城市建设。

3.按照《预算法》的规定，将当年一般公共预算超收2.14亿元全部转入预算稳定调节基金。在以后年度动用安排平衡预算。

4.上述预算收支情况为快报统计数，最终执行结果待决算完成后，向市人大常委会报告。

二、2017年落实市人大决议和主要财政工作情况

（一）切实保障重点项目实施。整合各类资金47.79亿元，集中财力支持全局性、基础性、战略性重大项目，确保“两园三区”等开放载体建设。保障花博会、儿童医院等31个重点项目实施。积极推进“东热西送”、综合环境整治、棚户区改造等民生项目建设，为实现经济社会又好又快发展提供坚强支撑。

（二）积极推进创新转型发展。统筹支出29.54亿元，积极推进创新驱动战略，支持发展新经济、新产业、新业态，切实推进“传统产业提升工程”“特色产业品牌工程”“新兴产业提速工程”“现代服务业提档工程”。

强化科技创新引领。支出4.75亿元，支持创新科技服务体系建设，促进院所合作提档升级，推进重大科技成果落地和科技成果转化。促进传统产业提质增效。支出5.41亿元，支持实体经济发展，鼓励企业技术创新、扩大规模，推动传统产业向高端化、智能化、绿色化方向发展。促进农业农村现代化。支出4.03亿元，重点支持发展“三精”特色优势产业，积极推进现代农业产业体系、生产体系、经营体系建设，支持绿色示范农业和高新技术农业发展，不断提升农业产业化水平。积极推进实施农业综合开发项目，对4.35万亩中低产田实施土地治理、盐碱地骨干沟渠排水改造工程，促进农业增效、农民增收、农村稳定。促进现代服务业创新发展。支出1.86亿元，支持培育现代商贸、现代物流、商务会展、创意产业等新兴服务业；支持构筑高增长、多层次、广就业、强带动的现代服务业体系。搭建金融机构与实体经济合作平台，将38.78亿元政府性存量资金以竞争性存储方式投放金融机构，支持实体经济发展。增强国有资本引领作用。注入资本金13.49亿元，支持国有资本运营公司提升和壮大创新发展的能力，促进和培育新兴产业发展。

（三）切实保障改善民生。统筹支出119.19亿元，占一般公共预算支出的82.0%。着力优化结构、整合资源、突出重点，补齐民生短板，提高民生保障水平和质量，促进社会公平正义和社会和谐稳定。

突出教育优先均衡发展。支出5.24亿元，积极落实教育惠民政策，巩固义务教育经费保障机制。实施民办幼儿园政府购买服务政策，促进民办学前教育、小学教育、初中教育和高中教育均衡发展，完善支持职业教育发展政策，支持和改善职业教育办学条件，加大教师培训及教育质量评价经费保障，培养高素质教师队伍，提升教师素质和教育质量。全力提升医疗保障水平。支出7.86亿元，深入推进医疗卫生体制改革，取消药品加成，完善薪酬制度，理顺医药服务价格，扩大医疗服务供给，推进三级诊疗服务体系建设，促进优质医疗资源下沉。统筹城乡居民医保，提高财政补助标准，完善医疗救助和大病医疗保障机制，促进医疗服务水平和质量不断提升。着力发展和改善民生。支出9.14亿元，完善城镇职工基本养老保险和城乡居民基本养老保险制度，全面落实困难群体救助、复退军人安置、特

困人员供养、城市低收入群体救助及城乡医疗救助等政策。积极落实购买公益性岗位、三支一扶等就业扶持政策，全年购买6263个公益性岗位，切实解决结构性就业矛盾，加快推进基本公共服务均等化。力促脱贫攻坚见实效。支出1.63亿元，加大对异地搬迁移民安置基础设施投入，完成半子沟村移民整体搬迁任务；创新生态移民财政投入机制，建立扶贫项目生产经营投入分红增收机制，增强贫困地区和贫困群众自我发展能力，提高村集体和贫困户收入。促进公共文体事业繁荣发展。支出1.88亿元，促进公共文化体制改革，提升公共文化服务水平，支持"四送六进·文化惠民""书香银川"等特色文化活动和"丝绸之路"银川国际马拉松赛等群众体育活动。促进银川全域文化旅游建设，支持举办花卉博览会、TMF智慧城市峰会、亚洲都市景观颁奖大会，丰富群众文体生活，展示银川人文魅力。扎实推进绿色发展。支出6.23亿元，加大综合环境整治力度，重点支持贺兰山东麓环境综合整治、黑臭水体治理、燃煤锅炉拆除和污水处理升级改造，不断提升环境质量，满足人民期盼优美生态环境需要。着力保障社会和谐稳定。支出5.49亿元，支持防灾救灾减灾能力建设，保障肉菜储备和粮油储备，确保市场供应，切实维护生活必需品价格基本稳定。推进食品药品监管，确保群众食药安全。加大治安防控体系建设，严密防范和依法打击各类违法犯罪活动，确保人民群众生命财产安全和社会和谐稳定。

（四）深入推进财政体制机制改革。落实积极的财政政策。全面落实国家、自治区促进小微企业发展税费五项优惠政策，全年税收优惠减免4370家企业，优惠减免税额7亿元，取消或停征41项行政事业性收费，切实减轻企业生产经营负担，促进企业创新发展，激发实体经济的内生动力。改善政府采购机制，规范政府采购行为，制定支持中小企业发展的倾斜性政策，创造支持中小企业发展的良好环境。积极推动财政改革创新。实施金融强市战略，大力推广政府和社会资本合作（PPP）模式，积极推进财税库银联网一体化服务体系建设，进一步简化办事流程，提升财政服务效能。强化预算管理严控债务风险。积极推进"预算编制有目标、预算执行有监控、项目完成有评价、评价结果有反馈、反馈结果有应用"的全流程预算管理，切实提高财政资金的使用效益。建立债务责任追究机制，以红线意识、红线思维和红线制度，严格防范和控制政府债务风险，避免发生区域性系统性行业性债务风险。狠抓财政制度体系建设。围绕建立"科学、规范、务实、精细"的工作机制，先后制定出台了《关于进一步规范财政预算资金管理的通知》《加强地方政府性债务管理的意见》《银川市行政事业单位固定资产盘亏处置管理办法》等11个规范性文件和制度，切实增强预算约束力，提高财政管理水平和财政资金使用效益。开展涉农资金专项整治行动，推动涉农惠农项目依规实施。严把政府投资项目评审关口，完成政府投资项目结算审核168个，节约政府投资3.4亿元，资金节约率11.0%。加强和公开"五项"经费管理，全年"五项"经费支出3524.97万元，同比下降40.0%。认真办理议案、建议和提案，积极听取和吸纳代表委员提出的意见建议，进一步改进财政工作。

各位代表，2017年在财政收入增幅回落、收支平衡难度加大的情况下，财政预算执行总体基本平稳，各项财政改革发展工作取得了新进展。同时，我们也清醒地认识到，财政运行仍面临不少困难和问题，主要表现在：财政收入增速回落，增收空间收窄，中低速增长趋势明显，非税收入占比偏高；财政刚性支出增长较快，收支矛盾更加突出；债务负担重，债务偿还压力较大；预算暂付资金偏高，财政资金可调度空间较小，资金使用效益有待提高。我们一定高度重视这些问题，坚定不移、倾尽全力加快税源建设，尽快扭转财政拮据状况，推动银川经济快速发展。

三、2018年财政预算草案

2018年全市财政预算编制和财政工作的指导思想是：以习近平新时代中国特色社会主义思想为指导，深入贯彻党的十九大、自治区第十二次党代会、市委十四届四次、五次全体会议精神，全面落实中央、区市经济工作会议各项决策部署，坚持"绿色、高端、和谐、宜居"城市发展理念，进一步深化财政改革，继续实施积极的财政政策，加大财政资金统筹使用力度，盘活存量，用好增量，优化结构，提高绩效；坚持厉行节约，过紧日子，重点保障基本民生支出，从严控制一般性支出；加强政府债务管理，有效防范财政风险；以新时代新气象新作为，喜迎自治区成立60周年，奋力开创“在全区率先全面建成小康社会、率先开启全面建设社会主义现代化新征程”的新局面。

2018年全市财政预算编制的原则是：一是坚持“保基本、保运转、保民生、保重点”原则；二是坚持“注重支出质量，强化预算绩效”原则；三是坚持“教育优先，环境优先，民生优先”原则；四是坚持“集中财力办大事、办实事”原则；五是坚持“改革创新、厉行节约、公开竞争”原则。

（一）一般公共预算草案

1.全市一般公共预算安排草案。全市一般公共预算总收入271.40亿元。其中：全市一般公共预算收入安排188.64亿元，自治区转移支付收入72.59亿元；调入预算稳定调节基金6.54亿元；上年结余3.63亿元。据此，全市一般公共预算总支出271.40亿元。其中：全市一般公共预算支出263.62亿元，上解自治区支出7.45亿元，债务还本支出0.33亿元。

银川经济技术开发区一般公共预算总收入15.14亿元。其中：一般公共预算收入安排12.60亿元，比上年快报完成增长10.4%。上级补助收入0.26亿元，上年结余0.37亿元，调入预算稳定调节基金1.91亿元。据此，一般公共预算总支出15.14亿元。其中:一般公共预算总支出14.79亿元，专项上解支出0.35亿元。一般公共预算收支平衡。

2.市本级一般公共预算安排草案。市本级一般公共预算总收入130.85亿元。其中：一般公共预算收入安排90.69亿元，自治区转移性补助收入36.96亿元，上年结余0.20亿元，调入预算稳定调节基金3亿元。据此，一般公共预算总支出130.85亿元。其中：市本级一般公共预算支出123.32亿元，转移辖区支付6.83亿元，上解自治区支出0.70亿元。一般公共预算收支平衡。

（二）政府性基金预算安排草案

1.全市政府性基金预算。全市政府性基金预算总收入66.85亿元。根据收支平衡原则，安排全市政府性基金预算总支出66.85亿元。

银川经济技术开发区政府性基金预算收入0.81亿元。根据收支平衡原则，安排政府性基金预算支出0.81亿元。

2.市本级政府性基金预算草案。市本级政府性基金预算总收入46.12亿元，其中:市本级政府性基金预算收入46亿元,自治区转移支付收入0.12亿元。据此，安排市本级政府性基金预算支出46.12亿元。

3.国有资本经营预算安排。按照有关规定，2018年市本级国有资本经营预算收入安排0.44亿元，上年结余结转收入0.14亿元。国有资本经营预算支出0.58亿元。

4.社会保险基金预算安排。全市社会保险基金收入预算安排102.09亿元，增长13.1%。全市社会保险基金支出预算安排112.59亿元，增长25.4%。滚存结余37.18亿元。

（三）市本级重大支出政策及预算安排

1.以创新驱动为突破，着力培育新的经济增长极。安排11.77亿元，大力实施创新驱动发展战略，探索建立适应不同类型科研项目特点的财政支持机制，落实工业奖励资金，发挥市场主体作用，设立产业引导基金、投资基金、担保基金等产业发展基金，重点支持现代高端制造业、葡萄酒产业、石墨烯、新能源汽车等“十大产业”发展。促进科技与金融有机结合，支持新三板上市企业发展。吸引更多社会资金、金融资本支持科技成果转化。支持与知名大学、科研院所等创新合作，引进和培育国际水平的战略科技人才、领军人才和高水平创新团队，推动高质量发展。

2.以脱贫富民为重点，着力提升群众获得感和幸福感。安排5.37亿元。重点支持产业扶贫、残疾人就业扶贫、教育扶贫、职业培训和易地扶贫搬迁等工作，进一步聚焦贫困地区和贫困人口，支持贫困地区加快发展，坚决打赢脱贫攻坚战。全力支持实施乡村振兴战略，促进农村一二三产业融合发展。加快推进现代物流业、现代农业发展，重点扶持新品种、新技术推广应用。

3.以绿色发展为核心，着力推进美丽银川建设。安排13.80亿元。全面落实生态立市战略，推进绿色低碳发展，大力支持绿色交通，推广秸秆综合利用，继续支持燃煤锅炉拆除、“东热西送”等项目实施，打好大气污染防治攻坚战。加大污水治理和饮水安全保障力度，深入推进贺兰山生态保护、黑臭水体治理，美化城乡环境。坚守生态红线，支持环保设施改造、环境监测能力建设，创建“天蓝、山青、水秀、景美”的生态文明城市。

4.以民生保障为根本,着力满足人民美好生活需求。安排20.68亿元。支持教育优先发展。实施京银"首都带首府"教育合作交流项目,建设北师大银川学校,推进优质教育资源提标扩面。改扩建一批普惠性幼儿园和中小学校,支持农村教育发展,促进教育资源均衡配置、均衡发展。促进健康银川建设。推动现代医疗卫生服务发展,加强基层医疗卫生服务和公共卫生体系建设,支持专科医院建设,提高基本医疗保障质量和水平。落实国家社会保障救助政策,增加城乡居民收入,完善特困人员救助供养政策,支持残疾人事业和社会养老服务体系建设。完善就业创业援助制度,实施就业扶助计划,落实创业优惠政策,促进创业创新发展。促进文旅事业发展。深化文化体制改革,支持优秀文艺创作、文化品牌创建。全面推进文化惠民工程,完善公共文化标准化、均等化服务体系。支持全域旅游项目建设,推动"丝路明珠"旅游观光塔、长城影视、天山海世界等"新景点"建设,打造"丝路明珠、魅力银川"城市旅游品牌。

5.以平安和谐为目标,着力巩固安定团结良好局面。安排6.05亿元,深入开展"七五"普法宣传教育,支持公安消防设施建设,强化食品药品监督和安全生产监管,推进应急体系建设,做好应急物资储备和突发事件应急处置,切实维护民族团结宗教和顺,社会和谐稳定,确保人民安居乐业。

6.以"两园三区"为动力,着力促进区域协调发展。安排20.16亿元。全力支持大项目带动产业大发展新型发展模式,推动政策集成、资金聚集、资源整合。充分发挥政府投资对社会投资的引领带动作用,大力推广应用PPP合作模式,吸引社会资本,重点支持"丝路经济园""创业创新园"开发建设,支持滨河新区、银川综合保税区、银川经济技术开发区产业集群发展,支持工业园区融合发展,确保自治区60大庆项目、市政府重点项目和棚户区改造、水系连通等基础设施建设。加快推进银川对外开放发展,支持拓宽陆路、空中、网上三大对外通道建设,吸引国内外先进生产要素向银川流动,推动更高层次开放型经济发展,促进银川都市圈建设发展。

7.牢固树立过"紧日子"思想,从严控制一般性财政支出。安排28.39亿元。一是安排16.39亿元,足额保障机关事业人员(含离休人员)工资支出;二是安排机关单位基本运行及职业年金8亿元;三是安排改革预留资金4亿元,重点保障机关事业单位养老保险制度改革;四是严格控制一般性支出,除重大改革性支出外,原则上一律不调整追加预算。

8.预备费安排3亿元,占市本级一般公共预算支出的2.4%。

四、振奋精神,凝心聚力,全力实现财政工作新跨越

2018年是深入贯彻落实党的十九大精神的开局之年。财政工作将认真执行中央、自治区各项战略部署,在市委的坚强领导下,坚持稳中求进的工作总基调,落实"宏观政策要稳、产业政策要准、微观政策要活、改革政策要实、社会政策要托底"的总体思路,进一步深化财政改革,优化支出结构,增加财政有效供给,促进实现经济持续健康发展和社会和谐稳定。

(一)围绕供给侧结构性改革,抓收入育财源激活力

坚持以供给侧结构性改革为主线,落实"四大战略"措施,发挥财政、金融和市场主体作用,激发科技、人才创新活力,不断增强对经济社会发展和财政收入的支撑作用。落实积极的财政政策和产业发展税收优惠和减免政策,着力推进"两园三区"建设,促进十大产业发展。培育新的经济增长极,促进财政收入稳定增长。

(二)深化财政体制机制改革,建制度堵漏洞强责任

改革综合治税机制,实施联合办税、"先税后证"制度,规范征管行为,强化稽查措施,杜绝征管漏洞,确保应收尽收。引入竞争机制,注重效果导向,推进财政资金分配的科学、公正和透明。理顺市与辖区事权责任,调整完善转移制度,探索建立权责清晰、财力总体平衡的市与辖区财政分配关系,促进区域经济协调发展。

(三)创新财政资金投入方式,优结构惠民生助发展

进一步开放公共领域投资,加大推广运用政府与社会资本合作力度,放大投资效应,促进城乡道路基础设施建设、停车场建设、棚户区改造等公共设施建设和公益事业又好又快发展。鼓励社会力量参

与提供公共服务，推进养老服务、学前教育、社区医疗服务健康有序发展，不断提高公共服务供给水平。

（四）建立现代财政管理制度，提质量抓管理增效益

严格执行《预算法》，全面公开预决算，推进法治财政建设，建立现代财政管理制度。探索建立"花钱必问效、无效必问责"的预算绩效管理机制，扩大绩效目标管理范围，实现部门预算支出绩效目标管理全覆盖。硬化预算约束，严格控制预算调整事项，除救灾等应急支出以及重大改革事项外，原则上不再追加预算。加大资金统筹，重点向贫困地区、困难地区倾斜，不断提升资金使用效益。

（五）加强地方政府债务管理，化存量控增量防风险

认真落实"谁举借、谁负责、谁担责"的总体要求，坚持"促发展与防风险"并举，建立健全政府债务管理机制和责任追究倒查机制，以高度的政治责任感，严格控制债务增长。强化债务监管，重点关注融资平台公司、政府购买服务和PPP等政府隐性债务。从严控制政府性债务，完善政府性债务风险机制，及时实施风险评估和预警，做到风险事件早发现、早报告、早处置，切实提高政府债务管理水平，坚决制止违法违规举债，确保不发生系统性区域性债务风险。

（六）全面提升财政监督水平，夯基础重规范促高效

坚持依法实施预算监督，强化对财政资金事前、事中、事后全过程监督，推进财政监督制度化、规范化、常态化。主动对接人大预算联网监督平台，不断扩大财政信息公开的范围和内容，广泛接受社会监督。建立健全财政资金管理、政府采购、资产管理、财政监督等制度体系，严格执行专项资金使用规定，加强对政府采购、政府投资、民生项目资金的投资评审，不断提高财政运行效率。

各位代表，2018年是全面贯彻落实党的十九大精神的开局之年，是实施"十三五"规划承前启后的关键一年，也是自治区60大庆重大项目建设年。我们将在市委的坚强领导下，在市人大的监督下，奋发进取，真抓实干，全力以赴落实好本次会议确定的各项工作任务，促进经济平稳健康发展和社会和谐稳定，为奋力实现"两个率先"的任务目标努力奋斗！

中华人民共和国
2017年国民经济和社会发展统计公报[1]

中华人民共和国国家统计局

2018年2月28日

2017年，各地区各部门在以习近平同志为核心的党中央坚强领导下，不断增强政治意识、大局意识、核心意识、看齐意识，深入贯彻落实党的十八大和十八届三中、四中、五中、六中、七中全会精神，认真学习贯彻党的十九大精神，以习近平新时代中国特色社会主义思想为指导，按照中央经济工作会议和《政府工作报告》部署，坚持稳中求进工作总基调，坚定不移贯彻新发展理念，坚持以提高发展质量和效益为中心，统筹推进"五位一体"总体布局和协调推进"四个全面"战略布局，以供给侧结构性改革为主线，统筹推进稳增长、促改革、调结构、惠民生、防风险各项工作，经济运行稳中有进、稳中向好、好于预期，经济社会保持平稳健康发展。

一、综合

初步核算，全年国内生产总值[2]827122亿元，比上年增长6.9%。其中，第一产业增加值65468亿元，增长3.9%；第二产业增加值334623亿元，增长6.1%；第三产业增加值427032亿元，增长8.0%。第一产业增加值占国内生产总值的比重为7.9%，第二产业增加值比重为40.5%，第三产业增加值比重为51.6%。全年最终消费支出对国内生产总值增长的贡献率为58.8%，资本形成总额贡献率为32.1%，货物和服务净出口贡献率为9.1%。全年人均国内生产总值59660元，比上年增长6.3%。全年国民总收入[3]825016亿元，比上年增长7.0%。

图1 2013-2017年国内生产总值及其增值速度

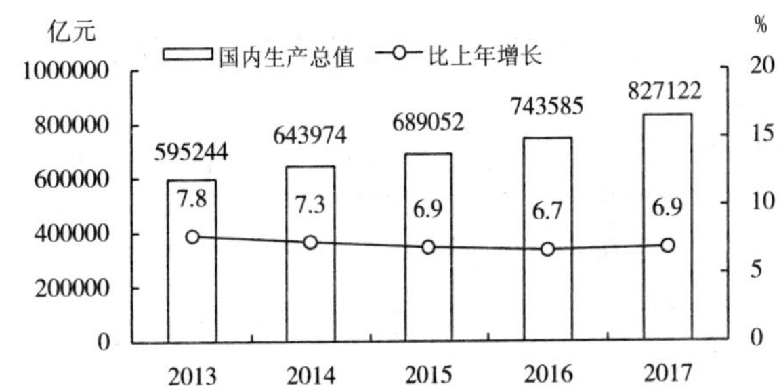

图2 2013-2017年三次产业增加值占国内生产值比重

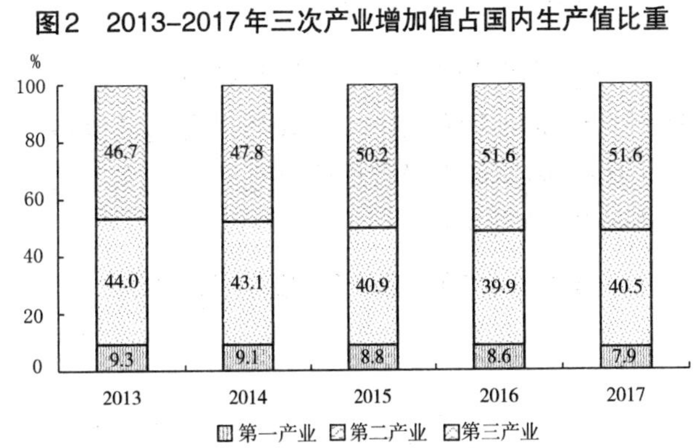

年末全国大陆总人口139008万人，比上年末增加737万人，其中城镇常住人口81347万人，占总人口比重（常住人口城镇化率）为58.52%，比上年末提高1.17个百分点。户籍人口城镇化率为42.35%，比上年末提高1.15个百分点。全年出生人口1723万人，出生率为12.43‰；死亡人口986万人，死亡率为7.11‰；自然增长率为5.32‰。全国人户分离的人口[4]2.91亿人，其中流动人口[5]2.44亿人。

表1　2017年年末人口数及其构成

指　标	年末数(万人)	比重(%)
全国总人口	139008	100.0
其中:城镇	81347	58.52
乡村	57661	41.48
其中:男性	71137	51.2
女性	67871	48.8
其中:0-15岁(含不满16周岁)[6]	24719	17.8
16-59岁(含不满60周岁)	90199	64.9
60周岁及以上	24090	17.3
其中:65周岁及以上	15831	11.4

年末全国就业人员77640万人,其中城镇就业人员42462万人。全年城镇新增就业1351万人,比上年增加37万人。年末城镇登记失业率为3.90%,比上年末下降0.12个百分点。全国农民工[7]总量28652万人,比上年增长1.7%。其中,外出农民工17185万人,增长1.5%;本地农民工11467万人,增长2.0%。

图3　2013-2017年城镇新增就业人数

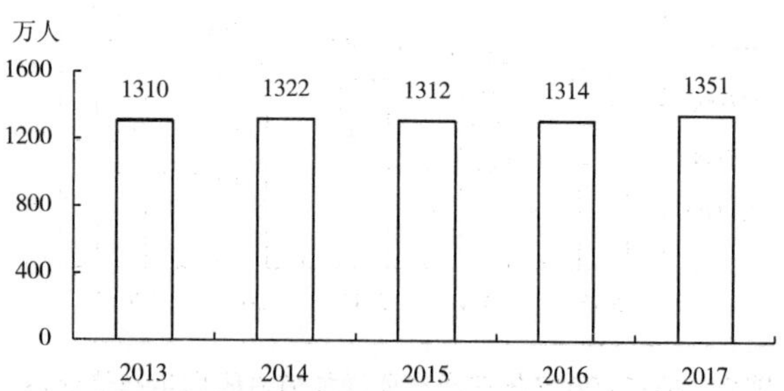

全年居民消费价格比上年上涨1.6%。工业生产者出厂价格上涨6.3%。工业生产者购进价格上涨8.1%。固定资产投资价格上涨5.8%。农产品生产者价格[8]下降3.5%。

图4　2017年居民消费价格月度涨跌幅度

表2　2017年居民消费价格比上年涨跌幅度

单位:%

指　　标	全　国	城　市	农　村
居民消费价格	1.6	1.7	1.3
其中:食品烟酒	-0.4	-0.2	-1.1
衣着	1.3	1.2	1.3
居住[9]	2.6	2.5	2.7
生活用品及服务	1.1	1.0	1.2
交通和通信	1.1	1.0	1.4
教育文化和娱乐	2.4	2.4	2.3
医疗保健	6.0	6.8	4.2
其他用品和服务	2.4	2.5	2.4

12月份70个大中城市新建商品住宅销售价格月同比上涨的城市个数为61个,比1月份减少5个;下降的为9个,增加5个。

图5　2017年新建商品住宅销售价格月同比上涨、下降城市个数变化情况

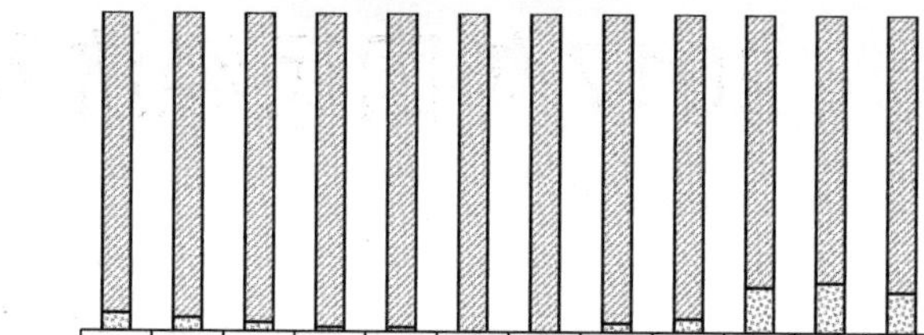

	1月	2月	3月	4月	5月	6月	7月	8月	9月	10月	11月	12月
上涨	66	67	68	69	69	70	70	68	67	60	59	61
下降	4	3	2	1	1	0	0	2	3	10	11	9

年末国家外汇储备31399亿美元,比上年末增加1294亿美元。全年人民币平均汇率为1美元兑6.7518元人民币,比上年贬值1.6%。

图6　2013-2017年年末国家外汇储备

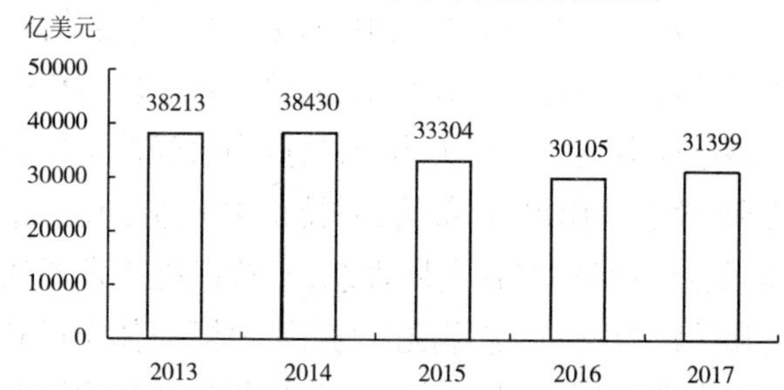

供给侧结构性改革扎实推进。全年全国工业产能利用率[10]为77.0%,比上年提高3.7个百分点。其中,煤炭开采和洗选业产能利用率为68.2%,比上年提高8.7个百分点;黑色金属冶炼和压延加工业产能利用率为75.8%,提高4.1个百分点。年末商品房待售面积58923万平方米,比上年末减少10616万平方米。其中,商品住宅待售面积30163万平方米,减少10094万平方米。年末规模以上工业企业资产负债率为55.5%,比上年末下降0.6个百分点。全年规模以上工业企业每百元主营业务收入中的成本为84.92元,比上年下降0.25元;每百元主营业务收入中的费用为7.77元,下降0.2元。全年生态保护和环境治理业、公共设施管理业、农业固定资产投资(不含农户)分别比上年增长23.9%、21.8%和16.4%。

新动能新产业新业态加快成长。全年规模以上工业战略性新兴产业[11]增加值比上年增长11.0%。高技术制造业[12]增加值增长13.4%,占规模以上工业增加值的比重为12.7%。装备制造业[13]增加值增长11.3%,占规模以上工业增加值的比重为

32.7%。全年新能源汽车产量69万辆，比上年增长51.2%；智能电视产量9666万台，增长3.8%；工业机器人产量13万台(套)，增长81.0%；民用无人机产量290万架，增长67.0%。全年规模以上服务业[14]中，战略性新兴服务业[15]营业收入41235亿元，比上年增长17.3%；实现营业利润7446亿元，增长30.2%。全年高技术产业投资[16]42912亿元，比上年增长15.9%，占固定资产投资(不含农户)的比重为6.8%；工业技术改造投资[17]105912亿元，增长16.3%，占固定资产投资(不含农户)的比重为16.8%。全年网上零售额[18]71751亿元，比上年增长32.2%。其中网上商品零售额54806亿元，增长28.0%，占社会消费品零售总额的比重为15.0%。在网上商品零售额中，吃类商品增长28.6%，穿类商品增长20.3%，用类商品增长30.8%。2016年末全国25.1%的村有电子商务配送站点。

发展质量效益改善。全年全国一般公共预算收入172567亿元，比上年增长7.4%[19]。其中税收收入144360亿元，比上年增加13999亿元，增长10.7%。全年规模以上工业企业实现利润75187亿元，比上年增长21.0%。分经济类型看，国有控股企业实现利润16651亿元，比上年增长45.1%；集体企业400亿元，下降8.5%，股份制企业52404亿元，增长23.5%，外商及港澳台商投资企业18753亿元，增长15.8%；私营企业23753亿元，增长11.7%。分门类看，采矿业实现利润4587亿元，比上年增长2.6倍；制造业66511亿元，增长18.2%；电力、热力、燃气及水生产和供应业4089亿元，下降10.7%。全年规模以上服务业企业实现营业利润23645亿元，比上年增长24.5%。全年全员劳动生产率[20]为101231元/人，比上年提高6.7%。全年制造业产品质量合格率[21]为93.71%。

图7　2013-2017年全国一般公共预算收入

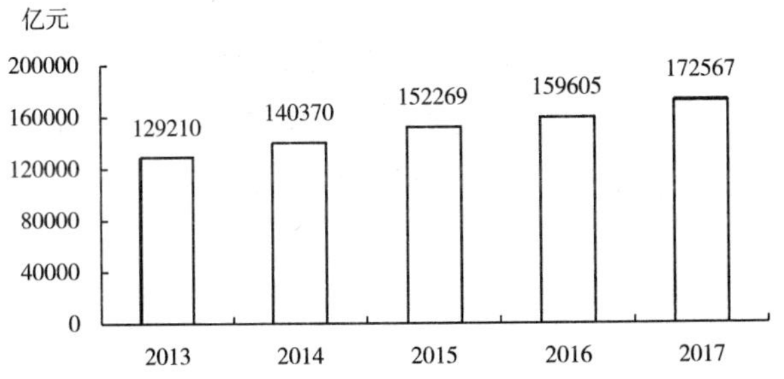

注：图中2013年至2016年数据为全国一般公共预算收入决算数，2017年为执行数。

图8　2013-2017年全员劳动生产率

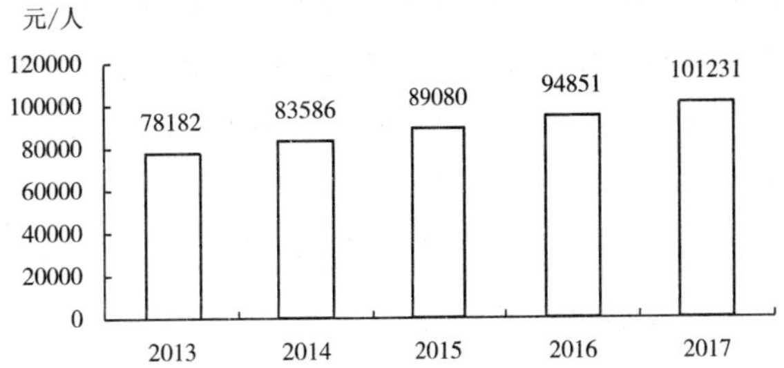

二、农业

全年粮食种植面积11222万公顷，比上年减少81万公顷。其中，小麦种植面积2399万公顷，减少20万公顷；稻谷种植面积3018万公顷，减少0.2万公顷；玉米种植面积3545万公顷，减少132万公顷。棉花种植面积323万公顷，减少12万公顷。油料种植面积1420万公顷，增加7万公顷。糖料种植面积168万公顷，减少1万公顷。

全年粮食产量61791万吨，比上年增加166万吨，增产0.3%。其中，夏粮产量14031万吨，增产0.8%；早稻产量3174万吨，减产3.2%；秋粮产量44585万吨，增产0.4%。全年谷物产量56455万吨，比上年减产0.1%。其中，稻谷产量20856万吨，增产0.7%；小麦产量12977万吨，增产0.7%；玉米产量21589万吨，减产1.7%。

图9　2013-2017年粮食产量

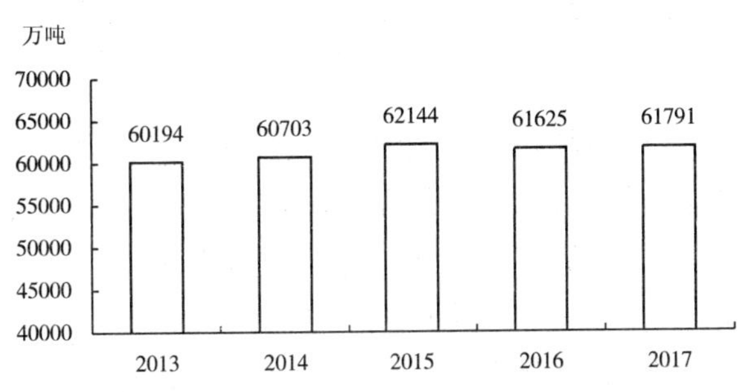

全年棉花产量549万吨，比上年增产3.5%。油料产量3732万吨，增产2.8%。糖料产量12556万吨，增产1.7%。茶叶产量255万吨，增产6.0%。

全年猪牛羊禽肉产量8431万吨，比上年增长0.8%。其中，猪肉产量5340万吨，增长0.8%；牛肉产量726万吨，增长1.3%；羊肉产量468万吨，增长1.8%；禽肉产量1897万吨，增长0.5%。禽蛋产量3070万吨，下降0.8%。牛奶产量3545万吨，下降1.6%。年末生猪存栏43325万头，下降0.4%；生猪出栏68861万头，增长0.5%。

全年水产品产量6938万吨，比上年增长0.5%。其中，养殖水产品产量5281万吨，增长2.7%；捕捞水产品产量1656万吨，下降5.8%。

全年木材产量7682万立方米，比上年下降1.2%。

全年新增耕地灌溉面积109万公顷，新增高效节水灌溉面积144万公顷。

三、工业和建筑业

全年全部工业增加值279997亿元，比上年增长6.4%。规模以上工业增加值增长6.6%。在规模以上工业中，分经济类型看，国有控股企业增长6.5%；集体企业增长0.6%，股份制企业增长6.6%，外商及港澳台商投资企业增长6.9%；私营企业增长5.9%。分门类看，采矿业下降1.5%，制造业增长7.2%，电力、热力、燃气及水生产和供应业增长8.1%。

图10　2013-2017年全部工业增加值及其增长速度

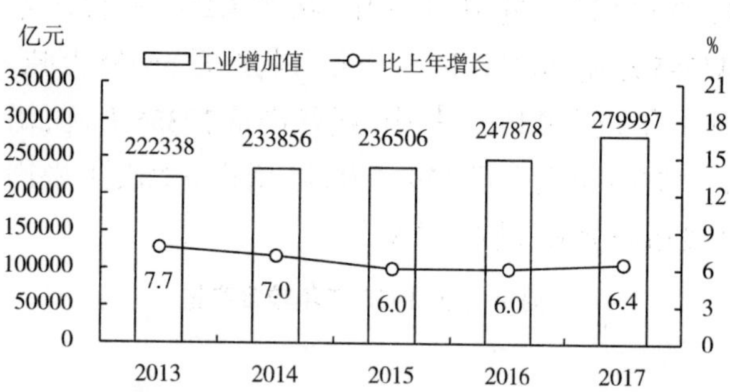

全年规模以上工业中，农副食品加工业增加值比上年增长6.8%，纺织业增长4.0%，化学原料和化学制品制造业增长3.8%，非金属矿物制品业增长3.7%，黑色金属冶炼和压延加工业增长0.3%，通用设备制造业增长10.5%，专用设备制造业增长11.8%，汽车制造业增长12.2%，电气机械和器材制造业增长10.6%，计算机、通信和其他电子设备制造业增长13.8%，电力、热力生产和供应业增长7.8%。六大高耗能行业[22]增加值增长3.0%，占规模以上工业增加值的比重为29.7%。

表3　2017年主要工业产品产量及其增长速度

产品名称	单　位	产　量	比上年增长(%)
纱	万吨	4050.0	8.5
布	亿米	868.1	-4.3
化学纤维	万吨	4919.6	0.7
成品糖	万吨	1470.6	1.9
卷　烟	亿支	23448.3	-1.6
彩色电视机	万台	15932.6	1.0
其中:液晶电视机	万台	15755.9	0.3
家用电冰箱	万台	8548.4	0.8
房间空气调节器	万台	17861.5	24.5
一次能源生产总量	亿吨标准煤	35.9	3.6
原　煤	亿吨	35.2	3.3
原　油	万吨	19150.6	-4.1
天然气	亿立方米	1480.3	8.2
发电量	亿千瓦小时	64951.4	5.9
其中:火电[23]	亿千瓦小时	46627.4	5.1
水电	亿千瓦小时	11898.4	0.5
核电	亿千瓦小时	2480.7	16.3
粗　钢	万吨	83172.8	3.0
钢　材[24]	万吨	104958.8	0.1
十种有色金属	万吨	5501.0	2.9
其中:精炼铜(电解铜)	万吨	897.0	6.3
原铝(电解铝)	万吨	3329.0	2.0
水　泥	亿吨	23.4	-3.1
硫　酸(折100%)	万吨	9212.9	0.9
烧　碱(折100%)	万吨	3365.2	5.1
乙　烯	万吨	1821.8	2.3
化　肥(折100%)	万吨	6184.3	-6.7
发电机组(发电设备)	万千瓦	11830.4	-9.8
汽　车	万辆	2901.8	3.2
其中:基本型乘用车(轿车)	万辆	1194.5	-1.4
运动型多用途乘用车(SUV)	万辆	1004.7	9.9
大中型拖拉机	万台	41.8	-32.4
集成电路	亿块	1564.6	18.7
程控交换机	万线	1240.8	-14.9
移动通信手持机[25]	万台	188982.4	2.2
微型计算机设备	万台	30678.4	5.8

年末全国发电装机容量177703万千瓦，比上年末增长7.6%。其中[26]，火电装机容量110604万千瓦，增长4.3%；水电装机容量34119万千瓦，增长2.7%；核电装机容量3582万千瓦，增长6.5%；并网风电装机容量16367万千瓦，增长10.5%；并网太阳能发电装机容量13025万千瓦，增长68.7%。

全年全社会建筑业增加值55689亿元，比上年增长4.3%。全国具有资质等级的总承包和专业承包建筑业企业实现利润7661亿元，增长9.7%。其中国有控股企业2313亿元，增长15.1%。

图11　2013-2017年建筑增加值及其增长速度

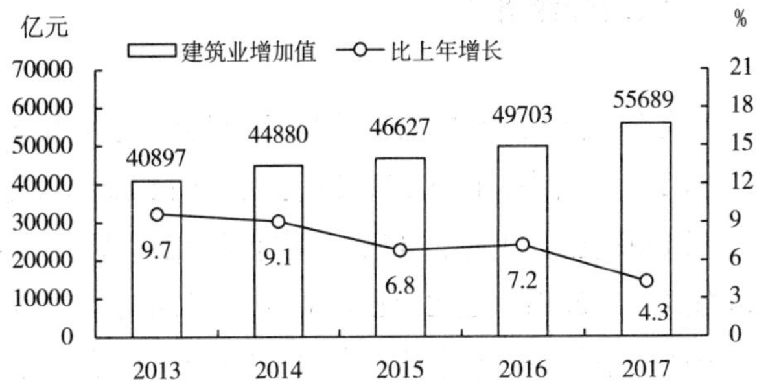

四、固定资产投资

全年全社会固定资产投资641238亿元，比上年增长7.0%[27]。其中固定资产投资（不含农户）631684亿元，增长7.2%。分区域看[28]，东部地区投资265837亿元，比上年增长8.3%；中部地区投资163400亿元，增长6.9%；西部地区投资166571亿元，增长8.5%；东北地区投资30655亿元，增长2.8%。

在固定资产投资（不含农户）中，第一产业投资20892亿元，比上年增长11.8%；第二产业投资235751亿元，增长3.2%；第三产业投资375040亿元，增长9.5%。基础设施投资[29]140005亿元，增长19.0%，占固定资产投资（不含农户）的比重为22.2%。民间固定资产投资[30]381510亿元，增长6.0%，占固定资产投资（不含农户）的比重为60.4%。六大高耗能行业投资64430亿元，下降1.8%，占固定资产投资（不含农户）的比重为10.2%。

图12　2013-2017年三次产业投资占固定资产投资（不含农户）比重

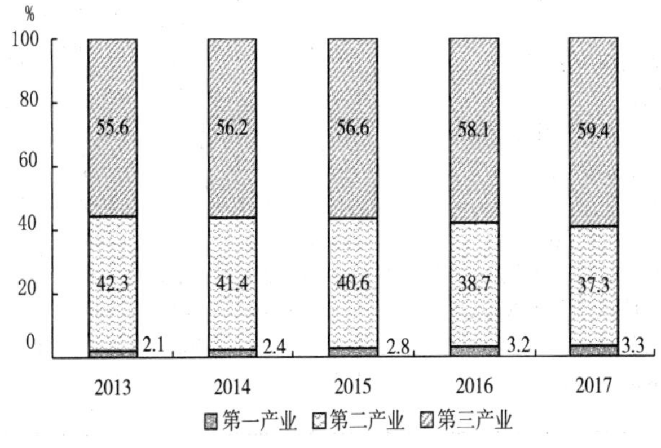

图13　2017年按领域分固定资产投资（不含农户）及其占比

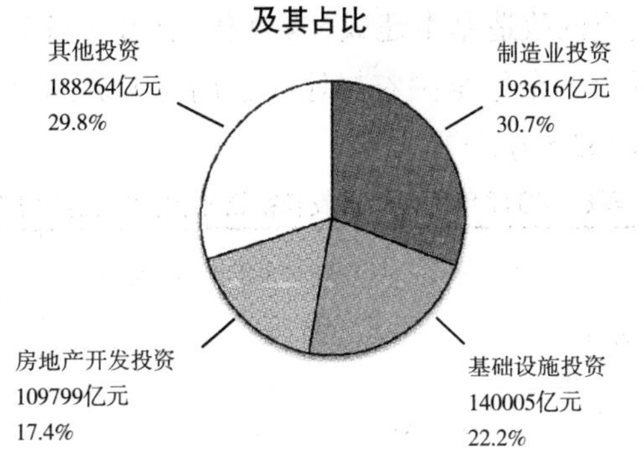

表4　2017年分行业固定资产投资（不含农户）及其增长速度

行　业	投资额（亿元）	比上年增长（%）
总　计	631684	7.2
农、林、牧、渔业	24638	9.1
采矿业	9209	-10.0
制造业	193616	4.8
电力、热力、燃气及水生产和供应业	29794	0.8
建筑业	3648	-19.0
批发和零售业	16542	-6.3
交通运输、仓储和邮政业	61186	14.8
住宿和餐饮业	6107	3.9
信息传输、软件和信息技术服务业	6987	12.8
金融业	1121	-13.3
房地产业[31]	139734	3.6
租赁和商务服务业	13304	14.4
科学研究和技术服务业	5932	9.4
水利、环境和公共设施管理业	82105	21.2
居民服务、修理和其他服务业	2686	2.4
教育	11084	20.2
卫生和社会工作	7327	18.1
文化、体育和娱乐业	8732	12.9
公共管理、社会保障和社会组织	7931	-2.0

表5　2017年固定资产投资新增主要生产与运营能力

指　标	单　位	绝对数
新增220千伏及以上变电设备	万千伏安	24263
新建铁路投产里程	公里	3038
其中：高速铁路[32]	公里	2182
增、新建铁路复线投产里程	公里	3223
电气化铁路投产里程	公里	4583
新改建公路里程	公里	313607
其中：高速公路	公里	6796
港口万吨级码头泊位新增通过能力	万吨/年	24858
新增民用运输机场	个	11
新增光缆线路长度	万公里	705

全年房地产开发投资109799亿元，比上年增长7.0%。其中住宅投资75148亿元，增长9.4%；办公楼投资6761亿元，增长3.5%；商业营业用房投资15640亿元，下降1.2%。

全年全国城镇棚户区住房改造开工609万套，棚户区改造基本建成604万套，公租房基本建成82万套。全年全国农村地区建档立卡贫困户危房改造152.5万户[33]。

表6　2017年房地产开发和销售主要指标及其增长速度

指　标	单位	绝对数	比上年增长(%)
投资额	亿元	109799	7.0
其中:住宅	亿元	75148	9.4
其中:90平方米及以下	亿元	22367	-9.7
房屋施工面积	万平方米	781484	3.0
其中:住宅	万平方米	536444	2.9
房屋新开工面积	万平方米	178654	7.0
其中:住宅	万平方米	128098	10.5
房屋竣工面积	万平方米	101486	-4.4
其中:住宅	万平方米	71815	-7.0
商品房销售面积	万平方米	169408	7.7
其中:住宅	万平方米	144789	5.3
本年到位资金	亿元	156053	8.2
其中:国内贷款	亿元	25242	17.3
个人按揭贷款	亿元	23906	-2.0

五、国内贸易

全年社会消费品零售总额366262亿元，比上年增长10.2%。按经营地统计，城镇消费品零售额314290亿元，增长10.0%；乡村消费品零售额51972亿元，增长11.8%。按消费类型统计，商品零售额326618亿元，增长10.2%；餐饮收入额39644亿元，增长10.7%。

图14　2013-2017年社会消费品零售总额

在限额以上企业商品零售额中，粮油、食品、饮料、烟酒类零售额比上年增长9.7%，服装、鞋帽、针纺织品类增长7.8%，化妆品类增长13.5%，金银珠宝类增长5.6%，日用品类增长8.0%，家用电器和音像器材类增长9.3%，中西药品类增长12.4%，文化办公用品类增长9.8%，家具类增长12.8%，通讯器材类增长11.7%，建筑及装潢材料类增长10.3%，汽车类增长5.6%，石油及制品类增长9.2%。

六、对外经济[34]

全年货物进出口总额277923亿元，比上年增长14.2%。其中，出口153321亿元，增长10.8%；进口124602亿元，增长18.7%。货物进出口差额（出口减进口）28718亿元，比上年减少4734亿元。对"一带一路"[35]沿线国家进出口总额73745亿元，比上年增长17.8%。其中，出口43045亿元，增长12.1%；进口30700亿元，增长26.8%。

图15　2013-2017年货物进口总额

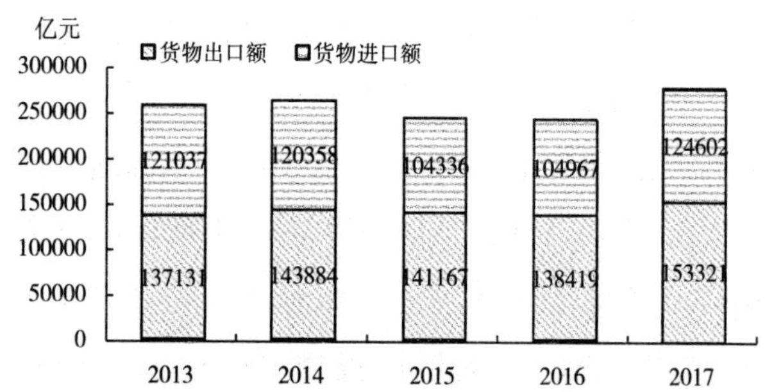

表7　2017年货物进出口总额及其增长速度

指　标	金额(亿元)	比上年增长(%)
货物进出口总额	277923	14.2
货物出口额	153321	10.8
其中:一般贸易	83325	11.7
加工贸易	51381	8.8
其中:机电产品	89465	12.1
高新技术产品	45150	13.3
货物进口额	124602	18.7
其中:一般贸易	73299	23.2
加工贸易	29180	11.3
其中:机电产品	57785	13.3
高新技术产品	39501	14.1
货物进出口差额(出口减进口)	28718	

表8　2017年主要商品出口数量、金额及其增长速度

商品名称	单位	数量	比上年增长(%)	金额(亿元)	比上年增长(%)
煤(包括褐煤)	万吨	817	-7.0	75	64.7
钢材	万吨	7541	-30.5	3700	3.1
纺织纱线、织物及制品	—	—	—	7441	7.4
服装及衣着附件	—	—	—	10656	2.3
鞋类	万吨	450	6.5	3269	5.0
家具及其零件	—	—	—	3385	7.4
自动数据处理设备及其部件	万台	154208	-3.1	10710	18.1
手持或车载无线电话	万台	121087	-4.8	8503	11.3
集装箱	万个	300	50.6	567	103.2
液晶显示板	万个	193367	1.6	1737	2.3
汽车	万辆	104	43.1	898	27.2

表9 2017年主要商品进口数量、金额及其增长速度

商品名称	单位	数量	比上年增长(%)	金额(亿元)	比上年增长(%)
谷物及谷物粉	万吨	2559	16.4	440	17.2
大豆	万吨	9553	13.8	2688	19.6
食用植物油	万吨	577	4.4	307	11.3
铁矿砂及其精矿	万吨	107474	5.0	5175	35.0
氧化铝	万吨	287	−5.3	75	29.5
煤(包括褐煤)	万吨	27090	6.1	1536	63.7
原油	万吨	41957	10.1	11003	42.7
成品油	万吨	2964	6.4	982	33.3
初级形状的塑料	万吨	2868	11.5	3284	20.1
纸浆	万吨	2372	12.6	1039	28.5
钢材	万吨	1330	0.6	1027	18.2
未锻轧铜及铜材	万吨	469	−5.2	2115	21.3
集成电路	亿个	3770	10.1	17592	17.3
汽车	万辆	124	15.7	3422	16.3

表10 2017年对主要国家和地区货物进出口额及其增长速度

国家和地区	出口额(亿元)	比上年增长(%)	占全部出口比重(%)	进口额(亿元)	比上年增长(%)	占全部进口比重(%)
欧盟	25199	12.6	16.4	16543	20.2	13.3
美国	29103	14.5	19.0	10430	17.3	8.4
东盟	18902	11.9	12.3	15942	22.8	12.8
日本	9301	8.9	6.1	11204	16.3	9.0
中国香港	18899	−0.4	12.3	495	−54.9	0.4
韩国	6965	12.6	4.5	12013	14.4	9.6
中国台湾	2979	12.2	1.9	10512	14.5	8.4
巴西	1962	35.2	1.3	3974	31.4	3.2
印度	4615	19.8	3.0	1107	42.4	0.9
俄罗斯	2906	17.8	1.9	2790	31.0	2.2
南非	1004	18.4	0.7	1649	12.1	1.3

全年服务进出口[36]总额46991亿元，比上年增长6.8%。其中，服务出口15407亿元，增长10.6%；服务进口31584亿元，增长5.1%。服务进出口逆差16177亿元。

全年吸收外商直接投资(不含银行、证券、保险)新设立企业35652家，比上年增长27.8%。实际使用外商直接投资金额8776亿元(折1310亿美元)，增长7.9%，增速比上年加快3.8个百分点。其中"一带一路"沿线国家对华直接投资新设立企业3857家，增长32.8%；对华直接投资金额374亿元(折56亿美元)。全年高技术制造业实际使用外资666亿元，增长11.3%。

表11 2017年外商直接投资(不含银行、证券、保险)及其增长速度

行业	企业数(家)	比上年增长(%)	实际使用金额(亿元)	比上年增长(%)
总计	35652	27.8	8776	7.9
其中:农、林、牧、渔业	706	26.5	72	−41.6
制造业	4986	24.3	2259	−1.9
电力、燃气及水生产和供应业	372	19.6	235	68.1
交通运输、仓储和邮政业	517	21.7	374	13.6
信息传输、计算机服务和软件业	3169	116.6	1389	157.1
批发和零售业	12283	30.7	770	−23.9
房地产业	737	95.0	1133	−10.4
租赁和商务服务业	5087	9.9	1125	7.5
居民服务和其他服务业	349	42.5	38	16.0

全年对外直接投资额(不含银行、证券、保险)8108亿元，按美元计价为1201亿美元，比上年下降29.4%。其中，对"一带一路"沿线国家直接投资额144亿美元。

表12 2017年对外直接投资额(不含银行、证券、保险)及其增长速度

行业	对外直接投资金额(亿美元)	比上年增长(%)
总计	1201	−29.4
其中:农、林、牧、渔业	22	−25.3
采矿业	83	−4.4
制造业	191	−38.4
电力、热力、燃气及水生产和供应业	32	26.5
建筑业	73	37.5
批发和零售业	249	−9.6
交通运输、仓储和邮政业	30	−16.9
信息传输、软件和信息技术服务业	103	−49.3
房地产业	22	−79.6
租赁和商务服务业	349	−17.3

全年对外承包工程业务完成营业额11383亿元，按美元计价为1686亿美元，比上年增长5.8%。其中，对"一带一路"沿线国家完成营业额855亿美元，增长12.6%，占对外承包工程业务完成营业额比重为50.7%。对外劳务合作派出各类劳务人员52万人，增长5.7%。

七、交通、邮电和旅游

全年货物运输总量479亿吨，比上年增长9.3%。货物运输周转量196130亿吨公里，增长5.1%。全年规模以上港口完成货物吞吐量126亿吨，比上年增长6.4%，其中外贸货物吞吐量40亿吨，增长5.7%。规模以上港口集装箱吞吐量23680万标准箱，增长8.3%。

表13 2017年各种运输方式完成货物运输量及其增长速度

指标	单位	绝对数	比上年增长(%)
货物运输总量	亿吨	479.4	9.3
铁路	亿吨	36.9	10.7
公路	亿吨	368.0	10.1
水运	亿吨	66.6	4.3
民航	万吨	705.8	5.7
管道	亿吨	7.9	7.3
货物运输周转量	亿吨公里	196130.4	5.1
铁路	亿吨公里	26962.2	13.3
公路	亿吨公里	66712.5	9.2
水运	亿吨公里	97455.0	0.1
民航	亿吨公里	243.5	9.5
管道	亿吨公里	4757.2	13.4

全年旅客运输总量185亿人次，比上年下降2.6%。旅客运输周转量32813亿人公里，增长5.0%。

表14　2017年各种运输方式完成旅客运输量及其增长速度

指　标	单　位	绝对数	比上年增长(%)
旅客运输总量	亿人次	185.1	-2.6
铁路	亿人次	30.8	9.6
公路	亿人次	145.9	-5.4
水运	亿人次	2.8	4.1
民航	亿人次	5.5	13.0
旅客运输周转量	亿人公里	32812.7	5.0
铁路	亿人公里	13456.9	7.0
公路	亿人公里	9765.1	-4.5
水运	亿人公里	77.9	7.7
民航	亿人公里	9512.8	13.5

年末全国民用汽车保有量21743万辆(包括三轮汽车和低速货车820万辆)，比上年末增长11.8%，其中私人汽车保有量18695万辆，增长12.9%。民用轿车保有量12185万辆，增长12.0%，其中私人轿车11416万辆，增长12.5%。

全年完成邮政行业业务总量[37]9764亿元，比上年增长32.0%。邮政业全年完成邮政函件业务31.5亿件，包裹业务0.3亿件，快递业务量400.6亿件；快递业务收入4957亿元。全年完成电信业务总量[38]27557亿元，比上年增长76.4%。电信业全年新增移动电话交换机容量[39]23646万户，达到242186万户。年末全国电话用户总数161125万户，其中移动电话用户141749万户。移动电话普及率上升至102.5部/百人。固定互联网宽带接入用户[40]34854万户，比上年增加5133万户，其中固定互联网光纤宽带接入用户[41]29392万户，比上年增加6627万户；移动宽带用户[42]113152万户，增加19077万户。移动互联网接入流量246亿G，比上年增长162.7%。互联网上网人数7.72亿人，增加4074万人，其中手机上网人数[43]7.53亿人，增加5734万人。互联网普及率达到55.8%，其中农村地区互联网普及率达到35.4%。软件和信息技术服务业[44]完成软件业务收入55037亿元，比上年增长13.9%。

图16　2013-2017年快递业务量及其增长速度

图17　2013-2017年年末固定互联网宽带接入用户和移动宽带用户数

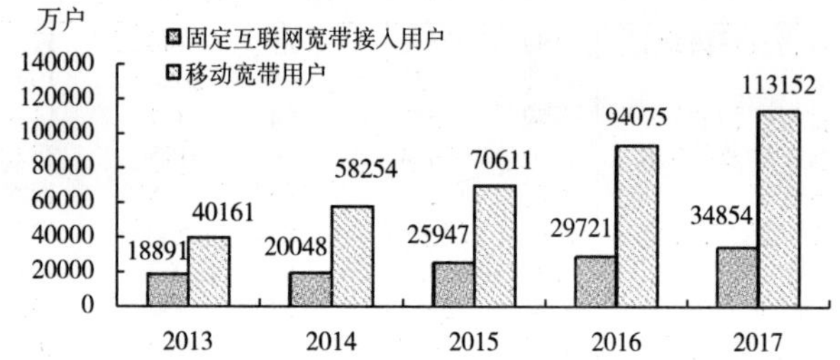

全年国内游客50亿人次，比上年增长12.8%；国内旅游收入45661亿元，增长15.9%。入境游客13948万人次，增长0.8%。其中，外国人2917万人次，增长3.6%；香港、澳门和台湾同胞11032万人次，与上年持平。在入境游客中，过夜游客6074万人次，增长2.5%。国际旅游收入1234亿美元，增长2.9%。国内居民出境14273万人次，增长5.6%。其中因私出境13582万人次，增长5.7%；赴港澳台出境8698万人次，增长3.6%。

八、金融

年末广义货币供应量(M2)余额167.7万亿元，比上年末增长8.2%；狭义货币供应量(M1)余额54.4万亿元，增长11.8%；流通中货币(M0)余额7.1万亿元，增长3.4%。

全年社会融资规模增量[45]19.4万亿元，按可比口径计算比上年多1.6万亿元；年末社会融资规模存量[46]174.6万亿元，比上年末增长12.0%。年末全部金融机构本外币各项存款余额169.3万亿元，比年初增加13.7万亿元，其中人民币各项存款余额164.1万亿元，增加13.5万亿元。全部金融机构本外币各项贷款余额125.6万亿元，增加13.6万亿元，其中人民币各项贷款余额120.1万亿元，增加13.5万亿元。

表15　2017年年末全部金融机构本外币存贷款余额及其增长速度

指　标	年末数(亿元)	比上年末增长(%)
各项存款	1692727	8.8
其中：境内住户存款	651983	7.5
其中：人民币	643768	7.7
境内非金融企业存款	571641	7.7
各项贷款	1256074	12.1
其中：境内短期贷款	411153	8.2
境内中长期贷款	750894	18.2

年末主要农村金融机构(农村信用社、农村合作银行、农村商业银行)人民币贷款余额149820亿元,比年初增加15602亿元。全部金融机构人民币消费贷款余额315194亿元,增加64717亿元。其中,个人短期消费贷款余额68041亿元,增加18724亿元;个人中长期消费贷款余额247154亿元,增加45993亿元。

全年上市公司通过境内市场累计筹资40836亿元,比上年减少12244亿元。其中,首次公开发行A股完成申购419只,筹资2186亿元;A股现金再融资(包括公开增发、定向增发、配股、优先股)9209亿元,减少4178亿元;上市公司通过沪深交易所发行债券(包括公司债、可转债、可交换债和企业资产支持证券)筹资28105亿元,减少8563亿元。全年全国中小企业股份转让系统[47]新增挂牌公司2176家,筹资1336亿元,减少3.95%。

全年发行公司信用类债券[48]5.64万亿元,比上年减少2.59万亿元。

全年保险公司原保险保费收入[49]36581亿元,比上年增长18.2%。其中,寿险业务原保险保费收入21456亿元,健康险和意外伤害险业务原保险保费收入5291亿元,财产险业务原保险保费收入9835亿元。支付各类赔款及给付11181亿元。其中,寿险业务给付4575亿元,健康险和意外伤害险赔款及给付1518亿元,财产险业务赔款5087亿元。

九、居民收入消费和社会保障

全年全国居民人均可支配收入[50]25974元,比上年增长9.0%,扣除价格因素,实际增长7.3%。全国居民人均可支配收入中位数[51]22408元,增长7.3%。按常住地分,城镇居民人均可支配收入36396元,比上年增长8.3%,扣除价格因素,实际增长6.5%。城镇居民人均可支配收入中位数33834元,增长7.2%。农村居民人均可支配收入13432元,比上年增长8.6%,扣除价格因素,实际增长7.3%。农村居民人均可支配收入中位数11969元,增长7.4%。按全国居民五等份收入分组[52],低收入组人均可支配收入5958元,中等偏下收入组人均可支配收入13843元,中等收入组人均可支配收入22495元,中等偏上收入组人均可支配收入34547元,高收入组人均可支配收入64934元。全国农民工人均月收入3485元,比上年增长6.4%。

全国居民人均消费支出18322元,比上年增长7.1%,扣除价格因素,实际增长5.4%。按常住地分,城镇居民人均消费支出24445元,增长5.9%,扣除价格因素,实际增长4.1%;农村居民人均消费支出10955元,增长8.1%,扣除价格因素,实际增长6.8%。恩格尔系数为29.3%,比上年下降0.8个百分点,其中城镇为28.6%,农村为31.2%。

图18 2013-2017年全国居民人均可支配收入及其增长速度

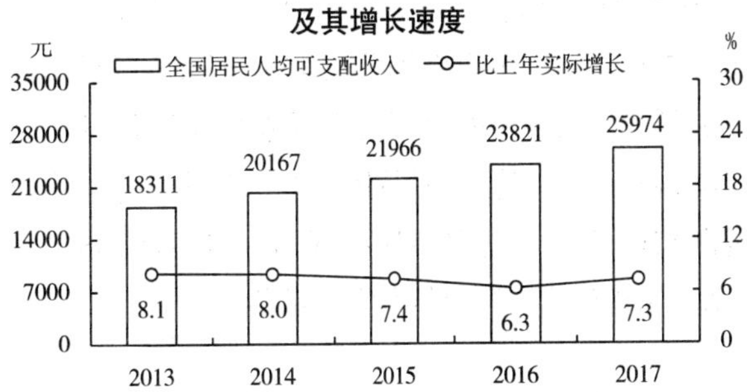

图19 2017年全国居民人均消费支出及其构成

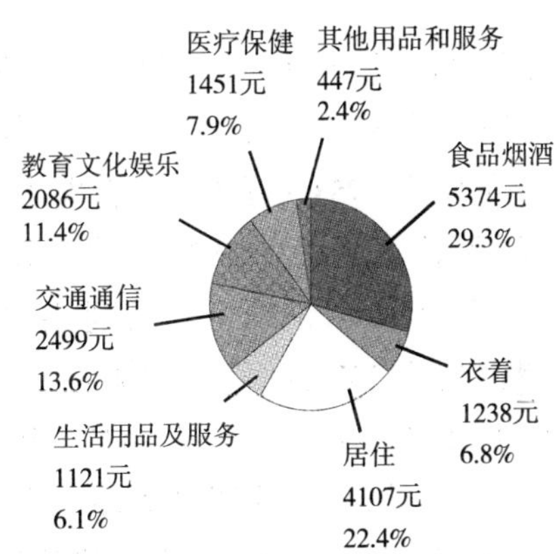

按照每人每年2300元(2010年不变价)的农村贫困标准计算,2017年,年末农村贫困人口3046万人,比上年末减少1289万人[53];贫困发生率[54]3.1%,比上年下降1.4个百分点。贫困地区[55]农村居民人均可支配收入9377元,比上年增长10.5%,扣除价格因素,实际增长9.1%。

图20 2013-2017年年末全国农村贫困人口

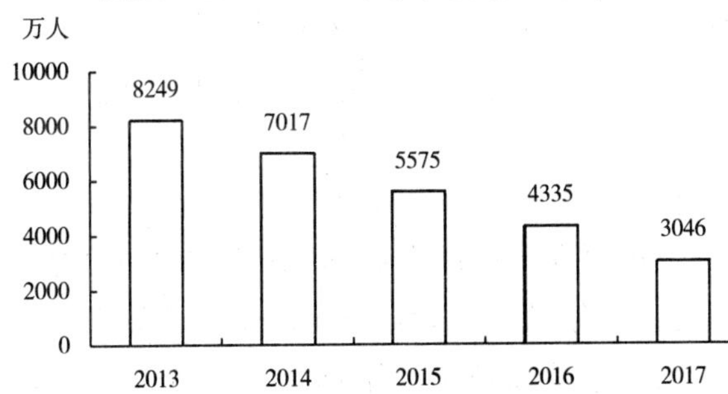

年末全国参加城镇职工基本养老保险人数40199万人，比上年末增加2269万人。参加城乡居民基本养老保险人数51255万人，增加408万人。参加基本医疗保险人数117664万人，增加43272万人。其中，参加职工基本医疗保险人数30320万人，增加789万人；参加城乡居民基本医疗保险人数87343万人[56]，增加42483万人。参加失业保险人数18784万人，增加695万人。年末全国领取失业保险金人数220万人。参加工伤保险人数22726万人，增加836万人，其中参加工伤保险的农民工7807万人，增加297万人。参加生育保险人数19240万人，增加789万人。年末全国共有1264万人享受城市居民最低生活保障，4047万人享受农村居民最低生活保障，467万人享受农村特困人员[57]救助供养。全年资助5203万人参加基本医疗保险，医疗救助3536万人次。国家抚恤、补助各类优抚对象859万人。

十、教育、科学技术和文化体育

全年研究生教育[58]招生80.5万人，在学研究生263.9万人，毕业生57.8万人。普通本专科招生761.5万人，在校生2753.6万人，毕业生735.8万人。中等职业教育[59]招生582.4万人，在校生1592.5万人，毕业生496.9万人。普通高中招生800.1万人，在校生2374.5万人，毕业生775.7万人。初中招生1547.2万人，在校生4442.1万人，毕业生1397.5万人。普通小学招生1766.6万人，在校生10093.7万人，毕业生1565.9万人。特殊教育招生11.1万人，在校生57.9万人，毕业生6.9万人。学前教育在园幼儿4600.1万人。九年义务教育巩固率为93.8%，高中阶段毛入学率为88.3%。

图21　2013-2017年普通本专科，中等职业教育及普通高中招生人数

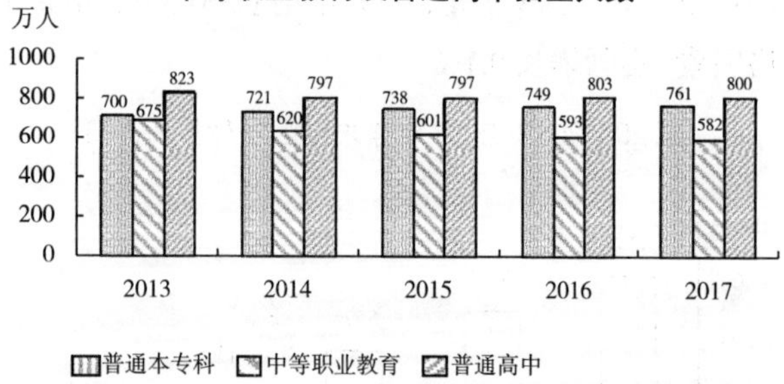

全年研究与试验发展（R&D）经费支出17500亿元，比上年增长11.6%，与国内生产总值之比为2.12%，其中基础研究经费920亿元。全年国家重点研发计划共安排42个重点专项1115个科技项目，国家科技重大专项共安排454个课题，国家自然科学基金共资助43935个项目。截至年底，累计建设国家重点实验室503个，国家工程研究中心131个，国家工程实验室217个，国家企业技术中心1276家。国家科技成果转化引导基金累计设立5支子基金，资金总规模247.2亿元。全年境内外专利申请369.8万件，授予专利权183.6万件；PCT专利申请受理量[60]为5.1万件。截至年底，有效专利714.8万件，其中境内有效发明专利135.6万件，每万人口发明专利拥有量9.8件。全年共签订技术合同36.8万项，技术合同成交金额13424亿元，比上年增长17.7%。

图22　2013-2017年研究与试验发展（R&D）经费支出及其增长速度

表16　2017年专利申请、授权和有效专利情况

指　标	专利数（万件）
专利申请数	369.8
其中：境内专利申请	351.3
其中：发明专利申请	138.2
其中：境内发明专利	123.4
专利授权数	183.6
其中：境内专利授权	170.5
其中：发明专利授权	42.0
其中：境内发明专利	32.0
年末有效专利数	714.8
其中：境内有效专利	620.4
其中：有效发明专利	208.5
其中：境内有效发明专利	135.6

全年成功完成17次宇航发射。首颗高轨道高通量通信卫星实践十三号、首颗大型硬X射线空间探测卫星“慧眼”卫星成功发射；北斗导航全球卫星系统组网首发双星成功发射；天舟一号货运飞船成功发射，完成与天宫二号交会对接。“墨子号”量子卫星成功实现预定科学目标，暗物质粒子探测卫星“悟空”发现反常电子信号，C919大型客机、“鲲龙”AG600水陆两栖飞机首飞成功。

年末全国共有产品检测实验室35000个，其中

国家检测中心739个。全国现有产品质量、体系认证机构401个，已累计完成对140250个企业的产品认证。全国共有法定计量技术机构4037个，全年强制检定计量器具8326万台(件)。全年制定、修订国家标准3811项，其中新制定2684项。

年末全国文化系统共有艺术表演团体2054个，博物馆3217个。全国共有公共图书馆3162个，总流通[61]72641万人次；文化馆3327个。有线电视实际用户2.20亿户，其中有线数字电视实际用户1.98亿户。年末广播节目综合人口覆盖率为98.7%，电视节目综合人口覆盖率为99.1%。全年生产电视剧310部13310集，电视动画片83599分钟。全年生产故事影片798部，科教、纪录、动画和特种影片[62]172部。出版各类报纸368亿份，各类期刊26亿册，图书90亿册(张)，人均图书拥有量[63]6.49册(张)。年末全国共有档案馆4237个，已开放各类档案13806万卷(件)。2016年，文化及相关产业增加值30785亿元，比上年增长13.0%；占国内生产总值的比重为4.14%，比上年提高0.19个百分点。

全年我国运动员在24个运动大项中获得106个世界冠军，共创6项世界纪录。全年我国残疾人运动员在11项国际赛事中获得160个世界冠军。2016年，体育产业增加值6475亿元，比上年增长17.8%；占国内生产总值的比重为0.9%，比上年提高0.1个百分点。

十一、卫生和社会服务

年末全国共有医疗卫生机构99.5万个，其中医院3.0万个，在医院中有公立医院1.2万个，民营医院1.8万个；基层医疗卫生机构94.0万个，其中乡镇卫生院3.7万个，社区卫生服务中心(站)3.5万个，门诊部(所)23.0万个，村卫生室63.8万个；专业公共卫生机构2.2万个，其中疾病预防控制中心3482个，卫生监督所(中心)3133个。年末卫生技术人员891万人，其中执业医师和执业助理医师335万人，注册护士379万人。医疗卫生机构床位785万张，其中医院609万张，乡镇卫生院125万张。全年总诊疗人次[64]81.0亿人次，出院人数[65]2.4亿人。

图23　2013-2017年年末卫生技术人员人数

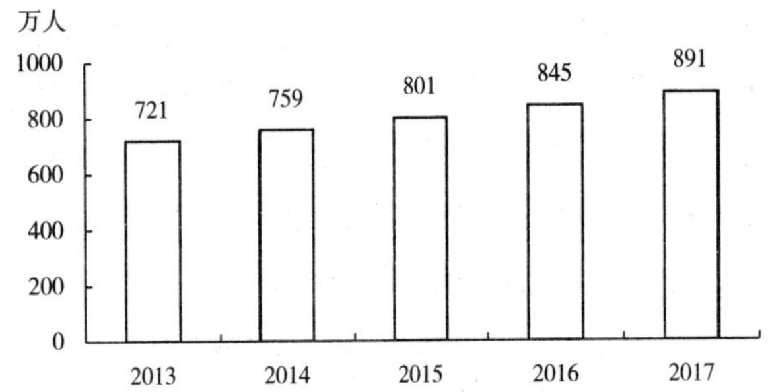

年末全国共有各类提供住宿的社会服务机构3.2万个，其中养老服务机构2.9万个，儿童服务机构656个。社会服务床位[66]749.5万张，其中养老服务床位714.2万张，儿童服务床位9.6万张。年末共有社区服务中心2.5万个，社区服务站13.9万个。

十二、资源、环境和安全生产

全年全国国有建设用地供应总量[67]60万公顷，比上年增长16.4%。其中，工矿仓储用地12万公顷，增长1.6%；房地产用地[68]11.5万公顷，增长7.2%；基础设施等用地36.5万公顷，增长26.1%。

全年水资源总量28675亿立方米。全年平均降水量640毫米。年末全国监测的604座大型水库蓄水总量3518亿立方米，比上年末蓄水量有所增加。全年总用水量6090亿立方米，比上年增长0.8%。其中，生活用水增长2.8%，工业用水增长0.2%，农业用水增长0.6%，生态补水增长1.7%。万元国内生产总值用水量[69]78立方米，比上年下降5.6%。万元工业增加值用水量49立方米，下降5.9%。人均用水量439立方米，比上年增长0.3%。

全年完成造林面积736万公顷，其中人工造林面积390万公顷，占全部造林面积的53.0%。森林抚育面积830万公顷。截至年底，自然保护区达到2750个，其中国家级自然保护区463个。新增水土流失治理面积5.6万平方公里。

初步核算，全年能源消费总量44.9亿吨标准煤，比上年增长2.9%。煤炭消费量增长0.4%，原油消费量增长5.2%，天然气消费量增长14.8%，电力消费量增长6.6%。煤炭消费量占能源消费总量的60.4%，比上年下降1.6个百分点；天然气、水电、核电、风电等清洁能源消费量占能源消费总量的20.8%，上升1.3个百分点。全国万元国内生产总值能耗下降3.7%。重点耗能工业企业单位烧碱综合能耗下降0.3%，吨水泥综合能耗下降0.1%，吨钢综合能耗下降0.9%，吨粗铜综合能耗下降4.8%，每千瓦时火力发电标准煤耗下降0.8%。全国万元国内生产总值二氧化碳排放下降5.1%。

图24　2013-2017年清洁能源消费量占能源消费总量的比重

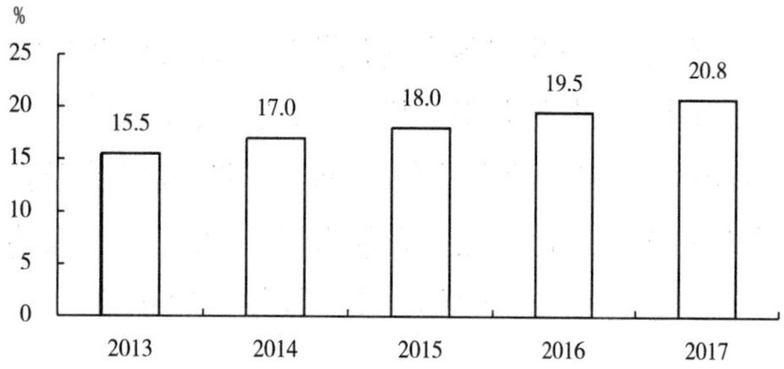

近岸海域417个海水水质监测点中，达到国家一、二类海水水质标准的监测点占67.8%，三类海水占10.1%，四类、劣四类海水占22.1%。

在监测的338个地级及以上城市中，城市空气质量达标的城市占29.3%，未达标的城市占70.7%。细颗粒物(PM2.5)未达标城市(基于2015年PM2.5年平均浓度未达标的262个城市)年平均浓度48微克/立方米，比上年下降5.9%。

在监测的323个城市中，城市区域声环境质量好的城市占5.9%，较好的占65.0%，一般的占27.9%，较差的占0.9%，差的占0.3%。

全年平均气温为10.39℃，比上年上升0.03℃。共有8个台风登陆。

全年农作物受灾面积1848万公顷，其中绝收183万公顷。全年因洪涝和地质灾害造成直接经济损失1910亿元，因旱灾造成直接经济损失375亿元，因低温冷冻和雪灾造成直接经济损失19亿元，因海洋灾害造成直接经济损失58亿元。全年大陆地区共发生5.0级以上地震13次，成灾11次，造成直接经济损失148亿元。全年共发生森林火灾3223起，森林火灾受害森林面积2.5万公顷。

全年各类生产安全事故共死亡37852人。工矿商贸企业就业人员10万人生产安全事故死亡人数1.639人，比上年下降3.7%；道路交通事故万车死亡人数2.06人，下降3.7%；煤矿百万吨死亡人数0.106人，下降32.1%。

注释：

[1]本公报中数据均为初步统计数。各项统计数据均未包括香港特别行政区、澳门特别行政区和台湾省。部分数据因四舍五入的原因，存在着与分项合计不等的情况。

[2]国内生产总值、各产业增加值和人均国内生产总值绝对数按现价计算，增长速度按不变价格计算。

[3]国民总收入，原称国民生产总值，是指一个国家或地区所有常住单位在一定时期内所获得的初次分配收入总额。它等于国内生产总值加上来自国外的初次分配收入净额。

[4]人户分离的人口是指居住地与户口登记地所在的乡镇街道不一致且离开户口登记地半年及以上的人口。

[5]流动人口是指人户分离人口中扣除市辖区内人户分离的人口。市辖区内人户分离的人口是指一个直辖市或地级市所辖区内和区与区之间，居住地和户口登记地不在同一乡镇街道的人口。

[6]2017年年末，0-14岁(含不满15周岁)人口为23348万人，15-59岁(含不满60周岁)人口为91570万人。

[7]年度农民工数量包括年内在本乡镇以外从业6个月及以上的外出农民工和在本乡镇内从事非农产业6个月及以上的本地农民工两部分。

[8]农产品生产者价格是指农产品生产者直接出售其产品时的价格。

[9]居住类价格包括租赁房房租、住房保养维修及管理、水电燃料等价格。

[10]产能利用率是指实际产出与生产能力(均以价值量计量)的比率。企业的实际产出是指企业报告期内的工业总产值；企业的生产能力是指报告期内，在劳动力、原材料、燃料、运输等保证供给的情况下，生产设备(机械)保持正常运行，企业可实现的、并能长期维持的产品产出。

[11]工业战略性新兴产业包括节能环保产业，新一代信息技术产业，生物产业，高端装备制造产业，新能源产业，新材料产业，新能源汽车产业等七大产业中的工业相关行业。

[12]高技术制造业包括医药制造业，航空、航天器及设备制造业，电子及通信设备制造业，计算机及办公设备制造业，医疗仪器设备及仪器仪表制造业，信息化学品制造业。

[13]装备制造业包括金属制品业，通用设备制造业，专用设备制造业，汽车制造业，铁路、船舶、航空航天和其他运输设备制造业，电气机械和器材制造业，计算机、通信和其他电子设备制造业，仪器仪表制造业。

[14]规模以上服务业包括年营业收入1000万元及以上，或年末从业人员50人及以上的交通运输、仓储和邮政业，信息传输、软件和信息技术服务业，房地产业（不含房地产开发经营），租赁和商务服务业，科学研究和技术服务业，水利、环境和公共设施管理业，教育，卫生和社会工作；年营业收入500万元及以上，或年末从业人员50人及以上的居民服务、修理和其他服务业，文化、体育和娱乐业法人单位。

[15]战略性新兴服务业包括节能环保产业，新一代信息技术产业，生物产业，高端装备制造产业，新能源产业，新材料产业，新能源汽车产业等七大产业中的服务业相关行业。

[16]高技术产业投资包括医药制造、航空航天器及设备制造等六大类高技术制造业投资和信息服务、电子商务服务等九大类高技术服务业投资。

[17]工业技术改造投资是指工业企业利用新技术、新工艺、新设备、新材料对现有设施、工艺条件及生产服务等进行改造提升，实现内涵式发展的投资活动。

[18]网上零售额是指通过公共网络交易平台（主要从事实物商品交易的网上平台，包括自建网站和第三方平台）实现的商品和服务零售额。其中，网上零售额包括的服务，以及少部分用于生产经营用或被转卖的商品不统计在社会消费品零售总额中。

[19]为推进财政资金统筹使用，2017年1月1日起将新增建设用地土地有偿使用费、南水北调工程基金、烟草企业上缴专项收入3项政府性基金调整转列一般公共预算。为此，在2016年基数中考虑3项政府性基金转列一般公共预算的影响，并以此为基础计算同口径同比增减额和增减幅。

[20]全员劳动生产率为国内生产总值（以2015年价格计算）与全部就业人员的比率。

[21]制造业产品质量合格率是指以产品质量检验为手段，按照规定的方法、程序和标准实施质量抽样检测，判定为质量合格的样品数占全部抽样样品数的百分比，统计调查样本覆盖制造业的29个行业。

[22]六大高耗能行业包括石油加工、炼焦和核燃料加工业，化学原料和化学制品制造业，非金属矿物制品业，黑色金属冶炼和压延加工业，有色金属冶炼和压延加工业，电力、热力生产和供应业。

[23]火电包括燃煤发电量，燃油发电量，燃气发电量，余热、余压、余气发电量，垃圾焚烧发电量，生物质发电量。

[24]钢材产量数据中含企业之间重复加工钢材约24000万吨。

[25]移动通信手持机、钢材2016年产量根据有关专项调查进行了调整，2017年产量增速均按可比口径计算。

[26]少量发电装机容量（如地热等）公报中未列出。

[27]根据第三次农业普查结果对2016年固定资产投资基数进行调整，2017年增速按可比口径计算。

[28]固定资产投资（不含农户）按东部、中部、西部和东北地区计算的合计数据小于全国数据，是因为有部分跨地区的投资未计算在地区数据中。其中，东部地区是指北京、天津、河北、上海、江苏、浙江、福建、山东、广东和海南10省（市）；中部地区是指山西、安徽、江西、河南、湖北和湖南6省；西部地区是指内蒙古、广西、重庆、四川、贵州、云南、西藏、陕西、甘肃、青海、宁夏和新疆12省（区、市）；东北地区是指辽宁、吉林和黑龙江3省。

[29]基础设施投资是指建造或购置为社会生产和生活提供基础性、大众性服务的工程和设施的支出。公报中的基础设施投资包括交通运输、邮政业，电信、广播电视和卫星传输服务业，互联网和相关服务业，水利、环境和公共设施管理业投资。

[30]民间固定资产投资是指具有集体、私营、个人性质的内资企事业单位以及由其控股（包括绝对控股和相对控股）的企业单位建造或购置固定资产的投资。

[31]房地产业投资除房地产开发投资外，还包括建

设单位自建房屋以及物业管理、中介服务和其他房地产投资。

[32]高速铁路是指线路最大速度200公里/小时及以上的铁路和200公里/小时以下仅运行动车组列车的铁路。

[33]各省(自治区、直辖市)汇总上报截至2017年12月底建档立卡贫困户农村危房改造实际竣工数。

[34]货物进出口、服务进出口、吸收外资采用人民币计价。对外投资和对外承包工程由于技术原因仍主要沿用美元计价。

[35]“一带一路”是指“丝绸之路经济带”和“21世纪海上丝绸之路”。

[36]服务进出口按照《国际收支手册(第六版)》标准统计,增速按可比口径计算。

[37]邮政行业业务总量按2010年价格计算。

[38]电信业务总量按2015年价格计算。

[39]移动电话交换机容量是指移动电话交换机根据一定话务模型和交换机处理能力计算出来的最大同时服务用户的数量。

[40]固定互联网宽带接入用户是指报告期末在电信企业登记注册,通过xDSL、FTTx+LAN、FTTH/O以及其他宽带接入方式和普通专线接入公众互联网的用户。

[41]固定互联网光纤宽带接入用户是指报告期末在电信企业登记注册,通过FTTH或FTTO方式接入公众互联网的用户。

[42]移动宽带用户是指报告期末在计费系统拥有使用信息,占用3G或4G网络资源的在网用户。

[43]手机上网人数是指过去半年通过手机接入并使用互联网的6周岁及以上中国居民数量。

[44]软件和信息技术服务业包括软件开发,信息系统集成服务,信息技术咨询服务,数据处理和存储服务,集成电路设计和其他信息技术服务等行业。

[45]社会融资规模增量是指一定时期内实体经济(境内非金融企业和个人)从金融体系获得的资金总额。

[46]社会融资规模存量是指一定时期末(月末、季末或年末)实体经济(境内非金融企业和个人)从金融体系获得的资金余额。

[47]全国中小企业股份转让系统又称“新三板”,是2012年经国务院批准设立的全国性证券交易场所。

[48]公司信用类债券包括非金融企业债务融资工具、企业债券以及公司债、可转债等。

[49]原保险保费收入是指保险企业确认的原保险合同保费收入。

[50]全国居民收入名义增速快于分城乡居民收入增速的原因是:在城镇化过程中,一部分在农村收入较高的人口进入城镇地区,但在城镇属于较低收入人群,他们的迁移对城乡居民收入均有拉低作用。但无论在城镇还是农村,其收入增长效应都会体现在全体居民收入增长中。

[51]人均收入中位数是指将所有调查户按人均收入水平从低到高(或从高到低)顺序排列,处于最中间位置调查户的人均收入。

[52]全国居民五等份收入分组是指将所有调查户按人均收入水平从高到低顺序排列,平均分为五个等份,处于最高20%的收入群体为高收入组,依此类推依次为中等偏上收入组、中等收入组、中等偏下收入组、低收入组。

[53]减贫人口等于当年贫困人口减去上年贫困人口,也相当于当年脱贫人口减去当年返贫人口。

[54]贫困发生率是指贫困人口占目标调查人口的比重。

[55]贫困地区包括集中连片特困地区和片区外的国家扶贫开发工作重点县,原共有832个县。2017年开始将新疆阿克苏地区纳入贫困监测范围。

[56]参加城乡居民基本医疗保险人数增加较多,一是原参加新型农村合作医疗人员并入城乡居民基本医疗保险参保人员统计;二是开展全民参保登记,基本医疗保险覆盖面进一步扩大。

[57]农村特困人员是指无劳动能力,无生活来源,无法定赡养、抚养、扶养义务人或者其法定义务人无履行义务能力的农村老年人、残疾人以及未满16周岁的未成年人。

[58]2017年研究生招生、在学研究生指标口径发生变化(增加非全日制研究生)。

[59]中等职业教育包括普通中专、成人中专、职业高中和技工学校。

[60]PCT专利申请受理量是指国家知识产权局作为PCT专利申请受理局受理的PCT专利申请数量。PCT(Patent Cooperation Treaty)即专利

合作条约，是专利领域的一项国际合作条约。

[61]总流通人次是指本年度内到图书馆场馆接受图书馆服务的总人次，包括借阅书刊、咨询问题以及参加各类读者活动等。

[62]特种影片是指那些采用与常规影院放映在技术、设备、节目方面不同的电影展示方式，如巨幕电影、立体电影、立体特效(4D)电影、动感电影、球幕电影等。

[63]人均图书拥有量是指在一年内全国平均每人能拥有的当年出版图书册数。

[64]总诊疗人次指所有诊疗工作的总人次数，包括门诊、急诊、出诊、预约诊疗、单项健康检查、健康咨询指导(不含健康讲座)人次。

[65]出院人数指报告期内所有住院后出院的人数，包括医嘱离院、医嘱转其他医疗机构、非医嘱离院、死亡及其他人数，不含家庭病床撤床人数。

[66]社会服务床位数除收养性机构外，还包括救助类机构、社区类机构以及军休所、军供站等机构的床位。

[67]国有建设用地供应总量是指报告期内市、县人民政府根据年度土地供应计划依法以出让、划拨、租赁等方式将土地使用权提供给单位或个人使用的国有建设用地总量。

[68]房地产用地是指商服用地和住宅用地的总和。

[69]万元国内生产总值用水量、万元工业增加值用水量和万元国内生产总值能耗按2015年价格计算。

资料来源：

本公报中户籍人口城镇化率、民用汽车、交通事故数据来自公安部；城镇新增就业、登记失业率、社会保障、技工学校数据来自人力资源社会保障部；外汇储备、汇率数据来自外汇局；财政数据来自财政部；制造业产品质量合格率、质量检验、国家标准制定修订等数据来自质检总局；水产品产量数据来自农业部；木材产量、林业、森林火灾数据来自林业局；灌溉面积、水资源、水土流失治理数据来自水利部；发电装机容量、新增220千伏及以上变电设备数据来自中电联；新建铁路投产里程、增新建铁路复线投产里程、电气化铁路投产里程、铁路运输数据来自铁路总公司；新改建公路里程、港口万吨级码头泊位新增通过能力、公路运输、水运、港口货物吞吐量数据来自交通运输部；新增民用运输机场、民航数据来自民航局；新增光缆线路长度、电信业务总量、电话交换机容量、电话用户、宽带用户、移动互联网接入流量、上网人数、互联网普及率、软件业务收入等数据来自工业和信息化部；棚户区住房改造、公租房、农村地区建档立卡贫困户危房改造数据来自住房城乡建设部；货物进出口数据来自海关总署；服务进出口、外商直接投资、对外直接投资、对外承包工程、对外劳务合作等数据来自商务部；管道数据来自中石油、中石化、中海油；邮政业务数据来自邮政局；农村地区互联网普及率数据来自中国互联网络信息中心；旅游数据来自旅游局、公安部；货币金融、公司信用类债券数据来自人民银行；上市公司数据来自证监会；保险业数据来自保监会；城乡低保、农村特困人员救助供养、社会服务、农作物受灾面积、洪涝地质灾害造成直接经济损失、旱灾造成直接经济损失、低温冷冻和雪灾造成直接经济损失来自民政部；教育数据来自教育部；重点研发计划、科技重大专项、国家重点实验室、科技成果转化引导基金、技术合同等数据来自科技部；自然科学基金项目数据来自自然基金委；国家工程研究中心、国家工程实验室、企业技术中心、万元国内生产总值二氧化碳排放等数据来自发展改革委；专利数据来自知识产权局；宇航发射数据来自国防科工局；艺术表演团体、博物馆、公共图书馆、文化馆数据来自文化部；广播电视、电影、报纸、期刊、图书数据来自新闻出版广电总局；档案数据来自档案局；体育数据来自体育总局；残疾人运动员数据来自中国残联；卫生数据来自卫生计生委；国有建设用地供应数据来自国土资源部；自然保护区、环境监测数据来自环境保护部；平均气温、登陆台风数据来自气象局；海洋灾害造成直接经济损失数据来自海洋局；地震次数、地震灾害直接经济损失数据来自地震局；安全生产数据来自安全监管总局；其他数据均来自国家统计局。

宁夏回族自治区2017年国民经济和社会发展统计公报[1]

宁夏回族自治区统计局　国家统计局宁夏调查总队

2018年5月2日

2017年，自治区党委、政府带领全区上下认真学习贯彻党的十九大精神，以习近平新时代中国特色社会主义思想为指导，全面落实习近平总书记视察宁夏重要讲话精神，按照自治区第十二次党代会的部署要求，坚持稳中求进工作总基调，牢固树立新发展理念，统筹推进“五位一体”总体布局、协调推进“四个全面”战略布局，不断深化供给侧结构性改革，稳增长、促改革、调结构、惠民生、防风险各项工作稳步推进，创新驱动、脱贫富民、生态立区“三大战略”取得积极进展，经济发展呈现“总体平稳、稳中有进、稳中向好”的运行态势，较好地完成了全年预期目标。

一、综合

初步核算，全年全区实现生产总值[2]3453.93亿元，按可比价格计算，比上年增长7.8%。其中，第一产业增加值261.07亿元，增长4.3%；第二产业增加值1580.53亿元，增长7.0%；第三产业增加值1612.33亿元，增长9.2%。第一产业增加值占地区生产总值的比重为7.6%，第二产业增加值比重为45.8%，第三产业增加值比重为46.6%，比上年提高1.2个百分点。按常住人口计算，全区人均生产总值50917元，增长6.7%。

图1　2013-2017年全区生产总值及其增长速度

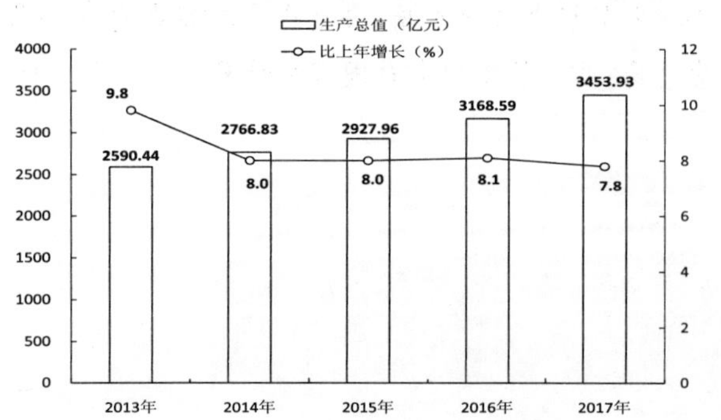

图2　2013-2017年全区三次产业增加值占地区生产总值比重

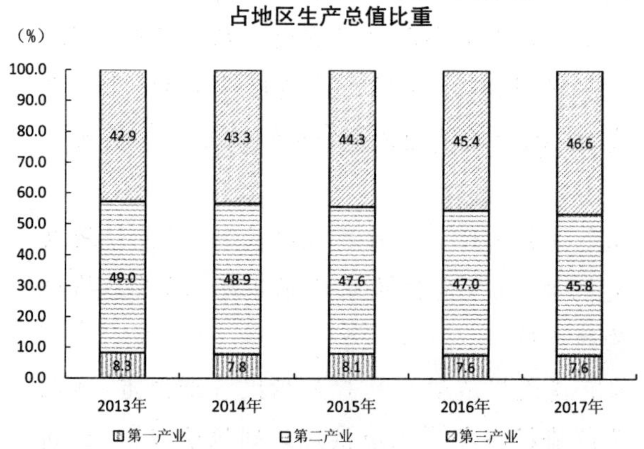

表1　2017年全区生产总值及其增长速度

指　　标	绝对值(亿元)	比上年增长(%)
全区生产总值	3453.93	7.8
农林牧渔业	276.64	4.3
工业	1096.30	8.4
建筑业	484.36	3.7
批发和零售业	160.92	8.7
交通运输、仓储和邮政业	199.31	-0.9
住宿和餐饮业	58.66	6.5
金融业	314.69	6.8
房地产业	120.84	3.6
其他服务业	742.21	15.2
第一产业	261.07	4.3
第二产业	1580.53	7.0
第三产业	1612.33	9.2

表2　2017年年末全区人口数及其构成

指　标	年末数(万人)	比重(%)
年末总人口	681.79	100.00
其中:城镇	395.33	57.98
乡村	286.46	42.02
其中:回族	247.57	36.31
其中:男性	344.08	50.47
女性	337.71	49.53
其中:0–15周岁(含不满16周岁)[3]	148.02	21.71
16–59周岁(含不满60周岁)	444.18	65.15
60周岁及以上	89.59	13.14
其中:65周岁及以上	58.03	8.51

年末全区常住人口681.79万人,比上年末增加6.89万人。其中,城镇常住人口395.33万人,占常住人口比重(常住人口城镇化率)为57.98%,比上年末提高1.69个百分点。全年全区出生人口9.12万人,出生率为13.44‰;死亡人口3.22万人,死亡率为4.75‰;自然增长率为8.69‰。

全年全区城镇新增就业8.25万人,农村劳动力转移就业75.53万人。年末全区城镇登记失业率为3.87%。全年全区农民工[4]总量为96.9万人,比上年增加5.5万人,增长6.0%。其中,外出农民工75.1万人,比上年增加3.2万人,增长4.5%;本地农民工21.8万人,增加2.3万人,增长11.8%。

图3　2013–2017年全区城镇新增就业人数

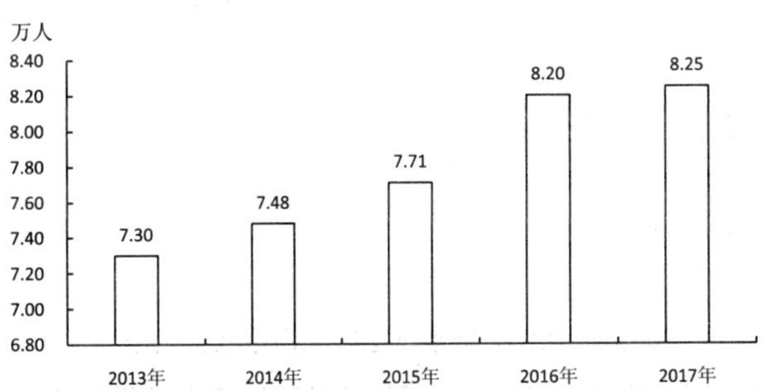

全年全区居民消费价格比上年上涨1.6%;工业生产者出厂价格上涨12.1%;工业生产者购进价格上涨12.9%;固定资产投资价格上涨5.9%;农产品生产者价格[5]下降0.7%。

图4　2017年全区居民消费价格月度涨跌幅度

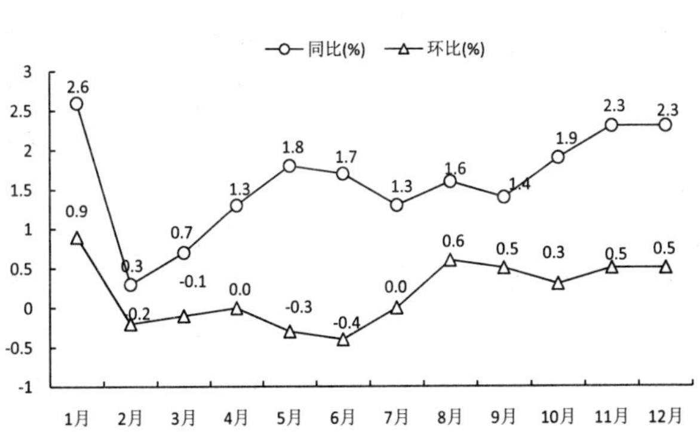

图5　2017年全区工业生产者出厂价格和购进价格同比涨跌幅度

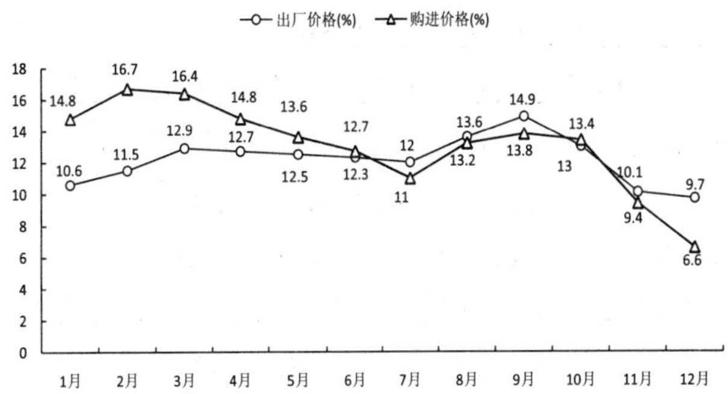

表3　2017年12月份全区居民消费价格指数

指标	环比	同比	1–12月累计比
居民消费价格总指数	100.5	102.3	101.6
其中:食品烟酒	101.4	100.6	99.5
衣着	100.4	104.8	101.2
居住	100.0	102.1	102.3
生活用品及服务	100.2	102.4	101.9
交通和通信	100.3	102.4	102.7
教育文化和娱乐	100.1	102.7	102.3
医疗保健	100.3	104.3	104.8
其他用品和服务	99.4	102.2	102.4

供给侧结构性改革扎实推进。全年全区规模以上工业企业每百元主营业务收入中的成本为83.82元,比上年下降0.03元;每百元主营业务收入中的三项费用为9.65元,比上年下降0.78元。年末,全区商品房待售面积1036.68万平方米,下降16.9%,比上年末减少210.61万平方米。其中,住宅待售面积482.25万平方米,下降32.6%,比上年末减少233.32万平方米。全年全区农林牧渔业投资增长39.0%,信息传输、软件和信息技术服务业投资增长16.3%,科学研究和技术服务业投资增长64.7%,水利、环境和公共设施管理业投资增长35.7%。

新动能新产业新业态加快成长。全年全区规模以上工业高技术产业[6]增加值比上年增长24.3%,占规模以上工业增加值的比重为4.2%。全年水电、风电、太阳能等清洁能源发电量236.6亿千瓦时,增长24.0%;滚动轴承产量2280.7万套,增长1.16倍;数控金属切削机床1709台,增长35.7%。全年全区高技术产业投资[7]219.63亿元,增长22.6%,占固定资产投资(不含农户)的比重为5.9%;工业技术改造投资[8]433.23亿元,增长15.1%,占固定资产投资(不含农户)的比重为11.6%。全年全区网上零售额[9]按卖家所在地分实现零售45.2亿元，比上年增长1.48倍，其中，实物商品零售额20.1亿元，增长42.5%；按买家所在地分，实现零售额236.7亿元，增长56.2%。

发展质量效益不断改善。全年全区一般公共预算总收入715.65亿元，同口径增长10.5%。其中，地方一般公共预算收入417.46亿元，同口径增长10.1%。在地方一般公共预算收入中，税收收入270.29亿元，同口径增长15.3%，占地方一般公共预算收入的比重从上年的63.6%提高到64.7%。全年全区规模以上工业企业实现利润152.10亿元，比上年增长22.3%。分经济类型看，国有控股企业实现利润20.66亿元，下降55.2%；股份制企业95.66亿元，增长2.8%，外商及港澳台商投资企业45.61亿元，增长72.9%。分门类看，采矿业实现利润42.83亿元，增长7.1倍；制造业79.79亿元，增长7.2%；电力、热力、燃气及水生产和供应业29.48亿元，下降34.0%。

图6　2013-2017年地方一般公共预算收入及增长速度

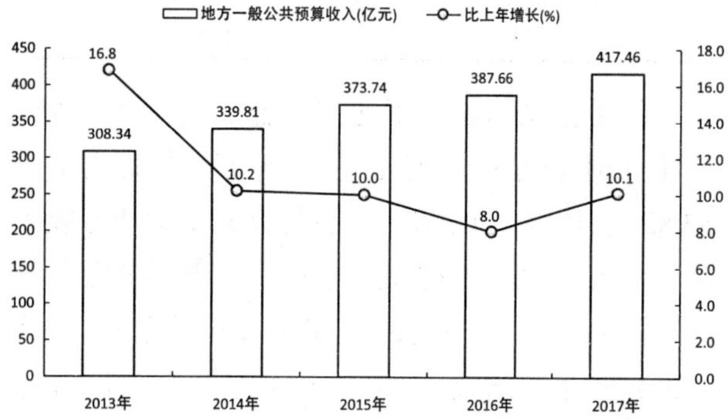

注：图中2016-2017年地方一般公共预算收入增长速度为同口径增幅，2013-2015年为同比增幅。

二、农业

全年全区粮食种植面积1163.3万亩，比上年减少4.1万亩。其中，小麦种植面积198.8万亩，增加9.5万亩；水稻种植面积112.9万亩，增加0.3万亩；玉米种植面积435.5万亩，减少9.8万亩；薯类种植面积242.8万亩，减少10.4万亩。油料种植面积96.4万亩，减少6.2万亩。蔬菜种植面积201.3万亩，增长2.6万亩。瓜果种植面积125.5万亩，减少5.1万亩。园林水果种植面积192.9万亩，减少11.6万亩。

全年全区粮食总产量368.2万吨，比上年减产2.4万吨，减少0.7%，实现连续十四年丰收。其中，夏粮产量42.4万吨，增产0.1%；秋粮产量325.8万吨，减产0.8%。全年全区小麦产量40.9万吨，与上年持平；水稻产量63.9万吨，增产1.5%；玉米产量214.9万吨，减产3.0%；马铃薯产量(折粮)36.6万吨，增产3.5%。

全年全区蔬菜产量610.8万吨，比上年增产3.0%；红枣产量10.4万吨，增产25.3%；枸杞产量11.7万吨，增产12.4%；葡萄产量19.0万吨，减产2.7%；油料产量13.4万吨，减产8.6%。

全年全区肉类总产量32.2万吨，比上年增长4.3%。其中，猪肉产量7.8万吨，增长4.0%；牛肉产量10.9万吨，增长4.7%；羊肉产量11.0万吨，增长4.7%；禽肉产量2.1万吨，增长0.1%。禽蛋产量10.6万吨，增长9.7%。牛奶产量153.3万吨，增长9.9%。水产品产量18.1万吨，增长3.6%。年末全区生猪存栏70.7万头，增长2.5%；生猪出栏99.2万头，增长3.2%；肉牛存栏79.9万头，增长4.6%；肉牛出栏71.0万头，增长4.1%；肉羊存栏554.7万只，减少4.5%；肉羊出栏622.7万只，增长4.1%；奶牛存栏38.4万头，增长5.1%；活禽存栏1150.7万只，增长8.1%；活禽出栏1104.5万只，增长1.5%。

图7　2013-2017年全区粮食产量

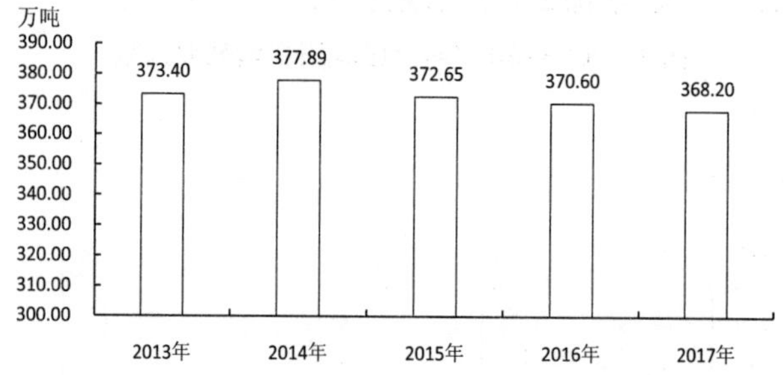

表4　2017年年末全区人口数及其构成

指　标	产量	比上年增长(%)
粮食	368.2	-0.7
小麦	40.9	0.0
水稻	63.9	1.5
玉米	214.9	-3.0
油料	13.4	-8.6
蔬菜	610.8	3.0
瓜果	199.1	-4.3
枸杞	11.7	12.4
葡萄	19.0	-2.7
肉类总产量	32.2	4.3
其中：猪、牛羊肉产量	29.7	4.5
禽蛋	10.6	9.7
牛奶	153.3	9.9
水产品	18.1	3.6

三、工业和建筑业

全年全区全部工业增加值1096.30亿元,比上年增长8.4%。规模以上工业增加值增长8.6%。在规模以上工业中,分轻重工业看,轻工业增长1.8%,重工业增长9.9%。分经济类型看,国有控股企业增长8.7%;股份制企业增长9.7%,国有企业增长8.0%,外商及港澳台商投资企业下降2.8%;私营企业增长4.0%;非公有制工业增长6.6%。分门类看,采矿业增长2.0%,制造业增长8.4%,电力、燃气和水的生产和供应业增长12.6%。

图8　2013–2017年全部工业增加值及其增长速度

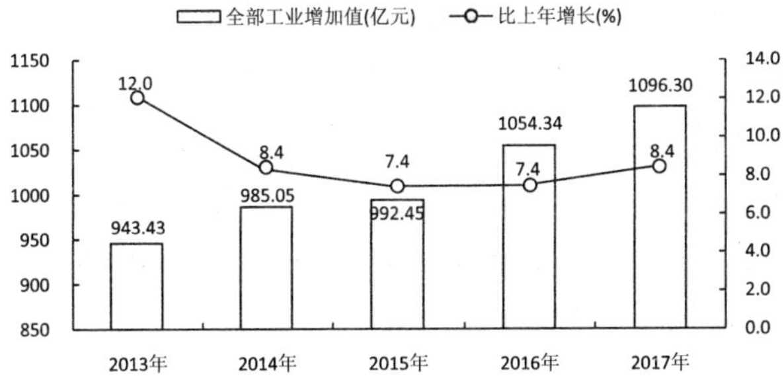

全年全区规模以上工业中,煤炭行业增加值比上年增长2.8%、电力行业增长12.2%、化工行业增长13.6%、冶金行业增长9.7%、有色增长6.7%、轻纺增长0.4%、机械增长7.3%、建材下降0.1%、医药增长9.0%、其他行业增长8.0%。工业产品销售率为97.0%。

年末全区发电装机容量4187.6万千瓦时,比上年末增长14.0%。其中,火电装机容量2583.2万千瓦时,增长19.3%;水电装机容量42.6万千瓦时,与上年持平;风电装机容量941.6万千瓦时,与上年持平;太阳能发电装机容量620.2万千瓦时,增长17.9%。

表5　2017年全区主要工业产品产量及其增长速度

指　标	单　位	产　量	比上年增长(%)
原　煤	万吨	7643.6	8.1
发电量	亿千瓦时	1380.9	20.7
焦　炭	万吨	754.7	–1.8
原铝(电解铝)	万吨	115.0	9.4
农用化肥(折纯)	万吨	46.1	–15.7
精甲醇	万吨	644.2	19.4
电石(碳化钙)	万吨	344.6	9.7
水　泥	万吨	2177.7	11.8
铁合金	万吨	322.2	–5.5
乳制品	万吨	95.9	4.2
葡萄酒	万千升	3.4	9.7
金属切削机床	台	2094.0	35.5

全区具有资质的总承包和专业承包建筑业企业761家,全年完成建筑业总产值549.21亿元,比上年增长7.4%。建筑业企业房屋建筑施工面积2569.40万平方米,下降7.3%;房屋竣工面积791.75万平方米,下降22.2%;竣工产值338.67亿元,下降10.4%。按建筑业总产值计算的劳动生产率24.30万元/人,下降9.2%。

四、固定资产投资

全年全区全社会固定资产投资3813.38亿元,比上年增长4.2%[10]。其中,固定资产投资(不含农户)3725.12亿元,增长4.2%。

在固定资产投资(不含农户)中,第一产业投资214.59亿元,比上年增长60.7%;第二产业投资1372.49亿元,下降8.3%;第三产业投资2138.03亿元,增长10.0%。工业投资1356.97亿元,下降9.3%,占固定资产投资(不含农户)的比重为36.4%。基础设施投资[11]897.99亿元,增长26.1%,占固定资产投资(不含农户)的比重为24.1%。民间固定资产投资[12]2038.08亿元,增长5.5%,占固定资产投资(不含农户)的比重为54.7%。

表6　2017年全区分行业全社会固定资产投资及其增长速度

指　标	投资额(亿元)	比上年增长(%)
全社会固定资产投资	3813.38	4.2
农、林、牧、渔业	260.67	39.0
采矿业	149.03	1.6倍
制造业	815.81	–2.1
电力、热力、燃气及水的生产和供应业	392.53	–35.4
建筑业	15.52	26.9倍
批发和零售业	42.04	–8.6
交通运输、仓储和邮政业	415.08	6.9
住宿和餐饮业	16.60	–19.1
信息传输、软件和信息技术服务业	72.57	16.3
金融业	2.95	2.1倍
房地产业[13]	816.43	–6.6
租赁和商务服务业	27.49	39.6
科学研究和技术服务业	28.36	64.7
水利、环境和公共设施管理业	467.18	35.7
居民服务和其他服务业	7.60	–62.3
教育	68.10	20.0
卫生和社会工作	86.41	89.3
文化、体育和娱乐业	55.73	26.5
公共管理和社会组织	73.26	1.2倍

图9　2013-2017年三次产业投资占固定资产投资（不含农户）比重

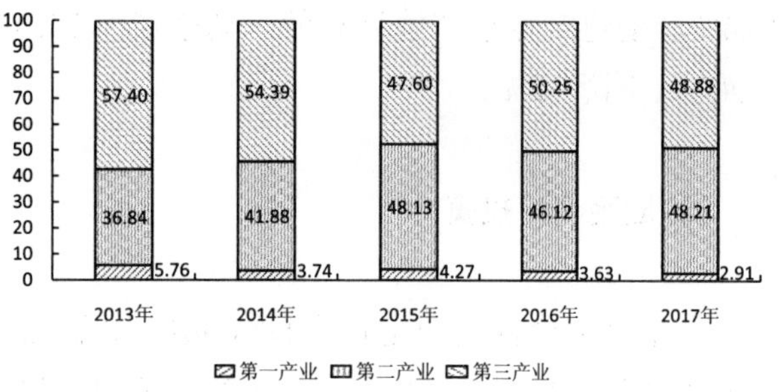

全年全区房地产开发投资652.84亿元，比上年下降10.3%。其中，住宅投资387.75亿元，下降10.9%；办公楼投资37.01亿元，下降28.6%；商业营业用房投资152.42亿元，与上年持平。

表7　2017年全区房地产开发和销售主要指标完成情况及其增长速度

指　标	单　位	绝对数	比上年增长(%)
房地产开发投资	亿元	652.84	-10.3
房屋施工面积	万平方米	6836.71	-3.8
其中：住宅	万平方米	4346.91	-4.6
其中：本年新开工面积	万平方米	1187.61	-14.6
房屋竣工面积	万平方米	1328.62	2.6
其中：住宅	万平方米	883.54	-5.1
商品房销售面积	万平方米	1021.36	5.7
其中：住宅	万平方米	870.28	4.8
商品房待售面积	万平方米	1036.68	-16.9
其中：住宅	万平方米	482.25	-32.6
商品房销售额	亿元	464.13	13.3
其中：住宅	亿元	369.30	13.3
本年实际到位资金	亿元	678.50	0.0
其中：国内贷款	亿元	70.10	-27.6
自筹资金	亿元	241.57	-7.1
其他资金来源	亿元	366.83	14.0

五、国内贸易

全年全区实现社会消费品零售总额930.45亿元，比上年增长9.5%。按经营地统计，城镇消费品零售额854.26亿元，增长9.3%；乡村消费品零售额76.19亿元，增长11.7%。按消费类型统计，商品零售额769.49亿元，增长8.7%；餐饮收入额160.96亿元，增长13.0%。

图10　2013-2017年社会消费品零售总额及其增长速度

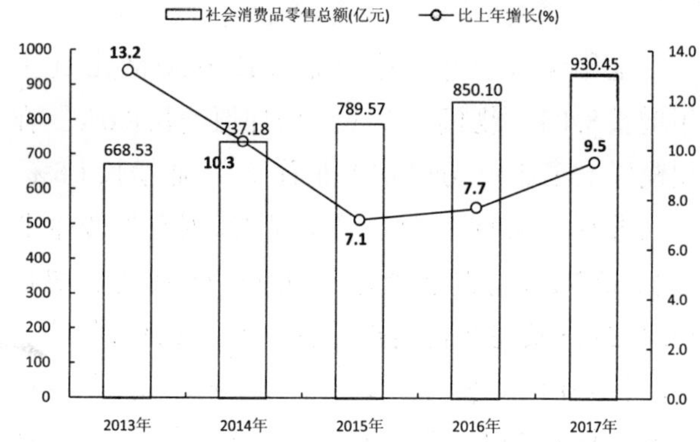

在限额以上企业商品零售额中，粮油、食品类零售额比上年增长16.8%，饮料类增长22.6%，烟酒类增长7.9%，服装、鞋帽、针纺织品类增长0.5%，化妆品类增长17.9%，金银珠宝类下降1.1%，日用品类增长2.0%，家用电器和音像器材类增长3.2%，中西药品类增长7.8%，文化办公用品类下降9.6%，通讯器材类下降12.0%，石油及制品类增长19.2%，汽车类下降0.1%。

六、对外经济[14]

据银川海关统计，全年全区货物进出口总额341.29亿元，比上年增长58.9%。其中，出口247.71亿元，增长50.5%；进口93.58亿元，增长86.7%。货物进出口差额（出口减进口）154.12亿元。对“一带一路”沿线国家进出口总额82.66亿元，增长14.4%。其中，出口66.54亿元，增长21.7%；进口16.12亿元，下降8.3%。

图11　2013-2017年货物进出口总额

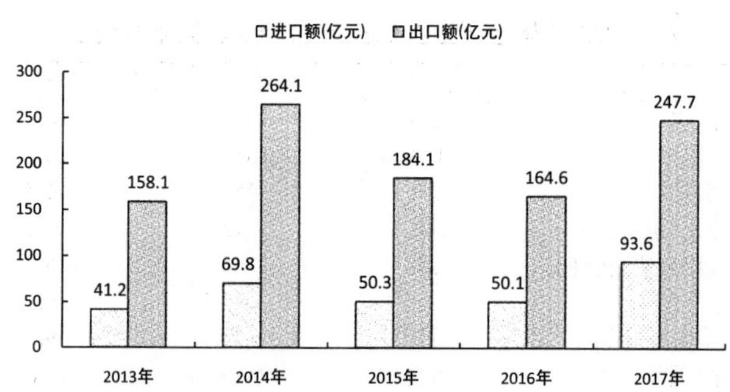

全年全区实际使用外商直接投资3.11亿美元，比上年增长22.8%。全区新批准外商直接投资项目24个，合同外资金额25.40亿美元，增长3.5倍。其中，租赁和商务服务业签订利用外商直接投资项目5个，合同额2.18亿美元，增长33.9%。

表8　2017年全区主要商品出口金额及其增长速度

商品名称	出口值(亿元)	比上年增长(%)
金首饰及零件	19.12	513.5
维生素C及其衍生物	3.70	330.1
新的充气橡胶轮胎	6.74	181.6
焦炭及半焦炭	1.68	96.5
果蔬汁	1.49	70.7
铁合金	4.32	88.1
赖氨酸酯及盐	3.98	58.2
机床及铸件	4.86	47.5

七、交通和邮电

全年全区货物运输总量3.93亿吨，比上年下降11.5%。货物运输周转量811.41亿吨公里，下降7.1%。全年旅客运输总量0.76亿人次，下降14.4%；旅客运输周转量158.11亿人公里，增长3.3%。

表9　2017年全区各种运输方式完成运输量及其增长速度

运输方式	货物				旅客			
	运输总量		运输周转量		运输总量		运输周转量	
	绝对数（万吨）	比上年增长（%）	绝对数（亿吨公里）	比上年增长（%）	绝对数（万人次）	比上年增长（%）	绝对数（亿人公里）	比上年增长（%）
总计	39289.44	-11.45	811.41	-7.13	7599.90	-14.44	158.11	3.31
铁路	6528.29	11.81	253.55	4.61	650.37	-1.25	43.26	-4.29
公路	31659.00	-15.40	500.18	-13.40	6518.00	-17.60	55.84	-13.32
航空	1.89	26.54	0.29	21.01	431.53	37.67	59.01	35.92
管道	1100.26	-0.94	57.40	7.21	—	—	—	—

年末全区民用汽车保有量132.16万辆，比上年末增长12.1%。其中，私人汽车保有量119.9万辆，增长13.2%。民用轿车保有量63.73万辆，增长13.1%，其中，私人轿车60.9万辆，增长13.5%。

全年全区完成邮政业务总量[15]15.32亿元，比上年增长0.8%。邮政业全年完成邮政函件业务365.7万件，包裹业务10.6万件，快递业务量3721.5万件；快递业务收入6.8亿元。全年全区完成电信业务总量[16]204.7亿元，增长1.17倍。年末全区电话用户总数854.2万户，其中移动电话用户792万户。互联网宽带接入用户159.2万户，比上年增加47.3万户。移动互联网用户682.5万户，比上年增加80.4万户；移动互联网接入流量20825.8万G，增长1.92倍。

图12　2013-2017年年末全区互联网宽带接入用户数和移动互联网用户数

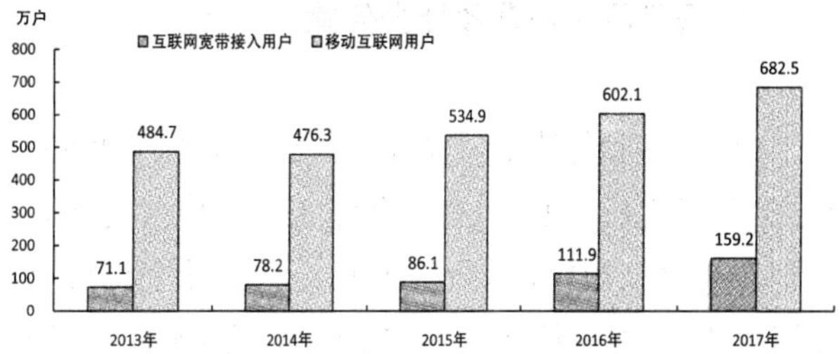

八、金融

年末全区全部金融机构本外币各项存款余额5867.22亿元，比年初增加406.58亿元。其中，人民币各项存款余额5848.45亿元，增加406.91亿元。全部金融机构本外币各项贷款余额6461.48亿元，比年初增加765.52亿元。其中，人民币各项贷款余额6332.61亿元，增加664.72亿元。

表10　2017年年末全区金融机构存贷款余额及其增长速度

指　标	年末数（亿元）	当年新增（亿元）	比上年末增长(%)
各项存款余额	5867.22	406.58	7.5
人民币存款余额	5848.45	406.91	7.5
其中：住户存款	2791.49	241.29	9.5
非金融企业存款	1591.31	103.58	7.0
广义政府存款	1342.82	31.26	2.4
各项贷款余额	6461.48	765.52	13.4
人民币贷款余额	6332.61	664.72	11.7
其中：短期贷款	2048.41	207.24	10.8
中长期贷款	3867.49	439.83	13.1
票据融资	412.96	20.96	5.4

年末全区上市公司13家，总股本103.00亿股，总市值916.64亿元，比上年下降13.3%。其中，流通市值572.81亿元，下降22.2%。全年证券交易额5939.75亿元，增长15.2%。全年全区在全国中小企业转让系统[17]挂牌公司66家，较年初增长17.9%，总市值219.16亿元。

年末全区省级营业性保险分公司20家，全年实现保费收入165.21亿元，比上年增长23.4%。其中，财产险收入56.04亿元，增长21.6%；寿险收入81.24亿元，增长19.1%；健康险收入23.53亿元，增长46.5%；意外伤害险收入4.40亿元，增长24.9%。支付各类赔款和给付49.56亿元，增长15.7%。其中，财产险赔款26.96亿元，增长8.7%；寿险业务给付15.17亿元，增长20.2%；健康险给付6.19亿元，增长

44.9%；意外伤害险赔款1.24亿元，增长9.4%。

九、居民收入消费和社会保障

全年全区全体居民人均可支配收入[18] 20562元，比上年增长9.2%。全区全体居民人均可支配收入中位数[19]14781元，增长11.4%。按常住地分，城镇居民人均可支配收入29472元，增长8.5%。城镇居民人均可支配收入中位数23727元，增长6.9%。农村居民人均可支配收入10738元，增长9.0%。农村居民人均可支配收入中位数10293元，增长10.0%。按全区居民五等份收入分组[20]，低收入组人均可支配收入5083元，中等偏下收入组人均可支配收入11009元，中等收入组人均可支配收入17807元，中等偏上收入组人均可支配收入29486元，高收入组人均可支配收入56122元。

图13　2013-2017年城镇居民人均可支配收入及其增长速度

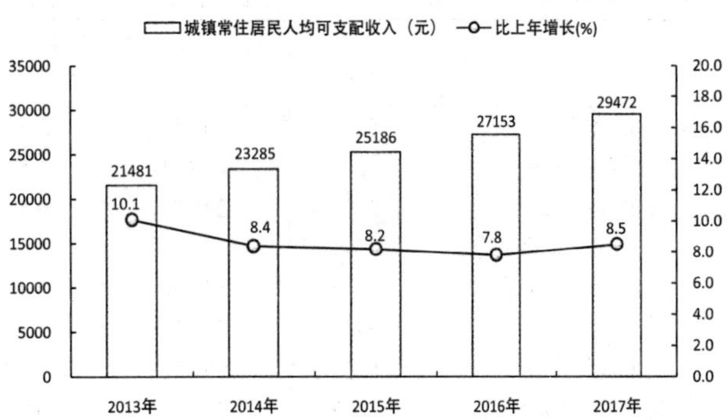

图14　2013-2017年农村居民人均可支配收入及其增长速度

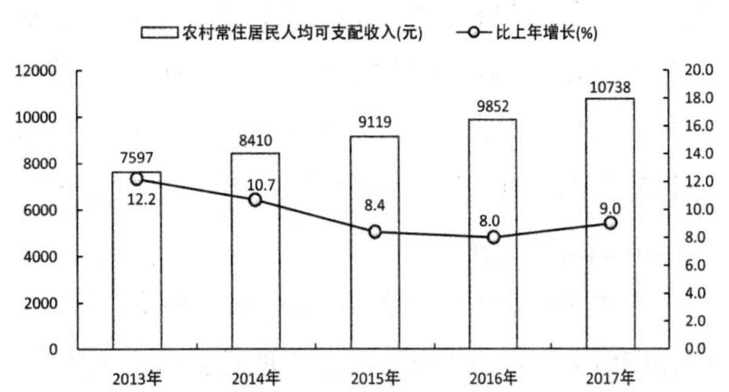

全年全区居民人均消费支出15350元，比上年增长2.6%，扣除价格因素，实际增长1.0%。按常住地分，城镇居民人均消费支出20219元，下降0.7%，扣除价格因素，实际下降2.4%；农村居民人均消费支出9982元，增长9.2%，扣除价格因素，实际增长7.8%。

图15　2017年全区城镇居民人均消费支出及其构成

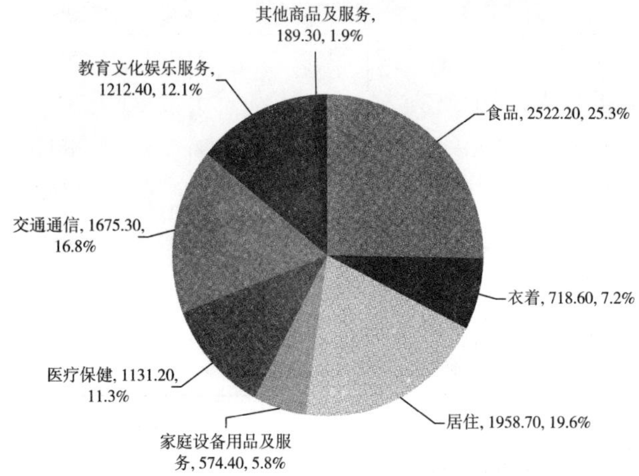

图16　2017年全区农村居民人均消费支出及其构成

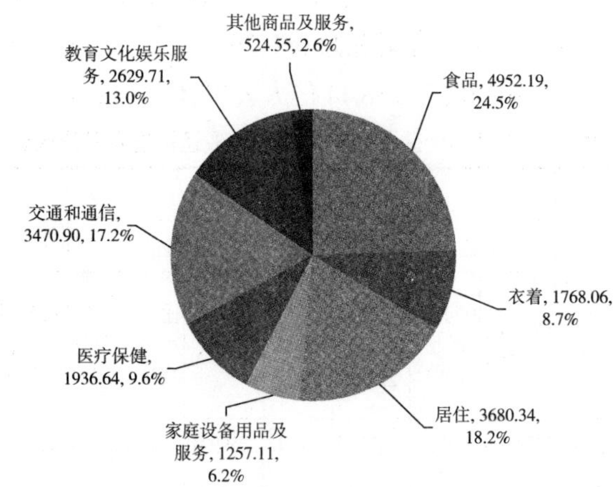

按照每人每年2300元（2010年不变价）的农村贫困标准计算，2017年末，全区农村贫困人口23.9万人，比上年末减少19.3万人；贫困发生率6.0%，比上年下降5.1个百分点。

年末全区参加城镇职工基本养老保险人数205.91万人，比上年末增加9.81万人。参加城乡居民基本养老保险人数185.48万人，比上年末减少0.72万人。参加基本医疗保险人数618.22万人，增加24.17万人，其中，参加城镇职工基本医疗保险123.46万人，增加5.99万人；参加城乡居民基本医疗保险494.76万人，增加18.18万人。参加失业保险人数88.55万人，增加2.85万人。参加工伤保险人数90.35万人，增加6.81万人。参加生育保险人数81.73万人，增加5.19万人。年末全区共有10.84万人享受城市居民最低生活保障，38.11万人享受农村居民最低生活保障，0.99万人享受农村特困人员[21]救助供养。

十、教育、科学技术和文化体育

年末全区各级各类学校3406所（含小学教学点552所），教职工104220人。全年全区学前教育毛入园率81.46%，小学学龄人口入学率99.93%，初中阶段毛入学率107.04%，高中阶段毛入学率90.33%，高等教育毛入学率45.95%，小学六年巩固率为96.02%，初中三年巩固率为95.02%。

表11　2017年全区各级教育招生、在校、毕业生人数

类　别	校数（所）	招生数（人）	在校学生数（人）	毕业学生数（人）
普通高等学校	19	39422	126392	33133
#研究生	3	2278	5341	1570
成人高等学校	1	11233	26398	10158
中等职业教育学校	28	25067	74742	24660
普通中学	310	145751	428017	142484
#高 中(含完全中学)	63	49189	148837	53632
初 中(含完全中学)	247	97652	279180	88852
普通小学	1353	96628	581350	99430
幼儿园	1130	114298	230515	97294
特殊教育学校	13	1009	5319	555

全年全区登记自治区级科技成果267项，比上年下降14.1%。其中，基础理论成果71项，应用技术成果176项，软科学成果20项。全年申请专利量8574件，增长39.5%，其中，发明专利2561件，增长2.0%。专利授权量4243件，增长58.5%，其中，发明专利授权量657件，增长17.3%。全年共签订技术合同984项，技术合同成交金额7.2亿元。年末全区拥有国家级工程技术研究中心3个，自治区级工程技术研究中心43个；国家重点实验室3个，自治区级重点实验室28个；国家级企业（集团）技术中心（含分中心）14个，自治区级企业（集团）技术中心62个；自治区级产业技术协同创新中心4个，临床医学研究中心6个，自治区技术创新中心174个。

年末全区文化系统共有艺术表演团体15个，博物馆75个。全区共有公共图书馆26个，文化馆26个，档案馆28个。有线广播电视实际用户68万户，其中，有线数字电视实际用户62万户。全区广播节目综合人口覆盖率为97.59%；电视节目综合人口覆盖率为99.37%。全区出版各类报纸19种，出版期刊37种，出版图书3909种。2016年，全区文化及相关产业增加值74.36亿元，比上年增长14.5%；占地区生产总值的比重为2.35%，比上年提高0.12个百分点。

全年我区运动员参加国际国内比赛共取得金牌59枚、银牌68枚、铜牌53枚。全年有159人达国家一级运动员等级标准，487人达国家二级运动员等级标准，26人获得国家一级裁判员等级称号。

十一、卫生和社会服务

年末全区共有医疗卫生机构4272个，其中医院209个；基层医疗卫生机构3966个，其中乡镇卫生院220个，社区卫生服务中心（站）166个，村卫生室2301个；专业公共卫生机构87个，其中疾病预防控制中心25个，卫生监督所（中心）25个。年末全区卫生技术人员49714人，其中执业医师和执业助理医师18187人，注册护士21568人。全区医疗卫生机构实有床位39820张，其中医院34822张，乡镇卫生院3354张。全年全区总诊疗人次[22]4026.85万人次，出院人数[23]115.73万人次。

图17　2013-2017年年末全区卫生技术人员人数

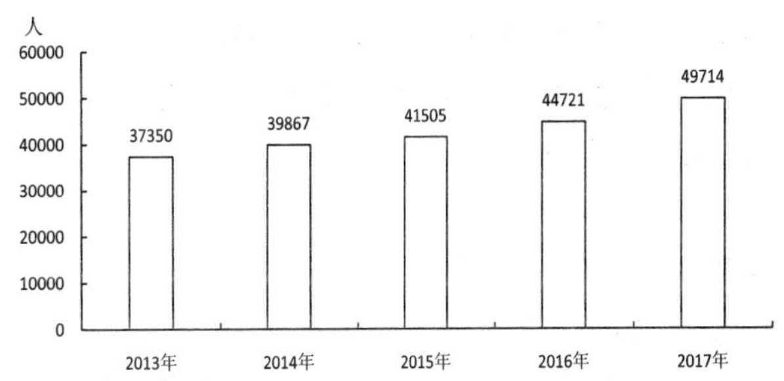

年末全区共有各类提供住宿的社会服务机构122个，其中养老服务机构94个，儿童收养救助服务机构10个。社会服务床位[24]17575张（不包括社区床位数），其中养老床位14905张（不包括社会日间照料床位3538张、社会留宿床位2891张），儿童服务床位1022张。年末全区共有社区服务机构和设施2658个，其中社区服务中心68个，社区服务站2081个。

十二、资源、环境和安全生产[25]

全年全区水资源总量10.77亿立方米。全年全区平均降水量332毫米，比上年增长10.3%。全年全区总用水量66.06亿立方米，增长1.8%。其中，生活用水3.00亿立方米，增长7.8%；工业用水4.52亿立方米，增长2.9%；农业用水56.37亿立方米，增

长0.8%。万元地区生产总值用水量[26]194立方米，下降4.9%；万元工业增加值用水量39立方米，下降4.9%。人均用水量974立方米，增长0.7%。

全年全区完成营造林面积107.6万亩，其中人工营造林面积54.0万亩。森林抚育面积35.82万亩。截至年底，全区自然保护区14个，其中国家级自然保护区9个，自治区级自然保护区5个。新增水土流失治理面积83.30千公顷。

预计[27]全年全区城市污水处理率93.0%，比上年提高0.8个百分点；燃气普及率85.0%，比上年提高0.61个百分点；城市建成区绿地率36.50%，比上年提高0.36个百分点；人均公园绿地面积17.80平方米，比上年增加0.06平方米。

全年全区五个地级城市平均空气质量优良天数为279天，优良天数比例为76.4%。细微颗粒(PM2.5)平均浓度为42微克/立方米，比上年下降8.7%。

全年全区累计发生生产经营性事故256起，比上年下降21.7%；死亡196人，下降14.8%。亿元GDP生产安全事故死亡人数为0.057；道路交通万车死亡率为2.05，下降6.8%；煤矿百万吨死亡人数为0.026，下降91.6%。

注释：

[1]本公报中数据均为初步统计数，正式数据以《宁夏统计年鉴-2018》为准。部分数据因四舍五入的原因，存在着与分项合计不等的情况。

[2]地区生产总值、各产业增加值和人均地区生产总值绝对数按现价计算，增长速度按不变价格计算。

[3] 2017年年末，0-14岁(含不满15周岁)人口为138.74万人，15-59岁(含不满60周岁)人口为453.46万人。

[4]年度农民工数量包括年内在本乡镇以外从业6个月及以上的外出农民工和在本乡镇内从事非农产业6个月及以上的本地农民工两部分。

[5]农产品生产者价格是指农产品生产者直接出售其产品时的价格。

[6] 高技术产业包括医药制造业，航空、航天器及设备制造业，电子及通信设备制造业，计算机及办公设备制造业，医疗仪器设备及仪器仪表制造业，信息化学品制造业。

[7] 高技术产业投资包括医药制造、航空航天器及设备制造等六大类高技术制造业投资和信息服务、电子商务服务等九大类高技术服务业投资。

[8] 工业技术改造投资是指工业企业利用新技术、新工艺、新设备、新材料对现有设施、工艺条件及生产服务等进行改造提升，实现内涵式发展的投资活动。

[9]网上零售额是指通过公共网络交易平台(主要从事实物商品交易的网上平台，包括自建网站和第三方平台)实现的商品和服务零售额。其中，网上零售额包括的服务，以及少部分用于生产经营用或被转卖的商品不统计在社会消费品零售总额中。

[10] 根据第三次农业普查结果对全区2016年固定资产投资基数进行修订，2017年增速按可比口径计算。

[11] 基础设施投资是指建造或购置为社会生产和生活提供基础性、大众性服务的工程和设施的支出。公报中的基础设施投资包括交通运输、邮政业，电信、广播电视和卫星传输服务业，互联网和相关服务业，水利、环境和公共设施管理业投资。

[12] 民间固定资产投资是指具有集体、私营、个人性质的内资企事业单位以及由其控股(包括绝对控股和相对控股)的企业单位建造或购置固定资产的投资。

[13] 房地产业投资除房地产开发投资外，还包括建设单位自建房屋以及物业管理、中介服务和其他房地产投资。

[14] 货物进出口采用人民币计价。实际使用外商直接投资由于技术原因仍主要沿用美元计价。

[15] 邮政行业业务总量按2010年价格计算。

[16] 电信业务总量按2015年价格计算。

[17]全国中小企业股份转让系统又称“新三板”，是2012年经国务院批准设立的全国性证券交易场所。

[18] 全区居民收入名义增速快于分城乡居民收入增速的原因是：在城镇化过程中，一部分在农村收入较高的人口进入城镇地区，但在城镇属于较低收入人群，他们的迁移对城乡居民收入均有拉低作用。但无论在城镇还是农村，其收入增长效应都会体现在全体居民收入增长中。

[19] 人均收入中位数是指将所有调查户按人均收入水平从低到高(或从高到低)顺序排列,处于最中间位置调查户的人均收入。

[20]全区居民五等份收入分组是指将所有调查户按人均收入水平从高到低顺序排列,平均分为五个等份,处于最高20%的收入群体为高收入组,依此类推依次为中等偏上收入组、中等收入组、中等偏下收入组、低收入组。

[21] 农村特困人员是指无劳动能力,无生活来源,无法定赡养、抚养、扶养义务人或者其法定义务人无履行义务能力的农村老年人、残疾人以及未满16周岁的未成年人。

[22] 总诊疗人次指所有诊疗工作的总人次数,包括门诊、急诊、出诊、预约诊疗、单项健康检查、健康咨询指导(不含健康讲座)人次。

[23] 出院人数指报告期内所有住院后出院的人数,包括医嘱离院、医嘱转其他医疗机构、非医嘱离院、死亡及其他人数,不含家庭病床撤床人数。

[24] 社会服务床位数除收养性机构外,还包括救助类机构、社区类机构以及军休所、军供站等机构的床位。

[25]由于国家统计口径变化,2017年仅统计生产经营性事故情况,且亿元GDP生产安全事故死亡人数计算公式进行了调整,该指标不与上年进行对比。

[26] 万元地区生产总值用水量、万元工业增加值用水量和万元地区生产总值能耗按2015年价格计算。

[27]此数据为住建部门预计数,具体数据5月底前公布;城市指标为五个地级市和两个县级市数据。

资料来源:

本公报中城镇新增就业、登记失业率、社会保障数据来自自治区人力资源社会保障厅;财政数据来自自治区财政厅;水资源数据来自自治区水利厅;林业数据来自自治区林业厅;发电装机容量数据来自国网宁夏电力公司;铁路运输数据来自中国铁路兰州局集团有限公司;公路运输数据来自自治区交通运输厅;民航数据来自西部机场集团宁夏机场有限公司;电信业务总量、电话用户、宽带用户、移动互联网接入流量、互联网普及率等数据来自宁夏通信管理局;建成区绿地面积、污水处理率、燃气普及率等数据来自自治区住房城乡建设厅;货物进出口数据来自银川海关;外商直接投资等数据来自自治区商务厅;民用汽车数据来自自治区公安厅;管道数据来自中石油管道长庆输油气分公司和中石油东部管道有限公司银川管理处;邮政业务数据来自宁夏邮政管理局;货币金融数据来自人民银行银川中心支行;上市公司数据来自宁夏证监局;保险业数据来自宁夏保监局;城乡低保、农村特困人员救助供养、社会服务来自自治区民政厅;教育数据来自自治区教育厅;国家工程研究中心、国家工程实验室、企业技术中心等数据来自自治区科技厅;专利数据来自自治区知识产权局;艺术表演团体、博物馆、公共图书馆、文化馆数据来自自治区文化厅;广播电视、电影、报纸、期刊、图书数据来自自治区新闻出版广电局;体育数据来自自治区体育局;卫生数据来自自治区卫生计生委;环境监测数据来自自治区环境保护厅;安全生产数据来自自治区安监局;其他数据均来自自治区统计局和国家统计局宁夏调查总队。

银川市2017年国民经济和社会发展统计公报

银川市统计局　国家统计局银川调查队

2017年，全市人民在市委、政府的坚强领导下，认真学习贯彻党的十九大精神，深入领会把握习近平新时代中国特色社会主义思想的精神实质，全面落实自治区第十二次党代会精神和市委第十四届四次、五次全会精神，坚持“绿色、高端、和谐、宜居”发展理念，坚持稳中求进工作总基调，以深化供给侧结构性改革为主线，扎实有序推进各项工作，实现了经济平稳健康发展与社会和谐稳定。

一、综合

初步核算，全市实现地区生产总值1803.17亿元，按可比价格计算，同比增长8.0%[2]。分产业看，第一产业实现增加值61.38亿元，同比增长4.2%；第二产业实现增加值908.60亿元，同比增长6.5%；第三产业实现增加值833.18亿元，同比增长10.1%。三次产业结构为3.4:50.4:46.2，对经济增长的贡献率分别为2.0%、41.7%、56.3%。按常住人口计算，全市人均地区生产总值81656元，比上年增长6.5%。

图1　2013-2017年银川市地区生产总值及增速

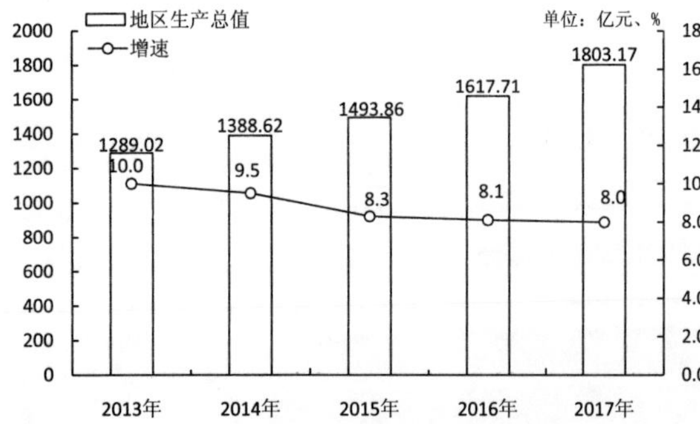

年末全市总人口222.54万人，比上年末增加3.4万人。其中回族人口57.34万人，占总人口的比重为25.8%。城镇人口171.56万人，乡村人口51万人；男性110.10万人，女性112.44万人。人口出生率为12.60‰，死亡率为4.11‰，人口自然增长率为8.49‰。

表1　2017年银川市年末人口及其构成

指　标	年末数(人)	增速(%)	比重(%)
年末总人口	2225391	1.6	100
#市区人口	1429147	1.8	64.2
#城镇人口	1715605	3.4	77.1
乡村人口	509786	-4.3	22.9
#汉族人口	1611979	1.5	72.4
回族人口	573371	1.7	25.8
其他少数民族	40041	1.7	1.8
#男性	1100966	-0.2	49.5
女性	1124425	3.4	50.5

全年居民消费价格比上年上涨1.7%，其中，其他用品和服务上涨2.3%，衣着类上涨1.7%，医疗保健上涨6.3%，教育文化和娱乐类上涨2.7%，居住类上涨3.0%，生活用品及服务类上涨2.1%，交通和通信类上涨2.9%。工业生产者出厂价格指数上涨12.3%，工业生产者购进价格指数上涨13.4%，新建住宅价格指数上涨2.5%，商品零售价格指数上涨1.5%。

图2　2017年银川市居民消费价格指数月度涨幅

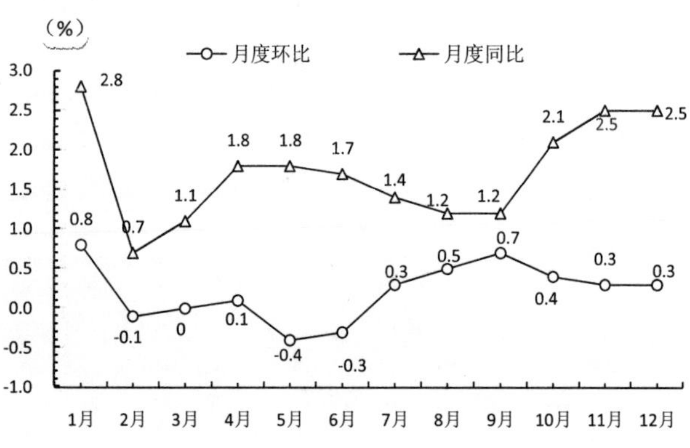

表2　2017年银川市居民消费价格比上年涨跌幅度

单位：%

指标名称	2017年
居民消费价格总指数	1.7
食品烟酒	−1.2
#粮食	0.8
鲜菜	−11.1
畜肉	−1.7
水产品	4.2
蛋	−0.3
鲜果	4.6
衣着	1.7
居住	3.0
生活用品及服务	2.1
交通和通信	2.9
教育文化和与娱乐	2.7
医疗保健	6.3
其他用品和服务	2.3

全年完成地方财政收入224.50亿元，比上年增长3.5%[3]。公共财政预算收入177.46亿元，增长9.3%，其中，税收收入105.44亿元，增长10.5%，税收占公共财政预算收入的比重为59.4%。全年完成地方财政支出392.49亿元，下降1.2%。公共财政预算支出341.83亿元，增长3.3%；公共安全支出下降18.6%；教育支出增长11.9%；科学技术支出增长66.0%；社会保障和就业支出增长6.8%；医疗卫生与计划生育支出增长11.8%；节能环保支出增长72.9%；城乡社区支出下降5.7%。

图3　2013–2017年银川市地方公共财政预算收入及增

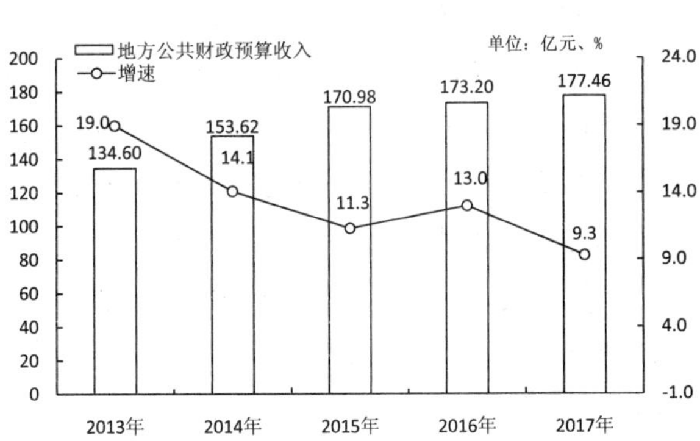

二、农业

全年完成农林牧渔业总产值122.64亿元，按可比价格计算，比上年增长4.6%[2]。其中，农业产值77.51亿元，增长3.2%；林业产值0.89亿元，下降17.9%；畜牧业产值28.07亿元，增长7.2%；渔业产值8.57亿元，增长11.8%；农林牧渔服务业产值7.60亿元，增长6.0%。

全年粮食作物播种面积10.47万公顷，比上年增长0.7%；其中，小麦播种面积1.73万公顷，下降0.7%。蔬菜播种面积3.45万公顷，园林水果播种面积2.83万公顷。全年粮食产量84.23万吨，增长0.8%；其中，小麦产量9.69万吨，下降0.5%。蔬菜产量175.48万吨，增长4.9%。园林水果产量30.22万吨，增长0.6%。肉类产量5.24万吨，增长1.8%，其中，猪肉产量1.53万吨，增长3.0%；牛肉产量1.65万吨，增长1.2%；羊肉产量1.51万吨，增长1.1%。年末大牲畜总头数20.07万头，生猪存栏15.95万头，羊只存栏数65.40万只，家禽数284.59万只。禽蛋产量2.66万吨，增长21.2%。牛奶产量49.25万吨，增长4.4%。水产品产量7.72万吨，增长4.8%。

图4　2013–2017年银川市粮食产量及增速

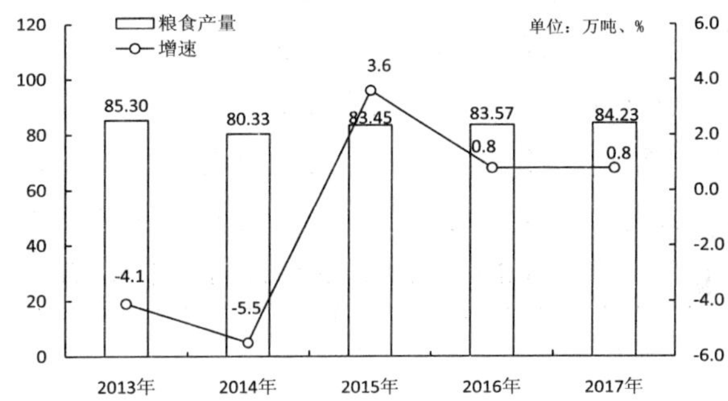

全年农村用电量3.02亿千瓦时，下降14.6%。农用化肥施用量（按实物量计算）23.59万吨，增长0.9%。

三、工业和建筑业

全年全部工业增加值同比增长8.5%。规模以上工业增加值增长8.5%[2]，在规模以上工业增加值中，轻工业增加值下降1.1%；重工业增加值增长10.4%。分经济类型看，国有企业增加值增长31.9%；股份制企业增加值增长9.8%；外商及港澳台商投资企业增加值下降5.2%。全市规模以上非公有制工业企业增加值增长1.0%。

图5　2013–2017年银川市规模以上工业增加值增速

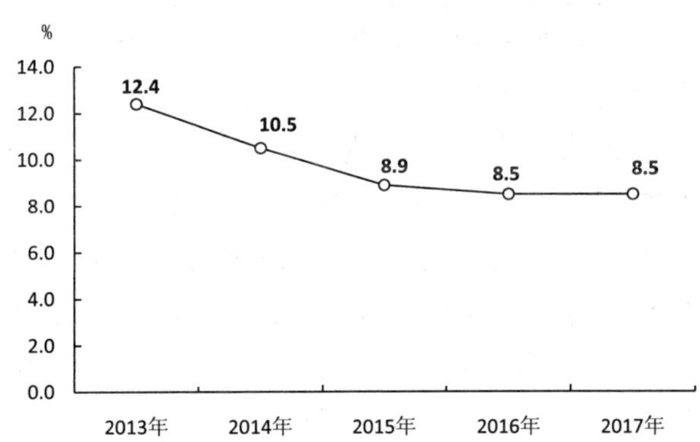

全年规模以上工业中，电力、热力的生产和供应业增加值比上年增长17.0%；石油加工、炼焦业增加值增长12.1%；煤炭开采和洗选业增长7.5%；化学原料及化学制品制造业增长10.9%；纺织业下降7.9%。六大高耗能行业[4]增加值增长12.6%，占规模以上工业增加值比重为61.4%；高技术产业增加值增长30.1%，占规模以上工业增加值比重为5.4%；战略性新兴产业增加值增长28.3%。

全年规模以上工业企业实现销售产值2026.29亿元，比上年增长20.7%，工业产品销售率为96.7%。工业企业主营业务收入1905.31亿元，比上年增长12.5%；主营业务成本1518.28亿元，增长12.3%。实现利润总额70.28亿元，增长4.8%。工业品出口交货值67.24亿元，亏损企业亏损82.22亿元，企业亏损面22.2%，应收账款283.43亿元，资产负债率67.5%。非公有工业实现主营业务收入1126.29亿元，增长17.8%；利润总额66.10亿元，增长42.7%。

表3 2017年银川市主要工业产品产量及增长速度

产品名称	计量单位	产量	比上年增长（%）
水泥	万吨	611.64	14.5
液体乳	万吨	24.14	10.1
农用化肥（折纯）	万吨	33.41	-22.3
橡胶轮胎外胎	万条	178.63	-11.5
金属切削机床	台	2094.00	35.5
滚动轴承	万套	1796.90	163.6
汽油	万吨	243.33	-4.6
柴油	万吨	298.77	27.5
合成氨	万吨	23.73	-28.7
机制纸	万吨	3.22	-11.5
发电量	亿千瓦时	598.18	18.9
白酒	千升	2229.70	-1.9
葡萄酒	千升	21140.17	82.1
服装	万件	1226.10	-3.4
家具	万件	12.10	-40.7
焦炭	万吨	446.16	4.9
自来水生产量	万立方米	30345.44	33.5
变压器	万千伏安	664.68	-42.5
原铝	万吨	46.34	23.7

全年全市具有资质等级建筑业企业509个，实现建筑业总产值373.52亿元，增长5.9%。其中，国有及国有控股企业实现产值123.83亿元，下降4.9%；建筑装修装饰业实现产值7.82亿元，增长37.3%。房屋建筑施工面积1497.65万平方米，下降18.9%；房屋建筑竣工面积354.44万平方米，下降46.4%。具有资质等级的建筑企业实现利润总额11.22亿元，增长17.8%；实现税金总额16.22亿元，下降15.7%。

四、固定资产投资

全年完成全社会固定资产投资1719.05亿元，比上年增长1.4%。其中，基本建设投资1035.11亿元，下降7.8%；更新改造投资140.21亿元，增长267.6%。分投资主体看，国有经济投资733.21亿元，下降11.8%；非国有经济投资985.84亿元，增长14.1%。从投资结构看，第一产业投资63.42亿元，比上年增长122.7%；第二产业投资602.88亿元，下降12.6%，其中，工业投资600.22亿元，下降12.9%。第三产业投资1052.75亿元，增长7.8%。施工项目计划总投资7502.61亿元，增长17.2%。

图6 2013–2017年银川市全社会固定资产投资及增速

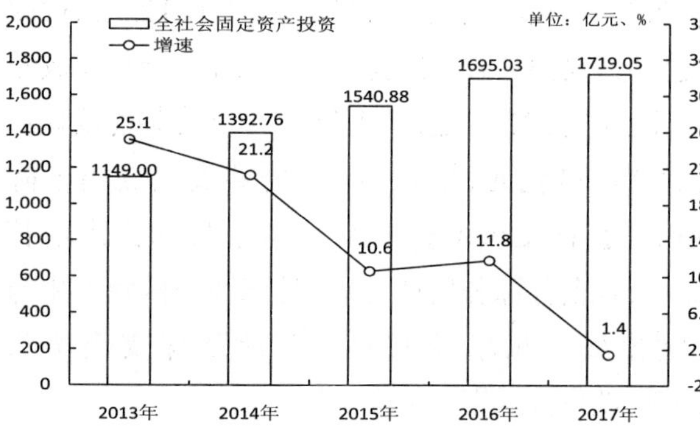

全年完成房地产开发投资402.82亿元，比上年下降15.2%，其中，住宅开发投资240.25亿元，下降13.6%。商品房施工面积4144.19万平方米，下降3.0%，其中，住宅施工面积2561.24万平方米，下降3.4%。商品房销售面积595.22万平方米，增长5.4%，其中，住宅销售面积519.99万平方米，增长5.5%。商品房待售面积655.90万平方米，下降9.3%，其中，住宅待售面积294.13万平方米，下降27.3%。全年商品房销售额308.16亿元，增长13.9%，其中，住宅销售额254.39亿元，增长16.0%。

五、国内贸易

全年实现社会消费品零售总额562.31亿元[5]，比上年增长9.4%。分城乡看，城镇消费品零售额546.59亿元，增长9.1%；乡村消费品零售额15.72亿元，增长20.4%。分行业看，批发零售业零售额506.47亿元，增长9.0%；住宿餐饮业零售额55.84亿元，增长12.4%。分经济类型看，国有经济实现零售额5.16亿元，下降6.5%；集体经济实现零售额4.20亿元，增长8.7%；股份制经济实现零售额177.77亿元，增长9.1%；私营经济实现零售额142.84亿元，增长0.8%；个体经济实现零售额218.26亿元，增长15.9%；其他各种经济实现零售额14.08亿元，增长19.9%。

图7　2013–2017年银川市社会消费品零售总额及增速

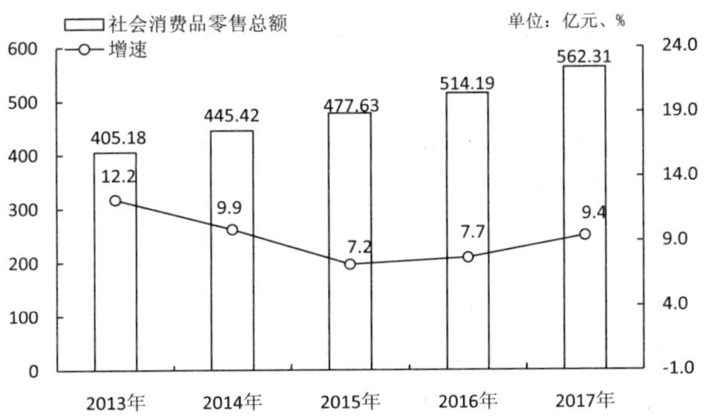

在限额以上批发和零售业零售额中，粮油、食品、饮料及烟酒类增长13.6%；服装鞋帽针纺织品类增长2.5%；家用电器和音像器材类增长6.4%；金银珠宝类下降2.4%；石油及制品类增长15.0%；通讯器材类下降13.2%；体育娱乐用品类增长39.4%；汽车类下降0.2%。

重点商品交易市场成交额224.88亿元，增长20.7%，其中，亿元以上商品交易市场成交额220.39亿元，增长22.0%。

六、对外经济

全年实现进出口总额270.62亿元[6]，比上年增长65.6%。其中，出口总额195.99亿元，增长49.7%；进口总额74.64亿元，增长129.8%。

图8　2013–2017年银川市进出口贸易总额

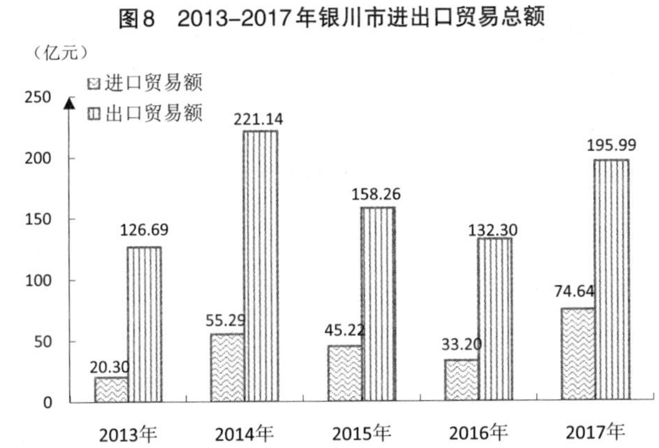

全年签订利用外资项目21个；合同外资金额24.61亿美元，比上年增长675.60%；实际利用外资0.31亿美元，下降13.8%。

七、交通、邮电和旅游

全年铁路客运量401.6万人次，下降1.8%，铁路客运周转量26.70亿人公里，下降1.8%，铁路货运量347.45万吨，下降9.9%，铁路货运周转量18.33亿吨公里，下降9.9%。公路客运量2862万人次，下降17.7%，公路客运周转量27.73亿人公里，下降11.0%，公路货运量0.78亿吨，下降11.2%，公路货运周转量103.25亿吨公里，下降8.9%。民航客运量351.66万人次，增长37.4%，民航客运周转量50.65亿人公里，增长35.5%，民航货运量1.60万吨，增长26.6%，民航货运周转量2466.42万吨公里，增长21.1%。

表4　2017年银川市铁路、公路及航空完成运输量及增长速度

指　标	单位	绝对数	比上年增长（%）
客运量			
铁路	万人次	401.60	-1.8
公路	万人次	2862	-17.7
民航	万人次	351.66	37.4
客运周转量			
铁路	亿人公里	26.70	-1.8
公路	亿人公里	27.73	-11.0
民航	亿人公里	50.65	35.5
货运量			
铁路	万吨	347.45	-9.9
公路	万吨	7797	-11.2
民航	万吨	1.60	26.6
货运周转量			
铁路	亿吨公里	18.33	-9.9
公路	亿吨公里	103.25	-8.9
民航	亿吨公里	2466.42	21.1

年末全市各种民用汽车保有量75.88万辆，增长14.1%，私人汽车保有量69.67万辆，增长14.9%。

全年完成邮电业营业收入总量34.71亿元。其中，邮政业营业收入2.04亿元，电信业营业收入32.67亿元。快递业务营业收入5.16亿元，增长11.6%。全年订销报刊2752.85万份，下降0.1%；完成邮政函件业务682万件，增长6.2%。年末本地固定电话用户29.79万户，下降23.5%；移动电话用户415.31万户，增长6.3%；计算机互联网用户68.33万户，增长8.1%。

全年接待国内游客1283.90万人次，增长47.7%；接待入境游客4.58万人次，增长27.6%。国内旅游收入149.53亿元，增长43.8%；旅游外汇收入2580.96万美元，下降9.4%。

全市共有旅行社110家，其中，国际社25家，国内社85家。全市共有旅游星级饭店42家，四星级15家，三星级27家。

八、金融和保险

年末全市金融机构人民币各项存款余额3587.23亿元，比上年末增长7.3%，其中，住户存款1496.94亿元，增长7.6%。人民币各项贷款余额4460.31亿元，比上年末增长9.4%，其中，中长期贷款3027.73亿元,增长9.9%，短期贷款1171.85亿元,增长13.3%。

全年实现保费收入94.54亿元，增长20.7%。其中，财产险保费收入31.48亿元，增长16.5%；人身险保费收入63.06亿元，增长23.0%。全年支付各项赔款及给付额26.60亿元，增长9.4%。其中，财产险赔款14.15亿元，人身险赔款及给付12.46亿元，分别增长2.3%和18.7%。

九、教育和科学技术

年末全市有研究生培养单位3个，招生2247人，增长27.7%；在学研究生5278人，增长16.3%；毕业生1539人，增长2.1%。普通高等院校17所，招生3.09万人，比上年增长11.4%；在校生10.16万人，毕业生2.69万人，分别增长2.8%和7.2%。成人高校1所，招生950人，下降47.5%；在校生3336人，下降12.1%；毕业生1371人，下降9.5%。中等职业学校14所，招生1.17万人，下降16.6%；在校生3.83万人，下降7.6%；毕业生1.25万人，增长2.5%。普通高中院校24所，招生1.84万人，增长3.1%；在校生5.49万人，下降0.2%；毕业生1.83万人，下降0.08%。初中学校54所，招生2.66万人，增长3.7%；在校生7.55万人，增长1.5%；毕业生2.45万人，增长0.9%。普通小学194所，招生3.09万人，增长5.4%；在校生17.36万人，增长3.6%；毕业生2.63万人，增长3.2%。特殊教育学校3所，招生155人，在校生513人。幼儿园323所，在园幼儿7.55万人，增长10.5%。学前三年毛入园率达到106.1%，小学六年巩固率达到107.4%，初中三年巩固率达到96.8%。资助困难学生27325人次。

全年实施各类科技计划项目114项。全年申请专利4372件，增长24.6%。

十、文化、卫生和体育

年末全市拥有艺术表演团体5个，文化馆8个，公共图书馆8个，博物馆9个(其中7个国有行业博物馆)，全国重点文物保护单位11处。广播电台5座，电视台6座，广播综合人口覆盖率、电视综合人口覆盖率均达到100%，有线广播电视用户59.45万户。全年地方出版报纸19种、期刊37种、图书3909种。

年末全市有卫生机构1027个，其中，医院和卫生院109个(医院70个)。卫生机构床位16675张，其中，医院、卫生院床位15726张。卫生技术人员23603人，其中，执业医师及执业助理医师8990人，注册护士10763人。疾病预防控制中心8个，卫生技术人员373人；妇幼保健机构5个，卫生技术人员1291人；乡镇卫生院39个，床位数665张，卫生技术人员799人。卫生监督检验机构8个，卫生技术人员156人。全市已认定医疗保险定点医疗机构417个，定点零售药店1114个。全市儿童免疫规划接种率达到99.8%。

全年获得全国冠军9个,获得金牌9块，银牌6块，铜牌7块。

十一、人民生活和社会保障

全年新增就业人数6.06万人，年末登记失业率3.61%，同比下降0.1%。

全年全市城镇居民人均可支配收入32981元，比上年增加2503元，增长8.2%。城镇居民人均消费性支出23125元，增长1.0%。城镇居民恩格尔系数28.8%。

图9　2013–2017年银川市城镇居民人均可支配收入及增速

表5 城镇居民百户主要消费品拥有量

指 标	单位	2017年	2016年	比上年增长（%）
空调器	台	23.2	21.6	7.2
淋浴热水器	台	95.7	94.0	1.8
彩电	台	100.8	99.5	1.4
电冰箱	台	98.6	98.0	0.6
移动电话	部	224.5	237.9	2.8
家用电脑	台	81.3	81.7	-0.1
微波炉	台	67.8	66.5	2.0
家用汽车	辆	37.9	35.5	6.6
摩托车	辆	8.4	9.1	-7.0
洗衣机	台	99.0	98.3	0.8
照相机	驾	29.6	30.7	-3.6
健身器材	套	5.0	3.5	43.7

全年全市农村居民人均可支配收入13087元，比上年增加1050.3元，增长8.7%。农村居民人均生活消费支出11507.3元，增长4.0%。农村居民恩格尔系数30.8%。

移民地区农村居民人均可支配收入10510元，同比增长12.2%；生态移民地区农村居民人均可支配收入7327.83元，同比增长9.7%。

图10 2013-2017年银川市农村居民人均可支配收入及增速

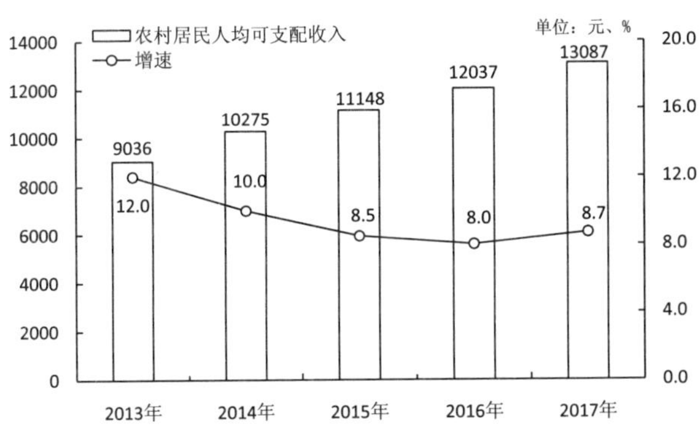

年末全市参加基本养老保险112.08万人，比上年增长8.3%，其中，参加城镇职工基本养老保险83.39万人，参加城乡居民社会养老保险28.69万人。参加失业保险49.78万人。参加基本医疗保险176.96万人，其中，参加城乡居民基本医疗保险104.24万人，参加城镇职工基本医疗保险72.72万人。

年末全市拥有中心敬老院、敬老院、老年公寓32个，共有床位6595张；收养性社会福利单位1个，床位数150张，收养各类人员65人。全市享受政府最低生活保障人数为1.54万人，发放城镇居民最低生活保障金0.74亿元；农村享受最低保障人数2.40万人，发放农村最低生活保障金0.91亿元。发放城乡医疗救助金3079.47万元，接受城乡医疗救助6.73万人次。城镇建立各种社区服务设施1031个，其中，市民服务中心25个。全年销售社会福利彩票6055万元，筹集社会公益资金1211万元，直接接受社会捐赠231万元。

十二、城市建设

年末建成区绿化覆盖面积7086.10公顷；年末建成区园林绿地面积7085.85公顷，其中，建成区公园绿地面积2322.12公顷。

年末全市公共汽车线路达到147条，公共汽车运营车辆数2202辆；公交标准运营车辆2754.5标台；每万人拥有公交车辆12.38标台。

十三、环境与安全生产

全年城市空气质量优良天数237天，占总天数的64.8%。区域噪声平均值53分贝，交通干线噪声平均值67.4分贝。城市饮用水源水质达标率90%，黄河银川段水质达到II类。全年完成工业企业环境污染治理项目112个，投入资金27.65亿元。

全年发生各类生产安全事故113起，死亡35人。亿元GDP生产安全事故死亡人数为0.019人；营运车辆万车死亡人数为2.641人。

注：

[1]本公报中数据均为初步统计数。

[2]地区生产总值、各产业增加值和人均地区生产总值绝对数按现行价格计算，增长速度按不变价格计算。

[3]2017年地方财政收入、公共财政预算收入增速为同口径。

[4]六大高耗能行业分别为：化学原料和化学制品制造业、非金属矿物制品业、黑色金属冶炼和压延加工业、有色金属冶炼和压延加工业、石油加工炼焦和核燃料加工业、电力热力生产和供应业。

[5]2013年至2014年银川市社会消费品零售为与第三次经济普查结果衔接数据.

[6]进出口总额从2017年起以人民币计价。

1

综　合

General Survey

1—1 行政区划及区划面积

Administrative Divisions and Area of Zoning

(2017)

县(市)区 County, Municipalities and District		镇(个) Towns (unit)	乡(个) Townships (unit)	街道办事处(个) Street Communities (unit)	居民委员会(个) Neighbour-hood Committees (unit)	村民委员会(个) Village Committees (unit)	区划面积(平方公里) Area of Zoning (sq.km)
总　计	**Total**	**20**	**6**	**25**	**247**	**285**	**9025.38**
市区	City	6	2	23	197	85	2310.53
兴庆区	Xingqing	2	2	11	90	42	828.26
金凤区	Jinfeng	2	0	5	46	24	353.00
西夏区	Xixia	2	0	7	61	19	1129.27
永宁县	Yongning	5	1	1	22	66	1178.68
贺兰县	Helan	4	1	0	13	64	1527.20
灵武市	Lingwu	5	2	1	15	70	4008.97

注:滨河新区有居民委员会 1 个,村民委员会 1 个。

1—1 续表　continued

县(市)区 County, Municipalities and District		年末总人口(万人) Population at Year-end (10 000 persons)	人口密度(人/平方公里) Population Density (person/sq.km)	乡、镇、街道办事处名称 Townships,Towns and Street Communities
总　计	**Total**	**222.54**	**247**	
市　区	City	142.91	619	
兴庆区	Xingqing	74.76	903	大新镇 掌政镇 通贵乡 月牙湖乡 凤凰北街 富宁街 中山南街 胜利街 文化街 解放西街 新华街 玉皇阁北街 丽景街 前进街 银古路等街道办事处
金凤区	Jinfeng	32.31	915	良田镇 丰登镇 黄河东路 满城北街 长城中路 北京中路 上海西路等街道办事处
西夏区	Xixia	35.84	317	兴泾镇 镇北堡镇 西花园 朔方路 北京西路 文昌路 宁华路 贺兰山西路 怀远路等街道办事处
永宁县	Yongning	24.19	205	李俊镇 闽宁镇 杨和镇 望洪镇 望远镇 胜利乡 团结西路街道办事处
贺兰县	Helan	26.09	171	习岗镇 金贵镇 立岗镇 洪广镇 常信乡
灵武市	Lingwu	29.34	73	临河镇 东塔镇 崇兴镇 马家滩镇 郝家桥镇 白土岗乡 梧桐树乡 城区街道办事处

1—2 气象情况

（2017）

月 份	Month	平均气温(℃) Average Temperature(℃)				降水量(毫米) Precipitation(mm)			
		银川 Yinchuan	永宁 Yongning	贺兰 Helan	灵武 Lingwu	银川 Yinchuan	永宁 Yongning	贺兰 Helan	灵武 Lingwu
一 月	January	-4.6	-4.5	-5.8	-5.6	0	0	0	0
二 月	February	-0.4	-0.1	-1.5	-1.3	8.0	9.3	13.3	11.4
三 月	March	4.6	4.8	3.8	4.2	8.8	18.1	14.1	16.2
四 月	April	14	14.1	13.4	13.4	4.0	4.2	4.2	4.3
五 月	May	19.3	19.8	18.6	18.4	4.5	6.2	5.9	5.2
六 月	June	23.1	23.6	22.1	22.1	64.1	36.0	45.4	37.5
七 月	July	25.9	26.3	24.8	25.0	34.8	41.0	54.6	62.5
八 月	August	22.4	22.5	21.7	21.0	9.3	39.8	22.8	36.1
九 月	September	19.3	19.6	18.4	17.8	6.0	14.1	24.8	6.9
十 月	October	9.8	10.3	9.2	9.1	16.3	36.3	33.6	33.3
十一月	November	2.8	3.2	1.7	1.8	0	0	0	0
十二月	December	-4.5	-3.9	-5.4	-4.9	0.4	0.3	0.2	0.4

1-2 续表

（2017）

月 份	Month	平均风速(米/秒) Average Wind Speed(m/second)				平均相对湿度(%) Mean Relative Humidity(%)			
		银川 Yinchuan	永宁 Yongning	贺兰 Helan	灵武 Lingwu	银川 Yinchuan	永宁 Yongning	贺兰 Helan	灵武 Lingwu
一 月	January	1.5	1.2	0.8	2.4	45	48	51	47
二 月	February	1.9	1.6	0.9	2.4	43	47	50	48
三 月	March	1.9	1.7	1.1	2.5	44	49	52	51
四 月	April	1.9	2	1.1	2.7	33	38	38	38
五 月	May	1.9	1.9	0.8	2.5	33	36	40	42
六 月	June	1.7	1.6	0.7	2.2	45	46	53	56
七 月	July	1.7	1.8	0.7	2.4	52	53	60	61
八 月	August	1.4	1.4	0.6	1.8	60	61	65	72
九 月	September	1.4	1.4	0.6	1.9	55	56	62	68
十 月	October	1.2	1.4	0.5	1.9	67	67	72	73
十一月	November	1.6	1.7	0.8	2.7	43	44	51	50
十二月	December	1.3	1.4	0.7	2.2	49	48	55	51

注:2014年以后永宁、贺兰、灵武三站已停止观测蒸发量记录

蒸发量(毫米) Evaporation(mm)				日照时数(小时) Hours of Sunshine(hour)			
银川 Yinchuan	永宁 Yongning	贺兰 Helan	灵武 Lingwu	银川 Yinchuan	永宁 Yongning	贺兰 Helan	灵武 Lingwu
36.5				179.8	213.6	182.1	228.0
61.0				190.0	209.7	170.9	214.7
105.3				218.1	237.5	208.6	240.1
141.8				268.9	267.8	270.6	264.5
174.1				308.5	321.5	318.2	313.6
171.4				310.3	309.8	318.8	296.9
183.9				294.9	310.7	309.5	293.8
144.3				230.9	234.1	250.9	207.8
119.3				251.9	244.1	254.8	221.5
67.8				211.4	215.5	226.0	206.0
76.9				231.9	233.6	235.1	246.0
33.2				197.9	207.2	213.5	219.8

continued

大风日数(日) Days of Wind(day)				雨日数(日) Days of Rain(day)			
银川 Yinchuan	永宁 Yongning	贺兰 Helan	灵武 Lingwu	银川 Yinchuan	永宁 Yongning	贺兰 Helan	灵武 Lingwu
						0	4
				4		2	4
1			1	6	3	3	2
1	1		3	7	6	2	5
1	1		2	4	3	3	3
			1	9	8	8	8
1				6	5	4	8
				12	9	6	7
				10	7	6	5
				7	7	5	5
	1		1			0	0
			1	1		1	2

a)Yongning, Helan and Lingwu has stopped observation evaporation since 2014.

1—3 主要年份地区生产总值

Gross Domestic Product in Main Years

单位:万元　　　　（按当年价格计算 caculated at current prices）　　　　（10 000 yuan）

年份 Year	地区生产总值 Gross Domestic Product	第一产业 Primary Industry	第二产业 Secondary Industry			第三产业 Tertiary Industry			人均地区生产总值(元/人) Per Capita Gross Domestic Produc (yuan/person)
				工业 Industry	建筑业 Construction		交通运输、仓储和邮政业 Transport, Storageand PostService	批发和零售业、住宿和餐饮业 Wholesale, Retail Trade, Hoteling andCatering Services	
1949	2025	1484	130	118	12	411	74	63	86
1950	2498	1885	149	131	18	464	84	125	103
1951	3486	2725	227	191	36	534	112	168	137
1952	3374	2343	396	278	118	635	146	186	126
1953	3833	2587	490	348	142	756	218	220	133
1954	4152	2715	560	384	176	877	278	260	134
1955	5064	3317	729	509	220	1018	346	278	154
1956	5443	3192	949	688	261	1302	486	337	159
1957	5716	2986	1143	963	180	1587	572	404	162
1958	8370	3380	2022	1359	663	2968	1189	746	221
1959	11758	3415	4481	3240	1241	3862	1214	1286	276
1960	13424	2691	6059	4612	1447	4674	1345	1463	288
1961	11225	3103	3632	3052	580	4490	1067	1483	240
1962	9188	3181	2664	2296	368	3343	786	980	211
1963	10284	3970	2772	2354	418	3542	827	1097	241
1964	10696	3739	3121	2532	589	3836	920	1124	240
1965	13338	5137	4222	3059	1163	3979	1078	1156	284
1966	17623	5516	7267	5947	1320	4840	1348	1369	363
1967	16109	4547	7650	6573	1077	3912	1089	1081	322
1968	16347	4374	7929	5491	2438	4044	1017	1149	309
1969	20202	5205	10172	8025	2147	4825	1311	1226	360
1970	24481	6111	12335	10855	1480	6035	1457	1478	415
1971	26132	7584	11418	10445	973	7130	1789	1851	427
1972	27538	7756	12016	10711	1305	7766	1930	1997	433
1973	28904	9152	11993	10605	1388	7759	2040	2069	437
1974	30101	7711	14523	13134	1389	7867	2093	2157	439
1975	34183	8139	17494	16129	1365	8550	2328	2287	483
1976	30851	6777	16035	14556	1479	8039	2161	2125	423
1977	33148	7078	17356	15462	1894	8714	2648	2271	441
1978	38222	7902	20245	18352	1893	10075	3202	2535	494
1979	41938	8639	22247	19444	2803	11052	3084	2820	527
1980	44412	10750	21982	18514	3468	11680	3529	3194	546
1981	46487	13019	21089	16140	4949	12379	3559	3655	559

注:1993-2010 年数据为经济普查年度调整数。2008-2017 年人均地区生产总值为常住人口计算。

1-3 续表 continued

单位:万元　　(按当年价格计算 caculated at current prices)　　(10 000 yuan)

年份 Year	地区生产总值 Gross Domestic Product	第一产业 Primary Industry	第二产业 SecondaryIndustry	工业 Industry	建筑业 Construction	第三产业 Tertiary Industry	交通运输、仓储和邮政业 Transport, Storageand PostService	批发和零售业、住宿和餐饮业 Wholesale, Retail Trade, Hoteling andCatering Services	人均地区生产总值(元/人) Per Capita Gross Domestic Produc (yuan/person)
1982	54549	16983	22778	17496	5282	14788	4862	4013	641
1983	64259	20044	27625	21848	5777	16590	5311	4590	740
1984	76756	24199	32715	24739	7976	19842	6685	4797	869
1985	94160	26286	42656	31326	11330	25218	8202	6837	1045
1986	111227	29980	49522	35973	13549	31725	9453	7813	1210
1987	132621	35567	55887	42430	13457	41167	11107	9072	1398
1988	168776	41278	67884	56327	11557	59614	11914	13203	1730
1989	207904	47293	87458	76787	10671	73153	14607	14841	2081
1990	231978	54868	92126	79482	12644	84984	11931	18579	2269
1991	270931	56593	112312	95973	16339	102026	15862	24997	2596
1992	320781	62329	138547	111057	27490	119905	18397	33689	3021
1993	432948	67372	202716	169764	32952	162860	26548	48531	4007
1994	571199	94993	268989	208527	60462	207217	32032	57667	5180
1995	717130	120037	310488	250658	59830	286605	44982	65922	6374
1996	827908	132842	367624	277398	90226	327442	61481	70838	7228
1997	951001	150519	406055	300693	105362	394427	7645	78802	8152
1998	1040857	155596	431705	303314	128391	453556	92422	96850	8769
1999	1145303	148970	473950	331604	142346	522383	107746	111132	9518
2000	1287473	143520	541292	383712	157580	602661	124901	124067	10404
2001	1440965	149840	595773	429809	165964	695352	143696	135795	11244
2002	1670921	155463	677801	493294	184507	837657	162583	157863	12716
2003	2015881	147152	858178	601247	256931	1010551	184020	187805	15159
2004	2508483	174756	1107760	866935	240825	1225967	184020	223081	18526
2005	2935714	194508	1325490	1040196	285294	1415716	209520	269605	21091
2006	3499164	210308	1632668	1275043	357625	1656188	225133	319793	24532
2007	4477383	248997	2129367	1684279	445088	2099019	298101	341911	30513
2008	5637874	300661	2674577	2085960	588617	2662636	390421	470510	34473
2009	6442421	328471	3142263	2366427	775836	2971687	429077	488431	38392
2010	7926140	402858	4002448	2987022	1015426	3520834	503756	583014	42771
2011	9866761	470509	5252471	3964581	1287890	4143781	634854	687791	48964
2012	11509344	509518	6190501	4719172	1471330	4809324	646693	708359	56528
2013	12890199	554241	6885962	5232998	1652964	5449996	685282	741874	62437
2014	13886244	527990	7501071	5552683	1950528	5857185	612246	708364	65942
2015	14938590	586225	7808359	5645261	2164550	6544006	653629	768213	69594
2016	16177071	586145	8256113	6037435	2219337	7334812	644993	834225	74288
2017	18032581	613745	9042897	6633460	2411101	8375939	718719	914122	81660

a)Date in the table from 1993 to 2010 for the econmiccensus year adjustment. From 2008 to 2017 per capita GDP calculated by resident population.

1—4 主要年份地区生产总值构成

Composition of Gross Domestic Product in Main Years

单位:%　　（按当年价格计算 caculated at current prices）　　（%）

年份 Year	地区生产总值 Gross Domestic Product	第一产业 Primary Industry	第二产业 Secondary Industry	工业 Industry	建筑业 Construction	第三产业 Tertiary Industry	交通运输、仓储和邮政业 Transport, Storageand PostService	批发和零售业、住宿和餐饮业 Wholesale, Retail Trade, Hoteling andCatering Services
1949	100	73.3	6.4	5.8	0.6	20.3	3.7	3.1
1950	100	75.5	6.0	5.2	0.8	18.5	3.4	5.0
1951	100	78.2	6.5	5.5	1.0	15.3	3.2	4.8
1952	100	69.4	11.8	8.2	3.6	18.8	4.3	5.5
1953	100	67.5	12.8	9.1	3.7	19.7	5.7	5.7
1954	100	65.4	13.5	9.3	4.2	21.1	6.7	6.3
1955	100	65.5	14.4	10.1	4.3	20.1	6.8	5.5
1956	100	58.6	17.5	12.6	4.9	23.9	8.9	6.2
1957	100	52.2	20.0	16.9	3.1	27.8	10.0	7.1
1958	100	40.4	24.2	16.2	8.0	35.4	14.2	8.9
1959	100	29.1	38.1	27.6	10.5	32.8	10.3	10.9
1960	100	20.0	45.2	34.4	10.8	34.8	10.0	10.9
1961	100	27.6	32.4	27.2	5.2	40.0	9.5	13.2
1962	100	34.6	29.0	25.0	4.0	36.4	8.6	10.7
1963	100	38.6	27.0	22.9	4.1	34.4	8.0	10.7
1964	100	35.0	29.2	23.7	5.5	35.8	8.6	10.5
1965	100	38.5	31.7	22.9	8.8	29.8	8.1	8.7
1966	100	31.3	41.2	33.7	7.5	27.5	7.6	7.8
1967	100	28.2	47.5	40.8	6.7	24.3	6.8	6.7
1968	100	26.8	48.5	33.6	14.9	24.7	6.2	7.0
1969	100	25.8	50.4	39.7	10.7	23.8	6.5	6.1
1970	100	25.0	50.4	44.3	6.1	24.6	6.0	6.0
1971	100	29.0	43.7	40.0	3.7	27.3	6.8	7.1
1972	100	28.2	43.6	38.9	4.7	28.2	7.0	7.3
1973	100	31.7	41.5	36.7	4.8	26.8	7.1	7.2
1974	100	25.6	48.2	43.6	4.6	26.2	7.0	7.2
1975	100	23.8	51.2	47.2	4.0	25.0	6.8	6.7
1976	100	22.0	52.0	47.2	4.8	26.0	7.0	6.9
1977	100	21.4	52.4	46.6	5.8	26.2	8.0	6.9
1978	100	20.7	53.0	48.0	5.0	26.3	8.4	6.6
1979	100	20.6	53.0	46.4	6.6	26.4	7.4	6.7
1980	100	24.2	49.5	41.7	7.8	26.3	7.9	7.2
1981	100	28.0	45.4	34.7	10.7	26.6	7.7	7.9

注:1993-2010 年数据为经济普查年度调整数。2008-2017 年人均地区生产总值为常住人口计算。

1-4 续表 continued

单位:% （按当年价格计算 caculated at current prices） (%)

年份 Year	地区生产总值 Gross Domestic Product	第一产业 Primary Industry	第二产业 Secondary Industry	工业 Industry	建筑业 Construction	第三产业 Tertiary Industry	交通运输、仓储和邮政业 Transport, Storageand PostService	批发和零售业、住宿和餐饮业 Wholesale, Retail Trade, Hoteling and Catering Services
1982	100	31.1	41.8	32.1	9.7	27.1	8.9	7.4
1983	100	31.2	43.0	34.0	9.0	25.8	8.3	7.1
1984	100	31.5	42.6	32.2	10.4	25.9	8.7	6.2
1985	100	27.9	45.3	33.3	12.0	26.8	8.7	7.3
1986	100	27.0	44.5	32.3	12.2	28.5	8.5	7.0
1987	100	26.8	42.1	32.0	10.1	31.1	8.4	6.8
1988	100	24.5	40.2	33.4	6.8	35.3	7.1	7.8
1989	100	22.7	42.1	36.9	5.2	35.2	7.0	7.1
1990	100	23.7	39.7	34.3	5.4	36.6	5.1	8.0
1991	100	20.8	41.5	35.4	6.1	37.7	5.9	9.2
1992	100	19.4	43.2	34.6	8.6	37.4	5.7	10.5
1993	100	15.6	46.8	39.2	7.6	37.6	6.1	11.2
1994	100	16.6	47.1	36.5	10.6	36.3	5.6	10.1
1995	100	16.7	43.3	35.0	8.3	40.0	6.3	9.2
1996	100	16.0	44.4	33.5	10.9	39.6	7.4	8.6
1997	100	15.8	42.7	31.6	11.1	41.5	8.0	8.3
1998	100	14.9	41.5	29.1	12.4	43.6	8.9	9.3
1999	100	13.0	41.4	29.0	12.4	45.6	9.4	9.7
2000	100	11.1	42.1	29.8	12.3	46.8	9.7	9.6
2001	100	10.4	41.3	29.8	11.5	48.3	10.0	9.4
2002	100	9.3	40.6	29.5	11.1	50.1	9.7	9.4
2003	100	7.3	42.6	29.8	12.8	50.1	9.1	9.3
2004	100	7.0	44.1	34.6	9.5	48.9	7.7	8.9
2005	100	6.6	45.2	35.4	9.8	48.2	7.1	9.2
2006	100	6.0	46.7	36.4	10.3	47.3	6.4	9.1
2007	100	5.6	47.5	37.6	9.9	46.9	6.7	7.6
2008	100	5.3	47.5	37.0	10.5	47.2	6.9	8.3
2009	100	5.1	48.8	36.7	12.1	46.1	6.7	7.6
2010	100	5.1	50.5	37.7	12.8	44.4	6.4	7.4
2011	100	4.8	53.2	40.2	13.0	42.0	6.4	7.0
2012	100	4.4	53.8	41.0	12.8	41.8	5.6	6.2
2013	100	4.3	53.4	40.6	12.8	42.3	5.3	5.8
2014	100	3.8	54.0	40.0	14.0	42.2	4.4	5.1
2015	100	3.9	52.3	37.8	14.5	43.8	4.4	5.1
2016	100	3.6	51.0	37.3	13.7	45.4	4.0	5.2
2017	100	3.4	50.2	36.8	13.4	46.4	4.0	5.1

a)Date in the table from 1993 to 2010 for the econmiccensus year adjustment. From 2008 to 2017 per capita GDP calculated by resident population.

1—5 主要年份地区生产总值指数

Indices of Gross Domestic Product in Main Years

单位:%　　（按可比价格计算,比上年增长% caculated at constant prices,increase than last year %）　　（%）

年份 Year	地区生产总值 Gross Domestic Product	第一产业 Primary Industry	第二产业 Secondary Industry	工业 Industry	建筑业 Construction	第三产业 Tertiary Industry	交通运输、仓储和邮政业 Transport, Storageand PostService	批发和零售业、住宿和餐饮业 Wholesale, Retail Trade, Hoteling and Catering Services
1950	6.0	4.6	14.1	11.1	47.4	13.5	11.5	69.4
1951	31.9	33.5	54.3	46.3	85.7	15.9	32.7	29.1
1952	13.9	10.5	81.6	49.8	225	16.2	31.0	12.4
1953	12.4	11.6	20.5	20.9	17.2	13.7	48.9	11.3
1954	14.5	13.9	23.4	23.1	28.8	13.1	28.2	11.4
1955	14.1	13.2	20.6	18.8	33.2	15.8	24.5	6.8
1956	7.9	3.3	29.1	34.6	15.3	25.1	41.4	15.1
1957	-3.9	-10.8	16.8	36.6	-31.4	20.6	16.8	23.5
1958	30.8	17.6	92.6	55.9	278.4	45.7	108.1	90.3
1959	28.4	0.3	115.4	128.9	92.7	48.2	2.1	72.4
1960	-0.4	-20.2	30.2	35.6	15.5	6.3	11.5	11.1
1961	-22.3	-10.9	-45.8	-40.6	-57.7	-6.0	-20.3	-11.5
1962	3.0	24.3	-18.2	-13.9	-37.7	-12.6	-26.8	-32.2
1963	27.2	42.7	2.1	-0.1	4.4	12.7	5.4	22.8
1964	1.5	-4.8	13.1	7.6	47.7	10.9	11.5	4.2
1965	26.3	29.6	44.2	30.5	107.4	4.7	16.4	5.7
1966	28.2	12.6	80.6	107.4	13.5	21.4	25.8	22.1
1967	-11.7	-9.7	-10.2	-8.4	-18.7	-19.7	-19.6	-27.1
1968	0.3	-4.1	13.7	-8.1	129.1	-8.8	-7.4	6.8
1969	15.3	4.1	31.7	52.5	-12.7	17.3	28.2	4.6
1970	14.5	1.8	25.8	38.3	-37.6	25.3	10.6	22.9
1971	-1.4	-4.2	-7.0	-1.5	-43.7	18.7	24.1	25.6
1972	4.7	0.1	7.3	4.9	53.8	8.6	8.4	6.6
1973	4.5	3.9	3.9	3.4	9.9	6.6	5.1	2.4
1974	7.6	2.6	12.1	13.5	-4.5	8.0	3.2	2.9
1975	11.2	2.5	20.5	22.8	-9.1	8.2	10.8	4.2
1976	-11.3	-24.5	-4.7	-5.9	0.7	-4.2	-6.7	-12.1
1977	6.9	10.0	3.5	2.4	-6.5	10.2	13.6	-1.7
1978	11.1	8.8	14.7	12.0	58.4	6.3	22.1	13.7
1979	7.1	0.3	11.0	6.9	50.0	7.8	0.7	10.5
1980	5.3	14.7	-1.4	-6.3	46.2	8.7	14.6	9.2
1981	1.5	10.1	-7.1	-13.8	2.3	7.4	-0.4	7.9

1-5 续表 continued

单位:%　　（按可比价格计算,比上年增长% caculated at constant prices,increase than last year %）　　(%)

年份 Year	地区生产总值 Gross Domestic Product	第一产业 Primary Industry	第二产业 Secondary Industry	工业 Industry	建筑业 Construction	第三产业 Tertiary Industry	交通运输、仓储和邮政业 Transport, Storageand PostService	批发和零售业、住宿和餐饮业 Wholesale, Retail Trade, Hoteling and Catering Services
1982	14.8	23.8	8.0	8.7	6.1	14.7	26.9	17.1
1983	18.6	17.8	20.9	24.9	15.2	16.2	9.4	16.9
1984	16.7	18.9	16.9	12.1	40.7	13.3	21.1	1.7
1985	21.5	4.6	32.8	29.4	55.8	27.4	24.2	44.5
1986	11.7	13.7	8.5	6.3	9.8	15.1	8.3	10.2
1987	7.4	-4.1	7.1	14.6	-2.2	21.5	18.0	5.3
1988	10.5	3.0	10.7	18.8	-15.1	17.2	3.4	22.8
1989	9.5	6.6	5.0	10.6	-40.3	18.2	4.6	5.2
1990	6.5	2.0	4.4	4.0	11.2	12.5	-10.9	29.2
1991	12.7	4.1	16.2	13.8	37.2	14.4	28.7	30.3
1992	11.8	1.7	17.5	13.0	31.4	11.3	10.2	22.0
1993	14.6	-1.1	22.6	26.3	1.0	13.5	24.9	28.1
1994	9.5	6.9	13.0	9.8	48.4	6.1	13.1	1.1
1995	9.3	5.7	6.7	9.4	-9.6	14.8	17.9	-4.1
1996	10.2	6.4	15.0	10.2	50.7	5.6	23.5	3.4
1997	10.3	9.5	7.5	5.5	20.9	14.5	21.7	4.2
1998	9.2	6.8	8.0	5.4	22.5	11.8	20.3	23.4
1999	9.2	1.9	8.3	8.0	21.6	13.4	20.1	10.8
2000	9.6	2.8	9.4	10.0	3.4	12.5	17.1	11.4
2001	9.4	3.7	8.8	9.0	4.8	12.0	19.0	8.4
2002	11.4	2.8	13.8	12.6	14.5	11.4	11.1	15.8
2003	14.2	1.2	20.8	14.0	25.6	11.1	5.6	18.1
2004	14.9	3.6	21.0	29.5	-2.2	11.2	8.5	13.9
2005	13.0	4.2	16.9	20.5	4.4	10.8	5.7	12.7
2006	13.4	7.3	16.4	18.2	8.9	11.6	6.0	10.5
2007	14.0	3.7	17.6	19.3	9.8	11.9	7.0	6.0
2008	13.3	8.0	15.1	16.3	9.3	12.0	10.6	6.9
2009	13.0	6.9	15.1	14.2	19.2	11.7	3.5	7.3
2010	14.8	6.3	19.0	19.1	18.6	11.1	8.8	13.3
2011	12.0	5.0	16.8	17.7	14.0	7.2	15.0	5.2
2012	12.5	5.5	15.1	15.2	14.8	10.1	7.4	-5.0
2013	10.0	3.8	11.8	11.9	11.4	8.4	3.6	1.1
2014	9.5	5.0	11.7	9.4	18.6	7.1	-4.9	-0.1
2015	8.3	4.8	9.1	7.8	12.5	7.6	-2.8	2.8
2016	8.1	4.4	6.6	8.0	3.0	10.3	14.0	6.9
2017	8.0	4.2	6.4	8.5	0.9	10.1	-6.3	11.5

1-6 主要年份地区生产总值指数

Indices of Gross Domestic Product in Main Years

单位:%　　　　(1952年=100)　　　　(%)

年份 Year	地区生产总值 Gross Domestic Product	第一产业 Primary Industry	第二产业 Secondary Industry	工业 Industry	建筑业 Construction	第三产业 Tertiary Industry	交通运输、仓储和邮政业 Transport, Storageand PostService	批发和零售业、住宿和餐饮业 Wholesale, Retail Trade, Hoteling and Catering Services
1949	62.8	64.8	31.3	76.2	23.3	65.4	51.1	122.4
1950	66.6	67.8	35.7	84.4	33.1	74.2	57.6	237.3
1951	87.8	90.5	55.1	37.7	23.5	86.0	75.1	83.6
1952	100	100	100	100	100	100	100	100
1953	112.4	111.6	120.5	120.9	117.2	113.7	148.9	111.3
1954	128.7	127.1	148.6	148.8	151.0	128.6	190.9	124.0
1955	146.8	144.0	179.2	176.8	201.1	149.0	237.7	132.4
1956	158.4	148.8	231.4	238.0	231.8	186.3	336.0	152.4
1957	152.2	132.7	270.4	325.1	159.0	224.8	392.5	188.2
1958	199.1	156.0	520.7	506.8	601.8	327.6	816.8	358.2
1959	255.7	156.5	1121.6	1160.1	1159.7	485.5	834.0	617.5
1960	254.5	124.8	1459.9	1573.1	1339.4	516.2	929.9	686.1
1961	197.8	111.2	791.5	934.4	566.6	485.3	741.1	607.2
1962	203.8	138.2	647.3	804.5	353.0	424.3	542.5	411.7
1963	259.2	197.1	660.6	803.7	368.5	478.0	571.8	505.5
1964	263.1	187.6	747.3	864.8	544.3	530.4	637.5	526.8
1965	332.3	243.2	1078.0	1128.6	1128.8	555.3	742.1	556.8
1966	425.8	273.8	1947.1	2340.6	1281.2	674.3	933.5	679.9
1967	376.1	247.4	1748.2	2144.0	1041.6	541.5	750.6	495.6
1968	377.2	237.3	1987.9	1970.4	2386.4	493.9	695.0	529.3
1969	434.8	247.1	2618.3	3004.8	2083.3	579.3	891.0	553.7
1970	497.9	251.5	3292.6	4155.6	1300.0	725.6	985.5	680.4
1971	490.8	241.1	3060.7	4093.3	731.9	861.4	1223.0	854.6
1972	513.7	241.2	3284.5	4293.9	1125.7	935.8	1325.7	911.1
1973	536.8	250.7	3412.7	4439.9	1237.1	997.7	1393.3	932.9
1974	577.5	257.3	3825.3	5039.2	1181.4	1077.9	1437.9	960.0
1975	642.3	263.7	4611.1	6188.2	1073.9	1165.8	1593.2	1000.3
1976	570.0	199.2	4393.2	5823.1	1081.4	1116.9	1486.5	879.3
1977	609.5	219.2	4547.6	5962.8	1011.1	1230.9	1688.6	864.3
1978	668.6	238.6	5101.4	6678.4	1601.7	1303.3	2061.8	982.7
1979	716.4	239.3	5662.2	7139.2	2402.5	1405.6	2076.2	1085.9
1980	754.7	274.5	5583.6	6689.4	3512.4	1527.2	2379.4	1185.8
1981	766.0	302.3	5188.0	5766.3	3593.2	1640.7	2369.8	1279.5

1-6 续表 continued

单位:% (1952 年=100) (%)

年份 Year	地区生产总值 Gross Domestic Product	第一产业 Primary Industry	第二产业 Secondary Industry	工业 Industry	建筑业 Construction	第三产业 Tertiary Industry	交通运输、仓储和邮政业 Transport, Storageand PostService	批发和零售业、住宿和餐饮业 Wholesale, Retail Trade, Hoteling and Catering Services
1982	879.3	374.0	5604.9	6268.0	3812.4	1881.2	3007.3	1498.3
1983	1043.2	440.6	6776.7	7828.7	4391.9	2186.5	3290.0	1751.5
1984	1217.3	523.8	7920.5	8775.9	6179.4	2478.2	3984.2	1781.3
1985	1479.6	547.7	10518.8	11356.1	9627.5	3156.3	4948.4	2573.9
1986	1653.2	623.0	11409.0	12071.5	10571	3633.4	5359.1	2836.5
1987	1774.8	597.3	12214.4	13833.9	10338.4	4415.4	6323.7	2986.8
1988	1960.5	615.0	13518.5	16434.7	8777.3	5175.3	6538.7	3667.8
1989	2147.5	655.6	14198.8	18176.8	5240.1	6118.8	6839.5	3858.5
1990	2287.5	668.8	14819.0	18903.9	5827.0	6885.9	6094.0	4985.2
1991	2576.9	696.3	17215.5	21512.6	7994.6	7877.4	7843.0	6495.7
1992	2880.1	708.4	20219.9	24309.3	10504.9	8768.6	8643.0	7924.8
1993	3299.8	700.7	24790.4	30702.6	10609.9	9954.8	10795.1	10151.6
1994	3612.5	748.8	28014.3	33711.5	15745.2	10560.1	12209.2	10263.3
1995	3947.8	791.1	29881.2	36880.3	14233.6	12119.3	14394.7	9842.5
1996	4350.4	841.5	34371.7	40642.1	21450.1	12798.3	17777.4	10177.1
1997	4796.4	921.1	36953.3	42877.4	25933.1	14658.1	21635.1	10604.6
1998	5236.5	983.9	39893.9	45192.8	31768.1	16394.0	26027.1	13086.0
1999	5719.2	1003.1	43216.9	48808.2	38630.0	18591.8	31258.5	14499.3
2000	6268.2	1031.2	47279.3	53689.1	39943.4	20915.8	36603.7	16152.3
2001	6857.4	1069.3	51439.9	58521.1	41860.7	23425.7	43558.4	17509.1
2002	7639.2	1099.3	58538.6	65894.7	47930.5	26096.2	48393.4	20275.5
2003	8724.0	1112.5	70714.6	75120.0	60200.7	28992.9	51103.4	23945.4
2004	10023.8	1152.5	85564.7	97280.4	58876.3	32240.1	55447.2	27273.8
2005	11326.9	1200.9	100025.1	117222.9	61466.8	35722.0	58607.7	30737.5
2006	12844.7	1288.6	116429.2	138557.5	66937.4	39856.6	62124.2	33965.0
2007	14643.0	1336.3	136920.7	165299.1	73497.2	44609.8	66472.9	36002.9
2008	16590.5	1443.2	157595.7	192242.8	80332.5	49963.0	73519.0	38487.1
2009	18747.3	1542.8	181392.7	219541.3	95756.3	55808.6	76092.2	41296.6
2010	21521.9	1640.0	215857.3	261473.7	113567.0	62003.4	82788.3	46789.0
2011	24104.5	1722.0	252121.3	307754.5	129466.4	66467.6	95206.5	49222.0
2012	27117.7	1816.8	290191.8	354533.3	148627.6	73180.9	102251.9	46760.9
2013	29829.5	1885.8	324434.4	396722.8	165571.1	79328.1	105933.0	47275.3
2014	32663.3	1980.1	350064.7	434014.7	196367.3	84960.4	100742.3	47228.0
2015	35374.4	2075.1	381920.6	467867.8	220913.2	94149.9	97921.5	48550.4
2016	38239.7	2166.4	407127.4	516058.2	238586.3	516058.2	111630.5	51900.4
2017	41298.9	2257.4	433183.6	559923.1	240733.6	568180.1	104597.8	57868.9

1—7 分行业增加值及构成

Value-added by Sector and Composition

2017 年(按当年价格计算 Caculated at Current Prices)

指 标	Item	增加值(万元) Added Valve(10 000 yuan)		构成(%) Composition(%)	
		地区 Region	市区 City	地区 Region	市区 City
地区生产总值	**Gross Domestic Product**	**18032581**	**11039244**	**100**	**100**
第一产业	Primary Industry	613745	180095	3.4	1.6
第二产业	Secondary Industry	9042897	3957735	50.2	35.9
工业	Industry	6633460	2276428	36.8	20.6
建筑业	Construction	2411101	1681945	13.4	15.2
第三产业	Tertiary Industry	8375939	6901414	46.4	62.5
交通运输仓储和邮政业	Transport, Storage and Post Service	718719	431581	4.0	3.9
批发和零售业	Wholesale and Re-tail Trade	735171	556100	4.1	5.0
住宿和餐饮业	Hoteling and Catering Services	178950	131292	1.0	1.2
金融业	Finance and Insurance	2092197	1859680	11.6	16.8
房地产业	Real Estate	635773	473241	3.5	4.3
其他服务业	Other Services	3964897	3421213	22.0	31.0
营利性服务业	Other for-profit Services	2185157	1981477	12.1	17.9
非营利性服务业	Non-profit Services	1779740	1439736	9.9	13.0

1—8 主要年份人均社会经济发展主要指标

Key Indicators of Per Capita Socio-economic Development in Main Years

指 标	Item	单位	Unit	1958年	1978年	1985年	1990年
地区生产总值(当年价格)	Gross Domestic Produc(t aurrent prices)	元	yuan	221	494	1045	2269
农业总产值	Total Agricultural Products	元	yuan	111	167	383	774
农业产量	Output of Agricultural						
粮食	Grain	公斤	kg		402	476	577
牛奶	Cow Milk	公斤	kg		3	9	24
肉类	Meat	公斤	kg		3	7	13
水产品总产量	Total Aquatic Products	公斤	kg		0.13	1	7
主要工业产品产量	Output of Major Industrial Products						
原煤	Raw Coal	吨	ton	0.17	0.62	0.77	1.03
轮胎外胎	Tires	条	article		0.39	0.38	0.62
水泥	Cement	吨	ton		0.04	0.10	0.30
农用化肥	Chemical Fertilizers	吨	ton		0.20	0.05	0.23
地方财政收入	Local Financial Revenue	元	yuan	20	97	162	225
地方财政支出	Local Financial Expenditure	元	yuan	27	88	136	219
全社会固定资产投资	Total Investment in Fixed Assets	元	yuan	61	111	610	641
社会消费品零售总额	Total Retail Sales of Consumer Goods	元	yuan	134	292	714	1329
在岗职工年平均工资	Average Wages of Fully Employed Staff and Workers	元	yuan	404	723	1123	2030
城镇居民人均可支配收入	Per Capita Annual Disposable Income of Urban Households	元	yuan	222	346	815	1581
城镇居民人均消费支出	Per Capital Consumption Expenditure of Urban Households	元	yuan	210	306	703	1433
农村居民人均可支配收入	Per Capital Net Income of Rural Households	元	yuan		131	488	934
农村居民人均生活消费支出	Per Capital Consumption Expenditure of Rural Households	元	yuan		103	380	765
城镇居民住宅面积	Area of Urban Residential	平方米	sq.m		4.20	6.46	7.24
农民生活用房面积	Area of Rural Living Space	平方米	sq.m		10.19	15.88	18.28
普通高等学校在校生数	Number of Student Enrollmentin Regular Institutions of Higher Education	人/万人	person/10 000persons		32	64	71

注:2008-2017 年人均地区生产总值为常住人口计算。

a)From 2008 to 2017 per capita GDP calculated by resident population.

1-8 续表1 continued

指标	Item	单位	Unit	1995年	2000年	2005年
地区生产总值(当年价格)	Gross Domestic Produc(t aurrent prices)	元	yuan	6374	10404	21091
农业总产值	Total Agricultural Products	元	yuan	1641	1904	2522
农业产量	Output of Agricultural					
粮食	Grain	公斤	kg	609	669	599
牛奶	Cow Milk	公斤	kg	56	64	153
肉类	Meat	公斤	kg	27	38	37
水产品总产量	Total Aquatic Products	公斤	kg	12	20	28
主要工业产品产量	Output of Major Industrial Products					
原煤	Raw Coal	吨	ton	1.80	3.01	6.07
轮胎外胎	Tires	条	article	1.47	1.57	2.19
水泥	Cement	吨	ton	0.46	0.67	1.28
农用化肥	Chemical Fertilizers	吨	ton	0.31	0.41	0.42
地方财政收入	Local Financial Revenue	元	yuan	235	771	1791
地方财政支出	Local Financial Expenditure	元	yuan	382	1005	2468
全社会固定资产投资	Total Investment in Fixed Assets	元	yuan	2022	4234	14487
社会消费品零售总额	Total Retail Sales of Consumer Goods	元	yuan	2725	4202	6791
在岗职工年平均工资	Average Wages of Fully Employed Staff and Workers	元	yuan	4872	8956	18424
城镇居民人均可支配收入	Per Capita Annual Disposable Income of Urban Households	元	yuan	3932	5622	8852
城镇居民人均消费支出	Per Capital Consumption Expenditure of Urban Households	元	yuan	3541	5369	7311
农村居民人均可支配收入	Per Capital Net Income of Rural Households	元	yuan	1683	2712	3493
农村居民人均生活消费支出	Per Capital Consumption Expenditure of Rural Households	元	yuan	1449	1886	2836
城镇居民住宅面积	Area of Urban Residential	平方米	sq.m	8.60	14.22	18.90
农民生活用房面积	Area of Rural Living Space	平方米	sq.m	19.75	27.26	31.17
普通高等学校在校生数	Number of Student Enrollmentin Regular Institutions of Higher Education	人/万人	person/10 000persons	88	129	294

注:2012-2017年度"在岗职工平均工资"这一指标纳入了劳务派遣人员,数据有所变动。

1-8 续表2 continued

2012年	2013年	2014年	2015年	2016年	2017年
56528	62437	65942	69594	74288	81660
4675	5026	5053	5355	5323	5557
435	413	381	386	381	374
197	202	254	228	215	226
24	26	24	23	24	29
30	32	33	33	34	33
26.71	28.69				
0.70	0.80	0.73	0.64	0.92	0.80
2.50	3.15	2.76	2.42	2.44	2.75
0.32	0.26	0.13	0.30	0.20	0.15
9200	10816	11954	11267	10389	10088
13125	14908	17502	17181	18121	17637
45123	55655	66139	71202	78651	77247
15521	16859	18163	22071	23467	25268
54270	57112	59086	65643	70840	77206
21901	24169	26118	28261	30478	32981
16390	16844	20401	21694	22898	23125
8068	8830	10275	11148	12037	13087
7089	8631	9334	10119	11061	11507
30.46	31.08	–	31.00	31.00	31.50
44.69	37.14	36.96	37.00	36.00	36.50
387	425	463	453	451	480

a)Between 2012–2017, The index"Average Wages of staff and Workes"included the laber dispatching personnel ,So the data has changed

1—9 主要年份国民经济和社会发展主要指标

指 标	Item	单位	Unit	1958年	1978年	1985年
年末总人口	**Population at Year-end**	**万人**	**10 000 persons**	**40.1**	**78.67**	**91.06**
#回族人口	Hui Ethnic	万人	10 000 persons	11.4	19.12	22.44
人口自然增长率	**Natural Growth Rate of Population**	‰	‰			
国民经济核算	**National Accounting**					
地区生产总值	Gross Domestic Product	亿元	100 million yuan	0.84	3.82	9.42
第一产业	Primary Industry	亿元	100 million yuan	0.34	0.79	2.63
第二产业	Secondary Industry	亿元	100 million yuan	0.2	2.02	4.27
第三产业	Tertiary Industry	亿元	100 million yuan	0.3	1.01	2.52
农业	**Agricultural**					
农林牧渔业总产值	Gross Output Value ofAgriculture, Forestry,AnimalHusbandry andFishery	亿元	100 million yuan	0.42	1.29	3.45
粮食总产量	Grain	万吨	10 000 tons		31.09	42.91
肉类总产量	Meat	万吨	10 000 tons		0.27	0.62
水产品产量	Aquatic Products	万吨	10 000 tons		0.01	0.12
固定资产投资	**Investment in Fixed Assets**					
全社会固定资产投资额	Total Investment in Fixed Assets in the Whole Country	亿元	100 million yuan	0.23	0.86	5.5
#基本建设	Infrastructure	亿元	100 million yuan	0.23	0.84	3.49
更新改造	Renovation and Reformation Investment	亿元	100 million yuan			1.32
房地产开发	Development of Real Estate	亿元	100 million yuan			
各类房屋施工面积	Floor Space under Construction	万平方米	10 000 sq.m	38.35	50.29	225.55
各类房屋竣工面积	Floor Space Completed	万平方米	10 000 sq.m	27.28	22.7	124.12
运输邮电	**Transport,Postal and Telecommunication Services**					
公路货运周转量	Freight Turnover Volume of Highways	亿吨公里	100 million ton-km	0.49	1.75	3.03
公路客运周转量	Passenger Turnover Volume of Highways	亿吨公里	100 million ton-km	0.01	1.24	3.06
邮电业务总量	Business Volumeof Postal andTelecommunication Services	亿元	100 million yuan		0.02	0.05

Principal Indicators on National Economic and Social Development in Main Years

1978年	1985年	1990年	1995年	2000年	2005年	2012年	2013年	2014年	2015年	2016年	2017年
78.67	**91.06**	**103.45**	**113.53**	**126.46**	**142.43**	**204.63**	**208.27**	**212.89**	**216.41**	**219.11**	**222.54**
19.12	22.44	25.40	28.01	33.17	36.95	48.43	50.11	53.38	55.71	56.37	57.34
			8.34	9.00	6.31	7.11	6.73	6.71	6.35	8.11	8.49
3.82	9.42	23.20	71.71	128.75	293.57	1150.93	1289.02	1388.62	1493.86	1617.71	1803.26
0.79	2.63	5.49	12.00	14.35	19.45	50.95	55.42	52.80	58.62	58.61	61.37
2.02	4.27	9.21	31.05	54.13	132.55	619.05	688.60	750.21	780.84	825.61	904.29
1.01	2.52	8.50	28.66	60.27	141.57	480.93	545.00	585.72	654.40	733.48	837.59
1.29	3.45	7.91	18.47	23.46	35.10	95.18	103.76	106.41	115.88	116.64	123.65
31.09	42.91	58.99	68.55	82.40	83.43	88.63	85.30	80.33	83.45	83.57	83.29
0.27	0.62	1.29	3.04	4.65	5.16	4.97	5.28	5.09	4.99	5.15	6.41
0.01	0.12	0.73	1.28	2.58	3.94	6.03	6.55	6.86	7.11	7.37	7.37
0.86	5.50	6.55	22.75	52.39	201.65	918.73	1149.00	1392.76	1540.88	1723.31	1719.05
0.84	3.49	3.64	10.51	20.49	90.54	522.65	725.58	885.15	922.13	1150.81	1102.50
	1.32	1.73	4.33	10.44	23.98	99.18	71.04	87.17	185.48	38.14	140.21
		0.21	3.84	12.66	56.61	275.70	330.81	388.90	409.17	474.94	402.82
50.29	225.55	139.81	241.10	455.27	1129.75	3948.48	6087.01	5370.03	5093.87	5355.61	5140.87
22.70	124.12	93.95	153.04	311.58	618.89	814.37	725.82	915.98	896.61	1009.88	1069.58
1.75	3.03	3.68	5.96	17.09	23.21	172.80	160.44	164.34	137.08	113.30	103.25
1.24	3.06	4.96	7.46	13.40	16.04	27.95	25.14	30.32	31.84	31.15	27.73
0.02	0.05	0.23	1.30	7.30	21.82	29.31	36.61	36.54	37.49	34.83	34.71

1-9 续表

指标	Item	单位	Unit	1958 年
国内商业	**Domestic Commercial**			
社会消费品零售总额	Total Retail Sales of Consumer Goods	亿元	100 million yuan	0.51
# 国有经济	State-owned	亿元	100 million yuan	0.23
股份制经济	Share-holding	亿元	100 million yuan	
财政、金融	**Government Finance and Financial Intermediation**			
地方财政收入	Local Financial Revenue	亿元	100 million yuan	0.08
地方财政支出	Local Financial Expenditure	亿元	100 million yuan	0.1
金融机构存款余额	Total Deposits of Financial Institutions	亿元	100 million yuan	0.59
金融机构贷款余额	Total Loans of Financial Institutions	亿元	100 million yuan	0.61
人民生活与物价	**People's Living Condition and Price Indices**			
在岗职工年平均工资	Average Wages of Fully Employed Staff and Workers	元	yuan	404
城镇居民人均可支配收入	Per Capita Annual Disposable Income of Urban Households	元	yuan	222
城镇居民人均消费性支出	Per Capital Consumption Expenditure of Urban Households	元	yuan	210
农村居民人均可支配收入	Per Capital Net Income of Rural Households	元	yuan	
农民人均生活消费支出	Per Capital Consumption Expenditure of Rural Households	元	yuan	
城乡居民储蓄存款余额	Urban and Rural Household Saving Deposits	亿元	100 million yuan	0.04
居民消费价格指数(以上年价格为100)	Consumer Price Index(preceding year=100)	%	%	102.4
商品零售价格指数(以上年价格为100)	Retail Price Index(preceding year=100)	%	%	101.7
教育、卫生	**Education and Public Health**			
高等学校在校学生数	Number of Student Enrollment in Institutions of Higher Education	万人	10 000 persons	0.03
# 普通高等学校	Regular Institutions of Higher Education	万人	10 000 persons	0.03
中等专业学校在校学生数	Number of Student Enrollment in Specialized Secondary Schools	万人	10 000 persons	0.23
普通中学在校学生数	Number of Student Enrollment in Regular Secondary Education Schools	万人	10 000 persons	0.53
小学在校学生数	Number of Student Enrollment in Primary Schools	万人	10 000 persons	0.23
卫生机构数	Number of Health Care Institutions	个	unit	96
医院个数	Number of Hospital	个	unit	14
卫生机构床位数	Number of Beds	张	bed	501
卫生技术人员	Medical Technical Personnel in Health Care Institutions	人	person	992
# 医生	Doctors	人	person	487

注:2012-2017 年度“在岗职工平均工资”这一指标纳入了劳务派遣人员,数据有所变动。

continued

1978年	1985年	1990年	1995年	2000年	2005年	2012年	2013年	2014年	2015年	2016年	2017年
2.26	6.44	13.59	30.66	51.99	95.41	356.93	405.18	445.42	477.63	514.19	562.31
1.43	3.60	6.52	14.32	11.11	7.69	7.56	7.08	7.08	4.76	4.54	5.16
			0.27	9.90	28.66	166.55	211.76	216.41	178.08	176.59	177.78
0.73	1.32	2.30	2.64	9.50	24.93	187.31	223.29	251.73	243.83	227.62	224.50
0.68	1.22	2.24	4.30	12.38	34.36	267.23	307.78	368.56	371.81	397.04	392.49
4.97	9.51	22.54	86.38	223.23	612.69	2118.33	2340.93	2608.97	3017.77	3343.4	3587.23
5.03	9.86	31.18	90.01	205.31	551.71	2313.87	2660.62	3185.93	3653.98	4076.57	4460.31
723	1123	2030	4872	8956	18424	54270	57112	59086	65643	70840	77206
346	815	1581	3932	5622	8852	21901	23776	26118	28261	30478	32981
306	703	1433	3541	5369	7311	16390	16844	20401	21694	22898	23125
131	488	934	1683	2712	3493	8068	8830	10275	11148	12037	13087
103	380	765	1449	1886	2836	7089	8631	9334	10119	11061	11507
0.39	3.04	12.26	49.34	99.82	264.95	905.95	1015.22	1089.89			
100.60	108.90	106.30	117.30	99.20	101.70	102.60	103.50	102.10	101.60	101.70	101.70
100.70	108.60	102.90	114.70	97.70	100.60	100.60	102.30	100.80	100.20	100.80	101.50
0.27	1.11	1.23	1.46	2.89	6.00	10.80	11.72	12.07	12.35	12.76	10.69
0.25	0.58	0.73	0.99	1.59	4.09	7.87	8.85	9.35	9.80	9.89	10.16
0.19	0.44	0.65	1.26	2.30	3.07	4.54					
6.68	7.25	6.96	6.52	7.70	10.73	12.57	12.86	13.06	13.02	12.94	13.04
12.65	12.80	12.33	12.36	13.60	14.25	14.77	15.19	15.69	16.21	16.76	17.36
312	433	510	134	137	158	903	931	939	964	967	1027
60	59	54	76	39	59	53	54	53	53	65	70
2859	3495	4491	5759	6166	8058	11313	12898	13688	14079	15494	16675
4280	6252	7876	7552	7932	8619	15952	17562	19288	20408	22077	23603
2000	2758	4082	3845	4033	3660	5829	6429	7059	7578	8306	8990

a)Between 2012–2017, The index"Average Wages of staff and Workes"included the laber dispatching personnel ,So the data has changed

1—10 主要年份国民经济和社会发展结构指标

单位:%

指 标	Item	1958年	1978年	1985年
人口	**Population**			
农业与非农业结构	Structural of Agricultural and Non-agricultural			
农业	Agricultural	73.4	68.4	63.0
非农业	Non-agricultural	26.6	31.6	37.0
性别结构	Gender Structural			
男性	Male	54.2	51.8	50.8
女性	Female	45.8	48.2	49.2
地域结构	Geographical structure			
市区	Urban	37.0	41.3	43.6
县	County	44.4	38.0	35.4
市	City	18.6	20.7	21.0
单位从业人员结构	**Structural of Empolyed Persons**			
第一产业	Primary Industry	7.4	9.2	13.1
第二产业	Secondary Industry	21.5	54.6	45.7
第三产业	Tertiary Industry	71.1	36.2	41.2
国民经济核算	**National Econonmic Accounting**			
地区生产总值	Gross Domestic Product			
第一产业	Primary Industry	40.4	20.7	27.9
第二产业	Secondary Industry	24.2	53.0	45.3
第三产业	Tertiary Industry	35.5	26.3	26.8
农业	**Agricultural**			
农林牧渔业总产值结构	Structural of Agriculture, Forestry,Animal Husbandry and Fishery			
农业	Agriculture	89.2	86.2	75.6
林业	Forestry	1.8	2.2	4.7
牧业	Animal Husbandry	8.7	11.6	18.7
渔业	Fishery	0.3	0.1	1.0
工业	**Industrial**			
经济类型结构	Structural of Economic Types			
国有经济	State-owned Enterprises	74.4	81.5	75.7
集体经济	Collective-owned Enterprises	25.5	18.3	17.6
其他	Other Enterprises	0.1	0.2	6.7
轻重工业结构	Structural of Light & Heavy Industries			
轻工业	Light Industry	61.4	39.4	46.3
重工业	Heavy Industry	38.6	60.6	53.7

注:1. 2008-2017 年人口为常住人口结构数据。
2. 从 2009 年起,工业结构数据为规模以上口径。
3. 从 2014 年起,农业与非农业人口结构比是乡村与城镇人口结构比。

Structural Indicators on National Economic and Social Development in Main Years

%

1990年	1995年	2000年	2005年	2012年	2013年	2014年	2015年	2016年	2017年
56.2	51.8	48.5	38.4	34.7	34.7	24.6	24.2	24.3	22.9
43.8	48.2	51.5	61.6	65.3	65.3	75.4	75.8	75.7	77.1
51.1	50.9	50.8	50.5	50.9	50.9	51.2	51.0	50.4	49.5
48.9	49.1	49.2	49.5	49.1	49.1	48.8	49.0	49.6	50.5
46.4	48.0	50.7	56.2	64.8	64.5	64.5	64.2	64.1	64.2
32.4	30.7	29.1	27.3	22.1	22.4	22.5	22.5	22.6	22.6
21.2	21.3	20.2	16.5	13.1	13.1	13.0	13.3	13.3	13.2
10.7	8.4	8.6	6.1	3.3	3.0	2.2	1.9	1.7	1.4
45.3	49.2	42.0	50.3	41.6	41.4	42.8	41.5	39.4	39.1
44.0	42.4	49.4	43.6	55.1	55.6	55.0	56.6	58.9	59.5
23.7	16.7	11.1	6.6	4.4	4.3	3.8	3.9	3.6	3.4
39.7	43.3	42.1	45.2	53.8	53.4	54.0	52.3	51.1	50.2
36.6	40.0	46.8	48.2	41.8	42.3	42.2	43.8	45.3	46.4
70.6	68.3	63.2	59.4	62.2	61.6	60.2	65.1	63.8	60.9
5.4	0.7	1.9	1.5	1.5	2.0	1.2	1.1	0.9	0.8
19.8	26.6	29.6	28.9	24.7	25.4	26.9	22.2	22.9	25.8
4.2	4.4	5.3	7.7	6.6	5.9	6.1	5.8	6.3	6.4
84.8	64.7	23.8	23.8	22.4	18.8	7.2	4.8	4.8	4.9
13.6	10.6	5.1	0.5						
1.6	24.7	71.1	75.7	77.6	81.2	92.8	95.2	95.2	95.1
35.3	22.9	24.2	25.9	15.7	16.2	20.0	22.2	23.0	14.2
64.7	77.1	75.8	74.1	84.3	83.8	80.0	77.8	77.0	85.8

a)From 2008 to 2017 the population structure data for the resident Population.

b)The industrial structural data caliber change to industrial above designated size since 2009.

c)The structural of agriculture and non-agricultural population ration changed to the structure rural and urban population ration since 2014.

1-10 续表

单位:%

指 标	Item	1958 年	1978 年	1985 年
企业规模结构	Structural of Size of Enterprises			
大型企业	Large Enterprises			
中型企业	Medium-sized Enterprises	10.1	34.0	30.8
小型企业	Small Enterprises	89.9	66.0	69.2
固定资产投资	**Investment in Fixed Assets**			
投资经济类型结构	Structural of Investment Economic Types			
第一产业	Primary Industry		11.2	5.0
第二产业	Secondary Industry		44.4	50.7
第三产业	Tertiary Industry		44.4	44.3
投资种类结构	Structural of Investment Types			
基本建设	Infrastructure		97.9	63.4
更新改造	Renovation and Reformation Investment			23.9
房地产开发	Development of Real Estate			
社会消费品零售总额	**Total Retail Sales of Consumer Goods**			
经济类型结构	Structural of Economic Types			
国有经济	State-owned Enterprises	45.1	63.2	56.0
集体经济	Collective-owned Enterprises	37.8	26.4	23.4
其他经济	Other Enterprises	17.1	10.4	20.6
行业结构	Sector Structural			
批发零售贸易业	Wholesale and Retail Trade	83.8	79.9	79.2
餐饮业	Catering Services	3.8	4.0	3.6
其他	Others	12.4	2.0	17.2
居民生活消费	**Residents' living consumption**			
城镇居民人均生活消费结构	Structural of Per Capital Annual Living Expenditure of Urban Households			
食品类	Food	60.0	58.8	47.9
衣着类	Clothing	16.2	14.6	18.6
居住	Residence	12.3	2.2	4.0
交通通讯	Transport and Communications	0.5	1.2	2.6
医疗保健类	Health Care and Medical Services	0.4	0.5	0.8
农村居民人均生活消费结构	Structural of Per Capital Annual Living Expenditure of Rural Households			
食品类	Food		72.5	64.2
衣着类	Clothing		22.9	14.7
居住	Residence		4.6	7.4
交通通讯	Transport and Communications			
医疗保健类	Health Care and Medical Services			
财政收入占地区生产总值的比例	**The Proportion of Fiscal Revenue in GDP**	**9.2**	**19**	**14**
固定资产投资占地区生产总值比例	**The Proportion of Investment in Fixed Assets in GDP**	**27.6**	**22.4**	**58.4**

continued

%

1990年	1995年	2000年	2005年	2012年	2013年	2014年	2015年	2016年	2017年
14.9	39.0	52.8	43.8	63.0	62.4	54.5	52.7	56.9	60.1
32.3	27.0	16.7	26.5	17.8	17.9	18.6	18.6	14.2	14.9
52.8	34.0	30.5	29.7	19.2	19.7	26.9	28.7	28.9	23.0
2.4	2.3	1.9	0.1	1.1	0.8	1.3	2.0	1.6	3.7
63.5	48.9	34.9	48.0	47.8	40.3	34.6	40.3	41.7	35.4
34.1	48.8	63.2	51.9	51.1	58.9	64.1	57.7	56.7	60.9
55.6	46.2	39.1	44.9	58.5	63.1	63.6	59.8	66.8	64.1
26.5	19.0	19.9	11.9	10.8	6.2	6.3	12.0	2.2	8.2
3.3	16.9	24.2	28.1	30	28.8	27.9	26.6	27.6	23.4
48.0	50.7	28.1	14.1	2.1	1.7	1.6	1.0	0.9	0.9
26.8	16.7	6.0	1.2	0.4	0.4	0.4	0.1	0.1	0.7
25.2	32.6	65.9	84.7	97.5	97.9	98	98.9	99.0	98.4
93.3	87.4	86.2	84.8	89.5	90.2	90.5	86.5	89.2	90.1
4.7	10.3	12.1	14.4	9.1	8.5	8.5	12.5	9.9	9.0
2.0	2.3	1.7	0.8	1.4	1.3	1.0	1.0	0.9	0.9
52.9	44.1	34.1	35.8	33.4	32.3	27.0	27.0	25.9	25.7
15.3	17.4	12.9	12.0	12.6	11.8	9.8	9.7	8.6	8.7
4.4	3.7	5.5	9.3	7.3	7.9	18.1	18.9	17.8	18.4
2.0	6.8	9.1	11.2	15.7	15.9	13.9	13.6	16.2	14.6
2.5	2.6	7.5	8.5	8.2	7.9	8.4	8.0	9.3	9.5
47.5	28.3	42.4	37.1	35.9	32.1	28.3	29.4	28.0	28.0
11.6	9.3	8.4	7.3	9.6	8.5	8.7	8.6	8.5	8.5
9.5	14.7	17.6	22.4	17.8	22.4	20.6	20.5	18.7	19.0
	2.9	4.9	8.2	10.1	12.2	12.2	13.5	15.9	16.0
	3.6	8.6	9.0	9.3	9.6	11.1	11.1	9.3	9.9
9.9	**3.7**	**7.4**	**8.5**	**16.3**	**17.3**	**18.1**	**16.3**	**14.1**	**12.4**
28.2	**31.7**	**40.7**	**68.7**	**79.8**	**89.1**	**100.3**	**103.1**	**106.5**	**95.3**

1—11 平均每天主要社会经济活动

指 标	Item	单 位	Unit	1958 年
地区生产总值(当年价格)	Gross Domestic Produc(t aurrent prices)	万元	10 000 yuan	23
农业总产值	Total Agricultural Products	万元	10 000 yuan	11
地方财政收入	Local Financial Revenue	万元	10 000 yuan	2
地方财政支出	Local Financial Expenditure	万元	10 000 yuan	3
主要工业产品产量	Output of Major Industrial Products			
原煤	Raw Coal	万吨	10 000 tons	
金属切削机床	Metal-cutting Machine Tools	台	unit	
轮胎外胎	Tires	条	article	
水泥	Cement	吨	ton	
饮料酒	Alcoholic Drink	千升	kiloliter	3
乳制品	Dairy Products	吨	ton	
农用化肥	Chemical Fertilizers	吨	ton	
社会消费品零售总额	Total Retail Sales of Consumer Goods	万元	10 000 yuan	14
进出口总额	Total Value of Imports and Exports	万美元	USD 10 000	
全社会固定资产投资额	Total Investment in Fixed Assets	万元	10 000 yuan	6
邮电业务总量	Business Volume of Postal and Telecommunication Services	万元	10 000 yuan	
公路货运周转量	Freight Turnover Volume of Highways	万吨公里	10 000 ton-km	13
公路客运周转量	Passenger Turnover Volume of Highways	万吨公里	10 000 ton-km	
金融机构存款余额	Total Deposits of Financial Institutions	万元	10 000 yuan	16
金融机构贷款余额	Total Loans of Financial Institutions	万元	10 000 yuan	17
城市供水总量	Total Volume Water Supply of City Districts	万立方米	10 000 cu.m	
城市公交客运总量	Total Volume Bus and Trplley Bus of City Districts	万人次	10 000 person-times	

Major Indicators on Average Daily Social and Economic Activities

1978年	1985年	1990年	1995年	2000年	2005年	2012年	2013年	2014年	2015年	2016年	2017年
105	258	636	1965	3527	8043	31532	35316	38045	40928	44321	49404
35	95	217	506	643	962	2608	2843	2915	3175	3196	3388
21	40	63	72	260	683	5132	6117	6897	6680	6236	6151
19	33	61	118	339	941	7321	8432	10097	10186	10878	10753
0.1	0.2	0.3	0.6	1.0	3.2	14.9	16.2				
1	1	1	3	2	4	7	6	6	5	4	6
825	940	1740	4519	5288	8344	3888	4545	4213	3802	5532	4894
86	236	835	1411	2253	4883	13951	17811	15952	14323	14640	16757
1	21	43	77	111	234	471	746	791	785	738	708
	2	9	12	19	136	537	601	721	671	654	750
413	119	644	941	1370	1585	1809	1490	777	1785	1178	915
62	176	372	840	1424	2590	8658	9536	10479	13086	14087	15406
8	15	23	74	70	144	374	660	1233	895	0	
23	151	179	623	1435	5525	25171	31479	38158	42216	47214	47097
1	1	6	36	200	598	803	1003	1001	1027	954	951
48	83	101	163	468	636	4734	5423	4503	3756	3104	2829
34	84	136	204	367	440	766	833	831	872	853	760
131	241	563	2367	6116	16786	58036	64135	71479	82679	91600	98280
133	250	792	2466	5625	15115	63394	72894	87286	100109	111687	122200
0.9	3.8	20.3	31.7	33.4	27.5	31.4	32.4	26.6	29.7	31.4	37.7
5.0	16.0	16.0	13.0	18.3	24.6	69.7	82.3	82.9	84.0	85.0	80.3

1—12　银川市主要经济指标与全国、全区对比

指　标	Item	单位	Unit
年末总人口	Population at Year-end	万人	10 000 persons
地区生产总值	Gross Domestic Product	亿元	100 million yuan
第一产业	Primary Industry	亿元	100 million yuan
第二产业	Secondary Industry	亿元	100 million yuan
工业	Industrial	亿元	100 million yuan
第三产业	Tertiary Industry	亿元	100 million yuan
全社会固定资产投资	Total Investment in Fixed Assets in the Whole Country	亿元	100 million yuan
房地产开发投资	Investment in Real Estate Development	亿元	100 million yuan
社会消费品零售总额	Total Retail Sales of Consumer Goods	亿元	100 million yuan
进出口总额	Total Value of Imports and Exports	亿元	100 million yuan
出口额	Total Export	亿元	100 million yuan
实际利用外资	Foreign Capital Actually Utilized	万美元	USD 10 000
金融机构存款余额	Total Deposits of Financial Institutions	亿元	100 million yuan
金融机构贷款余额	Total Loans of Financial Institutions	亿元	100 million yuan
城镇非私营单位从业人员年平均工资	Average Wages of Private Enstitutions Employed in cities and tawns	元	yuan
城镇居民人均可支配收入	Per Capita Annual Disposable Income of Urban Households	元	yuan
农村居民人均可支配收入	Per Capital Net Income of Rural Households	元	yuan
居民消费价格指数	Consumer Price Index	%	%
工业生产者出厂价格指数	Producer Price Index for Manufactured Goods	%	%

The Main Economic Indicators of Yinchuan Compared to Country and Region

全国 Country	全区 Region	银川市 Yinchuan	银川市占全区比重% Yinchuan Accounted for Region
139008	681.79	222.54	32.6
827122	3443.56	1803.26	52.4
65468	250.62	61.37	24.5
334623	1580.57	904.29	57.2
279997	1096.30	663.35	60.5
427032	1612.37	837.59	51.9
641238	3813.38	1719.05	45.1
109799	652.84	402.82	61.7
366262	930.45	562.31	60.4
278101	341.29	270.62	79.3
153311	247.71	195.99	79.1
13103500	31140	3064.88	9.8
1641000	5848.45	3587.23	61.3
1201000	6332.61	4460.31	70.4
74318	72779	77206	+4427
36396	29472	32981	+3509
13432	10738	13087	+2349
101.6	101.6	101.7	–
106.3	112.1	112.3	–

1—13 主要年份银川市分县(市)区国民经济和社会发展主要指标

指 标	Item	单位	Unit
总人口	Total Population	万人	10 000 persons
#回族人口	Hui Ethnic	万人	10 000 persons
人口自然增长率	Natural Growth Rate of Population	‰	‰
单位从业人员	Employed Persons	万人	10 000 persons
第一产业	Primary Industry	万人	10 000 persons
第二产业	Secondary Industry	万人	10 000 persons
第三产业	Tertiary Industry	万人	10 000 persons
地区生产总值	Gross Domestic Product	亿元	100 million yuan
第一产业	Primary Industry	亿元	100 million yuan
第二产业	Secondary Industry	亿元	100 million yuan
#工业增加值	Value-added of Industry	亿元	100 million yuan
第三产业	Tertiary Industry	亿元	100 million yuan
农、林、牧、渔业总产值	Gross Output Value of Agriculture, Forestry,Animal Husbandry and Fishery	亿元	100 million yuan
#畜牧业产值	Gross Output Value of Livestock	亿元	100 million yuan
粮食产量	Grain	万吨	10 000 tons
蔬菜产量	Vegetables	万吨	10 000 tons
水产品产量	Aquatic Products	万吨	10 000 tons
肉类总产量	Meat	万吨	10 000 tons
#猪牛羊肉产量	Products of Pork, Beef and Mutton	万吨	10 000 tons
全社会固定资产投资	Investment in Fixed Assets	亿元	100 million yuan
#房地产开发投资	Investment in Real Estate Development	亿元	100 million yuan
社会消费品零售额	Total Retail Sales of Consumer Goods	亿元	100 million yuan
#批发和零售业	Wholesale and Retail Trade	亿元	100 million yuan
住宿和餐饮业	Hotels and Catering Services	亿元	100 million yuan
地方财政收入	Local Financial Revenue	亿元	100 million yuan
#地方公共财政预算收入	Local Public Finance Budget Revenue	亿元	100 million yuan
地方财政支出	Local Financial Expenditure	亿元	100 million yuan
在岗职工年平均工资	Average Wages of Fully Employed Staff and Workers	元	yuan
城镇居民人均可支配收入	Per Capita Annual Disposable Income of Urban Households	元	yuan
城镇居民人均消费性支出	Per Capital Consumption Expenditure of Urban Households	元	yuan
农村居民人均可支配收入	Per Capital Net Income of Rural Households	元	yuan
农民人均生活消费性支出	Per Capital Consumption Expenditure of Rural Households	元	yuan
普通中学在校生	Number of Student Enrollment in Regular Secondary Education Schools	万人	10 000 persons
小学在校生	Number of Student Enrollment in Primary Schools	万人	10 000 persons
卫生技术人员	Medical Technical Personnel in Health Care Institutions	万人	10 000 persons
#医生	Doctors	万人	10 000 persons

注:1.2008-2017 年人口为常住人口结构数据。
2.2012-2017 年度“在岗职工平均工资”这一指标纳入了劳务派遣人员,数据有所变动。
3.2017 年地方财政收入和地方公共财政预算收入数据为同口径。
4.自 2017 年9月起,不再公布规模以上工业增加值总量。

Major Indicators on National Economic and Social Development in Main Years byCity and Country

地区 Region							市区 City						
2012年	2013年	2014年	2015年	2016年	2017年	2017年比2016年增长%	2012年	2013年	2014年	2015年	2016年	2017年	2017年比2016年增长%
204.63	208.27	212.89	216.41	219.11	222.54	1.6	132.67	134.40	137.34	138.86	140.41	142.91	1.8
48.43	50.11	53.38	55.71	56.37	57.34	1.7	25.73	26.99	28.74	29.54	29.71	30.22	1.7
7.11	6.73	6.71	6.35	8.11	8.49	4.7	6.76	6.46	6.84	5.83	7.69	8.38	9.0
33.51	35.04	36.53	37.25	35.46	35.43	-0.1	27.63	28.46	27.72	28.56	27.14	27.27	0.5
1.12	1.06	0.80	0.72	0.60	0.50	-16.7	0.47	0.45	0.41	0.22	0.19	0.19	持平
13.93	14.52	15.64	15.45	13.98	13.84	-1.0	11.95	11.90	10.70	10.74	9.69	9.52	-1.8
18.46	19.46	20.08	21.08	20.89	21.09	1.0	15.21	16.11	16.61	17.60	17.26	17.56	1.7
1150.93	1289.02	1388.62	1493.86	1617.71	1803.26	8.0	713.51	793.90	841.65	893.32	973.37	1103.92	7.5
50.95	55.42	52.80	58.62	58.61	61.37	4.2	17.00	17.92	16.19	17.60	17.31	18.01	3.6
619.05	688.60	750.11	780.78	825.61	904.29	6.4	304.78	331.03	345.60	341.81	352.01	395.77	2.4
471.92	523.30	555.27	564.53	603.74	663.35	8.5	206.78	218.70	209.48	193.64	197.77	227.64	3.3
480.93	545.00	585.72	654.46	733.48	837.59	10.1	391.73	444.95	479.85	533.92	604.04	690.14	10.7
95.18	103.76	106.41	115.88	116.64	123.65	4.4	30.57	32.46	33.38	35.57	35.47	37.93	4.0
23.53	26.31	28.58	25.76	26.69	31.95	6.7	8.77	9.57	10.33	9.29	9.49	11.71	9.0
88.63	85.30	80.33	83.45	83.57	83.29	-0.3	22.46	20.90	20.06	20.12	20.60	19.09	-7.3
141.18	142.81	144.62	160.56	167.33	156.74	-6.3	43.70	38.68	32.02	30.08	29.09	26.87	-7.6
6.03	6.55	6.86	7.11	7.37	7.37	持平	1.47	1.68	1.80	1.82	1.78	0.71	-60.1
4.97	5.28	5.09	4.99	5.15	6.41	24.3	1.07	1.07	0.91	0.92	0.92	1.47	59.8
4.33	4.63	4.55	4.44	4.61	5.49	19.1	0.86	0.89	0.83	0.86	0.86	1.33	54.7
918.73	1149.00	1392.76	1540.88	1723.31	1719.05	1.4	377.52	470.54	602.02	669.88	770.04	851.71	10.6
275.70	330.81	388.90	409.17	474.94	402.82	-15.2	210.25	229.40	306.99	335.93	385.14	307.25	-20.2
356.93	405.18	445.42	477.63	514.19	562.31	9.4	247.80	277.96	300.12	322.63	346.85	380.83	9.8
319.61	365.54	403.16	413.2	458.77	506.47	10.4	220.23	248.77	264.36	267.29	300.93	336.61	11.9
37.32	39.64	42.26	64.43	55.42	55.84	0.8	27.57	30.19	35.76	55.34	45.92	44.22	-3.7
187.31	223.29	251.73	243.83	227.62	224.50	-1.4	133.13	162.35	178.57	162.29	162.29	149.48	-7.9
113.13	134.60	153.62	170.98	173.20	177.46	2.5	78.98	94.91	108.25	122.24	121.40	123.43	1.7
267.23	307.78	368.56	371.81	397.04	392.49	-1.1	169.35	194.31	237.93	233.07	266.87	247.97	-7.1
54270	57112	59086	65643	70840	77206	9.0	56907	54354	60247	66793	72860	79775	9.5
21620	23776	26118	28261	30478	32981	8.2	21901	24169					
16007	16844	20401	21694	22898	23125	1.0	16390	17393					
8068	8830	10275	11148	12037	13087	8.7							
7089	8631	9334	10119	11061	11507	4.0							
12.57	12.86	13.06	13.02	12.94	13.04	0.8	8.36	8.54	8.68	8.67	8.59	8.60	0.1
14.77	15.19	15.69	16.21	16.76	17.36	3.6	8.94	9.14	9.41	9.79	10.26	10.78	5.1
1.60	1.76	1.93	2.04	2.20	2.40	9.1	1.39	1.52	1.69	1.79	1.90	2.35	23.7
0.58	0.64	0.71	0.76	0.83	0.90	8.4	0.50	0.56	0.61	0.67	0.72	0.73	1.4

a)From 2008 to 2017 the population structure data for the resident Population.
b)Between 2012–2017,The index"Average Wages of staff and Workes"included the laber dispatching personnel ,So the data has changed.
c)The date of local financial revenue and local public finance budget revenue is the same diameter in 2017.
d)From September 2017,the total value added by industries above sscale will not be published.

1-13 续表1

指标	Item	单位	Unit
总人口	Total Population	万人	10 000 persons
#回族人口	Hui Ethnic	万人	10 000 persons
人口自然增长率	Natural Growth Rate of Population	‰	‰
单位从业人员	Employed Persons	万人	10 000 persons
第一产业	Primary Industry	万人	10 000 persons
第二产业	Secondary Industry	万人	10 000 persons
第三产业	Tertiary Industry	万人	10 000 persons
地区生产总值	Gross Domestic Product	亿元	100 million yuan
第一产业	Primary Industry	亿元	100 million yuan
第二产业	Secondary Industry	亿元	100 million yuan
#工业增加值	Value-added of Industry	亿元	100 million yuan
第三产业	Tertiary Industry	亿元	100 million yuan
农、林、牧、渔业总产值	Gross Output Value of Agriculture, Forestry,Animal Husbandry and Fishery	亿元	100 million yuan
#畜牧业产值	Gross Output Value of Livestock	亿元	100 million yuan
粮食产量	Grain	万吨	10 000 tons
蔬菜产量	Vegetables	万吨	10 000 tons
水产品产量	Aquatic Products	万吨	10 000 tons
肉类总产量	Meat	万吨	10 000 tons
#猪牛羊肉产量	Products of Pork, Beef and Mutton	万吨	10 000 tons
全社会固定资产投资	Investment in Fixed Assets	亿元	100 million yuan
#房地产开发投资	Investment in Real Estate Development	亿元	100 million yuan
社会消费品零售额	Total Retail Sales of Consumer Goods	亿元	100 million yuan
#批发和零售业	Wholesale and Retail Trade	亿元	100 million yuan
住宿和餐饮业	Hotels and Catering Services	亿元	100 million yuan
地方财政收入	Local Financial Revenue	亿元	100 million yuan
#地方公共财政预算收入	Local Public Finance Budget Revenue	亿元	101 million yuan
地方财政支出	Local Financial Expenditure	亿元	100 million yuan
在岗职工年平均工资	Average Wages of Fully Employed Staff and Workers	元	yuan
城镇居民人均可支配收入	Per Capita Annual Disposable Income of Urban Households	元	yuan
城镇居民人均消费性支出	Per Capital Consumption Expenditure of Urban Households	元	yuan
农村居民人均可支配收入	Per Capital Net Income of Rural Households	元	yuan
农民人均生活消费性支出	Per Capital Consumption Expenditure of Rural Households	元	yuan
普通中学在校生	Number of Student Enrollment in Regular Secondary Education Schools	万人	10 000 persons
小学在校生	Number of Student Enrollment in Primary Schools	万人	10 000 persons
卫生技术人员	Medical Technical Personnel in Health Care Institutions	万人	10 000 persons
#医生	Doctors	万人	10 000 persons

continued

兴庆区 Xingqing							金凤区 Jinfeng						
2012年	2013年	2014年	2015年	2016年	2017年	2017年比2016年增长%	2012年	2013年	2014年	2015年	2016年	2017年	2017年比2016年增长%
69.74	70.72	72.52	73.44	74.12	74.76	0.9	29.14	29.54	29.92	30.20	30.79	32.31	4.9
12.78	13.65	14.26	14.60	14.73	14.92	1.3	7.11	7.42	8.35	8.62	8.62	8.83	2.4
7.28	6.87	7.06	5.23	6.11	7.43	21.6	6.53	6.12	7.06	7.79	12.02	12.53	4.2
10.90	15.66	14.09	14.61	15.97	14.86	-7.0	11.81	7.02	8.02	8.49	7.82	7.15	-8.6
0.10	0.09	0.05	0.07	0.05	0.05	持平	0.06	0.02	0.01	0.01	0.01	0.01	-11.1
2.90	6.76	5.85	5.49	7.07	5.63	-20.4	6.66	2.01	2.02	2.58	1.97	1.32	-33.0
7.89	8.80	8.19	9.05	8.84	9.18	3.9	5.08	4.98	5.98	5.90	5.84	5.82	-0.3
356.73	395.63	418.43	444.38	475.50	546.49	10.0	123.85	143.19	161.59	176.15	195.43	218.42	5.0
5.88	6.36	5.75	6.34	6.23	7.71	3.6	3.04	4.41	3.98	3.37	3.29	4.23	3.6
110.84	116.83	113.70	107.37	94.98	109.95	5.4	63.40	73.06	83.47	88.24	95.77	105.62	0.9
88.35	90.62	80.23	70.22	55.89	67.61	7.9	22.42	24.53	29.03	30.04	35.30	39.97	1.0
240.02	272.44	298.98	330.67	374.29	428.83	11.6	57.41	65.72	74.14	84.54	96.37	108.56	9.3
13.01	13.81	14.10	14.37	14.67	15.67	4.0	8.01	8.51	8.92	10.15	9.67	10.17	4.0
4.12	4.50	4.36	3.30	3.41	4.21	9.0	1.77	1.93	2.35	2.93	3.03	3.74	9.0
7.08	6.24	5.76	6.31	7.05	7.45	5.7	3.51	2.79	2.58	2.61	2.40	2.06	-14.2
19.92	15.75	14.77	13.76	14.40	14.16	-1.7	15.37	15.45	14.43	12.66	11.38	9.00	-20.9
0.56	0.57	0.62	0.64	0.63	0.65	3.2	0.89	0.84	0.98	0.88	0.84	0.39	-53.6
0.29	0.25	0.21	0.38				0.41	0.39	0.32	0.27			
0.22	0.19	0.19	0.36				0.35	0.33	0.28	0.26			
107.46	135.17	178.93	210.80	279.49	313.46	12.2	155.46	197.75	260.57	301.89	322.09	351.79	9.2
67.69	73.29	83.21	93.94	91.58	84.21	-8.0	123.47	135.34	191.93	212.3	261.02	199.40	-23.6
186.40	202.98	215.35	231.49	248.57	272.76	9.7	44.36	59.84	63.75	68.50	73.97	81.35	10.0
168.77	181.76	193.38	187.24	215.82	242.93	12.6	39.80	52.49	55.32	61.80	63.79	70.34	10.3
17.64	21.22	21.97	44.25	32.75	29.84	-8.9	4.57	4.35	8.43	6.70	10.18	11.01	8.2
8.17	10.04	11.51	12.96	14.10	13.22	-6.2	5.33	7.13	4.71	5.31	5.85	6.42	9.7
8.17	10.04	11.51	12.96	14.10	13.22	-6.2	3.33	3.96	4.68	5.31	5.85	6.42	9.7
23.94	18.10	30.56	31.05	30.41	36.27	19.3	22.12	8.67	23.07	20.19	23.86	22.53	-5.6
54619	63692	64484	70714	77159	84007	8.9	65028	48134	62313	66218	73069	79287	8.5
23809	25971	28246	30514	32781	35452	8.1	20466	22922	27957	30361	32734	35560	8.6
17339	18892	22352	24089	24367	24885	2.1	17031	16483	23411	24057	24291	24724	1.8
8834	9318	11677	12625	13600	14788	8.7	7866	8759	9187	9941	10746	11629	8.2
7055	9383	9148	10184	11523	12469	8.2	8073	8825	10613	9873	10472	10983	4.9
3.85	3.89	3.93	3.83	3.76	3.79	0.8	2.02	2.11	2.21	2.31	2.33	2.32	-0.4
4.96	5.10	5.22	5.37	5.57	5.78	3.8	1.75	1.84	1.99	2.17	2.35	2.66	13.2
0.86	0.96	1.04	1.12	1.20	1.30	8.3	0.37	0.39	0.45	0.47	0.49	0.51	4.1
0.31	0.35	0.38	0.41	0.46	0.48	4.3	0.13	0.14	0.17	0.18	0.17	0.17	持平

1-13 续表2

指 标	Item	单位	Unit
总人口	Total Population	万人	10 000 persons
#回族人口	Hui Ethnic	万人	10 000 persons
人口自然增长率	Natural Growth Rate of Population	‰	‰
单位从业人员	Employed Persons	万人	10 000 persons
第一产业	Primary Industry	万人	10 000 persons
第二产业	Secondary Industry	万人	10 000 persons
第三产业	Tertiary Industry	万人	10 000 persons
地区生产总值	Gross Domestic Product	亿元	100 million yuan
第一产业	Primary Industry	亿元	100 million yuan
第二产业	Secondary Industry	亿元	100 million yuan
#工业增加值	Value-added of Industry	亿元	100 million yuan
第三产业	Tertiary Industry	亿元	100 million yuan
农、林、牧、渔业总产值	Gross Output Value of Agriculture, Forestry,Animal Husbandry and Fishery	亿元	100 million yuan
#畜牧业产值	Gross Output Value of Livestock	亿元	100 million yuan
粮食产量	Grain	万吨	10 000 tons
蔬菜产量	Vegetables	万吨	10 000 tons
水产品产量	Aquatic Products	万吨	10 000 tons
肉类总产量	Meat	万吨	10 000 tons
#猪牛羊肉产量	Products of Pork, Beef and Mutton	万吨	10 000 tons
全社会固定资产投资	Investment in Fixed Assets	亿元	100 million yuan
#房地产开发投资	Investment in Real Estate Development	亿元	100 million yuan
社会消费品零售额	Total Retail Sales of Consumer Goods	亿元	100 million yuan
#批发和零售业	Wholesale and Retail Trade	亿元	100 million yuan
住宿和餐饮业	Hotels and Catering Services	亿元	100 million yuan
地方财政收入	Local Financial Revenue	亿元	100 million yuan
#地方公共财政预算收入	Local Public Finance Budget Revenue	亿元	101 million yuan
地方财政支出	Local Financial Expenditure	亿元	100 million yuan
在岗职工年平均工资	Average Wages of Fully Employed Staff and Workers	元	yuan
城镇居民人均可支配收入	Per Capita Annual Disposable Income of Urban Households	元	yuan
城镇居民人均消费性支出	Per Capital Consumption Expenditure of Urban Households	元	yuan
农民居民人均可支配收入	Per Capital Net Income of Rural Households	元	yuan
农民人均生活消费性支出	Per Capital Consumption Expenditure of Rural Households	元	yuan
普通中学在校生	Number of Student Enrollment in Regular Secondary Education Schools	万人	10 000 persons
小学在校生	Number of Student Enrollment in Primary Schools	万人	10 000 persons
卫生技术人员	Medical Technical Personnel in Health Care Institutions	万人	10 000 persons
#医生	Doctors	万人	10 000 persons

continued

西夏区 Xixia							永宁县 Yongning						
2012年	2013年	2014年	2015年	2016年	2017年	2017年比2016年增长%	2012年	2013年	2014年	2015年	2016年	2017年	2017年比2016年增长%
33.79	34.14	34.91	35.22	35.60	35.84	0.7	22.28	23.10	23.26	23.44	23.99	24.19	0.8
5.84	5.92	6.12	6.32	6.35	6.47	1.9	4.55	4.73	4.84	4.87	5.02	5.11	1.8
5.92	5.89	6.19	5.29	7.06	6.71	-5.0	5.86	6.32	5.28	6.15	7.49	8.00	6.8
4.93	5.79	5.61	5.46	5.04	5.26	4.4	1.96	2.06	2.02	2.12	2.18	2.20	0.9
0.31	0.33	0.04	0.14	0.13	0.13	持平	0.11	0.11	0.10	0.15	0.10	0.04	-60.0
2.39	3.13	2.83	2.67	2.32	2.58	11.2	0.89	0.92	0.88	0.84	0.89	0.95	6.7
2.23	2.33	2.75	2.65	2.59	2.55	-1.5	0.96	1.03	1.05	1.13	1.19	1.21	1.7
232.93	255.07	261.63	272.80	302.44	339.01	5.0	94.23	105.57	115.64	121.28	125.49	135.94	4.5
8.08	7.15	6.47	7.88	7.79	6.06	3.6	12.00	13.49	13.39	15.07	14.98	15.55	4.4
130.54	141.14	148.43	146.20	161.27	180.20	1.1	51.64	56.70	64.80	66.70	68.70	70.15	3.2
96.02	103.55	100.22	93.38	106.57	120.06	0.5	34.33	36.07	39.77	39.10	41.25	39.13	1.8
94.31	106.78	106.74	118.71	133.38	152.74	9.2	30.59	35.38	37.46	39.49	41.79	50.24	6.7
9.55	10.13	10.36	11.05	11.13	12.09	4.0	22.16	24.66	25.57	28.35	28.12	29.04	4.0
2.88	3.14	3.62	3.07	3.05	3.76	9.0	4.83	4.96	5.28	4.66	4.67	5.21	-1.6
11.87	11.87	11.73	11.20	11.14	9.58	-14.0	24.81	26.17	25.63	26.20	26.69	26.38	-1.2
8.41	7.47	2.82	3.67	3.30	3.71	12.4	24.25	30.76	37.82	46.12	50.33	50.64	0.6
0.02	0.27	0.20	0.31	0.31	0.32	3.2	0.88	0.88	0.80	0.80	0.80	0.79	-1.3
0.38	0.43	0.38	0.27				1.29	1.41	1.46	1.48	1.51	1.04	-31.1
0.29	0.37	0.36	0.23				1.07	1.16	1.21	1.17	1.21	0.78	-35.5
114.60	137.62	162.51	157.2	168.45	186.47	10.7	111.33	143.20	179.21	209.33	172.65	134.77	-21.9
19.10	20.77	31.85	29.69	32.54	23.64	-27.4	13.58	40.46	27.67	19.22	36.58	33.81	-7.6
17.03	19.14	21.02	22.64	24.32	26.72	9.9	12.69	14.53	16.21	17.19	18.56	20.22	8.9
11.66	14.52	15.66	18.25	21.32	23.35	9.5	10.82	12.35	13.97	14.82	16.55	18.11	9.4
5.37	4.62	5.36	4.39	3.00	3.37	12.3	1.87	2.18	2.23	2.37	2.00	2.11	5.5
2.26	2.66	3.09	3.51	4.14	5.67	37.0	15.32	17.03	26.78	39.10	15.59	15.20	-2.5
2.26	2.66	3.09	3.51	4.14	4.14	37.0	9.11	10.89	12.55	14.46	13.28	12.66	-4.7
12.57	8.25	19.94	15.76	17.65	19.23	9.0	26.87	31.50	42.81	56.84	32.60	32.47	-0.4
43197	44524	48735	57258	60810	68050	12.1	35470	41473	45838	51589	55738	58699	5.3
18526	20543	21347	23126	24976	26985	8.0	19530	21483	23017	25091	26948	28641	8.4
13541	14239	17549	19269	20957	21023	0.3	12379	13029	17014	18737	19874	21052	5.9
5828	6829	8618	9334	10112	10975	8.5	7764	8706	10130	10995	11865	12855	8.3
7169	8792	8362	9142	10069	10938	8.6	6290	7229	7773	8554	9085	10094	8.7
2.49	2.54	2.53	2.53	2.49	2.49	持平	1.44	1.49	1.55	1.58	1.63	1.70	4.29
2.22	2.21	2.20	2.25	2.30	2.34	1.74	2.11	2.20	2.25	2.30	2.35	2.36	0.43
0.16	0.18	0.20	0.21	0.21	0.23	9.50	0.06	0.08	0.08	0.08	0.08	0.09	12.50
0.06	0.07	0.07	0.08	0.09	0.08	-11.1	0.02	0.03	0.02	0.02	0.03	0.02	-33.30

1-13 续表3

指 标	Item	单位	Unit
总人口	Total Population	万人	10 000 persons
#回族人口	Hui Ethnic	万人	10 000 persons
人口自然增长率	Natural Growth Rate of Population	‰	‰
单位从业人员	Employed Persons	万人	10 000 persons
第一产业	Primary Industry	万人	10 000 persons
第二产业	Secondary Industry	万人	10 000 persons
第三产业	Tertiary Industry	万人	10 000 persons
地区生产总值	Gross Domestic Product	亿元	100 million yuan
第一产业	Primary Industry	亿元	100 million yuan
第二产业	Secondary Industry	亿元	100 million yuan
#工业增加值	Value-added of Industry	亿元	100 million yuan
第三产业	Tertiary Industry	亿元	100 million yuan
农、林、牧、渔业总产值	Gross Output Value of Agriculture, Forestry,Animal Husbandry and Fishery	亿元	100 million yuan
#畜牧业产值	Gross Output Value of Livestock	亿元	100 million yuan
粮食产量	Grain	万吨	10 000 tons
蔬菜产量	Vegetables	万吨	10 000 tons
水产品产量	Aquatic Products	万吨	10 000 tons
肉类总产量	Meat	万吨	10 000 tons
#猪牛羊肉产量	Products of Pork, Beef and Mutton	万吨	10 000 tons
全社会固定资产投资	Investment in Fixed Assets	亿元	100 million yuan
#房地产开发投资	Investment in Real Estate Development	亿元	100 million yuan
社会消费品零售额	Total Retail Sales of Consumer Goods	亿元	100 million yuan
#批发和零售业	Wholesale and Retail Trade	亿元	100 million yuan
住宿和餐饮业	Hotels and Catering Services	亿元	100 million yuan
地方财政收入	Local Financial Revenue	亿元	100 million yuan
#地方公共财政预算收入	Local Public Finance Budget Revenue	亿元	101 million yuan
地方财政支出	Local Financial Expenditure	亿元	100 million yuan
在岗职工年平均工资	Average Wages of Fully Employed Staff and Workers	元	yuan
城镇居民人均可支配收入	Per Capita Annual Disposable Income of Urban Households	元	yuan
城镇居民人均消费性支出	Per Capital Consumption Expenditure of Urban Households	元	yuan
农村居民人均可支配收入	Per Capital Net Income of Rural Households	元	yuan
农民人均生活消费性支出	Per Capital Consumption Expenditure of Rural Households	元	yuan
普通中学在校生	Number of Student Enrollment in Regular Secondary Education Schools	万人	10 000 persons
小学在校生	Number of Student Enrollment in Primary Schools	万人	10 000 persons
卫生技术人员	Medical Technical Personnel in Health Care Institutions	万人	10 000 persons
#医生	Doctors	万人	10 000 persons

贺兰县 Helan							灵武市 Lingwu						
2012年	2013年	2014年	2015年	2016年	2017年	2017年比2016年增长%	2012年	2013年	2014年	2015年	2016年	2017年	2017年比2016年增长%
22.85	23.56	24.66	25.33	25.60	26.09	1.9	26.84	27.22	27.63	28.78	29.11	29.34	0.8
5.43	5.45	5.95	6.07	6.21	6.40	3.1	12.71	12.94	13.85	15.22	15.44	15.60	1.0
6.02	5.41	6.05	6.33	8.38	8.63	3.0	8.51	10.12	8.44	9.24	8.43	8.02	-4.9
1.95	2.31	2.97	2.84	2.59	2.32	-10.4	1.97	2.21	3.81	3.73	3.55	3.64	2.5
0.15	0.15	0.04	0.13	0.12	0.11	-8.3	0.39	0.35	0.26	0.22	0.19	0.16	-15.8
0.66	1.03	1.63	1.61	1.32	1.14	-13.6	0.43	0.67	2.43	2.26	2.08	2.22	6.7
1.14	1.13	1.31	1.10	1.15	1.07	-7.0	1.15	1.19	1.12	1.24	1.28	1.26	-1.6
92.70	101.36	106.08	121.8	134.23	127.73	6.0	250.49	288.19	325.26	357.45	384.62	435.67	11.2
13.15	14.36	14.02	16.01	16.36	17.50	4.5	8.80	9.65	9.20	9.95	9.96	10.31	4.4
48.95	53.60	55.82	67.96	75.66	62.95	4.9	213.68	247.26	283.90	304.29	329.21	375.43	12.0
34.26	37.43	41.61	52.08	59.63	43.33	2.5	196.55	231.10	264.40	279.70	305.10	353.24	14.0
30.60	33.40	36.25	37.83	42.21	47.28	8.3	28.01	31.28	32.16	43.21	45.45	49.93	7.1
25.28	27.65	28.34	31.64	32.59	35.09	5.2	17.16	18.99	19.11	20.41	20.47	21.60	4.4
3.64	4.55	5.29	4.66	5.23	6.61	12.6	6.30	7.23	7.68	7.15	7.30	8.42	4.9
24.63	21.21	18.07	20.39	20.43	21.21	3.8	16.74	17.02	16.57	16.74	15.86	16.62	4.8
65.43	66.22	68.71	78.46	80.25	71.04	-11.5	7.79	7.15	6.08	5.89	7.67	8.20	6.9
3.38	3.50	3.74	3.95	4.23	4.66	10.2	0.30	0.50	0.52	0.54	0.55	0.56	1.8
0.73	0.76	0.78	0.73	0.83	1.01	20.5	1.88	2.03	1.94	1.86	1.90	2.89	52.1
0.64	0.66	0.70	0.65	0.73	0.78	6.8	1.76	1.92	1.81	1.75	1.81	2.60	43.6
107.29	141.61	145.57	173.26	207.10	215.14	3.9	322.59	393.66	465.96	488.41	573.52	517.42	-5.1
39.69	45.15	43.27	37.96	37.41	46.25	23.6	12.19	15.80	10.96	16.05	15.81	15.52	-1.8
85.78	99.08	115.28	122.89	133.01	143.93	8.2	10.65	12.61	13.82	14.93	15.77	17.33	9.9
83.81	96.90	112.96	118.15	127.95	136.90	7.0	9.56	10.96	11.92	12.94	13.34	14.85	11.3
1.98	2.18	2.31	4.73	5.07	7.03	38.7	1.09	1.64	1.90	1.99	2.43	2.48	2.1
18.20	18.74	17.66	18.08	18.47	19.91	7.8	40.85	25.17	28.71	24.36	30.31	39.91	31.7
11.27	13.02	14.54	15.62	15.08	11.06	-26.7	13.77	15.78	18.16	18.66	23.43	30.31	29.4
30.16	31.23	31.90	31.11	36.56	42.07	15.1	40.85	50.75	55.92	50.79	61.01	69.98	14.7
39913	44525	49817	52288	56569	59593	5.3	51472	53962	62568	72754	73845	79324	7.4
19570	21401	22791	24548	26468	28641	8.2	19909	21974	24310	26255	28330	30624	8.1
13702	15418	16328	16702	17043	18376	7.8	13913	13876	14283	16309	18478	19415	5.1
8202	9147	10667	11628	12560	13668	8.8	8618	9652	10756	11650	12547	13660	8.9
8147	9710	10727	11866	13007	13278	2.1	6561	8544	9165	10475	10751	11339	5.5
1.28	1.32	1.35	1.35	1.32	1.35	2.3	1.49	1.51	1.48	1.43	1.39	1.39	0
1.80	1.92	2.02	2.06	2.09	2.17	3.8	1.91	1.93	2.02	2.05	2.07	2.06	-0.5
0.05	0.05	0.05	0.06	0.10	0.11	10.0	0.10	0.11	0.11	0.12	0.13	0.18	38.5
0.02	0.02	0.02	0.02	0.04	0.03	-25.0	0.04	0.04	0.05	0.05	0.05	0.04	-20.0

主要统计指标解释

【地区生产总值】 是按市场价格计算的地区生产 总值的简称。它是一个国家(地区)所有常住单位 在一定时期内生产活动的最终成果。地区生产总 值有三种表现形态,即价值形态、收入形态和产品 形态。从价值形态看,它是所有常住单位在一定时期内所生产的全部货物和服务价值超过同期投入的全部非固定资产货物和服务价值的差额,即所有常住单位的增加值之和;从收入形态看,它是所有常住单位在一定时期内所创造并分配给常住单位和非常住单位的初次分配收入之和;从产品形态看,它是最终使用的货物和服务减去进口货物和服务。在实际核算中,地区生产总值的三种表现形态表现为三种计算方法,即生产法、收入法和支出法。三种方法分别从不同的方面反映地区生产总值及其构成。

地区生产总值同社会总产值、国民收入的区别。从核算范围看,社会总产值和国民收入都只计算物质生产部门的劳动成果,而地区生产总值除计算物质生产部门劳动成果外,还计算非物质生产部门的劳动成果。从这三个指标的价值构成看,社会总产值计算了社会产品的全部价值;地区生产总值计算了生产产品和提供劳务过程中增加的价值,即增加值,不计算中间产品和中间劳务投入的价值;而国民收入除了不计算中间产品价值外,还不包括固定资产折旧价值,即只计算净产值。

【三次产业】 是根据社会生产活动历史发展的顺序对产业结构的划分,产品直接取自自然界的部门称为第一产业,对初级产品进行再加工的部门称为第二产业,为生产和消费提供各种服务的部门 称为第三产业。

第一产业:农业(包括种植业、林业、牧业、渔业 等)。

第二产业:工业(包括采掘业、制造业、自来水、电力、蒸气、热水、煤气)和建筑业。

第三产业:除第一、第二产业以外的其他各业。

【当年价格】 指报告期的实际价格,如工厂的出厂价格,农产品的收购价格,商业的零售价格等。按当年价格计算,是指一些以货币表现的物量 指标如工农业总产值、地区生产总值等,按照当年 的实际价格来计算总量。使用当年价格是为了使 国民经济各项指标互相衔接,便于考察当年经济效 益,便于对生产和流通、生产和分配、生产和消费进 行经济核算的综合平衡。按当年价格计算的价值指标,在不同年份之间进行对比时,因为包含有各年间价格变动因素,不能确切地反映实物量的增减变动。必须消除价格变动因素后,才能真实反映经济发展动态。因此,在计算增长速度时都使用按可比价格计算。

【可比价格】 指计算各种总量指标所采用的扣除了价格变动因素的价格,可进行不同时期总量指标的对比。按可比价格计算总量指标有两种方法:一种是直接用产品产量乘某一年的不变价格计算;另一种是用价格指数进行缩减。

【不变价格】 指以同类产品某年的平均价格作为固定价格,用于计算各年的产品价值。按不变价格计算的产品价值消除了价格变动因素,不同时期对比可以反映生产的发展速度。新中国成立后,随着工农业产品价格水平的变化,国家统计局先后五次制定了全国统一的工业产品不变价格和农业产品不变价格,从1952年到1957年使用1952年工(农)业产品不变价格,从1957年到1970年使用1957年不变价格,从1971年到1980年使用1970年不变价格,从1981年到1990年使用1980年不变价格,从1991年开始使用1990年不变价格。

【平均增长速度】 我国计算平均增长速度有两种方法:一种是习惯上经常使用的"水平法",又称几何平均法,是以间隔期最后一年的水平同基期水平对比来计算平均每年增长(或下降)速度;另一种是"累计法",又称代数平均法或方程法,是以间隔期内各年水平的总和同基期水平对比来计算平均每年增长(或下降)速度。在一般正常情况下,两种方法计算的平均每年增长速度比较接近,但在经济发展不平衡、出现大起大落时,两种方法计算的结果差别较大。

2

人口及劳动力

Population and Labor Resources

2—1 主要年份人口发展情况

Basic Statistics of Population Development in Main Years

单位:户、人 (household, person)

年份 Year	总户数 Households Numberof Population	总人口 Number of Population	市区 City	回族人口 Huzu Population	女性人口 Female	非农业人口 Non-Agriculture Population	城镇人口 Urban Population Population	人口自然增长率(‰) Natural GrowthRate (‰)	平均人口 Average Population	市区 City
1949	45256	236299	72485	72493	111211	39837			236299	72485
1950	49246	247749	77801	71380	113462	42900			242024	75143
1951	50672	260142	85270	74829	121187	48630			253946	81536
1952	56193	276639	89700	83045	126166	48748			268391	87485
1953	62679	300198	99841	88772	136787	56860			288419	94771
1954	68074	321563	113068	92594	147450	68597			310881	106455
1955	65000	336403	111411	99457	156189	6743			328983	112240
1956	70772	346777	112376	107249	157998	66609			341590	111894
1957	74573	357851	116554	109418	165002	78666			352314	114465
1958	73535	401035	148237	114052	183730	106548			379443	132396
1959	90677	451634	190649	110086	202026	144519			426335	169443
1960	97208	480697	224877	110131	217807	166649			466166	207763
1961	90646	453310	206414	103033	207847	154700			467004	215646
1962	89712	416967	178642	105447	196263	131349			435139	192528
1963	90863	435057	187218	109824	203553	141243			426012	182930
1964	91694	455163	203072	112522	213643	139169			445110	195145
1965	95562	485038	212627	118699	227103	152417			470101	207850
1966	99688	486125	207166	121888	228312	153574			485582	209897
1967	100959	515165	220804	124951	242186	168739			500645	213985
1968	107182	543598	231651	132374	259388	171832			529382	226227
1969	111049	579658	243705	140373	274716	180569			561628	237680
1970	116810	600701	259469	150395	287255	180451			590180	251589
1971	119482	623017	267693	148212	297348	190391			611859	263581
1972	123994	649755	279211	156770	311783	202290			636386	273452
1973	127707	674103	287667	163954	324245	210007			661929	283439
1974	134538	696414	292901	169429	335601	214666			685259	290284
1975	141395	718620	299393	174374	347737	220925			707517	296147
1976	148458	741390	308446	179583	358800	230423			730005	303920
1977	154491	761706	313951	184679	368776	235181			751548	311199
1978	160534	786743	325177	191204	378907	248658			774225	319573
1979	171646	804081	335217	195687	390468	263385			795412	330198
1980	168447	822542	344540	200710	399608	278972			813312	339879
1981	174855	841060	353829	206777	409152	289869			831801	349184
1982	181967	862170	363880	211348	419974	300037			851615	358854

2—1 续表 continued

单位:户、人

年份 Year	总户数 Households Numberof Population	总人口 Number of Population	市区 City	回族人口 Huzu Population	女性人口 Female	非农业人口 Non-Agriculture Population	城镇人口 Urban Population Population	人口自然增长率(‰) Natural GrowthRate (‰)	平均人口 Average Population	市区 City
1983	187053	873994	371250	213679	425942	307414			868082	367565
1984	195337	891919	383299	220370	435484	318887			882957	377275
1985	202165	910561	396869	224365	448275	336723			901641	390084
1986	210372	933457	411827	230500	455453	373402			919009	404348
1987	223047	963326	433621	235950	467579	401117			948392	422724
1988	235297	987611	449907	242379	479741	421244			975469	441764
1989	244344	1010032	465096	247685	493369	438407			998822	457502
1990	257452	1034520	480184	253987	506191	453383			1022276	472640
1991	265654	1052684	490958	257580	514954	464682			1043602	485571
1992	273089	1070819	501332	262073	524145	476965			1061752	496145
1993	281340	1090204	513365	267994	535042	491087			1080512	507349
1994	296351	1115048	531311	273809	547009	531863			1102627	522338
1995	294670	1135274	544851	280070	556910	547034		8.34	1125162	538081
1996	309954	1155530	558596	285208	567825	561294		9.13	1145402	551724
1997	318000	1177693	573431	289890	578263	592096		8.95	1166512	566014
1998	334241	1196300	586022	293681	589103	616288		9.06	1186997	579727
1999	344758	1210342	593759	298484	596917	632274		8.84	1203321	589891
2000	381110	1264588	641723	331708	622676	650745		9	1237465	617741
2001	384942	1298407	654860	347309	640025	677134		8.25	1281498	648292
2002	397781	1329575	692845	357560	655968	700566		9.81	1313991	673853
2003	407714	1330128	718157	343834	655563	792032		7.23	1329852	705501
2004	437498	1377924	758219	360446	678596	840631		7.54	1354026	738188
2005	454690	1405971	790338	364337	695505	866730		6.31	1391947	774278
2006	476191	1446816	829696	372656	716392	916144		6.29	1426393	810017
2007	495822	1487934	860821	386131	738028	949098		6.81	1467375	845258
2008	526860	1654282	1024922	433347	822834	1095210	1156674	6.08	1635438	1020647
2009	558103	1701839	1058205	448080	847227	1137133	1210008	6.49	1678061	1041563
2010	636737	2004456	1299129	462089	966845	1301787	1453231	7.23	1853149	1178667
2011	698216	2025741	1313371	481653	986012	1319610	1506674	5.77	2015099	1306250
2012	698828	2046341	1326667	484276	1004636	1336039	1535549	7.11	2036041	1320019
2013	710858	2082695	1343955	501142	1021608	1360774	1557600	6.73	2064518	1335311
2014	740181	2128937	1373425	533840	1038272		1606188	6.71	2105817	1358691
2015	746411	2164119	1388572	557113	1060124		1640418	6.35	2146528	1380999
2016	754169	2191098	1404070	563746	1087778		1658570	8.11	2177609	1396321
2017	772992	2225391	1429147	573371	1124425		1715605	8.49	2208245	1416609

注:从 1995 年起以每年的人口变动抽样调查为人口自然增长率统计数据依据;从 2008 年起总人口为常住人口,是按年度人口变动情况抽样 调查数据推算。

a) Natural growth rate in aecordance with every year rational sample survey on population changes since 1995;From 2008, data in this table refers toresident population, which is estimated on the base of annual natinal sample survey on population changes.

2—2 户数、人口及变动情况

Household, Population and Change Conditions

单位:户、人 （2017） (household, person)

指 标	Item	总计 Total	市区 City	兴庆区 Xingqing	西夏区 Xixia	金凤区 Jinfeng	永宁县 Yongning	贺兰县 Helan	灵武市 Lingwu
年末总户数、总人口	Number of Households and Population at Year-end								
总户数	Households	772992	514449	269909	125758	118782	71981	92205	94356
总人口	Usual Resident Population	2225391	1429147	747648	358411	323088	241856	260941	293447
#男	Male	1100966	697593	361733	177923	157937	121933	131119	150321
女	Female	1124425	731554	385915	180488	165151	119923	129822	143126
平均人口	Average Population	2208245	1416609	743902	387214	315493	240893	258468	292275
平均每户人数	Average Family Size	2.88	2.78	2.77	2.85	2.72	3.36	2.83	3.11
性别比(以女性为100)	Sex Ratio(female=100)	98	95	94	99	96	102	101	105
人口变动	Population Change at Year-end								
出生率	Birth Population	12.60	12.00	10.74	10.82	16.33	13.07	14.05	11.71
死亡率	Death Population	4.11	3.62	3.31	4.11	3.80	5.07	5.42	3.69
自然增长率	Natural Growth Population	8.49	8.38	7.43	6.71	12.53	8.00	8.63	8.02
分民族人口	Population by Ethnicity								
#汉族	Han	1611979	1090827	578842	285396	226589	189265	195513	136373
回族	Hui	573371	302235	149216	64677	88342	51063	64038	156035
其他少数民族	Other Ethnic Minorities	40041	36085	19590	8338	8157	1528	1390	1039

2—3 主要年份全市人口自然变动情况

Natural Change of City Population in Main Years

年份 Year	出生率(‰) Birth Rate(‰)	死亡率(‰) Death Rate(‰)	人口自然增长率(‰) Natural Growth Rate(‰)
1996	13.10	3.97	9.13
1997	13.62	4.67	8.95
1998	13.66	4.60	9.06
1999	14.05	5.21	8.84
2000	13.60	4.60	9.00
2001	12.66	4.41	8.25
2002	14.33	4.52	9.81
2003	11.64	4.41	7.23
2004	11.68	4.14	8.54
2005	11.10	4.79	6.31
2006	10.84	4.55	6.29
2007	10.78	3.98	6.80
2008	9.77	3.69	6.08
2009	10.42	3.93	6.49
2010	11.47	4.23	7.24
2011	9.69	3.92	5.77
2012	10.52	3.41	7.11
2013	10.32	3.59	6.73
2014	10.38	3.67	6.71
2015	10.75	4.40	6.35
2016	12.90	4.79	8.11
2017	12.60	4.11	8.49

2—4 常住人口计划生育情况

The Resident Population of Family Planning

单位:人 (2017) (person)

指标	Item	已婚育龄妇女人数 Number of Married Womenof Cchild-Bearing Age	领取独生子女证人数 Number of Married Couples with One-child Certificate
合计	**Total**	**435087**	**55681**
市区	City	271744	43699
兴庆区	Xingqing	124699	23011
西夏区	Xixia	64576	11566
金凤区	Jinfeng	82469	9122
永宁县	Yongning	52375	3271
贺兰县	Helan	48289	7384
灵武市	Lingwu	62679	1327

2—5 常住人口节育情况

The Resident Population of Family Birth Control

单位:人 (2017) (person)

指 标	Item	期末选用各种避孕方法人数 Number of Contraceptive Methods	男性绝育 Male Sterilization	女性绝育 Female Sterilization	放置宫内节育器 Intrauterine Contraceptive Device	本期施行计划生育手术例数 Number of Birth Control perating	女性绝育 Female Sterilization	放置宫内 节育器 Intrauterine Contracep-tive Device
合 计	**Total**	**404692**	**133**	**34383**	**172774**	**1217**	**61**	**589**
市区	City	252496	122	16268	87426	384	28	125
兴庆区	Xingqing	115835	31	6328	41760	195	14	37
西夏区	Xixia	59473	91	6292	19210	41	7	5
金凤区	Jinfeng	77188	0	3648	26456	148	7	83
永宁县	Yongning	47926	8	4318	31695	252	15	105
贺兰县	Helan	45598	1	3373	19652	262	7	86
灵武市	Lingwu	58672	2	10424	34001	319	11	273

2—6 婚姻状况

Marital Status

指 标	Item	单位	Unit	2016 年	2017 年
登记结婚	Marriage Registration	对	Pair	18513	16885
协议离婚	Divorced by Agreement	对	Pair	6684	7019
涉外婚姻	Marriage with Foreign Elements	对	Pair	52	65
# 结婚	Married	对	Pair	45	57
离婚	Divorced	对	Pair	7	8
法院调离、判离	To Transfer and Betray by Court	对	Pair	1363	1528
# 调离	Transfer	对	Pair	990	1140
判离	Betray	对	Pair	373	388

2—7 全社会就业人员情况

Total Number of Employed Persons in the Whole Country

单位:人　　(2017)　　(person)

指标	Item	就业人数合计 Total of Employees Number	城镇就业人数合计 Total of Urban	城镇非私营 Non-Private	城镇私营 Private	城镇个体 Self-employed	乡村就业者 Rural
就业人员	Employees	1179558	813297	368730	185998	258569	366261
按国民经济行业分组	Grouped by Sector						
农、林、牧、渔业	Agriculture,Forestry,Animal Husbandry and Fishery	207011	11904	5031	4676	2197	195107
采矿业	Mining	50288	46464	45397	1062	5	3824
制造业	Manufacturing	124142	112378	65573	38673	8132	11764
电力、热力、燃气及水生产和供应业	Production and Distribution of Electricity,Gas and Water	25692	21814	20774	1024	16	3878
建筑业	Construction	83119	49920	21051	28516	353	33199
批发和零售业	Wholesale and Retail Trades	189377	154868	17591	7623	129654	34510
交通运输、仓储和邮政业	Transport,Storage and Post	78613	57320	12392	43250	1678	21293
住宿和餐饮业	Hotels and Catering Services	89859	70195	3275	4057	62863	19664
信息传输、软件和信息技术服务业	Information Transmission,Computer Services and Software	11090	8944	4533	3050	1361	2146
金融业	Financial Intermediation	29665	29498	27582	1859	57	167
房地产业	Real Estate	30511	27601	10904	15358	1339	2910
租赁和商务服务业	Leasing and Business Services	35082	34493	9673	17415	7405	589
科学研究、技术服务业	Scientific Research,Technical Serviceand Geologic Prospecting	16531	16356	9853	5974	529	175
水利、环境和公共设施管理业	ManagementofWaterConservancy,EnvironmentandPublicFacilities	10153	9248	7545	1685	18	905
居民服务、修理和其他服务业	Services to Households and Other Services	62494	40293	359	3772	36162	22201
教育	Education	37081	35842	33028	2675	139	1239
卫生和社会工作	Health,Social Security and Social Welfare	29961	26639	22827	2020	1792	3322
文化、体育和娱乐业	Culture,Sports and Entertainment	18996	14260	6081	3309	4870	4736
公共管理、社会保障和社会组织	Public Management and Social Organization	49893	45261	45261			4632

注:2015年以前为部门数据,2016年以后为区局反馈数据。

a)Data from Departments before 2015,Date From Ningxia Provincial Bureau of Statistics in 2016.

2—8 主要年份城镇非私营单位就业人员和劳动报酬情况

Basic Statistics of Employees and Earning in Main Years

年份 year	全部就业人员(人) Total Employees	按经济类型分 Grouped by Economic Type			按三次产业分 Grouped by Three Strate of Industry			全部单位从业人员劳动报酬(万元) Employed Person's Earning in Whole Units(10000yuan)			在岗职工平均工资(元) Average Wages of staff and Workers (yuan)
		国有 Stateowned	集体 Collective owned	其他 Others	一产 Primary Industry	二产 Secondary Industry	三产 Tertiary Industry	国有 Stateowned	集体 Collective o wned	其他 Others	
1949	2093	2093			85	470	1538	61			291
1950	2625	2625			118	546	1961	78			297
1951	3645	3645			364	667	2614	116			318
1952	6422	6422			587	1688	4147	170			265
1953	7547	7547			883	1755	4909	281			372
1954	10823	10823			1076	3764	5983	309			286
1955	14253	14253			1561	4738	7954	380			267
1956	19438	19438			1818	7999	9621	481			247
1957	24365	24365			2712	7324	14329	1125			462
1958	55830	48722	7108		4110	12016	39704	1973	283		404
1959	75111	67958	7153		9884	17891	47336	4106	463		608
1960	102037	95039	6998		24956	16714	60367	5455	458		579
1961	80752	73717	7035		19144	15489	46119	4810	497		657
1962	61922	54284	7638		14467	8665	38790	3721	564		692
1963	61617	53891	7726		13698	8065	39854	3584	546		670
1964	61719	53719	8000		9132	7907	44680	3968	606		741
1965	76401	68613	7788		14354	10321	51726	4179	481		610
1966	81640	73748	7892		16834	12832	51974	5041	536		683
1967	85143	77265	7878		14621	14549	55973	5087	535		660
1968	87991	79956	8035		17786	18028	52177	5344	562		671
1969	92262	84100	8162		18051	21064	53147	4960	517		594
1970	98280	89753	8527		18455	26082	53743	6436	621		718
1971	90098	81728	8370		7366	28751	53981	5106	527		625
1972	99599	86739	12860		8889	29262	61448	5764	852		664
1973	99575	86690	12885		9278	27078	63219	6116	908		705
1974	104789	90583	14206		4844	28747	71198	6304	1004		697
1975	110702	96334	14368		5453	31900	73349	6575	733		660
1976	121335	103194	18141		5910	34171	81254	6975	967		655
1977	131687	106757	24930		6155	35171	90361	7362	1298		658
1978	140432	119913	20519		12987	76690	50755	8758	1240		723
1979	172876	147906	24970		28757	87308	56811	11040	1208		725
1980	179562	155695	23867		27932	89417	62213	12873	1945		845

注:2012年后(含2012年)"在岗职工平均工资"这一指标纳入了劳务派遣人员,数据有所变动。

2—8 续表 continued

年份 year	全部就业人员(人) Total Employees	按经济类型分 Grouped by Economic Type			按三次产业分 Grouped by Three Strate of Industry			全部单位从业人员劳动报酬(万元) Employed Person's Earning in Whole Units(10000yuan)			在岗职工平均工资(元) Average Wages of staff and Workers (yuan)
		国有 Stateowned	集体 Collective owned	其他 Others	一产 Primary Industry	二产 Secondary Industry	三产 Tertiary Industry	国有 Stateowned	集体 Collective o wned	其他 Others	
1981	184320	160582	23738		19772	84092	80456	13568	1634		844
1982	195580	167623	27957		29545	97124	68911	14331	1980		854
1983	205000	173416	31584		30534	99140	75326	15744	2330		893
1984	213989	177679	36310	509	30506	103021	80462	18465	3220	70	1031
1985	227504	188042	39462	463	29724	103918	93862	21243	3703	75	1123
1986	239109	198900	40209	531	29882	106677	102550	26484	4275	89	1316
1987	245636	206741	38386	509	29084	109716	106836	29355	4256	70	1400
1988	258697	219259	38975	463	29459	117262	111976	36172	5090	75	1621
1989	263150	224812	37807	531	29150	117440	116560	41681	5114	89	1804
1990	273130	232506	40013	611	29109	123701	120320	48167	6187	125	2030
1991	285992	242130	43147	715	29535	132204	124253	53653	7190	133	2168
1992	294964	250421	43044	1499	30487	126229	138248	63671	8631	284	2497
1993	286423	246224	35827	4372	25338	112844	148240	73796	9962	1187	2973
1994	298067	247197	38468	12402	27376	143979	126712	102737	12232	5729	4049
1995	300455	245332	39729	15394	25275	147718	127462	121134	15976	9960	4872
1996	292323	242851	33327	16145	24267	138476	129580	129480	15975	10935	5311
1997	302497	240231	35450	26816	24984	144183	133330	134443	21163	20730	5814
1998	270154	205418	23513	41223	24021	122597	123536	138258	15032	31538	6665
1999	262622	201497	21249	39876	23326	112295	127001	153426	15392	32685	7475
2000	256896	196906	19932	40058	22064	108001	126831	175568	17601	37367	8956
2001	242774	186461	16176	40137	21183	97812	123779	205138	16151	40684	10802
2002	238082	178375	15881	43826	19790	98553	119739	230735	16001	47760	11930
2003	288100	150722	8747	128631	21717	140882	125501	214125	8679	179234	13496
2004	288168	144760	6226	137182	18812	144160	125196	225972	9201	210971	15243
2005	291110	155832	5254	130024	17847	146241	127022	295553	9374	250918	18424
2006	295087	149499	4680	140908	12245	149952	132890	338458	9065	349326	23226
2007	292187	147703	4211	140273	14068	140914	137205	421883	10680	425923	28600
2008	289750	148292	2790	138668	13538	137391	138821	482799	9826	490599	33247
2009	296622	148135	2673	145814	12718	140974	142930	516595	10846	571061	36799
2010	300705	150687	2823	147195	12170	139485	149050	577227	12153	695780	43195
2011	313032	165037	2411	145584	11974	141976	159082	734679	12822	766228	49937
2012	335100	178408	2278	154414	11196	139294	184610	1014411	14902	878445	54270
2013	350361	160862	2663	186836	10546	145183	194632	968844	19339	1049976	57112
2014	365267	156625	1828	206814	8006	156437	200824	1007343	11354	1228439	59086
2015	372450	148438	2104	221908	7198	154536	210716	1029750	16885	1324595	65643
2016	354587	146882	1917	205788	5985	139750	208852	1118421	13873	1302974	70840
2017	354341	144824	1957	207560	5031	138406	210904	1222423	17230	1484158	77206

a) Since 2012(Containing 2012), The index"Average Wages of staff and Workes"included the laber dispatching personnel, So the data has changed.

2—9 全市城镇非私营单位就业人员人数

Basic Statistics of Employees Number in Yinchuan

单位:人 (2017) (person)

指 标	Item	单位就业人员年末人数 Number of Engaged Persons at Year-end	#女性 Female	在岗职工 Staff and Workers	单位就业人员平均人数 Average Number of Engaged Persons	在岗职工 Staff sand Workers
总 计	**Total**	**354341**	**146756**	**328321**	**368820**	**341942**
按地区分组	Grouped by Region					
市区	City	272709	113546	252211	287197	265979
兴庆区	Xingqing	148615	59552	139416	161513	151974
金凤区	Jinfeng	71499	33392	61237	72237	61726
西夏区	Xixia	52595	20602	51558	53447	52279
永宁县	Yongning	22047	11178	20050	23347	21199
贺兰县	Helan	23149	8858	21001	22757	20630
灵武市	Lingwu	36436	13174	35059	35519	34134
按企业、事业、机关分组	**Grouped by Enterprises,Institutions and Agencies**					
企业	Enterprises	236978	82718	206089	253581	215800
事业	Institutions	80270	48549	72041	78568	70761
机关	Agencies & Organizations	35451	14572	29581	35046	29322
按国民经济行业分组	**Grouped by Sector**					
农、林、牧、渔业	Agriculture,Forestry,AnimalHusbandryandFishery	5031	1594	4943	5142	5054
采矿业	Mining and Quarrying	31008	4614	31008	44149	44149
制造业	Manufacturing	65573	21296	64835	64228	63444
电力、燃气及水的生产和供应业	ProductionandDistributionofElectricity,GasandWater	20774	5575	20605	20604	20464
建筑业	Construction	21051	3354	18160	25897	22233
批发和零售业	Wholesale and Retail Trades	17591	10700	17239	17562	16912
交通运输、仓储和邮政业	Transport,Storage and Post	12392	4448	11813	12410	11845
住宿和餐饮业	Hotels and Catering Services	3275	1972	3202	3309	3232
信息传输、计算机服务和软件业	Information Transmission,Computer Services and Software	4533	2251	4526	4501	4493
金融业	Financial Intermediation	27582	16301	17928	27620	17778
房地产业	Real Estate	10904	5049	10535	10768	10327
租赁和商务服务业	Leasing and Business Services	9673	2907	8644	9731	8678
科学研究、技术服务和地质勘查业	ScientificResearch,TechnicalServiceandGeologicProspecting	9853	2945	9255	9929	9358
水利、环境和公共设施管理业	ManagementofWaterConservancy,EnvironmentandPublicFacilities	7545	3190	7282	7700	7445
居民服务和其他服务业	Services to Households and Other Services	359	138	342	394	357
教育	Education	33028	21259	31954	31798	30891
卫生、社会保障和社会福利业	Health,Social Security and Social Welfare	22827	16598	22274	22301	21777
文化、体育和娱乐业	Culture,Sports and Entertainment	6081	2800	5788	6062	5782
公共管理、社会保障和社会组织	Public Management and Social Organization	45261	19765	37988	44715	37723

2—9 续表 1 continued

单位:人 (2017) (person)

指 标	Item	单位就业人员年末人数 Number of Engaged Persons at Year-end	#女性 Female	在岗职工 Staff and Workers	单位就业人员平均人数 Average Number of Engaged Persons	在岗职工 Staff sand Workers
国有单位合计	**Total State-owned Units**	**144824**	**72022**	**134283**	**144690**	**134656**
按地区分组	**Grouped by Region**					
市区	City	117418	57817	110222	117474	110714
永宁县	Yongning	8682	4787	7514	8591	7451
贺兰县	Helan	8647	4696	7294	8522	7212
灵武市	Lingwu	10077	4722	9253	10103	9279
按企业、事业、机关分组	**Grouped by Enterprises,Institutions and Agencies**					
企业	Enterprises	34113	12023	33260	35972	35098
事业	Institutions	75118	45351	68109	73533	66896
机关	Agencies & Organizations	35160	14464	32527	34751	32274
按国民经济行业分组	**Grouped by Sector**					
农、林、牧、渔业	Agriculture,Forestry,Animal Husbandry and Fishery	4342	1251	4254	4375	4287
采矿业	Mining and Quarrying	146	34	146	143	143
制造业	Manufacturing	163	71	161	163	161
电力、燃气及水的生产和供应业	ProductionandDistributionofElectricity,GasandWater	13066	3578	12929	13064	12954
建筑业	Construction	4665	1003	4382	6419	6099
批发和零售业	Wholesale and Retail Trades	1062	419	1025	1070	1033
交通运输、仓储和邮政业	Transport,Storage and Post	2680	1132	2498	2715	2527
住宿和餐饮业	Hotels and Catering Services	613	417	613	584	584
信息传输、计算机服务和软件业	Information Transmission,Computer Services and Software	576	293	576	577	577
金融业	Financial Intermediation	4560	2374	4504	4563	4505
房地产业	Real Estate	331	204	331	331	331
租赁和商务服务业	Leasing and Business Services	1529	952	1133	1546	1150
科学研究、技术服务和地质勘查业	Scientific Research,Technical Service and Geologic Prospecting	5686	1995	5428	5724	5491
水利、环境和公共设施管理业	Management of Water Conservancy,Environment and Public Facilities	6336	2799	6093	6483	6267
居民服务和其他服务业	Services to Households and Other Services	71	27	71	71	71
教育	Education	29521	19002	28612	28364	27614
卫生、社会保障和社会福利业	Health,Social Security and Social Welfare	20552	14988	20018	20109	19606
文化、体育和娱乐业	Culture,Sports and Entertainment	3831	1806	3688	3844	3703
公共管理、社会保障和社会组织	Public Management and Social Organization	45094	19677	37821	44545	37553

2—9 续表 2 continued

单位：人 （2017） （person）

指　标	Item	单位就业人员年末人数 Number of Engaged Persons at Year-end	#女性 Female	在岗职工 Staff and Workers	单位就业人员平均人数 Average Number of Engaged Persons	在岗职工 Staff sand Worker
城镇集体单位合计	**Total Urban Collective-owned**	1957	1162	1778	1986	1803
按地区分组	**Grouped by Region**					
市区	City	1324	878	1202	1313	1187
永宁县	Yongning	75	24	18	79	22
贺兰县	Helan	37	9	37	34	34
灵武市	Lingwu	521	251	521	560	560
按企业、事业、机关分组	**Grouped by Enterprises,Institutions and Agencies**					
企业	Enterprises	971	468	841	1006	872
事业	Institutions	986	694	937	980	931
机关	Agencies & Organizations					
按国民经济行业分组	**Grouped by Sector**					
制造业	Manufacturing	47	16	45	43	41
建筑业	Construction	208	45	208	248	248
批发和零售业	Wholesale and Retail Trades	113	40	56	117	60
住宿和餐饮业	Hotels and Catering Services	21	21	21	22	22
金融业	Financial Intermediation	455	271	384	446	371
房地产业	Real Estate	15	5	15	15	15
租赁和商务服务业	Leasing and Business Services	101	64	101	104	104
科学研究、技术服务和地质勘查业	Scientific Research,Technical Service and Geologic Prospecting	11	6	11	11	11
教育	Education	540	408	524	540	524
卫生、社会保障和社会福利业	Health,Social Security and Social Welfare	362	247	358	356	352
文化、体育和娱乐业	Culture,Sports and Entertainment	84	39	55	84	55

2—9 续表 3 continued

单位:人 (2017) (person)

指 标	Item	单位就业人员年末人数 Number of Engaged Persons at Year-end	#女性 Female	在岗职工 Staff and Workers	单位就业人员平均人数 Average Number of Engaged Persons	在岗职工 Staff sand Workers
其他单位合计	**Total Other Units**	**207560**	**73572**	**192260**	**222144**	**205483**
按地区分组	**Grouped by Region**					
市区	City	153967	54851	140787	168410	154078
永宁县	Yongning	13290	6367	12518	14677	13726
贺兰县	Helan	14465	4153	13670	14201	13384
灵武市	Lingwu	25838	8201	25285	24856	24295
按企业、事业、机关分组	**Grouped by Enterprises,Institutions and Agencies**					
企业	Enterprises	201894	70227	186774	216603	200117
事业	Institutions	4166	2504	4022	4055	3919
机关	Agencies & Organizations	291	108	291	295	295
按国民经济行业分组	**Grouped by Sector**					
农、林、牧、渔业	Agriculture,Forestry,AnimalHusbandryandFishery	689	343	689	767	767
采矿业	Mining and Quarrying	30862	4580	30862	44006	44006
制造业	Manufacturing	65363	21209	64629	64022	63242
电力、燃气及水的生产和供应业	ProductionandDistributionofElectricity,GasandWater	7708	1997	7676	7540	7510
建筑业	Construction	16178	2306	13570	19230	15886
批发和零售业	Wholesale and Retail Trades	16416	10241	16158	16375	15819
交通运输、仓储和邮政业	Transport,Storage and Post	9712	3316	9315	9695	9318
住宿和餐饮业	Hotels and Catering Services	2641	1534	2568	2703	2626
信息传输、计算机服务和软件业	Information Transmission,Computer Services and Software	3957	1958	3950	3924	3916
金融业	Financial Intermediation	22567	13656	13040	22611	12902
房地产业	Real Estate	10558	4840	10189	10422	9981
租赁和商务服务业	Leasing and Business Services	8043	1891	7410	8081	7424
科学研究、技术服务和地质勘查业	ScientificResearch,TechnicalServiceandGeologicProspecting	4156	944	3816	4194	3856
水利、环境和公共设施管理业	ManagementofWaterConservancy,EnvironmentandPublicFacilities	1209	391	1189	1217	1178
居民服务和其他服务业	Services to Households and Other Services	288	111	271	323	286
教育	Education	2967	1849	2818	2894	2753
卫生、社会保障和社会福利业	Health,Social Security and Social Welfare	1913	1363	1898	1836	1819
文化、体育和娱乐业	Culture,Sports and Entertainment	2166	955	2045	2134	2024
公共管理、社会保障和社会组织	Public Management and Social Organization	167	88	167	170	170

2—10 全市城镇非私营单位就业人员劳动报酬

Earning of Employed Persons in the Private Institutions of City Units

（2017）

指 标	Item	单位就业人员工资总额（万元）Total Wages of Engaged Persons（10 000yuan）	在岗职工工资总额 Total Wages of Staff and Workers	单位就业人员平均工资（元）Average Wages of Engaged Persons（yuan）	在岗职工平均工资 Average Wages of Staff and Workers
总 计	**Total**	**2723811**	**2639998**	**73852**	**77206**
按地区分组	**Grouped by Region**				
市区	City	2188274	2121858	76194	79775
兴庆区	Xingqing	1311636	1276691	81209	84007
金凤区	Jinfeng	516786	489408	71540	79287
西夏区	Xixia	359852	355759	67329	68050
永宁县	Yongning	131583	124435	56360	58699
贺兰县	Helan	128298	122941	56378	59593
灵武市	Lingwu	275656	270764	77608	79324
按企业、事业、机关分组	**Grouped by Enterprises,Institutions and Agencies**				
企业	Enterprises	1774233	1718177	69967	72777
事业	Institutions	645810	625909	82198	87240
机关	Agencies & Organizations	293065	285394	83623	87627
按国民经济行业分组	**Grouped by Sector**				
农、林、牧、渔业	Agriculture,Forestry,AnimalHusbandryandFishery	21966	21788	42719	43111
采矿业	Mining and Quarrying	399601	399601	90512	90512
制造业	Manufacturing	367726	365272	57253	57574
电力、燃气及水的生产和供应业	ProductionandDistributionofElectricity,GasandWater	233772	233421	113459	114064
建筑业	Construction	138635	121336	53533	54575
批发和零售业	Wholesale and Retail Trades	89067	86915	50716	51393
交通运输、仓储和邮政业	Transport,Storage and Post	81591	79704	65746	67289
住宿和餐饮业	Hotels and Catering Services	14831	14461	44819	44744
信息传输、计算机服务和软件业	Information Transmission,Computer Services and Software	44980	44964	99934	100076
金融业	Financial Intermediation	237318	211541	85922	118990
房地产业	Real Estate	57288	55792	53202	54026
租赁和商务服务业	Leasing and Business Services	46315	43400	47595	50011
科学研究、技术服务和地质勘查业	ScientificResearch,TechnicalServiceandGeologicProspecting	80761	78733	81338	84134
水利、环境和公共设施管理业	ManagementofWaterConservancy,EnvironmentandPublicFacilities	42039	41040	54596	55125
居民服务和其他服务业	Services to Households and Other Services	2113	1982	53629	55510
教育	Education	261263	258036	82163	83531
卫生、社会保障和社会福利业	Health,Social Security and Social Welfare	215616	213213	96684	97907
文化、体育和娱乐业	Culture,Sports and Entertainment	44225	43394	72954	75051
公共管理、社会保障和社会组织	Public Management and Social Organization	344707	325405	77090	86262

2—10 续表 1 continued

(2017)

指 标	Item	单位就业人员工资总额（万元）Total Wages of Engaged Persons (10 000yuan)	在岗职工工资总额 Total Wages of Staff and Workers	单位就业人员平均工资（元）Average Wages of Engaged Persons (yuan)	在岗职工平均工资 Average Wages of Staff and Workers
国有单位合计	**Total**	**1222423**	**1192259**	**84486**	**88541**
按地区分组	**Grouped by Region**				
市区	City	1031059	1010099	87769	91235
永宁县	Yongning	55334	51952	64409	69724
贺兰县	Helan	57071	53489	66969	74167
灵武市	Lingwu	78959	76719	78154	82680
按企业、事业、机关分组	**Grouped by Enterprises,Institutions and Agencies**				
企业	Enterprises	318070	315049	88422	89763
事业	Institutions	609885	590510	82940	88273
机关	Agencies & Organizations	291136	283464	83778	87831
按国民经济行业分组	**Grouped by Sector**				
农、林、牧、渔业	Agriculture,Forestry,AnimalHusbandryandFishery	19876	19698	45431	45949
采矿业	Mining and Quarrying	1285	1285	89825	89825
制造业	Manufacturing	1184	1178	72607	73161
电力、燃气及水的生产和供应业	ProductionandDistributionofElectricity,GasandWater	163675	163430	125287	126162
建筑业	Construction	34386	33211	53570	54453
批发和零售业	Wholesale and Retail Trades	9029	8920	84379	86354
交通运输、仓储和邮政业	Transport, Storage and Post	19024	18355	70068	72634
住宿和餐饮业	Hotels and Catering Services	2841	2841	48642	48642
信息传输、计算机服务和软件业	Information Transmission,Computer Services and Software	6317	6317	109487	109487
金融业	Financial Intermediation	55945	55752	122607	123756
房地产业	Real Estate	2231	2231	67390	67390
租赁和商务服务业	Leasing and Business Services	8142	6863	52665	59680
科学研究、技术服务和地质勘查业	ScientificResearch,TechnicalServiceandGeologicProspecting	50762	50103	88682	91245
水利、环境和公共设施管理业	ManagementofWaterConservancy,EnvironmentandPublicFacilities	35121	34476	54174	55012
居民服务和其他服务业	Services to Households and Other Services	500	500	70352	70352
教育	Education	238024	235215	83918	85180
卫生、社会保障和社会福利业	Health,Social Security and Social Welfare	197748	195418	98338	99672
文化、体育和娱乐业	Culture,Sports and Entertainment	32904	32339	85599	87331
公共管理、社会保障和社会组织	Public Management and Social Organization	343430	324128	77097	86312

2—10 续表 2 continued

(2017)

指 标	Item	单位就业人员工资总额(万元) Total Wages of Engaged Persons (10 000yuan)	在岗职工工资总额 Total Wages of Staff and Workers	单位就业人员平均工资(元) Average Wages of Engaged Persons (yuan)	在岗职工平均工资 Average Wages of Staff and Workers
城镇集体单位合计	**Total Urban Collective-owned**	**17230**	**16483**	**86757**	**91420**
按地区分组	**Grouped by Region**				
市区	City	13308	12777	101359	107643
永宁县	Yongning	320	104	40506	47455
贺兰县	Helan	132	132	38794	38794
灵武市	Lingwu	3470	3470	61957	61957
按企业、事业、机关分组	**Grouped by Enterprises,Institutions and Agencies**				
企业	Enterprises	9152	8493	90969	97392
事业	Institutions	8078	7991	82433	85827
机关	Agencies & Organizations				
按国民经济行业分组	**Grouped by Sector**				
制造业	Manufacturing	158	155	36721	37756
建筑业	Construction	1280	1280	51621	51621
批发和零售业	Wholesale and Retail Trades	536	320	45812	53400
住宿和餐饮业	Hotels and Catering Services	75	75	33955	33955
金融业	Financial Intermediation	6642	6202	148930	167173
房地产业	Real Estate	46	46	30867	30867
租赁和商务服务业	Leasing and Business Services	314	314	30144	30144
科学研究、技术服务和地质勘查业	Scientific Research,Technical Service and Geologic Prospecting	101	101	91455	91455
教育	Education	4405	4371	81565	83410
卫生、社会保障和社会福利业	Health,Social Security and Social Welfare	3273	3259	91947	92597
文化、体育和娱乐业	Culture,Sports and Entertainment	401	360	47690	65527

2—10 续表 3 continued

（2017）

指 标	Item	单位就业人员工资总额（万元）Total Wages of Engaged Persons (10 000yuan)	在岗职工工资总额 Total Wages of Staff and Workers	单位就业人员平均工资（元）Average Wages of Engaged Persons (yuan)	在岗职工平均工资 Average Wages of Staff and Workers
其他单位合计	**Total**	**1484159**	**1431256**	**66811**	**69653**
按地区分组	**Grouped by Region**				
市区	City	1143907	1098982	67924	71326
永宁县	Yongning	75929	72379	51733	52732
贺兰县	Helan	71095	69319	50064	51793
灵武市	Lingwu	193227	190575	77739	78442
按企业、事业、机关分组	**Grouped by Enterprises,Institutions and Agencies**				
企业	Enterprises	1447011	1394636	66805	69691
事业	Institutions	27846	27409	68670	69939
机关	Agencies & Organizations	1930	1930	65407	65407
按国民经济行业分组	**Grouped by Sector**				
农、林、牧、渔业	Agriculture,Forestry,AnimalHusbandryandFishery	2090	2090	27248	27248
采矿业	Mining and Quarrying	398316	398316	90514	90514
制造业	Manufacturing	366384	363939	57228	57547
电力、燃气及水的生产和供应业	ProductionandDistributionofElectricity,GasandWater	70097	69991	92967	93198
建筑业	Construction	102969	86846	53546	54668
批发和零售业	Wholesale and Retail Trades	79502	77674	48551	49102
交通运输、仓储和邮政业	Transport, Storage and Post	62567	61349	64536	65839
住宿和餐饮业	Hotels and Catering Services	11915	11546	44081	43967
信息传输、计算机服务和软件业	Information Transmission,Computer Services and Software	38663	38647	98530	98690
金融业	Financial Intermediation	174730	149587	77277	115941
房地产业	Real Estate	55011	53516	52783	53617
租赁和商务服务业	Leasing and Business Services	37860	36223	46850	48792
科学研究、技术服务和地质勘查业	ScientificResearch,TechnicalServiceandGeologicProspecting	29898	28530	71288	73988
水利、环境和公共设施管理业	ManagementofWaterConservancy,EnvironmentandPublicFacilities	6918	6564	56841	55722
居民服务和其他服务业	Services to Households and Other Services	1614	1482	49954	51825
教育	Education	18834	18449	65081	67016
卫生、社会保障和社会福利业	Health,Social Security and Social Welfare	14595	14536	79493	79911
文化、体育和娱乐业	Culture,Sports and Entertainment	10920	10695	51171	52841
公共管理、社会保障和社会组织	Public Management and Social Organization	1277	1277	75094	75094

2—11 市区城镇非私营单位就业人员人数

Number of Engaged Persons in the Private Institutions of City Urban Units

（2017）

指 标	Item	单位就业人员年末人数 Number of Engaged Persons at Year-end	#女性 Female	在岗职工 Staff and Workers	单位就业人员平均人数 Average Number of Engaged Persons	在岗职工 Staff sand Worker
总 计	**Total**	**272709**	**113546**	**252211**	**287197**	**265979**
按企业、事业、机关分组	**Grouped by Enterprises,Institutions and Agencies**					
企业	Enterprises	180718	63364	166860	197018	181975
事业	Institutions	62546	37584	57745	61097	56679
机关	Agencies & Organizations	28590	12096	26776	28243	26514
按国民经济行业分组	**Grouped by Sector**					
农、林、牧、渔业	Agriculture,Forestry,Animal Husbandry and Fishery	1897	633	1881	1873	1858
采矿业	Mining and Quarrying	31008	4614	31008	44149	44149
制造业	Manufacturing	32083	8788	31774	31844	31478
电力、燃气及水的生产和供应业	Production and Distribution of Electricity,Gas and Water	17002	4712	16882	16973	16883
建筑业	Construction	15143	2916	12306	18665	15327
批发和零售业	Wholesale and Retail Trades	15497	9862	15228	15449	14882
交通运输、仓储和邮政业	Transport,Storage and Post	9083	3324	8702	9102	8731
住宿和餐饮业	Hotels and Catering Services	3154	1897	3081	3179	3102
信息传输、计算机服务和软件业	Information Transmission,Computer Services and Software	4520	2246	4513	4487	4479
金融业	Financial Intermediation	24135	14137	15855	24247	15692
房地产业	Real Estate	9532	4511	9171	9345	8914
租赁和商务服务业	Leasing and Business Services	8376	2069	7748	8375	7754
科学研究、技术服务和地质勘查业	Scientific Research,Technical Service and Geologic Prospecting	9252	2754	8656	9320	8751
水利、环境和公共设施管理业	Management of Water Conservancy,Environment and Public Facilities	6815	2975	6558	6971	6722
居民服务和其他服务业	Services to Households and Other Services	344	138	327	379	342
教育	Education	24407	15499	23370	23320	22454
卫生、社会保障和社会福利业	Health,Social Security and Social Welfare	19791	14326	19524	19375	19106
文化、体育和娱乐业	Culture,Sports and Entertainment	5771	2645	5512	5752	5506
公共管理、社会保障和社会组织	Public Management and Social Organization	34899	15500	30115	34392	29849

2—11 续表1 continued

(2017)

指 标	Item	单位就业人员年末人数 Number of Engaged Persons at Year-end	#女性 Female	在岗职工 Staff and Workers	单位就业人员平均人数 Average Number of Engaged Persons	在岗职工 Staff sand Workers
国有单位合计	**Total State-owned Units**	**117418**	**57817**	**110222**	**117474**	**110714**
按企业、事业、机关分组	**Grouped by Enterprises,Institutions and Agencies**					
企业	Enterprises	30571	10900	29822	32364	31596
事业	Institutions	58174	34807	53541	56786	52523
机关	Agencies & Organizations	28583	12093	26769	28236	26507
按国民经济行业分组	**Grouped by Sector**					
农、林、牧、渔业	Agriculture,Forestry,AnimalHusbandryandFishery	1420	474	1404	1392	1377
采矿业	Mining and Quarrying	146	34	146	143	143
制造业	Manufacturing	163	71	161	163	161
电力、燃气及水的生产和供应业	ProductionandDistributionofElectricity,GasandWater	12756	3461	12655	12753	12679
建筑业	Construction	4665	1003	4382	6419	6099
批发和零售业	Wholesale and Retail Trades	902	333	870	907	875
交通运输、仓储和邮政业	Transport,Storage and Post	2287	1032	2123	2319	2147
住宿和餐饮业	Hotels and Catering Services	613	417	613	584	584
信息传输、计算机服务和软件业	Information Transmission,Computer Services and Software	563	288	563	563	563
金融业	Financial Intermediation	3868	2025	3867	3870	3868
房地产业	Real Estate	331	204	331	331	331
租赁和商务服务业	Leasing and Business Services	760	375	700	762	702
科学研究、技术服务和地质勘查业	ScientificResearch,TechnicalServiceandGeologicProspecting	5261	1865	5005	5295	5064
水利、环境和公共设施管理业	ManagementofWaterConservancy,EnvironmentandPublicFacilities	6196	2768	5954	6343	6128
居民服务和其他服务业	Services to Households and Other Services	71	27	71	71	71
教育	Education	21163	13337	20272	20142	19410
卫生、社会保障和社会福利业	Health,Social Security and Social Welfare	17936	13010	17686	17596	17346
文化、体育和娱乐业	Culture,Sports and Entertainment	3561	1668	3447	3574	3462
公共管理、社会保障和社会组织	Public Management and Social Organization	34756	15425	29972	34247	29704

2—11 续表 2 continued

(2017)

指 标	Item	单位就业人员年末人数 Number of Engaged Persons at Year-end	#女性 Female	在岗职工 Staff and Workers	单位就业人员平均人数 Average Number of Engaged Persons	在岗职工 Staff sand Workers
城镇集体单位合计	**Total Urban Collective-owned**	1324	878	1202	1313	1187
按企业、事业、机关分组	**Grouped by Enterprises,Institutions and Agencies**					
企业	Enterprises	550	326	477	541	464
事业	Institutions	774	552	725	772	723
机关	Agencies & Organizations					
按国民经济行业分组	**Grouped by Sector**					
制造业	Manufacturing	10	7	8	9	7
批发和零售业	Wholesale and Retail Trades	38	16	38	38	38
住宿和餐饮业	Hotels and Catering Services	21	21	21	22	22
金融业	Financial Intermediation	455	271	384	446	371
房地产业	Real Estate	15	5	15	15	15
租赁和商务服务业	Leasing and Business Services	11	6	11	11	11
教育	Education	540	408	524	540	524
卫生、社会保障和社会福利业	Health,Social Security and Social Welfare	150	105	146	148	144
文化、体育和娱乐业	Culture,Sports and Entertainment	84	39	55	84	55
公共管理、社会保障和社会组织	Public Management and Social Organization	1324	878	1202	1313	1187

2—11 续表 3 continued

（2017）

指 标	Item	单位就业人员年末人数 Number of Engaged Persons at Year-end	#女性 Female	在岗职工 Staff and Workers	单位就业人员平均人数 Average Number of Engaged Persons	在岗职工 Staff sand Workers
其他单位合计	**Total Other Units**	153967	54851	140787	168410	154078
按企业、事业、机关分组	**Grouped by Enterprises,Institutions and Agencies**					
企业	Enterprises	149597	52138	136561	164113	149915
事业	Institutions	3598	2225	3479	3539	3433
机关	Agencies & Organizations	7	3	7	7	7
按国民经济行业分组	**Grouped by Sector**					
农、林、牧、渔业	Agriculture,Forestry,AnimalHusbandryandFishery	477	159	477	481	481
采矿业	Mining and Quarrying	30862	4580	30862	44006	44006
制造业	Manufacturing	31910	8710	31605	31672	31310
电力、燃气及水的生产和供应业	ProductionandDistributionofElectricity,GasandWater	4246	1251	4227	4220	4204
建筑业	Construction	10478	1913	7924	12246	9228
批发和零售业	Wholesale and Retail Trades	14557	9513	14320	14504	13969
交通运输、仓储和邮政业	Transport , Storage and Post	6796	2292	6579	6783	6584
住宿和餐饮业	Hotels and Catering Services	2520	1459	2447	2573	2496
信息传输、计算机服务和软件业	Information Transmission,Computer Services and Software	3957	1958	3950	3924	3916
金融业	Financial Intermediation	19812	11841	11604	19931	11453
房地产业	Real Estate	9186	4302	8825	8999	8568
租赁和商务服务业	Leasing and Business Services	7616	1694	7048	7613	7052
科学研究、技术服务和地质勘查业	ScientificResearch,TechnicalServiceandGeologicProspecting	3980	883	3640	4014	3676
水利、环境和公共设施管理业	ManagementofWaterConservancy,EnvironmentandPublicFacilities	619	207	604	628	594
居民服务和其他服务业	Services to Households and Other Services	273	111	256	308	271
教育	Education	2704	1754	2574	2638	2520
卫生、社会保障和社会福利业	Health,Social Security and Social Welfare	1705	1211	1692	1631	1616
文化、体育和娱乐业	Culture,Sports and Entertainment	2126	938	2010	2094	1989
公共管理、社会保障和社会组织	Public Management and Social Organization	143	75	143	145	145

2—12 市区城镇非私营单位就业人员劳动报酬

Revenue of Engaged Persons in the Private Institutions of City Urban Units

(2017)

指 标	Item	单位就业人员工资总额（万元）Total Wages of Engaged Persons（10 000yuan）	在岗职工工资总额 Total Wages of Staff and Workers	单位就业人员平均工资（元）Average Wages of Engaged Persons（yuan）	在岗职工平均工资 Average Wages of Staff and Workers
总 计	**Total**	**2188274**	**2121858**	**76194**	**79775**
按企业、事业、机关分组	**Grouped by Enterprises,Institutions and Agencies**				
企业	Enterprises	1422466	1374601	72200	75538
事业	Institutions	523677	510181	85712	90012
机关	Agencies & Organizations	237243	232208	84001	87580
按国民经济行业分组	**Grouped by Sector**				
农、林、牧、渔业	Agriculture,Forestry,AnimalHusbandryandFishery	9753	9683	52071	52115
采矿业	Mining and Quarrying	399601	399601	90512	90512
制造业	Manufacturing	160512	159164	50406	50563
电力、燃气及水的生产和供应业	ProductionandDistributionofElectricity,GasandWater	201934	201685	118974	119460
建筑业	Construction	102948	87134	55156	56850
批发和零售业	Wholesale and Retail Trades	77376	75501	50085	50733
交通运输、仓储和邮政业	Transport,Storage and Post	56740	55309	62337	63348
住宿和餐饮业	Hotels and Catering Services	14385	14016	45250	45182
信息传输、计算机服务和软件业	Information Transmission,Computer Services and Software	44886	44870	100036	100179
金融业	Financial Intermediation	212945	191630	87823	122120
房地产业	Real Estate	49245	47783	52696	53604
租赁和商务服务业	Leasing and Business Services	41692	40112	49782	51730
科学研究、技术服务和地质勘查业	ScientificResearch,TechnicalServiceandGeologicProspecting	75347	73321	80844	83786
水利、环境和公共设施管理业	ManagementofWaterConservancy,EnvironmentandPublicFacilities	38119	37148	54682	55264
居民服务和其他服务业	Services to Households and Other Services	2047	1915	53997	56000
教育	Education	196442	193438	84238	86149
卫生、社会保障和社会福利业	Health,Social Security and Social Welfare	193555	192165	99899	100578
文化、体育和娱乐业	Culture,Sports and Entertainment	42312	41583	73561	75524
公共管理、社会保障和社会组织	Public Management and Social Organization	268438	255802	78052	85699

2—12 续表 1 continued

（2017）

指 标	Item	单位就业人员工资总额（万元）Total Wages of Engaged Persons (10 000yuan)	在岗职工工资总额 Total Wages of Staff and Workers	单位就业人员平均工资（元）Average Wages of Engaged Persons (yuan)	在岗职工平均工资 Average Wages of Staff and Workers
国有单位合计	**Total Other Units**	1031059	1010099	87769	91235
按企业、事业、机关分组	**Grouped by Enterprises,Institutions and Agencies**				
企业	Enterprises	299895	297141	92663	94044
事业	Institutions	493209	480038	86854	91396
机关	Agencies & Organizations	237196	232161	84005	87585
按国民经济行业分组	**Grouped by Sector**				
农、林、牧、渔业	Agriculture,Forestry,AnimalHusbandryandFishery	8220	8150	59050	59184
采矿业	Mining and Quarrying	1285	1285	89825	89825
制造业	Manufacturing	1184	1178	72607	73161
电力、燃气及水的生产和供应业	ProductionandDistributionofElectricity,GasandWater	162031	161828	127053	127635
建筑业	Construction	34386	33211	53570	54453
批发和零售业	Wholesale and Retail Trades	7707	7612	84968	86999
交通运输、仓储和邮政业	Transport, Storage and Post	15858	15233	68382	70949
住宿和餐饮业	Hotels and Catering Services	2841	2841	48642	48642
信息传输、计算机服务和软件业	Information Transmission,Computer Services and Software	6223	6223	110536	110536
金融业	Financial Intermediation	49679	49669	128371	128410
房地产业	Real Estate	2231	2231	67390	67390
租赁和商务服务业	Leasing and Business Services	5722	5449	75088	77624
科学研究、技术服务和地质勘查业	ScientificResearch,TechnicalServiceandGeologicProspecting	46996	46340	88756	91508
水利、环境和公共设施管理业	ManagementofWaterConservancy,EnvironmentandPublicFacilities	34031	33389	53651	54486
居民服务和其他服务业	Services to Households and Other Services	500	500	70352	70352
教育	Education	174316	171547	86544	88381
卫生、社会保障和社会福利业	Health,Social Security and Social Welfare	179139	177816	101806	102511
文化、体育和娱乐业	Culture,Sports and Entertainment	31320	30842	87632	89086
公共管理、社会保障和社会组织	Public Management and Social Organization	267393	254757	78078	85765

2—12 续表 2 continued

(2017)

指　标	Item	单位就业人员工资总额（万元）Total Wages of Engaged Persons (10 000yuan)	在岗职工工资总额 Total Wages of Staff and Workers	单位就业人员平均工资（元）Average Wages of Engaged Persons (yuan)	在岗职工平均工资 Average Wages of Staff and Workers
城镇集体单位合计	**Total Urban Collective-owned**	**13308**	**12777**	**101359**	**107643**
按企业、事业、机关分组	**Grouped by Enterprises, Institutions and Agencies**				
企业	Enterprises	7106	6663	131348	143591
事业	Institutions	6203	6115	80343	84573
机关	Agencies & Organizations				
按国民经济行业分组	**Grouped by Sector**				
制造业	Manufacturing	26	23	28889	32714
批发和零售业	Wholesale and Retail Trades	216	216	56842	56842
住宿和餐饮业	Hotels and Catering Services	75	75	33955	33955
金融业	Financial Intermediation	6642	6202	148930	167173
房地产业	Real Estate	46	46	30867	30867
科学研究、技术服务和地质勘查业	Scientific Research,Technical Service and Geologic Prospecting	101	101	91455	91455
教育	Education	4405	4371	81565	83410
卫生、社会保障和社会福利业	Health,Social Security and Social Welfare	1397	1384	94419	96076
文化、体育和娱乐业	Culture,Sports and Entertainment	401	360	47690	65527

2—12 续表 3 continued

(2017)

指 标	Item	单位就业人员工资总额（万元）Total Wages of Engaged Persons (10 000yuan)	在岗职工工资总额 Total Wages of Staff and Workers	单位就业人员平均工资（元）Average Wages of Engaged Persons (yuan)	在岗职工平均工资 Average Wages of Staff and Workers
其他单位合计	**Total Other Units**	1143907	1098982	67924	71326
按企业、事业、机关分组	**Grouped by Enterprises,Institutions and Agencies**				
企业	Enterprises	1115465	1070798	67969	71427
事业	Institutions	24265	24029	68565	69994
机关	Agencies & Organizations	47	47	67571	67571
按国民经济行业分组	**Grouped by Sector**				
农、林、牧、渔业	Agriculture,Forestry,AnimalHusbandryandFishery	1533	1533	31875	31875
采矿业	Mining and Quarrying	398316	398316	90514	90514
制造业	Manufacturing	159303	157963	50298	50451
电力、燃气及水的生产和供应业	ProductionandDistributionofElectricity,GasandWater	39903	39857	94558	94806
建筑业	Construction	68561	53923	55987	58434
批发和零售业	Wholesale and Retail Trades	69454	67672	47886	48445
交通运输、仓储和邮政业	Transport, Storage and Post	40882	40076	60271	60869
住宿和餐饮业	Hotels and Catering Services	11470	11100	44577	44472
信息传输、计算机服务和软件业	Information Transmission,Computer Services and Software	38663	38647	98530	98690
金融业	Financial Intermediation	156623	135759	78583	118536
房地产业	Real Estate	46968	45506	52192	53111
租赁和商务服务业	Leasing and Business Services	35970	34663	47249	49153
科学研究、技术服务和地质勘查业	ScientificResearch,TechnicalServiceandGeologicProspecting	28250	26881	70378	73126
水利、环境和公共设施管理业	ManagementofWaterConservancy,EnvironmentandPublicFacilities	4088	3759	65091	63286
居民服务和其他服务业	Services to Households and Other Services	1547	1416	50227	52240
教育	Education	17721	17521	67177	69526
卫生、社会保障和社会福利业	Health,Social Security and Social Welfare	13019	12965	79823	80228
文化、体育和娱乐业	Culture,Sports and Entertainment	10592	10381	50582	52194
公共管理、社会保障和社会组织	Public Management and Social Organization	1044	1044	72028	72028

主要统计指标解释

【总人口】包括有常住户口和未落常住户口的人，以及被注销户口的押犯、劳改、劳教人员，但不包括现役军人及人民武装警察。

【总户数】包括家庭户和集体户。

【农业人口和非农业人口】(1)凡在农村从事农、林、牧、渔业的劳动者，以及乡和乡以下所办企业中不直接从事农业的人口。(2)国营的农、林、牧、渔、园艺场，拖拉机站在编的行政管理人员，文教卫生、财贸、邮电等人员，以及附属的独立核算的工业企业中常年不从事农业生产的国家职工，统计为非农业人口；这些单位的其他人员，都统计为农业人口。(3)住在农村由职工、军人抚养的家属、退休职工等国家定量粮的统计为农业人口。

(4)农业与非农业之间不好区分的，一般统计为农业人口。

【性别比】男性人数与女性人数之比（女=100）。

性别比=[男性人数÷女性人数]×100%

【年平均人口数】指一年之中各个时点的平均生存人数。

年平均人口数=[年初人口数+年末人口数]÷2

【出生人数】指在一定时期内(通常为一年内)出生有生命现象(即有心跳和呼吸)婴儿数的总和。

【出生率】指某个地区一定时期内的出生人数与同期平均人数之比。

出生率=[年出生人数÷年平均人数]×1000‰

【死亡率】指某个地区一定时期内的死亡人数与同期平均人数之比。

死亡率=[年死亡人数÷年平均人数]×1000‰

【人口自然增长率】在一定时期内(通常为一年)人口自然增加数(出生人数减死亡人数)占该时期内平均人数之比，一般用千分率表示。

人口自然增长率=[本年出生人数-本年死亡人数]÷年平均人数×1000‰

【就业人员期末数】指期末最后一日24时在本单位中工作，并取得工资或其他形式劳动报酬的人员数。该指标为时点指标，不包括最后一日当天及以前已经与单位解除劳动合同关系的人员，是在岗职工、劳务派遣人员及其他从业人员之和。不包括：(1)离开本单位仍保留劳动关系，并定期领取生活费的人员；(2)利用课余时间打工的学生及在本单位实习的各类在校学生；(3)本单位因劳务外包而使用的人员。

【在岗职工】指在本单位工作且与本单位签订劳动合同，并由单位支付各项工资和社会保险、住房公积金的人员，以及上述人员中由于学习、病伤、产假等原因暂未工作仍由单位支付工资的人员。在岗职工还包括：(1)应订立劳动合同而未订立劳动合同人员(如使用的农村户籍人员)；(2)处于试用期人员；(3)编制外招用的人员；(4)派往外单位工作，但工资仍由本单位发放的人员(如挂职锻炼、外派工作等情况)。不包括：(1)本单位使用的且由本单位直接支付工资的劳务派遣人员，应统计在本单位“劳务派遣人员”指标中；(2)本单位因劳务外包而使用的人员，由承包劳务的单位统计为在岗职工。

【就业人员工资总额】本单位在报告期内

(季度或年度)直接支付给本单位全部从业人员的劳动报酬总额。包括计时工资、计件工作、资金、津贴和补贴、加班加点工资、特殊情况下支付的工资，是在岗职工工资总额、劳务派遣人员工资总额和其他从业人员工资总额之和。工资总额是税前工资，包括单位从个人工资中直接为其代扣或代缴的房费、水费、电费、住房公积金和社会保险基金个人缴纳部分等。工资总额不论是计入成本的还是不计入成本的，不论是以货币形式支付的还是以实物形式支付的，均应列入工资总额。

【在岗职工工资总额】指本单位在报告期内直接支付给本单位全部在岗职工的劳动报酬总额。在岗职工工资总额由基本工资、绩效工资、工资性津贴和补贴、其他工资四部分组成。工资总额不包括病假、事假等情况的扣款。

【在岗职工平均工资】指本单位在报告期内在岗职工的平均工资水平。

在岗职工平均工资=[报告期在岗职工工资总额÷报告期在岗职工平均人数]

3

农 业
Agriculture

3—1 主要年份农林牧渔业总产值

Gross Output Value of Agriculture, Forestry, Animal Husbandry and Fishery in Main Years

单位:万元　　（按当年价格计算 caculated at current prices）　　（10 000 yuan）

年 份 Year	农、林、牧渔业总产值 Gross Output of Agriculture, Forestry,Animal Husbandry and Fishery	农业 Agriculture	#种植业 Farming	林业 Forestry	牧业 Animal Husbandry	渔业 Fishery
1949	1878	1594	1513	9	265	11
1950	2422	2022	1939	11	378	11
1951	3570	3065	2962	17	475	13
1952	3044	2616	2517	19	397	12
1953	3342	2901	2784	27	402	12
1954	3435	3029	2886	23	371	13
1955	4154	3711	3549	29	401	13
1956	4107	3701	3487	48	345	13
1957	3658	3220	3049	49	376	13
1958	4197	3742	3570	76	366	13
1959	4196	3678	3487	83	419	17
1960	3329	2784	2586	115	412	18
1961	3780	3160	2946	108	492	20
1962	3667	3035	2874	108	513	12
1963	5087	4171	3962	239	661	16
1964	4952	3961	3766	246	728	17
1965	6347	5075	4803	404	850	21
1966	7293	5853	5550	506	915	19
1967	6338	5122	4831	352	846	18
1968	6043	4757	4476	409	860	17
1969	7061	5761	5436	412	873	16
1970	8167	6240	5898	840	1068	18
1971	10117	7651	7232	183	2262	20
1972	10390	7159	6695	195	2897	16
1973	12292	8987	8716	245	2917	4
1974	10957	9527	9253	126	1146	4
1975	11579	9802	9529	178	1433	7
1976	9872	7946	7686	170	1593	9
1977	10979	9240	8773	190	1376	5
1978	12931	11149	10382	272	1504	6
1979	14735	12464	11102	430	1835	6
1980	17428	15446	15041	435	1532	15

3—1 续表 continued

单位:万元 （按当年价格计算 caculated at current prices） （10 000 yuan）

年 份 Year	农、林、牧渔业总产值 Gross Output of Agriculture,Forestry, Animal Husbandry and Fishery	农业 Agriculture	#种植业 Farming	林业 Forestry	牧业 Animal Husbandry	渔业 Fishery
1981	22347	19655	18098	446	2214	32
1982	27746	24721	23168	544	2428	53
1983	29844	26291	24529	855	2589	109
1984	32730	27116	26868	1598	3816	200
1985	34486	26068	25379	1606	6458	354
1986	40376	31413	30729	1104	7238	621
1987	47899	37709	36749	955	8095	1140
1988	62901	45291	44079	1290	14344	1976
1989	70137	53103	51638	1581	12840	2613
1990	79146	55864	55471	4245	15706	3331
1991	84975	61169	60275	5104	15315	3387
1992	88628	62770	61559	3995	17458	4405
1993	95826	68064	66106	1003	21342	5417
1994	136904	96774	93243	974	32398	6758
1995	184665	126159	123673	1167	49168	8171
1996	207459	144688	141700	1088	53255	8428
1997	229701	157343	154171	1166	61927	9265
1998	240193	166193	162779	1149	62415	10436
1999	232177	153460	150435	4182	64212	10323
2000	234643	148279	147025	4450	69435	12479
2001	248946	149497	147110	4271	80762	14416
2002	253094	149833	148000	4351	83030	15880
2003	251400	141388	141250	7087	85826	17099
2004	310885	184096	184096	4596	97939	24254
2005	350995	208512	208512	5148	101516	27063
2006	388734	238321	238321	4984	104641	29005
2007	449199	278391	278391	6941	115735	22794
2008	553292	332569	332569	8935	151560	32474
2009	603492	385219	385219	11320	138263	36747
2010	747284	474072	474072	12531	183407	42010
2011	876404	552911	552911	13492	218674	50521
2012	951769	591855	591855	14732	235317	62908
2013	1037642	639207	639207	20262	263083	61063
2014	1064148	640167	640167	13123	285783	64936
2015	1158803	754021	754021	13177	257637	67490
2016	1166414	744467	744467	10576	266881	73862
2017	1236546	752550	752550	9684	319487	78870

3—2 主要年份农林牧渔业总产值指数

Agriculture, Forestry, Animal Husbandry and Fishery Related Indices in Main Years

单位:%　　（按可比价格计算,以上年为 100 caculated at constant prices,preceding year=100）　　(%)

年 份 Year	农、林、牧渔业总产值 Gross Output of Agriculture,Forestry, Animal Husbandry and Fishery	农业 Agriculture	林业 Forestry	牧业 Animal Husbandry	渔业 Fishery
1950	106	103.5	80	119.9	100
1951	136	138.9	214	122.8	267.5
1952	110.4	110.9	165.2	106.5	77.2
1953	110.8	112.2	174.7	101.3	105.8
1954	109.3	111	100.7	100	57.7
1955	114.3	116.2	124.1	101.5	123.2
1956	104.8	104.3	298.5	89.2	240.5
1957	86	83.4	93.5	104.6	31.3
1958	118.3	118.9	166.8	100.5	178.4
1959	100.8	97.4	128.3	113.5	76.9
1960	80.8	74.5	127.7	97.3	99.5
1961	92.8	95.8	59.3	101.4	46.5
1962	119.5	117.5	130.6	127.6	220.1
1963	143.6	137.8	236.5	129.4	181.1
1964	98.3	94.9	104.7	110	44.3
1965	134.3	131.2	171.8	118.6	164.1
1966	109.7	110.1	114.1	103.2	66.4
1967	92.3	94.5	79.1	97.7	69.4
1968	95.7	90.9	113.9	101.2	143.9
1969	105.7	112.6	88	95.6	77.3
1970	103.9	93.9	153.6	103.7	174.5
1971	97.3	105.1	21.1	178.4	13.8
1972	101	93.3	108	121.4	511.2
1973	106.4	115	105.1	88.9	97.3
1974	784.5	125.8	63.9	51.8	60.8
1975	13.8	100.5	137.7	119.4	215.5
1976	78.9	74.3	87.9	102	63.8
1977	116.2	122.6	116.9	90.6	133.1
1978	110.6	111.5	138.3	100.2	100
1979	99.3	97.5	111.4	103.9	104.8
1980	112.9	118.4	87.3	95	118.2

3—2 续表 continued

单位:% （按可比价格计算，以上年为 100 caculated at constant prices,preceding year=100） (%)

年 份 Year	农、林、牧渔业总产值 Gross Output of Agriculture, Forestry, Animal Husbandry and Fishery	农业 Agriculture	林业 Forestry	牧业 Animal Husbandry	渔业 Fishery
1981	107.9	108.4	102	106	207.7
1982	118.5	117.9	143.5	109.1	229.6
1983	106.4	104.2	125.6	111.5	129
1984	114.6	108.7	158.4	125.1	200.6
1985	103.8	99.6	91.1	140.8	154.2
1986	105.9	108.5	73.7	111	149.3
1987	101.2	101.7	80.8	103	160
1988	108.9	109.8	85.3	107.1	158.5
1989	105.3	106.1	98.6	97.8	140
1990	106.3	96.2	223.1	125	119.4
1991	104.6	103	130.6	98.7	108.2
1992	96.8	97.4	69	106.9	115.7
1993	100.9	104.7	16.4	116.3	113.7
1994	106.6	104.6	80.6	113.2	112
1995	109.3	103.4	105.7	127.5	111.1
1996	110	109.5	96.9	112.4	104.6
1997	108.7	108.3	114.7	109.3	109
1998	107.1	104.8	109.8	110.8	116.4
1999	104.4	100.6	203.2	105.6	127.7
2000	106.3	103.5	115.1	110.6	110.7
2001	105	102.3	92.2	110.3	109.7
2002	102.7	99.3	109	106	113.4
2003	96.8	93.8	171.7	95.8	107.5
2004	109.6	112.9	79.1	103.6	121
2005	105.5	107.2	112	102.7	104.9
2006	108.4	110.2	207.7	102.9	108.9
2007	107.5	114.3	96.8	103.1	107.2
2008	108.7	109.7	118.1	102.6	120
2009	108.1	108.2	126.7	104.4	108.1
2010	107.2	103.5	179.5	114.3	111.3
2011	105.3	104.7	107.7	105.1	109.1
2012	106	104.4	109.2	107.5	110.9
2013	104.3	102.3	137.5	102.7	115.3
2014	105.6	103.9	64.8	112	106.5
2015	104	108	85.7	94.8	103.9
2016	104.3	104.3	77.3	104.1	110.2
2017	104.4	103.8	88.9	106.7	102.9

3—3 主要年份农林牧渔业总产值指数

Agriculture, Forestry, Animal Husbandry and Fishery Related Indices in Main Years

单位:% （按可比价格计算,以 1952 为 100 caculated at constant prices,1952=100） (%)

年 份 Year	农、林、牧渔业总产值 Gross Output of Agriculture, Forestry, Animal Husbandry and Fishery	农业 Agriculture	林业 Forestry	牧业 Animal Husbandry	渔业 Fishery
1953	110.8	112.2	174.4	101.4	87.7
1954	121.1	124.6	175.6	101.3	100
1955	138.4	144.7	218	102.9	103.7
1956	145.1	150.9	650.6	91.8	108.6
1957	124.7	125.9	608.3	95.9	108.6
1958	147.6	149.8	1014.8	96.4	108.6
1959	148.7	145.8	1302	109.4	136.3
1960	120.2	108.6	1662.6	106.5	140
1961	111.5	104.1	986.4	107.9	131.3
1962	133.3	122.3	1288.1	137.8	88.6
1963	191.4	168.5	3045.9	178.3	127.6
1964	188.2	159.9	3188.8	196.1	127.6
1965	252.6	209.7	5476.7	232.6	164.7
1966	277.1	230.9	6248.6	240.1	161.7
1967	255.9	218.2	4944.5	234.7	149.4
1968	244.9	198.3	5629.1	237.4	137
1969	258.9	223.4	4955.4	226.9	137
1970	268.9	209.7	7613.2	235.4	128.4
1971	261.6	220.5	1608.6	419.7	108.6
1972	264.2	205.6	1737.5	509.7	75.3
1973	281	236.4	1826.5	453.3	16.3
1974	2204.8	297.3	1167.3	234.6	16.9
1975	303.8	298.8	1607.6	280.2	34.5
1976	239.7	221.9	1412.5	285.7	46.3
1977	278.5	272	1651.3	258.8	25.9
1978	320.5	307.9	2851.8	276.9	25.9
1979	318.1	300.3	3177.7	287.7	27.2
1980	359.2	355.4	2775.3	273.4	32.1

3—3 续表 continued

单位:% （按可比价格计算,以 1952 为 100 caculated at constant prices,1952=100） (%)

年 份 Year	农、林、牧渔业总产值 Gross Output of Agriculture,Forestry, Animal Husbandry and Fishery	农业 Agriculture	林业 Forestry	牧业 Animal Husbandry	渔业 Fishery
1981	387.5	385.4	2831.8	289.8	66.7
1982	459.1	454.5	4063.5	316.2	153.1
1983	488.4	473.3	5103.5	352.5	197.5
1984	559.8	514.5	8082.4	441	396.3
1985	580.8	512.6	7361.2	621.1	611.1
1986	615	556.1	5425.9	689.5	912.4
1987	622.1	565.7	4384.7	710.1	1459.3
1988	677.4	621.3	3741.2	760.2	2312.4
1989	713	659.4	3687.1	743.3	3237
1990	757.8	634	8227.1	928.9	3864.2
1991	792.9	652.7	10748.2	916.4	4180.3
1992	767.5	635.7	7411.8	979.8	4834.6
1993	774.2	665.5	1214.1	1139.7	5497.5
1994	824.9	696.1	978.8	1290	6156.8
1995	902	719.9	1034.1	1644.2	6842
1996	991.8	788.5	1002.4	1847.7	7156.8
1997	1077.8	854.1	1149.4	2018.9	7802.5
1998	1154.5	895.4	1262.4	2236.1	9081.5
1999	1205.3	900.8	2564.7	2361.7	11597.5
2000	1280.6	932.5	2952.9	2612.5	12837
2001	1344.9	953.5	2723.5	2880.2	14086.4
2002	1380.6	947.1	2969.4	3054	15977.8
2003	1336.8	888	5097.7	2925	17181.5
2004	1465.7	1002.1	4032.9	3029	20791.4
2005	1546.2	1074.3	4517	3110.2	21799.7
2006	1676	1184	9381.4	3199.2	23729
2007	1802.1	1353.4	9082.1	3297.7	25432.8
2008	1958.3	1484.2	10725	3383.4	30529.5
2009	2116.9	1605.9	13588.6	3532.3	33002.4
2010	2277.8	1662.2	24391.6	4037.4	36731.6
2011	2398.6	1740.3	26269.7	5692.8	40074.2
2012	2542.5	1816.8	28686.6	6119.7	44442.3
2013	2651.8	1858.6	39444	6284.9	51242
2014	2800.3	1931.1	25559.7	7039.1	54572.7
2015	2912.3	2085.6	21904.7	6673.1	56701
2016	3037.5	1612.2	22802.8	7353.8	59422.6
2017	3171.2	1673.5	20271.7	7846.5	61145.9

3—4 主要年份农民生活情况及主要农产品产量

Farmers Living Conditions and Output of Major Farm Products in Main Years

(按可比价格计算,以 1952 为 100 caculated at constant prices,1952=100)

年 份 Year	农民人均纯收入(元) Per Capital Net Income of Rural Households (yuan)	农村居民人均生活消费支出(元) Per Capital Consumptionxpenditure of Rural Households (yuan)	农民人均生活用房(平方米) Per Capita Living Space of Rural Households (sq.m)	粮食产量(吨) Grain Yield (ton)	肉类产量(吨) Mea Yield (ton)	牛奶产量(吨) Cow Milk Yield (ton)	禽蛋产量(吨) Poultry Eggs Yield (ton)	蔬菜产量(吨) Vegetables Yield(ton)	水果产量(吨) Fruits Yield (ton)	水产品产量(吨) Aquatic Products Yield (ton)
1978	131	103	10.19	310876	2678	2216			8516	97
1979	157	116	11	284150	2916	984			10174	101
1980	201	155	11.81	342624	3724	2739			8070	113
1981	298	191	12.61	397025	4281	2838			10110	188
1982	442	273	13.43	442365	4097	3500			9413	296
1983	447	276	14.24	462195	5473	4157			9339	466
1984	478	304	15.05	484005	4666	5651			12925	747
1985	488	380	15.88	429065	6203	8081			15551	1214
1986	573	457	16.36	480097	11070	11255	5741		1596	1824
1987	658	536	16.85	472011	10794	13432	5512		19031	2898
1988	727	576	17.34	514213	12560	15917	5769		19761	4647
1989	859	727	18.22	540498	13133	18947	6361		25382	6525
1990	934	765	18.28	589904	12926	24057	6516	282312	22273	7280
1991	971	765	19.02	612797	17014	29269	6215	273444	9417	7955
1992	977	785	19.27	578382	19108	35835	6755	249556	27050	9166
1993	1016	914	20.13	602581	20654	38438	7118	269711	31900	10419
1994	1336	1109	20.11	659909	23188	48050	9030	270407	28262	11738
1995	1683	1449	19.75	685534	30364	62858	11407	336380	41670	12813
1996	2212	1849	22.03	779537	34242	74558	13148	370634	46293	13602
1997	2578	2147	24.09	815924	35986	77501	14880	390504	46293	15195
1998	2811	1945	25.27	885305	41338	71216	17667	431349	46115	17182
1999	2657	1948	26.41	914116	45645	73415	17761	430633	62880	22044
2000	2712	1886	27.26	823967	46516	78903	19975	572113	62312	25823
2001	2858	2009	27.19	847511	52763	104822	21059	510440	76658	33337
2002	2932	1902	27.27	844114	54777	113842	21303	520652	64343	31326
2003	2984	2224	28.4	684527	58795	140134	20674	562710	86525	32833
2004	3324	2510	28.56	801508	52597	165329	11203	526949	92303	37615
2005	3493	2836	31.17	834345	51623	213294	11340	573445	113285	39405
2006	3800	2902	33.94	879841	50202	222775	9347	685197	111457	42961
2007	4303	3576	35.48	827505	39295	275678	14759	778551	123543	33734
2008	4917	4119	35.76	886219	42973	335385	14454	994344	165343	44163
2009	5389	4817	38.33	913417	46614	318801	15049	1113214	188695	45926
2010	6161	5394	38.9	879142	49633	354098	16512	1269280	187640	49510
2011	7070	6707	39.92	861547	49772	387525	15589	1378422	202848	53313
2012	8068	7089	44.69	861547	49744	401076	21094	1411762	233491	60323
2013	8830	8631	37.14	852983	52785	416489	15492	1428116	252379	65522
2014	10275	9334	36.96	803311	50916	534254	20334	1446217	270736	68597
2015	11148	10119	36.78	834490	49868	493392	22287	1605566	287716	71098
2016	12037	11061	36.48	835718	51510	471819	21946	1673320	300467	73669
2017	13087	11507	37.28	832900	64063	504037	38293	1567391	207188	73739

注:2014 年由于城乡一体化指标变更农民人均纯收入改为农村居民人均可支配收入。

a)Farmers' Per capita net income of rural residents was changed to the capita disposable of rural residents in 2014.

3—5 农林牧渔业增加值

单位:万元 (2017)

指 标	Item	银川市 Yinchuan
总产值	**Gross Output Value**	**1236546**
农业	Agriculture	752550
林业	Forestry	9684
牧业	Animal Husbandry	319487
渔业	Fishery	78870
农林牧渔服务业	Output Value of Services for Agriculture,Forestry, Animal Husbandry and Fishery	75954
中间消耗	**Intermediate Consumption**	**574497**
农业	Agriculture	299087
林业	Forestry	6316
牧业	Animal Husbandry	192201
渔业	Fishery	49506
农林牧渔服务业	Output Value of Services for Agriculture,Forestry, Animal Husbandry and Fishery	27386
增加值	**Added Value**	**662049**
农业	Agriculture	453463
林业	Forestry	3369
牧业	Animal Husbandry	127285
渔业	Fishery	29364
农林牧渔服务业	Output Value of Services for Agriculture,Forestry, Animal Husbandry and Fishery	48568

Value-added of Agriculture, Forestry, Animal Husbandry and Fishery

(10 000yuan)

兴庆区 Xingqing	金凤区 Jinfeng	西夏区 Xixia	永宁县 Yongning	贺兰县 Helan	灵武市 Lingwu
156707	**101679**	**120872**	**290402**	**350884**	**216002**
89311	41367	69388	217059	225745	109681
1488	1113	630	2852	462	3139
42128	37383	37605	52086	66078	84207
7514	4443	3723	8248	47913	7029
16266	17373	9526	10157	10686	11946
68786	**47005**	**53570**	**130189**	**170342**	**104605**
31926	14787	24804	87457	95590	44523
960	718	406	1897	299	2035
25291	22442	22576	32087	40280	49525
4770	2821	2363	5076	30281	4196
5839	6237	3420	3672	3892	4326
87921	**54674**	**67303**	**160213**	**180542**	**111397**
57385	26580	44584	129601	130156	65158
528	395	224	955	163	1104
16837	14941	15030	19999	25797	34682
2744	1623	1360	3172	17632	2833
10427	11136	6106	6485	6794	7620

3—6 农业基本情况及从业人员

单位:万元 (2017)

指 标	Item	单位	Unit	银川市 Yinchuan
农村社会基础设施	Infrastructure of Rural Area	个	unit	
自来水受益村数	Number of Villages Benefit from Using Tap Water	个	unit	285
通有限电视村数	Number of Villages with Limited Television	个	unit	230
通宽带村数	Number of all Village Broadband			285
乡村人口与从业人员	Rural Population and Employees			
乡村户数	Number of Countryside	户	household	191424
乡村人口数	Number of Rural Population	人	person	679945
男	Male	人	person	352602
女	Female	人	person	327343
乡村劳动力资源数	Number of Rural Labor Resources	人	person	421963
男	Male	人	person	221816
女	Female	人	person	200147
乡村从业人员数合计	Total Number of Rural Labor Force	人	person	366261
男	Male	人	person	192433
从事农业人员数	Number of People Engaged in Agriculture	人	person	100998
女	Female	人	person	173828
从事农业人员数	Number of People Engaged in Agriculture	人	person	101633

(10 000yuan)

兴庆区 Xingqing	金凤区 Jinfeng	西夏区 Xixia	永宁县 Yongning	贺兰县 Helan	灵武市 Lingwu
35	22	17	67	63	81
18	22	17	67	63	43
35	22	17	67	63	81
26613	17538	13059	45784	44268	44162
95650	54815	51216	158464	144536	175264
48795	29390	29106	80843	73429	91039
46855	25425	22110	77621	71107	84225
59615	26871	32494	95078	96838	111067
30999	15532	17257	49451	51089	57488
28616	11339	15237	45627	45749	53579
50550	26392	28851	87786	75546	97136
27286	15309	15551	45159	38893	50235
13943	8659	5305	26485	23196	24220
23264	11083	13300	42627	36653	46901
13654	6171	6585	26754	22835	25634

3—7 农业主要能源物资消耗及农用水利建设情况

(2017)

指 标	Item	单位	Unit	银川市 Yinchuan
农用化肥施用量(实物量)	Consumption of Chemical Fertilizer	吨	ton	235854
氮肥	Nitrogenous Fertilizer	吨	ton	129125
磷肥	Phosphate Fertilizer	吨	ton	39130
钾肥	Potash Fertilizer	吨	ton	15112
复合肥	Compound Fertilizer	吨	ton	52487
农用塑料薄膜使用量	Used Volume of Agricalture Plastics Film	公斤	kg	1947254
地膜使用量	Used Volume of Plastic Film	公斤	kg	867745
地膜覆盖面积	Mulching Arra of Plastic Film	公顷	hectare	13019
农用柴油使用量	Agricultural Diesel Oil Amount	吨	ton	34212
农药使用量	Farm Chemical Amount	公斤	kg	859812
农村用电量	Electricity Consumed in Rural Areas	万千瓦小时	10 000kwh	34903
#农业生产用电量	Agricultural Electricity Consumption	万千瓦小时	10 000kwh	12100
农用机油使用量	Agricultural Machine Oil Amount	公斤	kg	271795
农业生产用煤	Agricultural Produces with Coal	吨	ton	11186

兴庆区 Xingqing	金凤区 Jinfeng	西夏区 Xixia	永宁县 Yongning	贺兰县 Helan	灵武市 Lingwu
26040	11802	41159	56870	59682	40301
14722	7228	20989	32969	36261	16956
5735	1341	7172	5764	14018	5100
1849	2363	3878	3659	2095	1268
3734	870	9120	14478	7308	16977
371158	32962	67243	501254	617569	357068
116386	24860	31862	114156	380281	200200
1296	624	586	1959	6763	1791
4542	985	6756	8375	9164	4390
75382	15937	247270	203756	232585	84882
7529	1320	2709	9716	4616	9013
2655	544	1281	5028	1605	987
25148	6949	38812	57541	33498	109847
987	140	7327	2556	96	80

3—8 主要农产品生产情况

(2017)

指 标	Item	银川市 Yinchuan		兴庆区 Xingqing	
		播种面积(公顷) Sown Area (hectare)	产量(吨) Yield (ton)	播种面积(公顷) Sown Area (hectare)	产量(吨) Yield (ton)
农作物总播种面积	**Total Sown Area of Crops**	**148730**		**14527**	
#复种面积	Multiple Cropping Area				
粮食作物	Grain Crops	98667	832942	10223	74465
谷物	Cereal				
夏收谷物	Summer Harvest of Cereal				
小麦	Wheat	16444	90584	1430	7570
冬小麦	Winter Wheat				
春小麦	Spring Wheat				
秋收谷物	Autumn Harvest of Cereal				
稻谷	Rice	39737	340051	6612	55790
#有机稻	Organic Rice				
玉米	Corn	39012	399906	1268	10505
#套种玉米	Tnterplant Corn				
燕麦	Oats				
豆类	Peas and Beans	3473	2400	913	600
#大豆	Soja				
油料合计	Total Oil-bearing Crops	1121	2818	35	76
胡麻籽	Benne	52	117		
葵花籽	Helianthus	811	2082	35	76
中草药材	Medicinal Materials	6653	24515	1370	1443
人参	Ginseng				
枸杞	Wolfberrys	1682	5888	23	44
麻黄	Ephedra	817	6851		
蔬菜(含菜用瓜)	Vegetables	30834	1567391	2237	141563
瓜果类	Melon and Fruit	1737	98090	178	2737
西瓜	Watermelon	1483	94606	17	1351
香瓜(甜瓜)	Melon	50	1829	23	693
草莓	Strawberry	205	1655	185	1299
其他作物	Other Crops	9719	184933	484	12749
#青饲料	Succulence				
牧草	Pasture				
饲料用青贮玉米面积	Area of silage corn for feed				

Production of Major Farm Products

金凤区 Jinfeng		西夏区 Xixia		永宁县 Yongning		贺兰县 Helan		灵武市 Lingwu	
播种面积（公顷）Sown Area (hectare)	产量（吨）Yield (ton)	播种面积（公顷）Sown Area (hectare)	产量（吨）Yield (ton)	播种面积（公顷）Sown Area (hectare)	产量（吨）Yield (ton)	播种面积（公顷）Sown Area (hectare)	产量（吨）Yield (ton)	播种面积（公顷）Sown Area (hectare)	产量（吨）Yield (ton)
5223		**12787**		**42433**		**46265**		**27493**	
2457	20623	9454	95778	30828	263776	24992	212059	20712	166240
293	1598	467	3137	7017	38099	6489	36085	748	4096
213	1821	3021	26134	6800	63413	13295	111062	9795	81831
1951	17204	5966	66507	16011	161664	5081	64812	8735	79213
				1000	600	127	100	1433	1100
37	134	289	497	82	168	286	905	392	1037
				52	117				
37	134	289	497	30	51	263	829	157	494
54	154	1026	3457	1189	8445	211	697	2804	10318
32	95	1011	3258	372	1594	185	658	60	238
				817	6851				
1817	89971	545	37106	9545	506359	14794	710414	1896	81978
530	28211	28	2552	234	13814	456	26911	310	23865
485	27682	21	2312	226	13624	423	25772	310	23865
		5	163	2	76	19	897		
				6	114	13	242		
328	8460	1445	29651	555	19988	5527	76195	1380	37890

3—9 蔬菜及特种作物生产情况

(2017)

指 标	Item	银川市 Yinchuan 合计 Total 播种面积(公顷) Sown Area (hectare)	产量(吨) Yield (ton)
蔬菜合计	**Total Vegetables**	**30834**	**1567391**
叶菜类	Leafy	11864	479164
芹菜	Celery	1255	70769
油菜	Rape	1228	48247
菠菜	Spinach	699	22525
其他	Others	8682	337623
白菜类	Cabbage Kinds	1207	82028
大白菜	Chinese Cabbage	972	69442
其他	Others	236	12586
甘蓝类	Brassica	672	49322
卷心菜	Cabbages	623	46461
其他	Others	49	2861
块根、块茎类	Root Tuber and Stem Tuber	2660	125944
白萝卜	White Radish	424	26366
胡萝卜	Carrots	426	22699
生姜	Ginger		
马铃薯	Potatoes		
山药	Yam		
其他	Others	1810	76879
瓜菜类	Melons and Vegetables	2438	150703
黄瓜	Cucumbers	1998	123405
南瓜	Pumpkins	4	453
冬瓜	Melons	24	889
西葫芦	Squashes		
其他	Others	411	25956
菜用豆类	Dish with Beans	931	42259
豇豆	Cowpea Beans	87	2820
四季豆	String Beans	844	39439
其他	Others		
茄果类	Eggplants Fruits and Vegetables	8132	520348
茄子	Eggplants	1441	78601
辣椒	Chili	1455	77175
西红柿	Tomatoes	5166	362803
其他	Others	70	1769
葱蒜类	Onions and Garlices	1523	66247
大葱	Onions	375	14484
蒜头	Garlic	140	5172
韭菜	Chives		
其他	Others	1008	46591
水生菜类	Aquatic Dish	60	
莲藕	Lotus Root	36	
茭白	Zizania White		
其他	Others	24	
其他蔬菜	Other Vegetables	1347	44937
食用菌	Edible Fungus(dry and fresh)		6439
干品	Dry Goods		
香菇	Mushrooms		
黑木耳	Black Fungus		
鲜品	Fresh Products		6439
蘑菇	Mushrooms		6439
特种作物	Specialty Crops		
花卉种植面积(公顷)	Sown Area of Flowers(hectare)	328	
鲜切花(枝)	Fresh Cut-folwe(r branch)		102980288
盆栽观赏植物(盆)	Potted Plants Ornamental Plan(t pot)		1596302

Production of Vegetables and Specialty Crops

兴庆区 Xingqing		金凤区 Jinfeng		西夏区 Xixia	
合计 Total		合计 Total		合计 Total	
播种面积(公顷) Sown Area (hectare)	产量(吨) Yield (ton)	播种面积(公顷) Sown Area (hectare)	产量(吨) Yield (ton)	播种面积(公顷) Sown Area (hectare)	产量(吨) Yield (ton)
2237	**141563**	**1817**	**89971**	**545**	**37106**
702	28776	252	7066	130	6075
292	15858	65	1933	55	3829
208	7420	84	2326	25	978
5	92	12	220	9	163
25	1359	140	7287	38	2072
16	965	67	3911	29	1690
4	233	86	3556		
4	233	86	3556		
18	693	332	15277	88	3894
8	374	82	5322	14	987
		68	3199	19	865
104	10245	132	10581	115	12937
97	10089	67	6377	78	9472
				24	889
7	156	65	4204	13	2576
152	5819	142	6526	7	209
9	282			1	40
143	5537	142	6526	6	169
837	74757	364	24071	107	8768
12	529	94	6449	15	674
81	4083	94	5806	9	297
736	69639	184	12332	83	7788
17	481	105	5470	38	1880
9	251	52	2450	18	764
		2	100	4	167
		60			
		36			
426	19028	178	10459		
	1122				
	1122				
	1122				
272				33	
	84640000		288		8340000
	392900				1023402

3—9 续表1

(2017)

指 标	Item	永宁县 Yongning 合计 Total 播种面积(公顷) Sown Area (hectare)	产量(吨) Yield (ton)
蔬菜合计	**Total Vegetables**	**9545**	**506359**
叶菜类	Leafy	3532	201759
芹菜	Celery	306	17387
油菜	Rape	290	11442
菠菜	Spinach	258	8352
其他	Others	2678	164578
白菜类	Cabbage Kinds	657	46028
大白菜	Chinese Cabbage	657	46028
其他	Others		
甘蓝类	Brassica	58	3455
卷心菜	Cabbages	58	3455
其他	Others		
块根、块茎类	Root Tuber and Stem Tuber	1344	53815
白萝卜	White Radish	167	10065
胡萝卜	Carrots	259	14126
生姜	Ginger		
马铃薯	Potatoes		
山药	Yam		
其他	Others	918	29624
瓜菜类	Melons and Vegetables	684	35499
黄瓜	Cucumbers	668	34432
南瓜	Pumpkins	4	453
冬瓜	Melons		
西葫芦	Squashes		
其他	Others	12	614
菜用豆类	Dish with Beans	360	19776
豇豆	Cowpea Beans	12	614
四季豆	String Beans	348	19162
其他	Others		
茄果类	Eggplants Fruits and Vegetables	2092	111166
茄子	Eggplants	621	37479
辣椒	Chili	588	34786
西红柿	Tomatoes	883	38901
其他	Others		
葱蒜类	Onions and Garlices	628	25241
大葱	Onions	204	7097
蒜头	Garlic	116	4330
韭菜	Chives		
其他	Others	308	13814
水生菜类	Aquatic Dish		
莲藕	Lotus Root		
茭白	Zizania White		
其他	Others		
其他蔬菜	Other Vegetables	191	5417
食用菌	Edible Fungus(dry and fresh)		4203
干品	Dry Goods		
香菇	Mushrooms		
黑木耳	Black Fungus		
鲜品	Fresh Products		4203
蘑菇	Mushrooms		4203
特种作物	Specialty Crops		
花卉种植面积(公顷)	Sown Area of Flowers(hectare)	16	
鲜切花(枝)	Fresh Cut-folwe(r branch)		
盆栽观赏植物(盆)	Potted Plants Ornamental Plan(t pot)		

continued

贺兰县 Helan		灵武市 Lingwu	
合计 Total		合计 Total	
播种面积(公顷) Sown Area (hectare)	产量(吨) Yield (ton)	播种面积(公顷) Sown Area (hectare)	产量(吨) Yield (ton)
14794	**710414**	**1896**	**81978**
7187	234051	61	1437
537	31748		14
619	25996	2	84
415	13698		
5616	162609	59	1339
303	23981	45	1301
159	15547	45	1301
144	8434		
459	39677	65	2401
410	36816	65	2401
49	2861		
503	34461	375	17805
141	9012	12	606
80	4509		
		363	17199
282	20940		
1360	79582	43	1859
1048	61236	41	1799
312	18346	2	60
141	5352	129	4577
55	1767	10	117
86	3585	119	4460
4014	268228	718	33358
490	24276	209	9194
486	24041	197	8163
2967	218142	312	16001
70	1769		
275	13971	460	19204
92	3922		
17	575		
		460	19204
166	9474		
552	1033		
	1078		36
	1078		36
	1078		36
5			

3—10 水果、枸杞生产情况

(2017)

指 标	Item	银川市 Yinchuan			
		合计 Total		设施农业 Agricultural Facilities	
		播种面积(公顷) Sown Area (hectare)	产量(吨) Yield(ton)	播种面积公顷)Sown Area (hectare)	产量(吨) Yield (ton)
园林水果	**Garden Fruits**	**19655**	**207188**		
#本年新增面积	Added Area This Year				
苹果	Apples	3553	80321		
本年新增苹果面积	Added Area of Apple This Year				
红富士苹果	Fuji Apple				
国光苹果	Guo Guang Apple				
梨	Pears	343	8729		
雪花梨	Snowflake Pears				
鸭梨	Pears				
葡萄	Grapes	10806	89970		
酿造用葡萄	Brewing Grapes				
枣	Jujubes	4513	22413		
桃	Peaches	178	4269		
杏	Apricots	46	445		
其它园林水果	Other Fruits	215	1486		
食用坚果	**Eat Nut**				
核桃	Juglans Regia L				
枸杞	**Wolfberrys**	**1682**	**5888**		
本年新增枸杞面积	Added Area of Wolfberrys This Year				
枸杞结果面积	Area of Wolfbeery Results				

Production of Fruits and Wolf berrys

兴庆区 Xingqing				金凤区 Jinfeng				西夏区 Xixia			
合计 Total		设施农业 Agricultural Facilities		合计 Total		设施农业 Agricultural Facilities		合计 Total		设施农业 Agricultural Facilities	
播种面积（公顷） Sown Area (hectare)	产量（吨） Yield (ton)	播种面积（公顷） Sown Area (hectare)	产量（吨） Yield (ton)	播种面积（公顷） Sown Area (hectare)	产量（吨） Yield (ton)	播种面积（公顷） Sown Area (hectare)	产量（吨） Yield (ton)	播种面积（公顷） Sown Area (hectare)	产量（吨） Yield (ton)	播种面积（公顷） Sown Area (hectare)	产量（吨） Yield (ton)
1112	**9501**			**508**	**3704**			**2170**	**25782**		
429	6280			23	139			550	11079		
4	53			13	253			71	1752		
651	2828			456	3385			1433	12626		
18	63			2	6			69	276		
				14	32			8	22		
6								12			
3	88							27	105		
23	**44**			**32**	**95**			**1011**	**3258**		

3—10 续表

(2017)

指 标	Item	永宁县 Yongning			
		合计 Total		设施农业 Agricultural Facilities	
		播种面积（公顷）Sown Area (hectare)	产量（吨）Yield (ton)	播种面积（公顷）Sown Area (hectare)	产量（吨）Yield (ton)
园林水果	**Garden Fruits**	**7889**	**85191**		
#本年新增面积	Added Area This Year				
苹果	Apples	736	15062		
本年新增苹果面积	Added Area of Apple This Year				
红富士苹果	Fuji Apple				
国光苹果	Guo Guang Apple				
梨	Pears	104	2373		
雪花梨	Snowflake Pears				
鸭梨	Pears				
葡萄	Grapes	6547	62377		
酿造用葡萄	Brewing Grapes	5961	47484		
枣	Jujubes	206	959		
桃	Peaches	126	3501		
杏	Apricots	16	395		
其它园林水果	Other Fruits	155	524		
食用坚果	**Eat Nut**				
核桃	Juglans Regia L				
枸杞	**Wolfberrys**	**372**	**1594**		
本年新增枸杞面积	Added Area of Wolfberrys This Year				
枸杞结果面积	Area of Wolfbeery Results				

continued

贺兰县 Helan				灵武市 Lingwu			
合计 Total		设施农业 Agricultural Facilities		合计 Total		设施农业 Agricultural Facilities	
播种面积（公顷）Sown Area (hectare)	产量（吨）Yield (ton)	播种面积（公顷）Sown Area (hectare)	产量（吨）Yield (ton)	播种面积（公顷）Sown Area (hectare)	产量（吨）Yield (ton)	播种面积（公顷）Sown Area (hectare)	产量（吨）Yield (ton)
2082	**12430**			**5894**	**70580**		
209	2694			1606	45067		
58	1383			93	2915		
1628	6988			93	1766		
146	775			4072	20334		
17	403			12	311		
10				2	50		
14				16	137		
185	**658**			**60**	**238**		

3—11 林业生产情况

（2017）

指 标	Item	单位	Unit	银川市 Yinchuan
造林面积	Area of Afforestation			5333
按造林方式分	Grouped by Afforestation Methods			
人工造林面积	Manual planting	公顷	hectare	1001
其中：新造混交林面积	New Mixed Forest	公顷	hectare	288
其中：非林业用地造林面积	Non-Forestry Land	公顷	hectare	257
其中：新造灌木林面积	New Bushes	公顷	hectare	29
其中：新造竹木面积	New bamboo Forest	公顷	hectare	
飞播造林面积	Airplane Planting	公顷	hectare	
荒山飞播造林面积	Airplane Planting of The Barren Mountain	公顷	hectare	
飞播营林面积	Airplane Planting and Forest Management	公顷	hectare	
当年新封山（沙）育林面积	New Closing hillsides(sands)for Afforestation this year	公顷	hectare	4332
无林地和疏林地新封山育林面积	Non-Woodlands and Spares Forest Land	公顷	hectare	4332
有林地和灌木林地新封山育林面积	Woodlands and Shrub forest	公顷	hectare	
按经济成份分	Grouped by Structural of Economic Types			
公有经济造林	Public Economy Afforestation	公顷	hectare	5307
国有经济造林	State-owned Economy	公顷	hectare	5276
集体经济造林	Collective-owned Economy	公顷	hectare	31
非公有经济造林	Non-public Economy Afforestation	公顷	hectare	26
按林种用途分	Grouped by Different Use of Forest			
经济林	Economic Forest	公顷	hectare	53
防护林	Shelter-forest	公顷	hectare	5280
森林抚育面积	Area of Forest tending	公顷	hectare	3933
四旁（零星）植树	Plant Scatteredly	株	plant	358600
年末实有封山（沙）育林面积	Area of closedoff the Mountains for Forest at Year-end	公顷	hectare	46264
林木种苗	Foest Seeds			
林木种子采集量	The Pucking Quantity of Timber Seed	吨	ton	7
当年苗木产量	Seedling Qutput This Year	万株	10000trank	262300198
育苗面积	Area of Grawing Seedings	公顷	hectare	3459
国有育苗面积	Area of State Grawing seedings	公顷	hectare	312
木材采伐	Cutting of Timber	公顷	hectare	5626
村及村以下采伐	Villages and Other Cooperative Organizations Under Villages	公顷	hectare	4831

Production of Forestry

兴庆区 Xingqing	金凤区 Jinfeng	西夏区 Xixia	永宁县 Yongning	贺兰县 Helan	灵武市 Lingwu
2212	83	606	653	257	1522
15	50	170	320	257	189
		31		257	
				257	
2	2	3	22		
2198	33	435	333		1333
2198	33	435	333		1333
2212	83	606	653	231	1522
2207	80	583	653	231	1522
31					
				26	
				53	
2212	83	606	653	204	1522
9	735	56	333	467	2333
13	125	1862	356600		
23623	303	4805	533		17000
	0.3	0.4			6
47424242	21247123	116202299	48340000	8800000	20286534
85	510	133	1525	100	1106
52	52				209
			5064	562	
			4313	518	

3—12 渔业生产情况

Production of Fishery

(2017)

指标	Item	单位	Unit	银川市 Yinchuan	兴庆区 Xingqing	金凤区 Jinfeng	西夏区 Xixia	永宁县 Yongning	贺兰县 Helan	灵武市 Lingwu
水产品总产量	Total Output of Aquatic Products	吨	ton	73739	6541	3868	3241	7860	46584	5645
淡水捕捞	Fresh water Fishing	吨	ton	201	15	60		3	123	
鱼类	Fishes	吨	ton	188	15	60		3	110	
#黄河鲤鱼	Yellow River's Carps	吨	ton	47	13				34	
虾蟹类	Shrimps and Crabs	吨	ton	13					13	
淡水养殖	Fresh water Aquaculture	吨	ton	73538	6526	3808	3241	7857	46461	5645
鱼类	Fish	吨	ton	72964	6497	3750	3198	7819	46076	5624
#鲤鱼	Carp	吨	ton	30996	3481	1669	1254	4665	17920	2007
鲢鱼	Silver Carp	吨	ton	6404	880	332	297	627	3660	608
鲫鱼	Crucian Carp	吨	ton	5575	666	120	337	911	3308	233
草鱼	Grass Carp	吨	ton	24369	1389	1446	1188	1200	16752	2394
罗非鱼	Tilapia	吨	ton							
团头鲂	Group Head Triangular Bream	吨	ton	123					112	11
其他	Others	吨	ton	5497	81	183	122	416	4324	371
虾蟹类	Shrimps,Prawns and Crabs	吨	ton	574	29	58	43	38	385	21
#罗氏沼虾	Macrobrachium Rosenbergii	吨	ton	14						14
螃蟹	Crabs	吨	ton	158			43	38	70	7
淡水养殖面积	Area for Breeding Aquatics in Inland Waters	公顷	hectare	12387	1194	2272	521	1413	5653	1333
池塘养殖	Pond Breeding	公顷	hectare	7200	685	500	222	340	4767	687
湖泊养殖	Lake Breeding	公顷	hectare							
水库养殖	Reservoir Breeding	公顷	hectare							
稻田养蟹面积	Area of Grab Breeding in Rice Paddy	公顷	hectare							

3—13 畜牧业生产情况

Production of Animal Husbandry

(2017)

指标	Item	单位	Unit	银川市 Yinchuan	市区 City	兴庆区 Xingqing	金凤区 Jinfeng	西夏区 Xixia	永宁县 Yongning	贺兰县 Helan	灵武市 Lingwu
年末牲畜存栏	Number of Large Animals at Year-end	—	—								
大牲畜	Large Animals	头	head	213755	86029				30906	59643	37177
牛	Cows	头	head	212297	85823				30244	59509	36721
肉牛	Mutton Cows	头	head	82803	28668				17345	15933	20857
奶牛	Dairy Cows	头	head	129494	57155				12899	43576	15864
马	Horses	头	head	166	30						136
驴	Donkeys	头	head	1158	141				662	131	264
骡	Mules	头	head	38						3	35
骆驼	Camels	头	head	96	35				40		21
猪	Hogs	头	head	222637	57713				17244	27841	119839
能繁殖的母猪	Breeding Sows	头	head	28406	7506				1937	3336	15627
羊	Sheep and Goats	只	head	703883	94405				92384	90011	427083
山羊	Goats	只	head								
绵羊	Sheeps	只	head								
滩羊	Beach Sheeps	只	head								
活家禽	Number of Poultry on Hand	百只	100head	28460	6072				11528	6579	4281
活鸡	Chicken	百只	100head								
肉鸡	Chicken	百只	100head								
蛋鸡	Hens	百只	100head	19693	5451				7784	5530	928
家兔	Rabbits	只	head	12790	1797				7158	2948	887
当年出栏数	Numberof Animals Slaughtered Current Year	—	—								
大牲畜	Large Animals	头	head	121833	38970				26156	23801	32906
牛	Cattle and Buffaloes	头	head	121027	38871				25759	23722	32675
马	Horses	头	head	72	13						59
驴	Donkeys	头	head	715	84				395	78	158
骡	Mules	头	head	14						1	13
猪	Hogs	头	head	277822	72426				27944	37105	140347
羊	Sheep and Goats	只	head	827438	102006				87715	72565	565152
山羊	Goats	只	head								

注:2016 年起调查队畜牧业数据不分兴庆、金凤、西夏。

a)Animal husbandry data from the investigation team is not divided into Xingqing,Jinfeng,Xixia since 2016.

3—13 续表 continued

单位:%　　(按可比价格计算,以上年为 100 caculated at constant prices,preceding year=100)　　(%)

指 标	Item	单位	Unit	银川市 Yinchuan	市区 City	兴庆区 Xingqing	金凤区 Jinfeng	西夏区 Xixia	永宁县 Yongning	贺兰县 Helan	灵武市 Lingwu
绵羊	Sheeps	只	head								
宰杀羊羔(供宰杀二毛的羊羔)	SlaughterLamb	只	head								
活家禽	Number of Poultry Slaughtered	百只	100head	47074	7223				14063	11311	14477
活鸡	Chicken	百只	100head								
活鸭	Ducks	百只	100head								
家兔	Rabbits Slaughtered	只	head	20964	2945				11733	4832	1454
肉类总产量	**Total Output of Meat**	吨	ton	**64063**	**14695**				**10443**	**10053**	**28872**
猪肉	Pork	吨	ton	21807	5604				2208	2908	11087
牛肉	Beef	吨	ton	18631	5902				4068	3669	4992
羊肉	Mutton	吨	ton	14484	1772				1535	1271	9906
山羊	Goats	吨	ton								
绵羊	Sheeps	吨	ton								
禽肉	Poultry Meat	吨	ton	9022	1402				2572	2189	2859
鸡肉	Chicken	吨	ton	0							
马肉	Horse Meat	吨	ton	10	2						8
驴肉	Donkey Meat	吨	ton	71	8				39	8	16
骡肉	Mule Meat	吨	ton	1							1
兔肉	Rabbit Meat	吨	ton	37	5				21	8	3
奶类产量	**Output of Milke**	吨	ton	**504038**	**217569**				**45450**	**178414**	**62605**
牛奶	Cow Milk	吨	ton	504038	217569				45450	178414	62605
绵羊毛产量	**Sheep Wool**	吨	ton	**1628**	**81**				**471**	**185**	**891**
细羊毛产量	Fine Wool	吨	ton	1081	52				130	8	891
半细羊毛产量	Semi-fine	吨	ton	512	17				318	177	
山羊毛产量	**Output of Goat Wool**	吨	ton	**356**	**22**				**22**	**37**	**275**
山羊粗毛	Goat Wool	吨	ton	191	19				22	32	118
山羊绒	Pashm	吨	ton	165	3					5	157
滩羊皮产量	**Tibet Lamb Skin**	张	unit	**21745**						**21745**	
兔毛	**Cony Hair**	公斤	kg	**22**						**22**	
鹿茸产量	**Antler**	公斤	kg	**2992**	**2560**					**432**	
天然蜂蜜产量	**Honey**	吨	ton	**72**	**1**				**71**		
禽蛋产量	**Output of Poultry Eggs**	吨	ton	**38293**	**12571**				**12771**	**11036**	**1915**
鸡蛋产量	Eggs	吨	ton								

主要统计指标解释

【乡村户数】指长期(一年以上)居住在乡镇(不包括城关镇)行政管理区域内的住户,还包括居住在城关镇所辖行政村范围内的农村住户。户口不在本地而在本地居住一年及以上的住户也包括在本地农村住户内;有本地户口,但举家外出谋生一年以上的住户,无论是否保留承包耕地都不包括在本地农村住户范围内。不包括乡村地区内的国有经济的机关、团体、学校、企业、事业单位的集体户。

【乡村人口数】指乡村地区常住居民户数中的常住人口数,即经常在家或在家居住6个月以上,而且经济和生活与本户连成一体的人口。外出从业人员在外居住时间虽然在6个月以上,但收入主要带回家中,经济与本户连为一体,仍视为家庭常住人口;在家居住,生活和本户连成一体的国家职工、退休人员也为家庭常住人口。但是现役军人、中专及以上(走读生除外)的在校学生、以及常年在外(不包括探亲、看病等)且已有稳定的职业与居住场所的外出从业人员,不应当作家庭常住人口。

【乡村劳动力资源数】指乡村人口中劳动年龄以上(16周岁)能够参加生产经营活动的人员。

【乡村从业人员】指乡村人口中16岁以上实际参加生产经营活动并取得实物或货币收入的人员,既包括劳动年龄内经常参加劳动的人员,也包括超过劳动年龄但经常参加劳动的人员。但不包括户口在家的在外学生、现役军人和丧失劳动能力的人,也不包括待业人员和家务劳动者。从业人员年龄为16岁以上。从业人员按从事主业时间最长(时间相同按收入)分为农业从业人员、工业从业人员、建筑业从业人员、交运仓储及邮电通讯业从业人员、信息传输、计算机服务和软件业、批零贸易及餐饮业从业人员、住宿和餐饮业从业人员、其他从业人员。

【谷物】是指禾本科和蓼科粮食作物。这类作物具体包括稻谷、小麦、玉米、谷子、高粱和其他谷物;其他谷物包括大麦、燕麦、荞麦等。

【中草药材】指人工种植、以获取药材为目的、主要用于中药配伍以及中成药加工的药材作物面积。包括药用真菌的面积。

【猪、牛、羊肉产量】值本调查期内出栏猪、牛、羊折算出的鲜、冷鲜冷冻猪牛羊肉的总量,按胴体重计算。

【水产品产量】指渔业(捕捞和养殖)生产活动的最终有效成果,包括全部海水和淡水鱼类、甲壳类(虾、蟹)、贝类、头足类、藻类和其它类渔业产品的最终产量。不包括渔业生产过程中的中间成果,如鱼苗、鱼种、亲鱼、转塘鱼、存塘鱼和自用作饵料的产品等。水产品在上岸前已经腐烂变质, 不能供人食用或加工成其它制品的,不统计在水产品产量中。

【淡水水域养殖产量】指在淡水水域中人工投放苗种(不包括灌江纳苗)并进行人工饲养管理的、并已捕捞起水的水产品产量。稻田养殖起水产品产量也计人淡水水域养殖产量中。淡水养殖产品包括鱼类、甲壳类(虾、蟹)、贝类、藻类和其他类产品。

【农林牧渔业总产值】农林牧渔业总产值是以货币表现的农林牧渔业的全部产品产量和对农林牧渔业生产活动进行的各种支持性服务活动的价值。它反应一定时期内农林牧渔业生产总规模和总成果,是观察农林牧渔业生产水平和发展速度,研究农林牧渔业内部比例关系、农林牧渔业与工业、农林牧渔业与国家建设、人民生活比例关系的重要指标,同时也是计算农林牧渔业劳动生产率和农林牧渔业增加值的基础资料。

【农林牧渔业增加值】指农、林、牧、渔及农林牧渔服务业生产货物或提供服务活动而增加的价值,为农林牧渔业现价总产值扣除农林牧渔业现价中间投入后的余额。

4

工　业

Industry

4—1 主要年份工业产品产量

Output of Major Industrial Products in Main Years

年份 Year	轮胎外胎（万条） Tires （10 000 tires）	水泥（万吨） Cement （10 000 tons）	金属切削机床（台） Metal-cutting Machine Tools （unit）	电力变压器（万千伏安） Power Transformers （10 000 kva）	味精（吨） Monosodium Glutamate （ton）	乳制品（吨） DairyProducts （ton）
1978	30.1	3.13	439	3.5	35	
1979	32	2.82	437	4		
1980	29.3	2.96	385	7.33		
1981	8.5	1.84	239	3	24	205
1982	16.2	3.35	245	2.66	53	258
1983	25.6	5.47	356	4.31	55	308
1984	29.5	5.77	406	6.49	48	527
1985	34.3	8.6	400	12.15	55	759
1986	38.45	10.09	392	13.88	87	1068
1987	57.01	14.7	417	18.65	151	1355
1988	67.08	28.34	480	19.61	250	1779
1989	69.1	35.11	403	24.73	423	3292
1990	63.51	30.46	289	24.54	433	3128
1991	75.62	32.26	228	23.9	393	4033
1992	103.59	36.96	337	26.54	420	7404
1993	123.56	38.11	386	33.9	500	4811
1994	144.2	47.19	1649	25	567	4643
1995	164.95	51.51	994	25	800	4329
1996	192.24	59.9	829	30.06	1000	5991
1997	186.74	60.95	983	36.82	1235	5079
1998	191.24	74.77	455	40.81	880	6531
1999	167.98	85.2	659	46.73	1567	7742
2000	193	82.22	909	67	2419	6760
2001	182	87.7	1298	124	3592	7814
2002	224.31	123.06	1816	116.02	3032	6099
2003	241.53	208.52	1953	105	14979	5621
2004	293.6	196.48	1095	73.25	24236	6876
2005	304.56	178.23	1418	67.66	24159	49656
2006	389.59	219.52	1892	159.41	32018	64688
2007	395.54	261.55	2494	224.85	62151	73347
2008	337.16	277.93	2458	178.9	66660	50159
2009	225.62	332.27	1620	685.27	75635	46553
2010	210.44	458.53	3110	43.55	84711	37433
2011	188.38	475.89	3762	705.43		24115
2012	141.91	509.22	2570	174.75		196140
2013	165.89	650.06	2370	713.63		219417
2014	153.76	582.24	2146	1141.1	201917	263074
2015	138.77	522.8	1669	1424.5	217920	244975
2016	201.9	534.36	1545	1156.09	222390	237777
2017	178.63	611.64	2094	664.68	186410	273843

4—1 续表1 continued

年 份 Year	饮料酒 （千升） Alcoholic Drink(ton)	农用化肥 （万吨） Chemical Fertilizers （10 000 tons）	自来水售水量 （万吨） Water Sales （10 000 tons）	服 装 （万件） Clothing （10 000 units）	中成药 （吨） Chinese Patent Modicines(ton)
1978	424	15.07			
1979	743	3.64			
1980	855	3.62			200
1981	2889	3.08		94.8	188
1982	3658	3.84			191
1983	4867	3.96		77.78	222
1984	5830	4.84		100.76	230
1985	7600	4.36	1283		172
1986	13345	4.83	1596		222
1987	14553	5.31	1840	107.26	243
1988	16800	5.73	2208		340
1989	16300	18.68	2560	192.46	277
1990	15800	23.5	2864	171.34	255
1991	16200	26.96	3233	158.55	322
1992	14103	28.79	3625	139.36	281
1993	21970	25.22	4227	74.02	402
1994	21848	27.96	4865	119.31	317
1995	28063	34.34	5153	193.75	354
1996	31270	32.07	5249	72	392
1997	28068	32.97	5048	129.2	385
1998	28468	36.35	5697		300
1999	43712	43.02	4297	37.72	349
2000	40390	50	4399	51	461
2001	43934	57	4101	120	453
2002	77449	66.68	4108	132.34	459
2003	66167	63.67	4455	120.85	512
2004	95015	69.2	4592	96.62	481
2005	85439	57.84	4804	57.57	802
2006	76888	55.8	5079	41.35	1013
2007	103363	57.9	5578	169.54	762
2008	120124	74.91	5909	243.74	671
2009	146343	72.61	6380	319.97	869
2010	159947	69.02	6868	362.44	926
2011	181920	80.56	7078	411.7	943
2012	172088	66.02	7607	493.7	400
2013	272200	54.38	7993	631.01	665
2014	288878	28.35	8417	836.83	564
2015	286681	65.16	9373	1236	730
2016	265853	43.01	9911	1269.86	843
2017	258437	33.41	11106	1226.1	682

4—1 续表2 continued

年 份 Year	合成氨（万吨）Synthetic Ammonia（10 000 tons）	铁合金（万吨）Ferroalloy（10 000 tons）	轴 承（万套）Bearing（10 000 sets）	配混合饲料（万吨）Feed（10 000 tons）
1978	4.84		12	
1979	5.98		6.4	
1980	5.49	0.14	3.09	
1981	4.71	0.06		
1982	5.55	0.07		
1983	5.51	0.11		
1984	6.8	0.11		
1985	6.27	0.13		
1986	11	0.44	20.1	
1987	6.73			
1988	7.59	1.16		
1989	23.25			
1990	29.9	1.73	195.06	
1991	33.62	0.76	200	
1992	34.84	1.26	171.4	
1993	25.99	2.32	197	
1994	35.14	3.54	203.55	
1995	40.66	3.21	349.69	
1996	39.76	4.53	309.37	
1997	4.59	3.68	283.46	
1998	45.52	3.04	622.67	
1999	52.95	4.09	655	
2000	63	5.38	735	2.02
2001	72	5.8	459	3.11
2002	82.93	7.38	354.3	4.58
2003	79.69	10.83	254.45	4.57
2004	85.89	12.49	215.45	9.42
2005	75.16	11.46	199.72	12.33
2006	74.02	15.75	176.28	12.27
2007	78.38	11.8	205.9	11.2
2008	89.66	10.35	161.97	15.91
2009	84.26	7.04	114.32	22.7
2010	79.75	6.39	133.59	19.46
2011	92.31	11.75	96.4	23.14
2012	84.15	11.23	80.7	24.73
2013	69.32	17.57	94.61	25.83
2014	36.87	16.16	183.48	29.32
2015	30.61	7.24	594.09	27.1
2016	33.27	3.58	681.79	28.35
2017	23.73	2.62	1796.9	31.14

4—2 规模以上工业企业主要产品产量

产 品	Product	单位	Unit
大米	Rice	万吨	10 000tons
乳制品	Dairy Products	万吨	10 000tons
液体乳	Liquid Milk	万吨	10 000tons
小麦粉	Wheat Flour	万吨	10 000tons
白酒	Liquor	千升	kiloliter
啤酒	Beer	万千升	million liters
葡萄酒	Wine	万千升	million liters
服装	Clothing	万件	10 000units
家具	Furniture	万件	10 000units
机制纸	Machine-made Paper	万吨	10 000tons
中成药	Medicine	吨	ton
塑料制品	Plastic Products	万吨	10 000tons
水泥	Cement	万吨	10 000tons
合成氨	SyntheticAmmonia	万吨	10 000tons
农用化肥	Chemical Fertilizers	万吨	10 000tons
氮肥	Nitrogen	万吨	10 000tons
单晶硅	Moncnystauine silicon	万千克	100 00kg
轮胎外胎	Tires	万条	10 000tires
变压器	Transformer	万千伏安	10 000kva
金属切削机床	Metal-cutting Machine Tools	台	unit
铁合金	Ferroalloy	万吨	10 000tons
轴承	Bearing	万套	10 000sets
配混合饲料	Feed	万吨	10 000tons
钢材	Rolled Steel	万吨	10 000tons
起重机	Lifting Appliances	吨	ton
铸铁件	CastIron	万吨	10 000tons
工业机器人	Industrial robot	套	set

Output Volume of Major Industrial Products in Enterprises above Designated Size

2017年	2016年
41.46	41.11
27.38	23.78
24.14	21.92
9.49	9.68
2230	2273
23.44	25.14
2.11	1.16
1226.1	1269.86
12.1	20.39
3.22	3.64
682	843
10.68	9.91
611.64	534.36
23.73	33.27
33.41	43.01
33.41	42.73
2662.90	1489.95
178.63	201.9
664.68	1156.09
2094	1545
2.62	3.58
1796.9	681.79
31.14	28.35
4.28	7.35
9142	8531
3.99	2.98
173	148

4—3 全市规模以上工业企业主要经济指标

单位:万元 （2017）

指 标	Item	企业单位数(个) Number of Enterprises(unit)
总 计	**Total**	**463**
# 亏损企业	Loss-suffering Enterprises	124
按地区分	**Gorped by Region**	
市区	City	137
永宁	Yongning	73
贺兰	Helan	110
灵武	Lingwu	143
按轻重工分	**Grouped by Light & Heavy Industries**	
轻工业	Light Industry	178
重工业	Heavy Industry	285
按企业规模分	**Grouped by Size of Enterprises**	
大型企业	Large Enterprises	16
中型企业	Medium-sized Enterprises	39
小型企业	Small Enterprises	343
微型企业	Micro-enterprises	65
按登记注册类型分	**Grouped by Status of Registration**	
内资企业	Domestic Funded	439
国有企业	State-owned Enterprises	3
中央企业	Central	1
地方企业	Local	2
有限责任公司	Limited Liability Corporations	91
国有独资公司	State Sole Funded Corporations	13
其他有限责任公司	Other Limited Liability Corporations	78
股份有限公司	Share-holding Corporations Limited	12
私营企业	Private Enterprises	333
私营独资企业	Private Sole Funded Corporations	3
私营有限责任公司	Private Limited Liability Corporations	311
私营股份有限公司	Private Share-holding Corporations Limited	19
港、澳、台商投资企业	Enterprises with Funds fromHong Kong,Macaoand Taiwan	12
合资经营企业(港或澳、台资)	Joint-venturesEnterprises(Hongkong, Macao or Taiwan)	3
港澳台商独资经营企业	Enterprises with Fundsfrom Hong Kong,Macao andTaiwan	9
外商投资企业	Foreign Funded Enterprises	12
中外合资经营企业	Joint-venture Enterprises	6
外资企业	Foreign Enterprises	6

Main Economic Indicators of Industrial Enterprises above Designated Size

(10 000yuan)

亏损企业 Loss-suffering Enterprises	工业销售产值（当年价格） Output Value of Industrial Sold (current prices)	资产总计 Total Assets	流动资产总计 Total Working Capitas	存货 Stock	产成品 Finished Products
124	**19505369**	**44728564**	**13781584**	**2988200**	**1161361**
124	4113233	11986649	4498501	1004356	356478
38	5876813	9581270	3998426	759412	244563
10	1362638	2213894	1048620	202876	66866
37	1030316	2294575	1185059	215115	76592
39	11235602	30638825	7549479	1810797	773340
33	3367276	7415644	3755798	1267832	579153
91	16138093	37312919	10025786	1720368	582208
3	11546309	25353401	5588187	1275954	503113
17	3022171	9501032	4181472	825793	274182
90	4533757	8417876	3569561	841630	367710
14	403132	1456256	442364	44823	16357
117	16776162	40402212	12587133	2782877	1114451
1	985502	939684	101913	418	
	976736	892267	88185	252	
1	8766	47418	13728	166	
29	7701065	25564333	5350496	1198463	506143
4	3395697	13867873	2298359	611473	233372
25	4305368	11696459	3052137	586990	272771
2	3360639	3507188	1066621	265211	62154
85	4728957	10391007	6068102	1318785	546154
1	11918	11450	7786	979	869
75	4588837	9675738	5740361	1258061	526029
9	128202	703819	319955	59746	19256
5	2231449	3658260	849858	74067	16766
1	2061992	3244366	692654	44841	10085
4	169456	413894	157204	29226	6681
2	497758	668092	344593	131256	30144
	141876	227433	120583	43078	6134
2	355881	440659	224010	88178	24010

4—3 续表1 continued

单位:万元 (2017)

指 标	Item	企业单位数（个）Number of Enterprises (unit)
按工业行业大类分	**Grouped by Sector**	
煤炭开采和洗选业	Mining and Washing of Coal	6
农副食品加工业	Processing of Food from Agricultural Products	54
食品制造业	Manufacture of Foods	23
酒、饮料和精制茶制造业	Manufacture of Wine, Beverage and Tea	15
纺织业	Manufacture of Textile	30
纺织服装、服饰业	Manufacture of Textile Wearing Apparel and Apparel Industry	3
皮革、毛皮、羽毛及其制品和制鞋业	Manufacture ofleather, Fur,Feather, Footwearand Related Products	6
木材加工及木、竹、藤、棕、草制品业	ProcessingofTimber,ManufactureofWood,Bamboo,Rattan,PalmandStrawProducts	2
家具制造业	Manufacture of Furniture	6
造纸及纸制品业	Manufacture of Paper and Paper Products	4
印刷和记录媒介复制业	Printing,Reproduction of Recording Media	6
文教、工美、体育和娱乐用品制造业	Manufacture of Articles for Culture,Education,Arts and Crafts,Sport and Entertainment Activities	1
石油、煤炭及其他燃料加工业	Petroleum,coal and other fuel processing industries	11
化学原料及化学制品制造业	Manufacture of Raw Chemical Materials and Chemical Products	37
医药制造业	Manufacture of Medicines	11
化学纤维制造业	Chemical Fiber Manufacturing	1
橡胶和塑料制品业	Manufacture of Rubber and Plastics	16
非金属矿物制品业	Manufacture of Non-metallic Mineral Products	55
黑色金属冶炼及压延加工业	Smelting and Pressing of Ferrous Metals	3
有色金属冶炼及压延加工业	Smelting and Pressing of Non-ferrous Metals	13
金属制品业	Manufacture of Metal Products	27
通用设备制造业	Manufacture of General Purpose Machinery	26
专用设备制造业	Manufacture of Special Purpose Machinery	12
汽车制造业	Manufature of Automotive Industry	1
铁路、船舶、航空航天和其他运输设备制造业	ManufatureofRailways,Shipbailding,AerospaceandOtherTransporationEquipment	1
电气机械及器材制造业	Manufacture of Electrical Machinery andEquipment	26
仪器仪表制造业	Manufacture of Measuring Instruments	5
废弃资源综合利用业	Vtilization Waste Resources	8
金属制品、机械和设备修理业	Metal Products, Machinery and Equipment Repair	1
电力、热力的生产和供应业	Production and Supply of Electric Power,Gasand Water	35
燃气生产和供应业	Production and Supply of Gas	13
水的生产和供应业	Production and Supply of Water	5

continued

(10 000yuan)

亏损企业 Loss-suffering Enterprises	工业销售产值（当年价格） Output Value of Industrial Sold (current prices)	资产总计 Total Assets	流动资产总计 Total Working Capitas	存货 Stock	产成品 Finished Products
1	3520105	13039965	2142607	582684	237736
8	502869	496944	285808	138369	39767
4	850648	867744	381942	70329	20894
3	187909	422163	194064	118037	19974
9	969231	3852130	2003459	799723	421648
	10969	117651	29651	2302	1425
1	38438	57757	43515	17507	11442
1	4696	1556	857	360	115
	25032	30697	10961	7457	5546
	48663	105559	43243	9669	3522
2	67885	77387	34567	10686	2696
	50096	22838	17312	245	2
4	4981512	7507815	3116716	285220	46401
12	1539401	3548645	815310	207227	80009
1	528338	1170351	582683	65159	29236
1	4029	6033	2570	591	130
5	218853	268900	174643	58866	35330
17	479612	855915	451953	54905	24286
2	33763	52067	12025	5340	3427
4	1141880	625846	258622	119130	27398
8	204825	515394	234039	61151	24080
9	335498	726270	367285	117080	30170
4	67354	198347	101432	30935	8499
	2324	1630	583	297	114
	3288	3993	3760	56	
7	301578	555048	338369	55548	30088
1	47133	90638	64124	8653	1272
2	211321	161317	98355	22350	16941
	3310	5001	3331	43	30
15	2378197	7203899	1216047	63730	720
3	654047	1662707	674520	73380	38438
	92565	476357	77233	1169	30

4—3 续表2 continued

单位:万元　　(2017)

指　标	Item	固定资产总计 Total Value of FixedAssets
总　计	**Total**	18214524
#亏损企业	Loss-suffering Enterprises	5588649
按地区分	**Gorped by Region**	
市区	City	2949520
永宁	Yongning	795665
贺兰	Helan	781629
灵武	Lingwu	13687710
按轻重工分	**Grouped by Light & Heavy Industries**	
轻工业	Light Industry	2241535
重工业	Heavy Industry	15972989
按企业规模分	**Grouped by Size of Enterprises**	
大型企业	Large Enterprises	11516397
中型企业	Medium-sized Enterprises	3233223
小型企业	Small Enterprises	2563632
微型企业	Micro-enterprises	901273
按登记注册类型分	**Grouped by Status of Registration**	
内资企业	Domestic Funded	16207648
国有企业	State-owned Enterprises	762521
中央企业	Central	730023
地方企业	Local	32498
有限责任公司	Limited Liability Corporations	12056307
国有独资公司	State Sole Funded Corporations	5201255
其他有限责任公司	Other Limited Liability Corporations	6855052
股份有限公司	Share-holding Corporations Limited	1523145
私营企业	Private Enterprises	1865675
私营独资企业	Private Sole Funded Corporations	2508
私营有限责任公司	Private Limited Liability Corporations	1560348
私营股份有限公司	Private Share-holding Corporations Limited	302818
港、澳、台商投资企业	Enterprises with Funds fromHong Kong,Macaoand Taiwan	1734560
合资经营企业(港或澳、台资)	Joint-venturesEnterprises(Hongkong, Macao or Taiwan)	1605500
港澳台商独资经营企业	Enterprises with Fundsfrom Hong Kong,Macao andTaiwan	129060
外商投资企业	Foreign Funded Enterprises	272316
中外合资经营企业	Joint-venture Enterprises	88822
外资企业	Foreign Enterprises	183495

continued

(10 000yuan)

固定资产原价 Original Value of Fixed Assets	累计折旧 Accumulated Depreciation	负债合计 Total Liabilities	流动负债合计 Total Working Liabilities	应付账款 Accounts Payable
26860995	9202375	30353901	18949477	3938127
7667494	2202866	10167283	6710897	1136080
4685968	1993936	5408631	3443050	1037542
1307933	545564	1338329	1086321	225612
982880	256894	1437128	1091858	248585
19884213	6405981	22169814	13328249	2426388
2886856	896920	4384260	3467958	537939
23974139	8305455	25969641	15481519	3400188
17530589	6615449	17299856	10789006	2278607
4761450	1567466	7118867	4642182	632146
3544471	922514	5000462	3147514	938528
1024485	96946	934717	370775	88846
24229044	8565514	27937966	17543370	3279137
1365443	714992	613040	375635	164737
1337547	708429	599230	364572	159212
27896	6563	13810	11063	5526
17614675	5834204	18033195	10124645	1912260
8977411	3646930	10035251	5737632	981375
8637264	2187274	7997944	4387013	930885
2797536	1352842	2134338	1396926	387277
2451390	663476	7157394	5646164	814862
6335	2841	6933	6933	3343
2095598	607864	6753553	5436952	795555
349458	52772	396908	202279	15964
2127725	405465	2008597	1083871	429314
1964809	359309	1753293	911545	372672
162916	46156	255305	172326	56642
504226	231395	407338	322237	229676
134173	45485	114530	103100	43341
370053	185910	292808	219136	186335

4—3 续表3 continued

单位:万元 (2017)

指 标	Item	固定资产总计 Total Value of FixedAssets
按工业行业大类分	**Grouped by Sector**	
煤炭开采和洗选业	Mining and Washing of Coal	4507594
农副食品加工业	Processing of Food from Agricultural Products	134379
食品制造业	Manufacture of Foods	326656
酒、饮料和精制茶制造业	Manufacture of Wine, Beverage and Tea	194561
纺织业	Manufacture of Textile	1078109
纺织服装、服饰业	Manufacture of Textile Wearing Apparel and Apparel Industry	4354
皮革、毛皮、羽毛及其制品和制鞋业	Manufacture ofleather, Fur,Feather, Footwearand Related Products	13292
木材加工及木、竹、藤、棕、草制品业	ProcessingofTimber,ManufactureofWood,Bamboo,Rattan,PalmandStrawProducts	228
家具制造业	Manufacture of Furniture	9978
造纸及纸制品业	Manufacture of Paper and Paper Products	38452
印刷和记录媒介复制业	Printing,Reproduction of Recording Media	30353
文教、工美、体育和娱乐用品制造业	Manufacture of Articles for Culture,Education,Arts and Crafts,Sport and Entertainment Activities	5016
石油、煤炭及其他燃料加工业	Petroleum,coal and other fuel processing industries	2472755
化学原料及化学制品制造业	Manufacture of Raw Chemical Materials and Chemical Products	2622071
医药制造业	Manufacture of Medicines	363728
化学纤维制造业	Chemical Fiber Manufacturing	3463
橡胶和塑料制品业	Manufacture of Rubber and Plastics	76445
非金属矿物制品业	Manufacture of Non-metallic Mineral Products	320251
黑色金属冶炼及压延加工业	Smelting and Pressing of Ferrous Metals	35384
有色金属冶炼及压延加工业	Smelting and Pressing of Non-ferrous Metals	289533
金属制品业	Manufacture of Metal Products	135799
通用设备制造业	Manufacture of General Purpose Machinery	295778
专用设备制造业	Manufacture of Special Purpose Machinery	43775
汽车制造业	Manufature of Automotive Industry	571
铁路、船舶、航空航天和其他运输设备制造业	ManufatureofRailways,Shipbailding,AerospaceandOtherTransporationEquipment	187
电气机械及器材制造业	Manufacture of Electrical Machinery andEquipment	155454
仪器仪表制造业	Manufacture of Measuring Instruments	10889
废弃资源综合利用业	Vtilization Waste Resources	37693
金属制品、机械和设备修理业	Metal Products, Machinery and Equipment Repair	1670
电力、热力的生产和供应业	Production and Supply of Electric Power,Gasand Water	4440242
燃气生产和供应业	Production and Supply of Gas	311290
水的生产和供应业	Production and Supply of Water	254575

continued

(10 000yuan)

固定资产原价 Original Value of Fixed Assets	累计折旧 Accumulated Depreciation	负债合计 Total Liabilities	流动负债合计 Total Working Liabilities	应付账款 Accounts Payable
7985588	3375814	9310158	5624801	907008
181776	50537	219844	180921	29164
570987	232365	471023	360700	79510
256105	74939	244599	226959	71543
1101711	196685	2387455	1797038	224439
7878	3128	13646	10004	2650
16545	3127	32835	32417	7316
394	166	239	239	223
14427	4588	14866	14858	3316
67798	29346	54435	45177	2560
42325	14638	44065	33608	7998
4622	203	17896	17896	3695
3429618	1205806	5002472	3512810	589511
2902476	509055	2861641	1726345	311747
556370	258993	752027	642916	84421
3608	145	6893	2043	367
209805	136651	224852	218752	150058
532341	214583	473471	446996	211181
47801	12417	28651	26851	6621
729808	292787	612336	552481	217357
206292	54674	350265	241636	64881
394640	153784	392865	281169	122947
51949	14990	105694	96871	41797
745	174	45	45	41
381	198	1991	1991	982
142798	33577	297397	248209	98469
14723	5226	48906	43370	12662
56697	8209	115095	107171	36422
1670	527	3478	3478	209
6546720	2098563	4998393	1767095	530002
409389	97917	998563	629591	106762
373008	118565	267804	55040	12270

4—3 续表4 continued

单位:万元 (2017)

指 标	Item	所有者权益合计 Owners' Equities
总 计	**Total**	14356625
#亏损企业	Loss-suffering Enterprises	1817469
按地区分	**Grouped by Region**	
市区	City	4156503
永宁	Yongning	875564
贺兰	Helan	855550
灵武	Lingwu	8469008
按轻重工分	**Grouped by Light & Heavy Industries**	
轻工业	Light Industry	3015247
重工业	Heavy Industry	11341378
按企业规模分	**Grouped by Size of Enterprises**	
大型企业	Large Enterprises	8053545
中型企业	Medium-sized Enterprises	2382164
小型企业	Small Enterprises	3417409
微型企业	Micro-enterprises	503508
按登记注册类型分	**Grouped by Status of Registration**	
内资企业	Domestic Funded	12446209
国有企业	State-owned Enterprises	326644
中央企业	Central	293036
地方企业	Local	33608
有限责任公司	Limited Liability Corporations	7529241
国有独资公司	State Sole Funded Corporations	3832623
其他有限责任公司	Other Limited Liability Corporations	3696618
股份有限公司	Share-holding Corporations Limited	1356716
私营企业	Private Enterprises	3233608
私营独资企业	Private Sole Funded Corporations	4517
私营有限责任公司	Private Limited Liability Corporations	2922181
私营股份有限公司	Private Share-holding Corporations Limited	306911
港、澳、台商投资企业	Enterprises with Funds fromHong Kong,Macaoand Taiwan	1649663
合资经营企业(港或澳、台资)	Joint-venturesEnterprises(Hongkong,Macao or Taiwan)	1491074
港澳台商独资经营企业	Enterprises with Fundsfrom Hong Kong,Macao andTaiwan	158589
外商投资企业	Foreign Funded Enterprises	260754
中外合资经营企业	Joint-venture Enterprises	112903
外资企业	Foreign Enterprises	147850

continued

(10 000yuan)

实收资本 Paid-up Capital	国家资本 State-owned Capital	集体资本 Collective-owned Capital	法人资本 Corporate Capital	个人资本 Personal Capital	港澳台资本 Capital frome Hong Kong, Macao and Taiwan	外商资本 Foreign Capital
10279234	2711118	40999	5952329	1085654	309576	171559
3131362	756280	17000	2053446	216204	6843	81589
2694085	848331	9762	1440280	177487	82392	135834
320381	9726		106442	181924		22289
718620	28309	30036	553355	89068	4418	13435
6546147	1824753	1200	3852253	637175	222767	
1808486	42929	5345	1062348	648603	8924	40337
8470748	2668189	35653	4889981	437051	300653	131221
5473904	1643529		3165650	430075	200000	34650
2271599	635185	8072	1338371	179715		110256
2177122	267298	32926	1306838	425831	109576	26652
356609	165105		141470	50033		
8964096	2704368	32999	5191029	1024117		3584
111772	111772					
79461	79461					
32310	32310					
5280253	1929117	2294	2958858	389984		
2142468	1137649		996920	7899		
3137785	791468	2294	1961938	382085		
1025364	644779	7968	311116	57918		3584
2546708	18700	22736	1921056	576215		
4172			2000	2172		
2352531	18700	2295	1794348	529188		
190005		20441	124708	44856		
1114279			721333	61080	309576	22289
970605			684333	61080	225192	
143674			37000		84384	22289
200860	6750	8000	39967	457		145686
64450	6750		39967	457		17276
136410		8000				128410

4—3 续表5 continued

单位:万元

(2017)

指 标	Item	所有者权益合计 Owners' Equities
按工业行业大类分	**Grouped by Sector**	
煤炭开采和洗选业	Mining and Washing of Coal	3729807
农副食品加工业	Processing of Food from Agricultural Products	260965
食品制造业	Manufacture of Foods	396721
酒、饮料和精制茶制造业	Manufacture of Wine, Beverage and Tea	177563
纺织业	Manufacture of Textile	1464674
纺织服装、服饰业	Manufacture of Textile Wearing Apparel and Apparel Industry	104005
皮革、毛皮、羽毛及其制品和制鞋业	Manufacture ofleather, Fur,Feather, Footwearand Related Products	24922
木材加工及木、竹、藤、棕、草制品业	ProcessingofTimber,ManufactureofWood,Bamboo,Rattan,PalmandStrawProducts	1317
家具制造业	Manufacture of Furniture	15832
造纸及纸制品业	Manufacture of Paper and Paper Products	51124
印刷和记录媒介复制业	Printing,Reproduction of Recording Media	33322
文教、工美、体育和娱乐用品制造业	Manufacture of Articles for Culture,Education,Arts and Crafts,Sport and Entertainment Activities	4942
石油、煤炭及其他燃料加工业	Petroleum,coal and other fuel processing industries	2505342
化学原料及化学制品制造业	Manufacture of Raw Chemical Materials and Chemical Products	687003
医药制造业	Manufacture of Medicines	418324
化学纤维制造业	Chemical Fiber Manufacturing	-860
橡胶和塑料制品业	Manufacture of Rubber and Plastics	44047
非金属矿物制品业	Manufacture of Non-metallic Mineral Products	380548
黑色金属冶炼及压延加工业	Smelting and Pressing of Ferrous Metals	23416
有色金属冶炼及压延加工业	Smelting and Pressing of Non-ferrous Metals	13510
金属制品业	Manufacture of Metal Products	165129
通用设备制造业	Manufacture of General Purpose Machinery	333405
专用设备制造业	Manufacture of Special Purpose Machinery	92654
汽车制造业	Manufature of Automotive Industry	1585
铁路、船舶、航空航天和其他运输设备制造业	ManufatureofRailways,Shipbailding,AerospaceandOtherTransporationEquipment	2001
电气机械及器材制造业	Manufacture of Electrical Machinery andEquipment	257650
仪器仪表制造业	Manufacture of Measuring Instruments	41732
废弃资源综合利用业	Vtilization Waste Resources	46222
金属制品、机械和设备修理业	Metal Products, Machinery and Equipment Repair	1524
电力、热力的生产和供应业	Production and Supply of Electric Power,Gasand Water	2205505
燃气生产和供应业	Production and Supply of Gas	664144
水的生产和供应业	Production and Supply of Water	208552

continued

(10 000yuan)

实收资本 Paid-up Capital	国家资本 State-owned Capital	集体资本 Collective-owned Capital	法人资本 Corporate Capital	个人资本 Personal Capital	港澳台资本 Capital frome Hong Kong, Macao and Taiwan	外商资本 Foreign Capital
1922319	922092		959728	40500		
120789	50	104	66028	51416	600	2591
111912			84286	26626		1000
76494	9980	600	12560	11731	5899	35725
1092697	18700	1200	659155	413642		
101100	750		100000	100		250
10631			3553	7078		
600			300	300		
7680			500	7180		
19801			11458	8343		
17915	7361		1154	9400		
5000	5000					
2352007	623276		1406751	121980	200000	
1025981		8891	987116	21188	786	
188530	1088		91380	96062		
3054				3054		
102708			32275	7936	2425	60072
291515	52090	1794	185030	52601		
8258			1236	7022		
132255	35000		84936	12319		
112282		3441	74650	30608		3584
225767	16714		89884	50831		68338
72338			39523	32815		
1000			900	100		
825				825		
145622	35000		74992	35630		
29968		24968	4700	300		
23599			18350	5249		
1500				1500		
1578265	965425		526460	23613	62767	
321425	4165		311555	5705		
175399	14428		123870		37100	

4—3 续表6 continued

单位:万元 (2017)

指 标	Item	主营业务收入 Revenue from Principal Business
总 计	**Total**	19360827
#亏损企业	Loss-suffering Enterprises	4247544
按地区分	Gorped by Region	
市区	City	6109109
永宁	Yongning	1360052
贺兰	Helan	1098246
灵武	Lingwu	10793420
按轻重工分	Grouped by Light & Heavy Industries	
轻工业	Light Industry	3159811
重工业	Heavy Industry	16201016
按企业规模分	Grouped by Size of Enterprises	
大型企业	Large Enterprises	11011808
中型企业	Medium-sized Enterprises	3279989
小型企业	Small Enterprises	4720428
微型企业	Micro-enterprises	348602
按登记注册类型分	Grouped by Status of Registration	
内资企业	Domestic Funded	16637326
国有企业	State-owned Enterprises	983647
中央企业	Central	974749
地方企业	Local	8897
有限责任公司	Limited Liability Corporations	7308245
国有独资公司	State Sole Funded Corporations	2905442
其他有限责任公司	Other Limited Liability Corporations	4402803
股份有限公司	Share-holding Corporations Limited	3428501
私营企业	Private Enterprises	4916934
私营独资企业	Private Sole Funded Corporations	12156
私营有限责任公司	Private Limited Liability Corporations	4784286
私营股份有限公司	Private Share-holding Corporations Limited	120492
港、澳、台商投资企业	Enterprises with Funds fromHong Kong,Macaoand Taiwan	2226252
合资经营企业(港或澳、台资)	Joint-venturesEnterprises(Hongkong,Macao or Taiwan)	2060489
港澳台商独资经营企业	Enterprises with Fundsfrom Hong Kong,Macao andTaiwan	165763
外商投资企业	Foreign Funded Enterprises	497249
中外合资经营企业	Joint-venture Enterprises	143487
外资企业	Foreign Enterprises	353762

continued

(10 000yuan)

主营业务成本 Cost of Principal Business	其他业务收入 Revenus from Other Business	其他业务利润 Other Profits	销售费用 Selling Costs	管理费用 Management Costs
15523990	517377	15430	389973	1036600
4240992	97725	6024	48041	184085
4585709	186663	-8348	116428	204612
1083325	89358	6662	50916	94583
919611	83184	175	49221	62115
8935346	158172	16942	173408	675290
2662254	263567	3321	125953	167451
12861736	253810	12109	264019	869149
8095901	276280	-90	199875	730553
3013546	65065	7833	65932	137890
4134039	137344	7686	118434	153622
280504	38688	1	5731	14536
13470686	362042	4692	313742	963667
937556	2479	291	29	8938
927884	1987			8215
9672	492	291	29	723
5617283	108543	17733	156749	679711
1734426	540	7066	74060	482895
3882857	108003	10667	82689	196817
2393616	86253	-13769	55189	114791
4522230	164767	437	101776	160227
10795			744	477
4431186	128896	394	91303	146342
80249	35871	44	9730	13408
1643347	53520	8249	52395	46117
1537368	49445	6696	47247	36189
105979	4075	1553	5148	9929
409957	101815	2489	23836	26816
96610	66169	583	12739	11153
313347	35647	1906	11097	15663

4—3 续表7 continued

单位:万元 (2017)

指 标	Item	主营业务收入 Revenue from Principal Business
按工业行业大类分	**Grouped by Sector**	
煤炭开采和洗选业	Mining and Washing of Coal	3062609
农副食品加工业	Processing of Food from Agricultural Products	496679
食品制造业	Manufacture of Foods	763506
酒、饮料和精制茶制造业	Manufacture of Wine, Beverage and Tea	143913
纺织业	Manufacture of Textile	920540
纺织服装、服饰业	Manufacture of Textile Wearing Apparel and Apparel Industry	14340
皮革、毛皮、羽毛及其制品和制鞋业	Manufacture ofleather, Fur,Feather, Footwearand Related Products	37340
木材加工及木、竹、藤、棕、草制品业	ProcessingofTimber,ManufactureofWood,Bamboo,Rattan,PalmandStrawProducts	4693
家具制造业	Manufacture of Furniture	26583
造纸及纸制品业	Manufacture of Paper and Paper Products	50523
印刷和记录媒介复制业	Printing,Reproduction of Recording Media	56831
文教、工美、体育和娱乐用品制造业	Manufacture of Articles for Culture,Education,Arts and Crafts,Sport and Entertainment Activities	36032
石油、煤炭及其他燃料加工业	Petroleum,coal and other fuel processing industries	5255079
化学原料及化学制品制造业	Manufacture of Raw Chemical Materials and Chemical Products	1503673
医药制造业	Manufacture of Medicines	522962
化学纤维制造业	Chemical Fiber Manufacturing	4029
橡胶和塑料制品业	Manufacture of Rubber and Plastics	221909
非金属矿物制品业	Manufacture of Non-metallic Mineral Products	491083
黑色金属冶炼及压延加工业	Smelting and Pressing of Ferrous Metals	32757
有色金属冶炼及压延加工业	Smelting and Pressing of Non-ferrous Metals	1114008
金属制品业	Manufacture of Metal Products	195395
通用设备制造业	Manufacture of General Purpose Machinery	331065
专用设备制造业	Manufacture of Special Purpose Machinery	65224
汽车制造业	Manufature of Automotive Industry	2810
铁路、船舶、航空航天和其他运输设备制造业	ManufatureofRailways,Shipbailding,AerospaceandOtherTransporationEquipment	3078
电气机械及器材制造业	Manufacture of Electrical Machinery andEquipment	363769
仪器仪表制造业	Manufacture of Measuring Instruments	51063
废弃资源综合利用业	Vtilization Waste Resources	194025
金属制品、机械和设备修理业	Metal Products, Machinery and Equipment Repair	3310
电力、热力的生产和供应业	Production and Supply of Electric Power,Gasand Water	2389107
燃气生产和供应业	Production and Supply of Gas	910571
水的生产和供应业	Production and Supply of Water	92321

continued

(10 000yuan)

主营业务成本 Cost of Principal Business	其他业务收入 Revenus from Other Business	其他业务利润 Other Profits	销售费用 Selling Costs	管理费用 Management Costs
1921049	186	6836	77666	479825
441081	916	167	15670	15614
602406	95620	595	54854	46698
93602	14653	1637	13424	11865
872978	55727	-114	15164	24408
10008	113	26	1037	1029
32793			519	991
4471			96	82
23776	111		564	1321
42552	216	163	809	2740
49797	1165	25	1995	4238
36029	664		143	567
3948437	62507	-8998	55556	110458
1333861	60494	151	16685	84784
377867	87322	1053	18114	52857
4069			123	426
216392	39732	1914	6557	7272
395051	5247	532	40845	31743
33886	162	1	367	440
1053849	6610	45	21370	9651
166274	7539	1535	5955	16573
260897	7910	-52	15875	31903
56749	3337		898	5523
2258				293
1356	210		198	659
296265	1799	1442	10293	15094
38253	305	23	5330	5771
187223	36	1	1680	4657
2965			116	192
2173912	56550	3238	398	47677
797324	7176	5014	3082	11646
46564	1072	196	4590	9602

4—3 续表8 continued

单位:万元 (2017)

指 标	Item	财务费用 Financial Costs
总 计	Total	724071
#亏损企业	Loss-suffering Enterprises	298476
按地区分	Gorped by Region	
市区	City	106522
永宁	Yongning	37249
贺兰	Helan	33413
灵武	Lingwu	546887
按轻重工分	Grouped by Light & Heavy Industries	
轻工业	Light Industry	120391
重工业	Heavy Industry	603680
按企业规模分	Grouped by Size of Enterprises	
大型企业	Large Enterprises	357245
中型企业	Medium-sized Enterprises	226175
小型企业	Small Enterprises	111064
微型企业	Micro-enterprises	29587
按登记注册类型分	Grouped by Status of Registration	
内资企业	Domestic Funded	668342
国有企业	State-owned Enterprises	17381
中央企业	Central	17421
地方企业	Local	-39
有限责任公司	Limited Liability Corporations	402977
国有独资公司	State Sole Funded Corporations	153843
其他有限责任公司	Other Limited Liability Corporations	249135
股份有限公司	Share-holding Corporations Limited	55580
私营企业	Private Enterprises	192403
私营独资企业	Private Sole Funded Corporations	18
私营有限责任公司	Private Limited Liability Corporations	176794
私营股份有限公司	Private Share-holding Corporations Limited	15590
港、澳、台商投资企业	Enterprises with Funds fromHong Kong,Macaoand Taiwan	51916
合资经营企业(港或澳、台资)	Joint-venturesEnterprises(Hongkong,Macao or Taiwan)	44689
港澳台商独资经营企业	Enterprises with Fundsfrom Hong Kong,Macao andTaiwan	7227
外商投资企业	Foreign Funded Enterprises	3814
中外合资经营企业	Joint-venture Enterprises	2140
外资企业	Foreign Enterprises	1674

continued

(10 000yuan)

利息支出 Interest Expense	营业利润 Operating Profits	利润总额 Total Profits	亏损企业亏损总额 Total Loss ofLoss-suffering Enterprises	本年应付职工薪酬 Wages Payable This Year	从业人员平均人数(人) Annual AverageEmployed Persons(person)
620521	551413	650068	848200	1495569	143215
255726	-883661	-848200	848200	218181	24233
100274	481415	496884	80087	244357	36783
32880	94752	89364	4414	83313	11852
24117	25625	39157	17681	67228	12921
463251	-50379	24664	746017	1100671	81659
109472	74801	164016	27402	186578	33601
511049	476612	486052	820797	1308991	109614
303582	520197	569803	477040	1135130	87527
187914	-182335	-167811	319199	185658	23576
99785	195201	228131	49014	164605	31071
29240	18350	19945	2947	10176	1041
561660	100563	233052	830715	1304380	126153
17246	10373	12419	810	33969	3473
17246	11599	12486		32729	3234
	-1226	-67	810	1241	239
341158	1408	77434	582093	1006735	77040
105646	295399	300691	9611	772685	47867
235512	-293991	-223257	572482	234049	29173
53609	168786	189391	15939	115343	13990
149647	-80004	-46192	231872	148333	31650
18	92	104	462	402	119
134492	-82203	-50953	225096	138264	29606
15136	2106	4657	6314	9666	1925
53854	422746	388959	7596	132556	10619
45782	384542	350028	418	120821	9305
8072	38204	38930	7178	11735	1314
5008	28104	28058	9889	58633	6443
2500	15966	15616		17025	2398
2508	12138	12441	9889	41608	4045

4—3 续表9 continued

单位:万元 (2017)

指 标	Item	财务费用 Financial Costs
按工业行业大类分	**Grouped by Sector**	
煤炭开采和洗选业	Mining and Washing of Coal	128837
农副食品加工业	Processing of Food from Agricultural Products	5159
食品制造业	Manufacture of Foods	9674
酒、饮料和精制茶制造业	Manufacture of Wine, Beverage and Tea	3127
纺织业	Manufacture of Textile	65636
纺织服装、服饰业	Manufacture of Textile Wearing Apparel and Apparel Industry	304
皮革、毛皮、羽毛及其制品和制鞋业	Manufacture ofleather, Fur,Feather, Footwearand Related Products	884
木材加工及木、竹、藤、棕、草制品业	ProcessingofTimber,ManufactureofWood,Bamboo,Rattan,PalmandStrawProducts	2
家具制造业	Manufacture of Furniture	92
造纸及纸制品业	Manufacture of Paper and Paper Products	1980
印刷和记录媒介复制业	Printing,Reproduction of Recording Media	1286
文教、工美、体育和娱乐用品制造业	Manufacture of Articles for Culture,Education,Arts and Crafts,Sport and Entertainment Activities	1001
石油、煤炭及其他燃料加工业	Petroleum,coal and other fuel processing industries	151633
化学原料及化学制品制造业	Manufacture of Raw Chemical Materials and Chemical Products	78457
医药制造业	Manufacture of Medicines	29256
化学纤维制造业	Chemical Fiber Manufacturing	80
橡胶和塑料制品业	Manufacture of Rubber and Plastics	414
非金属矿物制品业	Manufacture of Non-metallic Mineral Products	6671
黑色金属冶炼及压延加工业	Smelting and Pressing of Ferrous Metals	528
有色金属冶炼及压延加工业	Smelting and Pressing of Non-ferrous Metals	17022
金属制品业	Manufacture of Metal Products	8261
通用设备制造业	Manufacture of General Purpose Machinery	4597
专用设备制造业	Manufacture of Special Purpose Machinery	1279
汽车制造业	Manufature of Automotive Industry	95
铁路、船舶、航空航天和其他运输设备制造业	ManufatureofRailways,Shipbailding,AerospaceandOtherTransporationEquipment	-2
电气机械及器材制造业	Manufacture of Electrical Machinery andEquipment	6841
仪器仪表制造业	Manufacture of Measuring Instruments	536
废弃资源综合利用业	Vtilization Waste Resources	2191
金属制品、机械和设备修理业	Metal Products, Machinery and Equipment Repair	2
电力、热力的生产和供应业	Production and Supply of Electric Power,Gasand Water	162132
燃气生产和供应业	Production and Supply of Gas	26315
水的生产和供应业	Production and Supply of Water	9782

continued

(10 000yuan)

利息支出 Interest Expense	营业利润 Operating Profits	利润总额 Total Profits	亏损企业亏损总额 Total Loss of Loss-suffering Enterprises	本年应付职工薪酬 Wages Payable This Year	从业人员平均人数(人) Annual Average Employed Persons (person)
81633	287884	288399	2196	757459	47041
5783	17835	22142	6103	18446	3547
11465	49774	54728	1615	45689	6260
3245	11396	11651	2171	12759	1863
62936	-61892	19650	15518	46863	9888
340	-767	144		3594	2000
834	2041	2568	26	1167	439
2	57	43	30	221	111
88	905	948		1735	439
418	2970	2962		6837	1732
1217	-548	1194	111	5482	920
696	15	22		116	17
120021	351826	305997	187118	159426	15697
74911	-302503	-301857	484057	84333	9963
20937	53186	44906	452	38882	5418
80	-699	-699	699	330	76
180	-7544	-7046	10435	23117	3051
6375	13988	17893	2897	29991	4877
506	-2486	-2453	2522	1417	321
16832	-25015	-2220	11947	34546	3646
7672	6562	9275	3067	18142	3325
5337	15888	26015	4719	44254	5799
1156	892	1670	4236	8550	1407
93	135	135		123	38
1	778	968		628	92
6254	31471	32956	3234	15012	3464
582	645	2710	77	4943	777
1909	2388	3327	1327	3769	620
	17	17		231	61
157437	-6526	3786	100725	112083	7947
21796	75752	76622	2919	9666	1179
9785	32988	33614		5758	1200

4—4 规模以上工业企业主要经济指标(市区)

单位:万元 (2017)

指 标	Item	企业单位数(个) Number of Enterprises (unit)
总 计	**Total**	137
#亏损企业	Loss-suffering Enterprises	38
按轻重工分	**Grouped by Light & Heavy Industries**	
轻工业	Light Industry	36
重工业	Heavy Industry	101
按企业规模分	**Grouped by Size of Enterprises**	
大型企业	Large Enterprises	5
中型企业	Medium-sized Enterprises	21
小型企业	Small Enterprises	104
微型企业	Micro-enterprises	7
按登记注册类型分	**Grouped by Status of Registration**	
内资企业	Domestic Funded	121
国有企业	State-owned Enterprises	2
中央企业	Central	1
地方企业	Local	1
有限责任公司	Limited Liability Corporations	49
国有独资公司	State Sole Funded Corporations	3
其他有限责任公司	Other Limited Liability Corporations	46
股份有限公司	Share-holding Corporations Limited	8
私营企业	Private Enterprises	62
私营有限责任公司	Private Limited Liability Corporations	57
私营股份有限公司	Private Share-holding Corporations Limited	5
港、澳、台商投资企业	Enterpriseswith Funds from Hong Kong,Macaoand Taiwan	6
合资经营企业(港或澳、台资)	Joint-ventures Enterprises(Hongkong, Macao or Taiwan)	1
港澳台商独资经营企业	Enterprises with Funds from HongKong,Macao and Taiwan	5
外商投资企业	Foreign Funded Enterprises	10
中外合资经营企业	Joint-venture Enterprises	5
外资企业	Foreign Enterprises	5

Main Economic Indicators of Industrial Enterprises above Designated Size(City)

(10 000yuan)

亏损企业 Loss-suffering Enterprises	工业销售产值（当年价格） Output Value of Industrial Sold (current prices)	资产总计 Total Assets	流动资产总计 Total Working Capitas	存货 Stock	产成品 Finished Products
38	5876813	9581270	3998426	759412	244563
38	578757	2390313	1257234	220301	45638
5	547475	649073	318191	92315	31893
33	5329338	8932197	3680235	667097	212670
1	3171600	1972420	688637	179310	44942
6	906448	3406734	1554354	270985	51924
30	1768976	4004868	1673473	293976	147356
1	29789	197248	81963	15141	341
35	5311764	8708740	3579448	638290	213459
	167408	159387	19729	195	
	161488	147522	14580	42	
	5920	11866	5149	153	
14	1695251	3767626	1625223	188207	73176
3	83173	431054	81572	4800	301
11	1612077	3336572	1543651	183407	72875
1	2179076	2106586	406888	149202	37780
20	1270030	2675141	1527608	300686	102503
17	1242508	2614031	1490490	286265	95289
3	27522	61110	37118	14421	7215
1	120429	279990	112240	4584	2178
1	5864	10769	4411	1825	1825
	114566	269221	107829	2760	354
2	444620	592540	306738	116539	28926
	94580	161884	85918	28607	4916
2	350040	430656	220820	87931	24010

4—4 续表1 continued

单位:万元 (2017)

指 标	Item	企业单位数（个）Number of Enterprises（unit）
按工业行业大类分	**Grouped by Sector**	
煤炭开采和洗选业	Mining and Washing of Coal	1
农副食品加工业	Processing of Food from Agricultural Products	10
食品制造业	Manufacture of Foods	8
酒、饮料和精制茶制造业	Manufacture of Wine, Beverage and Tea	3
纺织业	Manufacture of Textile	3
纺织服装、服饰业	Manufacture of Textile Wearing Appareland Apparel Industry	2
造纸及纸制品业	Manufacture of Paper and Paper Products	1
印刷和记录媒介复制业	Printing,Reproduction of Recording Media	3
石油、煤炭及其他燃料加工业	Petroleum,coal and other fuel processing industries	3
化学原料及化学制品制造业	Manufacture of RawChemical Materials and Chemical Products	13
医药制造业	Manufacture of Medicines	3
橡胶和塑料制品业	Manufacture of Rubber and Plastics	5
非金属矿物制品业	Manufacture of Non-metallic Mineral Products	15
金属制品业	Manufacture of Metal Products	4
通用设备制造业	Manufacture of General Purpose Machinery	21
专用设备制造业	Manufacture of Special Purpose Machinery	6
铁路、船舶、航空航天和其他运输设备制造业	Man ufatureofRailways,Shipbailding,AerospaceandOtherTransporationEquipment	1
电气机械及器材制造业	Manufacture of Electrical Machinery and Equipment	9
仪器仪表制造业	Manufacture of Measuring Instruments	2
金属制品、机械和设备修理业	Metal Products, Machinery and Equipment Repair	1
电力、热力的生产和供应业	Production and Supply of Electric Power,Gas and Water	14
燃气生产和供应业	Production and Supply of Gas	7
水的生产和供应业	Production and Supply of Water	2

continued

(10 000yuan)

亏损企业 Loss-suffering Enterprises	工业销售产值（当年价格） Output Value of Industrial Sold (current prices)	资产总计 Total Assets	流动资产总计 Total Working Capitas	存货 Stock	产成品 Finished Products
	278368	298545	48026	11258	8564
2	93220	122785	85802	31179	4100
	312961	121479	61291	10096	2758
	39944	112404	17416	10212	383
1	13820	14313	11297	8170	2449
	7964	116727	29089	2136	1290
	3933	8477	6441	310	74
1	20795	33271	16465	4996	788
1	2016503	1837173	841120	201594	21682
3	842393	936081	580031	101693	54516
	22596	30157	14943	6030	2247
3	186857	226011	147616	54346	32138
5	244399	476889	219339	21844	11662
1	103932	357463	153126	47426	18109
7	322379	709847	355492	113069	29564
3	28661	146051	65094	26433	6948
	3288	3993	3760	56	
3	202054	296971	193062	21921	7846
	37079	56622	48231	7728	990
	3310	5001	3331	43	30
5	453994	1886113	423140	6922	106
3	599934	1552613	622426	71312	38290
	38429	232286	51888	638	30

4—4 续表2 continued

单位:万元　　　　　　　　　　　　　　　　　　　　　　　　　　　　　　　　　　　　　　(2017)

指　标	Item	固定资产总计 Total Value of FixedAssets
总　计	**Total**	2949520
#亏损企业	Loss-suffering Enterprises	570764
按轻重工分	Grouped by Light & Heavy Industries	
轻工业	Light Industry	199239
重工业	Heavy Industry	2750281
按企业规模分	Grouped by Size of Enterprises	
大型企业	Large Enterprises	1222148
中型企业	Medium-sized Enterprises	923910
小型企业	Small Enterprises	728097
微型企业	Micro-enterprises	75365
按登记注册类型分	Grouped by Status of Registration	
内资企业	Domestic Funded	2654104
国有企业	State-owned Enterprises	126223
中央企业	Central	120697
地方企业	Local	5526
有限责任公司	Limited Liability Corporations	1190623
国有独资公司	State Sole Funded Corporations	176147
其他有限责任公司	Other Limited Liability Corporations	1014476
股份有限公司	Share-holding Corporations Limited	1024784
私营企业	Private Enterprises	312473
私营独资企业	Private Sole Funded Corporations	301011
私营有限责任公司	Private Limited Liability Corporations	11463
私营股份有限公司	Private Share-holding Corporations Limited	57064
港、澳、台商投资企业	Enterprises with Funds fromHong Kong,Macaoand Taiwan	5054
合资经营企业(港或澳、台资)	Joint-venturesEnterprises(Hongkong,Macao or Taiwan)	52010
港澳台商独资经营企业	Enterprises with Fundsfrom Hong Kong,Macao andTaiwan	238353
外商投资企业	Foreign Funded Enterprises	61612
中外合资经营企业	Joint-venture Enterprises	176741

continued

(10 000yuan)

固定资产原价 Original Value of Fixed Assets	累计折旧 Accumulated Depreciation	负债合计 Total Liabilities	流动负债合计 Total Working Liabilities	应付账款 Accounts Payable
4685968	1993936	5408631	3443050	1037542
1006787	437467	1984015	1324432	359259
317755	129939	261640	228393	88978
4368214	1863997	5146991	3214656	948565
2006886	1052260	660457	518888	260999
1387204	522333	2300869	1482401	320482
1170196	393108	2360054	1423833	448656
121682	26235	87251	17928	7405
4134518	1734164	4870518	3055170	761025
230134	120593	105922	64513	28828
221142	117127	99073	60276	26323
8992	3466	6849	4237	2505
1819533	622094	1987164	1155216	389457
308109	131751	332432	64215	48315
1511424	490342	1654733	1091001	341142
1662618	837633	995473	447038	110809
422233	153844	1781959	1388403	231930
404518	147660	1756703	1364601	226126
17715	6184	25257	23803	5805
97182	43412	155650	90518	53846
24280	19226	16261	16261	1066
72902	24186	139390	74258	52780
454269	216360	382463	297361	222672
91382	30617	92476	81047	36514
362888	185743	289987	216315	186157

4—4 续表3 continued

单位:万元 (2017)

指 标	Item	固定资产总计 Total Value of Fixed Assets
按工业行业大类分	**Grouped by Sector**	
煤炭开采和洗选业	Mining and Washing of Coal	5173
农副食品加工业	Processing of Food from Agricultural Products	20716
食品制造业	Manufacture of Foods	52920
酒、饮料和精制茶制造业	Manufacture of Wine, Beverage and Tea	83450
纺织业	Manufacture of Textile	1966
纺织服装、服饰业	Manufacture of Textile Wearing Appareland Apparel Industry	4354
造纸及纸制品业	Manufacture of Paper and Paper Products	1349
印刷和记录媒介复制业	Printing,Reproduction of Recording Media	14470
石油、煤炭及其他燃料加工业	Petroleum,coal and other fuel processing industries	836407
化学原料及化学制品制造业	Manufacture of RawChemical Materials and Chemical Products	283779
医药制造业	Manufacture of Medicines	12747
橡胶和塑料制品业	Manufacture of Rubber and Plastics	65337
非金属矿物制品业	Manufacture of Non-metallic Mineral Products	215668
金属制品业	Manufacture of Metal Products	84056
通用设备制造业	Manufacture of General Purpose Machinery	292790
专用设备制造业	Manufacture of Special Purpose Machinery	32811
铁路、船舶、航空航天和其他运输设备制造业	ManufatureofRailways,Shipbailding,AerospaceandOtherTransporationEquipment	187
电气机械及器材制造业	Manufacture of Electrical Machinery and Equipment	78826
仪器仪表制造业	Manufacture of Measuring Instruments	4665
金属制品、机械和设备修理业	Metal Products, Machinery and Equipment Repair	1670
电力、热力的生产和供应业	Production and Supply of Electric Power,Gas and Water	523287
燃气生产和供应业	Production and Supply of Gas	273502
水的生产和供应业	Production and Supply of Water	59390

continued

(10 000yuan)

固定资产原价 Original Value of Fixed Assets	累计折旧 Accumulated Depreciation	负债合计 Total Liabilities	流动负债合计 Total Working Liabilities	应付账款 Accounts Payable
6726	1553	62107	29757	6561
36565	15932	37716	22868	5150
84706	34344	74105	72666	26904
111096	30941	43415	43415	40880
3199	1232	9806	9806	2475
7481	3127	13163	9521	2167
4069	2720	3909	3909	207
25250	10867	16813	12585	1982
1384772	796852	1021049	791655	82361
379020	89367	371858	317943	104449
17565	8971	8934	5098	664
196822	132690	199203	193824	146261
339965	134987	208200	204907	91160
139588	38178	226433	144403	48062
389931	151387	383544	271848	119649
36524	10482	86690	82434	40896
381	198	1991	1991	982
64862	20370	159323	126702	64207
7662	2998	40609	35373	10756
1670	527	3478	3478	209
976391	367384	1374498	428292	138367
359444	85942	966520	604398	93962
112279	52890	95270	26181	9230

4—4 续表4 continued

单位:万元 (2017)

指 标	Item	所有者权益合计 Owners' Equities
总 计	Total	4156503
#亏损企业	Loss-suffering Enterprises	406298
按轻重工分	**Grouped by Light & Heavy Industries**	
轻工业	Light Industry	371299
重工业	Heavy Industry	3785204
按企业规模分	**Grouped by Size of Enterprises**	
大型企业	Large Enterprises	1311963
中型企业	Medium-sized Enterprises	1105864
小型企业	Small Enterprises	1644813
微型企业	Micro-enterprises	93863
按登记注册类型分	**Grouped by Status of Registration**	
内资企业	Domestic Funded	3822086
国有企业	State-owned Enterprises	53465
中央企业	Central	48449
地方企业	Local	5017
有限责任公司	Limited Liability Corporations	1780461
国有独资公司	State Sole Funded Corporations	98622
其他有限责任公司	Other Limited Liability Corporations	1681839
股份有限公司	Share-holding Corporations Limited	1094979
私营企业	Private Enterprises	893181
私营有限责任公司	Private Limited Liability Corporations	857328
私营股份有限公司	Private Share-holding Corporations Limited	35854
港、澳、台商投资企业	Enterpriseswith Funds from Hong Kong,Macaoand Taiwan	124340
合资经营企业(港或澳、台资)	Joint-ventures Enterprises(Hongkong, Macao or Taiwan)	-5491
港澳台商独资经营企业	Enterprises with Funds from HongKong,Macao and Taiwan	129831
外商投资企业	Foreign Funded Enterprises	210077
中外合资经营企业	Joint-venture Enterprises	69408
外资企业	Foreign Enterprises	140669

continued

(10 000yuan)

实收资本 Paid-up Capital	国家资本 State-owned Capital	集体资本 Collective-owned Capital	法人资本 Corporate Capital	个人资本 Personal Capital	港澳台资本 Capital frome Hong KongMacao and Taiwan	外商资本 Foreign Capital
2694085	848331	9762	1440280	177487	82392	135834
617635	102840		418114	34956	2425	59300
211344	9199		174242	18784	4506	4613
2482741	839132	9762	1266037	158703	77886	131221
788063	636413		117000			34650
878943	169462	7968	561020	43672		96821
1007799	30356	1794	755081	133814	82392	4363
19279	12100		7179			
2430994	847581	9762	1393038	177030		3584
16046	16046					
13138	13138					
2908	2908					
1001486	186756	1794	792580	20356		
95033	95033					
906453	91723	1794	792580	20356		
882524	644779	7968	194804	31390		3584
530937			405654	125283		
505530			395904	109626		
25407			9750	15657		
89667			7275		82392	
9700			7275		2425	
79967					79967	
173425	750		39967	457		132251
45015	750		39967	457		3841
128410						128410

4—4 续表5 continued

单位:万元　　(2017)

指　标	Item	所有者 权益合计 Owners' Equities
按工业行业大类分	**Grouped by Sector**	
煤炭开采和洗选业	Mining and Washing of Coal	236438
农副食品加工业	Processing of Food from Agricultural Products	68935
食品制造业	Manufacture of Foods	47373
酒、饮料和精制茶制造业	Manufacture of Wine, Beverage and Tea	68989
纺织业	Manufacture of Textile	4507
纺织服装、服饰业	Manufacture of Textile Wearing Appareland Apparel Industry	103564
造纸及纸制品业	Manufacture of Paper and Paper Products	4569
印刷和记录媒介复制业	Printing,Reproduction of Recording Media	16459
石油、煤炭及其他燃料加工业	Petroleum,coal and other fuel processing industries	816124
化学原料及化学制品制造业	Manufacture of RawChemical Materials and Chemical Products	564223
医药制造业	Manufacture of Medicines	21223
橡胶和塑料制品业	Manufacture of Rubber and Plastics	26807
非金属矿物制品业	Manufacture of Non-metallic Mineral Products	268689
金属制品业	Manufacture of Metal Products	131029
通用设备制造业	Manufacture of General Purpose Machinery	326302
专用设备制造业	Manufacture of Special Purpose Machinery	59362
铁路、船舶、航空航天和其他运输设备制造业	ManufatureofRailways,Shipbailding,AerospaceandOtherTransporationEquipment	2001
电气机械及器材制造业	Manufacture of Electrical Machinery and Equipment	137648
仪器仪表制造业	Manufacture of Measuring Instruments	16013
金属制品、机械和设备修理业	Metal Products, Machinery and Equipment Repair	1524
电力、热力的生产和供应业	Production and Supply of Electric Power,Gas and Water	511614
燃气生产和供应业	Production and Supply of Gas	586093
水的生产和供应业	Production and Supply of Water	137017

continued

（10 000yuan）

实收资本 Paid-up Capital	国家资本 State-owned Capital	集体资本 Collective-owned Capital	法人资本 Corporate Capital	个人资本 Personal Capital	港澳台资本 Capital frome Hong KongMacao and Taiwan	外商资本 Foreign Capital
30000				30000		
22048			13669	5188	600	2591
28562			23850	3712		1000
1781			300		1481	
4000				4000		
101000	750		100000			250
2000			1517	483		
11361	7361			4000		
838676	623276		214500	900		
166722			159370	6566	786	
10120	1088		7631	1401		
89772			27275		2425	60072
197438	50000	1794	134537	11107		
78010			67426	7000		3584
219527	16714		88384	46091		68338
56400			39523	16877		
825				825		
45736			29154	16582		
8268		7968		300		
1500				1500		
353670	144978		153138	15555	40000	
291562	4165		281997	5400		
135108			98008		37100	

4—4 续表6 continued

单位:万元 (2017)

指 标	Item	主营业务收入 Revenue from Principal Business
总 计	**Total**	6109109
#亏损企业	Loss-suffering Enterprises	594506
按轻重工分	Grouped by Light & Heavy Industries	
轻工业	Light Industry	433258
重工业	Heavy Industry	5675851
按企业规模分	Grouped by Size of Enterprises	
大型企业	Large Enterprises	3065442
中型企业	Medium-sized Enterprises	971991
小型企业	Small Enterprises	2042904
微型企业	Micro-enterprises	28773
按登记注册类型分	Grouped by Status of Registration	
内资企业	Domestic Funded	5544485
国有企业	State-owned Enterprises	167211
中央企业	Central	161159
地方企业	Local	6052
有限责任公司	Limited Liability Corporations	1847179
国有独资公司	State Sole Funded Corporations	83173
其他有限责任公司	Other Limited Liability Corporations	1764005
股份有限公司	Share-holding Corporations Limited	2204368
私营企业	Private Enterprises	1325727
私营有限责任公司	Private Limited Liability Corporations	1297822
私营股份有限公司	Private Share-holding Corporations Limited	27906
港、澳、台商投资企业	Enterpriseswith Funds from Hong Kong,Macaoand Taiwan	120513
合资经营企业(港或澳、台资)	Joint-ventures Enterprises(Hongkong, Macao or Taiwan)	6218
港澳台商独资经营企业	Enterprises with Funds from HongKong,Macao and Taiwan	114295
外商投资企业	Foreign Funded Enterprises	444111
中外合资经营企业	Joint-venture Enterprises	96190
外资企业	Foreign Enterprises	347921

continued

(10 000yuan)

主营业务成本 Cost of Principal Business	其他业务收入 Revenus from Other Business	其他业务利润 Other Profits	销售费用 Selling Costs	管理费用 Management Costs
4585709	186663	-8348	116428	204612
580380	39016	1891	11961	43419
348713	96537	1289	32599	21609
4236996	90126	-9637	83829	183003
2041741	36327	-14573	22619	60485
762342	46124	5072	42336	74601
1763522	101238	1153	51355	67178
18103	2974	0	118	2348
4132250	89789	-11186	98468	176514
158981	760	230	19	1759
153411	329	0	0	1358
5571	431	230	19	401
1434609	45955	2562	51314	63492
83090	344	231	69	3041
1351519	45611	2331	51245	60451
1332356	10415	-13772	14978	63209
1206304	32659	-206	32158	48054
1184318	32440	-250	30479	44258
21986	220	44	1679	3796
68716	41	348	1768	4690
5877	37	26	799	338
62839	4	322	969	4352
384743	96834	2489	16192	23408
75665	61187	583	5303	8150
309078	35647	1906	10889	15258

4—4 续表7 continued

单位:万元 (2017)

指 标	Item	主营业务收入 Revenue from Principal Business
按工业行业大类分	**Grouped by Sector**	
煤炭开采和洗选业	Mining and Washing of Coal	278368
农副食品加工业	Processing of Food from Agricultural Products	92962
食品制造业	Manufacture of Foods	194317
酒、饮料和精制茶制造业	Manufacture of Wine, Beverage and Tea	36970
纺织业	Manufacture of Textile	13750
纺织服装、服饰业	Manufacture of Textile Wearing Appareland Apparel Industry	12250
造纸及纸制品业	Manufacture of Paper and Paper Products	4034
印刷和记录媒介复制业	Printing,Reproduction of Recording Media	19693
石油、煤炭及其他燃料加工业	Petroleum,coal and other fuel processing industries	2034455
化学原料及化学制品制造业	Manufacture of RawChemical Materials and Chemical Products	829423
医药制造业	Manufacture of Medicines	22524
橡胶和塑料制品业	Manufacture of Rubber and Plastics	190413
非金属矿物制品业	Manufacture of Non-metallic Mineral Products	252658
金属制品业	Manufacture of Metal Products	103788
通用设备制造业	Manufacture of General Purpose Machinery	317946
专用设备制造业	Manufacture of Special Purpose Machinery	27678
铁路、船舶、航空航天和其他运输设备制造业	ManufatureofRailways,Shipbailding,AerospaceandOtherTransporationEquipment	3078
电气机械及器材制造业	Manufacture of Electrical Machinery and Equipment	269718
仪器仪表制造业	Manufacture of Measuring Instruments	41493
金属制品、机械和设备修理业	Metal Products, Machinery and Equipment Repair	3310
电力、热力的生产和供应业	Production and Supply of Electric Power,Gas and Water	471651
燃气生产和供应业	Production and Supply of Gas	850245
水的生产和供应业	Production and Supply of Water	38386

continued

(10 000yuan)

主营业务成本 Cost of Principal Business	其他业务收入 Revenus from Other Business	其他业务利润 Other Profits	销售费用 Selling Costs	管理费用 Management Costs
275041			933	727
74193	137	128	5249	3221
162468	87313	618	15596	4958
32878	2974	322		1763
13339			81	165
8002	113	26	1037	1029
2832	94	41	358	517
16054	1165	25	749	3471
1207668		-15669	7385	63657
634707	29022	36	7733	13269
8360	110	103	7076	5022
187731	39732	1932	6058	5937
197897	4700	400	24366	16701
83257	4860	1772	3948	10919
249910	7834	-52	15084	30887
24315	3337		610	4680
1356	210		198	659
215207	1639	1376	8212	8034
30648	32	21	5212	4098
2965			116	192
387087	2882	572	369	8645
750500	32		2128	8739
19295	478		3932	7325

4—4 续表8 continued

单位:万元　　　　(2017)

指 标	Item	财务费用 Financial Costs
总 计	**Total**	106522
#亏损企业	Loss-suffering Enterprises	34563
按轻重工分	Grouped by Light & Heavy Industries	
轻工业	Light Industry	4002
重工业	Heavy Industry	102520
按企业规模分	Grouped by Size of Enterprises	
大型企业	Large Enterprises	8452
中型企业	Medium-sized Enterprises	49175
小型企业	Small Enterprises	45412
微型企业	Micro-enterprises	3483
按登记注册类型分	Grouped by Status of Registration	
内资企业	Domestic Funded	97394
国有企业	State-owned Enterprises	2890
中央企业	Central	2880
地方企业	Local	10
有限责任公司	Limited Liability Corporations	45604
国有独资公司	State Sole Funded Corporations	6086
其他有限责任公司	Other Limited Liability Corporations	39518
股份有限公司	Share-holding Corporations Limited	20474
私营企业	Private Enterprises	28425
私营独资企业	Private Sole Funded Corporations	27501
私营有限责任公司	Private Limited Liability Corporations	924
私营股份有限公司	Private Share-holding Corporations Limited	5047
港、澳、台商投资企业	Enterprises with Funds fromHong Kong,Macaoand Taiwan	1
合资经营企业(港或澳、台资)	Joint-venturesEnterprises(Hongkong, Macao or Taiwan)	5046
港澳台商独资经营企业	Enterprises with Fundsfrom Hong Kong,Macao andTaiwan	4082
外商投资企业	Foreign Funded Enterprises	2397
中外合资经营企业	Joint-venture Enterprises	1685

continued

(10 000yuan)

利息支出 Interest Expense	营业利润 Operating Profits	利润总额 Total Profits	亏损企业亏损总额 Total Loss ofLoss-suffering Enterprises	本年应付职工薪酬 Wages Payable This Year	从业人员平均人数(人) Annual Average EmployedPersons
100274	481415	496884	80087	244357	36783
30199	-84611	-80087	80087	56229	7331
4246	22484	29712	663	29348	6476
96028	458931	467171	79425	215008	30307
9796	317257	307947	7984	73510	10972
49428	49918	61106	51995	98651	13607
37562	110381	122812	20066	71563	12126
3487	3860	5019	43	632	78
90201	418971	432691	69780	184347	30141
2851	2171	2807		6354	703
2851	1918	2064		5411	535
	253	743		943	168
38076	249799	259419	23208	96677	15132
5292	-9644	-9201	9201	12487	901
32784	259443	268620	14007	84190	14231
19831	163779	159836	7181	43142	7134
29443	3223	10629	39391	38174	7172
28674	3573	9881	38508	35196	6602
769	-350	748	883	2978	570
5065	45090	45691	418	5489	729
1	-848	-418	418	701	114
5064	45938	46108		4788	615
5008	17354	18502	9889	54520	5913
2500	5994	7282		13341	1944
2508	11360	11220	9889	41180	3969

4—4 续表9 continued

单位:万元 (2017)

指 标	Item	财务费用 Financial Costs
按工业行业大类分	**Grouped by Sector**	
煤炭开采和洗选业	Mining and Washing of Coal	974
农副食品加工业	Processing of Food from Agricultural Products	511
食品制造业	Manufacture of Foods	89
酒、饮料和精制茶制造业	Manufacture of Wine, Beverage and Tea	1663
纺织业	Manufacture of Textile	113
纺织服装、服饰业	Manufacture of Textile Wearing Appareland Apparel Industry	304
造纸及纸制品业	Manufacture of Paper and Paper Products	158
印刷和记录媒介复制业	Printing,Reproduction of Recording Media	758
石油、煤炭及其他燃料加工业	Petroleum,coal and other fuel processing industries	20260
化学原料及化学制品制造业	Manufacture of RawChemical Materials and Chemical Products	4214
医药制造业	Manufacture of Medicines	108
橡胶和塑料制品业	Manufacture of Rubber and Plastics	221
非金属矿物制品业	Manufacture of Non-metallic Mineral Products	3673
金属制品业	Manufacture of Metal Products	5273
通用设备制造业	Manufacture of General Purpose Machinery	4550
专用设备制造业	Manufacture of Special Purpose Machinery	835
铁路、船舶、航空航天和其他运输设备制造业	ManufatureofRailways,Shipbailding,AerospaceandOtherTransporationEquipment	-2
电气机械及器材制造业	Manufacture of Electrical Machinery and Equipment	3187
仪器仪表制造业	Manufacture of Measuring Instruments	283
金属制品、机械和设备修理业	Metal Products, Machinery and Equipment Repair	2
电力、热力的生产和供应业	Production and Supply of Electric Power,Gas and Water	30160
燃气生产和供应业	Production and Supply of Gas	25834
水的生产和供应业	Production and Supply of Water	3356

continued

(10 000yuan)

利息支出 Interest Expense	营业利润 Operating Profits	利润总额 Total Profits	亏损企业亏损总额 Total Loss ofLoss-suffering Enterprises	本年应付职工薪酬 Wages Payable This Year	从业人员平均人数(人) Annual Average EmployedPersons
990	987	1135		1911	367
732	9333	10212	101	4624	811
390	11059	12374		8061	1633
1665	239	1474		1745	201
113	38	67	59	367	103
340	-850	61		3548	1970
159	669	683		797	165
688	-1277	465	85	2910	513
20404	120291	108918	33170	29374	4825
5604	166346	168147	1374	34157	5456
159	1703	2361		4928	722
1	-8267	-7872	10307	21655	2683
3617	8756	9979	883	17484	2389
5120	9000	8899	239	12336	1833
5290	15635	25698	4555	43319	5560
759	-2563	-1999	3979	6179	922
1	778	968		628	92
3327	31932	32703	1500	10297	2019
377	963	2376		4225	611
	17	17		231	61
25899	38518	41231	20916	26526	2166
21306	62182	62835	2919	7063	812
3335	15927	16152		1992	869

主要统计指标解释

【工业总产值】是指工业企业在本年内生产的以货币形式表现的工业最终产品和提供工业劳务活动的总价值量。

工业总产值计算应遵循的三个原则:工业生产的原则、最终产品的原则、“工厂法”原则。

工业总产值的内容包括三部分:生产的成品价值、对外加工费收入、自制半成品在制品期末期初差额价值。

【工业增加值】是指工业企业在报告期内以货币表现的工业生产活动的最终成果。工业增加值有两种计算方法:一是生产法,即工业总产值减去工业中间投入;二是收入法(又称要素分配法),即从收入的角度出发,根据生产要素在生产过程中应得到的收入份额计算,具体构成项目有固定资产折旧、劳动者报酬、生产税净值、营业盈余。

生产法计算公式为:工业增加值=工业总产值-工业中间投入+本年应交增值税

收入法(分配法)计算公式为:工业增加值=固定资产折旧+劳动者报酬+生产税净额+营业盈余

【实收资本】指企业投资者实际投入的资本(或股本),包括货币、实物、无形资产等各种形式的投入。实收资本按投资主体可分为国家资本、集体资本、法人资本、个人资本、港澳台资本和外商资本。

【资产总计】指企业拥有或控制的能以货币计量的经济资源,包括各种财产、债权和其他权利。资产按其流动性(即资产的变现能力和支付能力)划分为:流动资产、长期投资、固定资产、无形资产、递延资产和其他资产。

固定资产指企业使用期限超过一年的房屋、建筑物、机器、机械、运输工具以及其他与生产、经营有关的设备、器具、工具等。不属于生产经营主要设备的物品,单位价值在2000元以上,并且使用年限超过2年的,也应当作为固定资产。流动资产指企业可以在一年内或者超过一年的一个生产周期内变现或者耗用的资产,包括现金及各种存款、短期投资、应收及预付款项、存货等。

【负债合计】指企业所承担的能以货币计量,将以资产或劳务偿付的债务。偿还形式包括货币、资产或提供劳务。负债一般按偿还期长短分为流动负债和长期负债。

流动负债指企业在一年内或超过一年的一个营业周期内需要偿还的债务,包括短期借款、应付票据、应付帐款、预收帐款、应付工资、应交税金、应付利润、预提费用等。

长期负债指企业偿还期在一年以上或者超过一年的一个营业周期以上的债务,包括长期借款、长期应付款、应付债券等。

【所有者权益合计】指企业投资人对企业净资产的所有权。企业净资产等于企业全部资产减去全部负债后的余额,包括实收资本、资本公积金、盈余公积金和未分配利润等。

5

能　源

Energy

5—1 银川市全社会能源消费量

单位：万吨标准煤

年　份	Year	2013
全社会能源消费量	**Comprehensive Energy Consumption**	1623.15
第一产业	Primary Industry	7.02
第二产业	Secondary Industry	1475.28
工业	Industry	1459.25
规模以上工业	Industrial Enterprises above Designated Size	1435.79
规模以下工业	Industrial Enterprises below Designated Size	16.3
损失量	Amount at Stake	7.16
建筑业	Construction	16.03
第三产业	Tertiary Industry	102.7
交通运输、仓储邮电	Transport,Storang and Post	52.76
批发、零售和住宿餐饮	Wholesale,Retail Trades,Hotels and Gatering Services	27
其他	Others	22.94
生活消费	living Consumption	38.15
城镇	Urban	21.12
农村	Rural	17.03

5—2 银川市能源加工转换情况

（2017）

指　标	Item	单位	Unit	合计 Total
投入量	Input	万吨标准煤	10 000 Tons of SCE	6254.24
产出量	Output	万吨标准煤	10 000 Tons of SCE	4724.56
转换损失量	Losses During The Process of Energy Conversion	万吨标准煤	10 000 Tons of SCE	1529.68
转换效率	Efficience of Energy Conversion	%	%	75.54

5—3 规上工业能源消费量及单位工业增加值能耗下降率

（2017）

地　区	Region	规模以上工业能源消费量（万吨标准煤） Energy Consumption of Industrial Enterprises above Designated Size（10 000 Tons of SCE）
银川市	Yinchuan	2890.8
兴庆区	Xinqing	10.6
金凤区	Jinfeng	13.5
西夏区	Xixia	228.5
永宁县	Yongning	127.5
贺兰县	Helan	52
灵武市	Lingwu	2455.3
宁　东	Ningdong	2434.2

Comprehensive Energy Consumption of the Whole Country in Yinchuan

(10 000 tons of SCE)

2014	2015	2016	2017
1870.13	2309.96	2398.23	3158.03
10.81	12.46	11.55	12.08
1679.76	2117.29	2202.91	2954.26
1658.49	2095.17	2180.14	2931.03
1601.3	2056.38	2141.2	2890.85
49.59	31.2	35.6	36.73
7.59	7.59	3.34	3.45
21.27	22.11	22.77	23.24
115.64	115.39	116.07	121.69
52.63	48.21	48.69	50.30
30.55	33.6	33.88	35.49
32.46	33.58	33.5	35.91
63.93	64.79	67.7	70.00
49.7	49.66	51.2	53.00
14.23	15.17	16.5	17.00

Energy Processing and Conversion

火电 Thermal Power	供热 Heating	洗煤 Washing Coal	炼焦 Coking	炼油 Petroleum Refineries	天然气液化 Liguefied Nature Gas
1882.09	227.47	2206.16	504.24	1388.73	45.06
771.82	187.32	2193.56	465.39	1062.87	43.60
1110.27	40.14	12.60	39.35	325.86	1.47
41.01	82.35	99.43	92.20	76.54	96.74

Comprehensive Energy Consumption of the Whole Country in Yinchuan

单位工业增加值能耗下降率（%） Drop Rate of Energy Consumption of Per Unit Industrial Added-value（%）
24.6
-13.3
4.9
-0.8
-7.6
-3.6
25.1
23.6

5—4 全市规模以上工业企业能源生产、销售与库存

产 品	Product	单 位	Unit	年初存货 Invertory At Beginning of Year	产品产量 Production	
					2017 年	2016 年
原煤	Coal	吨	ton	5401339.26	65944688.23	61329590.08
无烟煤	Anthracite Coal	吨	ton	15687	3770954	5077777
炼焦烟煤	Coking Coal	吨	ton	104065	3002333	3575369
一般烟煤	General Coal	吨	ton	5281587.26	59171401.23	52676444.08
褐煤	Lignite	吨	ton			
洗精煤(用于炼焦)	Clean Coal	吨	ton	291469	3217086.98	3402360.82
其他洗煤	Other Washing Coal	吨	ton	757103.25	30537564.52	44778612.57
煤制品	Coal Products	万立方米	10 000 su.m			
原油	Natural Grede Oil	吨	ton			
天然气	Natural Gas	万立方米	10 000 su.m			
液化天然气	Liquefied Natural Gas	吨	ton	12535.8	248096.37	124040.26
原油加工量	Crude Oil Processing Capacity	吨	ton		5854630	5714314
汽油	Gasoline	吨	ton	131519.46	2433267.35	2549790
煤油	Kerosene	吨	ton	1386	187031	196413
柴油	Diesel Oil	吨	ton	158163	2987664.99	2343405
润滑油	Lubricating Oil	吨	ton			
燃料油	Fuel Oil	吨	ton	7871	47516	56790
石脑油	Naphtha	吨	ton	577	415860.93	49202
溶剂油	Solvent Oil	吨	ton			
液化石油气	Liquefied Oil Gas	吨	ton	7407.41	572179.8	463743.48
石油焦	Petroleum Coke	吨	ton			
石油沥青	Asphalt	吨	ton			
炼厂干气	Refinery Dry Gas	吨	ton			145
其他石油制品	Other Oil Products	万千瓦小时	10 000 kwh	7997.5	533769.18	484697.12
焦炭	Coke	万千瓦小时	10 000 kwh	110801	4461605.92	4252952.24
发电量	Energy Output	万千瓦小时	10 000 kwh		5981802.35	5032370.18
火力发电量	Thermal Power	万千瓦小时	10 000 kwh		5572804.89	4704499.05
水力发电量	Hydropower	万千瓦小时	10 000 kwh			
核能发电量	Nuclear Power	万千瓦小时	10 000 kwh			
风力发电量	Wind Power	万千瓦小时	10 000 kwh		245392.94	241397.14
太阳能发电量	Solar Power	万千瓦小时	10 000 kwh		182022.04	101376.96
潮汐能发电量	Tidal Power	万千瓦小时	10 000 kwh			
地热能发电量	Geothermal Power	万千瓦小时	10 000 kwh			
其他发电量	Other Power	万千瓦小时	10 000 kwh			
煤气	Coal Gas	万立方米	10 000 su.m		116515.31	116826.82

EnergyPurchase,ConsumptionandInventoryofIndustrialEnterprisesaboveDesignatedSize

销售量 Sales volume				企业自用及其他 Enterprise for Own Use and Others		年末存货 Invertory At Year-end	
2017 年	2016 年	销往省外 Sales to Other Provinces 2017 年	销往省外 Sales to Other Provinces 2016 年	2017 年	2016 年	2017 年	2016 年
65005553.24	58623501.08	5181289.64	5017641	7912410	6141985	470642.58	5401339.26
30132	20449			3756509	5044943		15687
3274641	3955669			113461	1006346	106659	104065
61700780.24	54647383.08	5181289.64	5017641	4042440	90696	363983.58	5281587.26
	329904		329904	3217086.98	3217086.98	150954.77	291469
6464482.3	7723299.03	4381293.54	6529638.5	24019305.47	36778070.7	743477.88	757103.25
1531927.33	1226855.46	1099548.33	940521.51		1304	8716.8	12535.8
2444428	2499646	10196	1916280	216.15	225.82	120142.66	131519.46
182728	195028		195028			5689	1386
3027212.41	2281461	25019	1676334	790	683	117824.58	158163
44087	630336		56698	5315	1027	5985	7871
415822.93	51092		44692			615	577
572864.34	463675.07	5820	182129			6722.87	7407.41
517539.18	480902.55		18205			24227.5	7997.5
4402813.54	4181858.32	2993913.21	2887967.96			169593.38	110801
4739313.29	3910271.36			801543.73	668124.15		
4343126.8	3592997.82			787555.35	657458.45		
235962.38	232296.35			10626.55	9017.19		
178359.42	99694.39			3644.04	1834.28		
				116515.31	116826.82		

5—5 全市规模以上工业分行业产值能耗

(2017)

指 标	Item	综合能源消费量（吨标准煤）Comprehensive Energy Consumption (tons of SCE)
合 计	Total	34164286
采矿业	**Mining**	**12435137**
煤炭开采和洗选业	Mining and Washing of Coal	12435137
制造业	**Manufacturing**	**12408464**
农副食品加工业	Processing of Food fromAgricultural Products	33950
食品制造业	Manufacture of Foods	552827
酒、饮料和精制茶制造业	Manufacture of Wine,Beverages and Tea	22296
纺织业	Manufacture of Textile	61795
纺织服装、服饰业	Manufacture of Textile and Apparel	726
皮革、毛皮、羽毛及其制品和制鞋业	Manufactureof Leather,Fur,Feather,Related ProdusctsandShoe	1528
木材加工及木、竹、藤、棕、草制品业	Processing ofTimber,Manufacture of Wood,Bamboo,Rattan,Palmand StrawProducts	472
家具制造业	Manufacture of Furniture	391
造纸及纸制品业	Manufacture of Paper and Paper Products	21313
印刷业和记录媒介的复制	Printing and Reproduction of Recording Media	4051
文教、工美、体育和娱乐用品制造业	Manufal ture of Artides for cutture ,Education,Arts and crafts,Sports and Entertainment Activities	92
石油、煤炭及其他燃料加工业	Petroleum,coal and other fuel processing industries	5128275
化学原料及化学制品制造业	Manufacture of RawChemical Materials and Chemical Products	4097427
医药制造业	Manufacture of Medicines	666606
橡胶和塑料制品业	Manufacture of Rubber and Plastics	68469
非金属矿物制品业	Manufacture of Mon-metallic Mineral Products	643048
黑色金属冶炼及压延加工业	Smelting and Pressing of Ferrous Metals	73928
有色金属冶炼及压延加工业	Smelting and Pressing of Non-ferrous Metals	992834
金属制品业	Manufacture of Metal Products	7024
通用设备制造业	Manufacture of General Purpose Machinery	17871
专用设备制造业	Manufacture of Special purpose Machinery	2126
汽车制造业	Manufacture of Car	26
铁路、船舶、航空航天和其他运输设备制造业	Manufacture of Railway,Ship,Aviation and Transport Equipment	31
电气机械及器材制造业	Manufacture of Electrical Machinery and Equipment	4608
仪器仪表制造业	Manufacture of Measuring Instruments	521
废弃资源综合利用业	Recycling and Disposal of Waste	6230
金属制品、机械和设备修理业	Metal products,machinery and Eguipment	0
电力、热力、燃气及水生产和供应业	**Produetion and supply of Eleetric power,Heat power,Gas and water**	**9320684**
电力、热力的生产和供应业	Production and Supply of ElectricPower and Heat Power	924077
燃气生产和供应业	Production and Supply of Gas	37028
水的生产和供应业	Production and Supply of Water	36580

Energy Consumption of Industrial Enterprises above Designated Size by Industries

工业总产值（万元） Gross Industrial Output Value (10 000yuan)	产值单耗（吨标准煤/万元） Energy Consumption per Unit of Gross Industrial Output Value (tons of sce/10 000 yuan)
20259085	1.6864
3870700	**3.2126**
3870700	3.2126
13251249	**0.9364**
521520	0.0651
856249	0.6456
208362	0.1070
1083098	0.0571
13854	0.0524
50719	0.0301
4949	0.0954
25876	0.0151
46771	0.4557
68726	0.0589
50096	0.0018
4991038	1.0275
1646103	2.4892
625620	1.0828
222427	0.3078
487596	1.3188
32110	2.3024
1132132	0.8770
209009	0.0336
335562	0.0533
71767	0.0296
2767	0.0094
3372	0.0092
305040	0.0151
48770	0.0107
214406	0.0291
3310	0.0000
3132988	**2.9750**
2383969	3.8789
656183	0.0564
92835	0.3940

5—6 全市规模以上工业企业能源购进、消费与库存情况

(2017)

指 标	Item	年初库存量 Inventory at the Beginning of the Year	购进量 Physical Quantity Purchased
原煤(吨)	Raw Coa(l ton)	2114639.88	87449003.85
无烟煤(吨)	Anthracite Coa(l ton)	138212.22	3141205.45
炼焦烟煤(吨)	Coking Coa(l ton)	97940.13	3591514.67
一般烟煤(吨)	General Coa(l ton)	1875867.53	79972115.61
褐煤(吨)	Lignite(ton)	2620	34917
洗精煤(吨)	Clean Coa(l ton)	72000	2837883.82
其它洗煤(吨)	Other Washing Coa(l ton)	2861.02	9673.68
煤制品(吨)	Coal Products(ton)	1916.11	34920.89
焦炭(吨)	Coke(ton)	33220.04	434182.12
其它焦化产品(吨)	Other Coking Products(ton)	461.64	8686.87
焦炉煤气(万立方米)	Coking Gas(10 000 cu.m)		4239.36
天然气(气态)(万立方米)	Natural Gas(gaseous state)(10 000 cu.m)		119613.55
液化天然气(液态)(吨)	Liquefied Natura(l liquid state)Gas(ton)		1280321
煤层气	Coalbed Methane		
原油(吨)	Crude O(i l ton)	82530	5886865
汽油(吨)	Gasoline(ton)	23.59	2848.28
煤油(吨)	Kerosene(ton)	5.18	91.86
柴油(吨)	Diesel O(i l ton)	553.93	18644.63
燃料油(吨)	Fuel O(i l ton)	3715.83	244123.03
液化石油气(吨)	Liquefied Petroleum Gas(ton)	916.15	137157.46
润滑油(吨)	Lubricating O(i l ton)	27.92	1332.69
溶剂油	Solvent Oil		
石油焦(吨)	Petroleum coke(ton)	59021.87	87353.01
其它石油制品(吨)	Other Petroleum Products(ton)	7.64	1903.35
热力(百万千焦)	Hea(t million kilo-joule)		843513.1
电力(万千瓦时)	Electricity(10 000 kwh)		1593920.12
煤矸石用于燃料(吨)	Coal Gangue as Fue(l ton)		272982.81
城市生活垃圾(用于燃料)	Municipal Solid Waste(For fuel)		411672.72
余热余压(百万千焦)	Waste Heat and Excess Pressure(million kilo-joule)		17213
其他燃料(吨标准煤)	Other Feu(l tons of sce)		49.26
能源合计(吨标准煤)	Total Energy(tons of sce)		

Energy Purchase, Consumption and Inventory of Industrial Enterprises above Designated Size

消费量 Consumption	工业生产消费 Industrial Production	#用于原材料 Used for Raw Materials	非工业生产消费 Non-industrial	合计中运输工具消费 Total:Trans port consumption	年末库存量 Inventory at Year-end
90712647.44	90667212.82	4398382.56	45434.62		2289783.25
3257984.73	3257958.42	31481.2	26.31		59370.71
3543538.42	3543538.42	1129274.29			100877.86
83121675.29	83076339.98	3237627.07	45335.31		2105316.58
789449	789376		73		4870
6055618.76	6055618.76				211866.27
1272881.65	1272881.65	4358.38			4303.49
35588.39	35585.39		3		1248.61
422211.49	422001.49	377288.96	210		45195.67
8441.87	8441.87	8441.87			706.63
120754.67	120754.67				
119611.28	119285.6	26221.11	325.68	5.77	2.47
321	321				
5854630	5854630				114765
3041.01	1505.85		1535.16	2556.19	3.2
88.21	88.21				8.83
19102.02	17607.76		1494.27	6416.67	417.52
248372.34	248372.34	1799			4736.68
127009.56	127008.66		0.9		11064.05
1106.63	1051.44		55.19		22
133237.83	133237.83				13137.05
1901.27	1884.59		16.69		11.92
32854950.46	32651118.46		203832		
2419167.99	2391557.31		27610.69	3361.67	
636107.81	636107.81				
398597.72	398597.72				
3676711.81	3676711.81				
49.26	35.8		13.46		
80753070.09	80673710.18		79359.91		

5—7 全市规模以上工业企业能源购进、消费与库存附表情况

（2017）

指　标	Item	单　位	Unit	工业生产消费量 Industry Consumption	加工转换投入合计 Total Convert Input	火力发电 Thermal Power
原煤	Coal	吨	ton	88904481.51	70444243.33	27354112.21
无烟煤	Anthracite Coal	吨	ton	3214680.27	748711.64	
炼焦烟煤	Coking Coal	吨	ton	3543538.42	1691080	
一般烟煤	General Coal	吨	ton	81389480.82	67247669.69	26597330.21
褐煤	Lignite	吨	ton	756782	756782	756782
洗精煤	Clean Coal	吨	ton	6055618.76	6055618.76	
其它洗煤	Other Washing Coal	吨	ton	1264650.44		
煤制品	Coal Products	吨	ton	35585.39	35585.39	
焦炭	Coke	吨	ton	377288.96		
其它焦化产品	Other Coking Products	吨	ton			
焦炉煤气	Coking Gas	万立方米	10 000 su.m	116515.31		
天然气（气态）	Natural Gas(gaseous state)	万立方米	10 000 su.m	110285.86	65870.88	19865.48
液化天然气（液态）	Liquefied Natura(l liquid state)Gas	吨	ton			
原油	Crude Oil	吨	ton	5854630	5854630	
汽油	Gasoline	吨	ton	618.41		
煤油	Kerosene	吨	ton	2.18		
柴油	Diesel Oil	吨	ton	5242.03	263.86	263.86
燃料油	Fuel Oil	吨	ton	246573.34	241258.34	1048.62
液化石油气	Liquefied Petroleum Gas	吨	ton	126371.42	111254.9	
炼厂干气	Net Gas of Plant	吨	ton			
石脑油	Naphtha	吨	ton			
润滑油	Lubricating Oil	吨	ton	1032.1		
其它石油制品	Other Petroleum Products	吨	ton	1790.81		
热力	Heat	百万千焦	million kilo-joule	31807605.36		
电力	Electricity	万千瓦时	10 000 kwh	1369678.7		
煤矸石用于燃料	Coal Gangue as Fuel	吨	ton	636107.81	272982.81	272982.81
城市生活垃圾（用于燃料）	Municipal Solid Waste(For fuel)	吨	ton	398597.72	398597.72	398597.72
余热余压	Waste Heat and Excess Pressure	百万千焦	million kilo-joule	3676711.81	919280.43	919280.43
其他燃料	Other Fuel	吨标准煤	tons of SCE			
能源合计	Total Energy	吨标准煤	tons of SCE	77879250.27	60200136.88	16478645.45

Energy Purchase, Consumption and Inventory of Industrial Enterprises above Designated Size

供热 Heating Supply	原煤入洗 Washing -dressing Coal	炼焦 Coking	炼油及煤制油 PetroleumRefining and Coal Product	天然气液化 Natural Gas iquefying	能源加工转换产出 Output in Processing	回收利用 Recycling
3342117.91	32500113.96		7247899.25			
	748711.64					
590960	1100120					
2751157.91	30651282.32		7247899.25			
		6055618.76			3217086.98	
					26917078.52	
35585.39						
					4461605.92	
					332636.07	
					116515.31	
10157				35848.4		
					248096.37	
			5854630			
					2433267	
					187031	
					2987664.41	
10.15			240199.57		47516	
			111254.9		572179.36	
					415860.93	
					533769.18	
					54933303.11	
					5572804.89	
					1937714.84	
						3902168.41
2274654.96	22061600.51	5047358.24	13887251.64	450626.07	46376360.14	133063.94

5—8 全市规模以上工业分品种分行业能源消费

(2017)

指 标	Item	原煤(吨) Coa(ton)
合 计	Total	90712647
采矿业	**Mining**	**47813747**
煤炭开采和洗选业	Mining and Washing of Coal	47813747
制造业	**Manufacturing**	**17227765**
农副食品加工业	Mining and Washing of Coal	7751
食品制造业	Manufacture of Foods	906481
酒、饮料和精制茶制造业	Manufacture of Wine,Beverages and Tea	7280
纺织业	Manufacture of Textile	7033
纺织服装、服饰业	Manufacture of Textile and Apparel	9
皮革、毛皮、羽毛及其制品和制鞋业	Manufacture of Leather,Fur,Feather,Related Produsts and Shoe	1806
木材加工及木、竹、藤、棕、草制品业	Processing of Timber,Manufacture of Wood,Bamboo,Rattan,Palm,and Straw Products	
家具制造业	Manufacture of Furniture	
造纸及纸制品业	Manufacture of Paper and Paper Products	28159
印刷和记录媒介复制业	Printing and Reproduction of Recording Media	15
文教、工美、体育和娱乐用品制造业	Manufacture of Cultureand Edueation,Arts and crafts,Sports and Entertainment Prdcucts	
石油、煤炭及其他燃料加工业	Petroleum,coal and other fuel processing industries	9226680
化学原料及化学制品制造业	Manufacture of Raw Chemical Materials and Chemical Products	5092561
医药制造业	Manufacture of Medicines	1092769
橡胶和塑料制品业	Manufacture of Rubber and Plastics	70076
非金属矿物制品业	Manufacture of Non-metallic Mineral Products	780384
黑色金属冶炼和压延加工业	Smelting and Pressing of Ferrous Metals	2291
有色金属冶炼和压延加工业	Smelting and Pressing of Non-ferrous Metals	257
金属制品业	Manufacture of Metal Products	4059
通用设备制造业	Manufacture of General Purpose Machinery	16
专用设备制造业	Manufacture of Special purpose Machinery	85
汽车制造业	Manufacture of Car	
铁路、船舶、航空航天和其他运输设备制造业	Manufacture of Railway,Ship,Aviation and Transport Equipment	
电气机械及器材制造业	Manufacture of Electrical Machinery and Equipment	
仪器仪表制造业	Manufacture of Measuring Instruments	
废弃资源综合利用业	Recycling and Disposal of Waste	55
电力、燃气及水的生产和供应业	**Electric Power,Gas and Water Production and Supply**	**25671135**
电力、热力的生产和供应	Production and Supply of Electric Power and Heat Power	25671040
燃气生产和供应业	Production and Supply of Gas	
水的生产和供应业	Production and Supply of Water	95

Energy Consumption of Industrial Enterprises above Designated Size by Variety by Industries

无烟煤(吨) Anthracite Coa(ton)	炼焦烟煤(吨) Coking Coa(ton)	一般烟煤(吨) General Coa(ton)	褐煤(吨) Lignite(ton)	洗精煤(吨) Clean Coa(ton)
3257985	3543538	83121675	789449	6055619
748712	**1100120**	**45208134**	**756782**	
748712	1100120	45208134	756782	
2509273	**2443418**	**12242406**	**32667**	**6055619**
73		6611	1067	
32		906449		
		7280		
56		6977		
5		4		
		1806		
		28159		
		15		
2460862	651746	6114071		6055619
7260	1791673	3262029	31600	
		1092769		
		70076		
40958		739426		
		2291		
		257		
11		4048		
16				
		85		
		55		
		25671135		
		25671040		
		95		

5—8 续表1

(2017)

指 标	Item	其它洗煤(吨) Other Washing Coa(ton)
合 计	**Total**	**1272882**
采矿业	**Mining**	
煤炭开采和洗选业	Mining and Washing of Coal	
制造业	**Manufacturing**	**1130367**
农副食品加工业	Mining and Washing of Coal	
食品制造业	Manufacture of Foods	
酒、饮料和精制茶制造业	Manufacture of Wine,Beverages and Tea	
纺织业	Manufacture of Textile	
纺织服装、服饰业	Manufacture of Textile and Apparel	
皮革、毛皮、羽毛及其制品和制鞋业	Manufacture of Leather,Fur,Feather,Related Produsts and Shoe	
木材加工及木、竹、藤、棕、草制品业	Processing of Timber,Manufacture of Wood,Bamboo,Rattan,Palm,and Straw Products	
家具制造业	Manufacture of Furniture	
造纸及纸制品业	Manufacture of Paper and Paper Products	
印刷和记录媒介复制业	Printing and Reproduction of Recording Media	
文教、工美、体育和娱乐用品制造业	Manufacture of Cultureand Edueation,Arts and crafts,Sports and Entertainment Prdcucts	
石油、煤炭及其他燃料加工业	Petroleum,coal and other fuel processing industries	1122136
化学原料及化学制品制造业	Manufacture of Raw Chemical Materials and Chemical Products	5646
医药制造业	Manufacture of Medicines	2585
橡胶和塑料制品业	Manufacture of Rubber and Plastics	
非金属矿物制品业	Manufacture of Non-metallic Mineral Products	
黑色金属冶炼和压延加工业	Smelting and Pressing of Ferrous Metals	
有色金属冶炼和压延加工业	Smelting and Pressing of Non-ferrous Metals	
金属制品业	Manufacture of Metal Products	
通用设备制造业	Manufacture of General Purpose Machinery	
专用设备制造业	Manufacture of Special purpose Machinery	
汽车制造业	Manufacture of Car	
铁路、船舶、航空航天和其他运输设备制造业	Manufacture of Railway,Ship,Aviation and Transport Equipment	
电气机械及器材制造业	Manufacture of Electrical Machinery and Equipment	
仪器仪表制造业	Manufacture of Measuring Instruments	
废弃资源综合利用业	Recycling and Disposal of Waste	
电力、燃气及水的生产和供应业	**Electric Power,Gas and Water Production and Supply**	**142515**
电力、热力的生产和供应	Production and Supply of Electric Power and Heat Power	142515
燃气生产和供应业	Production and Supply of Gas	
水的生产和供应业	Production and Supply of Water	

continued

煤制品(吨) Coal Products (ton)	焦炭(吨) Coke (ton)	其它焦化产品(吨) Other Coking Products (ton)	焦炉煤气(万立方米) Coking Gas (10 000 cu.m)	天然气(气态)(万立方米) Natural Gas (Gaseous State) (10 000 cu.m)	液化天然气(液态)(吨) Liquefied Natrual Gas (Liquid State)(ton)
35588	**422211**	**8442**	**120755**	**119611**	**321**
				14843	
				14843	
3	**422211**	**8442**	**120755**	**38858**	**321**
				763	
				717	
				1045	
				1336	
				53	
				7	
				29	
				6	
				11	
				245	
			116515	28267	
	377289		4239	2258	
				27	
				1	
	1119	8442		53	321
	27554			1086	
	14500			2170	
				62	
				527	
				35	
3				146	
				6	
	1750			9	
35585				**65910**	
35585				30022	
				35862	
				25	

5—8 续表2

(2017)

指　标	Item	原油(吨) Crude Oil (ton)
合　计	**Total**	**5854630**
采矿业	**Mining**	
煤炭开采和洗选业	Mining and Washing of Coal	
制造业	**Manufacturing**	**5854630**
农副食品加工业	Mining and Washing of Coal	
食品制造业	Manufacture of Foods	
酒、饮料和精制茶制造业	Manufacture of Wine,Beverages and Tea	
纺织业	Manufacture of Textile	
纺织服装、服饰业	Manufacture of Textile and Apparel	
皮革、毛皮、羽毛及其制品和制鞋业	Manufacture of Leather,Fur,Feather,Related Produsts and Shoe	
木材加工及木、竹、藤、棕、草制品业	Processing of Timber,Manufacture of Wood,Bamboo,Rattan,Palm,and Straw Prod-ucts	
家具制造业	Manufacture of Furniture	
造纸及纸制品业	Manufacture of Paper and Paper Products	
印刷和记录媒介复制业	Printing and Reproduction of Recording Media	
文教、工美、体育和娱乐用品制造业	Manufacture of Cultureand Edueation,Arts and crafts,Sports and Entertainment Prdcucts	
石油、煤炭及其他燃料加工业	Petroleum, Coal and Other Fuel Processing Industries	5854630
化学原料及化学制品制造业	Manufacture of Raw Chemical Materials and Chemical Products	
医药制造业	Manufacture of Medicines	
橡胶和塑料制品业	Manufacture of Rubber and Plastics	
非金属矿物制品业	Manufacture of Non-metallic Mineral Products	
黑色金属冶炼和压延加工业	Smelting and Pressing of Ferrous Metals	
有色金属冶炼和压延加工业	Smelting and Pressing of Non-ferrous Metals	
金属制品业	Manufacture of Metal Products	
通用设备制造业	Manufacture of General Purpose Machinery	
专用设备制造业	Manufacture of Special purpose Machinery	
汽车制造业	Manufacture of Car	
铁路、船舶、航空航天和其他运输设备制造业	Manufacture of Railway,Ship,Aviation and Transport Equipment	
电气机械及器材制造业	Manufacture of Electrical Machinery and Equipment	
仪器仪表制造业	Manufacture of Measuring Instruments	
废弃资源综合利用业	Recycling and Disposal of Waste	
电力、燃气及水的生产和供应业	**Electric Power,Gas and Water Production and Supply**	
电力、热力的生产和供应	Production and Supply of Electric Power and Heat Power	
燃气生产和供应业	Production and Supply of Gas	
水的生产和供应业	Production and Supply of Water	

continued

汽油(吨) Gasoline (ton)	煤油(吨) Kerosene (ton)	柴油(吨) Diesel Oil (ton)	燃料油(吨) Fuel Oi (ton)	液化石油气(吨) Liquefied Petroleum Gas (ton)	润滑油(吨) Lubricating Oil (ton)
3041	**88**	**19102**	**248372**	**127010**	**1107**
346	2	3928			1086
346	2	3928			1086
1951	**86**	**14311**	**247314**	**126914**	**21**
194		76			1
94		74			
26		26			
211		282			
15					
1					
24					
26		34			
35		12			
10		11			
215		790	245515	542	
280		685		126371	
22		139			
29		41			
146		11321			
24		172			
3		391	1799		
44		28			
207	86	95			18
48		46		1	1
10					
130		48			1
134					
23		39			
743		**863**	**1059**	**95**	
433		705	1059		
107		1		95	
203		158			

5—8 续表3

(2017)

指 标	Item	石油焦(吨) Petroleum Coke (ton)
合 计	**Total**	**133238**
采矿业	**Mining**	
煤炭开采和洗选业	Mining and Washing of Coal	
制造业	**Manufacturing**	**133238**
农副食品加工业	Mining and Washing of Coal	
食品制造业	Manufacture of Foods	
酒、饮料和精制茶制造业	Manufacture of Wine,Beverages and Tea	
纺织业	Manufacture of Textile	
纺织服装、服饰业	Manufacture of Textile and Apparel	
皮革、毛皮、羽毛及其制品和制鞋业	Manufacture of Leather,Fur,Feather,Related Prodsuts and Shoe	
木材加工及木、竹、藤、棕、草制品业	Processing of Timber,Manufacture of Wood,Bamboo,Rattan,Palm,and Straw Products	
家具制造业	Manufacture of Furniture	
造纸及纸制品业	Manufacture of Paper and Paper Products	
印刷和记录媒介复制业	Printing and Reproduction of Recording Media	
文教、工美、体育和娱乐用品制造业	Manufacture of Cultureand Edueation,Arts and crafts,Sports and Entertainment Prdcucts	
石油、煤炭及其他燃料加工业	Petroleum,coal and other fuel processing industries	
化学原料及化学制品制造业	Manufacture of Raw Chemical Materials and Chemical Products	
医药制造业	Manufacture of Medicines	
橡胶和塑料制品业	Manufacture of Rubber and Plastics	
非金属矿物制品业	Manufacture of Non-metallic Mineral Products	
黑色金属冶炼和压延加工业	Smelting and Pressing of Ferrous Metals	
有色金属冶炼和压延加工业	Smelting and Pressing of Non-ferrous Metals	133238
金属制品业	Manufacture of Metal Products	
通用设备制造业	Manufacture of General Purpose Machinery	
专用设备制造业	Manufacture of Special purpose Machinery	
汽车制造业	Manufacture of Car	
铁路、船舶、航空航天和其他运输设备制造业	Manufacture of Railway,Ship,Aviation and Transport Equipment	
电气机械及器材制造业	Manufacture of Electrical Machinery and Equipment	
仪器仪表制造业	Manufacture of Measuring Instruments	
废弃资源综合利用业	Recycling and Disposal of Waste	
电力、燃气及水的生产和供应业	**Electric Power,Gas and Water Production and Supply**	
电力、热力的生产和供应	Production and Supply of Electric Power and Heat Power	
燃气生产和供应业	Production and Supply of Gas	
水的生产和供应业	Production and Supply of Water	

continued

其它石油制品（吨）Other Petroleum Products(ton)	热力（百万千焦）Heat (million kilo-joule)	电力（万千瓦时）Electricity (10 000kwh)	煤矸石用于燃料（吨）Coal Gangue asFue(ton)	城市垃圾用于燃料（吨）City Garbage asFue(ton)	生物质废料用于燃料（吨）Material Wasteas Fue(ton)	余热余压（百万千焦）Waste Heat and Excess Pressure (million kilo-joule)	其他燃料（吨标准煤）Other Feul (tons of SCE)
1901	**32854950**	**2419168**	**636108**	**398598**		**3676712**	**49**
1807		318917				2740218	
1807		318917				2740218	
94	**32854904**	**1629448**	**363125**			**919280**	**49**
	292309	7412					36
	8706265	68925					
		4669					
		33020					
		89					
		257					
		73					
		326					
	470988	3594					
		798					
		75					
		172753	363125				
	16396077	457856					
	6961416	76352					
		14934					
		70385				919280	
		33278					
		665359					
		2991					
94	19776	8518					
	8074	1085					
		21					
		14					
		2425					13
		405					
		3833					
	47	**470803**	**272983**	**398598**		**17213**	
		423702	272983	398598		17213	
	47	17939					
		29162					

5—9 全市规模以上工业企业水消费

Water Consumption of Industrial Enterprises above Designated Size

(2017)

指　标	Item	取水总量（万立方米）Amount（10 000cu.m）	外供水量（万立方米）Amount（10 000cu.m）
地表淡水	Land Surface Water	24073.19	
陆地苦咸水	Land Lake Water	1.46	
地下淡水	Groundwater	17547.36	
自来水	Tap	15539.25	33553.87
其他水	Others	0.12	
再生水(中水)	Reclaimed Water	1435.26	

补充指标 Additional Index

指 标	Item	2017年（万立方米）This Year（10 000cu.m）	2016年（万立方米）Last Year（10 000cu.m）
外排水量	Disposable Water	17986.50	17491.14
重复用水量	Repeated Water Consumption	492478.95	333795.64
污水处理企业污水处理量	Sewage Treatment Capacity of Sewage Treatment Enterprises	12743.60	12854.47

主要统计指标解释

【能源消费量】指能源使用企业(单位)在报告期内实际消费的各种能源的数量。能源消费量分实物量和标准量两种。能源消费实物量是按照报表规定的、体现物质形态属性的计量单位(如:吨、立方米)计算的能源消费量;能源消费标准量是按照能源标准计量单位(如:吨标准煤)计算的能源消费量。

【综合能源消费量】指企业(单位)在报告期内工业生产实际消费的各种能源(扣除能源加工转换和能源回收利用等重复因素)的总和。计算综合能源消费量时,需要将各种能源品种的消费量换算成按照标准计量单位(如:吨标准煤)计量的消费量。

【能源加工转换投入】能源加工转换,指为了特定的用途,将一种能源(一般为一次能源),经过一定的工艺,加工或转换成另外一种能源(二次能源)。

【取水量】指企业从各种水源直接提取或者从市场购买的用于厂区、办公区内工业生产活动的水量,以实际获得的新水量为准。

用于工业生产活动的水量,包括主要生产用水、辅助生产用水(如机修、运输、空压站等)和附属生产用水(如绿化、办公室、浴室、食堂、厕所、保健站等),不包括非工业生产单位的用水量(如基建用水、厂内居民家庭用水和企业附属幼儿园、学校、对外营业的浴室、游泳池等的用水量)和居民生活用水量。

取水量包括企业取自地表、地下、城镇供水工程的水,外购的再生水(中水)、其他水或水的产品,以及企业为生产外供水或水产品而取用的水。不包括重复用水量、直流冷却水量、未利用直接排放的矿井水和雨水量、污水处理企业处理的污(废)水量、水力发电动力用水量。

【外供水量】指企业外供给其他单位的水或水产品的量,以离厂水量为准。包括外供给其他企业或市场的原水、自来水、海水淡化水、矿泉水、纯净水等。不包括直流冷却水量、再生水(中水)、未利用直接排放的矿井水和雨水量、北方地区供暖企业供给城镇热力网内循环的热水量、进入城镇污水管网和直接排到自然环境中的水量。

【重复用水量】指在确定的用水单元或系统内,所有未经处理和处理后又重复使用的水量总和。重复用水量不包括北方地区城镇热力网内循环的热水、火力发电设备内进行汽水循环的除盐水。

【非工业企业能源消费量】指不是工业企业的法人单位所消费的各种能源,具体指建筑业和第三产业的企事业法人单位。其能源消费主要包括:(1)用于生产经营活动的能源;(2)用于技术更新改造措施、新技术研究以及科学试验等方面的能源;(3)用于经营维修、建筑及设备大修理、机电设备和交通运输工具等方面的能源;(4)用于劳动保护的能源;(5)其他非生产消费的能源。

6

固定资产投资

Investment in Fixed Assets

6—1 主要年份全社会固定资产投资

Total Investment in Fixed Assets of the Whole Country in Main Years

单位:万元、平方米 (10 000 yuan,sq.m)

年份 Year	全社会固定资产投资 Total Investment in Fixed Assets	基本建设投资 Infrastructure	更新改造投资 Renovation and Reformation Investment	房地产开发投资 Real Estate	住宅 Residence	新增固定资产 Newly Increased Fixed Assets	各类房屋施工面积 Floor Space under Construction	住宅面积 Floor Space of Residence	各类房屋竣工面积 Floor Space Completed	住宅面积 Floor Space of Residence
1950	53	53				31	1467	1143	1100	800
1951	108	108				48	8000	5571	6000	3900
1952	445	445				224	6133	2857	4600	2000
1953	524	524				256	15600	5000	11700	3500
1954	715	715				387	26133	11231	19600	7300
1955	641	641				314	37733	18000	28300	11700
1956	667	667				363	70286	26462	49200	17200
1957	447	447				218	33857	13538	23700	8800
1958	2313	2313				750	383541	201987	272755	131987
1959	4840	4840				1048	441690	215213	318090	133746
1960	6397	6397				4188	463863	271040	332120	167240
1961	2400	2400				497	237231	130333	154200	78200
1962	666	666				464	29846	3833	19400	2300
1963	1066	1066				830	68462	18667	44500	11200
1964	2403	2403				2006	160923	75273	104600	41400
1965	4927	4927				3498	224061	100913	147599	56322
1966	5727	5727				3809	525333	248545	315200	136700
1967	3313	3313				349	58828	3091	37095	1700
1968	3776	3776				688	864784	43285	523517	26349
1969	3261	3261				1872	828898	143303	502565	72603
1970	4623	4623				2113	609499	29600	370699	14800
1971	5050	5050				2110	271931	162000	186198	81000
1972	4957	4957				2985	272935	126620	171547	66720
1973	5294	5294				3077	316289	124406	195381	64606
1974	5599	5599				3477	345613	129454	138739	46787
1975	6065	6065				4091	367316	126226	175353	56230
1976	5950	5950				3002	404323	130909	157000	57854
1977	6047	6047				4564	402883	131114	179555	60785
1978	8560	8376				5243	502900	148000	227020	72000
1979	11905	10919	862			8008	837493	388562	311284	134805
1980	16265	13699	2362			12648	1070119	524200	610119	284000
1981	15339	10653	3726			12949	1031995	542744	637528	315157

注:1.自 2003 年起全社会固定资产投资包括区统计局反馈不分地区项目投资。2008 年分组指标不含农户投资。

2.自 2011 年始,固定资产投资计划总投资起点由 50 万元调整为 500 万元,故,依据自治区统计局反馈数据对 2010 年数据进行修订。

6—1 续表2 continued

单位:万元、平方米 （10 000 yuan,sq.m）

年份 Year	全社会固定资产投资 Total Investment in Fixed Assets	基本建设投资 Infrastructure	更新改造投资 Renovation and Reformation Investment	房地产开发投资 Real Estate	住宅 Residence	新增固定资产 Newly Increased Fixed Assets	各类房屋施工面积 Floor Space under Construction	住宅面积 Floor Space of Residence	各类房屋竣工面积 Floor Space Completed	住宅面积 Floor Space of Residence
1982	18258	12208	4566			14997	1587654	997424	1186744	766054
1983	21385	11012	8241			15461	1093897	618285	498977	320511
1984	29330	15407	9384			19559	1887950	995322	1142746	686193
1985	55005	34872	13160			30347	2255500	1109428	1241225	701528
1986	66084	43894	17423			39289	2037959	943686	1346280	744614
1987	75101	51668	18597			55585	1532013	582122	965840	395009
1988	56292	33375	13822			33629	1409844	674239	982568	495398
1989	56419	29761	16852			38038	1158405	591582	781511	413010
1990	65500	36431	17340	2149	1764	48913	1398073	802355	939523	600655
1991	87636	44318	21405	8965	8372	60555	1899668	1195878	1303969	906242
1992	146519	78744	37615	13663	10400	151708	2410361	1324909	1578398	974386
1993	194002	84407	52851	22540	12104	173246	2969490	1811726	1987984	1384739
1994	246885	126134	66092	24037	19790	219909	2311284	1283794	1610092	990857
1995	227456	105098	43262	38376	28000	189329	2410970	1532772	1530400	1167180
1996	315463	154291	83632	41086	28111	252909	2600454	1442603	1761583	1178097
1997	380733	191802	60937	48590	31059	314142	4038255	2892013	3014031	2307205
1998	511270	277336	75541	88455	58856	359110	3931877	2559940	2611550	1799054
1999	516344	256873	70575	104919	59640	378007	4396176	2519022	3274393	1995085
2000	523923	204858	104399	126616	74690	525341	4552693	2652779	3115842	2087221
2001	560558	201025	106508	177941	98121	516897	4569637	2653177	3061367	1947532
2002	729627	326252	91328	240498	164659	479996	5766251	3485057	3093144	1992760
2003	1433939	620045	186981	393550	279647	1015596	9967477	6478985	6115154	4313808
2004	1717373	616663	257489	488078	295523	1007747	10510923	5643948	5390303	3441758
2005	2016507	905404	239750	566134	346375	1113990	11297484	6752154	6188935	4246691
2006	2328456	1284219	257813	576808	405861	1429210	11564933	6798205	5792179	3747578
2007	2926906	1689254	368149	627154	443118	1337848	12610230	7419524	6053179	4212773
2008	3656897	2280467	355143	786051	569594	2322089	13430521	8285362	5673344	3672797
2009	4921031	3307601	388898	995984	743543	2944037	17293716	10113633	6291230	4380586
2010	6486862	3927344	396627	1608188	1160756	2026383	25667621	14592765	6505184	4534215
2011	7338479	4194479	860018	2076719	1436173	6861875	34052766	18774469	8943919	4939024
2012	9187292	5226518	991762	2757023	1755066	3850184	39484833	22688905	8143678	6131097
2013	11490012	7255830	710424	3308094	1956800	5474655	60870147	27188302	7258174	5159194
2014	13927640	8851536	871698	3888952	2390099	8033073	53700347	29097660	9159764	5658438
2015	15408842	9221349	1854836	4091711	2541048	12193828	50938672	26997768	8966054	4812046
2016	17233117	11508090	381420	4749414	2781617	8134934	53556127	27069704	10098795	5634651
2017	17190497	11024960	1402146	4028246	2402498	10076165	51408742	26183709	10695805	5343113

a) Since 2003, the total social investment in fixed assets including District Statistics Bureau feedback data that not classified region Project invest- ment. The group index exchuding farmer investment in 2008.

b)Since 2011, the total Planned investment in fixed assets investment starting point adjustment from 50 million to 500 million, 2010 data rivised in- accordance with the Regional Bareau of feed back data.

6—2 主要年份按行业分的城镇固定资产投资

单位:万元

指 标	Item	2007 年	2008 年
按国民经济行业分	**Grouped by Sector**	**2681405**	**3392333**
第一产业	**Primary Industry**	**6066**	**49172**
农林牧渔业	Agriculture,Forestry,Animal Husbandary and Fishery	6066	49172
第二产业	**Secondary Industry**	**1554617**	**1985045**
工业	Industry	1553322	1983815
采矿业	Mining	374274	440974
制造业	Manufacturing	745179	1336429
电力、燃气及水的生产和供应业	Production and Supply of Electricity,Gas and Water	433869	206412
建筑业	Construction	1295	1230
第三产业	**Tertiary Industry**	**1120722**	**1358116**
批发和零售业	Wholesale and Retail Trades	14939	40059
交通运输、仓储和邮电业	Transport,Storang and Post	62187	51716
住宿和餐饮业	Hotels and Catering Services	16276	8047
信息传输、软件和信息技术服务业	Information Transmission,Computer Services and Software	7407	812
金融业	Financial Intermediation	2353	1005
房地产业	Real Estate	648083	884771
租赁和商务服务业	Leasing and Business Sewices	4000	11906
科学研究和技术服务业	Scientific Research and Technical Service	2084	1100
水利、环境和公共设施管理业	Management of Water Conservancy,Environment and Public Facilities	128275	184564
居民服务、修理和其他服务业	Services to Households and Other Services		
教育	Education	84634	43912
卫生和社会工作	Health and Social Work	43446	26473
文化、体育和娱乐业	Culture,Sports and Entertainment	72346	65214
公共管理、社会保障和社会组织	Public Management,Social Security and Social Organizations	34692	38537
国际组织	International Organizations		

注:1.2008年分组指标不含农户投资。自2011年起,行业数据以国家统计局新编写的《2011年国民经济行业分类注释》划分。自2014年起,农村非农户投资划入城镇投资范围。

2.按照国家统计局2013年三次产业划分规定,农、林、牧、渔业中的农、林、牧、渔服务业,采矿业中的开采辅助活动,制造业中的金属制品、机械和设备修理业三个大类调入第三产业。故,第三产业分项和不等于总量。

Total Investment in Fixed Assets By Sector in Main Years

(10 000 yuan)

2009年	2010年	2011年	2012年	2013年	2014年	2015年	2016年	2017年
4662067	**5411380**	**7026745**	**8531538**	**10619200**	**13719186**	**15280187**	**17081882**	**17043460**
66019	**61303**	**37978**	**48383**	**33630**	**178112**	**306770**	**284720**	**634201**
66019	61303	37978	15045	33630	178112	306770	284720	634201
2891341	**2371644**	**3334368**	**4087744**	**4414842**	**4816642**	**6213842**	**7178149**	**6028774**
2890288	2367224	3328168	4069264	4409909	4799648	6162009	7174646	6002189
464120	452482	569798	743269	398204	291305	162138	75038	431393
1459230	1127564	2190023	2824876	3473965	3655514	3731758	4285128	4060042
966938	787178	568347	501119	537740	852829	2268113	2814480	1510754
1053	4420	6200	18480	4933	16994	51833	3503	26585
1704707	**2978433**	**3654399**	**4395411**	**6170728**	**8724432**	**8759575**	**9619013**	**10380485**
32203	96385	238434	100042	147261	94932	81155	125982	63486
61454	331359	271341	221943	341455	986317	1103371	1631739	1728624
19253	23048	30568	33296	49390	70542	90570	95478	40023
	29737	53262	69354	66523	147292	246195	79258	128140
8101				5800	28800	53900	4998	25600
1050472	1919268	2355861	3316487	4344547	5410592	5197404	5296009	4628921
5799	10577	10	53577	78593	53940	92637	35267	134579
1900	5495	9959	2900	9859	32854	68365	123713	135812
213083	309863	422934	328938	711746	1351679	1161923	1340746	2041307
220			74766	23117	13347	13342	41588	12034
133619	89425	107342	65197	90236	131918	214931	225757	326786
38394	36829	22679	58690	57726	108285	59672	211632	607768
41284	38292	45482	29481	40841	65143	86426	236529	342535
98925	88155	96527	40740	181615	193625	196438	46411	68327

a) In 2008, the grouped indicators did not include household investment. Since 2011, the industry data are divided by the 2011 national economic industry classification. Since 2014, rural non−farm household investment has been included in urban investment scope.

b) According to provisions of the three divisions of industry by National Bureau of Statistics in 2013, the services of agriculture, forestry, machinery and equipment repair of maunfacture industry which trans−ferred to the tertiary industry. So, tertiary industry component and is not equal to the total.

6—3 全社会固定资产投资及房屋建筑面积

单位:万元、平方米 (2017)

指 标	Item	总 计 Total
全社会固定资产投资	**Total Investment in Fixed Assets**	**17190497**
#住宅	Residence	2507214
国有经济控股	State-owned	7332129
新建	New Construction	9965116
扩建	Expansion	1775329
改建和技术改造	Reconstruction and Renovation	1179029
迁建	Relocation	11209
单纯购置	Simply Purchase	84531
房地产开发投资	Real Estate Investment	4028246
农户投资	Farmers Investment	147037
按隶属关系分	**Grouped by Jurisdiction of Management**	
中央	Central Investment	1198791
地方	Local Investment	15844669
自治区	Autonomous Regions	3739057
地市县属	Cities of County	3274491
其他	Others	8831121
各类房屋施工面积	**Floor Space under Construction**	**51408742**
#住宅	Residence	26183709
新建	New Construction	9223476
扩建	Expansion	355378
改建和技术改造	Reconstruction and Renovation	300483
迁建	Relocation	87500
房地产开发	Real Estate	41441905
各类房屋竣工面积	**Floor Space Completed**	**10695805**
#住宅	Residence	5343113
新建	New Construction	1759688
扩建	Expansion	178074
改建和技术改造	Reconstruction and Renovation	80573
迁建	Relocation	81100
房地产开发	Real Estate	8596370

Total Investment in Fixed Assets in the Whole Country and Area of Aousing Construction

(10 000 yuan, sq.m)

市　区 City	永宁县 Yongning	贺兰县 Helan	灵武市 Lingwu
8517149	**1347683**	**2151427**	**5174238**
1877460	212376	283518	133860
3636610	454144	254393	2986982
4689152	686962	1136430	3452572
593344	21116	276528	884341
95100	258859	203537	621533
11209			
27161	1570	23600	32200
3072469	338111	462451	155215
28714	41065	48881	28377
138861	11695	34609	1013626
8349574	1294923	2067937	4132235
1155340	223272	113469	2246976
2338328	266878	120115	549170
4855906	804773	1834353	1336089
37339009	**5077865**	**6448148**	**2543720**
18392753	2949585	4060540	780831
6631186	979616	300460	1312214
19597	25920	178753	131108
	8030	263080	29373
87500			
30600726	4064299	5705855	1071025
7575710	**566617**	**1635155**	**918323**
4373102	67030	767633	135348
462270	472013	159708	665697
	3000	160733	14341
		52200	28373
81100			
7032340	91604	1262514	209912

6—4 按国民经济行业分的固定资产投资

单位:万元 (2017)

指 标	Item	总 计 Total 2017 年	2016 年
本年资金来源合计	**Total of Sources of Funds This Year**	**16107252**	**14666562**
上年末结余资金	**Non-balance Funds Last Year**	**1375654**	**945108**
本年资金来源小计	**Subtotal of Sources of Funds This Year**	**14731598**	**13721454**
按资金来源分	**Grouped by Fund Sources**		
国家预算内资金	State Budget	550944	664812
国内贷款	Demestic Loans	3913066	4444418
债券	Bonds	112050	1480
利用外资	Foreign Investment	21218	35501
自筹资金	Self-raising Funds	6816548	5875198
其他资金	Others	3317772	2700045
按国民经济行业分	**Grouped by Sector**	**17043460**	**17081882**
第一产业	Primary Industry	634201	284720
农、林、牧、渔业	Agriculture,Forestry,Animal Husbandary and Fishery	634201	284720
第二产业	Secondary Industry	6028774	7178149
工业	Industry	6002189	7174646
采矿业	Mining	431393	75038
制造业	Manufacturing	4060042	4285128
电力、燃气及水的生产和供应业	Production and Supply of Electricity,Gas and Water	1510754	2814480
建筑业	Construction	26585	3503
第三产业	Tertiary Industry	10380485	9619013
批发和零售业	Wholesale and Retail Trades	63486	125982
交通运输、仓储和邮政业	Transport,Storage and Post	1728624	1631739
住宿和餐饮业	Hotels and Catering Services	40023	95478
信息传输、计算机服务和软件业	Information Transmission,Computer Services and Software	128140	79258
金融业	Financial Intermediation	25600	4998
房地产业	Real Estate	4628921	5296009
租赁和商务服务业	Leasing and Business Services	134579	35267
科学研究、技术服务和地质勘查业	Scientific Research,Technical Service and Geologic Prospecting	135812	123713
水利、环境和公共设施管理业	Management of Water Conservancy,Environment and Public Facilities	2041307	1340746
居民服务和其他服务业	Services to Households and Other Services	12034	41588
教育	Education	326786	225757
卫生、社会保障和社会福利业	Health,Social Security and Social Welfare	607768	211632
文化、体育和娱乐业	Culture,Sports and Entertainment	342535	236529
公共管理和社会组织	Public Management and Social Organizations	68327	46411
新增固定资产	**Newly Increased Fixed Assets**	**10076165**	**8134934**
固定资产交付使用率(%)	**Rate of Projects of Fixed Assets Completed and Put into Use(%)**	**59.1**	**47.6**

注:1. 该表不含农户投资。

2. 按照国家统计局 2013 年三次产业划分规定,农、林、牧、渔业中的农、林、牧、渔服务业,采矿业中的开采辅助活动,制造业中的金属制 品、机械和设备修理业三个大类调入第三产业。故,第三产业分项和不等于总量。

Total Investment in Fixed Assets By Sector

(10 000 yuan)

市 区 City		永宁县 Yongning		贺兰县 Helan		灵武市 Lingwu	
2017 年	2016 年	2017 年	2016 年	2017 年	2016 年	2017 年	2016 年
8968372	**7676314**	**904867**	**663216**	**1666713**	**1445570**	**4567300**	**4881462**
1098552	**745948**	**142177**	**25806**	**61222**	**23460**	**73703**	**149894**
7869820	**6930366**	**762690**	**637410**	**1605491**	**1422110**	**4493597**	**4731568**
337618	482416	64776	11778	30659	52877	117891	117741
2019447	1904649	78848	97617	129644	167662	1685127	2274490
112050	200				100		1180
7155	5251			12063	30250	2000	
2701804	2258469	419792	381053	1147843	1017218	2547109	2218458
2691746	2279381	199274	146962	285282	154003	141470	119699
8488435	**7678967**	**1306618**	**1670227**	**2102546**	**2026166**	**5145861**	**5706522**
196655	71862	114648	99014	272360	92571	50538	21273
196655	71862	114648	99014	272360	92571	50538	21273
1324316	1370640	201995	191720	794489	942104	3707974	4673685
1318981	1367137	197535	191720	783919	942104	3701754	4673685
86	872					431307	74166
748670	771578	182150	173178	726480	749034	2402742	2591338
570225	594687	15385	18542	57439	193070	867705	2008181
5335	3503	4460		10570		6220	
6967464	6236465	989975	1379493	1035697	991491	1387349	1011564
11740	26506	3367	12218	44999	81135	3380	6123
798239	611536	216342	267921	145543	150661	568500	601621
30403	46416		4998	9620	44064		
115194	55354	982	437	4239	11800	7725	11667
21600			4998	4000			
3647401	4314280	348241	378783	462451	424084	170828	178862
84645	12631	2103	15106	25980	3670	21851	3860
94065	72120	11461	9262	19898	42331	10388	
1206101	525965	261289	490298	126491	137311	447426	187172
12034	31346		1542		8700		
205578	178264	2522	21650	42532	23266	76154	2577
410890	158249	41198	5696	93321	38527	62359	9160
267184	164443	47698	62480	15819	2546	11834	7060
44946	28015	6400	10642	15681	5392	1300	2362
5651129	**4251202**	**464802**	**1191772**	**1787037**	**1202509**	**2173197**	**1489451**
66.6	**55.4**	**35.6**	**71.4**	**85.0**	**59.3**	**42.2**	**26.1**

a) The data in above table does not include the farmers investment.

b) According to provisions of the three divisions of industry by National Bureau of Statistics in 2013, the services of agriculture, forestry, machinery and equipment repair of maunfacture industrywhich transferred to the tertiary industry. So, tertiary industry component and is not equal to the total.

6—5 各种分组的固定资产投资

单位:万元 （2017）

指 标	Item	总 计 Total	
		2017 年	2016 年
自开始建设至本年底累计完成投资	Investment Completed Since The Construction Until This Year-end	52088603	42837045
本年完成投资	**Investment Completed This Year**	17043460	17081882
住宅	Residence	2507214	2897988
按构成分	**Grouped by Structure**		
建筑工程	Construction	9555747	9515306
安装工程	Installation	1855613	1676551
设备工器具购置	Purchase of Equipment and Instruments	3475939	4034906
其他费用	Others	2156161	1855119
按建设性质分(不含房地产)	**Grouped by Type of Construction(Except Real Estate)**		
新建	New Construction	9965116	8848674
扩建	Expansion	1775329	3020119
改建和技术改造	Reconstruction and Renovation	1179029	372729
按经济类型分	**Grouped by Economic Types**		
内资	Domestic Funds	16130416	16197568
国有	State-owned Enterprises	4402410	4600345
有限责任公司	Limited Liability Corporations	4916033	5703194
国有独资公司	State Sole Funded Corporations	1758096	2898559
其他有限责任公司	Other Limited Liability Corporations	3157937	2804635
股份有限公司	Share-holding Corporations Ltd.	216607	370458
私营	Private Enterprises	6265271	5026954
其他内资	Other Domestic Funds	175363	211294
港、澳、台商投资	Enterprises with Sole Investment from Hongkong,Macao and Taiwan	831987	836347
外商投资	Foreign Share-holding Corporations Ltd.	77748	41767

注:该表不含农户投资。

Total Investment in Fixed Assets By Sector

(10 000 yuan)

市 区 City		永宁县 Yongning		贺兰县 Helan		灵武市 Lingwu	
2017 年	2016 年	2017 年	2016 年	2017 年	2016 年	2017 年	2016 年
27210809	21131354	3345391	3170454	4983538	4174623	16548865	14360614
8488435	**7678967**	**1306618**	**1670227**	**2102546**	**2026166**	**5145861**	**5706522**
1877460	2278251	212376	228252	283518	282538	133860	108947
5644780	5345354	994769	1386303	1056168	1073524	1860030	1710125
711478	709555	142835	114655	305906	228031	695394	624310
1161033	929374	87921	46894	381849	526096	1845136	2532542
971144	694684	81093	122375	358623	198515	745301	839545
4689152	3402230	686962	1181573	1136430	1230269	3452572	3034602
593344	187862	21116	86812	276528	259857	884341	2485588
95100	154513	258859	32946	203537	157013	621533	28257
8307693	7211996	1295816	1639383	2098517	2019966	4428390	5326223
1837753	1360269	450196	737457	240223	195398	1874238	2307221
2686313	2272591	436923	491407	266565	414208	1526232	2524988
1056475	885737	2673	84586		83797	698948	1844439
1629838	1386854	434250	406821	266565	330411	827284	680549
163501	322780	40506	14088	12600	10897		22693
3433679	2968540	365301	379096	1454751	1207997	1011540	471321
47725	2493	2890	17335	117368	191466	7380	
102994	425204	8182	30844	3340		717471	380299
77748	41767						

The data in above table does not include the farmers investment.

6—6 固定资产投资效果

(2017)

指 标	Item	单 位	Unit	合 计 Total
建设项目投产率	**Rate of Construction Projects and Put into Produce**	%	%	**65.0**
本年施工项目	Projects under Construction This Year	个	unit	1566
本年竣工项目	Projects Completed This Year	个	unit	1018
固定资产交付使用率	**Rate of Projects of Fixed Assets Completed and Put into Use**	%	%	**59.1**
本年新增固定资产	Newly Increased Fixed Assets This Year	万元	10 000 yuan	10076165
本年完成投资额	Investment Completed This Year	万元	10 000 yuan	17043460
建设周期	**Construction Period**	**年**	**year**	**4.4**
计划总投资	Total Planned Investment	万元	10 000 yuan	75026071
本年完成投资	Investment Completed This Year	万元	10 000 yuan	17043460
房屋建筑面积竣工率	**Rate of Floor Space of Buildings Completed**	%	%	**20.8**
施工面积	Floor Space of Buildings Under Construction	平方米	sq.m	51408742
竣工面积	Floor Space of Buildings Completed	平方米	sq.m	10695805

注:该表不含农户投资。

The Effect of Fixed Assets Inverstment

新 建 New Construction	扩 建 Expansion	改建和技术改造 Reconstruction and Renovation	迁 建 Relocation	单纯购置 Simply Purchase	房地产开发 Real Estate
63.0	**62.1**	**77.2**	**33.3**	**97.2**	
1283	95	149	3	36	
808	59	115	1	35	
55.1	**59.3**	**37.0**	**45.0**	**97.6**	**74.6**
5493732	1053262	436810	5041	82506	3004814
9965116	1775329	1179029	11209	84531	4028246
3.3	**7.4**	**1.8**	**9.0**	**1.0**	**6.6**
32771154	13216391	2122445	100921	86054	26729106
9965116	1775329	1179029	11209	84531	4028246
19.1	**50.1**	**26.8**	**92.7**		**20.7**
9223476	355378	300483	87500		41441905
1759688	178074	80573	81100		8596370

a) The data in above table does not include the farmers investment.

6—7 主要重点项目建设情况

单位:万元 （2017）

项目名称 Project Name	开工时间 Start Time	计划总投资 Total Planned Investment
高端轴承产业化基地建设(一期工程)	201010	232900
银川三沙源国际生态文化旅游及休闲度假园项目	201306	800000
宁夏创业谷项目	201407	300000
黄河银川段航运建设一期	201412	34042
铸造用增材制造设备及铸造智能工厂	201510	108000
银川综合客运枢纽	201511	43987
12万吨高性能差别化氨纶纤维项目	201602	525364
年产3000万件如意纺高档衬衫、300万套如意纺高档西装项目	201602	192990
西夏热电厂二期2*350mw热电联产项目	201602	292700
共享铸造双创示范基地建设项目	201603	39838
年产5GW单晶硅棒和5GW单晶硅片项目	201603	227722
宁浙直流送端750千伏接入工程	201603	91450
西夏陵申报世界文化遗产基础设施建设工程	201604	54000
秸秆造纸循环经济示范项目—清洁生产本色纸、有机肥	201605	104933
银川天山海世界.黄河明珠建设项目	201609	400000
金凤区第十八小学	201610	7930
银川国际鲜花港建设项目	201701	26800
永宁县叶家湖环境整治工程(二期)	201701	15168
银川滨河恒意技术纺织有限公司年产1亿米如意纺高档衬衫面料项目	201701	243794
银川市桃园民族颐养中心(原银川市桃园活力颐养中心)	201701	95000
永宁县综合文化艺术体育中心项目	201702	22000

Coustruction Condition of Major Keystone Project

（10 000 yuan）

项目名称 Project Name	开工时间 Start Time	计划总投资 Total Planned Investment
兴庆区掌政镇失地农民再就业基地建设项目	201702	7600
40万亩水稻一、二、三产业融合及信息化管理建设项目	201703	72000
银川阅海湾夜游银川及亮化提升项目	201703	57000
银川综合保税区展览中心项目	201703	14966
银川阅海湾中央商务区地下交通建设工程	201703	112000
滨河新区旅游大道绿化景观提升工程	201704	5993
贺兰县太阳城中学建设项目工程	201704	13692
灵武市黄河三夏公园项目	201704	20265
银川市北塔中学迁建项目	201704	11202
永宁县利民广场综合改造工程	201704	45000
银川滨河大桥黄河湿地公园景观工程	201705	12550
年产100万件男女式针织品项目	201705	18434
年产200万件女士休闲装项目	201705	13540
年产1000万件男女式袜子项目	201705	6594
银川市紧急救援中心	201706	7804
银川市妇幼保健院新建产科大楼	201706	15666
银川公共实训基地项目	201707	22882
贺兰山东麓瑞信葡萄酒生态旅游项目	201707	40000
华电灵武电厂银川市智能化集中供热项目	201709	405300
银川市立掌路改扩建公路工程	201709	25309

6—8 房地产开发企业投资情况

单位:个、万元、平方米 (2017)

指 标	Item	总 计 Total
企业个数	**Number of Enterprises**	**321**
计划总投资	Total Planned Investment	26729106
自开始建设累计完成投资	Accumulative InvestmentActually Completed Since Starting of Construction up to the End of This Year	21052789
本年完成投资	Investment Completed This Year	4028246
按构成分:	**Grouped by Structure**	
建筑工程	Construction	2760112
安装工程	Installation	665289
设备工器具购置	Purchase of Equipment and Instruments	62851
其他费用	Others	539994
#旧建筑物购置费	Purchased Costs of Older Buildings	1793
土地购置费	Toatal Value of Land Purchased	420976
按工程用途分:	**Grouped by Use of Project**	
住宅	Residence	2402498
#90平方米及以下	90 Square Meters Below	613549
90-144平方米	90-144 Square Meters	1356964
144平方米以上	144 Square Meters Above	431985
别墅、高档公寓	Villas, High-grade Apartments	124077
办公楼	Office Buildings	271467
商业营业用房	Houses for Business Use	749459
其他	Others	604822
本年新增固定资产	Newly Increased Fixed Assets This Year	3004814
上年末结余资金	Non-balance Funds Last Year	1199674
本年实际到位资金	The Actual Investment This Year	4417859
国内贷款	Demestic Loans	600006
#银行贷款	Bank loans	543759
非银行金融机构贷款	Loans of Non-bank Financial Institutions	56247
自筹资金	Self-raising Funds	1195559
其他资金来源	Others	2622294
#定金及预收款	Deposit and Payment	1491820
个人按揭贷款	Individual Mortgage Loans	620171
本年各项应付款合计	Total Payable of All	1311112
#工程款	Projects Receivable	893059
待开发土地面积	Land Space Pending Development	1103165
本年土地购置面积	Land Space Purchased This Year	744198
本年土地成交价款	Land Transaction Price This Year	67061
#拆迁补偿费	Relocation Compensation Fee	

Investment Statistics on Enterprises for Real Estate Development

(unit, 10 000yuan, sq.m)

国有经济 State-owned Enterprises	私营经济 Private Enterprises	其他有限责任公司 Other Limited Liability Corporations	外商投资 Foreign Funded Enterprises
12	**225**	**80**	**4**
3531044	15652192	6359072	1186798
2846574	12394827	4881638	929750
426648	2631757	901911	67930
365502	1774719	570671	49220
26689	436173	192427	10000
14737	41420	6694	
19720	379445	132119	8710
	1793		
11980	295517	113479	
278020	1547876	519526	57076
138301	377297	85170	12781
95754	914267	313648	33295
43965	256312	120708	11000
	86015	27062	11000
158	177467	93842	
40640	543102	157463	8254
107830	363312	131080	2600
333828	1731737	901983	37266
105417	806926	251684	35647
342329	2590848	1380869	103813
194227	285957	119822	
194227	232000	117532	
	53957	2290	
58116	933875	197068	6500
89986	1371016	1063979	97313
21814	801003	575013	93990
20041	298868	299850	1412
174528	874943	254641	7000
136490	593496	157805	5268
82616	817564	202985	
53526	348994	341678	
4804	27455	34802	

6—8 续表1

单位:个、万元、平方米　　(2017)

指　标	Item	银川市 Yinchuan
企业个数	**Number of Enterprises**	**321**
计划总投资	Total Planned Investment	26729106
自开始建设累计完成投资	Accumulative InvestmentActually Completed Since Starting of Construction up to the End of This Year	21052789
本年完成投资	Investment Completed This Year	4028246
按构成分:	**Grouped by Structure**	
建筑工程	Construction	2760112
安装工程	Installation	665289
设备工器具购置	Purchase of Equipment and Instruments	62851
其他费用	Others	539994
#旧建筑物购置费	Purchased Costs of Older Buildings	1793
土地购置费	Toatal Value of Land Purchased	420976
按工程用途分:	**Grouped by Use of Project**	
住宅	Residence	2402498
#90平方米及以下	90 Square Meters Below	613549
90-144平方米	90-144 Square Meters	1356964
144平方米以上	144 Square Meters Above	431985
别墅、高档公寓	Villas, High-grade Apartments	124077
办公楼	Office Buildings	271467
商业营业用房	Houses for Business Use	749459
其他	Others	604822
本年新增固定资产	Newly Increased Fixed Assets This Year	3004814
上年末结余资金	Non-balance Funds Last Year	1199674
本年实际到位资金	The Actual Investment This Year	4417859
国内贷款	Demestic Loans	600006
#银行贷款	Bank loans	543759
非银行金融机构贷款	Loans of Non-bank Financial Institutions	56247
自筹资金	Self-raising Funds	1195559
其他资金来源	Others	2622294
#定金及预收款	Deposit and Payment	1491820
个人按揭贷款	Individual Mortgage Loans	620171
本年各项应付款合计	Total Payable of All	1311112
#工程款	Projects Receivable	893059
待开发土地面积	Land Space Pending Development	1103165
本年土地购置面积	Land Space Purchased This Year	744198
本年土地成交价款	Land Transaction Price This Year	67061
#拆迁补偿费	Relocation Compensation Fee	

continued

(unit, 10 000yuan, sq.m)

市　区 City	兴庆区 Xingqing	金凤区 Jinfeng	西夏区 Xixia	永宁县 Yongning	贺兰县 Helan	灵武市 Lingwu
240	**123**	**106**	**11**	**24**	**32**	**25**
19558794	6643341	11522603	1392850	2676042	3551480	942790
16218654	4381135	10571690	1265829	1518653	2662199	653283
3072469	842133	1993985	236351	338111	462451	155215
2061942	552084	1359575	150283	232571	343490	122109
508795	103634	348843	56318	58517	75160	22817
56097	22113	25629	8355	2149	3875	730
445635	164302	259938	21395	44874	39926	9559
1693	5	1688			100	
335088	128320	195309	11459	44476	32763	8649
1801063	433308	1200460	167295	202201	283438	115796
523210	150205	287195	85810	21141	55737	13461
939306	210422	649853	79031	161398	160974	95286
338547	72681	263412	2454	19662	66727	7049
118979	16153	102826		4540	408	150
246406	64123	181836	447	9854	15147	60
520893	212791	265056	43046	100307	102244	26015
504107	131911	346633	25563	25749	61622	13344
2440101	833344	1426844	179913	72156	409062	83495
942166	439105	431989	71072	139661	105407	12440
3803013	1258392	2472028	72593	232839	239043	142964
540309	139420	398389	2500	3097	33100	23500
518269	133870	381899	2500		11990	13500
22040	5550	16490		3097	21110	10000
977665	429235	540622	7808	108349	61321	48224
2285039	689737	1533017	62285	121393	144622	71240
1283842	455045	813254	15543	64749	88373	54856
539661	151661	383521	4479	42411	37378	721
1020495	400044	533437	87014	112282	116094	62241
692061	308695	341390	41976	76596	64756	59646
520162	271053	249109		179517	395588	7898
167779	60392	53861	53526	357522	108653	110244
22526	3623	14099	4804	25605	5485	13445

6—8 续表2

单位:个、万元、平方米 (2017)

指　标	Item	一　级 First Grade
企业个数	**Number of Enterprises**	**10**
计划总投资	Total Planned Investment	4602541
自开始建设累计完成投资	Accumulative InvestmentActually Completed Since Starting of Construction up to the End of This Year	4126925
本年完成投资	Investment Completed This Year	554794
按构成分:	**Grouped by Structure**	
建筑工程	Construction	438939
安装工程	Installation	57388
设备工器具购置	Purchase of Equipment and Instruments	2700
其他费用	Others	55767
#旧建筑物购置费	Purchased Costs of Older Buildings	100
土地购置费	Toatal Value of Land Purchased	35473
按工程用途分:	**Grouped by Use of Project**	
住宅	Residence	321578
#90平方米及以下	Housing of 90 Square Meters Below	38459
90-144平方米	Housing of 90-144 Square Meters	205197
144平方米以上	Housing of 144 Square Meters Above	77922
别墅、高档公寓	Villas, High-grade Apartments	16665
办公楼	Office Buildings	46407
商业营业用房	Houses for Business Use	69336
其他	Others	117473
本年新增固定资产	Newly Increased Fixed Assets This Year	755999
上年末结余资金	Non-balance Funds Last Year	127028
本年实际到位资金	The Actual Investment This Year	720925
国内贷款	Demestic Loans	130750
#银行贷款	Bank loans	130750
非银行金融机构贷款	Loans of Non-bank Financial Institutions	
自筹资金	Self-raising Funds	81373
其他资金来源	Others	508802
#定金及预收款	Deposit and Payment	265057
个人按揭贷款	Individual Mortgage Loans	70319
本年各项应付款合计	Total Payable of All	146603
#工程款	Projects Receivable	122030
待开发土地面积	Land Space Pending Development	
本年土地购置面积	Land Space Purchased This Year	
本年土地成交价款	Land Transaction Price This Year	
#拆迁补偿费	Relocation Compensation Fee	

continued

(unit, 10 000yuan, sq.m)

资质等级 Qualification Criteria				
二 级 Second Grade	三 级 Third Grade	四 级 Forth Grade	暂 定 Tentative	其 他 Others
73	**71**	**59**	**107**	**1**
8892865	2225988	2864985	7851225	291502
7179412	1944642	2303714	5253507	244589
989528	200798	512036	1755037	16053
647627	144430	443274	1073279	12563
159523	36663	44719	363506	3490
12835	1800	3980	41536	
169543	17905	20063	276716	
1688		5		
129087	16573	14424	225419	
586019	117857	299105	1063878	14061
147673	15902	111749	285705	14061
363200	81525	158330	548712	
75146	20430	29026	229461	
9409	12024		85979	
70989	13174	28278	112619	
196697	52776	71440	359041	169
135823	16991	113213	219499	1823
965269	257393	171010	791631	63512
334623	112934	190788	428600	5701
1241787	319285	504548	1598142	33172
70285	23587	235093	124615	15676
64785	14200	216383	101965	15676
5500	9387	18710	22650	
387998	124038	53338	531316	17496
783504	171660	216117	942211	
407142	123527	156283	539811	
255106	43713	55059	195974	
263087	153989	190148	557285	
222467	89942	176707	281913	
257703	180220	82906	582336	
230535	62420		451243	
18613	6640		41808	

6—9 房地产开发企业财务状况

单位:万元　　　　(2017)

指　标	Item	总计 Total
年初存货	**Stock in Early**	**12683654**
年末资产负债	**Assets and Liabilities at Year-end**	
流动资产合计	Total Circulating Funds	19782101
#应收账款	Projects Receivable	431559
存货	Stock	13209422
固定资产合计	Total Investment Assets	610777
固定资产原价	Original Value of Fixed Assets	764958
#房屋和构筑物		450025
机器设备		32529
运输工具		37430
累计折旧	Accumulated Depreciation	203923
#本年折旧	Depreciation This Year	32630
在建工程	Construction in Process	334426
资产总计	Total Assets	22295289
流动负债合计	Total Liquid Liabilities	16494317
#应付账款	Projects Payment	2251100
非流动负债合计	Total Non-Liquid Liabilities	2474616
负债合计	Total Liabilities	18968933
所有者权益合计	Total Equity	3326356
#实收资本	Paid-in Capitals	2423945
损益及分配	**Profit, loss and Distribution**	
营业收入	Total Revenue	2471780
#主营业务收入	Revenue from Principal Business	2452254
土地转让收入	Land Transferred	59829
商品房屋销售收入	Sales Income of Commercial Flat	2313316
自持物业收入	Income From Self-owned Property	52715
#房屋出租收入	Income of Renting House	48980
其他收入	Others	26395
营业成本	Business Costs	1959980
#主营业务成本	Cost of Principal Business	1911777
税金及附加	Taxes and Other Charges on Principal Business	110150
#主营业务税金及附加	Taxes and Other Charges on Principal Business	103837
其他业务利润	Profits from Other Businesses	14427
销售费用	Saling Costs	91540
管理费用	Management Costs	158163
财务费用	Finance Costs	93706
#利息收入	Interest Income	715
利息支出	Interest Expense	66575
资产减值损失	Impairment of Awwets	2554
公允价值变动收益	Fair Value Gain	8835
投资收益	Investment Income	21361
其他收益	Other Income	2
营业利润	Business Profits	86031
营业外收入	Income of Extra-business	55812
营业外支出	Expenditure of Extra-business	36763
利润总额	Total Profits	105079
所得税费用	Income Tax Expense	49816
人工成本及增值税	**Labour Cost and Value Added Tax**	
应交职工薪酬	Employee Pay Payable	90545
应交增值税	Value Added Tax Payable	90886

Investment Statistics on Enterprises for Real Estate Development

(10 000 yuan)

国有经济 State-owned Enterprises	私营经济 Private Enterprises	其他有限责任公司 Other Limited Liability Corporations	外商投资 Foreign Funded Enterprises
1009787	**7751043**	**3375125**	**547699**
1805025	12094240	5206971	675865
22809	239632	156141	12976
1110944	8253339	3285043	560097
88231	336028	185892	625
99583	433627	229074	2674
79393	226651	143981	
725	4434	27166	204
7454	16775	11871	1330
11374	128175	62325	2049
3141	19865	9375	249
255266	23087	56073	
2312833	13228935	6071308	682213
1451231	10169187	4324576	549324
218065	1257915	738135	36986
383913	1429914	658739	2050
1835144	11599101	4983314	551374
477689	1629834	1087994	130839
251355	1157766	902823	112000
171346	1356293	906143	37999
171080	1339445	904208	37520
	44038	14906	886
159227	1251037	866418	36634
3956	43552	5207	
3954	39818	5207	
7898	819	17677	1
147477	1082779	697791	31933
147125	1044490	688230	31933
6965	61027	41450	708
5540	57668	39922	708
	12800	1149	479
4630	52280	31405	3224
10548	96808	46749	4059
19035	43970	31070	-369
254	-1670	1761	369
18559	16295	31722	
1464	959	132	
	8835		
	13048	8289	24
		2	
-18773	40499	65837	-1532
1541	35296	18919	56
3210	13233	19963	357
-20442	62562	64792	-1833
1814	29943	18040	19
9778	46818	30174	3775
6010	49108	35154	614

6—9 续表1

单位:万元　　　　　　　　　　　　　　　　　　　　　　　　　　　　　　　　　　(2017)

指 标	Item	银川市 Yinchuan
年初存货	**Stock in Early**	**12683654**
年末资产负债	**Assets and Liabilities at Year-end**	
流动资产合计	Total Circulating Funds	19782101
#应收账款	Projects Receivable	431559
存货	Stock	13209422
固定资产合计	Total Investment Assets	610777
固定资产原价	Original Value of Fixed Assets	764958
#房屋和构筑物		450025
机器设备		32529
运输工具		37430
累计折旧	Accumulated Depreciation	203923
#本年折旧	Depreciation This Year	32630
在建工程	Construction in Process	334426
资产总计	Total Assets	22295289
流动负债合计	Total Liquid Liabilities	16494317
#应付账款	Projects Payment	2251100
非流动负债合计	Total Non-Liquid Liabilities	2474616
负债合计	Total Liabilities	18968933
所有者权益合计	Total Equity	3326356
#实收资本	Paid-in Capitals	2423945
损益及分配	**Profit, loss and Distribution**	
营业收入	Total Revenue	2471780
#主营业务收入	Revenue from Principal Business	2452254
土地转让收入	Land Transferred	59829
商品房屋销售收入	Sales Income of Commercial Flat	2313316
自持物业收入	Income From Self-owned Property	52715
#房屋出租收入	Income of Renting House	48980
其他收入	Others	26395
营业成本	Business Costs	1959980
#主营业务成本	Cost of Principal Business	1911777
税金及附加	Taxes and Other Charges on Principal Business	110150
#主营业务税金及附加	Taxes and Other Charges on Principal Business	103837
其他业务利润	Profits from Other Businesses	14427
销售费用	Saling Costs	91540
管理费用	Management Costs	158163
财务费用	Finance Costs	93706
#利息收入	Interest Income	715
利息支出	Interest Expense	66575
资产减值损失	Impairment of Awwets	2554
公允价值变动收益	Fair Value Gain	8835
投资收益	Investment Income	21361
其他收益	Other Income	2
营业利润	Business Profits	86031
营业外收入	Income of Extra-business	55812
营业外支出	Expenditure of Extra-business	36763
利润总额	Total Profits	105079
所得税费用	Income Tax Expense	49816
人工成本及增值税	**Labour Cost and Value Added Tax**	
应交职工薪酬	Employee Pay Payable	90545
应交增值税	Value Added Tax Payable	90886

continued

(10 000 yuan)

市 区 City	兴庆区 Xingqing	金凤区 Jinfeng	西夏区 Xixia	永宁县 Yongning	贺兰县 Helan	灵武市 Lingwu
10428342	**5091261**	**4750881**	**586200**	**627954**	**1294468**	**332890**
16531399	7907243	7801530	822625	1306036	1296047	648620
278902	106701	155113	17088	113741	17877	21038
10861594	5312187	4965446	583961	934990	921139	491700
536922	307523	192918	36481	21427	43957	8470
664884	380346	233492	51046	30722	56702	12650
388694	214354	157967	16372	15538	39018	6776
31300	3828	27151	322	282	666	281
28781	12339	14261	2180	2805	4794	1051
176617	97391	64566	14660	9933	13125	4247
27396	16011	9521	1864	1689	3007	538
318221	276933	41193	96	12655	20	3530
18776648	9203457	8579701	993490	1489541	1365247	663853
13514869	6435681	6331760	747427	1268997	1196302	514149
1731735	676927	845372	209437	348245	109684	61436
2314504	1347037	892032	75435	86133	36898	37081
15829372	7782718	7223792	822862	1355130	1233200	551230
2947276	1420739	1355909	170627	134411	132048	112622
2080234	972296	966298	141639	134883	132046	76782
2167276	917711	1103217	146348	102929	94941	106634
2150717	913014	1093500	144203	100404	94572	106561
286			286	15791		43752
2074076	873242	1058029	142805	83961	92470	62809
50025	27688	21225	1112	648	2042	
48193	25857	21224	1112	648	139	
26331	12085	14246		4	60	
1686205	740084	823555	122566	109252	74394	90128
1651579	736130	793707	121742	106733	74243	79223
95880	40687	45291	9902	3637	4480	6153
91606	40029	43370	8207	1962	4449	5820
14135	3766	8464	1906	262	12	19
69677	27468	36488	5721	13222	5646	2995
128587	60375	60842	7370	11653	11798	6126
85687	48424	33665	3597	2479	4598	943
564	716	-391	238	24	85	41
59382	43147	13013	3222	2366	3879	948
2551	998	979	575		42	-39
-4778	-118	-4660		13612		
14511	11329	1750	1433	44	6807	
2	2					
108424	10888	99486	-1950	-23572	850	329
49545	10332	20254	18960	2817	3045	405
33926	10361	22454	1111	1157	1268	412
124043	10858	97286	15899	-21911	2626	322
48019	11085	35562	1373	123	1162	512
74727	32339	35644	6745	6901	6295	2621
80852	30061	43741	7050	3694	4654	1686

6—9 续表2

单位:万元 （2017）

指　标	Item	一级 First Grade
年初存货	**Stock in Early**	**2378751**
年末资产负债	**Assets and Liabilities at Year-end**	
流动资产合计	Total Circulating Funds	3206578
#应收账款	Projects Receivable	23774
存货	Stock	2390780
固定资产合计	Total Investment Assets	83016
固定资产原价	Original Value of Fixed Assets	96543
#房屋和构筑物		71901
机器设备		206
运输工具		9380
累计折旧	Accumulated Depreciation	22884
#本年折旧	Depreciation This Year	3313
在建工程	Construction in Process	127327
资产总计	Total Assets	3664577
流动负债合计	Total Liquid Liabilities	2739828
#应付账款	Projects Payment	284539
非流动负债合计	Total Non-Liquid Liabilities	326265
负债合计	Total Liabilities	3066093
所有者权益合计	Total Equity	598484
#实收资本	Paid-in Capitals	155830
损益及分配	**Profit, loss and Distribution**	
营业收入	Total Revenue	623554
#主营业务收入	Revenue from Principal Business	621039
土地转让收入	Land Transferred	
商品房屋销售收入	Sales Income of Commercial Flat	601500
自持物业收入	Income From Self-owned Property	19146
#房屋出租收入	Income of Renting House	19146
其他收入	Others	393
营业成本	Business Costs	481090
#主营业务成本	Cost of Principal Business	465413
税金及附加	Taxes and Other Charges on Principal Business	33084
#主营业务税金及附加	Taxes and Other Charges on Principal Business	33053
其他业务利润	Profits from Other Businesses	2109
销售费用	Saling Costs	13949
管理费用	Management Costs	27772
财务费用	Finance Costs	39894
#利息收入	Interest Income	-2177
利息支出	Interest Expense	19163
资产减值损失	Impairment of Awwets	1124
公允价值变动收益	Fair Value Gain	
投资收益	Investment Income	12666
其他收益	Other Income	
营业利润	Business Profits	39308
营业外收入	Income of Extra-business	8200
营业外支出	Expenditure of Extra-business	4135
利润总额	Total Profits	43372
所得税费用	Income Tax Expense	16352
人工成本及增值税	**Labour Cost and Value Added Tax**	
应交职工薪酬	Employee Pay Payable	15831
应交增值税	Value Added Tax Payable	23319

continued

(10 000 yuan)

资质等级 Qualification Criteria				
二级 Second Grade	三级 Third Grade	四级 Forth Grade	暂定 Tentative	其他 Others
4493637	**2064338**	**920827**	**2750775**	**75326**
6700982	2853784	1815574	4816426	388757
177822	76789	44334	108818	23
4924315	2089554	928941	2802428	73403
275875	148486	51920	51473	8
363156	183016	61440	60665	138
182251	99222	52633	44017	
3662	26938	458	1265	
12957	8755	2688	3650	
107607	52319	11245	9738	130
16024	8924	2083	2286	
17151	32533	34	157382	
7328470	3184764	2217118	5511095	389265
5607719	2482064	1553197	3760596	350912
864308	445496	158688	498069	
762135	203978	375500	776218	30520
6369855	2686042	1928697	4536813	381432
958615	498722	288421	974282	7832
617625	514466	242962	885229	7832
694585	311739	196235	636262	9406
686090	304307	195408	636005	9406
286	15791		43752	
657573	275124	186030	584176	8914
24498	4595	1875	2109	492
22668	2691	1874	2109	492
3733	8797	7503	5969	
551804	260711	154242	507314	4820
532288	249948	152271	507038	4820
29722	8987	7933	29924	499
28484	7027	7378	27897	
7654	4467	278	-81	
21042	15997	10851	29671	29
57669	26628	19619	26404	71
15886	11650	16911	8707	658
568	178	333	1812	
14665	6588	17177	8982	
643	393	157	239	
	13612	-4660	-118	
2139	66	6795	-304	
2				
19961	1051	-11284	33668	3328
6279	2207	1966	37161	
6200	4188	1803	20227	209
20039	-931	-11122	50602	3119
10380	4202	2197	16685	
27470	12624	8733	25350	536
24929	13184	8178	21277	

6—10 房地产开发施工、竣工房屋面积

单位:平方米、万元、套 （2017）

指 标	Item	总计 Total
房屋施工面积	**Floor Space of Buildings under Construction**	**41441905**
住宅	Residence	25612446
# 90平方米及以下	90 Square Meters Below	6795850
144平方米以上	144 Square Meters Above	3564601
别墅、高档公寓	Villas and High-grade Apartments	1055617
办公楼	Office Buildings	2982876
商业营业用房	Houses for Business Use	6402443
其他	Others	6444140
本年新开工面积	Started This Year	6141326
住宅	Residence	4043598
# 90平方米及以下	90 Square Meters Below	469763
144平方米以上	144 Square Meters Above	706754
别墅、高档公寓	Villas and High-grade Apartments	68253
办公楼	Office Buildings	179032
商业营业用房	Houses for Business Use	906635
其他	Others	1012061
房屋竣工面积	**Floor Space of Buildings Completed**	**8596370**
住宅	Residence	5268879
# 90平方米及以下	90 Square Meters Below	1132069
144平方米以上	144 Square Meters Above	1033234
别墅、高档公寓	Villas and High-grade Apartments	465648
办公楼	Office Buildings	609005
商业营业用房	Houses for Business Use	1508953
其他	Others	1209533
不可销售面积	Non-sales Floor Space of Buildings	1042798
住宅	Residence	295563
# 90平方米及以下	90 Square Meters Below	191528
144平方米以上	144 Square Meters Above	2870
别墅、高档公寓	Villas and High-grade Apartments	
办公楼	Office Buildings	82618
商业营业用房	Houses for Business Use	369412
其他	Others	295205
住宅竣工套数	**The Number of Completed Apartments**	**46502**
# 90平方米及以下	90 Square Meters Below	16711
144平方米以上	144 Square Meters Above	5937
别墅、高档公寓	Villas and High-grade Apartments	5693
房屋竣工价值	**Value of Buildings Completed**	**2504362**
住宅	Residence	1529264
# 90平方米及以下	90 Square Meters Below	361742
144平方米以上	144 Square Meters Above	295286
别墅、高档公寓	Villas and High-grade Apartments	191425
办公楼	Office Buildings	209227
商业营业用房	Houses for Business Use	438572
其他	Others	327299

Floor Space of Buildings under Construction and Completed for Real Estate Development

(sq.m, 10 000yuan, set)

国有经济 State-owned Enterprises	私营经济 Private Enterprises	其他有限责任公司 Other Limited Liability Corporations	外商投资 Foreign Funded Enterprises
4975206	**26164771**	**9881477**	**420451**
3397317	16349939	5512806	352384
2060871	3773690	934375	26914
377923	2036792	1130716	19170
	642118	394329	19170
223108	1850981	908787	
551699	3941371	1865617	43756
803082	4022480	1594267	24311
57269	4614469	1469588	
	2994396	1049202	
	421894	47869	
	512786	193968	
	40426	27827	
	143014	36018	
	723712	182923	
57269	753347	201445	
1107352	**4667803**	**2685931**	**135284**
741337	3026288	1365970	135284
299979	495989	330504	5597
102383	594890	335961	
	303408	162240	
	343403	265602	
212427	637682	658844	
153588	660430	395515	
351514	345413	345871	
160740	61805	73018	
160740	4238	26550	
	2870		
	76470	6148	
129687	89230	150495	
61087	117908	116210	
7867	**25491**	**11877**	**1267**
4514	7108	5020	69
671	3696	1570	
	3770	1923	
304457	**1407470**	**755169**	**37266**
182746	906413	402839	37266
72939	182383	104909	1511
24062	184915	86309	
	113745	77680	
	104119	105108	
75405	191486	171681	
46306	205452	75541	

6—10 续表1

单位:平方米、万元、套 (2017)

指 标	Item	银川市 Yinchuan
房屋施工面积	**Floor Space of Buildings under Construction**	**41441905**
住宅	Residence	25612446
# 90平方米及以下	90 Square Meters Below	6795850
144平方米以上	144 Square Meters Above	3564601
别墅、高档公寓	Villas and High-grade Apartments	1055617
办公楼	Office Buildings	2982876
商业营业用房	Houses for Business Use	6402443
其他	Others	6444140
本年新开工面积	Started This Year	6141326
住宅	Residence	4043598
# 90平方米及以下	90 Square Meters Below	469763
144平方米以上	144 Square Meters Above	706754
别墅、高档公寓	Villas and High-grade Apartments	68253
办公楼	Office Buildings	179032
商业营业用房	Houses for Business Use	906635
其他	Others	1012061
房屋竣工面积	**Floor Space of Buildings Completed**	**8596370**
住宅	Residence	5268879
# 90平方米及以下	90 Square Meters Below	1132069
144平方米以上	144 Square Meters Above	1033234
别墅、高档公寓	Villas and High-grade Apartments	465648
办公楼	Office Buildings	609005
商业营业用房	Houses for Business Use	1508953
其他	Others	1209533
不可销售面积	Non-sales Floor Space of Buildings	1042798
住宅	Residence	295563
# 90平方米及以下	90 Square Meters Below	191528
144平方米以上	144 Square Meters Above	2870
别墅、高档公寓	Villas and High-grade Apartments	
办公楼	Office Buildings	82618
商业营业用房	Houses for Business Use	369412
其他	Others	295205
住宅竣工套数	**The Number of Completed Apartments**	**46502**
# 90平方米及以下	90 Square Meters Below	16711
144平方米以上	144 Square Meters Above	5937
别墅、高档公寓	Villas and High-grade Apartments	5693
房屋竣工价值	**Value of Buildings Completed**	**2504362**
住宅	Residence	1529264
# 90平方米及以下	90 Square Meters Below	361742
144平方米以上	144 Square Meters Above	295286
别墅、高档公寓	Villas and High-grade Apartments	191425
办公楼	Office Buildings	209227
商业营业用房	Houses for Business Use	438572
其他	Others	327299

continued

(sq.m, 10 000yuan, set)

市 区 City	兴庆区 Xingqing	金凤区 Jinfeng	西夏区 Xixia	永宁县 Yongning	贺兰县 Helan	灵武市 Lingwu
30600726	**9412488**	**18740599**	**2447639**	**4064299**	**5705855**	**1071025**
17965646	5218390	11173487	1573769	2917585	4060540	668675
4861968	1203288	3040473	618207	719810	1118533	95539
2667638	635033	2013284	19321	178331	687576	31056
735446	161583	573863		166991	148271	4909
2499926	833465	1652989	13472	69551	388548	24851
4672191	1879501	2237549	555141	695783	781468	253001
5462963	1481132	3676574	305257	381380	475299	124498
3736586	1375358	1977193	384035	1037523	874613	492604
2330294	807798	1270921	251575	673830	662175	377299
281243	59077	202266	19900	59988	114384	14148
558516	191446	355900	11170	15264	108959	24015
63599	26493	37106				4654
120723	64210	45063	11450	57929		380
508790	223771	242488	42531	254956	87939	54950
776779	279579	418721	78479	50808	124499	59975
7032340	**2205599**	**4300840**	**525901**	**91604**	**1262514**	**209912**
4373102	1275367	2797667	300068	35030	767633	93114
1042517	218402	725193	98922	17622	67644	4286
760579	177671	582470	438	1733	262857	8065
366402	56697	309705			94337	4909
458488	257499	200989			126046	24471
1102815	374720	575114	152981	55384	261029	89725
1097935	298013	727070	72852	1190	107806	2602
933915	156984	614850	162081	10936	56673	41274
295563	41062	230588	23913			
191528		182755	8773			
2870		2870				
82618	39450	43168				
313632	20244	219976	73412	9746	7362	38672
242102	56228	121118	64756	1190	49311	2602
40017	**10853**	**25770**	**3394**	**338**	**5521**	**626**
15634	3345	10711	1578	200	829	48
4329	1084	3242	3	10	1574	24
4948	730	4218			727	18
2043773	**595211**	**1282738**	**165824**	**25212**	**375981**	**59396**
1289661	362848	845717	81096	9300	212657	17646
327520	59247	244597	23676	4850	28729	643
216601	51732	164793	76	430	77073	1182
152198	13863	138335			38000	1227
146246	62955	83291			52960	10021
298599	85319	151282	61998	15712	93597	30664
309267	84089	202448	22730	200	16767	1065

6—10 续表2

单位:平方米、万元、套 (2017)

指　标	Item	一级 First Grade
房屋施工面积	**Floor Space of Buildings under Construction**	**4849300**
住宅	Residence	2861175
# 90平方米及以下	90 Square Meters Below	810152
144平方米以上	144 Square Meters Above	601387
别墅、高档公寓	Villas and High-grade Apartments	221813
办公楼	Office Buildings	366344
商业营业用房	Houses for Business Use	625409
其他	Others	996372
本年新开工面积	Started This Year	991220
住宅	Residence	691499
# 90平方米及以下	90 Square Meters Below	74701
144平方米以上	144 Square Meters Above	139078
别墅、高档公寓	Villas and High-grade Apartments	
办公楼	Office Buildings	23888
商业营业用房	Houses for Business Use	54096
其他	Others	221737
房屋竣工面积	**Floor Space of Buildings Completed**	**1825053**
住宅	Residence	1030017
# 90平方米及以下	90 Square Meters Below	200529
144平方米以上	144 Square Meters Above	292254
别墅、高档公寓	Villas and High-grade Apartments	209707
办公楼	Office Buildings	176172
商业营业用房	Houses for Business Use	211849
其他	Others	407015
不可销售面积	Non-sales Floor Space of Buildings	146960
住宅	Residence	136
# 90平方米及以下	90 Square Meters Below	
144平方米以上	144 Square Meters Above	
别墅、高档公寓	Villas and High-grade Apartments	
办公楼	Office Buildings	37020
商业营业用房	Houses for Business Use	54026
其他	Others	55778
住宅竣工套数	**The Number of Completed Apartments**	**8910**
# 90平方米及以下	90 Square Meters Below	3416
144平方米以上	144 Square Meters Above	1818
别墅、高档公寓	Villas and High-grade Apartments	2856
房屋竣工价值	**Value of Buildings Completed**	**663700**
住宅	Residence	373354
# 90平方米及以下	90 Square Meters Below	91141
144平方米以上	144 Square Meters Above	101581
别墅、高档公寓	Villas and High-grade Apartments	84578
办公楼	Office Buildings	65550
商业营业用房	Houses for Business Use	77144
其他	Others	147652

continued

(sq.m, 10 000yuan, set)

资质等级 Qualification Criteria				
二级 Second Grade	三级 Third Grade	四级 Forth Grade	暂定 Tentative	其他 Others
13806294	**3864822**	**4807518**	**13382299**	**731672**
9101461	2185917	3100830	7717343	645720
2149242	226731	1251867	1712138	645720
1094794	288055	319678	1260687	
222082	92369	52035	467318	
821466	450776	230095	1114195	
1816738	742776	772244	2420163	25113
2066629	485353	704349	2130598	60839
1236390	547795	419606	2946315	
707693	389541	229325	2025540	
59865	19369	16961	298867	
28174	11506	24264	503732	
18126	4654		45473	
100889		33758	20497	
221049	113714	76272	441504	
206759	44540	80251	458774	
3249466	**594399**	**356911**	**2289663**	**280878**
2047977	221137	264714	1443038	261996
182191	54849	38004	394500	261996
470898	29254	56446	184382	
48917	47211	52035	107778	
289238	101780		41815	
434253	259068	73371	528794	1618
477998	12414	18826	276016	17264
393991	8574	98582	218933	175758
28079		65546	41062	160740
8773		22015		160740
2870				
45598				
138712		33036	142020	1618
181602	8574		35851	13400
17446	**1895**	**1971**	**12622**	**3658**
2839	645	529	5624	3658
2840	165	381	733	
696	219	526	1396	
787825	**208169**	**132236**	**650273**	**62159**
487069	60424	100332	449924	58161
46017	12438	30360	123625	58161
121615	11469	22343	38278	
11574	19135	20092	56046	
71027	46949		25701	
122615	97510	24635	116334	334
107114	3286	7269	58314	3664

6—11 房地产开发商品房销售与出租情况

单位:平方米、万元、套　　　　　　　　　　　　　　　　　　　　　　　　　　　　　　(2017)

指　标	Item	总　计 Total
房屋出租面积	**Floor Space of Buildings Rented**	**380582**
住宅	Residence	86691
#90平方米及以下	90 Square Meters Below	86071
144平方米以上	144 Square Meters Above	398
别墅、高档公寓	Villas and High-grade Apartments	
办公楼	Office Buildings	34425
商业营业用房	Houses for Business Use	243961
其他	Others	15505
商品房销售面积	**Floor Space of Commercialized Buildings Sold**	**5952162**
住宅	Residence	5199868
#90平方米及以下	90 Square Meters Below	711265
144平方米以上	144 Square Meters Above	1036937
别墅、高档公寓	Villas and High-grade Apartments	227307
办公楼	Office Buildings	158620
商业营业用房	Houses for Business Use	359730
其他	Others	233944
现房销售面积	Floor Space of Existing Buildings Sold	1981173
住宅	Residence	1627381
#90平方米及以下	90 Square Meters Below	268560
144平方米以上	144 Square Meters Above	493305
别墅、高档公寓	Villas and High-grade Apartments	75009
办公楼	Office Buildings	29577
商业营业用房	Houses for Business Use	205426
其他	Others	118789
期房销售面积	Floor Space of Forward Buildings Sold	3970989
住宅	Residence	3572487
#90平方米及以下	90 Square Meters Below	442705
144平方米以上	144 Square Meters Above	543632
别墅、高档公寓	Villas and High-grade Apartments	152298
办公楼	Office Buildings	129043
商业营业用房	Houses for Business Use	154304
其他	Others	115155
商品房销售额	**Sales of Commercial Building**	**3081587**
住宅	Residence	2543917
#90平方米及以下	90 Square Meters Below	344189
144平方米以上	144 Square Meters Above	626484
别墅、高档公寓	Villas and High-grade Apartments	153993
办公楼	Office Buildings	130369
商业营业用房	Houses for Business Use	317593
其他	Others	89708
现房销售额	Total Sale of Existing Buildings	986541
住宅	Residence	746672
#90平方米及以下	90 Square Meters Below	122336
144平方米以上	144 Square Meters Above	259700
别墅、高档公寓	Villas and High-grade Apartments	44405

Saled and Rented of Real Estate Commercialized Buildings

(sq.m, 10 000yuan, set)

国有经济 State-owned Enterprises	私营经济 Private Enterprises	其他有限责任公司 Other Limited Liability Corporations	外商投资 Foreign Funded Enterprises
83823	**288703**	**8056**	
65426	21265		
65426	20645		
	398		
12857	21568		
3548	238020	2393	
1992	7850	5663	
356359	**3739473**	**1661990**	**194340**
304846	3284838	1426872	183312
31946	473900	189560	15859
122396	615245	277330	21966
4072	146630	75837	768
	27500	131120	
21440	258577	75487	4226
30073	168558	28511	6802
231973	1191415	510422	47363
208318	933461	449267	36335
10526	211814	41988	4232
104809	237023	130275	21198
4072	36269	34668	
	14404	15173	
3632	156319	41249	4226
20023	87231	4733	6802
124386	2548058	1151568	146977
96528	2351377	977605	146977
21420	262086	147572	11627
17587	378222	147055	768
	110361	41169	768
	13096	115947	
17808	102258	34238	
10050	81327	23778	
161839	**1879454**	**935690**	**104604**
129328	1588035	732576	93978
19798	219804	97426	7161
54436	409584	147080	15384
2371	93812	57420	390
	19948	110421	
24723	204823	82112	5935
7788	66648	10581	4691
95433	585808	272805	32495
86063	420998	217742	21869
5202	95443	19843	1848
47661	130192	66853	14994
2371	20742	21292	

6—11 续表1

单位:平方米、万元、套 （2017）

指 标	Item	总 计 Total
办公楼	Office Buildings	23893
商业营业用房	Houses for Business Use	167132
其他	Others	48844
期房销售额	Future Sales	2095046
住宅	Residence	1797245
# 90平方米及以下	90 Square Meters Below	221853
144平方米以上	144 Square Meters Above	366784
别墅、高档公寓	Villas and High-grade Apartments	109588
办公楼	Office Buildings	106476
商业营业用房	Houses for Business Use	150461
其他	Others	40864
商品住宅销售套数	**Total Number of Flats of Commercialized Residential Buildings Sold**	**45763**
# 90平方米及以下	90 Square Meters Below	9971
144平方米以上	144 Square Meters Above	6030
别墅、高档公寓	Villas and High-grade Apartments	3340
现房销售套数	Total Number of Flats of Existing Residential Buildings Sold	14177
# 90平方米及以下	90 Square Meters Below	3636
144平方米以上	144 Square Meters Above	2754
别墅、高档公寓	Villas and High-grade Apartments	1019
期房销售套数	Total Number of Flats of Forward Residential Buildings Sold	31586
# 90平方米及以下	90 Square Meters Below	6335
144平方米以上	144 Square Meters Above	3276
别墅、高档公寓	Villas and High-grade Apartments	2321
待售面积	**Unsold Area**	**6558970**
住宅	Residence	2941262
# 90平方米及以下	90 Square Meters Below	640974
144平方米以上	144 Square Meters Above	842518
别墅、高档公寓	Villas and High-grade Apartments	245604
办公楼	Office Buildings	643656
商业营业用房	Houses for Business Use	1972987
其他	Others	1001065
待售1-3年(含1年)	For Sale for 1-3 Years (including 1 year)	3318440
住宅	Residence	1563889
# 90平方米及以下	90 Square Meters Below	337283
144平方米以上	144 Square Meters Above	339086
别墅、高档公寓	Villas and High-grade Apartments	152638
办公楼	Office Buildings	307950
商业营业用房	Houses for Business Use	937812
其他	Others	508789
待售3年以上(含3年)	For Sale for More Than 3 Years (including 3 years)	344977
住宅	Residence	147136
# 90平方米及以下	90 Square Meters Below	41991
144平方米以上	144 Square Meters Above	48478
别墅、高档公寓	Villas and High-grade Apartments	
办公楼	Office Buildings	10937
商业营业用房	Houses for Business Use	146629
其他	Others	40275

continued

(sq.m, 10 000yuan, set)

国有经济 State-owned Enterprises	私营经济 Private Enterprises	其他有限责任公司 Other Limited Liability Corporations	外商投资 Foreign Funded Enterprises
	11402	12491	
3391	116956	40850	5935
5979	36452	1722	4691
66406	1293646	662885	72109
43265	1167037	514834	72109
14596	124361	77583	5313
6775	279392	80227	390
	73070	36128	390
	8546	97930	
21332	87867	41262	
1809	30196	8859	
2551	**29004**	**12578**	**1630**
612	6654	2507	198
780	3569	1610	71
14	2404	919	3
1511	8444	4001	221
131	2834	613	58
677	1261	748	68
14	483	522	
1040	20560	8577	1409
481	3820	1894	140
103	2308	862	3
	1921	397	3
853139	**3843127**	**1644748**	**217956**
591589	1501358	696674	151641
63090	457334	113501	7049
220587	290615	271884	59432
49107	118043	78454	
52594	411975	179087	
106682	1365560	481680	19065
102274	564234	287307	47250
394690	2029065	676729	217956
210155	903348	298745	151641
22136	233138	74960	7049
37663	152876	89115	59432
39085	70903	42650	
31420	128069	148461	
53162	724207	141378	19065
99953	273441	88145	47250
9381	217016	118580	
	88982	58154	
	36230	5761	
	25665	22813	
7048	3889		
2333	87438	56858	
	36707	3568	

6—11 续表2

单位:平方米、万元、套 (2017)

指　标	Item	银川市 Yinchuan
房屋出租面积	**Floor Space of Buildings Rented**	**380582**
住宅	Residence	86691
# 90平方米及以下	90 Square Meters Below	86071
144平方米以上	144 Square Meters Above	398
别墅、高档公寓	Villas and High-grade Apartments	
办公楼	Office Buildings	34425
商业营业用房	Houses for Business Use	243961
其他	Others	15505
商品房销售面积	**Floor Space of Commercialized Buildings Sold**	**5952162**
住宅	Residence	5199868
# 90平方米及以下	90 Square Meters Below	711265
144平方米以上	144 Square Meters Above	1036937
别墅、高档公寓	Villas and High-grade Apartments	227307
办公楼	Office Buildings	158620
商业营业用房	Houses for Business Use	359730
其他	Others	233944
现房销售面积	Floor Space of Existing Buildings Sold	1981173
住宅	Residence	1627381
# 90平方米及以下	90 Square Meters Below	268560
144平方米以上	144 Square Meters Above	493305
别墅、高档公寓	Villas and High-grade Apartments	75009
办公楼	Office Buildings	29577
商业营业用房	Houses for Business Use	205426
其他	Others	118789
期房销售面积	Floor Space of Forward Buildings Sold	3970989
住宅	Residence	3572487
# 90平方米及以下	90 Square Meters Below	442705
144平方米以上	144 Square Meters Above	543632
别墅、高档公寓	Villas and High-grade Apartments	152298
办公楼	Office Buildings	129043
商业营业用房	Houses for Business Use	154304
其他	Others	115155
商品房销售额	**Commercial housing sales**	**3081587**
住宅	Residence	2543917
# 90平方米及以下	90 Square Meters Below	344189
144平方米以上	144 Square Meters Above	626484
别墅、高档公寓	Villas and High-grade Apartments	153993
办公楼	Office Buildings	130369
商业营业用房	Houses for Business Use	317593
其他	Others	89708
现房销售额	Total Sale of Existing Buildings	986541
住宅	Residence	746672
# 90平方米及以下	90 Square Meters Below	122336
144平方米以上	144 Square Meters Above	259700
别墅、高档公寓	Villas and High-grade Apartments	44405

continued

(sq.m, 10 000yuan, set)

市 区 City	兴庆区 Xingqing	金凤区 Jinfeng	西夏区 Xixia	永宁县 Yongning	贺兰县 Helan	灵武市 Lingwu
369983	**265950**	**99456**	**4577**			**10599**
86691	86691					
86071	86071					
398	398					
34425	26070	8355				
235111	145684	89427				8850
13756	7505	1674	4577			1749
4056273	**1141601**	**2364020**	**550652**	**745466**	**937516**	**212907**
3519855	870706	2138530	510619	713164	798409	168440
501587	146654	250164	104769	54388	109930	45360
786429	244200	498289	43940	20473	223916	6119
208897	57538	151359		200	16732	1478
114692	75478	39214			43231	697
219555	95537	85580	38438	26867	69538	43770
202171	99880	100696	1595	5435	26338	
1333933	363679	762650	207604	128283	342280	176677
1110089	277979	635500	196610	109291	275791	132210
189503	66191	84972	38340	12053	21644	45360
390152	149064	202028	39060	7779	89436	5938
61735	21961	39774			12067	1207
14975	3288	11687			13905	697
102404	44244	47599	10561	18924	40328	43770
106465	38168	67864	433	68	12256	
2722340	777922	1601370	343048	617183	595236	36230
2409766	592727	1503030	314009	603873	522618	36230
312084	80463	165192	66429	42335	88286	
396277	95136	296261	4880	12694	134480	181
147162	35577	111585		200	4665	271
99717	72190	27527			29326	
117151	51293	37981	27877	7943	29210	
95706	61712	32832	1162	5367	14082	
2316281	**707969**	**1353986**	**254326**	**226397**	**463741**	**75168**
1918285	515530	1187827	214928	206809	368965	49858
279689	96118	135783	47788	16880	36369	11251
491393	162884	311081	17428	5011	127946	2134
143421	43004	100417		78	9694	800
96467	59081	37386			33610	292
220544	100507	81804	38233	17462	54569	25018
80985	32851	46969	1165	2126	6597	
732154	228571	415759	87824	43122	148291	62974
574395	167100	329314	77981	31496	103117	37664
100994	39092	46472	15430	3688	6403	11251
219140	95918	108139	15083	2114	36406	2040
37088	12877	24211			6670	647

6—11 续表3

单位：平方米、万元、套 （2017）

指 标	Item	银川市 Yinchuan
办公楼	Office Buildings	23893
商业营业用房	Houses for Business Use	167132
其他	Others	48844
期房销售额	Future Sales	2095046
住宅	Residence	1797245
# 90平方米及以下	90 Square Meters Below	221853
144平方米以上	144 Square Meters Above	366784
别墅、高档公寓	Villas and High-grade Apartments	109588
办公楼	Office Buildings	106476
商业营业用房	Houses for Business Use	150461
其他	Others	40864
商品住宅销售套数	**Total Number of Flats of Commercialized Residential Buildings Sold**	**45763**
# 90平方米及以下	90 Square Meters Below	9971
144平方米以上	144 Square Meters Above	6030
别墅、高档公寓	Villas and High-grade Apartments	3340
现房销售套数	Total Number of Flats of Existing Residential Buildings Sold	14177
# 90平方米及以下	90 Square Meters Below	3636
144平方米以上	144 Square Meters Above	2754
别墅、高档公寓	Villas and High-grade Apartments	1019
期房销售套数	Total Number of Flats of Forward Residential Buildings Sold	31586
# 90平方米及以下	90 Square Meters Below	6335
144平方米以上	144 Square Meters Above	3276
别墅、高档公寓	Villas and High-grade Apartments	2321
待售面积	**Unsold Area**	**6558970**
住宅	Residence	2941262
# 90平方米及以下	90 Square Meters Below	640974
144平方米以上	144 Square Meters Above	842518
别墅、高档公寓	Villas and High-grade Apartments	245604
办公楼	Office Buildings	643656
商业营业用房	Houses for Business Use	1972987
其他	Others	1001065
待售1-3年(含1年)	For Sale for 1-3 Years (including 1 year)	3318440
住宅	Residence	1563889
# 90平方米及以下	90 Square Meters Below	337283
144平方米以上	144 Square Meters Above	339086
别墅、高档公寓	Villas and High-grade Apartments	152638
办公楼	Office Buildings	307950
商业营业用房	Houses for Business Use	937812
其他	Others	508789
待售3年以上(含3年)	For Sale for More Than 3 Years (including 3 years)	344977
住宅	Residence	147136
# 90平方米及以下	90 Square Meters Below	41991
144平方米以上	144 Square Meters Above	48478
别墅、高档公寓	Villas and High-grade Apartments	
办公楼	Office Buildings	10937
商业营业用房	Houses for Business Use	146629
其他	Others	40275

continued

（sq.m，10 000yuan，set）

市 区 City				永宁县 Yongning	贺兰县 Helan	灵武市 Lingwu
	兴庆区 Xingqing	金凤区 Jinfeng	西夏区 Xixia			
12125	2509	9616			11476	292
99430	45273	44377	9780	11622	31062	25018
46204	13689	32452	63	4	2636	
1584127	479398	938227	166502	183275	315450	12194
1343890	348430	858513	136947	175313	265848	12194
178695	57026	89311	32358	13192	29966	
272253	66966	202942	2345	2897	91540	94
106333	30127	76206		78	3024	153
84342	56572	27770			22134	
121114	55234	37427	28453	5840	23507	
34781	19162	14517	1102	2122	3961	
31334	**7635**	**18526**	**5173**	**6310**	**6578**	**1541**
7506	2219	3696	1591	672	1279	514
4631	1383	2957	291	117	1248	34
3253	865	2388		2	79	6
9794	2302	5553	1939	1003	2173	1207
2679	952	1170	557	164	279	514
2256	798	1198	260	34	431	33
960	217	743			54	5
21540	5333	12973	3234	5307	4405	334
4827	1267	2526	1034	508	1000	
2375	585	1759	31	83	817	1
2293	648	1645		2	25	1
4571086	**1491845**	**2475602**	**603639**	**449093**	**1178064**	**360727**
1853779	400339	1058318	395122	251525	698048	137910
427172	109000	192360	125812	66702	83500	63600
555551	95006	364359	96186	15803	234422	36742
126802	39970	86832			102451	16351
491213	200959	258609	31645		148171	4272
1358937	592122	653494	113321	171412	232443	210195
867157	298425	505181	63551	26156	99402	8350
2121986	914386	979997	227603	267301	770939	158214
935076	290200	536974	107902	136376	412029	80408
206493	51531	92835	62127	55038	45263	30489
227689	75311	141324	11054	11054	83722	16621
66187	16928	49259			71180	15271
169633	101659	36329	31645		134045	4272
595232	393988	134287	66957	108436	168960	65184
422045	128539	272407	21099	22489	55905	8350
309160	118791	181544	8825	6752	15363	13702
135157	54850	72214	8093	1693	7947	2339
36230	28415		7815		5761	
46329	18010	28319				2149
10937	9841	1096				
124207	53364	70111	732	5059	6000	11363
38859	736	38123			1416	

6—11 续表4

单位:平方米、万元、套 (2017)

指　标	Item	一级 First Grade
房屋出租面积	**Floor Space of Buildings Rented**	**53125**
住宅	Residence	
# 90平方米及以下	90 Square Meters Below	
144平方米以上	144 Square Meters Above	
别墅、高档公寓	Villas and High-grade Apartments	
办公楼	Office Buildings	
商业营业用房	Houses for Business Use	53125
其他	Others	
商品房销售面积	**Floor Space of Commercialized Buildings Sold**	**1300418**
住宅	Residence	1125524
# 90平方米及以下	90 Square Meters Below	172663
144平方米以上	144 Square Meters Above	261050
别墅、高档公寓	Villas and High-grade Apartments	111068
办公楼	Office Buildings	20473
商业营业用房	Houses for Business Use	54967
其他	Others	99454
现房销售面积	Floor Space of Existing Buildings Sold	422767
住宅	Residence	318426
# 90平方米及以下	90 Square Meters Below	55967
144平方米以上	144 Square Meters Above	116178
别墅、高档公寓	Villas and High-grade Apartments	19099
办公楼	Office Buildings	10088
商业营业用房	Houses for Business Use	33822
其他	Others	60431
期房销售面积	Floor Space of Forward Buildings Sold	877651
住宅	Residence	807098
# 90平方米及以下	90 Square Meters Below	116696
144平方米以上	144 Square Meters Above	144872
别墅、高档公寓	Villas and High-grade Apartments	91969
办公楼	Office Buildings	10385
商业营业用房	Houses for Business Use	21145
其他	Others	39023
商品房销售额	**Commercial housing sales**	**706517**
住宅	Residence	592729
# 90平方米及以下	90 Square Meters Below	91505
144平方米以上	144 Square Meters Above	165912
别墅、高档公寓	Villas and High-grade Apartments	67490
办公楼	Office Buildings	14089
商业营业用房	Houses for Business Use	57019
其他	Others	42680
现房销售额	Total Sale of Existing Buildings	231547
住宅	Residence	162460
# 90平方米及以下	90 Square Meters Below	29447
144平方米以上	144 Square Meters Above	70058
别墅、高档公寓	Villas and High-grade Apartments	11658

continued

（sq.m，10 000yuan，set）

资质等级 Qualification Criteria				
二级 Second Grade	三级 Third Grade	四级 Forth Grade	暂定 Tentative	其他 Others
226522	**8850**	**24667**		**67418**
21265				65426
20645				65426
398				
21285		13140		
170459	8850	11527		
13513				1992
2069989	**778837**	**384970**	**1417948**	
1787545	663713	332856	1290230	
252506	75614	31334	179148	
316536	104920	84801	269630	
41995	13960	3630	56654	
108546	12733	15473	1395	
126174	70436	22256	85897	
47724	31955	14385	40426	
957263	400207	108109	92827	
841652	313867	82172	71264	
132956	59589	7935	12113	
245438	90940	31908	8841	
23899	8056	3630	20325	
14966	3826		697	
77285	57690	17292	19337	
23360	24824	8645	1529	
1112726	378630	276861	1325121	
945893	349846	250684	1218966	
119550	16025	23399	167035	
71098	13980	52893	260789	
18096	5904		36329	
93580	8907	15473	698	
48889	12746	4964	66560	
24364	7131	5740	38897	
1064067	**298323**	**215867**	**796813**	
839624	229489	177655	704420	
126549	23747	18836	83552	
161824	45043	47138	206567	
27434	8906	2238	47925	
90447	8060	16060	1713	
115667	51238	17606	76063	
18329	9536	4546	14617	
491925	168781	53894	40394	
400565	115902	39055	28690	
66966	18071	3128	4724	
128354	39647	19332	2309	
13437	5261	2238	11811	

6—11 续表5

单位：平方米、万元、套 (2017)

指　标	Item	一级 First Grade
办公楼	Office Buildings	7592
商业营业用房	Houses for Business Use	32500
其他	Others	28995
期房销售额	Future Sales	474970
住宅	Residence	430269
# 90平方米及以下	90 Square Meters Below	62058
144平方米以上	144 Square Meters Above	95854
别墅、高档公寓	Villas and High-grade Apartments	55832
办公楼	Office Buildings	6497
商业营业用房	Houses for Business Use	24519
其他	Others	13685
商品住宅销售套数	**Total Number of Flats of Commercialized Residential Buildings Sold**	**10119**
# 90平方米及以下	90 Square Meters Below	2855
144平方米以上	144 Square Meters Above	1479
别墅、高档公寓	Villas and High-grade Apartments	1916
现房销售套数	Total Number of Flats of Existing Residential Buildings Sold	2748
# 90平方米及以下	90 Square Meters Below	838
144平方米以上	144 Square Meters Above	638
别墅、高档公寓	Villas and High-grade Apartments	288
期房销售套数	Total Number of Flats of Forward Residential Buildings Sold	7371
# 90平方米及以下	90 Square Meters Below	2017
144平方米以上	144 Square Meters Above	841
别墅、高档公寓	Villas and High-grade Apartments	1628
待售面积	**Unsold Area**	**1339118**
住宅	Residence	577089
# 90平方米及以下	90 Square Meters Below	127056
144平方米以上	144 Square Meters Above	153042
别墅、高档公寓	Villas and High-grade Apartments	72748
办公楼	Office Buildings	198854
商业营业用房	Houses for Business Use	262108
其他	Others	301067
待售1-3年(含1年)	For Sale for 1-3 Years (including 1 year)	254175
住宅	Residence	124137
# 90平方米及以下	90 Square Meters Below	1113
144平方米以上	144 Square Meters Above	28635
别墅、高档公寓	Villas and High-grade Apartments	28161
办公楼	Office Buildings	7643
商业营业用房	Houses for Business Use	14615
其他	Others	107780
待售3年以上(含3年)	For Sale for More Than 3 Years (including 3 years)	5097
住宅	Residence	
# 90平方米及以下	90 Square Meters Below	
144平方米以上	144 Square Meters Above	
别墅、高档公寓	Villas and High-grade Apartments	
办公楼	Office Buildings	
商业营业用房	Houses for Business Use	5097
其他	Others	

continued

(sq.m, 10 000yuan, set)

资质等级 Qualification Criteria				
二级 Second Grade	三级 Third Grade	四级 Forth Grade	暂定 Tentative	其他 Others
12762	3247		292	
68126	42892	12558	11056	
10472	6740	2281	356	
572142	129542	161973	756419	
439059	113587	138600	675730	
59583	5676	15708	78828	
33470	5396	27806	204258	
13997	3645		36114	
77685	4813	16060	1421	
47541	8346	5048	65007	
7857	2796	2265	14261	
16357	**5659**	**2703**	**10925**	
3593	945	390	2188	
1857	541	482	1671	
576	66	16	766	
7273	2688	596	872	
1811	737	91	159	
1442	479	135	60	
256	35	16	424	
9084	2971	2107	10053	
1782	208	299	2029	
415	62	347	1611	
320	31		342	
2998501	**1170426**	**558276**	**492649**	
1344771	531949	278008	209445	
301035	118935	43252	50696	
421588	150987	89951	26950	
45546	28237	79010	20063	
181652	184224	60709	18217	
976557	376320	139711	218291	
495521	77933	79848	46696	
1815471	528157	438729	281908	
834779	190700	261508	152765	
210829	60709	37491	27141	
192576	21689	87545	8641	
22504	5908	79010	17055	
129992	133956	18142	18217	
621526	154532	80647	66492	
229174	48969	78432	44434	
294024	23298	22558		
134201	7174	5761		
34029	2201	5761		
48245	233			
	3889	7048		
120964	12235	8333		
38859		1416		

6—12 房地产开发企业资质等级一、二级企业名单

The List of Real Estate Development Enterprise by Qualthication Clriteria of Frist and Second Grade

(2017)

单位名称 Unit Name	资质等级 Qualification Criteria	经济类型 Economic Types
宁夏新材房地产开发有限公司	一级	私营有限责任公司
宁夏住宅建设发展(集团)有限公司	一级	私营有限责任公司
宁夏正丰房地产开发有限公司	一级	私营有限责任公司
宁夏中房实业集团股份有限公司	一级	私营股份有限公司
银川建发集团股份有限公司	一级	私营股份有限公司
银川众一集团房地产开发有限公司	一级	私营有限责任公司
宁夏民生房地产开发有限公司	一级	私营有限责任公司
宁夏银帝房地产开发有限公司	一级	私营有限责任公司
宁夏亘元房地产开发有限公司	一级	国有独资公司
宁夏长城集团房地产开发有限公司	一级	私营有限责任公司
宁夏绿地房地产有限责任公司	二级	私营有限责任公司
宁夏荣恒房地产集团有限公司	二级	私营有限责任公司
宁夏银基房地产开发有限责任公司	二级	私营有限责任公司
宁夏兴泰隆房地产开发有限公司	二级	其他有限责任公司
宁夏房地产综合开发有限公司	二级	私营有限责任公司
银川大地房地产开发有限责任公司	二级	私营有限责任公司
银川市白云房地产开发有限公司	二级	其他有限责任公司
宁夏昆仑房地产开发有限公司	二级	私营有限责任公司
银川三建房地产开发有限公司	二级	私营有限责任公司
宁夏华尊立达房地产开发集团有限公司	二级	私营有限责任公司
宁夏灵隆房地产开发有限责任公司	二级	私营有限责任公司
宁夏正基房地产开发有限公司	二级	私营有限责任公司
宁夏鹏晨明珠房地产开发有限公司	二级	私营有限责任公司
宁夏瑞信房地产开发有限公司	二级	私营有限责任公司
宁夏鸿丰投资置业有限公司	二级	其他有限责任公司
宁夏檀溪房地产开发有限公司	二级	私营有限责任公司
中海宏洋地产(银川)有限公司	二级	与港澳台商合资经营
宁夏隆安房地产开发有限公司	二级	私营有限责任公司
宁夏房地产开发集团有限公司	二级	国有独资公司
宁夏云天房地产开发集团有限公司	二级	私营有限责任公司
宁夏荣昌众汇房地产开发有限公司	二级	私营股份有限公司
宁夏大众房地产开发有限公司	二级	私营有限责任公司
宁夏富地房地产开发有限公司	二级	私营有限责任公司
宁夏宝丰地产开发有限公司	二级	其他有限责任公司
宁夏圣雪绒房地产开发有限公司	二级	私营有限责任公司
宁夏天骏房地产开发有限公司	二级	私营有限责任公司
宁夏北方温和房地产开发有限公司	二级	私营有限责任公司
宁夏银川龙马房地产开发有限公司	二级	私营有限责任公司
宁夏吉泰房地产开发有限公司	二级	私营有限责任公司
宁夏富兴达房地产开发集团有限公司	二级	私营有限责任公司
宁夏吉运开发建设集团有限公司	二级	私营有限责任公司
银川开发区宏建房地产开发有限公司	二级	私营有限责任公司

6—12 续表1

单位名称 Unit Name	资质等级 Qualification Criteria	经济类型 Economic Types
宁夏英力特房地产开发有限公司	二级	其他有限责任公司
宁夏富龙房地产开发有限公司	二级	私营有限责任公司
宁夏中恒房地产开发有限公司	二级	私营有限责任公司
宁夏派胜房地产开发有限公司	二级	其他有限责任公司
宁夏新思路房地产开发有限公司	二级	私营有限责任公司
宁夏舜天房地产开发有限公司	二级	其他有限责任公司
宁夏建工集团房地产开发有限公司	二级	国有独资公司
银川市规划建筑设计院房地产开发有限公司	二级	其他有限责任公司
拉普斯置业有限公司	二级	外资企业
宁夏瑞兴房地产开发有限公司	二级	私营有限责任公司
宁夏浩海房地产开发集团有限公司	二级	私营有限责任公司
宁夏友厦房地产开发有限公司	二级	私营有限责任公司
宁夏鼎城房地产开发有限公司	二级	私营有限责任公司
宁夏建元房地产开发有限公司	二级	私营有限责任公司
银川市通城置业集团房地产有限公司	二级	其他有限责任公司
宁夏立业房地产开发集团有限公司	二级	私营有限责任公司
宁夏鑫业房地产开发有限公司	二级	私营有限责任公司
宁夏共享地产有限公司	二级	其他有限责任公司
宁夏恒诺房地产开发有限公司	二级	私营有限责任公司
宁夏汇融房地产开发有限公司	二级	私营有限责任公司
宁夏光耀房地产开发有限公司	二级	私营有限责任公司
银川隆光置业有限公司	二级	私营有限责任公司
宁夏铁路多元发展集团地产置业有限公司	二级	其他有限责任公司
宁夏海利达房地产开发有限公司	二级	私营有限责任公司
宁夏鑫祥房地产开发有限公司	二级	私营有限责任公司
宁夏上陵房地产开发有限公司	二级	其他有限责任公司
宁夏燕葆房地产开发有限公司	二级	私营有限责任公司
宁夏凯尔星房地产开发有限公司	二级	其他有限责任公司
宁夏金色阳光房地产开发有限公司	二级	其他有限责任公司
银川市望远庆丰房地产开发有限公司	二级	私营有限责任公司
宁夏土木基业房地产开发有限公司	二级	私营有限责任公司
银川先泽房地产开发有限公司	二级	其他有限责任公司
宁夏银大房地产开发有限公司	二级	私营有限责任公司
宁夏地德人和房地产开发有限公司	二级	私营有限责任公司
银川旺元投资实业(集团)有限公司	二级	其他有限责任公司
宁夏恒昱源房地产开发有限公司	二级	私营有限责任公司
银川鲁银投资有限公司	二级	私营有限责任公司
宁夏北方明珠房地产开发有限公司	二级	其他有限责任公司
宁夏金盛房地产开发有限公司	二级	私营有限责任公司
宁夏天地德科房地产开发有限公司	二级	其他有限责任公司
宁夏众一发展集团有限公司	二级	私营有限责任公司

主要统计指标解释

【全社会固定资产投资】固定资产投资额是以货币表现的建造和购置固定资产活动的工作量，它是反映固定资产投资规模、速度、比例关系和使用方向的综合性指标。全社会固定资产投资按经济类型分，包括国有经济单位投资、城乡集体经济单位投资、其他各种经济类型的单位投资和城乡居民个人投资。全社会固定资产投资总额分为基本建设、更新改造、其他固定资产投资和房地产开发投资四个部分；城乡集体经济单位投资包括城镇集体所有制单位投资和农村集体所有制单位投资；其他各种经济类型单位投资包括联营经济、股份制经济、中外合资经营、中外合作经营、外资、与大陆合资经营、与大陆合作经营、港澳台独资及其他经济的单位投资。城乡居民个人投资包括城市、县城、镇、工矿区所辖范围内的个人建房和农村个人建房及购买生产性固定资产的投资。

【基本建设投资】基本建设是企业、事业、行政单位以扩大生产能力或工程效益为主要目的的新建、扩建工程及有关工作。包括(1)列入中央和各级地方本年基本建设计划的建设项目，以及虽未列入本年基本建设计划，但使用以前年度基建计划内结转投资(包括利用基建设备材料)在本年继续施工的建设项目；(2)本年基本建设计划内投资与更新改造计划内投资结合安排的新建项目和新增生产能力(或工程效益)达到大中型项目标准的扩建项目，以及为改变生产力布局而进行的全厂性迁建项目；

(3)国有单位既未列入基建计划，也未列入更新改造计划的总投资在50万元以上的新、扩建、恢复项目和为改变生产力布局而进行的全厂性迁建项目，以及行政、事业单位增建业务用房和行政单位增建生活福利设施的项目。

【更新改造投资】更新改造指企业、事业单位对原有设施进行固定资产更新和技术改造，以及相应配套的工程和有关工作(不包括大修理和维护工程)。包括：(1)列入中央和各级地方本年更新改造计划的项目和虽未列入本年更新改造计划，但使用上年更新改造计划内结转的投产在本年继续施工的项目；(2)本年更新改造计划内投资与基本建设计划内投资结合安排的对企、事业单位原有设施进行技术改造或更新的项目和增建主要生产车间、分厂等其新增生产能力(或工程效益)未达到大中型项目标准的项目，以及由于城市环境保护和安全生产的需要而进行的迁建工作；(3)国有企、事业既未列入基建计划也未列入更新改造计划，总投资在50万元以上的属于改建式更新改造性质的项目，以及由于城市环境保护和安全生产的需要而进行的迁建工程。

【房地产开发投资】指各种登记注册类型的房地产开发法人单位统一开发的住宅、厂房、仓库、饭店、宾馆、度假村、写字楼、办公楼等房屋建筑物，配套的服务设施，土地开发工程(如道路、给水、排水、供电、供热、通讯、平整场地等基础设施工程)和土地购置的投资；不包括单纯的土地开发和交易活动。

【其他固定资产投资】全社会固定资产投资中未列入基本建设、更新改造和房地产开发投资的建造和购置固定资产的活动。包括：(1)国有单位按规定不纳入基本建设计划和更新改造计划管理，计划总投资或实际需要总投资在50万元以上的工程。(2)城镇集体经济单位固定投资。(3)除国有、城镇集体以外的联营经济、股份制经济、外商投资经济、港澳台投资经济及其他经济类型的企、事业单位建造和购置固定资产其计划总投资在50万元以上的、未列入基本建设计划和更新改造计划的项目。

【新增固定资产】指在报告期已经完成建造和开发过程并交付使用的房屋和土地开发面积的价值。指房地产开发公司进行开发经营活动的最终成果，即为社会提供的固定资产，而且是在报告期内新增加的。不是反映房地产开发企业本身固定资产的增加。

【建设项目投产率】指一定时期内全部建成投入生产项目个数占同期正式施工项目个数的比率。它是从项目建设速度的角度反映投资效果的指标。

【固定资产交付使用率】指一定时期新增固定资产与同期完成投资额的比率。它是反映各个时期固定资产动用速度，衡量建设过程中宏观投资效果的一个综合性指标。

【商品房销售面积】指报告期内出售商品房屋的合同总面积(即双方签署的正式买卖合同中所确定的建筑面积)。商品房销售面积由现房销售面积和期房销售面积两部分组成。

【商品房销售额】指报告期内出售商品房屋的合同总价款(即双方签署的正式买卖合同中所确定的合同总价)。该指标与商品房销售面积同口径，由现房销售额和期房销售额两部分组成。

【项目规划占地面积】指房地产开发项目规划书载明的相关部门规划的该项目占地面积。

【本年土地购置面积】指在本年内通过各种方式获得土地使用权的土地面积。

【本年土地成交价款】指进行土地使用权交易活动的最终金额。在土地一级市场，是指土地最后的划拨款、“招拍挂”价格和出让价；在土地二级市场是指土地转让、出租、抵押等最后确定的合同价格。土地成交价款与土地购置面积同口径，可以计算土地的平均购置价格。

7

建筑业

Construction

7—1 主要年份建筑业主要指标

指 标	Item	单位	Unit
企业个数	**Number of Enterprises**	**个**	**unit**
建筑业总产值	**Gross Output Value of Construction**	**万元**	**10 000yuan**
#一、二级企业	First and Second Grade	万元	10 000yuan
按构成分	**Grouped by Composition**		
建筑工程产值	Output Value of Construction	万元	10 000yuan
安装工程产值	Output Value of Installation	万元	10 000yuan
其他产值	Other Output Value	万元	10 000yuan
按登记注册类型分	**Grouped by Status of Registration**		
国有企业	State-owned Enterprises	万元	10 000yuan
集体企业	Collective-owned Enterprises	万元	10 000yuan
有限责任公司	Limited Liabilities Corporations	万元	10 000yuan
股份有限公司	Share-holding Corporations Limited	万元	10 000yuan
私营企业	Private Enterprises	万元	10 000yuan
港澳台投资企业	Funds from Hong Kong, Macao and Taiwan	万元	10 000yuan
外商投资企业	Foreign Funded	万元	10 000yuan
按建筑行业分(2011)	**Grouped by Construction Sector(2011)**		
房屋建筑业	House Building	万元	10 000yuan
土木工程建筑业	Civil Engineering	万元	10 000yuan
建筑安装业	Construction Installation	万元	10 000yuan
建筑装饰和其他建筑业	Construction Decoration and Other Construction	万元	10 000yuan
竣工产值	Output Value of Construction Completed	万元	10 000yuan
房屋施工面积	Floor Space of Buildings under Construction	万平方米	10 000sq.m
房屋竣工面积	Floor Space of Buildings Completed	万平方米	10 000sq.m
期末从业人员	Number of Employed Persons	人	person
工程结算收入	Revenue of Project Settlement Accounts	万元	10 000yuan
工程结算利润	Profits of Project Settlement Accounts	万元	10 000yuan
利税总额	Total Taxes and Profits	万元	10 000yuan

注:本年度汇总资料均为有工作量的总、专包建筑企业数据。

Main Indicators on Construction Enterprises in Main Years

2005 年	2012 年	2013 年	2014 年	2015 年	2016 年	2017 年
283	**331**	**344**	**352**	**344**	**362**	**509**
809251	**2829250**	**3750575**	**4404625**	**3717353**	**3525490**	**3735159**
645233	2277545	3219796	3947704	3404735	3246890	3486065
712100	2685345	3603530	4188711	3515093	3287718	3419064
94899	136283	128625	195664	180788	211836	299890
2252	7622	18421	20250	21473	25936	16205
286807	771179	1092670	793211	662742	698510	557183
10742	10080	18531	29905	7637	11434	5678
281923	652699	727406	1021153	898011	1020058	1037727
54618	102399	241553	372578	2716209	38617	114591
174982	1274610	1638921	2048260	1731402	1686343	1958159
180						
	18283	31494	139518	145941	70530	61821
450834	1967393	2702579	3114219	2503226	2189258	2127307
310988	757592	942108	1191870	1140377	1259819	1537096
21027	42069	45283	36411	28174	31149	33530
26401	62196	60605	62125	45577	45265	37226
734117	2344996	3067652	3129988	2922459	2723148	2264803
770	2385	3327	3045	2263	1847	1498
416	948	1330	923	787	661	354
47829	53864	70894	69295	88766	63199	76363
778770	2799130	3803254	4406224	3944772	4121375	3467181
45563	176711	174260	257409	238367	238927	202448
33265	165473	177330	263319	224349	162658	109765

7—2 建筑业总产值

单位:万元 (2017)

指 标	Item	企业数(个) Number of Enterprises (unit)	#有工作量的企业数 Number of Workload Enterprises
总 计	**Total**	**509**	**443**
#一、二级企业	First and Second Grade	301	279
按地区分	**Grouped by County**		
市 区	City	450	394
兴庆区	Xingqing	222	195
西夏区	Xixia	24	23
金凤区	Jinfeng	204	176
永宁县	Yongning	4	4
贺兰县	Helan	32	26
灵武市	Lingwu	23	19
按登记注册类型分	**Grouped by Status of Registration**		
内资企业	Domestic Funded	508	442
国有企业	State-owned Enterprises	15	14
集体企业	Collective-owned Enterprises	1	1
有限责任公司	Limited Liabilities Corporations	68	63
国有独资公司	State Sole Funded Corporations	18	16
其他有限责任公司	Other Limited Liabilities Corporations	50	47
股份有限公司	Share-holding Corporations Limited	2	2
私营企业	Private Enterprises	422	362
私营有限责任公司	Private Limited Liabilities Corporations	419	359
私营股份有限公司	Private Share-holding Corporations Ltd.	3	3
外商投资企业	Foreign Funded	1	1
中外合资经营企业	Domestic and Foreign Joint Funded Enterprises	1	1
按国民经济行业分(2017)	**Grouped by Sector(2017)**		
房屋建筑业	House Building	242	206
住宅房屋建筑	Residential Building	226	191
其他房屋建筑业	Other Housing construction	16	15
土木工程建筑业	Civil Engineering	170	155
铁路、道路、隧道和桥梁工程建筑	Railway, Road, Tunnel and Bridge	46	43
公路工程建筑	Road	8	7
市政道路工程建筑	Municipal Works	38	36
水利和水运工程建筑	Water Conservancy and Water Transportation Projects	32	28
水源及供水设施工程建筑	Construction of Water Source and Supply Water Facility	32	28
工矿工程建筑	Mining	4	4
架线和管道工程建筑	Frame Line and Pipeline	54	46
架线及设备工程建筑	Frame Line Equipment Engineering	54	46
节能环保工程施工	Energy-saving and Environmental Engineering	3	3
环保工程施工	Environmental Engineering Construction	3	3
电力工程施工	Electrical Engineering Construction	2	2
火力发电工程施工	Construction of Thermal Power Generation Project	1	1
太阳能发电工程施工	Solar Power Project Construction	1	1
其他土木工程建筑	Other Civil Engineering Buildings	29	29
园林绿化工程施工	Landscaping Project Construction	19	19
其他土木工程建筑施工	Other Civil Engineering Construction	10	10
建筑安装业	Construction Installation	47	42
电气安装	Electric Installation	35	30
其他建筑安装业	Other Construction Installation	12	12
其他建筑安装	Other Building Installation	12	12
建筑装饰、装修和其他建筑业	Construction, Decoration and Other Construction	50	40
建筑装饰和装修业	Construction and Decoration	50	40
公共建筑装饰和装修	Decoration and Decoration of Public Buildings	30	23
建筑幕墙装饰和装修	Decoration and Decoration of Building Curtain Walls	20	17

Total Output Value of Construction

(10 000 yuan)

建筑业总产值 Total Output Valueof Construction	# 装饰装修产值 Output Value of Decoration	# 在外省完成的产值 Output Value of Completed Outside the Province	建筑工程产值 Output Value of Construction	安装工程产值 Output Value of Installation	其他产值 Others	竣工产值 Output Value of onstruction Completed
3735159	**78200**	**360288**	**3419064**	**299890**	**16205**	**2264803**
3486065	74271	350842	3211274	259879	14912	2091771
3272664	72404	241756	2986539	274394	11731	2115647
1737388	44995	129732	1575527	158424	3436	1116317
312846	11277	9687	304662	1813	6371	168536
1222430	16132	102337	1106350	114156	1924	830795
47020	320		47000	20		16013
329048	1094	111910	316280	8294	4474	59539
86428	4381	6622	69245	17183		73604
3673338	78200	298467	3357243	299890	16205	2202982
557183		90136	438477	118363	342	246252
5678			5678			7489
1037727	12110	159206	915385	111388	10955	530467
645844		138463	615026	19863	10955	285151
391884	12110	20744	300359	91525		245316
114592			114592			51279
1958159	66090	49125	1883111	70139	4908	1367496
1583625	66090	24092	1509314	69402	4908	1191206
374534		25032	373797	737		176290
61821		61821	61821			61821
61821		61821	61821			61821
2126586	40302	158490	2105888	16224	4474	1321396
2079219	39762	144944	2058521	16224	4474	1279482
47367	540	13546	47367			41914
1536009	1049	200397	1265239	259327	11443	890685
844010	700	28868	843033	63	914	465205
524626		25645	524626			242038
319384	700	3223	318407	63	914	223167
216921		16013	203515	13392	14	115380
216921		16013	203515	13392	14	115380
79197		66662	72826		6371	79607
332459	40	82232	89962	238353	4144	203057
332459	40	82232	89962	238353	4144	203057
1249	22		1222	27		1248
1249	22		1222	27		1248
7449		6622		7449		1717
1717		890		1717		1717
5733		5733		5733		
54724	286		54681	43		24471
49879	286		49879			21347
4845			4802	43		3124
34618		1158	11632	22697	289	23325
21087		70	5500	15537	51	15983
13530		1088	6132	7160	238	7341
13530		1088	6132	7160	238	7341
37947	36849	243	36305	1643		29398
37947	36849	243	36305	1643		29398
8084	8084		8069	15		6713
29863	28765	243	28235	1628		22685

7—2 续表1

单位:万元 (2017)

指 标	Item	企业数(个) Number of Enterprises (unit)	# 有工作量的企业数 Number of Workload Enterprises
按国民经济行业分(2011)	**Grouped by Sector(2011)**		
房屋建筑业	House Building	246	208
房屋建筑业	House Building	246	208
土木工程建筑业	Civil Engineering	171	156
铁路、道路、隧道和桥梁工程建筑	Railway, Road, Tunnel and Bridge	65	62
公路工程建筑	Road	8	7
市政道路工程建筑	Municipal Works	57	55
水利和内河港口工程建筑	Water and River Ports	32	28
水源及供水设施工程建筑	Construction of Water Source and Supply Water Facility	32	28
工矿工程建筑	Mining	8	8
架线和管道工程建筑	Frame Line and Pipeline	56	48
架线及设备工程建筑	Frame Line Equipment Engineering	56	48
其他土木工程建筑	Other Civil Engineering	10	10
建筑安装业	Construction Installation	46	41
电气安装	Electric Installation	35	30
其他建筑安装业	Other Construction Installation	11	11
建筑装饰和其他建筑业	Construction Decoration and Other Construction	46	38
建筑装饰业	Construction Decoration	46	38
按控股情况分	**Grouped by Controlling Stake**		
国有控股	State-owned	40	36
集体控股	Collective-owned	7	7
私人控股	Private	461	399
外商控股	Foreign	1	1
按企业规模分	**Grouped by Enterprises Scale**		
大型	Large-Scale	7	7
中型	Medium-Scale	91	91
小型	Small-Scale	258	240
微型	Miniatrue	153	105
按营业状况分	**Grouped by Operating Status**		
营业	Operating	505	442
停业(歇业)	Turn O(f out of business)	3	
当年注销	The Cancellation	1	1
按会计准则分	**Grouped by Accounting Standards**		
企业会计准则	Accounting Standards for Business Enterprises	229	199
小企业会计准则	Accounting Standards for Small Business Enterprises	135	118
其他企业会计制度	Others	145	126
按企业资质等级分	**Grouped by Qualification Criteria**		
施工总承包	General Contractors	359	311
特 级	Special Grade	1	1
一 级	First Grade	19	19
二 级	Second Grade	172	164
三级及以下	Third Grade and Below	167	127
专业承包	Professional Contractors	150	132
一 级	First Grade	15	13
二 级	Second Grade	94	82
三级及以下	Third Grade and Below	41	37

continued

(10 000 yuan)

建筑业总产值 Total Output Valueof Construction	#装饰装修产值 Output Value of Decoration	#在外省完成的产值 Output Value of Completed Outside the Province	建筑工程产值 Output Value of Construction	安装工程产值 Output Value of Installation	其他产值 Others	竣工产值 Output Value of Construction Completed
2127307	40888	158490	2106609	16224	4474	1321982
2127307	40888	158490	2106609	16224	4474	1321982
1537097	1049	201485	1265239	260415	11443	890685
893889	987	28868	892913	63	914	486552
524626		25645	524626			242038
369263	987	3223	368286	63	914	244514
216921		16013	203515	13392	14	115380
216921		16013	203515	13392	14	115380
80604	22	66662	74206	27	6371	81013
339908	40	88855	89962	245802	4144	204774
339908	40	88855	89962	245802	4144	204774
5775		1088	4644	1131		2966
33530		70	11632	21609	289	23325
21087		70	5500	15537	51	15983
12442			6132	6072	238	7341
37226	36263	243	35583	1643		28812
37226	36263	243	35583	1643		28812
1225997	10970	228641	1076475	138226	11297	543637
86316		143	10213	76103		84007
2361025	67230	69683	2270555	85562	4908	1575338
61821		61821	61821			61821
1321175		207100	1249839	66534	4802	540581
1736904	37356	127630	1571180	164701	1023	1184689
601856	34605	25528	526346	65940	9570	508732
75225	6238	30	71699	2715	810	30801
3700906	78200	360288	3384810	299890	16205	2261151
34254			34254			3652
2729908	45822	332100	2458108	259351	12449	1513289
426982	5788	13118	409347	16177	1459	296136
578269	26590	15070	551610	24362	2298	455378
3512504	40789	328952	3301181	196447	14876	2120577
72199		1720	72199			79306
1828233	1392	226146	1742450	80067	5716	959801
1398296	36008	93182	1291836	97315	9146	936060
213776	3389	7904	194696	19065	14	145410
222656	37411	31336	117883	103443	1330	144227
105097	15049	26827	39275	65772	51	40864
82239	21822	2967	65515	16725		75740
35319	540	1542	13094	20946	1279	27622

7—3 建筑业合同签订及承包工程完成情况

单位:万元 (2017)

指 标	Item	签订的合同额 Total Value of Contracts	上年结转合同额 Value from Contracts Signed in Last Year
总 计	**Total**	**6591361**	**2044122**
#一、二级企业	First and Second Grade	6226045	1972134
按地区分	**Grouped by County**		
市 区	City	5888710	1854353
兴庆区	Xingqing	2975594	994395
西夏区	Xixia	525822	140045
金凤区	Jinfeng	2387294	719914
永宁县	Yongning	102300	36313
贺兰县	Helan	474266	114571
灵武市	Lingwu	126085	38886
按登记注册类型分	**Grouped by Status of Registration**		
内资企业	Domestic Funded	6529540	2038721
国有企业	State-owned Enterprises	932688	312134
集体企业	Collective-owned Enterprises	8425	5008
有限责任公司	Limited Liabilities Corporations	1827248	599362
国有独资公司	State Sole Funded Corporations	1082787	378368
其他有限责任公司	Other Limited Liabilities Corporations	744461	220995
股份有限公司	Share-holding Corporations Limited	208680	30219
私营企业	Private Enterprises	3552499	1091999
私营有限责任公司	Private Limited Liabilities Corporations	2540402	732111
私营股份有限公司	Private Share-holding Corporations Ltd.	1012097	359887
外商投资企业	Foreign Funded	61821	5401
中外合资经营企业	Domestic and Foreign Joint Funded Enterprises	61821	5401
按国民经济行业分(2017)	**Grouped by Sector(2017)**		
房屋建筑业	House Building	3466023	990319
住宅房屋建筑	Residential Building	3412563	983104
其他房屋建筑业	Other Housing construction	53460	7215
土木工程建筑业	Civil Engineering	3020564	1032098
铁路、道路、隧道和桥梁工程建筑	Railway, Road, Tunnel and Bridge	1820343	612282
公路工程建筑	Road	1254398	397776
市政道路工程建筑	Municipal Works	565945	214506
水利和水运工程建筑	Water Conservancy and Water Transportation Projects	343159	141901
水源及供水设施工程建筑	Construction of Water Source and Supply Water Facility	343159	141901
工矿工程建筑	Mining	81259	5619
架线和管道工程建筑	Frame Line and Pipeline	702315	269533
架线及设备工程建筑	Frame Line Equipment Engineering	702315	269533
节能环保工程施工	Energy-saving and Environmental Engineering	1249	90
环保工程施工	Environmental Engineering Construction	1249	90
电力工程施工	Electrical Engineering Construction	8154	
火力发电工程施工	Construction of Thermal Power Generation Project	795	
太阳能发电工程施工	Solar Power Project Construction	7359	
其他土木工程建筑	Other Civil Engineering Buildings	64086	2673
园林绿化工程施工	Landscaping Project Construction	58757	2163
其他土木工程建筑施工	Other Civil Engineering Construction	5329	509
建筑安装业	Construction Installation	53873	13073
电气安装	Electric Installation	34222	12707
其他建筑安装业	Other Construction Installation	19651	366
其他建筑安装	Other Building Installation	19651	366
建筑装饰、装修和其他建筑业	Construction, Decoration and Other Construction	50901	8633
建筑装饰和装修业	Construction and Decoration	50901	8633
公共建筑装饰和装修	Decoration and Decoration of Public Buildings	9224	1244
建筑幕墙装饰和装修	Decoration and Decoration of Building Curtain Walls	41677	7389

Contracts Signed and Completion of Contracted Projects by Construction Enterprises

(10 000 yuan)

本年新签合同额 Value from New Contracts Signed in This Year	直接从建设单位承揽工程完成的产值 Completed Output Value of Projects Contracted Directly from Investors	自行完成施工产值 Own-completed Output Value	分包出去工程的产值 Output Value of Out-sourced Projects	从建设单位以外承揽工程完成的产值 Completed Output Value of Projects Contracted from Non-investors
4547239	**3746701**	**3692099**	**54602**	**43060**
4253911	3505608	3454176	51432	31888
4034358	3280759	3233385	47375	39279
1981199	1712488	1707557	4931	29831
385778	312846	312846		
1667381	1255426	1212982	42444	9449
65987	47020	47000	20	20
359695	326483	326483		2564
87199	92438	85231	7207	1196
4490819	3650832	3630278	20553	43060
620554	557183	557183		
3417	5678	5678		
1227886	1054709	1037587	17122	140
704420	647634	645844	1791	
523466	407075	391743	15331	140
178461	114592	114592		
2460501	1918671	1915239	3432	42920
1808291	1544137	1540705	3432	42920
652210	374534	374534		
56420	95869	61821	34048	
56420	95869	61821	34048	
2475705	2096054	2095482	572	31104
2429459	2048687	2048115	572	31104
46246	47367	47367		
1988466	1578591	1524561	54030	11447
1208060	842154	842154		1857
856621	524626	524626		
351439	317527	317527		1857
201258	216771	216771		150
201258	216771	216771		150
75640	113245	79197	34048	
432781	348316	329954	18362	2505
432781	348316	329954	18362	2505
1159	1249	1249		
1159	1249	1249		
8154	6253	6253		1196
795	521	521		1196
7359	5733	5733		
61413	50603	48984	1619	5740
56594	45798	44179	1619	5700
4820	4805	4805		40
40800	34109	34109		509
21515	20579	20579		509
19285	13530	13530		
19285	13530	13530		
42268	37947	37947		
42268	37947	37947		
7981	8084	8084		
34288	29863	29863		

7—3 续表1

单位：万元　　　　　　　　　　　　　　　　　　　　　　　　　　　　　　　　　　　　（2017）

指　标	Item	签订的合同额 Total Value of Contracts	上年结转合同额 Value from Contracts Signed in Last Year
按国民经济行业分（2011）	**Grouped by Sector（2011）**		
房屋建筑业	House Building	3470249	993959
房屋建筑业	House Building	3470249	993959
土木工程建筑业	Civil Engineering	3022565	1032098
铁路、道路、隧道和桥梁工程建筑	Railway, Road, Tunnel and Bridge	1879100	614446
公路工程建筑	Road	1254398	397776
市政道路工程建筑	Municipal Works	624702	216669
水利和内河港口工程建筑	Water and River Ports	343159	141901
水源及供水设施工程建筑	Construction of Water Source and Supply Water Facility	343159	141901
工矿工程建筑	Mining	82666	5709
架线和管道工程建筑	Frame Line and Pipeline	710468	269533
架线及设备工程建筑	Frame Line Equipment Engineering	710468	269533
其他土木工程建筑	Other Civil Engineering	7171	509
建筑安装业	Construction Installation	51872	13073
电气安装	Electric Installation	34222	12707
其他建筑安装业	Other Construction Installation	17650	366
建筑装饰和其他建筑业	Construction Decoration and Other Construction	46676	4993
建筑装饰业	Construction Decoration	46676	4993
按控股情况分	**Grouped by Controlling Stake**		
国有控股	State-owned	2044648	696415
集体控股	Collective-owned	126751	33724
私人控股	Private	4358142	1308582
外商控股	Foreign	61821	5401
按企业规模分	**Grouped by Enterprises Scale**		
大型	Large-Scale	2556128	785827
中型	Medium-Scale	2866231	950109
小型	Small-Scale	954923	168482
微型	Miniatrue	214079	139705
按营业状况分	**Grouped by Operating Status**		
营业	Operating	6453080	1943496
停业（歇业）	Turn O(f out of business)		
当年注销	The Cancellation	138282	100627
按会计准则分	**Grouped by Accounting Standards**		
企业会计准则	Accounting Standards for Business Enterprises	4952941	1604925
小企业会计准则	Accounting Standards for Small Business Enterprises	693560	94348
其他企业会计制度	Others	944860	344849
按企业资质等级分	**Grouped by Qualification Criteria**		
施工总承包	General Contractors	6265180	1937492
特　级	Special Grade	187904	71400
一　级	First Grade	3537892	1159413
二　级	Second Grade	2224429	635683
三级及以下	Third Grade and Below	314955	70997
专业承包	Professional Contractors	326181	106630
一　级	First Grade	175774	87073
二　级	Second Grade	100046	18565
三级及以下	Third Grade and Below	50361	992

continued

(10 000 yuan)

本年新签合同额 Value from New Contracts Signed in This Year	直接从建设单位承揽工程完成的产值 Completed Output Value of Projects Contracted Directly from Investors	自行完成施工产值 Own-completed Output Value	分包出去工程的产值 Output Value of Out-sourced Projects	从建设单位以外承揽工程完成的产值 Completed Output Value of Projects Contracted from Non-investors
2476290	2096775	2096203	572	31104
2476290	2096775	2096203	572	31104
1990467	1579679	1525649	54030	11447
1264654	887952	886333	1619	7557
856621	524626	524626		
408033	363325	361706	1619	7557
201258	216771	216771		150
201258	216771	216771		150
76957	114652	80604	34048	
440935	354569	336207	18362	3701
440935	354569	336207	18362	3701
6662	5735	5735		40
38799	33021	33021		509
21515	20579	20579		509
17284	12442	12442		
41683	37226	37226		
41683	37226	37226		
1348232	1227788	1225997	1791	
93027	98798	86176	12622	140
3049560	2324246	2318106	6141	42920
56420	95869	61821	34048	
1770301	1321175	1321175		
1916123	1759164	1710703	48461	26202
786441	591270	585589	5680	16266
74375	75093	74632	461	592
4509584	3712447	3657846	54602	43060
37655	34254	34254		
3348016	2763994	2715244	48750	14664
599211	420354	419802	552	7180
600012	562353	557053	5300	21216
4327688	3521502	3470050	51452	42453
116504	72199	72199		
2378480	1828233	1828233		
1588746	1418348	1366917	51432	31379
243958	202722	202702	20	11074
219551	225199	222049	3150	607
88701	104871	104871		227
81481	81957	81957		282
49370	38371	35221	3150	98

7—4　房屋建筑施工面积及竣工面积

单位:平方米　　(2017)

指　标	Item	房屋建筑施工面积 Floor Space of Buildings Under Construction
总　计	**Total**	**14976475**
#一、二级企业	First and Second Grade	14151468
按地区分	**Grouped by County**	
市　区	City	13555340
兴庆区	Xingqing	6366839
西夏区	Xixia	2926613
金凤区	Jinfeng	4261888
永宁县	Yongning	160402
贺兰县	Helan	685524
灵武市	Lingwu	575209
按登记注册类型分	**Grouped by Status of Registration**	
内资企业	Domestic Funded	14976475
国有企业	State-owned Enterprises	2109173
集体企业	Collective-owned Enterprises	31686
有限责任公司	Limited Liabilities Corporations	6009546
国有独资公司	State Sole Funded Corporations	3426739
其他有限责任公司	Other Limited Liabilities Corporations	2582807
股份有限公司	Share-holding Corporations Limited	900
私营企业	Private Enterprises	6825170
私营有限责任公司	Private Limited Liabilities Corporations	6825170
按国民经济行业分(2017)	**Grouped by Sector(2017)**	
房屋建筑业	House Building	14212514
住宅房屋建筑	Residential Building	14201893
其他房屋建筑业	Other Housing Construction	10621
土木工程建筑业	Civil Engineering	763961
铁路、道路、隧道和桥梁工程建筑	Railway,Road,Tunnel and Bridge	226029
公路工程建筑	Road	6611
市政道路工程建筑	Municipal Works	219418
水利和水运工程建筑	Water Conservancy and Water Transportation Projects	29462
水源及供水设施工程建筑	Construction of Water Source and Supply Water Facility	29462
架线和管道工程建筑	Frame Line and Pipeline	416495
架线及设备工程建筑	Frame Line Equipment Engineering	416495
其他土木工程建筑	Other Civil Engineering Buildings	91975
园林绿化工程施工	Landscaping Project Construction	91975

Floor Space of Buildings Constructed and Completed

(sq.m)

本年新开工面积 Floor Space of New Buildings in This Year	房屋建筑竣工面积 Floor Space of Buildings Completed	住宅房屋 Residence
6999075	**3544394**	**1636449**
6741426	3333438	1513077
6551553	3158501	1463698
3140273	1662332	898483
1450273	636722	171185
1961007	859447	394030
160402	19418	2500
229916	202953	27607
57204	163522	142644
6999075	3544394	1636449
1280685	590787	259404
4308	31686	31686
2139927	1253512	506934
1025992	884662	262642
1113935	368850	244292
3574155	1668409	838425
3574155	1668409	838425
6338890	3396647	1597878
6332761	3386126	1597878
6129	10521	
660185	147747	38571
180822	69216	27571
6611		
174211	69216	27571
13764	17682	
13764	17682	
405754	60849	11000
405754	60849	11000
59845		
59845		

7—4 续表1

单位:平方米 (2017)

指标	Item	房屋建筑施工面积 Floor Space of Buildings Under Construction
按国民经济行业分(2011)	**Grouped by Sector(2011)**	
房屋建筑业	House Building	14212514
房屋建筑业	House Building	14212514
土木工程建筑业	Civil Engineering	763961
铁路、道路、隧道和桥梁工程建筑	Railway, Road, Tunnel and Bridge	318004
公路工程建筑	Road	6611
市政道路工程建筑	Municipal Works	311393
水利和内河港口工程建筑	Water and River Ports	29462
水源及供水设施工程建筑	Construction of Water Source and Supply Water Facility	29462
架线和管道工程建筑	Frame Line and Pipeline	416495
架线及设备工程建筑	Frame Line Equipment Engineering	416495
按控股情况分	**Grouped by Controlling Stake**	
国有控股	State-owned	5535912
集体控股	Collective-owned	33986
私人控股	Private	9406577
按企业规模分	**Grouped by Enterprises Scale**	
大型	Large-Scale	4092874
中型	Medium-Scale	8150134
小型	Small-Scale	2313749
微型	Miniatrue	419718
按营业状况分	**Grouped by Operating Status**	
营业	Operating	14976475
按会计准则分	**Grouped by Accounting Standards**	
企业会计准则	Accounting Standards for Business Enterprises	10614697
小企业会计准则	Accounting Standards for Small Business Enterprises	1648227
其他企业会计制度	Others	2713551
按企业资质等级分	**Grouped by Qualification Criteria**	
施工总承包	General Contractors	14957144
特　级	Special Grade	1066959
一　级	First Grade	6335903
二　级	Second Grade	6739896
三级及以下	Third Grade and Below	814386
专业承包	Professional Contractors	19331
一　级	First Grade	8710
三级及以下	Third Grade and Below	10621

continued

(sq.m)

本年新开工面积 Floor Space of New Buildings in This Year	房屋建筑竣工面积 Floor Space of Buildings Completed	住宅房屋 Residence
6338890	3396647	1597878
6338890	3396647	1597878
660185	147747	38571
240667	69216	27571
6611		
234056	69216	27571
13764	17682	
13764	17682	
405754	60849	11000
405754	60849	11000
2306677	1475449	522046
4308	31686	31686
4688090	2037259	1082717
1866497	1110869	382998
4229293	1598395	732641
888400	772684	466896
14885	62446	53914
6999075	3544394	1636449
4948995	2546986	1065279
952876	231697	21237
1097204	765711	549933
6992154	3533873	1636449
281808	319822	131948
3540902	1845991	788621
2917924	1167625	592508
251520	200435	123372
6921	10521	
792		
6129	10521	

7—4 续表2

单位:平方米 (2017)

指 标	Item	商业及服务用房屋 Business and Service	商厦房屋（批发和零售用房） Commercial(wholesale and retail trade)
总 计	**Total**	**556699**	**354997**
#一、二级企业	First and Second Grade	514599	330897
按地区分	**Grouped by County**		
市 区	City	528236	340150
兴庆区	Xingqing	252866	127967
西夏区	Xixia	165814	106834
金凤区	Jinfeng	109556	105349
永宁县	Yongning	4881	
贺兰县	Helan	23582	14847
灵武市	Lingwu		
按登记注册类型分	**Grouped by Status of Registration**		
内资企业	Domestic Funded	556699	354997
国有企业	State-owned Enterprises	76934	68184
集体企业	Collective-owned Enterprises		
有限责任公司	Limited Liabilities Corporations	106444	95864
国有独资公司	State Sole Funded Corporations	77681	77681
其他有限责任公司	Other Limited Liabilities Corporations	28763	18183
股份有限公司	Share-holding Corporations Limited		
私营企业	Private Enterprises	373321	190949
私营有限责任公司	Private Limited Liabilities Corporations	373321	190949
按国民经济行业分(2017)	**Grouped by Sector(2017)**		
房屋建筑业	House Building	556699	354997
住宅房屋建筑	Residential Building	556699	354997
其他房屋建筑业	Other Housing Construction		
土木工程建筑业	Civil Engineering		
铁路、道路、隧道和桥梁工程建筑	Railway,Road,Tunnel and Bridge		
公路工程建筑	Road		
市政道路工程建筑	Municipal Works		
水利和水运工程建筑	Water Conservancy and Water Transportation Projects		
水源及供水设施工程建筑	Construction of Water Source and Supply Water Facility		
架线和管道工程建筑	Frame Line and Pipeline		
架线及设备工程建筑	Frame Line Equipment Engineering		
其他土木工程建筑	Other Civil Engineering Buildings		
园林绿化工程施工	Landscaping Project Construction		

continued

(sq.m)

宾馆用房屋（住宿用房）Hotel (hoteling)	餐饮用房屋（餐饮用房）Catering (catering services)	商务会展用房屋 Commercial Exhibition	其他商业及服务用房屋（居民服务业用房）Other Business and Service (other services)	办公用房屋 Offices
18788	**32934**	**49866**	**100114**	**373728**
18788	32934	49866	82114	355780
18788	32934	49866	86498	336284
1023	469	49866	73541	68196
17765	32465		8750	111611
			4207	156477
			4881	7020
			8735	30424
18788	32934	49866	100114	373728
			8750	3671
1023	469		9088	275627
				268437
1023	469		9088	7190
17765	32465	49866	82276	94430
17765	32465	49866	82276	94430
18788	32934	49866	100114	357760
18788	32934	49866	100114	357760
				15968
				12870
				12870
				2978
				2978
				120
				120

7—4 续表3

单位:平方米 （2017）

指 标	Item	商业及服务用房屋 Business and Service	商厦房屋（批发和零售用房）Commercial(wholesale and retail trade)
按国民经济行业分(2011)	**Grouped by Sector(2011)**		
房屋建筑业	House Building	556699	354997
房屋建筑业	House Building	556699	354997
土木工程建筑业	Civil Engineering		
铁路、道路、隧道和桥梁工程建筑	Railway, Road, Tunnel and Bridge		
公路工程建筑	Road		
市政道路工程建筑	Municipal Works		
水利和内河港口工程建筑	Water and River Ports		
水源及供水设施工程建筑	Construction of Water Source and Supply Water Facility		
架线和管道工程建筑	Frame Line and Pipeline		
架线及设备工程建筑	Frame Line Equipment Engineering		
按控股情况分	**Grouped by Controlling Stake**		
国有控股	State-owned	154615	145865
集体控股	Collective-owned		
私人控股	Private	402084	209132
按企业规模分	**Grouped by Enterprises Scale**		
大型	Large-Scale	154615	145865
中型	Medium-Scale	327405	165395
小型	Small-Scale	74679	43737
微型	Miniatrue		
按营业状况分	**Grouped by Operating Status**		
营业	Operating	556699	354997
按会计准则分	**Grouped by Accounting Standards**		
企业会计准则	Accounting Standards for Business Enterprises	414575	243815
小企业会计准则	Accounting Standards for Small Business Enterprises	97667	88932
其他企业会计制度	Others	44457	22250
按企业资质等级分	**Grouped by Qualification Criteria**		
施工总承包	General Contractors	556699	354997
特 级	Special Grade		
一 级	First Grade	289619	208433
二 级	Second Grade	224980	122464
三级及以下	Third Grade and Below	42100	24100
专业承包	Professional Contractors		
一 级	First Grade		
三级及以下	Third Grade and Below		

continued

(sq.m)

宾馆用房屋（住宿用房）Hotel(hoteling)	餐饮用房屋（餐饮用房）Catering (catering services)	商务会展用房屋 Commercial Exhibition	其他商业及服务用房屋（居民服务业用房）Other Business and Service (other services)	办公用房屋 Offices
18788	32934	49866	100114	357760
18788	32934	49866	100114	357760
				15968
				12870
				12870
				2978
				2978
				120
				120
			8750	272108
18788	32934	49866	91364	101620
			8750	142035
18788	32934	49866	60422	207832
			30942	23741
				120
18788	32934	49866	100114	373728
18788	32934	49866	69172	326588
			8735	29111
			22207	18029
18788	32934	49866	100114	373728
				126759
		49866	31320	168198
18788	32934		50794	60823
			18000	17948

7—4 续表4

单位:平方米 （2017）

指 标	Item	科研、教育、医疗用房屋 Scientific Research, Education and Medical	科学研究用房屋 Scientific Research
总 计	**Total**	**536515**	**3299**
#一、二级企业	First and Second Grade	533597	3299
按地区分	**Grouped by County**		
市 区	City	494629	3299
兴庆区	Xingqing	272937	3299
西夏区	Xixia	103369	
金凤区	Jinfeng	118323	
永宁县	Yongning	5017	
贺兰县	Helan	23980	
灵武市	Lingwu	12889	
按登记注册类型分	**Grouped by Status of Registration**		
内资企业	Domestic Funded	536515	3299
国有企业	State-owned Enterprises	175624	
集体企业	Collective-owned Enterprises		
有限责任公司	Limited Liabilities Corporations	179036	
国有独资公司	State Sole Funded Corporations	141981	
其他有限责任公司	Other Limited Liabilities Corporations	37055	
股份有限公司	Share-holding Corporations Limited		
私营企业	Private Enterprises	181855	3299
私营有限责任公司	Private Limited Liabilities Corporations	181855	3299
按国民经济行业分(2017)	**Grouped by Sector(2017)**		
房屋建筑业	House Building	533999	3299
住宅房屋建筑	Residential Building	533999	3299
其他房屋建筑业	Other Housing Construction		
土木工程建筑业	Civil Engineering	2516	
铁路、道路、隧道和桥梁工程建筑	Railway, Road, Tunnel and Bridge	2516	
公路工程建筑	Road		
市政道路工程建筑	Municipal Works	2516	
水利和水运工程建筑	Water Conservancy and Water Transportation Projects		
水源及供水设施工程建筑	Construction of Water Source and Supply Water Facility		
架线和管道工程建筑	Frame Line and Pipeline		
架线及设备工程建筑	Frame Line Equipment Engineering		
其他土木工程建筑	Other Civil Engineering Buildings		
园林绿化工程施工	Landscaping Project Construction		

continued

(sq.m)

教育用房屋 Education	医疗用房屋（卫生医疗用房） Medical (health and medical)	文化、体育、娱乐用房屋 Culture,Sports and Entertainment	厂房及建筑物 Workshop and Buildings	#厂房 Workshop	仓库 Warehouse	其他未列明的房屋建筑物 Other Buildings
187089	**346127**	**25425**	**300162**	**185274**	**42190**	**73226**
184424	345874	25425	278424	169225	39410	73126
145203	346127	25425	201841	156756	42190	66198
20372	249266	5963	111050	108704	28812	24025
56820	46549	19462	26345	9983	8586	30350
68011	50312		64446	38069	4792	11823
5017						
23980			90332	28518		7028
12889			7989			
187089	346127	25425	300162	185274	42190	73226
	175624	4908	50606	49729		19640
86775	92261	14554	121975	75929	33234	15708
49720	92261	14554	99762	53716	8586	11019
37055			22213	22213	24648	4689
100314	78242	5963	127581	59616	8956	37878
100314	78242	5963	127581	59616	8956	37878
184573	346127	25425	209470	94582	42190	73226
184573	346127	25425	200249	91050	40890	73226
			9221	3532	1300	
2516			90692	90692		
2516			26259	26259		
2516			26259	26259		
			14704	14704		
			14704	14704		
			49729	49729		
			49729	49729		

7—4 续表5

单位:平方米 (2017)

指标	Item	科研、教育、医疗用房屋 Scientific Research, Education and Medical	科学研究用房屋 Scientific Research
按国民经济行业分(2011)	**Grouped by Sector(2011)**		
房屋建筑业	House Building	533999	3299
房屋建筑业	House Building	533999	3299
土木工程建筑业	Civil Engineering	2516	
铁路、道路、隧道和桥梁工程建筑	Railway, Road, Tunnel and Bridge	2516	
公路工程建筑	Road		
市政道路工程建筑	Municipal Works	2516	
水利和内河港口工程建筑	Water and River Ports		
水源及供水设施工程建筑	Construction of Water Source and Supply Water Facility		
架线和管道工程建筑	Frame Line and Pipeline		
架线及设备工程建筑	Frame Line Equipment Engineering		
按控股情况分	**Grouped by Controlling Stake**		
国有控股	State-owned	317605	
集体控股	Collective-owned		
私人控股	Private	218910	3299
按企业规模分	**Grouped by Enterprises Scale**		
大型	Large-Scale	267293	
中型	Medium-Scale	156807	3299
小型	Small-Scale	112162	
微型	Miniatrue	253	
按营业状况分	**Grouped by Operating Status**		
营业	Operating	536515	3299
按会计准则分	**Grouped by Accounting Standards**		
企业会计准则	Accounting Standards for Business Enterprises	426196	3299
小企业会计准则	Accounting Standards for Small Business Enterprises	6133	
其他企业会计制度	Others	104186	
按企业资质等级分	**Grouped by Qualification Criteria**		
施工总承包	General Contractors	536515	3299
特级	Special Grade	50312	
一级	First Grade	315054	3299
二级	Second Grade	168231	
三级及以下	Third Grade and Below	2918	
专业承包	Professional Contractors		
一级	First Grade		
三级及以下	Third Grade and Below		

continued

(sq.m)

教育用房屋 Education	医疗用房屋（卫生医疗用房）Medical (health and medical)	文化、体育、娱乐用房屋 Culture,Sports and Entertainment	厂房及建筑物 Workshop and Buildings	#厂房 Workshop	仓库 Warehouse	其他未列明的房屋建筑物 Other Buildings
184573	346127	25425	209470	94582	42190	73226
184573	346127	25425	209470	94582	42190	73226
2516			90692	90692		
2516			26259	26259		
2516			26259	26259		
			14704	14704		
			14704	14704		
			49729	49729		
			49729	49729		
49720	267885	19462	150368	103445	8586	30659
137369	78242	5963	149794	81829	33604	42567
49720	217573	19462	125170	78247	8586	10710
90897	62611	5963	89619	88150	27512	50616
46472	65690		77214	16407	6092	11900
	253		8159	2470		
187089	346127	25425	300162	185274	42190	73226
142460	280437	25425	223388	163003	8898	56637
6133			62969	14155	2780	11800
38496	65690		13805	8116	30512	4789
187089	346127	25425	290941	181742	40890	73226
	50312		10494	10494		309
89404	222351	23195	195769	148846	33546	31989
95020	73211	2230	72161	9885	5864	40828
2665	253		12517	12517	1480	100
			9221	3532	1300	
			9221	3532	1300	

7—5 房屋建筑竣工价值

单位：万元 （2017）

指　标	Item	竣工房屋价值 Output Value of Buildings Completed	住宅房屋 Residence
总　计	**Total**	**697191**	**306913**
#一、二级企业	First and Second Grade	671931	291452
按地区分	**Grouped by County**		
市　区	City	631392	277475
兴庆区	Xingqing	333053	169192
西夏区	Xixia	130592	32621
金凤区	Jinfeng	167747	75661
永宁县	Yongning	5808	1025
贺兰县	Helan	33476	6021
灵武市	Lingwu	26515	22393
按登记注册类型分	**Grouped by Status of Registration**		
内资企业	Domestic Funded	697191	306913
国有企业	State-owned Enterprises	111328	47354
集体企业	Collective-owned Enterprises	5834	5834
有限责任公司	Limited Liabilities Corporations	260898	101433
国有独资公司	State Sole Funded Corporations	184403	51779
其他有限责任公司	Other Limited Liabilities Corporations	76495	49654
股份有限公司	Share-holding Corporations Limited		
私营企业	Private Enterprises	319132	152293
私营有限责任公司	Private Limited Liabilities Corporations	319132	152293
按国民经济行业分(2017)	**Grouped by Sector(2017)**		
房屋建筑业	House Building	656297	297792
住宅房屋建筑	Residential Building	655770	297792
其他房屋建筑业	Other Housing Construction	527	
土木工程建筑业	Civil Engineering	40894	9121
铁路、道路、隧道和桥梁工程建筑	Railway, Road, Tunnel and Bridge	18533	6420
公路工程建筑	Road		
市政道路工程建筑	Municipal Works	18533	6420
水利和水运工程建筑	Water Conservancy and Water Transportation Projects	5060	
水源及供水设施工程建筑	Construction of Water Source and Supply Water Facility	5060	
架线和管道工程建筑	Frame Line and Pipeline	17301	2701
架线及设备工程建筑	Frame Line Equipment Engineering	17301	2701
其他土木工程建筑	Other Civil Engineering Buildings		
园林绿化工程施工	Landscaping Project Construction		

Output Value of Floor Space of Buildings Completed

(10 000 yuan)

商业及服务用房屋 Business and Service	商厦房屋（批发和零售用房） Commercial (wholesale and retail trade)	宾馆用房屋（住宿用房） Hotel (hoteling)	餐饮用房屋（餐饮用房） Catering (catering services)	商务会展用房屋 Commercial Exhibition	其他商业及服务用房屋（居民服务业用房） Other Business and Service (other services)	办公用房屋 Offices
105137	**61304**	**5278**	**9426**	**6908**	**22221**	**89932**
101005	59692	5278	9426	6908	19701	86713
99588	59052	5278	9426	6908	18925	81421
45107	22111	300	150	6908	15638	15905
33819	17660	4978	9276		1905	28055
20662	19281				1381	37461
1133					1133	2107
4415	2252				2163	6404
105137	61304	5278	9426	6908	22221	89932
14162	12256				1905	1529
15734	12770	300	150		2514	68054
9241	9241					65906
6493	3529	300	150		2514	2148
75241	36278	4978	9276	6908	17801	20349
75241	36278	4978	9276	6908	17801	20349
105137	61304	5278	9426	6908	22221	85059
105137	61304	5278	9426	6908	22221	85059
						4873
						4042
						4042
						827
						827
						4
						4

7—5 续表1

单位:万元　　　　(2017)

指　标	Item	竣工房屋价值 Output Value of Buildings Completed	住宅房屋 Residence
按国民经济行业分(2011)	**Grouped by Sector(2011)**		
房屋建筑业	House Building	656297	297792
房屋建筑业	House Building	656297	297792
土木工程建筑业	Civil Engineering	40894	9121
铁路、道路、隧道和桥梁工程建筑	Railway, Road, Tunnel and Bridge	18533	6420
公路工程建筑	Road		
市政道路工程建筑	Municipal Works	18533	6420
水利和内河港口工程建筑	Water and River Ports	5060	
水源及供水设施工程建筑	Construction of Water Source and Supply Water Facility	5060	
架线和管道工程建筑	Frame Line and Pipeline	17301	2701
架线及设备工程建筑	Frame Line Equipment Engineering	17301	2701
按控股情况分	**Grouped by Controlling Stake**		
国有控股	State-owned	295731	99132
集体控股	Collective-owned	5834	5834
私人控股	Private	395627	201947
按企业规模分	**Grouped by Enterprises Scale**		
大型	Large-Scale	209854	65092
中型	Medium-Scale	341248	150756
小型	Small-Scale	137794	83518
微型	Miniatrue	8295	7548
按营业状况分	**Grouped by Operating Status**		
营业	Operating	697191	306913
按会计准则分	**Grouped by Accounting Standards**		
企业会计准则	Accounting Standards for Business Enterprises	502447	192037
小企业会计准则	Accounting Standards for Small Business Enterprises	34030	5309
其他企业会计制度	Others	160714	109567
按企业资质等级分	**Grouped by Qualification Criteria**		
施工总承包	General Contractors	696664	306913
特　级	Special Grade	79306	33570
一　级	First Grade	367172	151306
二　级	Second Grade	225453	106577
三级及以下	Third Grade and Below	24733	15461
专业承包	Professional Contractors	527	
一　级	First Grade		
三级及以下	Third Grade and Below	527	

continued

(10 000 yuan)

商业及服务用房屋 Business and Service	商厦房屋（批发和零售用房）Commercial (wholesale and retail trade)	宾馆用房屋（住宿用房）Hotel (hoteling)	餐饮用房屋（餐饮用房）Catering (catering services)	商务会展用房屋 Commercial Exhibition	其他商业及服务用房屋（居民服务业用房）Other Business and Service (other services)	办公用房屋 Offices
105137	61304	5278	9426	6908	22221	85059
105137	61304	5278	9426	6908	22221	85059
						4873
						4042
						4042
						827
						827
						4
						4
23403	21497				1905	67435
81734	39807	5278	9426	6908	20316	22497
23403	21497				1905	34459
70913	35050	5278	9426	6908	14251	52641
10821	4757				6065	2828
						4
105137	61304	5278	9426	6908	22221	89932
78825	41057	5278	9426	6908	16156	81561
19234	17071				2163	2659
7077	3176				3901	5712
105137	61304	5278	9426	6908	22221	89932
						32054
48084	32852			6908	8325	43547
52920	26840	5278	9426		11376	11113
4132	1612				2520	3219

7—5 续表2

单位:万元 (2017)

指 标	Item	科研、教育、医疗用房屋 Scientific Research, Education and Medical	科学研究用房屋 Scientific Research
总 计	**Total**	**113172**	**1639**
#一、二级企业	First and Second Grade	112824	1639
按地区分	**Grouped by County**		
市 区	City	102966	1639
兴庆区	Xingqing	59749	1639
西夏区	Xixia	16848	
金凤区	Jinfeng	26369	
永宁县	Yongning	1544	
贺兰县	Helan	5276	
灵武市	Lingwu	3387	
按登记注册类型分	**Grouped by Status of Registration**		
内资企业	Domestic Funded	113172	1639
国有企业	State-owned Enterprises	29564	
集体企业	Collective-owned Enterprises		
有限责任公司	Limited Liabilities Corporations	36457	
国有独资公司	State Sole Funded Corporations	27890	
其他有限责任公司	Other Limited Liabilities Corporations	8567	
股份有限公司	Share-holding Corporations Limited		
私营企业	Private Enterprises	47150	1639
私营有限责任公司	Private Limited Liabilities Corporations	47150	1639
按国民经济行业分(2017)	**Grouped by Sector(2017)**		
房屋建筑业	House Building	112424	1639
住宅房屋建筑	Residential Building	112424	1639
其他房屋建筑业	Other Housing Construction		
土木工程建筑业	Civil Engineering	748	
铁路、道路、隧道和桥梁工程建筑	Railway, Road, Tunnel and Bridge	748	
公路工程建筑	Road		
市政道路工程建筑	Municipal Works	748	
水利和水运工程建筑	Water Conservancy and Water Transportation Projects		
水源及供水设施工程建筑	Construction of Water Source and Supply Water Facility		
架线和管道工程建筑	Frame Line and Pipeline		
架线及设备工程建筑	Frame Line Equipment Engineering		
其他土木工程建筑	Other Civil Engineering Buildings		
园林绿化工程施工	Landscaping Project Construction		

continued

（10 000 yuan）

教育用房屋 Education	医疗用房屋（卫生医疗用房） Medical (health and medical)	文化、体育、娱乐用房屋 Culture,Sports and Entertainment	厂房及建筑物 Workshop and Buildings	# 厂房 Workshop	仓库 Warehouse	其他未列明的房屋建筑物 Other Buildings
40344	**71189**	**8947**	**55262**	**38276**	**7905**	**9924**
40026	71159	8947	53268	36517	7818	9904
30138	71189	8947	43948	34583	7905	9143
4688	53422	1580	31140	28298	6061	4319
11265	5582	7367	6437	998	1288	4158
14185	12184		6372	5287	556	666
1544						
5276			10579	3693		781
3387			735			
40344	71189	8947	55262	38276	7905	9924
	29564	1016	16758	14596		945
19291	17167	6351	21335	12023	6957	4577
10723	17167	6351	18638	9326	1288	3311
8567			2697	2697	5669	1266
21053	24458	1580	17169	11657	948	4402
21053	24458	1580	17169	11657	948	4402
39596	71189	8947	29111	12124	7905	9924
39596	71189	8947	28633	11882	7856	9924
			478	242	49	
748			26152	26152		
748			7323	7323		
748			7323	7323		
			4233	4233		
			4233	4233		
			14596	14596		
			14596	14596		

7—5 续表3

单位:万元 (2017)

指 标	Item	科研、教育、医疗用房屋 Scientific Research, Education and Medical	科学研究用房屋 Scientific Research
按国民经济行业分(2011)	**Grouped by Sector(2011)**		
房屋建筑业	House Building	112424	1639
房屋建筑业	House Building	112424	1639
土木工程建筑业	Civil Engineering	748	
铁路、道路、隧道和桥梁工程建筑	Railway, Road, Tunnel and Bridge	748	
公路工程建筑	Road		
市政道路工程建筑	Municipal Works	748	
水利和内河港口工程建筑	Water and River Ports		
水源及供水设施工程建筑	Construction of Water Source and Supply Water Facility		
架线和管道工程建筑	Frame Line and Pipeline		
架线及设备工程建筑	Frame Line Equipment Engineering		
按控股情况分	**Grouped by Controlling Stake**		
国有控股	State-owned	57454	
集体控股	Collective-owned		
私人控股	Private	55718	1639
按企业规模分	**Grouped by Enterprises Scale**		
大型	Large-Scale	45270	
中型	Medium-Scale	35057	1639
小型	Small-Scale	32815	
微型	Miniatrue	30	
按营业状况分	**Grouped by Operating Status**		
营业	Operating	113172	1639
按会计准则分	**Grouped by Accounting Standards**		
企业会计准则	Accounting Standards for Business Enterprises	82627	1639
小企业会计准则	Accounting Standards for Small Business Enterprises	1180	
其他企业会计制度	Others	29364	
按企业资质等级分	**Grouped by Qualification Criteria**		
施工总承包	General Contractors	113172	1639
特 级	Special Grade	12184	
一 级	First Grade	57082	1639
二 级	Second Grade	43558	
三级及以下	Third Grade and Below	348	
专业承包	Professional Contractors		
一 级	First Grade		
三级及以下	Third Grade and Below		

continued

（10 000 yuan）

教育用房屋 Education	医疗用房屋（卫生医疗用房）Medical (health and medical)	文化、体育、娱乐用房屋 Culture,Sports and Entertainment	厂房及建筑物 Workshop and Buildings	#厂房 Workshop	仓库 Warehouse	其他未列明的房屋建筑物 Other Buildings
39596	71189	8947	29111	12124	7905	9924
39596	71189	8947	29111	12124	7905	9924
748			26152	26152		
748			7323	7323		
748			7323	7323		
			4233	4233		
			4233	4233		
			14596	14596		
			14596	14596		
10723	46731	7367	35396	23922	1288	4256
29620	24458	1580	19866	14354	6617	5668
10723	34547	7367	29763	18289	1288	3213
18968	14449	1580	18236	17557	6012	6055
10652	22163		6550	1952	605	656
	30		714	478		
40344	71189	8947	55262	38276	7905	9924
31962	49026	8947	49080	35842	1368	8002
1180			4925	1412	87	636
7201	22163		1258	1022	6450	1286
40344	71189	8947	54784	38033	7856	9924
	12184		1400	1400		98
19780	35663	8448	45193	33719	7037	6475
20246	23312	499	6675	1399	781	3331
318	30		1516	1516	38	20
			478	242	49	
			478	242	49	

7—6 建筑业企业自有施工机械设备及劳动人员情况

（2017）

指标	Item	年末自有施工机械设备净值(万元) Net Value of Machinery and Equipment Owned at Year-end (10 000 yuan)
总　计	**Total**	**49342**
#一、二级企业	First and Second Grade	41398
按地区分	**Grouped by County**	
市　区	City	41489
兴庆区	Xingqing	20893
西夏区	Xixia	1276
金凤区	Jinfeng	19321
永宁县	Yongning	69
贺兰县	Helan	6656
灵武市	Lingwu	1128
按登记注册类型分	**Grouped by Status of Registration**	
内资企业	Domestic Funded	49342
国有企业	State-owned Enterprises	6343
集体企业	Collective-owned Enterprises	
有限责任公司	Limited Liabilities Corporations	14877
国有独资公司	State Sole Funded Corporations	6083
其他有限责任公司	Other Limited Liabilities Corporations	8794
股份有限公司	Share-holding Corporations Limited	
私营企业	Private Enterprises	28122
私营有限责任公司	Private Limited Liabilities Corporations	22799
私营股份有限公司	Private Share-holding Corporations Ltd.	5323
外商投资企业	Foreign Funded	
中外合资经营企业	Domestic and Foreign Joint Funded Enterprises	
按国民经济行业分(2017)	**Grouped by Sector(2017)**	
房屋建筑业	House Building	22523
住宅房屋建筑	Residential Building	19723
其他房屋建筑业	Other Housing construction	2799
土木工程建筑业	Civil Engineering	25260
铁路、道路、隧道和桥梁工程建筑	Railway, Road, Tunnel and Bridge	10626
公路工程建筑	Road	6163
市政道路工程建筑	Municipal Works	4462
水利和水运工程建筑	Water Conservancy and Water Transportation Projects	4296
水源及供水设施工程建筑	Construction of Water Source and Supply Water Facility	4296
工矿工程建筑	Mining	890
架线和管道工程建筑	Frame Line and Pipeline	7577
架线及设备工程建筑	Frame Line Equipment Engineering	7577
节能环保工程施工	Energy-saving and Environmental Engineering	
环保工程施工	Environmental Engineering Construction	
电力工程施工	Electrical Engineering Construction	96
火力发电工程施工	Construction of Thermal Power Generation Project	58
太阳能发电工程施工	Solar Power Project Construction	38
其他土木工程建筑	Other Civil Engineering Buildings	1775
园林绿化工程施工	Landscaping Project Construction	1744
其他土木工程建筑施工	Other Civil Engineering Construction	31
建筑安装业	Construction Installation	880
电气安装	Electric Installation	669
其他建筑安装业	Other Construction Installation	211
其他建筑安装	Other Building Installation	211
建筑装饰、装修和其他建筑业	Construction, Decoration and Other Construction	679
建筑装饰和装修业	Construction and Decoration	679
公共建筑装饰和装修	Decoration and Decoration of Public Buildings	418
建筑幕墙装饰和装修	Decoration and Decoration of Building Curtain Walls	261

Machinery and Equipment Owned and Employed Persons by Construction Enterprises

年末自有施工机械设备总台数(台) Number of Machinery and Equipment Owned (set)	年末自有施工机械设备总功率(千瓦) Total Power of Machinery and Equipment Owned (kw)	从事建筑业活动的平均人数(人) Average Number of People Engaged in the Construction Industry (person)	期末从业人员数(人) Number of Employed Persons at Year-end (person)	工程技术人员(人) Engineering Persons (person)	现场施工人员(人) Site Construction Persons (person)
11794	**280340**	**158013**	**76393**	**16012**	**27775**
10578	239996	140749	67021	13115	25584
8125	233552	137919	65396	13572	23286
4881	142377	72692	37048	7349	16144
517	12271	14814	8865	1647	2698
2727	78904	50413	19483	4576	4444
44	110	1797	522	207	28
3157	35998	13545	7262	858	3682
468	10680	4752	3213	1375	779
11794	280340	157543	75985	15899	27775
958	18736	19761	17164	1202	14008
		250	140	126	
2963	89475	41369	23906	5053	6386
1119	40081	22550	12313	2033	3901
1844	49394	18819	11593	3020	2485
		3855	416	324	
7873	172129	92308	34359	9194	7381
7742	162206	79787	33560	8890	7228
131	9923	12521	799	304	153
		470	408	113	
		470	408	113	
8456	172313	94768	47961	8655	18689
8226	164876	92639	46515	8091	18515
230	7437	2129	1446	564	174
2646	100417	58437	25887	6502	8568
842	49495	30434	6877	2574	976
177	14392	17776	1452	659	149
665	35103	12658	5425	1915	827
434	21179	7996	3661	937	1822
434	21179	7996	3661	937	1822
45	474	1422	1012	239	45
1011	25747	12497	9569	1427	5322
1011	25747	12497	9569	1427	5322
		136	110	31	
		136	110	31	
58	260	965	900	804	14
31	165	65	20	4	14
27	95	900	880	800	
256	3262	4987	3758	490	389
92	1142	4470	3410	299	379
164	2120	517	348	191	10
149	1112	2050	1514	502	341
116	393	1203	932	332	230
33	719	847	582	170	111
33	719	847	582	170	111
543	6498	2758	1031	353	177
543	6498	2758	1031	353	177
113	1492	564	331	124	57
430	5006	2194	700	229	120

(2017)

指标	Item	年末自有施工机械设备净值(万元) Net Value of Machinery and Equipment Owned at Year-end (10 000 yuan)
按国民经济行业分(2011)	**Grouped by Sector(2011)**	
房屋建筑业	House Building	22708
房屋建筑业	House Building	22708
土木工程建筑业	Civil Engineering	25260
铁路、道路、隧道和桥梁工程建筑	Railway, Road, Tunnel and Bridge	12369
公路工程建筑	Road	6163
市政道路工程建筑	Municipal Works	6206
水利和内河港口工程建筑	Water and River Ports	4296
水源及供水设施工程建筑	Construction of Water Source and Supply Water Facility	4296
工矿工程建筑	Mining	890
架线和管道工程建筑	Frame Line and Pipeline	7673
架线及设备工程建筑	Frame Line Equipment Engineering	7673
其他土木工程建筑	Other Civil Engineering	31
建筑安装业	Construction Installation	880
电气安装	Electric Installation	669
其他建筑安装业	Other Construction Installation	211
建筑装饰和其他建筑业	Construction Decoration and Other Construction	493
建筑装饰业	Construction Decoration	493
按控股情况分	**Grouped by Controlling Stake**	
国有控股	State-owned	12676
集体控股	Collective-owned	2176
私人控股	Private	34490
外商控股	Foreign	
按企业规模分	**Grouped by Enterprises Scale**	
大型	Large-Scale	9752
中型	Medium-Scale	19676
小型	Small-Scale	17015
微型	Miniatrue	2899
按营业状况分	**Grouped by Operating Status**	
营业	Operating	49342
当年注销	The Cancellation	
按会计准则分	**Grouped by Accounting Standards**	
企业会计准则	Accounting Standards for Business Enterprises	31979
小企业会计准则	Accounting Standards for Small Business Enterprises	5146
其他企业会计制度	Others	12217
按企业资质等级分	**Grouped by Qualification Criteria**	
施工总承包	General Contractors	40894
特　级	Special Grade	1076
一　级	First Grade	11972
二　级	Second Grade	21179
三级及以下	Third Grade and Below	6667
专业承包	Professional Contractors	8448
一　级	First Grade	2988
二　级	Second Grade	4183
三级及以下	Third Grade and Below	1277

continued

年末自有施工机械设备总台数(台) Number of Machinery and Equipment Owned (set)	年末自有施工机械设备总功率(千瓦) Total Power of Machinery and Equipment Owned (kw)	从事建筑业活动的平均人数(人) Average Number of People Engaged in the Construction Industry (person)	期末从业人员数(人) Number of Employed Persons at Year-end (person)	工程技术人员(人) Engineering Persons (person)	现场施工人员(人) Site Construction Persons (person)
8511	176669	94873	48060	8685	18689
8511	176669	94873	48060	8685	18689
2646	100417	58486	25932	6512	8568
934	50637	34904	10287	2873	1355
177	14392	17776	1452	659	149
757	36245	17128	8835	2214	1206
434	21179	7996	3661	937	1822
434	21179	7996	3661	937	1822
45	474	1567	1130	272	45
1069	26007	13462	10469	2231	5336
1069	26007	13462	10469	2231	5336
164	2120	557	385	199	10
149	1112	2001	1469	492	341
116	393	1203	932	332	230
33	719	798	537	160	111
488	2142	2653	932	323	177
488	2142	2653	932	323	177
2114	59930	43757	30540	3318	18598
236	12743	2819	2256	662	1287
9444	207667	110967	43189	11919	7890
		470	408	113	
1467	45546	46458	24000	2122	16166
6702	130670	69363	30329	7025	6939
2677	82616	37180	18003	5144	4302
948	21508	5012	4061	1721	368
11794	280340	156808	74632	15153	27775
		1205	1761	859	
7323	176061	105044	50703	9332	22774
1045	24854	24938	12845	2732	2830
3426	79425	28031	12845	3948	2171
10591	256166	147299	69529	13950	26432
135	2558	2417	545	315	209
3095	80557	62604	32709	4587	18596
6249	134413	66972	28197	6539	5619
1112	38638	15306	8078	2509	2008
1203	24174	10714	6864	2062	1343
211	5644	3006	2678	527	807
888	16824	5750	2892	1147	353
104	1706	1958	1294	388	183

7—7 建筑业企业财务状况

单位:万元 (2017)

指 标	Item	年初存货 Stock	资产总计 Total Funds
总 计	**Total**	**620059**	**5183660**
#一、二级企业	First and Second Grade	577517	4800753
按地区分	**Grouped by County**		
市 区	City	439330	4296818
兴庆区	Xingqing	182394	1950379
西夏区	Xixia	67516	497660
金凤区	Jinfeng	189420	1848779
永宁县	Yongning	30244	249744
贺兰县	Helan	86284	435924
灵武市	Lingwu	64201	201174
按登记注册类型分	**Grouped by Status of Registration**		
内资企业	Domestic Funded	619369	4988693
国有企业	State-owned Enterprises	40471	607578
集体企业	Collective-owned Enterprises	202	28663
有限责任公司	Limited Liabilities Corporations	263914	1601975
国有独资公司	State Sole Funded Corporations	100426	711636
其他有限责任公司	Other Limited Liabilities Corporations	163488	890339
股份有限公司	Share-holding Corporations Limited	9543	134312
私营企业	Private Enterprises	305238	2616165
私营有限责任公司	Private Limited Liabilities Corporations	271135	2257411
私营股份有限公司	Private Share-holding Corporations Ltd.	34103	358754
外商投资企业	Foreign Funded	690	194967
中外合资经营企业	Domestic and Foreign Joint Funded Enterprises	690	194967
按国民经济行业分(2017)	**Grouped by Sector(2017)**		
房屋建筑业	House Building	441261	3224362
住宅房屋建筑	Residential Building	429925	3123027
其他房屋建筑业	Other Housing construction	11336	101336
土木工程建筑业	Civil Engineering	162459	1801550
铁路、道路、隧道和桥梁工程建筑	Railway,Road,Tunnel and Bridge	87820	935737
公路工程建筑	Road	37991	513718
市政道路工程建筑	Municipal Works	49829	422020
水利和水运工程建筑	Water Conservancy and Water Transportation Projects	12921	182441
水源及供水设施工程建筑	Construction of Water Source and Supply Water Facility	12921	182441
工矿工程建筑	Mining	1335	208391
架线和管道工程建筑	Frame Line and Pipeline	55240	405129
架线及设备工程建筑	Frame Line Equipment Engineering	55240	405129
节能环保工程施工	Energy-saving and Environmental Engineering	327	8168
环保工程施工	Environmental Engineering Construction	327	8168
电力工程施工	Electrical Engineering Construction	2058	6040
火力发电工程施工	Construction of Thermal Power Generation Project		2948
太阳能发电工程施工	Solar Power Project Construction	2058	3092
其他土木工程建筑	Other Civil Engineering Buildings	2758	55643
园林绿化工程施工	Landscaping Project Construction	2587	44054
其他土木工程建筑施工	Other Civil Engineering Construction	171	11589
建筑安装业	Construction Installation	9911	62039
电气安装	Electric Installation	3663	40882
其他建筑安装业	Other Construction Installation	6248	21158
其他建筑安装	Other Building Installation	6248	21158
建筑装饰、装修和其他建筑业	Construction, Decoration and Other Construction	6427	95709
建筑装饰和装修业	Construction and Decoration	6427	95709
公共建筑装饰和装修	Decoration and Decoration of Public Buildings	509	21399
建筑幕墙装饰和装修	Decoration and Decoration of Building Curtain Walls	5918	74310

Financial Indicators on Construction Enterprises

(10 000 yuan)

流动资产合计 Total Circulating Funds	应收工程款 Projects Receivable	存货 Stock	固定资产合计 Total Investment Assets	固定资产减值准备 Impairment of Fixed Assets	固定资产原价 Original Value of Fixed Assets	房屋和购筑物 House and Buildings	机器设备 Machinery and Equipment	运输工具 The Means of Transport
4638575	**2275875**	**529590**	**293334**	**3890**	**495704**	**119639**	**107721**	**20681**
4297860	2130172	485656	268436	3234	453760	116025	97866	17290
3802430	1766514	429042	259512	3640	435333	101727	87632	19272
1788105	809203	220081	105830	1069	194595	30830	46041	7361
474907	255587	73268	12515		23223	2976	8617	2457
1539417	701724	135693	141167	2571	217514	67921	32974	9454
247428	189931	803	2296	186	3059		2	
401452	220985	64959	25658	46	43156	16415	17564	420
187266	98446	34786	5868	18	14157	1497	2523	989
4472447	2149655	529089	269391	3890	451863	119639	107721	20681
566418	276996	47800	33873		73660	13339	20614	3530
22659	18120		413		677			
1470309	686235	199803	78204	3154	142725	52202	34994	9582
635313	292331	71747	41003	431	73616	33872	27517	4264
834996	393904	128056	37201	2723	69109	18329	7477	5318
122395	45295	32254	8322		10921	2931	6198	36
2290665	1123009	249233	148578	737	223881	51168	45915	7533
2028399	1026253	243825	105379	737	170654	14417	34992	7533
262267	96756	5408	43200		53227	36751	10922	
166128	126221	501	23943		43841			
166128	126221	501	23943		43841			
2965332	1528788	355045	131260	3165	223819	48791	47044	6831
2899737	1492732	342653	104027	3108	182244	33685	36011	5220
65594	36056	12392	27234	58	41574	15106	11033	1610
1538675	693215	156178	147517	488	248315	68509	58256	13160
799791	334620	79026	70762	12	97258	42670	30442	1522
402509	147406	32529	53685		68351	39364	23191	
397282	187213	46497	17078	12	28907	3306	7251	1522
164088	57715	14647	9749	333	25015	3425	5153	2679
164088	57715	14647	9749	333	25015	3425	5153	2679
177116	131269	631	26205		50648	1141	1684	171
336614	149220	57393	35625	1	71651	21273	20410	8541
336614	149220	57393	35625	1	71651	21273	20410	8541
4113	1290	1201	2959		1059		11	74
4113	1290	1201	2959		1059		11	74
5612	1279	24	428		433		52	15
2890	713	24	57		69		52	15
2722	566		371		364			
51342	17823	3256	1789	143	2252		504	159
41970	11134	3095	855	143	887		501	53
9372	6689	161	934		1365		3	106
52983	22970	10695	7669	124	12532	2339	563	419
35235	18049	4623	4698		7524	1916	93	387
17749	4921	6072	2971	124	5008	423	470	33
17749	4921	6072	2971	124	5008	423	470	33
81584	30903	7672	6888	113	11038		1858	271
81584	30903	7672	6888	113	11038		1858	271
19425	6557	1847	1078	113	2203		725	154
62160	24346	5825	5810		8835		1134	117

7—7 续表1

单位:万元 （2017）

指 标	Item	年初存货 Stock	资产总计 Total Funds
按国民经济行业分(2011)	**Grouped by Sector(2011)**		
房屋建筑业	House Building	442490	3232859
房屋建筑业	House Building	442490	3232859
土木工程建筑业	Civil Engineering	162459	1802890
铁路、道路、隧道和桥梁工程建筑	Railway, Road, Tunnel and Bridge	90407	979791
公路工程建筑	Road	37991	513718
市政道路工程建筑	Municipal Works	52416	466073
水利和内河港口工程建筑	Water and River Ports	12921	182441
水源及供水设施工程建筑	Construction of Water Source and Supply Water Facility	12921	182441
工矿工程建筑	Mining	1695	217612
架线和管道工程建筑	Frame Line and Pipeline	57298	411169
架线及设备工程建筑	Frame Line Equipment Engineering	57298	411169
其他土木工程建筑	Other Civil Engineering	138	11876
建筑安装业	Construction Installation	9911	60699
电气安装	Electric Installation	3663	40882
其他建筑安装业	Other Construction Installation	6248	19818
建筑装饰和其他建筑业	Construction Decoration and Other Construction	5199	87211
建筑装饰业	Construction Decoration	5199	87211
按控股情况分	**Grouped by Controlling Stake**		
国有控股	State-owned	143061	1336680
集体控股	Collective-owned	26849	140664
私人控股	Private	449459	3511348
外商控股	Foreign	690	194967
按企业规模分	**Grouped by Enterprises Scale**		
大型	Large-Scale	153280	1259274
中型	Medium-Scale	335765	2723068
小型	Small-Scale	124795	1047949
微型	Miniatrue	6219	153369
按营业状况分	**Grouped by Operating Status**		
营业	Operating	620059	5183618
停业(歇业)	Closed(out of business)		
当年注销	The Cancellation		42
按会计准则分	**Grouped by Accounting Standards**		
企业会计准则	Accounting Standards for Business Enterprises	462332	3593342
小企业会计准则	Accounting Standards for Small Business Enterprises	46781	512970
其他企业会计制度	Others	110946	1077348
按企业资质等级分	**Grouped by Qualification Criteria**		
施工总承包	General Contractors	573586	4777247
特 级	Special Grade	2017	152336
一 级	First Grade	218058	1815671
二 级	Second Grade	321246	2504142
三级及以下	Third Grade and Below	32265	305097
专业承包	Professional Contractors	46473	406413
一 级	First Grade	12440	116658
二 级	Second Grade	23756	211946
三级及以下	Third Grade and Below	10277	77810

continued

(10 000 yuan)

流动资产合计 Total Circulating Funds	应收工程款 Projects Receivable	存货 Stock	固定资产合计 Total Investment Assets	固定资产减值准备 Impairment of Fixed Assets	固定资产原价 Original Value of Fixed Assets	房屋和购筑物 House and Buildings	机器设备 Machinery and Equipment	运输工具 The Means of Transport
2973199	1532716	356284	131881	3165	225535	48791	47814	6831
2973199	1532716	356284	131881	3165	225535	48791	47814	6831
1539638	693747	156178	147517	488	248315	68509	58256	13160
841761	345753	82121	71618	154	98144	42670	30943	1575
402509	147406	32529	53685		68351	39364	23191	
439252	198347	49592	17933	154	29793	3306	7752	1575
164088	57715	14647	9749	333	25015	3425	5153	2679
164088	57715	14647	9749	333	25015	3425	5153	2679
182167	132942	1832	29163		51910	1141	1695	245
342226	150498	57417	36053	1	72084	21273	20462	8556
342226	150498	57417	36053	1	72084	21273	20462	8556
9396	6838	161	934		1162		3	106
52021	22438	10695	7669	124	12532	2339	563	419
35235	18049	4623	4698		7524	1916	93	387
16786	4389	6072	2971	124	5008	423	470	33
73717	26975	6433	6268	113	9322		1088	271
73717	26975	6433	6268	113	9322		1088	271
1217639	576652	121341	76411	431	150695	48435	49004	8137
120741	52478	32768	7945		17366	8802	1835	3968
3134067	1520526	374980	185035	3460	283803	62402	56882	8576
166128	126221	501	23943		43841			
1116507	485915	118598	80347	46	131565	62368	51812	1673
2468426	1339970	279784	116399	2566	194735	26144	22019	10880
927919	388045	121255	81983	1022	143917	30489	30492	7405
125724	61945	9953	14606	256	25487	638	3398	722
4638532	2275875	529590	293334	3890	495704	119639	107721	20681
42								
3200782	1543648	401032	220910	3121	358565	105944	81935	14496
452988	233587	47165	19905	141	34545	1625	9528	2990
984805	498640	81393	52520	629	102594	12070	16257	3194
4330961	2129518	486655	224708	3596	398499	97360	90159	15548
140469	42952	6271	1521		3507	1085	1836	265
1633367	780603	163486	104438	2426	173709	73343	56901	4512
2281976	1189196	283679	101742	637	188894	19741	22742	7898
275149	116767	33220	17007	533	32389	3191	8681	2874
307614	146357	42935	68626	295	97205	22279	17562	5133
92522	42760	8647	15715		26240	4668	1110	2459
149526	74662	23574	45019	171	61410	17188	15277	2156
65566	28936	10715	7891	124	9555	423	1174	517

7—7 续表2

单位:万元 (2017)

指 标	Item	累计折旧 Accumulated Depreciation	本年折旧 Depreciation This Year
总 计	**Total**	**232295**	**31054**
#一、二级企业	First and Second Grade	212129	27240
按地区分	**Grouped by County**		
市 区	City	204759	26823
兴庆区	Xingqing	103424	11128
西夏区	Xixia	11938	1524
金凤区	Jinfeng	89398	14172
永宁县	Yongning	763	190
贺兰县	Helan	18387	2565
灵武市	Lingwu	8385	1476
按登记注册类型分	**Grouped by Status of Registration**		
内资企业	Domestic Funded	212397	27153
国有企业	State-owned Enterprises	45505	2799
集体企业	Collective-owned Enterprises	264	23
有限责任公司	Limited Liabilities Corporations	72446	8433
国有独资公司	State Sole Funded Corporations	35393	4475
其他有限责任公司	Other Limited Liabilities Corporations	37053	3958
股份有限公司	Share-holding Corporations Limited	2598	1843
私营企业	Private Enterprises	91584	14055
私营有限责任公司	Private Limited Liabilities Corporations	78885	10893
私营股份有限公司	Private Share-holding Corporations Ltd.	12700	3162
外商投资企业	Foreign Funded	19898	3901
中外合资经营企业	Domestic and Foreign Joint Funded Enterprises	19898	3901
按国民经济行业分(2017)	**Grouped by Sector(2017)**		
房屋建筑业	House Building	103986	11821
住宅房屋建筑	Residential Building	86751	9838
其他房屋建筑业	Other Housing construction	17234	1983
土木工程建筑业	Civil Engineering	117455	17824
铁路、道路、隧道和桥梁工程建筑	Railway, Road, Tunnel and Bridge	32278	6577
公路工程建筑	Road	17462	5031
市政道路工程建筑	Municipal Works	14817	1547
水利和水运工程建筑	Water Conservancy and Water Transportation Projects	15272	2233
水源及供水设施工程建筑	Construction of Water Source and Supply Water Facility	15272	2233
工矿工程建筑	Mining	24443	4317
架线和管道工程建筑	Frame Line and Pipeline	44090	4348
架线及设备工程建筑	Frame Line Equipment Engineering	44090	4348
节能环保工程施工	Energy-saving and Environmental Engineering	668	124
环保工程施工	Environmental Engineering Construction	668	124
电力工程施工	Electrical Engineering Construction	60	5
火力发电工程施工	Construction of Thermal Power Generation Project	12	5
太阳能发电工程施工	Solar Power Project Construction	48	
其他土木工程建筑	Other Civil Engineering Buildings	643	220
园林绿化工程施工	Landscaping Project Construction	165	146
其他土木工程建筑施工	Other Civil Engineering Construction	478	74
建筑安装业	Construction Installation	5264	765
电气安装	Electric Installation	3188	424
其他建筑安装业	Other Construction Installation	2076	341
其他建筑安装	Other Building Installation	2076	341
建筑装饰、装修和其他建筑业	Construction, Decoration and Other Construction	5591	645
建筑装饰和装修业	Construction and Decoration	5591	645
公共建筑装饰和装修	Decoration and Decoration of Public Buildings	1280	152
建筑幕墙装饰和装修	Decoration and Decoration of Building Curtain Walls	4311	493

continued

(10 000 yuan)

在建工程 Construction in Process	负债合计 Total Liabilities	流动负债合计 Total Liquid Liabilities	应付账款 Accounts Payable	非流动负债合计 Total Non-Liquid Liabilities	所有者权益合计 Owners' Equity	实收资本 Paid-in Capitals	国家资本 State-owned Capitals	集体资本 Collective owned Capitals
22685	**3646190**	**3458702**	**1506229**	**67656**	**1537470**	**1080136**	**160119**	**19751**
21744	3458078	3281897	1426023	60532	1342674	935030	152280	19751
21876	2987407	2830507	1418455	56716	1309411	928113	126585	15247
10320	1354074	1322558	713847	27446	596305	467462	64440	
354	384646	292213	123389	166	113014	51441	24107	
11202	1248687	1215735	581219	29104	600092	409209	38038	15247
	233221	214221	20717		16523	18479	536	
809	322426	314578	40164	7200	113498	79317	32313	
	103136	99396	26893	3740	98038	54227	686	4503
22685	3467041	3298818	1427393	48391	1521652	1050136	160119	19751
5718	506940	503172	284512	3768	100638	68030	68030	
	21669	21669			6994	2503		2503
6604	1242180	1128454	311402	2427	359795	267026	92090	17247
2762	572271	480773	129477	1	139365	90653	90153	
3842	669909	647681	181926	2426	220430	176373	1937	17247
	81046	81041	39893	5	53266	31000		
10363	1615206	1564482	791586	42191	1000960	681577		
7691	1338462	1288088	663944	41841	918949	647972		
2672	276743	276393	127641	350	82011	33605		
	179150	159885	78836	19265	15817	30000		
	179150	159885	78836	19265	15817	30000		
9684	2381097	2225106	922720	38206	843265	588333	107907	2503
6859	2325766	2169637	896977	38344	797261	561463	91237	2503
2826	55331	55469	25743	-138	46005	26870	16670	
11803	1180049	1151605	564678	27506	621501	429957	52213	17247
2806	605759	605555	280631	204	329978	187245	2176	
2672	378144	378139	166326	5	135574	66885		
134	227616	227417	114305	199	194404	120360	2176	
	105171	105155	54396	17	77270	52680	13890	
	105171	105155	54396	17	77270	52680	13890	
	183741	164476	81134	19265	24650	39246	3643	
6437	251120	246213	136857	4905	154010	118355	31703	17247
6437	251120	246213	136857	4905	154010	118355	31703	17247
2560	4127	849	-28	3069	4041	3500		
2560	4127	849	-28	3069	4041	3500		
	31	31	-570		6009	3641		
	340	340	264		2608	2608		
	-308	-308	-834		3401	1033		
	30100	29327	12258	47	25543	25290	800	
	22430	21661	8000	47	21624	21786		
	7670	7666	4258		3919	3504	800	
38	31541	28562	11803	1871	30498	26358		
7	23253	23079	11224	133	17629	19271		
31	8289	5484	579	1738	12869	7087		
31	8289	5484	579	1738	12869	7087		
1159	53503	53429	7028	73	42206	35488		
1159	53503	53429	7028	73	42206	35488		
30	7578	7518	1522	60	13821	11997		
1129	45925	45911	5506	13	28385	23491		

7—7 续表3

单位:万元 (2017)

指 标	Item	累计折旧 Accumulated Depreciation	本年折旧 Depreciation This Year
按国民经济行业分(2011)	**Grouped by Sector(2011)**		
房屋建筑业	House Building	105083	11914
房屋建筑业	House Building	105083	11914
土木工程建筑业	Civil Engineering	117455	17824
铁路、道路、隧道和桥梁工程建筑	Railway, Road, Tunnel and Bridge	32443	6723
公路工程建筑	Road	17462	5031
市政道路工程建筑	Municipal Works	14981	1692
水利和内河港口工程建筑	Water and River Ports	15272	2233
水源及供水设施工程建筑	Construction of Water Source and Supply Water Facility	15272	2233
工矿工程建筑	Mining	25315	4441
架线和管道工程建筑	Frame Line and Pipeline	44150	4353
架线及设备工程建筑	Frame Line Equipment Engineering	44150	4353
其他土木工程建筑	Other Civil Engineering	275	74
建筑安装业	Construction Installation	5264	765
电气安装	Electric Installation	3188	424
其他建筑安装业	Other Construction Installation	2076	341
建筑装饰和其他建筑业	Construction Decoration and Other Construction	4493	551
建筑装饰业	Construction Decoration	4493	551
按控股情况分	**Grouped by Controlling Stake**		
国有控股	State-owned	82781	7808
集体控股	Collective-owned	9422	1102
私人控股	Private	120194	18242
外商控股	Foreign	19898	3901
按企业规模分	**Grouped by Enterprises Scale**		
大型	Large-Scale	53891	7597
中型	Medium-Scale	94611	12484
小型	Small-Scale	72691	8648
微型	Miniatrue	11102	2326
按营业状况分	**Grouped by Operating Status**		
营业	Operating	232295	31054
停业(歇业)	Closed(out of business)		
当年注销	The Cancellation		
按会计准则分	**Grouped by Accounting Standards**		
企业会计准则	Accounting Standards for Business Enterprises	159988	23315
小企业会计准则	Accounting Standards for Small Business Enterprises	15192	3235
其他企业会计制度	Others	57115	4504
按企业资质等级分	**Grouped by Qualification Criteria**		
施工总承包	General Contractors	188514	25620
特 级	Special Grade	1986	231
一 级	First Grade	77853	9876
二 级	Second Grade	92432	12396
三级及以下	Third Grade and Below	16243	3117
专业承包	Professional Contractors	43781	5434
一 级	First Grade	16414	1661
二 级	Second Grade	23444	3076
三级及以下	Third Grade and Below	3923	697

continued

(10 000 yuan)

在建工程 Construction in Process	负债合计 Total Liabilities	流动负债合计 Total Liquid Liabilities	应付账款 Accounts Payable	非流动负债合计 Total Non-Liquid Liabilities	所有者权益合计 Owners' Equity	实收资本 Paid-in Capitals	国家资本 State-owned Capitals	集体资本 Collective owned Capitals
9684	2385838	2229847	923124	38206	847022	592653	107907	2503
9684	2385838	2229847	923124	38206	847022	592653	107907	2503
11803	1181027	1151605	564678	27506	621863	430317	52213	17247
2806	628189	627216	288631	251	351602	209031	2176	
2672	378144	378139	166326	5	135574	66885		
134	250046	249077	122306	246	216028	142146	2176	
	105171	105155	54396	17	77270	52680	13890	
	105171	105155	54396	17	77270	52680	13890	
2560	187997	165453	81214	22334	29615	43546	4443	
6437	251151	246244	136287	4905	160019	121996	31703	17247
6437	251151	246244	136287	4905	160019	121996	31703	17247
	8519	7538	4150		3357	3064		
38	30564	28562	11803	1871	30135	25998		
7	23253	23079	11224	133	17629	19271		
31	7312	5484	579	1738	12506	6727		
1159	48762	48688	6624	73	38450	31168		
1159	48762	48688	6624	73	38450	31168		
8479	1090624	995358	421135	3769	246057	164079	160119	
	108931	108931	34236		31733	20751		19751
14205	2267486	2194529	972021	44622	1243862	865306		
	179150	159885	78836	19265	15817	30000		
2672	1066513	973539	417846	1478	192761	122843	73419	
12522	1919516	1862791	820007	33216	803552	506385	65528	19751
7351	564929	530479	216811	30535	483020	383116	20190	
140	95232	91894	51565	2428	58137	67793	982	
22685	3646148	3458660	1506229	67656	1537470	1080136	160119	19751
	42	42						
19868	2602455	2455996	951855	29286	990887	620129	147886	19751
3	325862	315797	180614	8326	187108	173653	7543	
2814	717873	686910	373760	30044	359475	286354	4691	
9665	3438191	3260154	1428259	59527	1339055	933943	132447	19751
	116663	116663	53941		35674	28218	28218	
7268	1497596	1389601	669636	16498	318075	225724	79471	
2302	1667541	1605308	633854	38114	836601	568655	16919	19751
95	156392	148582	70828	4915	148706	111346	7839	
13020	207999	198549	77970	8129	198414	146194	27673	
5624	68036	65501	33586	2514	48622	37239	17706	
6550	108243	104825	35007	3407	103703	75194	9967	
846	31720	28223	9377	2208	46090	33761		

7—7 续表4

单位:万元 (2017)

指 标	Item	法人资本 Corporate Capitals	个人资本 Personal Capitals
总 计	**Total**	**264152**	**624114**
#一、二级企业	First and Second Grade	213005	537994
按地区分	**Grouped by County**		
市 区	City	227598	546683
兴庆区	Xingqing	131376	271646
西夏区	Xixia	15315	12019
金凤区	Jinfeng	80907	263017
永宁县	Yongning	7041	10902
贺兰县	Helan	16271	30734
灵武市	Lingwu	13242	35796
按登记注册类型分	**Grouped by Status of Registration**		
内资企业	Domestic Funded	246152	624114
国有企业	State-owned Enterprises		
集体企业	Collective-owned Enterprises		
有限责任公司	Limited Liabilities Corporations	99218	58471
国有独资公司	State Sole Funded Corporations	500	
其他有限责任公司	Other Limited Liabilities Corporations	98718	58471
股份有限公司	Share-holding Corporations Limited	13533	17467
私营企业	Private Enterprises	133401	548176
私营有限责任公司	Private Limited Liabilities Corporations	133401	514571
私营股份有限公司	Private Share-holding Corporations Ltd.		33605
外商投资企业	Foreign Funded	18000	
中外合资经营企业	Domestic and Foreign Joint Funded Enterprises	18000	
按国民经济行业分(2017)	**Grouped by Sector(2017)**		
房屋建筑业	House Building	132451	345472
住宅房屋建筑	Residential Building	132211	335511
其他房屋建筑业	Other Housing construction	240	9960
土木工程建筑业	Civil Engineering	119761	228737
铁路、道路、隧道和桥梁工程建筑	Railway, Road, Tunnel and Bridge	64537	120531
公路工程建筑	Road	15282	51603
市政道路工程建筑	Municipal Works	49256	68928
水利和水运工程建筑	Water Conservancy and Water Transportation Projects	3332	35458
水源及供水设施工程建筑	Construction of Water Source and Supply Water Facility	3332	35458
工矿工程建筑	Mining	18000	5603
架线和管道工程建筑	Frame Line and Pipeline	23766	45639
架线及设备工程建筑	Frame Line Equipment Engineering	23766	45639
节能环保工程施工	Energy-saving and Environmental Engineering	500	3000
环保工程施工	Environmental Engineering Construction	500	3000
电力工程施工	Electrical Engineering Construction	3641	
火力发电工程施工	Construction of Thermal Power Generation Project	2608	
太阳能发电工程施工	Solar Power Project Construction	1033	
其他土木工程建筑	Other Civil Engineering Buildings	5984	18506
园林绿化工程施工	Landscaping Project Construction	5493	16293
其他土木工程建筑施工	Other Civil Engineering Construction	491	2213
建筑安装业	Construction Installation	7741	18617
电气安装	Electric Installation	5168	14103
其他建筑安装业	Other Construction Installation	2573	4514
其他建筑安装	Other Building Installation	2573	4514
建筑装饰、装修和其他建筑业	Construction, Decoration and Other Construction	4199	31289
建筑装饰和装修业	Construction and Decoration	4199	31289
公共建筑装饰和装修	Decoration and Decoration of Public Buildings	2280	9717
建筑幕墙装饰和装修	Decoration and Decoration of Building Curtain Walls	1919	21572

continued

(10 000 yuan)

外商资本 Foreign Capitals	营业收入 Business Revenue	主营业务收入 Revenue from Principal Business	营业成本 Business Costs	主营业务成本 Costs of Principal Business	税金及附加 Taxes and surcharges	主营业务税金及附加 Taxes and Other Charges on Principal Business	其他业务利润 Profits from Other Businesses
12000	**4092754**	**4042717**	**3788050**	**3761511**	**24990**	**24449**	**22958**
12000	3822128	3777280	3549520	3527137	22883	22358	21941
12000	3514188	3467181	3253524	3229672	22188	21647	22614
	1861995	1856503	1728146	1724916	11063	10843	2044
	345043	338371	323802	318948	3096	3052	1773
12000	1307150	1272308	1201577	1185808	8029	7753	18797
	59255	59229	55477	55468	405	405	18
	349027	348858	324544	324519	1022	1022	145
	170284	167449	154505	151853	1375	1375	182
	4030933	3980895	3730440	3703902	24672	24131	22958
	551384	548340	525177	523362	3278	3063	1013
	23036	23036	21515	21515	132	132	
	1100751	1091377	1031637	1025010	5714	5485	2519
	657223	656326	623111	622783	2798	2798	568
	443528	435050	408525	402227	2916	2687	1951
	123794	123679	109546	109538	521	519	104
	2231969	2194464	2042565	2024477	15027	14932	19321
	1877006	1845150	1715456	1699479	12985	12928	15823
	354963	349315	327110	324998	2042	2004	3498
12000	61821	61821	57610	57610	318	318	
12000	61821	61821	57610	57610	318	318	
	2396504	2365155	2259984	2245998	14842	14761	17284
	2346962	2319907	2214112	2202545	14403	14360	15446
	49542	45248	45871	43453	439	401	1838
12000	1615324	1602497	1463728	1454778	9745	9295	3426
	839830	837618	747169	747161	4640	4636	2199
	507126	504989	464635	464627	2888	2886	2127
	332704	332629	282534	282534	1752	1750	73
	230089	227048	218096	215454	1086	1079	394
	230089	227048	218096	215454	1086	1079	394
12000	79154	79027	72791	72667	536	536	4
	394487	388721	357353	352677	2679	2243	653
	394487	388721	357353	352677	2679	2243	653
	1919	1919	1531	1531	13	13	
	1919	1919	1531	1531	13	13	
	4578	4578	4128	4128	12	12	
	2066	2066	1948	1948	6	6	
	2512	2512	2180	2180	7	7	
	65267	63586	62660	61159	780	776	176
	61714	60033	60025	58524	754	749	176
	3554	3554	2636	2636	26	26	
	41182	36802	30887	28224	202	193	1707
	27475	24898	20518	18900	139	136	956
	13707	11904	10369	9324	63	56	751
	13707	11904	10369	9324	63	56	751
	39744	38263	33451	32512	201	201	542
	39744	38263	33451	32512	201	201	542
	7464	7174	5627	5440	45	44	102
	32280	31089	27823	27072	156	156	439

单位:万元 (2017)

指 标	Item	法人资本 Corporate Capitals	个人资本 Personal Capitals
按国民经济行业分(2011)	**Grouped by Sector(2011)**		
房屋建筑业	House Building	132451	349792
房屋建筑业	House Building	132451	349792
土木工程建筑业	Civil Engineering	120121	228737
铁路、道路、隧道和桥梁工程建筑	Railway, Road, Tunnel and Bridge	70030	136824
公路工程建筑	Road	15282	51603
市政道路工程建筑	Municipal Works	54749	85221
水利和内河港口工程建筑	Water and River Ports	3332	35458
水源及供水设施工程建筑	Construction of Water Source and Supply Water Facility	3332	35458
工矿工程建筑	Mining	18500	8603
架线和管道工程建筑	Frame Line and Pipeline	27407	45639
架线及设备工程建筑	Frame Line Equipment Engineering	27407	45639
其他土木工程建筑	Other Civil Engineering	851	2213
建筑安装业	Construction Installation	7381	18617
电气安装	Electric Installation	5168	14103
其他建筑安装业	Other Construction Installation	2213	4514
建筑装饰和其他建筑业	Construction Decoration and Other Construction	4199	26969
建筑装饰业	Construction Decoration	4199	26969
按控股情况分	**Grouped by Controlling Stake**		
国有控股	State-owned	3182	778
集体控股	Collective-owned	980	20
私人控股	Private	241990	623316
外商控股	Foreign	18000	
按企业规模分	**Grouped by Enterprises Scale**		
大型	Large-Scale	13400	36023
中型	Medium-Scale	117504	291602
小型	Small-Scale	115299	247627
微型	Miniatrue	17948	48863
按营业状况分	**Grouped by Operating Status**		
营业	Operating	264152	624114
停业(歇业)	Closed(out of business)		
当年注销	The Cancellation		
按会计准则分	**Grouped by Accounting Standards**		
企业会计准则	Accounting Standards for Business Enterprises	153564	286929
小企业会计准则	Accounting Standards for Small Business Enterprises	42552	123558
其他企业会计制度	Others	68036	213627
按企业资质等级分	**Grouped by Qualification Criteria**		
施工总承包	General Contractors	241649	528097
特 级	Special Grade		
一 级	First Grade	44373	101880
二 级	Second Grade	156512	363474
三级及以下	Third Grade and Below	40764	62743
专业承包	Professional Contractors	22503	96018
一 级	First Grade	800	18733
二 级	Second Grade	11320	53907
三级及以下	Third Grade and Below	10383	23378

continued

(10 000 yuan)

外商资本 Foreign Capitals	营业收入 Business Revenue	主营业务收入 Revenue from Principal Business	营业成本 Business Costs	主营业务成本 Costs of Principal Business	税金及附加 Taxes and surcharges	主营业务税金及附加 Taxes and Other Charges on Principal Business	其他业务利润 Profits from Other Businesses
	2398025	2366676	2261040	2247055	14855	14774	17284
	2398025	2366676	2261040	2247055	14855	14774	17284
12000	1616418	1603591	1464695	1455745	9749	9298	3426
	901544	897651	807194	805685	5394	5385	2375
	507126	504989	464635	464627	2888	2886	2127
	394418	392662	342559	341058	2506	2499	248
	230089	227048	218096	215454	1086	1079	394
	230089	227048	218096	215454	1086	1079	394
12000	81231	81104	74423	74299	549	549	4
	399065	393299	361482	356805	2692	2256	653
	399065	393299	361482	356805	2692	2256	653
	4490	4490	3501	3501	28	28	
	40087	35708	29920	27257	199	189	1707
	27475	24898	20518	18900	139	136	956
	12612	10809	9402	8357	59	53	751
	38223	36742	32394	31455	188	188	542
	38223	36742	32394	31455	188	188	542
	1233068	1226295	1171524	1166746	6177	5955	1773
	118059	114854	106599	103700	1253	1033	86
	2679806	2639747	2452317	2433456	17242	17143	21100
12000	61821	61821	57610	57610	318	318	
	1295447	1290206	1223847	1222035	6231	6014	3212
12000	2056779	2038913	1897064	1893648	13911	13691	14230
	678472	659386	610097	595701	4503	4422	4609
	62056	54213	57042	50127	344	323	908
12000	4058491	4008454	3754303	3727764	24825	24284	22958
	34263	34263	33747	33747	165	165	
12000	2944854	2914305	2718598	2706907	17974	17518	18403
	468958	465005	443301	441022	2800	2759	1634
	678941	663407	626151	613582	4217	4172	2922
12000	3834392	3794545	3566445	3545991	23446	22953	18900
	74213	74213	71230	71230	219	219	
	1821290	1814530	1731571	1729453	9558	9341	4424
12000	1710754	1681053	1557457	1542231	11726	11461	14210
	228135	224749	206187	203076	1942	1932	266
	258362	248172	221605	215520	1544	1496	4058
	115461	114007	103468	102682	713	710	666
	100410	93477	85794	81541	666	627	2641
	42491	40688	32343	31298	165	159	751

7—7 续表6

单位:万元 (2017)

指 标	Item	销售费用 Selling Costs	管理费用 Management Costs
总 计	**Total**	**13567**	**138394**
#一、二级企业	First and Second Grade	12038	120377
按地区分	**Grouped by County**		
市 区	City	13414	121589
兴庆区	Xingqing	10345	60671
西夏区	Xixia	25	8660
金凤区	Jinfeng	3044	52258
永宁县	Yongning		564
贺兰县	Helan	140	11351
灵武市	Lingwu	13	4890
按登记注册类型分	**Grouped by Status of Registration**		
内资企业	Domestic Funded	13567	133253
国有企业	State-owned Enterprises	122	16177
集体企业	Collective-owned Enterprises		348
有限责任公司	Limited Liabilities Corporations	520	40820
国有独资公司	State Sole Funded Corporations	22	22228
其他有限责任公司	Other Limited Liabilities Corporations	499	18592
股份有限公司	Share-holding Corporations Limited		3187
私营企业	Private Enterprises	12925	72721
私营有限责任公司	Private Limited Liabilities Corporations	12892	63155
私营股份有限公司	Private Share-holding Corporations Ltd.	33	9566
外商投资企业	Foreign Funded		5141
中外合资经营企业	Domestic and Foreign Joint Funded Enterprises		5141
按国民经济行业分(2017)	**Grouped by Sector(2017)**		
房屋建筑业	House Building	1143	59572
住宅房屋建筑	Residential Building	1131	52720
其他房屋建筑业	Other Housing construction	12	6851
土木工程建筑业	Civil Engineering	10994	69397
铁路、道路、隧道和桥梁工程建筑	Railway, Road, Tunnel and Bridge	8886	28624
公路工程建筑	Road		12514
市政道路工程建筑	Municipal Works	8886	16109
水利和水运工程建筑	Water Conservancy and Water Transportation Projects	177	7990
水源及供水设施工程建筑	Construction of Water Source and Supply Water Facility	177	7990
工矿工程建筑	Mining	98	6624
架线和管道工程建筑	Frame Line and Pipeline	1463	22661
架线及设备工程建筑	Frame Line Equipment Engineering	1463	22661
节能环保工程施工	Energy-saving and Environmental Engineering	67	288
环保工程施工	Environmental Engineering Construction	67	288
电力工程施工	Electrical Engineering Construction		487
火力发电工程施工	Construction of Thermal Power Generation Project		105
太阳能发电工程施工	Solar Power Project Construction		381
其他土木工程建筑	Other Civil Engineering Buildings	303	2725
园林绿化工程施工	Landscaping Project Construction	164	2094
其他土木工程建筑施工	Other Civil Engineering Construction	139	631
建筑安装业	Construction Installation	1229	4976
电气安装	Electric Installation	706	3818
其他建筑安装业	Other Construction Installation	523	1159
其他建筑安装	Other Building Installation	523	1159
建筑装饰、装修和其他建筑业	Construction, Decoration and Other Construction	201	4449
建筑装饰和装修业	Construction and Decoration	201	4449
公共建筑装饰和装修	Decoration and Decoration of Public Buildings	133	1331
建筑幕墙装饰和装修	Decoration and Decoration of Building Curtain Walls	68	3118

continued

(10 000 yuan)

财务费用 Financial Costs	利息收入 Interest Income	利息支出 Interest Expense	资产减值损失 Empairment of Assets	投资收益 Investment Income	其他收益 Other Income
23290	**1826**	**16900**	**5972**	**2532**	**527**
21872	1748	15835	5900	2306	527
17668	1735	12214	4034	2531	527
6388	418	4919	2300	220	4
1720	73	1659	260	197	75
9560	1244	5636	1473	2115	448
798	2				
3948	61	3820	1692	1	
876	28	866	246		
21388	1809	13487	5796	2532	527
642	119	655	364	276	
112		112			
6616	275	5578	4244	2031	448
4173	136	4393	2994	81	448
2443	139	1185	1250	1950	
207	94	116	308		
13811	1321	7027	881	225	79
13550	235	6110	880	111	4
262	1086	916	1	114	75
1902	17	3413	176		
1902	17	3413	176		
13907	254	8730	2371	68	523
13688	250	8620	2425	61	448
219	4	110	-54	7	75
8141	1558	7578	3503	2464	
4784	1297	2690	1318	169	
1307	1200	2020	317	159	
3477	98	670	1001	10	
755	89	812	718	196	
755	89	812	718	196	
1899	34	3427	176		
532	136	503	1289	2099	
532	136	503	1289	2099	
9	1				
9	1				
161	2	147	2		
147	2	146	2		
14		1			
529	12	389	72		
279	7	241			
250	5	148	72		
250	5	148	72		
713	1	203	26		4
713	1	203	26		4
163		125			
550	1	78	26		4

7—7 续表7

单位:万元 (2017)

指标	Item	销售费用 Selling Costs	管理费用 Management Costs
按国民经济行业分(2011)	**Grouped by Sector(2011)**		
房屋建筑业	House Building	1143	60036
房屋建筑业	House Building	1143	60036
土木工程建筑业	Civil Engineering	11004	69437
铁路、道路、隧道和桥梁工程建筑	Railway, Road, Tunnel and Bridge	9050	30717
公路工程建筑	Road		12514
市政道路工程建筑	Municipal Works	9050	18203
水利和内河港口工程建筑	Water and River Ports	177	7990
水源及供水设施工程建筑	Construction of Water Source and Supply Water Facility	177	7990
工矿工程建筑	Mining	165	6922
架线和管道工程建筑	Frame Line and Pipeline	1463	23148
架线及设备工程建筑	Frame Line Equipment Engineering	1463	23148
其他土木工程建筑	Other Civil Engineering	149	661
建筑安装业	Construction Installation	1219	4936
电气安装	Electric Installation	706	3818
其他建筑安装业	Other Construction Installation	513	1119
建筑装饰和其他建筑业	Construction Decoration and Other Construction	201	3985
建筑装饰业	Construction Decoration	201	3985
按控股情况分	**Grouped by Controlling Stake**		
国有控股	State-owned	168	39174
集体控股	Collective-owned		7111
私人控股	Private	13398	86969
外商控股	Foreign		5141
按企业规模分	**Grouped by Enterprises Scale**		
大型	Large-Scale	22	30061
中型	Medium-Scale	10104	57661
小型	Small-Scale	2816	44312
微型	Miniatrue	626	6360
按营业状况分	**Grouped by Operating Status**		
营业	Operating	13567	138072
停业(歇业)	Closed(out of business)		
当年注销	The Cancellation		322
按会计准则分	**Grouped by Accounting Standards**		
企业会计准则	Accounting Standards for Business Enterprises	10530	96208
小企业会计准则	Accounting Standards for Small Business Enterprises	614	16994
其他企业会计制度	Others	2423	25193
按企业资质等级分	**Grouped by Qualification Criteria**		
施工总承包	General Contractors	10774	113429
特　级	Special Grade		2368
一　级	First Grade	22	39304
二　级	Second Grade	10143	57818
三级及以下	Third Grade and Below	609	13939
专业承包	Professional Contractors	2793	24964
一　级	First Grade	1194	6919
二　级	Second Grade	680	13967
三级及以下	Third Grade and Below	919	4078

continued

(10 000 yuan)

财务费用 Financial Costs			资产减值损失 Empairment of Assets	投资收益 Investment Income	其他收益 Other Income
	利息收入 Interest Income	利息支出 Interest Expense			
14207	254	8730	2371	68	523
14207	254	8730	2371	68	523
8185	1558	7578	3503	2464	
4932	1299	2835	1320	169	
1307	1200	2020	317	159	
3624	100	815	1003	10	
755	89	812	718	196	
755	89	812	718	196	
1905	35	3427	176		
533	136	503	1289	2099	
533	136	503	1289	2099	
61		1			
485	12	389	72		
279	7	241			
206	5	148	72		
413	1	203	26		4
413	1	203	26		4
4791	279	5048	3393	358	448
109	66	170	1232	1950	
16488	1464	8268	1170	224	79
1902	17	3413	176		
4015	1300	4748	2338	248	
13223	391	8228	3605	2040	448
5767	133	3781	29	194	79
284	1	143		50	
23201	1826	16900	5972	2532	527
89					
15458	1634	12429	5801	2416	452
2203	44	949	33	63	75
5629	148	3523	138	54	
21722	1754	16071	5919	2524	448
4	18	7	204		448
7244	1450	6919	3901	266	
13381	221	8283	1814	2033	
1094	65	862		225	
1568	72	829	53	7	79
64	31	94	26		
1180	29	533	–45	7	79
324	12	203	72		

7—7 续表8

单位:万元 (2017)

指 标	Item	营业利润 Business Profits	营业外收入 Income Expect Business
总 计	**Total**	**101690**	**8964**
#一、二级企业	First and Second Grade	92510	8866
按地区分	**Grouped by County**		
市 区	City	84967	6369
兴庆区	Xingqing	43445	3014
西夏区	Xixia	7752	680
金凤区	Jinfeng	33771	2676
永宁县	Yongning	2012	1
贺兰县	Helan	6332	2564
灵武市	Lingwu	8379	29
按登记注册类型分	**Grouped by Status of Registration**		
内资企业	Domestic Funded	105015	8943
国有企业	State-owned Enterprises	5901	1104
集体企业	Collective-owned Enterprises	929	2
有限责任公司	Limited Liabilities Corporations	13817	3202
国有独资公司	State Sole Funded Corporations	2564	2829
其他有限责任公司	Other Limited Liabilities Corporations	11253	373
股份有限公司	Share-holding Corporations Limited	10025	229
私营企业	Private Enterprises	74343	4407
私营有限责任公司	Private Limited Liabilities Corporations	58204	2178
私营股份有限公司	Private Share-holding Corporations Ltd.	16140	2229
外商投资企业	Foreign Funded	-3326	20
中外合资经营企业	Domestic and Foreign Joint Funded Enterprises	-3326	20
按国民经济行业分(2017)	**Grouped by Sector(2017)**		
房屋建筑业	House Building	45278	4441
住宅房屋建筑	Residential Building	48991	3806
其他房屋建筑业	Other Housing construction	-3714	634
土木工程建筑业	Civil Engineering	52417	4315
铁路、道路、隧道和桥梁工程建筑	Railway, Road, Tunnel and Bridge	44577	3467
公路工程建筑	Road	25622	1911
市政道路工程建筑	Municipal Works	18955	1556
水利和水运工程建筑	Water Conservancy and Water Transportation Projects	1464	96
水源及供水设施工程建筑	Construction of Water Source and Supply Water Facility	1464	96
工矿工程建筑	Mining	-2969	21
架线和管道工程建筑	Frame Line and Pipeline	10746	593
架线及设备工程建筑	Frame Line Equipment Engineering	10746	593
节能环保工程施工	Energy-saving and Environmental Engineering	13	121
环保工程施工	Environmental Engineering Construction	13	121
电力工程施工	Electrical Engineering Construction	-49	
火力发电工程施工	Construction of Thermal Power Generation Project	6	
太阳能发电工程施工	Solar Power Project Construction	-56	
其他土木工程建筑	Other Civil Engineering Buildings	-1364	17
园林绿化工程施工	Landscaping Project Construction	-1471	1
其他土木工程建筑施工	Other Civil Engineering Construction	108	16
建筑安装业	Construction Installation	3288	123
电气安装	Electric Installation	2015	119
其他建筑安装业	Other Construction Installation	1273	4
其他建筑安装	Other Building Installation	1273	4
建筑装饰、装修和其他建筑业	Construction, Decoration and Other Construction	707	85
建筑装饰和装修业	Construction and Decoration	707	85
公共建筑装饰和装修	Decoration and Decoration of Public Buildings	164	13
建筑幕墙装饰和装修	Decoration and Decoration of Building Curtain Walls	543	72

continued

(10 000 yuan)

营业外支出 Expenses Expect Business	利润总额 Total Profits	所得税费用 Income Tax Expense	应付职工薪酬(本年贷方累计发生额) Deal with Wages (volume of gredit side)	应交增值税 Value Added Tax Payable	在境外完成的营业收入 Overseas Revenues	亏损企业数(个) Number of loss-making Enterprises (pieces)
4915	**105738**	**36724**	**246099**	**105039**	**2098**	**188**
4370	97006	33703	226271	97102	2098	94
3760	87576	27770	206981	90659	2098	171
1703	44756	13100	112702	54537	2098	76
783	7649	2663	16771	9053		6
1274	35172	12007	77508	27069		89
44	1969	2210	8223	2865		1
632	8264	3330	24071	5491		10
479	7929	3414	6824	6024		6
4685	109274	36311	239403	102940	2098	187
1203	5801	1709	31711	17069	2098	5
	931	643	72	905		
1176	15843	7971	95899	31205		21
543	4850	2973	43261	13167		5
633	10993	4998	52638	18038		16
126	10128	1529	4506	3566		
2180	76570	24459	107216	50196		161
2086	58296	21865	94843	50493		161
94	18274	2594	12373	-297		
230	-3535	413	6696	2098		1
230	-3535	413	6696	2098		1
3088	46630	24430	129344	71439		86
3025	49772	24222	123179	69192		80
63	-3143	208	6165	2248		6
1715	55018	11195	107981	31034	2098	57
414	47631	6742	31012	8461		12
160	27373	4173	18276	3571		3
254	20257	2569	12736	4890		9
685	875	1252	10296	6764		10
685	875	1252	10296	6764		10
239	-3186	511	12804	3217		1
347	10992	1950	49296	10476	2098	17
347	10992	1950	49296	10476	2098	17
	133	3	553	131		2
	133	3	553	131		2
1	-51	7	809	158		1
	6	3	593	58		
1	-57	5	215	99		1
29	-1376	731	3211	1829		14
20	-1491	717	2612	1725		10
9	115	14	599	103		4
39	3372	487	4878	1173		21
38	2096	235	3427	707		18
1	1276	252	1451	465		3
1	1276	252	1451	465		3
73	719	611	3896	1393		24
73	719	611	3896	1393		24
18	159	158	1134	172		15
55	560	453	2763	1221		9

7—7 续表9

单位:万元 (2017)

指 标	Item	营业利润 Business Profits	营业外收入 Income Expect Business
按国民经济行业分(2011)	**Grouped by Sector(2011)**		
房屋建筑业	House Building	44965	4441
房屋建筑业	House Building	44965	4441
土木工程建筑业	Civil Engineering	52448	4315
铁路、道路、隧道和桥梁工程建筑	Railway, Road, Tunnel and Bridge	43106	3468
公路工程建筑	Road	25622	1911
市政道路工程建筑	Municipal Works	17484	1557
水利和内河港口工程建筑	Water and River Ports	1464	96
水源及供水设施工程建筑	Construction of Water Source and Supply Water Facility	1464	96
工矿工程建筑	Mining	-2908	158
架线和管道工程建筑	Frame Line and Pipeline	10696	593
架线及设备工程建筑	Frame Line Equipment Engineering	10696	593
其他土木工程建筑	Other Civil Engineering	90	
建筑安装业	Construction Installation	3258	123
电气安装	Electric Installation	2015	119
其他建筑安装业	Other Construction Installation	1242	4
建筑装饰和其他建筑业	Construction Decoration and Other Construction	1020	85
建筑装饰业	Construction Decoration	1020	85
按控股情况分	**Grouped by Controlling Stake**		
国有控股	State-owned	8785	3996
集体控股	Collective-owned	3705	127
私人控股	Private	92526	4820
外商控股	Foreign	-3326	20
按企业规模分	**Grouped by Enterprises Scale**		
大型	Large-Scale	29182	5244
中型	Medium-Scale	63837	2589
小型	Small-Scale	11222	1036
微型	Miniatrue	-2550	95
按营业状况分	**Grouped by Operating Status**		
营业	Operating	101750	8964
停业(歇业)	Closed(out of business)		
当年注销	The Cancellation	-60	
按会计准则分	**Grouped by Accounting Standards**		
企业会计准则	Accounting Standards for Business Enterprises	83155	7889
小企业会计准则	Accounting Standards for Small Business Enterprises	3152	651
其他企业会计制度	Others	15383	424
按企业资质等级分	**Grouped by Qualification Criteria**		
施工总承包	General Contractors	95768	7768
特 级	Special Grade	635	13
一 级	First Grade	29957	6441
二 级	Second Grade	60586	1226
三级及以下	Third Grade and Below	4589	89
专业承包	Professional Contractors	5922	1195
一 级	First Grade	3077	528
二 级	Second Grade	-1745	659
三级及以下	Third Grade and Below	4591	9

continued

(10 000 yuan)

营业外支出 Expenses Expect Business	利润总额 Total Profits	所得税费用 Income Tax Expense	应付职工薪酬(本年贷方累计发生额) Deal with Wages (volume of gredit side)	应交增值税 Value Added Tax Payable	在境外完成的营业收入 Overseas Revenues	亏损企业数(个) Number of loss-making Enterprises (pieces)
3088	46317	24439	129565	71466		89
3088	46317	24439	129565	71466		89
1715	55048	11203	108335	31066	2098	57
434	46140	7459	33624	10186		22
160	27373	4173	18276	3571		3
274	18767	3286	15348	6615		19
685	875	1252	10296	6764		10
685	875	1252	10296	6764		10
241	-2991	513	13359	3361		3
348	10941	1958	50104	10633	2098	18
348	10941	1958	50104	10633	2098	18
7	82	21	952	122		4
39	3342	480	4523	1141		21
38	2096	235	3427	707		18
1	1246	245	1096	433		3
73	1032	602	3675	1366		21
73	1032	602	3675	1366		21
1788	10994	5018	76294	31248	2098	11
89	3743	1354	20747	4980		1
2809	94537	29939	142362	66713		175
230	-3535	413	6696	2098		1
801	33626	6743	52652	19339	2098	
2480	63945	21854	138069	63111		11
1579	10679	7943	50702	21445		81
56	-2511	183	4677	1144		96
4915	105798	36724	245972	104563	2098	186
						1
	-60		126	475		1
3707	87337	24938	187507	71842	2098	71
272	3531	2996	16710	15606		61
937	14870	8790	41882	17590		56
4539	98997	34569	209963	96328	2098	124
136	513	170	5286	3006		
1208	35190	9058	81647	32886	2098	2
2759	59052	22949	107468	53394		43
436	4242	2391	15562	7042		79
376	6741	2155	36136	8711		64
157	3448	918	18980	4784		4
110	-1196	607	12891	3032		45
110	4490	630	4266	894		15

7—8 建筑业总产值(市区)

单位:万元 (2017)

指 标	Item	企业数(个) Number of Enterprises (unit)	#有工作量的企业数 Number of Workload Enterprises
总 计	**Total**	**450**	**394**
#一、二级企业	First and Second Grade	269	250
按地区分	**Grouped by County**		
兴庆区	Xingqing	222	195
西夏区	Xixia	24	23
金凤区	Jinfeng	204	176
按登记注册类型分	**Grouped by Status of Registration**		
内资企业	Domestic Funded	449	393
国有企业	State-owned Enterprises	14	13
有限责任公司	Limited Liabilities Corporations	58	54
国有独资公司	State Sole Funded Corporations	17	15
其他有限责任公司	Other Limited Liabilities Corporations	41	39
股份有限公司	Share-holding Corporations Limited	2	2
私营企业	Private Enterprises	375	324
私营有限责任公司	Private Limited Liabilities Corporations	372	321
私营股份有限公司	Private Share-holding Corporations Ltd.	3	3
外商投资企业	Foreign Funded	1	1
中外合资经营企业	Domestic and Foreign Joint Funded Enterprises	1	1
按国民经济行业分(2017)	**Grouped by Sector(2017)**		
房屋建筑业	House Building	207	175
住宅房屋建筑	Residential Building	193	162
其他房屋建筑业	Other Housing construction	14	13
土木工程建筑业	Civil Engineering	149	137
铁路、道路、隧道和桥梁工程建筑	Railway, Road, Tunnel and Bridge	42	40
公路工程建筑	Road	7	7
市政道路工程建筑	Municipal Works	35	33
水利和水运工程建筑	Water Conservancy and Water Transportation Projects	25	23
水源及供水设施工程建筑	Construction of Water Source and Supply Water Facility	25	23
工矿工程建筑	Mining	4	4
架线和管道工程建筑	Frame Line and Pipeline	51	43
架线及设备工程建筑	Frame Line Equipment Engineering	51	43
节能环保工程施工	Energy-saving and Environmental Engineering	3	3
环保工程施工	Environmental Engineering Construction	3	3
其他土木工程建筑	Other Civil Engineering Buildings	24	24
园林绿化工程施工	Landscaping Project Construction	16	16
其他土木工程建筑施工	Other Civil Engineering Construction	8	8
建筑安装业	Construction Installation	47	42
电气安装	Electric Installation	35	30
其他建筑安装业	Other Construction Installation	12	12
其他建筑安装	Other Building Installation	12	12
建筑装饰、装修和其他建筑业	Construction, Decoration and Other Construction	47	40
建筑装饰和装修业	Construction and Decoration	47	40
公共建筑装饰和装修	Decoration and Decoration of Public Buildings	28	23
建筑幕墙装饰和装修	Decoration and Decoration of Building Curtain Walls	19	17

Total Output Value of Construction(City)

(10 000 yuan)

建筑业总产值 Total Output Value of Construction	#装饰装修产值 Output Value of Decoration	#在外省完成的产值 Output Value of Completed Outside the Province	建筑工程产值 Output Value of Construction	安装工程产值 Output Value of Installation	其他产值 Others	竣工产值 Output Value of Construction Completed
3272664	**72404**	**241756**	**2986539**	**274394**	**11731**	**2115647**
3063338	69889	238933	2808799	244101	10438	1969973
1737388	44995	129732	1575527	158424	3436	1116317
312846	11277	9687	304662	1813	6371	168536
1222430	16132	102337	1106350	114156	1924	830795
3210843	72404	179935	2924718	274394	11731	2053826
557024		90136	438319	118363	342	246093
707837	12110	44386	610463	90893	6481	477176
393576		29374	373278	13818	6481	267531
314261	12110	15011	237185	77075		209645
114592			114592			51279
1831390	60294	45414	1761345	65137	4908	1279278
1456856	60294	20381	1387548	64400	4908	1102988
374534		25032	373797	737		176290
61821		61821	61821			61821
61821		61821	61821			61821
1715453	34507	49402	1706310	9143		1213856
1668338	33967	35856	1659195	9143		1172194
47115	540	13546	47115			41662
1484646	1049	190954	1232293	240911	11443	849068
832448	700	26047	831471	63	914	455322
524626		25645	524626			242038
307821	700	401	306845	63	914	213284
200364		16013	186959	13392	14	105293
200364		16013	186959	13392	14	105293
79197		66662	72826		6371	79607
321492	40	82232	89962	227386	4144	184884
321492	40	82232	89962	227386	4144	184884
1249	22		1222	27		1248
1249	22		1222	27		1248
49896	286		49853	43		22715
46778	286		46778			21317
3119			3076	43		1398
34618		1158	11632	22697	289	23325
21087		70	5500	15537	51	15983
13530		1088	6132	7160	238	7341
13530		1088	6132	7160	238	7341
37947	36849	243	36305	1643		29398
37947	36849	243	36305	1643		29398
8084	8084		8069	15		6713
29863	28765	243	28235	1628		22685

7—8 续表1

单位:万元 (2017)

指　标	Item	企业数（个）Number of Enterprises (unit)	#有工作量的企业数 Number of Workload Enterprises
按国民经济行业分(2011)	**Grouped by Sector(2011)**		
房屋建筑业	House Building	210	177
房屋建筑业	House Building	210	177
土木工程建筑业	Civil Engineering	150	138
铁路、道路、隧道和桥梁工程建筑	Railway, Road, Tunnel and Bridge	58	56
公路工程建筑	Road	7	7
市政道路工程建筑	Municipal Works	51	49
水利和内河港口工程建筑	Water and River Ports	25	23
水源及供水设施工程建筑	Construction of Water Source and Supply Water Facility	25	23
工矿工程建筑	Mining	7	7
架线和管道工程建筑	Frame Line and Pipeline	51	43
架线及设备工程建筑	Frame Line Equipment Engineering	51	43
其他土木工程建筑	Other Civil Engineering	9	9
建筑安装业	Construction Installation	46	41
电气安装	Electric Installation	35	30
其他建筑安装业	Other Construction Installation	11	11
建筑装饰和其他建筑业	Construction Decoration and Other Construction	44	38
建筑装饰业	Construction Decoration	44	38
按控股情况分	**Grouped by Controlling Stake**		
国有控股	State-owned	35	31
集体控股	Collective-owned	5	5
私人控股	Private	409	357
外商控股	Foreign	1	1
按企业规模分	**Grouped by Enterprises Scale**		
大型	Large-Scale	6	6
中型	Medium-Scale	80	80
小型	Small-Scale	223	210
微型	Miniatrue	141	98
按营业状况分	**Grouped by Operating Status**		
营业	Operating	447	393
停业(歇业)	Closed(out of business)	2	
当年注销	The Cancellation	1	1
按会计准则分	**Grouped by Accounting Standards**		
企业会计准则	Accounting Standards for Business Enterprises	191	167
小企业会计准则	Accounting Standards for Small Business Enterprises	120	106
其他企业会计制度	Others	139	121
按企业资质等级分	**Grouped by Qualification Criteria**		
施工总承包	General Contractors	310	268
特　级	Special Grade	1	1
一　级	First Grade	18	18
二　级	Second Grade	144	137
三级及以下	Third Grade and Below	147	112
专业承包	Professional Contractors	140	126
一　级	First Grade	15	13
二　级	Second Grade	91	81
三级及以下	Third Grade and Below	34	32

continued

(10 000 yuan)

建筑业总产值 Total Output Value of Construction	# 装饰装修产值 Output Value of Decoration	# 在外省完成的产值 Output Value of Completed Outside the Province	建筑工程产值 Output Value of Construction	安装工程产值 Output Value of Installation	其他产值 Others	竣工产值 Output Value of Construction Completed
1716175	35092	49402	1707031	9143		1214442
1716175	35092	49402	1707031	9143		1214442
1485734	1049	192042	1232293	241999	11443	849068
879225	987	26047	878249	63	914	476639
524626		25645	524626			242038
354599	987	401	353622	63	914	234601
200364		16013	186959	13392	14	105293
200364		16013	186959	13392	14	105293
80446	22	66662	74048	27	6371	80855
321492	40	82232	89962	227386	4144	184884
321492	40	82232	89962	227386	4144	184884
4207		1088	3076	1131		1398
33530		70	11632	21609	289	23325
21087		70	5500	15537	51	15983
12442			6132	6072	238	7341
37226	36263	243	35583	1643		28812
37226	36263	243	35583	1643		28812
963147	10970	119553	824143	132181	6823	520877
71921		143	4536	67386		60595
2175775	61434	60239	2096040	74827	4908	1472354
61821		61821	61821			61821
1068907		98012	1008090	60489	328	522961
1639229	32975	127630	1482222	155984	1023	1125238
492359	33511	16084	427564	55226	9570	437611
72168	5918	30	68663	2695	810	29837
3238410	72404	241756	2952286	274394	11731	2111995
34254			34254			3652
2309043	40027	213568	2066362	234706	7975	1389832
393450	5788	13118	375814	16177	1459	277006
570172	26590	15070	544364	23511	2298	448809
3054236	34993	210420	2870634	173200	10402	1975648
72199		1720	72199			79306
1575966	1392	117058	1500701	74023	1242	942181
1227995	31626	90361	1131268	87581	9146	832041
178076	1975	1281	166466	11596	14	122121
218428	37411	31336	115905	101194	1330	139999
105097	15049	26827	39275	65772	51	40864
82081	21822	2967	65356	16725		75582
31250	540	1542	11274	18697	1279	23553

7—9 建筑业合同签订及承包工程完成情况(市区)

单位:万元 (2017)

指标	Item	签订的合同额 Total Value of Contracts	上年结转合同额 Value from Contracts Signed in Last Year
总计	**Total**	**5888710**	**1854353**
#一、二级企业	First and Second Grade	5575524	1795588
按地区分	**Grouped by County**		
兴庆区	Xingqing	2975594	994395
西夏区	Xixia	525822	140045
金凤区	Jinfeng	2387294	719914
按登记注册类型分	**Grouped by Status of Registration**		
内资企业	Domestic Funded	5826889	1848952
国有企业	State-owned Enterprises	932530	312134
有限责任公司	Limited Liabilities Corporations	1303368	464505
国有独资公司	State Sole Funded Corporations	750945	287226
其他有限责任公司	Other Limited Liabilities Corporations	552423	177279
股份有限公司	Share-holding Corporations Limited	208680	30219
私营企业	Private Enterprises	3382312	1042095
私营有限责任公司	Private Limited Liabilities Corporations	2370215	682207
私营股份有限公司	Private Share-holding Corporations Ltd.	1012097	359887
外商投资企业	Foreign Funded	61821	5401
中外合资经营企业	Domestic and Foreign Joint Funded Enterprises	61821	5401
按国民经济行业分(2017)	**Grouped by Sector(2017)**		
房屋建筑业	House Building	2844987	815602
住宅房屋建筑	Residential Building	2791779	808387
其他房屋建筑业	Other Housing construction	53209	7215
土木工程建筑业	Civil Engineering	2938949	1017045
铁路、道路、隧道和桥梁工程建筑	Railway, Road, Tunnel and Bridge	1805974	609580
公路工程建筑	Road	1254398	397776
市政道路工程建筑	Municipal Works	551576	211804
水利和水运工程建筑	Water Conservancy and Water Transportation Projects	317729	130379
水源及供水设施工程建筑	Construction of Water Source and Supply Water Facility	317729	130379
工矿工程建筑	Mining	81259	5619
架线和管道工程建筑	Frame Line and Pipeline	675172	269533
架线及设备工程建筑	Frame Line Equipment Engineering	675172	269533
节能环保工程施工	Energy-saving and Environmental Engineering	1249	90
环保工程施工	Environmental Engineering Construction	1249	90
其他土木工程建筑	Other Civil Engineering Buildings	57565	1844
园林绿化工程施工	Landscaping Project Construction	53963	1794
其他土木工程建筑施工	Other Civil Engineering Construction	3602	49
建筑安装业	Construction Installation	53873	13073
电气安装	Electric Installation	34222	12707
其他建筑安装业	Other Construction Installation	19651	366
其他建筑安装	Other Building Installation	19651	366
建筑装饰、装修和其他建筑业	Construction, Decoration and Other Construction	50901	8633
建筑装饰和装修业	Construction and Decoration	50901	8633
公共建筑装饰和装修	Decoration and Decoration of Public Buildings	9224	1244
建筑幕墙装饰和装修	Decoration and Decoration of Building Curtain Walls	41677	7389

Contracts Signed and Completion of Contracted Projects by Construction Enterprises (City)

(10 000 yuan)

本年新签合同额 Value from New ContractsSigned in This Year	直接从建设单位承揽工程完成的产值 Completed Output Value of Projects Contracted Directly from Investors			从建设单位以外承揽工程完成的产值 Completed Output Value of Projects Contracted from Non-investors
		自行完成施工产值 Own- completed Output Value	分包出去工程的产值 Output Value of Out-sourced Projects	
4034358	**3280759**	**3233385**	**47375**	**39279**
3779935	3076665	3032440	44225	30898
1981199	1712488	1707557	4931	29831
385778	312846	312846		
1667381	1255426	1212982	42444	9449
3977938	3184890	3171564	13327	39279
620396	557024	557024		
838863	717611	707696	9915	140
463720	395367	393576	1791	
375144	322245	314120	8125	140
178461	114592	114592		
2340218	1795663	1792251	3412	39139
1688008	1421129	1417717	3412	39139
652210	374534	374534		
56420	95869	61821	34048	
56420	95869	61821	34048	
2029386	1686574	1686022	552	29431
1983391	1639459	1638907	552	29431
45994	47115	47115		
1921904	1522129	1475306	46823	9340
1196394	831503	831503		945
856621	524626	524626		
339773	306876	306876		945
187350	200214	200214		150
187350	200214	200214		150
75640	113245	79197	34048	
405639	330143	318987	11156	2505
405639	330143	318987	11156	2505
1159	1249	1249		
1159	1249	1249		
55722	45775	44156	1619	5740
52169	42697	41078	1619	5700
3553	3079	3079		40
40800	34109	34109		509
21515	20579	20579		509
19285	13530	13530		
19285	13530	13530		
42268	37947	37947		
42268	37947	37947		
7981	8084	8084		
34288	29863	29863		

7—9 续表1

单位:万元 (2017)

指标	Item	签订的合同额 Total Value of Contracts	上年结转合同额 Value from Contracts Signed in Last Year
按国民经济行业分(2011)	**Grouped by Sector(2011)**		
房屋建筑业	House Building	2849213	819242
房屋建筑业	House Building	2849213	819242
土木工程建筑业	Civil Engineering	2940950	1017045
铁路、道路、隧道和桥梁工程建筑	Railway, Road, Tunnel and Bridge	1859937	611375
公路工程建筑	Road	1254398	397776
市政道路工程建筑	Municipal Works	605539	213598
水利和内河港口工程建筑	Water and River Ports	317729	130379
水源及供水设施工程建筑	Construction of Water Source and Supply Water Facility	317729	130379
工矿工程建筑	Mining	82508	5709
架线和管道工程建筑	Frame Line and Pipeline	675172	269533
架线及设备工程建筑	Frame Line Equipment Engineering	675172	269533
其他土木工程建筑	Other Civil Engineering	5603	49
建筑安装业	Construction Installation	51872	13073
电气安装	Electric Installation	34222	12707
其他建筑安装业	Other Construction Installation	17650	366
建筑装饰和其他建筑业	Construction Decoration and Other Construction	46676	4993
建筑装饰业	Construction Decoration	46676	4993
按控股情况分	**Grouped by Controlling Stake**		
国有控股	State-owned	1699170	600142
集体控股	Collective-owned	93433	28716
私人控股	Private	4034287	1220094
外商控股	Foreign	61821	5401
按企业规模分	**Grouped by Enterprises Scale**		
大型	Large-Scale	2224285	694685
中型	Medium-Scale	2685218	884033
小型	Small-Scale	770163	135931
微型	Miniatrue	209044	139705
按营业状况分	**Grouped by Operating Status**		
营业	Operating	5750429	1753726
停业(歇业)	Closed(out of business)		
当年注销	The Cancellation	138282	100627
按会计准则分	**Grouped by Accounting Standards**		
企业会计准则	Accounting Standards for Business Enterprises	4312351	1431500
小企业会计准则	Accounting Standards for Small Business Enterprises	640704	81046
其他企业会计制度	Others	935656	341807
按企业资质等级分	**Grouped by Qualification Criteria**		
施工总承包	General Contractors	5566757	1748183
特　级	Special Grade	187904	71400
一　级	First Grade	3206050	1068270
二　级	Second Grade	1905908	550279
三级及以下	Third Grade and Below	266894	58233
专业承包	Professional Contractors	321954	106170
一　级	First Grade	175774	87073
二　级	Second Grade	99888	18565
三级及以下	Third Grade and Below	46292	532

continued

(10 000 yuan)

本年新签合同额 Value from New ContractsSigned in This Year	直接从建设单位承揽工程完成的产值 Completed Output Value of Projects Contracted Directly from Investors	自行完成施工产值 Own- completed Output Value	分包出去工程的产值 Output Value of Out-sourced Projects	从建设单位以外承揽工程完成的产值 Completed Output Value of Projects Contracted from Non-investors
2029971	1687296	1686744	552	29431
2029971	1687296	1686744	552	29431
1923905	1523217	1476394	46823	9340
1248563	874199	872580	1619	6645
856621	524626	524626		
391941	349573	347954	1619	6645
187350	200214	200214		150
187350	200214	200214		150
76799	114494	80446	34048	
405639	330143	318987	11156	2505
405639	330143	318987	11156	2505
5554	4167	4167		40
38799	33021	33021		509
21515	20579	20579		509
17284	12442	12442		
41683	37226	37226		
41683	37226	37226		
1099028	964938	963147	1791	
64716	77196	71781	5415	140
2814193	2142757	2136636	6121	39139
56420	95869	61821	34048	
1529601	1068907	1068907		
1801186	1654281	1613028	41254	26202
634232	485534	479854	5680	12506
69339	72037	71596	441	572
3996703	3246506	3199131	47375	39279
37655	34254	34254		
2880851	2339682	2298159	41523	10883
559658	386821	386269	552	7180
593849	554256	548956	5300	21216
3818574	3059788	3015563	44225	38673
116504	72199	72199		
2137780	1575966	1575966		
1355629	1241831	1197606	44225	30389
208662	169792	169792		8283
215784	220972	217822	3150	607
88701	104871	104871		227
81323	81799	81799		282
45761	34302	31152	3150	98

7—10 房屋建筑施工面积及竣工面积(市区)

单位:平方米 （2017）

指 标	Item	房屋建筑施工面积 Floor Space of Buildings under Construction	本年新开工面积 Floor Space of New Buildings in This Year
总 计	**Total**	**13555340**	**6551553**
#一、二级企业	First and Second Grade	12779946	6311377
按地区分	**Grouped by County**		
兴庆区	Xingqing	6366839	3140273
西夏区	Xixia	2926613	1450273
金凤区	Jinfeng	4261888	1961007
按登记注册类型分	**Grouped by Status of Registration**		
内资企业	Domestic Funded	13555340	6551553
国有企业	State-owned Enterprises	2109173	1280685
有限责任公司	Limited Liabilities Corporations	5405253	1891978
国有独资公司	State Sole Funded Corporations	3196050	1025992
其他有限责任公司	Other Limited Liabilities Corporations	2209203	865986
股份有限公司	Share-holding Corporations Limited	900	
私营企业	Private Enterprises	6040014	3378890
私营有限责任公司	Private Limited Liabilities Corporations	6040014	3378890
按国民经济行业分(2017)	**Grouped by Sector(2017)**		
房屋建筑业	House Building	12791479	5891368
住宅房屋建筑	Residential Building	12786647	5891028
其他房屋建筑业	Other Housing Construction	4832	340
土木工程建筑业	Civil Engineering	763861	660185
铁路、道路、隧道和桥梁工程建筑	Railway, Road, Tunnel and Bridge	226029	180822
公路工程建筑	Road	6611	6611
市政道路工程建筑	Municipal Works	219418	174211
水利和水运工程建筑	Water Conservancy and Water Transportation Projects	29462	13764
水源及供水设施工程建筑	Construction of Water Source and Supply Water Facility	29462	13764
架线和管道工程建筑	Frame Line and Pipeline	416495	405754
架线及设备工程建筑	Frame Line Equipment Engineering	416495	405754
其他土木工程建筑	Other Civil Engineering Buildings	91875	59845
园林绿化工程施工	Landscaping Project Construction	91875	59845

Floor Space of Buildings Constructed and Completed(City)

(sq.m)

房屋建筑竣工面积 Floor Space of Buildings Completed	住宅房屋 Residence	商业及服务用房屋 Business and Service	商厦房屋（批发和零售用房） Commercial (wholesale and retail trade)	宾馆用房屋（住宿用房） Hotel (hoteling)	餐饮用房屋（餐饮用房） Catering (catering services)	商务会展用房屋 Commercial Exhibition	其他商业及服务用房屋(居民服务业用房) Other Business and Service(other services)
3158501	**1463698**	**528236**	**340150**	**18788**	**32934**	**49866**	**86498**
2979244	1366336	486136	316050	18788	32934	49866	68498
1662332	898483	252866	127967	1023	469	49866	73541
636722	171185	165814	106834	17765	32465		8750
859447	394030	109556	105349				4207
3158501	1463698	528236	340150	18788	32934	49866	86498
590787	259404	76934	68184				8750
1124450	483416	101563	95864	1023	469		4207
795350	261956	77681	77681				
329100	221460	23882	18183	1023	469		4207
1443264	720878	349739	176102	17765	32465	49866	73541
1443264	720878	349739	176102	17765	32465	49866	73541
3010754	1425127	528236	340150	18788	32934	49866	86498
3005922	1425127	528236	340150	18788	32934	49866	86498
4832							
147747	38571						
69216	27571						
69216	27571						
17682							
17682							
60849	11000						
60849	11000						

7—10 续表1

单位:平方米 (2017)

指 标	Item	房屋建筑施工面积 Floor Space of Buildings under Construction	本年新开工面积 Floor Space of New Buildings in This Year
按国民经济行业分(2011)	**Grouped by Sector(2011)**		
房屋建筑业	House Building	12791479	5891368
房屋建筑业	House Building	12791479	5891368
土木工程建筑业	Civil Engineering	763861	660185
铁路、道路、隧道和桥梁工程建筑	Railway, Road, Tunnel and Bridge	317904	240667
公路工程建筑	Road	6611	6611
市政道路工程建筑	Municipal Works	311293	234056
水利和内河港口工程建筑	Water and River Ports	29462	13764
水源及供水设施工程建筑	Construction of Water Source and Supply Water Facility	29462	13764
架线和管道工程建筑	Frame Line and Pipeline	416495	405754
架线及设备工程建筑	Frame Line Equipment Engineering	416495	405754
按控股情况分	**Grouped by Controlling Stake**		
国有控股	State-owned	5305223	2306677
集体控股	Collective-owned	2300	
私人控股	Private	8247817	4244876
按企业规模分	**Grouped by Enterprises Scale**		
大型	Large-Scale	3862185	1866497
中型	Medium-Scale	7714547	4006872
小型	Small-Scale	1570279	674588
微型	Miniatrue	408329	3596
按营业状况分	**Grouped by Operating Status**		
营业	Operating	13555340	6551553
按会计准则分	**Grouped by Accounting Standards**		
企业会计准则	Accounting Standards for Business Enterprises	9675522	4578023
小企业会计准则	Accounting Standards for Small Business Enterprises	1290980	882015
其他企业会计制度	Others	2588838	1091515
按企业资质等级分	**Grouped by Qualification Criteria**		
施工总承包	General Contractors	13541798	6550421
特 级	Special Grade	1066959	281808
一 级	First Grade	6105214	3540902
二 级	Second Grade	5599063	2487875
三级及以下	Third Grade and Below	770562	239836
专业承包	Professional Contractors	13542	1132
一 级	First Grade	8710	792
三级及以下	Third Grade and Below	4832	340

continued

(sq.m)

房屋建筑竣工面积 Floor Space of Buildings Completed	住宅房屋 Residence	商业及服务用房屋 Business and Service	商厦房屋（批发和零售用房） Commercial (wholesale and retail trade)	宾馆用房屋（住宿用房） Hotel (hoteling)	餐饮用房屋（餐饮用房） Catering (catering services)	商务会展用房屋 Commercial Exhibition	其他商业及服务用房屋(居民服务业用房) Other Business and Service(other services)
3010754	1425127	528236	340150	18788	32934	49866	86498
3010754	1425127	528236	340150	18788	32934	49866	86498
147747	38571						
69216	27571						
69216	27571						
17682							
17682							
60849	11000						
60849	11000						
1386137	521360	154615	145865				8750
1772364	942338	373621	194285	18788	32934	49866	77748
1021557	382312	154615	145865				8750
1495957	678129	322524	165395	18788	32934	49866	55541
584230	349343	51097	28890				22207
56757	53914						
3158501	1463698	528236	340150	18788	32934	49866	86498
2272423	942457	409694	243815	18788	32934	49866	64291
154748		74085	74085				
731330	521241	44457	22250				22207
3153669	1463698	528236	340150	18788	32934	49866	86498
319822	131948						
1756679	787935	289619	208433			49866	31320
902743	446453	196517	107617	18788	32934		37178
174425	97362	42100	24100				18000
4832							
4832							

7—10 续表2

单位:平方米 (2017)

指 标	Item	办公用房屋 Offices	科研、教育、医疗用房屋 Scientific Research, Education and Medica
总 计	**Total**	**336284**	**494629**
#一、二级企业	First and Second Grade	318336	491711
按地区分	**Grouped by County**		
兴庆区	Xingqing	68196	272937
西夏区	Xixia	111611	103369
金凤区	Jinfeng	156477	118323
按登记注册类型分	**Grouped by Status of Registration**		
内资企业	Domestic Funded	336284	494629
国有企业	State-owned Enterprises	3671	175624
有限责任公司	Limited Liabilities Corporations	238183	174019
国有独资公司	State Sole Funded Corporations	238013	141981
其他有限责任公司	Other Limited Liabilities Corporations	170	32038
股份有限公司	Share-holding Corporations Limited		
私营企业	Private Enterprises	94430	144986
私营有限责任公司	Private Limited Liabilities Corporations	94430	144986
按国民经济行业分(2017)	**Grouped by Sector(2017)**		
房屋建筑业	House Building	320316	492113
住宅房屋建筑	Residential Building	320316	492113
其他房屋建筑业	Other Housing Construction		
土木工程建筑业	Civil Engineering	15968	2516
铁路、道路、隧道和桥梁工程建筑	Railway, Road, Tunnel and Bridge	12870	2516
公路工程建筑	Road		
市政道路工程建筑	Municipal Works	12870	2516
水利和水运工程建筑	Water Conservancy and Water Transportation Projects	2978	
水源及供水设施工程建筑	Construction of Water Source and Supply Water Facility	2978	
架线和管道工程建筑	Frame Line and Pipeline	120	
架线及设备工程建筑	Frame Line Equipment Engineering	120	
其他土木工程建筑	Other Civil Engineering Buildings		
园林绿化工程施工	Landscaping Project Construction		

continued

(sq.m)

科学研究用房屋 Scientific Research	教育用房屋 Education	医疗用房屋（卫生医疗用房） Medical (health and medical)	文化、体育、娱乐用房屋 Culture, Sports and Entertainment	厂房及建筑物 Workshop and Buildings	#厂房 Workshop	仓库 Warehouse	其他未列明的房屋建筑物 Other Buildings
3299	**145203**	**346127**	**25425**	**201841**	**156756**	**42190**	**66198**
3299	142538	345874	25425	185792	140707	39410	66098
3299	20372	249266	5963	111050	108704	28812	24025
	56820	46549	19462	26345	9983	8586	30350
	68011	50312		64446	38069	4792	11823
3299	145203	346127	25425	201841	156756	42190	66198
		175624	4908	50606	49729		19640
	81758	92261	14554	63773	47411	33234	15708
	49720	92261	14554	41560	25198	8586	11019
	32038			22213	22213	24648	4689
3299	63445	78242	5963	87462	59616	8956	30850
3299	63445	78242	5963	87462	59616	8956	30850
3299	142687	346127	25425	111149	66064	42190	66198
3299	142687	346127	25425	107617	62532	40890	66198
				3532	3532	1300	
	2516			90692	90692		
	2516			26259	26259		
	2516			26259	26259		
				14704	14704		
				14704	14704		
				49729	49729		
				49729	49729		

7—10 续表3

单位:平方米 (2017)

指 标	Item	办公用房屋 Offices	科研、教育、医疗用房屋 Scientific Research, Education and Medica
按国民经济行业分(2011)	**Grouped by Sector(2011)**		
房屋建筑业	House Building	320316	492113
房屋建筑业	House Building	320316	492113
土木工程建筑业	Civil Engineering	15968	2516
铁路、道路、隧道和桥梁工程建筑	Railway, Road, Tunnel and Bridge	12870	2516
公路工程建筑	Road		
市政道路工程建筑	Municipal Works	12870	2516
水利和内河港口工程建筑	Water and River Ports	2978	
水源及供水设施工程建筑	Construction of Water Source and Supply Water Facility	2978	
架线和管道工程建筑	Frame Line and Pipeline	120	
架线及设备工程建筑	Frame Line Equipment Engineering	120	
按控股情况分	**Grouped by Controlling Stake**		
国有控股	State-owned	241684	317605
集体控股	Collective-owned		
私人控股	Private	94600	177024
按企业规模分	**Grouped by Enterprises Scale**		
大型	Large-Scale	111611	267293
中型	Medium-Scale	200812	127810
小型	Small-Scale	23741	99273
微型	Miniatrue	120	253
按营业状况分	**Grouped by Operating Status**		
营业	Operating	336284	494629
按会计准则分	**Grouped by Accounting Standards**		
企业会计准则	Accounting Standards for Business Enterprises	289144	384310
小企业会计准则	Accounting Standards for Small Business Enterprises	29111	6133
其他企业会计制度	Others	18029	104186
按企业资质等级分	**Grouped by Qualification Criteria**		
施工总承包	General Contractors	336284	494629
特 级	Special Grade	126759	50312
一 级	First Grade	137774	315054
二 级	Second Grade	53803	126345
三级及以下	Third Grade and Below	17948	2918
专业承包	Professional Contractors		
一 级	First Grade		
三级及以下	Third Grade and Below		

continued

(sq.m)

科学研究用房屋 Scientific Research	教育用房屋 Education	医疗用房屋（卫生医疗用房） Medical (health and medical)	文化、体育、娱乐用房屋 Culture, Sports and Entertainment	厂房及建筑物 Workshop and Buildings	# 厂房 Workshop	仓库 Warehouse	其他未列明的房屋建筑物 Other Buildings
3299	142687	346127	25425	111149	66064	42190	66198
3299	142687	346127	25425	111149	66064	42190	66198
	2516			90692	90692		
	2516			26259	26259		
	2516			26259	26259		
				14704	14704		
				14704	14704		
				49729	49729		
				49729	49729		
	49720	267885	19462	92166	74927	8586	30659
3299	95483	78242	5963	109675	81829	33604	35539
	49720	217573	19462	66968	49729	8586	10710
3299	61900	62611	5963	89619	88150	27512	43588
	33583	65690		42784	16407	6092	11900
		253		2470	2470		
3299	145203	346127	25425	201841	156756	42190	66198
3299	100574	280437	25425	162886	134485	8898	49609
	6133			30839	14155	2780	11800
	38496	65690		8116	8116	30512	4789
3299	145203	346127	25425	198309	153224	40890	66198
		50312		10494	10494		309
3299	89404	222351	23195	137567	120328	33546	31989
	53134	73211	2230	37731	9885	5864	33800
	2665	253		12517	12517	1480	100
				3532	3532	1300	
				3532	3532	1300	

7—11 房屋建筑竣工价值(市区)

单位:万元 （2017）

指 标	Item	竣工房屋价值 Output Value of Buildings Completed	住宅房屋 Residence
总 计	**Total**	**631392**	**277475**
#一、二级企业	First and Second Grade	611585	267231
按地区分	**Grouped by County**		
兴庆区	Xingqing	333053	169192
西夏区	Xixia	130592	32621
金凤区	Jinfeng	167747	75661
按登记注册类型分	**Grouped by Status of Registration**		
内资企业	Domestic Funded	631392	277475
国有企业	State-owned Enterprises	111328	47354
有限责任公司	Limited Liabilities Corporations	238077	97366
国有独资公司	State Sole Funded Corporations	170261	51607
其他有限责任公司	Other Limited Liabilities Corporations	67816	45759
股份有限公司	Share-holding Corporations Limited		
私营企业	Private Enterprises	281987	132756
私营有限责任公司	Private Limited Liabilities Corporations	281987	132756
按国民经济行业分(2017)	**Grouped by Sector(2017)**		
房屋建筑业	House Building	590499	268353
住宅房屋建筑	Residential Building	590207	268353
其他房屋建筑业	Other Housing Construction	291	
土木工程建筑业	Civil Engineering	40894	9121
铁路、道路、隧道和桥梁工程建筑	Railway, Road, Tunnel and Bridge	18533	6420
公路工程建筑	Road		
市政道路工程建筑	Municipal Works	18533	6420
水利和水运工程建筑	Water Conservancy and Water Transportation Projects	5060	
水源及供水设施工程建筑	Construction of Water Source and Supply Water Facility	5060	
架线和管道工程建筑	Frame Line and Pipeline	17301	2701
架线及设备工程建筑	Frame Line Equipment Engineering	17301	2701
其他土木工程建筑	Other Civil Engineering Buildings		
园林绿化工程施工	Landscaping Project Construction		

Output Value of Floor Space of Buildings Completed(City)

(10 000 yuan)

商业及服务用房屋 Business and Service	商厦房屋（批发和零售用房） Commercial (wholesale and retail trade)	宾馆用房屋（住宿用房） Hotel (hoteling)	餐饮用房屋（餐饮用房） Catering (catering services)	商务会展用房屋 Commercial Exhibition	其他商业及服务用房屋（居民服务业用房） Other Business and Service (other services)
99588	**59052**	**5278**	**9426**	**6908**	**18925**
95456	57440	5278	9426	6908	16405
45107	22111	300	150	6908	15638
33819	17660	4978	9276		1905
20662	19281				1381
99588	59052	5278	9426	6908	18925
14162	12256				1905
14601	12770	300	150		1381
9241	9241				
5360	3529	300	150		1381
70825	34026	4978	9276	6908	15638
70825	34026	4978	9276	6908	15638
99588	59052	5278	9426	6908	18925
99588	59052	5278	9426	6908	18925

单位:万元 (2017)

指 标	Item	竣工房屋价值 Output Value of Buildings Completed	住宅房屋 Residence
按国民经济行业分(2011)	**Grouped by Sector(2011)**		
房屋建筑业	House Building	590499	268353
房屋建筑业	House Building	590499	268353
土木工程建筑业	Civil Engineering	40894	9121
铁路、道路、隧道和桥梁工程建筑	Railway, Road, Tunnel and Bridge	18533	6420
公路工程建筑	Road		
市政道路工程建筑	Municipal Works	18533	6420
水利和内河港口工程建筑	Water and River Ports	5060	
水源及供水设施工程建筑	Construction of Water Source and Supply Water Facility	5060	
架线和管道工程建筑	Frame Line and Pipeline	17301	2701
架线及设备工程建筑	Frame Line Equipment Engineering	17301	2701
按控股情况分	**Grouped by Controlling Stake**		
国有控股	State-owned	281589	98961
集体控股	Collective-owned		
私人控股	Private	349804	178514
按企业规模分	**Grouped by Enterprises Scale**		
大型	Large-Scale	195712	64920
中型	Medium-Scale	318872	139219
小型	Small-Scale	108748	65787
微型	Miniatrue	8060	7548
按营业状况分	**Grouped by Operating Status**		
营业	Operating	631392	277475
按会计准则分	**Grouped by Accounting Standards**		
企业会计准则	Accounting Standards for Business Enterprises	454998	173285
小企业会计准则	Accounting Standards for Small Business Enterprises	21293	
其他企业会计制度	Others	155101	104189
按企业资质等级分	**Grouped by Qualification Criteria**		
施工总承包	General Contractors	631101	277475
特 级	Special Grade	79306	33570
一 级	First Grade	353030	151135
二 级	Second Grade	179250	82527
三级及以下	Third Grade and Below	19516	10243
专业承包	Professional Contractors	291	
一 级	First Grade		
三级及以下	Third Grade and Below	291	

continued

(10 000 yuan)

商业及服务用房屋 Business and Service	商厦房屋（批发和零售用房） Commercial (wholesale and retail trade)	宾馆用房屋（住宿用房） Hotel (hoteling)	餐饮用房屋（餐饮用房） Catering (catering services)	商务会展用房屋 Commercial Exhibition	其他商业及服务用房屋（居民服务业用房） Other Business and Service (other services)
99588	59052	5278	9426	6908	18925
99588	59052	5278	9426	6908	18925
23403	21497				1905
76186	37555	5278	9426	6908	17019
23403	21497				1905
69780	35050	5278	9426	6908	13118
6406	2505				3901
99588	59052	5278	9426	6908	18925
77692	41057	5278	9426	6908	15023
14819	14819				
7077	3176				3901
99588	59052	5278	9426	6908	18925
48084	32852			6908	8325
47372	24588	5278	9426		8080
4132	1612				2520

7—11 续表2

单位:万元 (2017)

指 标	Item	办公用房屋 Offices	科研、教育、医疗用房屋 Scientific Research, Education and Medical
总 计	**Total**	**81421**	**102966**
#一、二级企业	First and Second Grade	78202	102618
按地区分	**Grouped by County**		
兴庆区	Xingqing	15905	59749
西夏区	Xixia	28055	16848
金凤区	Jinfeng	37461	26369
按登记注册类型分	**Grouped by Status of Registration**		
内资企业	Domestic Funded	81421	102966
国有企业	State-owned Enterprises	1529	29564
有限责任公司	Limited Liabilities Corporations	59543	34914
国有独资公司	State Sole Funded Corporations	59502	27890
其他有限责任公司	Other Limited Liabilities Corporations	42	7024
股份有限公司	Share-holding Corporations Limited		
私营企业	Private Enterprises	20349	38488
私营有限责任公司	Private Limited Liabilities Corporations	20349	38488
按国民经济行业分(2017)	**Grouped by Sector(2017)**		
房屋建筑业	House Building	76548	102218
住宅房屋建筑	Residential Building	76548	102218
其他房屋建筑业	Other Housing Construction		
土木工程建筑业	Civil Engineering	4873	748
铁路、道路、隧道和桥梁工程建筑	Railway, Road, Tunnel and Bridge	4042	748
公路工程建筑	Road		
市政道路工程建筑	Municipal Works	4042	748
水利和水运工程建筑	Water Conservancy and Water Transportation Projects	827	
水源及供水设施工程建筑	Construction of Water Source and Supply Water Facility	827	
架线和管道工程建筑	Frame Line and Pipeline	4	
架线及设备工程建筑	Frame Line Equipment Engineering	4	
其他土木工程建筑	Other Civil Engineering Buildings		
园林绿化工程施工	Landscaping Project Construction		

continued

(10 000 yuan)

科学研究用房屋 Scientific Research	教育用房屋 Education	医疗用房屋（卫生医疗用房）Medical(health and medical)	文化、体育、娱乐用房屋 Culture, Sports and Entertainment	厂房及建筑物 Workshop and Buildings	#厂房 Workshop	仓库 Warehouse	其他未列明的房屋建筑物 Other Buildings
1639	**30138**	**71189**	**8947**	**43948**	**34583**	**7905**	**9143**
1639	29820	71159	8947	42190	32824	7818	9123
1639	4688	53422	1580	31140	28298	6061	4319
	11265	5582	7367	6437	998	1288	4158
	14185	12184		6372	5287	556	666
1639	30138	71189	8947	43948	34583	7905	9143
		29564	1016	16758	14596		945
	17747	17167	6351	13768	8330	6957	4577
	10723	17167	6351	11071	5633	1288	3311
	7024			2697	2697	5669	1266
1639	12390	24458	1580	13422	11657	948	3621
1639	12390	24458	1580	13422	11657	948	3621
1639	29390	71189	8947	17797	8431	7905	9143
1639	29390	71189	8947	17554	8189	7856	9143
				242	242	49	
	748			26152	26152		
	748			7323	7323		
	748			7323	7323		
				4233	4233		
				4233	4233		
				14596	14596		
				14596	14596		

单位:万元

(2017)

指　标	Item	办公用房屋 Offices	科研、教育、医疗用房屋 Scientific Research, Education and Medical
按国民经济行业分(2011)	**Grouped by Sector(2011)**		
房屋建筑业	House Building	76548	102218
房屋建筑业	House Building	76548	102218
土木工程建筑业	Civil Engineering	4873	748
铁路、道路、隧道和桥梁工程建筑	Railway, Road, Tunnel and Bridge	4042	748
公路工程建筑	Road		
市政道路工程建筑	Municipal Works	4042	748
水利和内河港口工程建筑	Water and River Ports	827	
水源及供水设施工程建筑	Construction of Water Source and Supply Water Facility	827	
架线和管道工程建筑	Frame Line and Pipeline	4	
架线及设备工程建筑	Frame Line Equipment Engineering	4	
按控股情况分	**Grouped by Controlling Stake**		
国有控股	State-owned	61030	57454
集体控股	Collective-owned		
私人控股	Private	20391	45511
按企业规模分	**Grouped by Enterprises Scale**		
大型	Large-Scale	28055	45270
中型	Medium-Scale	50534	28238
小型	Small-Scale	2828	29428
微型	Miniatrue	4	30
按营业状况分	**Grouped by Operating Status**		
营业	Operating	81421	102966
按会计准则分	**Grouped by Accounting Standards**		
企业会计准则	Accounting Standards for Business Enterprises	73051	72421
小企业会计准则	Accounting Standards for Small Business Enterprises	2659	1180
其他企业会计制度	Others	5712	29364
按企业资质等级分	**Grouped by Qualification Criteria**		
施工总承包	General Contractors	81421	102966
特　级	Special Grade	32054	12184
一　级	First Grade	37142	57082
二　级	Second Grade	9006	33352
三级及以下	Third Grade and Below	3219	348
专业承包	Professional Contractors		
一　级	First Grade		
三级及以下	Third Grade and Below		

continued

(10 000 yuan)

科学研究用房屋 Scientific Research	教育用房屋 Education	医疗用房屋（卫生医疗用房） Medical(health and medical)	文化、体育、娱乐用房屋 Culture, Sports and Entertainment	厂房及建筑物 Workshop and Buildings	#厂房 Workshop	仓库 Warehouse	其他未列明的房屋建筑物 Other Buildings
1639	29390	71189	8947	17797	8431	7905	9143
1639	29390	71189	8947	17797	8431	7905	9143
	748			26152	26152		
	748			7323	7323		
	748			7323	7323		
				4233	4233		
				4233	4233		
				14596	14596		
				14596	14596		
	10723	46731	7367	27830	20229	1288	4256
1639	19414	24458	1580	16119	14354	6617	4887
	10723	34547	7367	22197	14596	1288	3213
1639	12149	14449	1580	18236	17557	6012	5274
	7265	22163		3038	1952	605	656
		30		478	478		
1639	30138	71189	8947	43948	34583	7905	9143
1639	21756	49026	8947	41014	32149	1368	7221
	1180			1913	1412	87	636
	7201	22163		1022	1022	6450	1286
1639	30138	71189	8947	43706	34340	7856	9143
		12184		1400	1400		98
1639	19780	35663	8448	37627	30026	7037	6475
	10040	23312	499	3163	1399	781	2550
	318	30		1516	1516	38	20
				242	242	49	
				242	242	49	

7—12 建筑业企业自有施工机械设备及劳动人员情况(市区)

(2017)

指 标	Item	年末自有施工机械设备净值(万元) Net Value of Machinery and Equipment Owned at Year-end (10 000 yuan)
总 计	**Total**	**41489**
#一、二级企业	First and Second Grade	35418
按地区分	**Grouped by County**	
兴庆区	Xingqing	20893
西夏区	Xixia	1276
金凤区	Jinfeng	19321
按登记注册类型分	**Grouped by Status of Registration**	
内资企业	Domestic Funded	41489
国有企业	State-owned Enterprises	6343
有限责任公司	Limited Liabilities Corporations	10745
国有独资公司	State Sole Funded Corporations	3161
其他有限责任公司	Other Limited Liabilities Corporations	7584
股份有限公司	Share-holding Corporations Limited	
私营企业	Private Enterprises	24401
私营有限责任公司	Private Limited Liabilities Corporations	19078
私营股份有限公司	Private Share-holding Corporations Ltd.	5323
外商投资企业	Foreign Funded	
中外合资经营企业	Domestic and Foreign Joint Funded Enterprises	
按国民经济行业分(2017)	**Grouped by Sector(2017)**	
房屋建筑业	House Building	17452
住宅房屋建筑	Residential Building	14737
其他房屋建筑业	Other Housing construction	2715
土木工程建筑业	Civil Engineering	22478
铁路、道路、隧道和桥梁工程建筑	Railway, Road, Tunnel and Bridge	9889
公路工程建筑	Road	6163
市政道路工程建筑	Municipal Works	3726
水利和水运工程建筑	Water Conservancy and Water Transportation Projects	2899
水源及供水设施工程建筑	Construction of Water Source and Supply Water Facility	2899
工矿工程建筑	Mining	890
架线和管道工程建筑	Frame Line and Pipeline	7452
架线及设备工程建筑	Frame Line Equipment Engineering	7452
节能环保工程施工	Energy-saving and Environmental Engineering	
环保工程施工	Environmental Engineering Construction	
其他土木工程建筑	Other Civil Engineering Buildings	1348
园林绿化工程施工	Landscaping Project Construction	1317
其他土木工程建筑施工	Other Civil Engineering Construction	31
建筑安装业	Construction Installation	880
电气安装	Electric Installation	669
其他建筑安装业	Other Construction Installation	211
其他建筑安装	Other Building Installation	211
建筑装饰、装修和其他建筑业	Construction, Decoration and Other Construction	679
建筑装饰和装修业	Construction and Decoration	679
公共建筑装饰和装修	Decoration and Decoration of Public Buildings	418
建筑幕墙装饰和装修	Decoration and Decoration of Building Curtain Walls	261

Machinery and Equipment Owned and Employed Persons by Construction Enterprises (City)

年末自有施工机械设备总台数(台) Number of Machinery and Equipment Owned (set)	年末自有施工机械设备总功率(千瓦) Total Power of Machinery and Equipment Owned (kw)	从事建筑业活动的平均人数(人) Average Number of People Engaged in the Construction Industry (person)	期末从业人员数(人) Number of Employed Persons at Year-end (person)	工程技术人员(人) Engineering Persons (person)	现场施工人员(人) Site Construction Persons (person)
8125	**233552**	**137919**	**65396**	**13572**	**23286**
7116	195897	125095	58547	11758	21893
4881	142377	72692	37048	7349	16144
517	12271	14814	8865	1647	2698
2727	78904	50413	19483	4576	4444
8125	233552	137449	64988	13459	23286
958	18736	19752	17156	1200	14008
1897	56570	28529	16381	3505	2372
306	12103	14045	7533	1615	996
1591	44467	14484	8848	1890	1376
		3855	416	324	
5270	158246	85313	31035	8430	6906
5139	148323	72792	30236	8126	6753
131	9923	12521	799	304	153
		470	408	113	
		470	408	113	
5018	132945	78702	40295	7346	15413
4799	125634	76613	38877	6788	15246
219	7311	2089	1418	558	167
2415	92997	54409	22556	5371	7355
785	45992	29794	6379	2519	936
177	14392	17776	1452	659	149
608	31600	12018	4927	1860	787
395	17973	6732	2672	854	1133
395	17973	6732	2672	854	1133
45	474	1422	1012	239	45
941	25414	11723	8828	1304	4902
941	25414	11723	8828	1304	4902
		136	110	31	
		136	110	31	
249	3144	4602	3555	424	339
85	1024	4150	3260	246	329
164	2120	452	295	178	10
149	1112	2050	1514	502	341
116	393	1203	932	332	230
33	719	847	582	170	111
33	719	847	582	170	111
543	6498	2758	1031	353	177
543	6498	2758	1031	353	177
113	1492	564	331	124	57
430	5006	2194	700	229	120

7—12 续表1

(2017)

指标	Item	年末自有施工机械设备净值(万元) Net Value of Machinery and Equipment Owned at Year-end (10 000 yuan)
按国民经济行业分(2011)	**Grouped by Sector(2011)**	
房屋建筑业	House Building	17638
房屋建筑业	House Building	17638
土木工程建筑业	Civil Engineering	22478
铁路、道路、隧道和桥梁工程建筑	Railway, Road, Tunnel and Bridge	11205
公路工程建筑	Road	6163
市政道路工程建筑	Municipal Works	5042
水利和内河港口工程建筑	Water and River Ports	2899
水源及供水设施工程建筑	Construction of Water Source and Supply Water Facility	2899
工矿工程建筑	Mining	890
架线和管道工程建筑	Frame Line and Pipeline	7452
架线及设备工程建筑	Frame Line Equipment Engineering	7452
其他土木工程建筑	Other Civil Engineering	31
建筑安装业	Construction Installation	880
电气安装	Electric Installation	669
其他建筑安装业	Other Construction Installation	211
建筑装饰和其他建筑业	Construction Decoration and Other Construction	493
建筑装饰业	Construction Decoration	493
按控股情况分	**Grouped by Controlling Stake**	
国有控股	State-owned	9565
集体控股	Collective-owned	2073
私人控股	Private	29851
外商控股	Foreign	
按企业规模分	**Grouped by Enterprises Scale**	
大型	Large-Scale	6830
中型	Medium-Scale	17842
小型	Small-Scale	14407
微型	Miniatrue	2410
按营业状况分	**Grouped by Operating Status**	
营业	Operating	41489
停业(歇业)	Closed(out of business)	
当年注销	The Cancellation	
按会计准则分	**Grouped by Accounting Standards**	
企业会计准则	Accounting Standards for Business Enterprises	25549
小企业会计准则	Accounting Standards for Small Business Enterprises	4271
其他企业会计制度	Others	11669
按企业资质等级分	**Grouped by Qualification Criteria**	
施工总承包	General Contractors	33148
特　级	Special Grade	1076
一　级	First Grade	9050
二　级	Second Grade	18121
三级及以下	Third Grade and Below	4900
专业承包	Professional Contractors	8341
一　级	First Grade	2988
二　级	Second Grade	4183
三级及以下	Third Grade and Below	1171

continued

年末自有施工机械设备总台数(台) Number of Machinery and Equipment Owned (set)	年末自有施工机械设备总功率(千瓦) Total Power of Machinery and Equipment Owned (kw)	从事建筑业活动的平均人数(人) Average Number of People Engaged in the Construction Industry (person)	期末从业人员数(人) Number of Employed Persons at Year-end (person)	工程技术人员(人) Engineering Persons (person)	现场施工人员(人) Site Construction Persons (person)
5073	137301	78807	40394	7376	15413
5073	137301	78807	40394	7376	15413
2415	92997	54458	22601	5381	7355
870	47016	33944	9639	2765	1265
177	14392	17776	1452	659	149
693	32624	16168	8187	2106	1116
395	17973	6732	2672	854	1133
395	17973	6732	2672	854	1133
45	474	1558	1122	270	45
941	25414	11723	8828	1304	4902
941	25414	11723	8828	1304	4902
164	2120	501	340	188	10
149	1112	2001	1469	492	341
116	393	1203	932	332	230
33	719	798	537	160	111
488	2142	2653	932	323	177
488	2142	2653	932	323	177
1286	31112	34220	24846	2845	15004
179	12516	1940	1488	448	867
6660	189924	101289	38654	10166	7415
		470	408	113	
654	17568	37953	19220	1704	13261
4478	126293	65193	28315	6425	6359
2098	68447	30088	14038	3802	3383
895	21244	4685	3823	1641	283
8125	233552	136714	63635	12713	23286
		1205	1761	859	
3810	133014	87013	40901	7109	18428
1004	24425	23239	11852	2582	2687
3311	76113	27667	12643	3881	2171
6946	209610	127455	58726	11564	21950
135	2558	2417	545	315	209
2282	52579	54099	27929	4169	15691
3600	118292	59832	24511	5602	4833
929	36181	11107	5741	1478	1217
1179	23942	10464	6670	2008	1336
211	5644	3006	2678	527	807
888	16824	5741	2884	1145	353
80	1474	1717	1108	336	176

7—13 建筑业企业财务状况(市区)

单位:万元 (2017)

指 标	Item	年初存货 Stock	资产总计 Total Funds
总 计	**Total**	**439330**	**4296818**
#一、二级企业	First and Second Grade	411876	3976026
按辖区分	**Grouped by County**		
兴庆区	Xingqing	182394	1950379
西夏区	Xixia	67516	497660
金凤区	Jinfeng	189420	1848779
按登记注册类型分	**Grouped by Status of Registration**		
内资企业	Domestic Funded	438640	4101851
国有企业	State-owned Enterprises	40438	606525
有限责任公司	Limited Liabilities Corporations	140559	1036321
国有独资公司	State Sole Funded Corporations	20246	428351
其他有限责任公司	Other Limited Liabilities Corporations	120313	607970
股份有限公司	Share-holding Corporations Limited	9543	134312
私营企业	Private Enterprises	248100	2324693
私营有限责任公司	Private Limited Liabilities Corporations	213997	1965939
私营股份有限公司	Private Share-holding Corporations Ltd.	34103	358754
外商投资企业	Foreign Funded	690	194967
中外合资经营企业	Domestic and Foreign Joint Funded Enterprises	690	194967
按国民经济行业分(2017)	**Grouped by Sector(2017)**		
房屋建筑业	House Building	270178	2428438
住宅房屋建筑	Residential Building	259186	2329728
其他房屋建筑业	Other Housing construction	10991	98710
土木工程建筑业	Civil Engineering	152814	1710632
铁路、道路、隧道和桥梁工程建筑	Railway, Road, Tunnel and Bridge	84336	913607
公路工程建筑	Road	37991	513718
市政道路工程建筑	Municipal Works	46345	399889
水利和水运工程建筑	Water Conservancy and Water Transportation Projects	11682	148710
水源及供水设施工程建筑	Construction of Water Source and Supply Water Facility	11682	148710
工矿工程建筑	Mining	1335	208391
架线和管道工程建筑	Frame Line and Pipeline	52942	382028
架线及设备工程建筑	Frame Line Equipment Engineering	52942	382028
节能环保工程施工	Energy-saving and Environmental Engineering	327	8168
环保工程施工	Environmental Engineering Construction	327	8168
其他土木工程建筑	Other Civil Engineering Buildings	2192	49729
园林绿化工程施工	Landscaping Project Construction	2054	40601
其他土木工程建筑施工	Other Civil Engineering Construction	138	9128
建筑安装业	Construction Installation	9911	62039
电气安装	Electric Installation	3663	40882
其他建筑安装业	Other Construction Installation	6248	21158
其他建筑安装	Other Building Installation	6248	21158
建筑装饰、装修和其他建筑业	Construction, Decoration and Other Construction	6427	95709
建筑装饰和装修业	Construction and Decoration	6427	95709
公共建筑装饰和装修	Decoration and Decoration of Public Buildings	509	21399
建筑幕墙装饰和装修	Decoration and Decoration of Building Curtain Walls	5918	74310

Financial Indicators on Construction Enterprises(City)

(10 000 yuan)

流动资产合计 Total Circulating Funds	应收工程款 Projects Receivable	存货 Stock	固定资产合计 Total Investment Assets	固定资产减值准备 Impairment of Fixed Assets	固定资产原价 Original Value of Fixed Assets	房屋和购筑物 Houses and Buildings	机器设备 Machinery and Equipment	运输工具 The Means of Transport
3802430	**1766514**	**429042**	**259512**	**3640**	**435333**	**101727**	**87632**	**19272**
3517982	1645945	394982	239951	3001	401085	99554	78453	16286
1788105	809203	220081	105830	1069	194595	30830	46041	7361
474907	255587	73268	12515		23223	2976	8617	2457
1539417	701724	135693	141167	2571	217514	67921	32974	9454
3636302	1640294	428541	235569	3640	391492	101727	87632	19272
565479	276613	47800	33873		73457	13339	20614	3530
930444	325379	147505	58523	2921	107063	36427	20065	9018
373241	129888	22546	24932	385	45373	19439	13708	4264
557203	195491	124959	33591	2537	61689	16989	6356	4753
122395	45295	32254	8322		10921	2931	6198	36
2017984	993007	200983	134850	719	200052	49030	40755	6688
1755717	896251	195575	91650	719	146825	12280	29833	6688
262267	96756	5408	43200		53227	36751	10922	
166128	126221	501	23943		43841			
166128	126221	501	23943		43841			
2207683	1050477	263995	105433	2915	177694	33020	29799	6165
2144483	1015221	251947	78428	2857	136407	17914	18766	4555
63200	35255	12048	27005	58	41287	15106	11033	1610
1460180	662165	146681	139522	488	234069	66368	55412	12416
783535	328715	73001	67766	12	91584	41870	28076	1355
402509	147406	32529	53685		68351	39364	23191	
381026	181308	40472	14081	12	23232	2506	4885	1355
132992	42831	13496	7208	333	18922	2201	4790	2381
132992	42831	13496	7208	333	18922	2201	4790	2381
177116	131269	631	26205		50648	1141	1684	171
316465	141570	55285	33645	1	69857	21157	20346	8277
316465	141570	55285	33645	1	69857	21157	20346	8277
4113	1290	1201	2959		1059		11	74
4113	1290	1201	2959		1059		11	74
45960	16490	3066	1740	143	2000		504	159
38583	10856	2917	852	143	883		501	53
7377	5634	149	888		1117		3	106
52983	22970	10695	7669	124	12532	2339	563	419
35235	18049	4623	4698		7524	1916	93	387
17749	4921	6072	2971	124	5008	423	470	33
17749	4921	6072	2971	124	5008	423	470	33
81584	30903	7672	6888	113	11038		1858	271
81584	30903	7672	6888	113	11038		1858	271
19425	6557	1847	1078	113	2203		725	154
62160	24346	5825	5810		8835		1134	117

7—13 续表1

单位:万元 (2017)

指 标	Item	年初存货 Stock	资产总计 Total Funds
按国民经济行业分(2011)	**Grouped by Sector(2011)**		
房屋建筑业	House Building	271406	2436935
房屋建筑业	House Building	271406	2436935
土木工程建筑业	Civil Engineering	152814	1711972
铁路、道路、隧道和桥梁工程建筑	Railway, Road, Tunnel and Bridge	86389	954208
公路工程建筑	Road	37991	513718
市政道路工程建筑	Municipal Works	48398	440490
水利和内河港口工程建筑	Water and River Ports	11682	148710
水源及供水设施工程建筑	Construction of Water Source and Supply Water Facility	11682	148710
工矿工程建筑	Mining	1662	216559
架线和管道工程建筑	Frame Line and Pipeline	52942	382028
架线及设备工程建筑	Frame Line Equipment Engineering	52942	382028
其他土木工程建筑	Other Civil Engineering	138	10468
建筑安装业	Construction Installation	9911	60699
电气安装	Electric Installation	3663	40882
其他建筑安装业	Other Construction Installation	6248	19818
建筑装饰和其他建筑业	Construction Decoration and Other Construction	5199	87211
建筑装饰业	Construction Decoration	5199	87211
按控股情况分	**Grouped by Controlling Stake**		
国有控股	State-owned	61609	1046304
集体控股	Collective-owned	25429	95980
私人控股	Private	351602	2959567
外商控股	Foreign	690	194967
按企业规模分	**Grouped by Enterprises Scale**		
大型	Large-Scale	73100	975989
中型	Medium-Scale	272911	2344851
小型	Small-Scale	87480	847679
微型	Miniatrue	5839	128300
按营业状况分	**Grouped by Operating Status**		
营业	Operating	439330	4296776
停业(歇业)	Closed(out of business)		
当年注销	The Cancellation		42
按会计准则分	**Grouped by Accounting Standards**		
企业会计准则	Accounting Standards for Business Enterprises	318363	2833811
小企业会计准则	Accounting Standards for Small Business Enterprises	33050	421032
其他企业会计制度	Others	87917	1041975
按企业资质等级分	**Grouped by Qualification Criteria**		
施工总承包	General Contractors	394315	3902572
特 级	Special Grade	2017	152336
一 级	First Grade	137878	1532386
二 级	Second Grade	235818	1963753
三级及以下	Third Grade and Below	18602	254096
专业承包	Professional Contractors	45015	394246
一 级	First Grade	12440	116658
二 级	Second Grade	23723	210893
三级及以下	Third Grade and Below	8852	66695

continued

(10 000 yuan)

流动资产合计 Total Circulating Funds	应收工程款 Projects Receivable	存货 Stock	固定资产合计 Total Investment Assets	固定资产减值准备 Impairment of Fixed Assets	固定资产原价 Original Value of Fixed Assets	房屋和购筑物 Houses and Buildings	机器设备 Machinery and Equipment	运输工具 The Means of Transport
2215550	1054404	265233	106053	2915	179411	33020	30569	6165
2215550	1054404	265233	106053	2915	179411	33020	30569	6165
1461143	662697	146681	139522	488	234069	66368	55412	12416
822118	339571	75918	68617	154	92466	41870	28578	1408
402509	147406	32529	53685		68351	39364	23191	
419609	192164	43390	14933	154	24115	2506	5387	1408
132992	42831	13496	7208	333	18922	2201	4790	2381
132992	42831	13496	7208	333	18922	2201	4790	2381
181228	132559	1832	29163		51707	1141	1695	245
316465	141570	55285	33645	1	69857	21157	20346	8277
316465	141570	55285	33645	1	69857	21157	20346	8277
8340	6166	149	888		1117		3	106
52021	22438	10695	7669	124	12532	2339	563	419
35235	18049	4623	4698		7524	1916	93	387
16786	4389	6072	2971	124	5008	423	470	33
73717	26975	6433	6268	113	9322		1088	271
73717	26975	6433	6268	113	9322		1088	271
950054	411880	70989	58897	385	119403	32777	34833	7839
83406	28105	31730	7113		15892	8685	1771	3704
2602841	1200309	325823	169560	3255	256197	60264	51029	7729
166128	126221	501	23943		43841			
854434	323473	69397	64276		103322	47934	38004	1673
2101874	1091592	261889	111349	2380	185218	26027	21111	10602
743594	309548	88560	71039	1004	123520	27128	25122	6274
102528	41901	9197	12848	256	23272	638	3395	722
3802388	1766514	429042	259512	3640	435333	101727	87632	19272
42								
2486659	1089872	326926	192185	2870	307432	88193	62300	13559
364487	196197	29529	16581	141	28900	1464	9074	2518
951284	480445	72588	50746	629	99000	12070	16257	3194
3504679	1623410	387534	192721	3345	339660	79448	70070	14139
140469	42952	6271	1521		3507	1085	1836	265
1371295	618161	114285	88368	2380	145467	58909	43092	4512
1765109	867794	242207	89327	450	164664	17704	17137	6894
227807	94504	24771	13505	515	26022	1750	8005	2469
297751	143105	41509	66791	295	95673	22279	17562	5133
92522	42760	8647	15715		26240	4668	1110	2459
148588	74279	23574	45019	171	61207	17188	15277	2156
56641	26066	9289	6056	124	8226	423	1174	517

7—13 续表2

单位:万元 （2017）

指 标	Item	累计折旧 Accumulated Depreciation	本年折旧 Depreciation This Year
总 计	**Total**	**204759**	**26823**
#一、二级企业	First and Second Grade	187868	23519
按辖区分	**Grouped by County**		
兴庆区	Xingqing	103424	11128
西夏区	Xixia	11938	1524
金凤区	Jinfeng	89398	14172
按登记注册类型分	**Grouped by Status of Registration**		
内资企业	Domestic Funded	184861	22922
国有企业	State-owned Enterprises	45302	2799
有限责任公司	Limited Liabilities Corporations	56410	6359
国有独资公司	State Sole Funded Corporations	23221	2638
其他有限责任公司	Other Limited Liabilities Corporations	33188	3721
股份有限公司	Share-holding Corporations Limited	2598	1843
私营企业	Private Enterprises	80552	11921
私营有限责任公司	Private Limited Liabilities Corporations	67853	8759
私营股份有限公司	Private Share-holding Corporations Ltd.	12700	3162
外商投资企业	Foreign Funded	19898	3901
中外合资经营企业	Domestic and Foreign Joint Funded Enterprises	19898	3901
按国民经济行业分(2017)	**Grouped by Sector(2017)**		
房屋建筑业	House Building	83606	8682
住宅房屋建筑	Residential Building	66442	6710
其他房屋建筑业	Other Housing construction	17163	1972
土木工程建筑业	Civil Engineering	110300	16731
铁路、道路、隧道和桥梁工程建筑	Railway, Road, Tunnel and Bridge	29601	6159
公路工程建筑	Road	17462	5031
市政道路工程建筑	Municipal Works	12139	1128
水利和水运工程建筑	Water Conservancy and Water Transportation Projects	11720	1648
水源及供水设施工程建筑	Construction of Water Source and Supply Water Facility	11720	1648
工矿工程建筑	Mining	24443	4317
架线和管道工程建筑	Frame Line and Pipeline	43449	4268
架线及设备工程建筑	Frame Line Equipment Engineering	43449	4268
节能环保工程施工	Energy-saving and Environmental Engineering	668	124
环保工程施工	Environmental Engineering Construction	668	124
其他土木工程建筑	Other Civil Engineering Buildings	419	217
园林绿化工程施工	Landscaping Project Construction	164	146
其他土木工程建筑施工	Other Civil Engineering Construction	254	71
建筑安装业	Construction Installation	5264	765
电气安装	Electric Installation	3188	424
其他建筑安装业	Other Construction Installation	2076	341
其他建筑安装	Other Building Installation	2076	341
建筑装饰、装修和其他建筑业	Construction, Decoration and Other Construction	5591	645
建筑装饰和装修业	Construction and Decoration	5591	645
公共建筑装饰和装修	Decoration and Decoration of Public Buildings	1280	152
建筑幕墙装饰和装修	Decoration and Decoration of Building Curtain Walls	4311	493

continued

(10 000 yuan)

在建工程 Construction in Process	负债合计 Total Liabilities	流动负债合计 Total Liquid Liabilities	应付账款 Accounts Payable	非流动负债合计 Total Non-Liquid Liabilities	所有者权益合计 Owners' Equity	实收资本 Paid-in Capitals	国家资本 State-owned Capitals	集体资本 Collective owned Capitals
21876	**2987407**	**2830507**	**1418455**	**56716**	**1309411**	**928113**	**126585**	**15247**
21744	2820825	2674584	1348317	49592	1155201	803963	120500	15247
10320	1354074	1322558	713847	27446	596305	467462	64440	
354	384646	292213	123389	166	113014	51441	24107	
11202	1248687	1215735	581219	29104	600092	409209	38038	15247
21876	2808257	2670622	1339619	37451	1293594	898113	126585	15247
5718	506812	503044	284404	3768	99713	67229	67229	
6604	756068	661343	284366	2427	280252	209456	59355	15247
2762	334428	242931	120894	1	93922	59673	59173	
3842	421640	418412	163472	2426	186330	149782	182	15247
	81046	81041	39893	5	53266	31000		
9555	1464331	1425195	730956	31251	860362	590428		
6882	1187588	1148802	603315	30901	778351	556822		
2672	276743	276393	127641	350	82011	33605		
	179150	159885	78836	19265	15817	30000		
	179150	159885	78836	19265	15817	30000		
9683	1755527	1629477	851849	27266	672911	472078	76927	
6859	1701068	1574879	826237	27404	628660	446808	60258	
2824	54459	54598	25612	-138	44250	25270	16670	
10996	1146836	1119039	547775	27506	563797	394189	49658	15247
2806	597763	597559	277377	204	315844	173949	2176	
2672	378144	378139	166326	5	135574	66885		
134	219619	219420	111051	199	180270	107064	2176	
	97779	97762	47600	17	50930	42549	12136	
	97779	97762	47600	17	50930	42549	12136	
	183741	164476	81134	19265	24650	39246	3643	
5630	235963	231056	129886	4905	146065	112655	31703	15247
5630	235963	231056	129886	4905	146065	112655	31703	15247
2560	4127	849	-28	3069	4041	3500		
2560	4127	849	-28	3069	4041	3500		
	27462	27336	11806	47	22266	22289		
	20014	19892	7664	47	20587	20785		
	7448	7444	4142		1680	1504		
38	31541	28562	11803	1871	30498	26358		
7	23253	23079	11224	133	17629	19271		
31	8289	5484	579	1738	12869	7087		
31	8289	5484	579	1738	12869	7087		
1159	53503	53429	7028	73	42206	35488		
1159	53503	53429	7028	73	42206	35488		
30	7578	7518	1522	60	13821	11997		
1129	45925	45911	5506	13	28385	23491		

7—13 续表3

单位:万元 (2017)

指 标	Item	累计折旧 Accumulated Depreciation	本年折旧 Depreciation This Year
按国民经济行业分(2011)	**Grouped by Sector(2011)**		
房屋建筑业	House Building	84703	8775
房屋建筑业	House Building	84703	8775
土木工程建筑业	Civil Engineering	110300	16731
铁路、道路、隧道和桥梁工程建筑	Railway,Road,Tunnel and Bridge	29765	6304
公路工程建筑	Road	17462	5031
市政道路工程建筑	Municipal Works	12303	1274
水利和内河港口工程建筑	Water and River Ports	11720	1648
水源及供水设施工程建筑	Construction of Water Source and Supply Water Facility	11720	1648
工矿工程建筑	Mining	25111	4441
架线和管道工程建筑	Frame Line and Pipeline	43449	4268
架线及设备工程建筑	Frame Line Equipment Engineering	43449	4268
其他土木工程建筑	Other Civil Engineering	254	71
建筑安装业	Construction Installation	5264	765
电气安装	Electric Installation	3188	424
其他建筑安装业	Other Construction Installation	2076	341
建筑装饰和其他建筑业	Construction Decoration and Other Construction	4493	551
建筑装饰业	Construction Decoration	4493	551
按控股情况分	**Grouped by Controlling Stake**		
国有控股	State-owned	69004	5882
集体控股	Collective-owned	8779	999
私人控股	Private	107078	16041
外商控股	Foreign	19898	3901
按企业规模分	**Grouped by Enterprises Scale**		
大型	Large-Scale	41719	5760
中型	Medium-Scale	90087	11725
小型	Small-Scale	62321	7169
微型	Miniatrue	10633	2169
按营业状况分	**Grouped by Operating Status**		
营业	Operating	204759	26823
停业(歇业)	Closed(out of business)		
当年注销	The Cancellation		
按会计准则分	**Grouped by Accounting Standards**		
企业会计准则	Accounting Standards for Business Enterprises	136681	19592
小企业会计准则	Accounting Standards for Small Business Enterprises	12844	2727
其他企业会计制度	Others	55234	4504
按企业资质等级分	**Grouped by Qualification Criteria**		
施工总承包	General Contractors	161536	21403
特 级	Special Grade	1986	231
一 级	First Grade	65681	8040
二 级	Second Grade	80547	10512
三级及以下	Third Grade and Below	13323	2620
专业承包	Professional Contractors	43223	5420
一 级	First Grade	16414	1661
二 级	Second Grade	23240	3076
三级及以下	Third Grade and Below	3568	683

continued

(10 000 yuan)

在建工程 Construction in Process	负债合计 Total Liabilities	流动负债合计 Total Liquid Liabilities	应付账款 Accounts Payable	非流动负债合计 Total Non-Liquid Liabilities	所有者权益合计 Owners' Equity	实收资本 Paid-in Capitals	国家资本 State-owned Capitals	集体资本 Collective owned Capitals
9683	1760268	1634218	852253	27266	676667	476398	76927	
9683	1760268	1634218	852253	27266	676667	476398	76927	
10996	1147813	1119039	547775	27506	564160	394549	49658	15247
2806	617777	617451	285041	251	336431	194734	2176	
2672	378144	378139	166326	5	135574	66885		
134	239633	239312	118715	246	200857	127849	2176	
	97779	97762	47600	17	50930	42549	12136	
	97779	97762	47600	17	50930	42549	12136	
2560	187868	165325	81106	22334	28691	42746	3643	
5630	235963	231056	129886	4905	146065	112655	31703	15247
5630	235963	231056	129886	4905	146065	112655	31703	15247
	8425	7444	4142		2042	1864		
38	30564	28562	11803	1871	30135	25998		
7	23253	23079	11224	133	17629	19271		
31	7312	5484	579	1738	12506	6727		
1159	48762	48688	6624	73	38450	31168		
1159	48762	48688	6624	73	38450	31168		
8479	848876	753611	408832	3769	197428	130385	126585	
	73849	73849	28116		22131	16247		15247
13397	1885532	1843162	902671	33682	1074035	751481		
	179150	159885	78836	19265	15817	30000		
2672	828671	735697	409263	1478	147318	91863	42440	
12522	1631710	1593986	790913	33216	713141	453236	65528	15247
6544	454339	431476	186250	19595	393340	321879	18435	
139	72687	69348	32029	2428	55613	61135	182	
21876	2987365	2830464	1418455	56716	1309411	928113	126585	15247
	42	42						
19061	2015960	1891401	891443	26386	817851	505131	114351	15247
2	260442	258225	150556	1126	160590	151474	7543	
2814	711005	680881	376456	29204	330970	271508	4691	
9665	2782245	2634795	1341582	48587	1120327	789219	99712	15247
	116663	116663	53941		35674	28218	28218	
7268	1259754	1151759	661054	16498	272632	194744	48491	
2302	1268258	1235965	564838	27174	695495	469368	16919	15247
95	137570	130408	61750	4915	116526	96889	6084	
12211	205162	195711	76873	8129	189084	138893	26873	
5624	68036	65501	33586	2514	48622	37239	17706	
6550	108115	104696	34899	3407	102779	74394	9167	
37	29012	25514	8388	2208	37684	27261		

7—13 续表4

单位：万元 （2017）

指 标	Item	法人资本 Corporate Capitals	个人资本 Personal Capitals
总 计	**Total**	**227598**	**546683**
#一、二级企业	First and Second Grade	183433	472782
按辖区分	**Grouped by County**		
兴庆区	Xingqing	131376	271646
西夏区	Xixia	15315	12019
金凤区	Jinfeng	80907	263017
按登记注册类型分	**Grouped by Status of Registration**		
内资企业	Domestic Funded	209598	546683
国有企业	State-owned Enterprises		
有限责任公司	Limited Liabilities Corporations	87104	47749
国有独资公司	State Sole Funded Corporations	500	
其他有限责任公司	Other Limited Liabilities Corporations	86604	47749
股份有限公司	Share-holding Corporations Limited	13533	17467
私营企业	Private Enterprises	108961	481467
私营有限责任公司	Private Limited Liabilities Corporations	108961	447861
私营股份有限公司	Private Share-holding Corporations Ltd.		33605
外商投资企业	Foreign Funded	18000	
中外合资经营企业	Domestic and Foreign Joint Funded Enterprises	18000	
按国民经济行业分(2017)	**Grouped by Sector(2017)**		
房屋建筑业	House Building	114834	280317
住宅房屋建筑	Residential Building	114594	271957
其他房屋建筑业	Other Housing construction	240	8360
土木工程建筑业	Civil Engineering	100824	216460
铁路、道路、隧道和桥梁工程建筑	Railway, Road, Tunnel and Bridge	52542	119231
公路工程建筑	Road	15282	51603
市政道路工程建筑	Municipal Works	37260	67628
水利和水运工程建筑	Water Conservancy and Water Transportation Projects	1232	29182
水源及供水设施工程建筑	Construction of Water Source and Supply Water Facility	1232	29182
工矿工程建筑	Mining	18000	5603
架线和管道工程建筑	Frame Line and Pipeline	22566	43139
架线及设备工程建筑	Frame Line Equipment Engineering	22566	43139
节能环保工程施工	Energy-saving and Environmental Engineering	500	3000
环保工程施工	Environmental Engineering Construction	500	3000
其他土木工程建筑	Other Civil Engineering Buildings	5984	16305
园林绿化工程施工	Landscaping Project Construction	5493	15292
其他土木工程建筑施工	Other Civil Engineering Construction	491	1013
建筑安装业	Construction Installation	7741	18617
电气安装	Electric Installation	5168	14103
其他建筑安装业	Other Construction Installation	2573	4514
其他建筑安装	Other Building Installation	2573	4514
建筑装饰、装修和其他建筑业	Construction, Decoration and Other Construction	4199	31289
建筑装饰和装修业	Construction and Decoration	4199	31289
公共建筑装饰和装修	Decoration and Decoration of Public Buildings	2280	9717
建筑幕墙装饰和装修	Decoration and Decoration of Building Curtain Walls	1919	21572

continued

(10 000 yuan)

外商资本 Foreign Capitals	营业收入 Business Revenue	主营业务收入 Revenue from Principal Business	营业成本 Business Costs	主营业务成本 Costs of Principal Business	税金及附加 Taxes and Surcharges	主营业务税金及附加 Taxes and Other Charges on Principal Business	其他业务利润 Profits from Other Businesses
12000	**3514188**	**3467181**	**3253524**	**3229672**	**22188**	**21647**	**22614**
12000	3297973	3256129	3061022	3041317	20503	19978	21614
	1861995	1856503	1728146	1724916	11063	10843	2044
	345043	338371	323802	318948	3096	3052	1773
12000	1307150	1272308	1201577	1185808	8029	7753	18797
	3452367	3405360	3195914	3172062	21870	21329	22614
	551225	548181	525075	523260	3277	3061	1013
	752112	745769	704463	700523	4580	4351	2175
	400123	399396	380912	380609	2191	2191	424
	351989	346372	323551	319914	2389	2160	1751
	123794	123679	109546	109538	521	519	104
	2025236	1987731	1856830	1838742	13493	13399	19321
	1670273	1638416	1529721	1513744	11452	11395	15823
	354963	349315	327110	324998	2042	2004	3498
12000	61821	61821	57610	57610	318	318	
12000	61821	61821	57610	57610	318	318	
	1890791	1859611	1790213	1776253	12356	12275	17139
	1841702	1814816	1744741	1733199	11924	11882	15301
	49089	44795	45472	43054	432	393	1838
12000	1542471	1532505	1398973	1392684	9430	8979	3226
	826106	823894	734947	734939	4588	4584	2199
	507126	504989	464635	464627	2888	2886	2127
	318980	318905	270312	270312	1700	1698	73
	203496	200481	193810	191177	977	971	376
	203496	200481	193810	191177	977	971	376
12000	79154	79027	72791	72667	536	536	4
	370168	367237	336388	334364	2569	2134	471
	370168	367237	336388	334364	2569	2134	471
	1919	1919	1531	1531	13	13	
	1919	1919	1531	1531	13	13	
	61628	59947	59507	58006	747	743	176
	59530	57849	58051	56550	725	721	176
	2098	2098	1456	1456	22	22	
	41182	36802	30887	28224	202	193	1707
	27475	24898	20518	18900	139	136	956
	13707	11904	10369	9324	63	56	751
	13707	11904	10369	9324	63	56	751
	39744	38263	33451	32512	201	201	542
	39744	38263	33451	32512	201	201	542
	7464	7174	5627	5440	45	44	102
	32280	31089	27823	27072	156	156	439

7—13 续表5

单位:万元 （2017）

指 标	Item	法人资本 Corporate Capitals	个人资本 Personal Capitals
按国民经济行业分(2011)	**Grouped by Sector(2011)**		
房屋建筑业	House Building	114834	284637
房屋建筑业	House Building	114834	284637
土木工程建筑业	Civil Engineering	101184	216460
铁路、道路、隧道和桥梁工程建筑	Railway, Road, Tunnel and Bridge	58035	134523
公路工程建筑	Road	15282	51603
市政道路工程建筑	Municipal Works	42753	82920
水利和内河港口工程建筑	Water and River Ports	1232	29182
水源及供水设施工程建筑	Construction of Water Source and Supply Water Facility	1232	29182
工矿工程建筑	Mining	18500	8603
架线和管道工程建筑	Frame Line and Pipeline	22566	43139
架线及设备工程建筑	Frame Line Equipment Engineering	22566	43139
其他土木工程建筑	Other Civil Engineering	851	1013
建筑安装业	Construction Installation	7381	18617
电气安装	Electric Installation	5168	14103
其他建筑安装业	Other Construction Installation	2213	4514
建筑装饰和其他建筑业	Construction Decoration and Other Construction	4199	26969
建筑装饰业	Construction Decoration	4199	26969
按控股情况分	**Grouped by Controlling Stake**		
国有控股	State-owned	3182	618
集体控股	Collective-owned	980	20
私人控股	Private	205436	546045
外商控股	Foreign	18000	
按企业规模分	**Grouped by Enterprises Scale**		
大型	Large-Scale	13400	36023
中型	Medium-Scale	104529	255931
小型	Small-Scale	91762	211683
微型	Miniatrue	17907	43046
按营业状况分	**Grouped by Operating Status**		
营业	Operating	227598	546683
停业(歇业)	Closed(out of business)		
当年注销	The Cancellation		
按会计准则分	**Grouped by Accounting Standards**		
企业会计准则	Accounting Standards for Business Enterprises	126711	236821
小企业会计准则	Accounting Standards for Small Business Enterprises	36452	107479
其他企业会计制度	Others	64435	202383
按企业资质等级分	**Grouped by Qualification Criteria**		
施工总承包	General Contractors	206295	455965
特 级	Special Grade		
一 级	First Grade	44373	101880
二 级	Second Grade	126940	298262
三级及以下	Third Grade and Below	34982	55823
专业承包	Professional Contractors	21303	90718
一 级	First Grade	800	18733
二 级	Second Grade	11320	53907
三级及以下	Third Grade and Below	9183	18078

continued

(10 000 yuan)

外商资本 Foreign Capitals	营业收入 Business Revenue	主营业务收入 Revenue from Principal Business	营业成本 Business Costs	主营业务成本 Costs of Principal Business	税金及附加 Taxes and Surcharges	主营业务税金及附加 Taxes and Other Charges on Principal Business	其他业务利润 Profits from Other Businesses
	1892312	1861132	1791270	1777309	12369	12288	17139
	1892312	1861132	1791270	1777309	12369	12288	17139
12000	1543565	1533599	1399940	1393651	9433	8982	3226
	885636	881744	792998	791489	5313	5305	2375
	507126	504989	464635	464627	2888	2886	2127
	378510	376755	328363	326861	2425	2419	248
	203496	200481	193810	191177	977	971	376
	203496	200481	193810	191177	977	971	376
12000	81073	80946	74321	74198	548	548	4
	370168	367237	336388	334364	2569	2134	471
	370168	367237	336388	334364	2569	2134	471
	3192	3192	2423	2423	25	25	
	40087	35708	29920	27257	199	189	1707
	27475	24898	20518	18900	139	136	956
	12612	10809	9402	8357	59	53	751
	38223	36742	32394	31455	188	188	542
	38223	36742	32394	31455	188	188	542
	965420	958843	919150	914405	5538	5317	1611
	76393	76023	68216	67969	1026	806	-97
	2410554	2370494	2208549	2189687	15306	15207	21100
12000	61821	61821	57610	57610	318	318	
	1038348	1033276	981648	979861	5624	5407	3068
12000	1874211	1859179	1731067	1730303	12486	12266	14048
	542334	523274	486363	471976	3750	3668	4591
	59295	51452	54447	47532	329	307	908
12000	3479925	3432918	3219777	3195925	22024	21483	22614
	34263	34263	33747	33747	165	165	
12000	2420304	2392786	2232147	2223142	15887	15431	18059
	437005	433052	413442	411163	2651	2610	1634
	656878	641344	607935	595367	3651	3606	2922
12000	3263423	3226607	3037596	3019829	20671	20178	18556
	74213	74213	71230	71230	219	219	
	1564190	1557600	1489371	1487279	8951	8734	4280
12000	1443857	1416990	1311261	1298687	9955	9689	14028
	181164	177803	165734	162633	1546	1536	249
	250765	240574	215928	209843	1517	1469	4058
	115461	114007	103468	102682	713	710	666
	100252	93319	85693	81439	664	626	2641
	35052	33249	26768	25722	140	133	751

7—13 续表6

单位:万元 (2017)

指 标	Item	销售费用 Selling Costs	管理费用 Management Costs
总 计	**Total**	**13414**	**121589**
#一、二级企业	First and Second Grade	11978	106461
按辖区分	**Grouped by County**		
兴庆区	Xingqing	10345	60671
西夏区	Xixia	25	8660
金凤区	Jinfeng	3044	52258
按登记注册类型分	**Grouped by Status of Registration**		
内资企业	Domestic Funded	13414	116449
国有企业	State-owned Enterprises	122	16167
有限责任公司	Limited Liabilities Corporations	499	31470
国有独资公司	State Sole Funded Corporations		14807
其他有限责任公司	Other Limited Liabilities Corporations	499	16663
股份有限公司	Share-holding Corporations Limited		3187
私营企业	Private Enterprises	12793	65625
私营有限责任公司	Private Limited Liabilities Corporations	12761	56059
私营股份有限公司	Private Share-holding Corporations Ltd.	33	9566
外商投资企业	Foreign Funded		5141
中外合资经营企业	Domestic and Foreign Joint Funded Enterprises		5141
按国民经济行业分(2017)	**Grouped by Sector(2017)**		
房屋建筑业	House Building	1071	46758
住宅房屋建筑	Residential Building	1071	39955
其他房屋建筑业	Other Housing construction		6803
土木工程建筑业	Civil Engineering	10913	65407
铁路、道路、隧道和桥梁工程建筑	Railway, Road, Tunnel and Bridge	8886	27844
公路工程建筑	Road		12514
市政道路工程建筑	Municipal Works	8886	15330
水利和水运工程建筑	Water Conservancy and Water Transportation Projects	177	7033
水源及供水设施工程建筑	Construction of Water Source and Supply Water Facility	177	7033
工矿工程建筑	Mining	98	6624
架线和管道工程建筑	Frame Line and Pipeline	1392	21286
架线及设备工程建筑	Frame Line Equipment Engineering	1392	21286
节能环保工程施工	Energy-saving and Environmental Engineering	67	288
环保工程施工	Environmental Engineering Construction	67	288
其他土木工程建筑	Other Civil Engineering Buildings	293	2332
园林绿化工程施工	Landscaping Project Construction	163	1895
其他土木工程建筑施工	Other Civil Engineering Construction	130	438
建筑安装业	Construction Installation	1229	4976
电气安装	Electric Installation	706	3818
其他建筑安装业	Other Construction Installation	523	1159
其他建筑安装	Other Building Installation	523	1159
建筑装饰、装修和其他建筑业	Construction, Decoration and Other Construction	201	4449
建筑装饰和装修业	Construction and Decoration	201	4449
公共建筑装饰和装修	Decoration and Decoration of Public Buildings	133	1331
建筑幕墙装饰和装修	Decoration and Decoration of Building Curtain Walls	68	3118

continued

(10 000 yuan)

财务费用 Financial Costs			资产减值损失 Empairment of Assets	投资收益 Investment Income	其他收益 Other Income
	利息收入 Interest Income	利息支出 Interest Expense			
17668	**1735**	**12214**	**4034**	**2531**	**527**
16381	1672	11270	3962	2306	527
6388	418	4919	2300	220	4
1720	73	1659	260	197	75
9560	1244	5636	1473	2115	448
15766	1718	8801	3858	2531	527
645	119	655	364	276	
2514	201	2227	2306	2031	448
852	85	1044	1302	81	448
1662	116	1182	1004	1950	
207	94	116	308		
12400	1305	5803	881	224	79
12139	218	4887	880	110	4
262	1086	916	1	114	75
1902	17	3413	176		
1902	17	3413	176		
8373	196	4164	680	68	523
8169	191	4055	733	61	448
204	4	110	-54	7	75
8053	1526	7458	3257	2463	
4713	1297	2617	1318	169	
1307	1200	2020	317	159	
3406	97	597	1001	10	
772	71	811	718	195	
772	71	811	718	195	
1899	34	3427	176		
496	122	457	1043	2099	
496	122	457	1043	2099	
9	1				
9	1				
164	2	147	2		
147	2	146	2		
17		1			
529	12	389	72		
279	7	241			
250	5	148	72		
250	5	148	72		
713	1	203	26		4
713	1	203	26		4
163		125			
550	1	78	26		4

7—13 续表7

单位：万元 （2017）

指 标	Item	销售费用 Selling Costs	管理费用 Management Costs
按国民经济行业分（2011）	**Grouped by Sector（2011）**		
房屋建筑业	House Building	1071	47222
房屋建筑业	House Building	1071	47222
土木工程建筑业	Civil Engineering	10923	65447
铁路、道路、隧道和桥梁工程建筑	Railway, Road, Tunnel and Bridge	9049	29739
公路工程建筑	Road		12514
市政道路工程建筑	Municipal Works	9049	17224
水利和内河港口工程建筑	Water and River Ports	177	7033
水源及供水设施工程建筑	Construction of Water Source and Supply Water Facility	177	7033
工矿工程建筑	Mining	165	6912
架线和管道工程建筑	Frame Line and Pipeline	1392	21286
架线及设备工程建筑	Frame Line Equipment Engineering	1392	21286
其他土木工程建筑	Other Civil Engineering	140	478
建筑安装业	Construction Installation	1219	4936
电气安装	Electric Installation	706	3818
其他建筑安装业	Other Construction Installation	513	1119
建筑装饰和其他建筑业	Construction Decoration and Other Construction	201	3985
建筑装饰业	Construction Decoration	201	3985
按控股情况分	**Grouped by Controlling Stake**		
国有控股	State-owned	147	31510
集体控股	Collective-owned		6026
私人控股	Private	13267	78913
外商控股	Foreign		5141
按企业规模分	**Grouped by Enterprises Scale**		
大型	Large-Scale		22640
中型	Medium-Scale	10090	54223
小型	Small-Scale	2710	38827
微型	Miniatrue	613	5900
按营业状况分	**Grouped by Operating Status**		
营业	Operating	13414	121267
停业（歇业）	Closed(out of business)		
当年注销	The Cancellation		322
按会计准则分	**Grouped by Accounting Standards**		
企业会计准则	Accounting Standards for Business Enterprises	10422	81970
小企业会计准则	Accounting Standards for Small Business Enterprises	589	15030
其他企业会计制度	Others	2403	24590
按企业资质等级分	**Grouped by Qualification Criteria**		
施工总承包	General Contractors	10713	97506
特 级	Special Grade		2368
一 级	First Grade		31883
二 级	Second Grade	10104	51333
三级及以下	Third Grade and Below	609	11921
专业承包	Professional Contractors	2701	24084
一 级	First Grade	1194	6919
二 级	Second Grade	680	13957
三级及以下	Third Grade and Below	827	3208

continued

(10 000 yuan)

财务费用 Financial Costs	利息收入 Interest Income	利息支出 Interest Expense	资产减值损失 Empairment of Assets	投资收益 Investment Income	其他收益 Other Income
8673	196	4164	680	68	523
8673	196	4164	680	68	523
8097	1526	7458	3257	2463	
4860	1299	2763	1320	169	
1307	1200	2020	317	159	
3553	99	742	1003	10	
772	71	811	718	195	
772	71	811	718	195	
1908	35	3427	176		
496	122	457	1043	2099	
496	122	457	1043	2099	
61		1			
485	12	389	72		
279	7	241			
206	5	148	72		
413	1	203	26		4
413	1	203	26		4
1478	222	1699	1701	358	448
9	52	59	986	1950	
14279	1444	7043	1170	224	79
1902	17	3413	176		
695	1249	1400	647	248	
11687	364	7629	3359	2040	448
5015	121	3043	29	194	79
271	1	143		50	
17579	1735	12214	4034	2531	527
89					
10401	1547	8284	3863	2415	452
1692	43	443	33	63	75
5575	145	3487	138	54	
16159	1663	11431	3981	2524	448
4	18	7	204		448
3923	1398	3570	2209	266	
11208	197	7067	1568	2033	
1025	51	787		225	
1509	72	783	53	7	79
64	31	94	26		
1183	29	533	-45	7	79
262	12	157	72		

7—13 续表8

单位:万元 (2017)

指 标	Item	营业利润 Business Profits	营业外收入 Income Expect Business
总 计	**Total**	**84967**	**6369**
#一、二级企业	First and Second Grade	80637	6275
按辖区分	**Grouped by County**		
兴庆区	Xingqing	43445	3014
西夏区	Xixia	7752	680
金凤区	Jinfeng	33771	2676
按登记注册类型分	**Grouped by Status of Registration**		
内资企业	Domestic Funded	88293	6349
国有企业	State-owned Enterprises	5852	1088
有限责任公司	Limited Liabilities Corporations	8899	659
国有独资公司	State Sole Funded Corporations	726	309
其他有限责任公司	Other Limited Liabilities Corporations	8173	350
股份有限公司	Share-holding Corporations Limited	10025	229
私营企业	Private Enterprises	63516	4373
私营有限责任公司	Private Limited Liabilities Corporations	47377	2144
私营股份有限公司	Private Share-holding Corporations Ltd.	16140	2229
外商投资企业	Foreign Funded	-3326	20
中外合资经营企业	Domestic and Foreign Joint Funded Enterprises	-3326	20
按国民经济行业分(2017)	**Grouped by Sector(2017)**		
房屋建筑业	House Building	31932	1909
住宅房屋建筑	Residential Building	35617	1275
其他房屋建筑业	Other Housing construction	-3685	634
土木工程建筑业	Civil Engineering	49040	4252
铁路、道路、隧道和桥梁工程建筑	Railway, Road, Tunnel and Bridge	43980	3443
公路工程建筑	Road	25622	1911
市政道路工程建筑	Municipal Works	18357	1532
水利和水运工程建筑	Water Conservancy and Water Transportation Projects	204	96
水源及供水设施工程建筑	Construction of Water Source and Supply Water Facility	204	96
工矿工程建筑	Mining	-2969	21
架线和管道工程建筑	Frame Line and Pipeline	9231	571
架线及设备工程建筑	Frame Line Equipment Engineering	9231	571
节能环保工程施工	Energy-saving and Environmental Engineering	13	121
环保工程施工	Environmental Engineering Construction	13	121
其他土木工程建筑	Other Civil Engineering Buildings	-1417	
园林绿化工程施工	Landscaping Project Construction	-1453	
其他土木工程建筑施工	Other Civil Engineering Construction	36	
建筑安装业	Construction Installation	3288	123
电气安装	Electric Installation	2015	119
其他建筑安装业	Other Construction Installation	1273	4
其他建筑安装	Other Building Installation	1273	4
建筑装饰、装修和其他建筑业	Construction, Decoration and Other Construction	707	85
建筑装饰和装修业	Construction and Decoration	707	85
公共建筑装饰和装修	Decoration and Decoration of Public Buildings	164	13
建筑幕墙装饰和装修	Decoration and Decoration of Building Curtain Walls	543	72

continued

(10 000 yuan)

营业外支出 Expenses Expect Business	利润总额 Total Profits	所得税费用 Income Tax Expense	应付职工薪酬（本年贷方累计发生额）Deal with Wages (volume of gredit side)	应交增值税 Value Added Tax Payable	在境外完成的营业收入 Overseas Revenues	亏损企业数(个) Number of loss-making Enterprises (pieces)
3760	**87576**	**27770**	**206981**	**90659**	**2098**	**171**
3278	83634	25753	192152	84465	2098	86
1703	44756	13100	112702	54537	2098	76
783	7649	2663	16771	9053		6
1274	35172	12007	77508	27069		89
3530	91112	27357	200286	88561	2098	170
1202	5739	1709	31709	17056	2098	5
506	9052	3676	65982	25600		18
247	788	1158	25422	11444		5
259	8264	2518	40560	14157		13
126	10128	1529	4506	3566		
1696	66193	20444	98088	42339		147
1602	47919	17849	85715	42636		147
94	18274	2594	12373	-297		
230	-3535	413	6696	2098		1
230	-3535	413	6696	2098		1
2354	31487	16485	96953	59265		74
2291	34601	16278	90831	57024		69
63	-3114	207	6122	2242		5
1294	51998	10188	101255	28829	2098	53
408	47014	6543	30597	8104		11
160	27373	4173	18276	3571		3
248	19641	2370	12321	4533		8
360	-61	706	8706	5888		9
360	-61	706	8706	5888		9
239	-3186	511	12804	3217		1
267	9535	1705	45718	9749	2098	17
267	9535	1705	45718	9749	2098	17
	133	3	553	131		2
	133	3	553	131		2
20	-1437	722	2876	1740		13
20	-1473	709	2491	1650		9
	35	13	385	90		4
39	3372	487	4878	1173		21
38	2096	235	3427	707		18
1	1276	252	1451	465		3
1	1276	252	1451	465		3
73	719	611	3896	1393		23
73	719	611	3896	1393		23
18	159	158	1134	172		14
55	560	453	2763	1221		9

7—13 续表9

单位:万元　　(2017)

指　标	Item	营业利润 Business Profits	营业外收入 Income Expect Business
按国民经济行业分(2011)	**Grouped by Sector(2011)**		
房屋建筑业	House Building	31619	1909
房屋建筑业	House Building	31619	1909
土木工程建筑业	Civil Engineering	49070	4252
铁路、道路、隧道和桥梁工程建筑	Railway, Road, Tunnel and Bridge	42526	3443
公路工程建筑	Road	25622	1911
市政道路工程建筑	Municipal Works	16904	1532
水利和内河港口工程建筑	Water and River Ports	204	96
水源及供水设施工程建筑	Construction of Water Source and Supply Water Facility	204	96
工矿工程建筑	Mining	-2957	142
架线和管道工程建筑	Frame Line and Pipeline	9231	571
架线及设备工程建筑	Frame Line Equipment Engineering	9231	571
其他土木工程建筑	Other Civil Engineering	66	
建筑安装业	Construction Installation	3258	123
电气安装	Electric Installation	2015	119
其他建筑安装业	Other Construction Installation	1242	4
建筑装饰和其他建筑业	Construction Decoration and Other Construction	1020	85
建筑装饰业	Construction Decoration	1020	85
按控股情况分	**Grouped by Controlling Stake**		
国有控股	State-owned	6839	1460
集体控股	Collective-owned	2080	103
私人控股	Private	79373	4786
外商控股	Foreign	-3326	20
按企业规模分	**Grouped by Enterprises Scale**		
大型	Large-Scale	27344	2724
中型	Medium-Scale	53925	2564
小型	Small-Scale	5914	1004
微型	Miniatrue	-2215	78
按营业状况分	**Grouped by Operating Status**		
营业	Operating	85027	6369
停业(歇业)	Closed(out of business)		
当年注销	The Cancellation	-60	
按会计准则分	**Grouped by Accounting Standards**		
企业会计准则	Accounting Standards for Business Enterprises	68482	5297
小企业会计准则	Accounting Standards for Small Business Enterprises	3707	649
其他企业会计制度	Others	12779	424
按企业资质等级分	**Grouped by Qualification Criteria**		
施工总承包	General Contractors	79907	5190
特　级	Special Grade	635	13
一　级	First Grade	28119	3920
二　级	Second Grade	50599	1171
三级及以下	Third Grade and Below	554	86
专业承包	Professional Contractors	5060	1179
一　级	First Grade	3077	528
二　级	Second Grade	-1793	643
三级及以下	Third Grade and Below	3776	9

continued

(10 000 yuan)

营业外支出 Expenses Expect Business	利润总额 Total Profits	所得税费用 Income Tax Expense	应付职工薪酬 (本年贷方累计发生额) Deal with Wages (volume of gredit side)	应交增值税 Value Added Tax Payable	在境外完成的 营业收入 Overseas Revenues	亏损企业数(个) Number of loss-making Enterprises (pieces)
2354	31174	16494	97174	59292		77
2354	31174	16494	97174	59292		77
1294	52028	10195	101609	28861	2098	53
428	45541	7252	33088	9754		20
160	27373	4173	18276	3571		3
268	18168	3079	14812	6183		17
360	-61	706	8706	5888		9
360	-61	706	8706	5888		9
239	-3053	513	13358	3348		3
267	9535	1705	45718	9749	2098	17
267	9535	1705	45718	9749	2098	17
	66	20	739	122		4
39	3342	480	4523	1141		21
38	2096	235	3427	707		18
1	1246	245	1096	433		3
73	1032	602	3675	1366		20
73	1032	602	3675	1366		20
1473	6826	3173	57597	29172	2098	11
35	2148	611	17787	3429		1
2022	82137	23573	124902	55960		158
230	-3535	413	6696	2098		1
504	29563	4927	34813	17616	2098	
2029	54460	17319	123133	54268		11
1172	5746	5347	44817	17701		70
55	-2192	177	4218	1074		90
3760	87636	27770	206855	90184	2098	169
						1
	-60		126	475		1
2595	71183	16846	150005	59910	2098	63
244	4111	2507	15703	14322		52
920	12282	8417	41274	16428		56
3419	81678	25763	171791	82048	2098	109
136	513	170	5286	3006		
911	31128	7242	63809	31163	2098	2
1965	49805	16815	91189	42493		35
407	233	1536	11509	5387		72
341	5899	2007	35190	8612		62
157	3448	918	18980	4784		4
108	-1259	607	12889	3019		45
75	3710	482	3321	808		13

7—14 建筑业总承包资质等级一、二级企业名单

Construction Industry List by Contracted Qualification Criteria with First or Secord Grade

（2017）

单位名称 Unit Name	行业类别 Sectors	注册类型 Registration Type	资质等级 Qualification Criteria	企业规模 Scale Enterprises
宁夏建工集团有限公司	住宅房屋建筑	国有独资公司	建筑工程特级	中型
宁夏第二建筑有限公司	住宅房屋建筑	国有独资公司	建筑工程一级	大型
宁夏第五建筑公司	住宅房屋建筑	国有企业	建筑工程一级	大型
宁夏第一建筑公司	住宅房屋建筑	国有企业	建筑工程一级	大型
宁夏正丰建筑工程有限公司	住宅房屋建筑	其他有限责任公司	建筑工程一级	中型
宁夏华宇建设工程有限公司	住宅房屋建筑	其他有限责任公司	建筑工程一级	中型
宁夏恺元建筑有限公司	住宅房屋建筑	私营有限责任公司	建筑工程一级	小型
银川三建集团有限公司	住宅房屋建筑	私营有限责任公司	建筑工程一级	中型
宁夏煤炭基本建设有限公司	住宅房屋建筑	国有独资公司	建筑工程一级	大型
宁夏住宅建设工程有限公司	住宅房屋建筑	私营有限责任公司	建筑工程一级	中型
宁夏宁房建筑工程有限公司	住宅房屋建筑	私营有限责任公司	建筑工程一级	中型
宁夏视通建设集团有限公司	住宅房屋建筑	私营有限责任公司	建筑工程一级	中型
宁夏路桥工程股份有限公司	公路工程建筑	私营股份责任公司	公路工程一级	大型
宁夏交通建设股份有限公司	公路工程建筑	股份有限公司	公路工程一级	大型
宁夏回族自治区水利水电工程局	水源及供水设施工程建筑	国有独资公司	水利水电工程一级	中型
宁夏电力建设工程公司	架线及设备工程建筑	国有企业	电力工程一级	大型
银川第一市政工程有限责任公司	市政道路工程建筑	私营有限责任公司	市政公用工程一级	中型
银川第二市政工程有限责任公司	市政道路工程建筑	其他有限责任公司	市政公用工程一级	中型
宁夏方圆建设工程有限公司	市政道路工程建筑	私营有限责任公司	市政公用工程一级	中型
视通建设有限公司	市政道路工程建筑	私营有限责任公司	市政公用工程一级	微型
宁夏圣峰建筑工程有限公司	住宅房屋建筑	私营有限责任公司	建筑工程二级	中型
宁夏柏晟建设工程有限公司	住宅房屋建筑	私营有限责任公司	建筑工程二级	小型
宁夏海江建筑工程有限公司	住宅房屋建筑	私营有限责任公司	建筑工程二级	中型
宁夏恒基建筑安装工程有限公司	住宅房屋建筑	私营有限责任公司	建筑工程二级	中型
宁夏伊丰建设工程有限公司	住宅房屋建筑	私营有限责任公司	建筑工程二级	中型
宁夏顺城建设有限公司	住宅房屋建筑	私营有限责任公司	建筑工程二级	小型
宁夏鸿辉建筑工程有限公司	住宅房屋建筑	私营有限责任公司	建筑工程二级	小型
宁夏昌泽建设工程有限公司	住宅房屋建筑	私营有限责任公司	建筑工程二级	小型
宁夏英利达建筑工程有限公司	住宅房屋建筑	私营有限责任公司	建筑工程二级	小型
宁夏品晟建设发展有限公司	住宅房屋建筑	私营有限责任公司	建筑工程二级	小型
宁夏常博建设发展有限公司	住宅房屋建筑	私营有限责任公司	建筑工程二级	小型
宁夏弘和石油建设工程有限公司	住宅房屋建筑	私营有限责任公司	建筑工程二级	小型
宁夏宏瑞建设工程有限公司	住宅房屋建筑	其他有限责任公司	建筑工程二级	小型
宁夏金盛远建设工程有限公司	住宅房屋建筑	私营有限责任公司	建筑工程二级	微型
宁夏金川建筑工程有限公司	住宅房屋建筑	私营有限责任公司	建筑工程二级	小型
宁夏海兴建设集团有限公司	住宅房屋建筑	私营有限责任公司	建筑工程二级	中型
宁夏鑫和成建筑工程有限公司	住宅房屋建筑	私营有限责任公司	建筑工程二级	中型
宁夏国基建设工程有限公司	住宅房屋建筑	私营有限责任公司	建筑工程二级	微型
宁夏天禹建设有限公司	住宅房屋建筑	私营有限责任公司	建筑工程二级	小型
宁夏石油化工建设有限公司	住宅房屋建筑	私营有限责任公司	建筑工程二级	中型
宁夏回族自治区建设工程有限公司	住宅房屋建筑	私营有限责任公司	建筑工程二级	中型
宁夏回族自治区农垦建设实业总公司	住宅房屋建筑	国有企业	建筑工程二级	中型
宁夏新月建筑有限公司	住宅房屋建筑	私营有限责任公司	建筑工程二级	微型
宁夏对外建设总公司	住宅房屋建筑	国有独资公司	建筑工程二级	中型
宁夏固本建筑有限公司	住宅房屋建筑	其他有限责任公司	建筑工程二级	小型
宁夏陆磐建筑工程有限公司	住宅房屋建筑	私营有限责任公司	建筑工程二级	中型
银川市郊区第二建筑有限公司	住宅房屋建筑	私营有限责任公司	建筑工程二级	微型
银川市第一建筑工程有限责任公司	住宅房屋建筑	私营有限责任公司	建筑工程二级	中型

7—14 续表1 continued

单位名称 Unit Name	行业类别 Sectors	注册类型 Registration Type	资质等级 Qualification Griteria	企业规模 Scale Enterprises
宁夏长城集团建筑工程有限责任公司	住宅房屋建筑	私营有限责任公司	房屋建筑工程二级	微型
宁夏斯达建筑工程有限公司	住宅房屋建筑	私营有限责任公司	建筑工程二级	中型
宁夏永建建筑工程有限公司	住宅房屋建筑	其他有限责任公司	建筑工程二级	中型
宁夏功达建筑工程有限责任公司	住宅房屋建筑	私营有限责任公司	建筑工程二级	中型
宁夏盛泰龙建筑有限公司	住宅房屋建筑	私营有限责任公司	建筑工程二级	中型
宁夏灵隆建设集团有限责任公司	住宅房屋建筑	私营有限责任公司	建筑工程二级	中型
宁夏德达建筑安装工程有限公司	住宅房屋建筑	私营有限责任公司	建筑工程二级	中型
灵武市建筑工程公司	住宅房屋建筑	集体企业	建筑工程二级	中型
宁夏万通建设工程有限公司	住宅房屋建筑	其他有限责任公司	建筑工程二级	小型
宁夏启融通建设工程有限公司	住宅房屋建筑	私营有限责任公司	建筑工程二级	小型
宁夏华力坤建设工程有限公司	住宅房屋建筑	私营有限责任公司	建筑工程二级	小型
宁夏华远恒建设有限公司	住宅房屋建筑	私营有限责任公司	建筑工程二级	小型
宁夏皓顺建设有限公司	住宅房屋建筑	私营有限责任公司	建筑工程二级	中型
宁夏亘捷建设工程有限公司	住宅房屋建筑	私营有限责任公司	建筑工程二级	小型
宁夏德成建筑工程有限公司	住宅房屋建筑	私营有限责任公司	建筑工程二级	中型
宁夏德冠建设工程有限公司	住宅房屋建筑	私营有限责任公司	建筑工程二级	小型
宁夏众力拓建设工程有限公司	住宅房屋建筑	私营有限责任公司	建筑工程二级	小型
宁夏弘宇建设工程有限公司	住宅房屋建筑	私营有限责任公司	建筑工程二级	小型
宁夏鎏铭建设工程有限公司	住宅房屋建筑	私营有限责任公司	建筑工程二级	中型
宁夏金鼎昌建设工程有限公司	住宅房屋建筑	私营有限责任公司	建筑工程二级	小型
宁夏翔实建设工程有限公司	住宅房屋建筑	私营有限责任公司	建筑工程二级	小型
宁夏华元建设工程有限公司	住宅房屋建筑	私营有限责任公司	建筑工程二级	小型
宁夏华旌建设工程有限公司	住宅房屋建筑	私营有限责任公司	建筑工程二级	小型
宁夏苏宏建筑工程有限公司	住宅房屋建筑	私营有限责任公司	建筑工程二级	小型
宁夏德贤建筑工程有限公司	住宅房屋建筑	私营有限责任公司	建筑工程二级	微型
宁夏润海建设工程发展有限公司	住宅房屋建筑	私营有限责任公司	建筑工程二级	小型
宁夏恒鑫建筑安装工程有限公司	住宅房屋建筑	私营有限责任公司	建筑工程二级	小型
宁夏忠仁建设工程有限公司	住宅房屋建筑	私营有限责任公司	建筑工程二级	小型
宁夏凯田建筑工程有限公司	住宅房屋建筑	私营有限责任公司	建筑工程二级	中型
宁夏勇峰建筑工程有限公司	住宅房屋建筑	私营有限责任公司	建筑工程二级	小型
宁夏天易建筑工程有限公司	住宅房屋建筑	私营有限责任公司	建筑工程二级	中型
宁夏吉兴达建筑工程有限公司	住宅房屋建筑	私营有限责任公司	建筑工程二级	小型
宁夏天筑建筑工程有限公司	住宅房屋建筑	私营有限责任公司	建筑工程二级	小型
宁夏恒远达建筑工程有限公司	住宅房屋建筑	私营有限责任公司	建筑工程二级	中型
宁夏坤隆建设工程有限公司	住宅房屋建筑	私营有限责任公司	建筑工程二级	中型
宁夏振新达建筑工程有限公司	住宅房屋建筑	私营有限责任公司	建筑工程二级	小型
宁夏鹏晨建设工程有限公司	住宅房屋建筑	私营有限责任公司	建筑工程二级	小型
宁夏瑞泽建筑安装工程有限公司	住宅房屋建筑	私营有限责任公司	建筑工程二级	中型
银川城建集团工程有限公司	住宅房屋建筑	其他有限责任公司	建筑工程二级	中型
宁夏华鹏建设集团有限公司	住宅房屋建筑	私营有限责任公司	建筑工程二级	微型
宁夏铭龙建设有限公司	住宅房屋建筑	其他有限责任公司	建筑工程二级	中型
宁夏岭夏建设工程有限公司	住宅房屋建筑	私营有限责任公司	建筑工程二级	中型
宁夏银隆建筑工程有限公司	住宅房屋建筑	私营有限责任公司	建筑工程二级	小型
宁夏领峰建筑工程有限公司	住宅房屋建筑	其他有限责任公司	建筑工程二级	小型
宁夏长河伟业建筑工程有限公司	住宅房屋建筑	私营有限责任公司	建筑工程二级	小型
宁夏佳凯建筑工程有限公司	住宅房屋建筑	私营有限责任公司	建筑工程二级	中型
宁夏华建建筑有限责任公司	住宅房屋建筑	私营有限责任公司	建筑工程二级	中型
宁夏圣特建筑安装工程有限公司	住宅房屋建筑	私营有限责任公司	建筑工程二级	小型

7—14 续表2 continued

单位名称 Unit Name	行业类别 Sectors	注册类型 Registration Type	资质等级 Qualification Criteria	企业规模 Scale Enterprises
宁夏第三建筑有限公司	住宅房屋建筑	国有独资公司	建筑工程二级	中型
宁夏海山佳盛建设工程有限公司	住宅房屋建筑	私营有限责任公司	建筑工程二级	小型
宁夏宁东建设集团有限公司	住宅房屋建筑	私营有限责任公司	建筑工程二级	小型
宁夏嘉隆建筑工程有限责任公司	住宅房屋建筑	国有独资公司	建筑工程二级	小型
银川聚仁建筑工程有限公司	住宅房屋建筑	私营有限责任公司	建筑工程二级	中型
宁夏回族自治区新圣基建筑工程有限公司	住宅房屋建筑	其他有限责任公司	建筑工程二级	中型
宁夏昱正泰建筑工程有限公司	住宅房屋建筑	其他有限责任公司	建筑工程二级	小型
宁夏宏斌建筑工程有限公司	住宅房屋建筑	私营有限责任公司	建筑工程二级	小型
宁夏浩泞建筑工程有限公司	住宅房屋建筑	私营有限责任公司	建筑工程二级	中型
宁夏嘉屋建设工程有限公司	住宅房屋建筑	私营有限责任公司	建筑工程二级	小型
宁夏众鑫鹏建筑工程有限责任公司	住宅房屋建筑	私营有限责任公司	建筑工程二级	中型
宁夏吉运建筑安装有限公司	住宅房屋建筑	其他有限责任公司	建筑工程二级	微型
宁夏百力德建筑工程有限公司	住宅房屋建筑	私营有限责任公司	建筑工程二级	小型
宁夏兴亚建筑工程有限公司	住宅房屋建筑	其他有限责任公司	建筑工程二级	中型
宁夏建昌建筑实业有限公司	住宅房屋建筑	私营有限责任公司	建筑工程二级	小型
宁夏灵武市第六建筑安装工程有限公司	住宅房屋建筑	私营有限责任公司	建筑工程二级	小型
宁夏成城建设集团有限公司	住宅房屋建筑	私营有限责任公司	建筑工程二级	中型
宁夏科强建筑安装有限公司	住宅房屋建筑	私营有限责任公司	建筑工程二级	中型
宁夏长银建设工程有限公司	住宅房屋建筑	私营有限责任公司	建筑工程二级	小型
宁夏银晨建筑工程有限公司	住宅房屋建筑	私营有限责任公司	建筑工程二级	中型
宁夏业通建设工程有限公司	住宅房屋建筑	私营有限责任公司	建筑工程二级	小型
宁夏卓越建筑安装工程有限责任公司	住宅房屋建筑	其他有限责任公司	建筑工程二级	小型
宁夏三鑫机械化工程有限公司	住宅房屋建筑	其他有限责任公司	建筑工程二级	小型
宁夏威翔建筑工程有限公司	住宅房屋建筑	私营有限责任公司	建筑工程二级	中型
宁夏北方彩新建工集团股份有限公司	住宅房屋建筑	股份有限公司	建筑工程二级	小型
宁夏亘利建筑工程有限公司	住宅房屋建筑	私营有限责任公司	建筑工程二级	小型
宁夏北方明珠建筑工程有限公司	住宅房屋建筑	私营有限责任公司	建筑工程二级	小型
宁夏天拓石油建设工程有限公司	住宅房屋建筑	私营有限责任公司	建筑工程二级	微型
宁夏隆洋建筑实业有限公司	住宅房屋建筑	私营有限责任公司	建筑工程二级	小型
宁夏宁鑫建设工程有限公司	住宅房屋建筑	私营有限责任公司	建筑工程二级	小型
宁夏大捷建设工程有限公司	住宅房屋建筑	私营有限责任公司	建筑工程二级	中型
宁夏庆元建设实业有限公司	住宅房屋建筑	私营有限责任公司	建筑工程二级	中型
宁夏云腾建设工程有限公司	住宅房屋建筑	私营有限责任公司	建筑工程二级	小型
宁夏合泰建设工程有限公司	住宅房屋建筑	私营有限责任公司	建筑工程二级	小型
宁夏浩林建筑安装工程有限公司	住宅房屋建筑	私营有限责任公司	建筑工程二级	小型
宁夏众一建设工程有限公司	住宅房屋建筑	其他有限责任公司	建筑工程二级	小型
宁夏永刚建筑工程有限公司	住宅房屋建筑	其他有限责任公司	建筑工程二级	中型
宁夏可泰建筑工程有限责任公司	住宅房屋建筑	私营有限责任公司	建筑工程二级	微型
宁夏励诚建设工程有限公司	住宅房屋建筑	私营有限责任公司	建筑工程二级	小型
宁夏大方建筑工程有限公司	住宅房屋建筑	私营有限责任公司	建筑工程二级	小型
宁夏年丰建筑工程有限公司	住宅房屋建筑	私营有限责任公司	建筑工程二级	小型
宁夏鼎晟达建设工程有限公司	住宅房屋建筑	私营有限责任公司	建筑工程二级	小型
宁夏永益建设工程有限公司	住宅房屋建筑	私营有限责任公司	建筑工程二级	小型
中冶建工集团(宁夏)建设工程有限公司	住宅房屋建筑	其他有限责任公司	建筑工程二级	中型
宁夏银鑫建设工程有限公司	公路工程建筑	私营有限责任公司	公路工程二级	中型
宁夏大洋公路工程有限公司	公路工程建筑	私营有限责任公司	公路工程二级	小型
宁夏路捷建设集团有限公司	公路工程建筑	私营有限责任公司	公路工程二级	中型
正坤建设有限公司	水源及供水设施工程建筑	私营有限责任公司	水利水电工程二级	中型

7—14 续表3 continued

单位名称 Unit Name	行业类别 Sectors	注册类型 Registration Type	资质等级 Qualification Griteria	企业规模 Scale Enterprises
宁夏灵州建设安装集团有限公司	水源及供水设施工程建筑	私营有限责任公司	水利水电工程二级	中型
宁夏元亘电力有限公司	架线及设备工程建筑	私营有限责任公司	电力工程二级	小型
宁夏荣光电力工程有限公司	架线及设备工程建筑	私营有限责任公司	电力工程二级	小型
宁夏中新能电力建设有限公司	架线及设备工程建筑	其他有限责任公司	电力工程二级	中型
宁夏新恒通电力建筑工程有限公司	架线及设备工程建筑	私营有限责任公司	电力工程二级	小型
宁夏天信建设发展有限责任公司	架线及设备工程建筑	其他有限责任公司	电力工程二级	中型
宁夏天净元光电力有限公司	架线及设备工程建筑	其他有限责任公司	电力工程二级	中型
银川明辉电力工程有限公司	架线及设备工程建筑	私营有限责任公司	电力工程二级	小型
宁夏超高压电力工程有限公司	架线及设备工程建筑	其他有限责任公司	电力工程二级	中型
宁夏东宏电力有限公司	架线及设备工程建筑	其他有限责任公司	电力工程二级	中型
宁夏天宏爆破有限公司	工矿工程建筑	私营有限责任公司	矿山工程二级	中型
宁夏宁化安装检修厂	工矿工程建筑	国有独资公司	石油化工工程二级	小型
宁夏长中建筑安装工程有限公司	工矿工程建筑	私营有限责任公司	石油化工工程二级	小型
斯伦贝谢长和油田工程有限公司	工矿工程建筑	中外合资经营企业	石油化工工程二级	中型
诚捷祥集团有限公司	市政道路工程建筑	私营有限责任公司	市政公用工程二级	中型
宁夏政柏建设工程有限公司	市政道路工程建筑	私营有限责任公司	市政公用工程二级	小型
宁夏创世恒通公路工程有限公司	市政道路工程建筑	私营有限责任公司	市政公用工程二级	小型
宁夏昱博市政建设工程有限公司	市政道路工程建筑	私营有限责任公司	市政公用工程二级	小型
宁夏邦晟建设工程有限公司	市政道路工程建筑	私营有限责任公司	市政公用工程二级	小型
银川天宏实业有限公司	市政道路工程建筑	私营有限责任公司	市政公用工程二级	小型
宁夏凯阳建设工程有限公司	市政道路工程建筑	私营有限责任公司	市政公用工程二级	小型
宁夏华源通工程建设有限公司	市政道路工程建筑	私营有限责任公司	市政公用工程二级	小型
宁夏德嘉建设工程有限公司	市政道路工程建筑	私营有限责任公司	市政公用工程二级	小型
宁夏瑞德建设工程有限公司	市政道路工程建筑	私营有限责任公司	市政公用工程二级	小型
宁夏鑫源建设工程有限公司	市政道路工程建筑	私营有限责任公司	市政公用工程二级	中型
宁夏中远工程建设有限公司	市政道路工程建筑	私营有限责任公司	市政公用工程二级	中型
宁夏新宇建设工程有限公司	市政道路工程建筑	私营有限责任公司	市政公用工程二级	小型
宁夏建宏道路有限公司	市政道路工程建筑	其他有限责任公司	市政公用工程二级	微型
银川中铁水务集团市政工程有限公司	市政道路工程建筑	国有独资公司	市政公用工程二级	中型
银川市成通建设工程有限公司	市政道路工程建筑	私营有限责任公司	市政公用工程二级	中型
银川市市政建设工程有限责任公司	市政道路工程建筑	私营有限责任公司	市政公用工程二级	中型
宁夏诚畅建设工程有限公司	市政道路工程建筑	私营有限责任公司	市政公用工程二级	中型
宁夏赐鑫建筑工程有限公司	市政道路工程建筑	其他有限责任公司	市政公用工程二级	小型
宁夏凯珠机械化工程有限公司	市政道路工程建筑	私营有限责任公司	市政公用工程二级	小型
宁夏万嘉市政建设工程有限公司	市政道路工程建筑	私营有限责任公司	市政公用工程二级	中型
宁夏晨洋公路工程有限公司	市政道路工程建筑	私营有限责任公司	市政公用工程二级	小型
宁夏天基伟业建设工程有限公司	市政道路工程建筑	私营有限责任公司	市政公用工程二级	中型
宁夏易方达建设工程有限公司	市政道路工程建筑	私营有限责任公司	市政公用工程二级	小型
宁夏中畅恒基景观工程有限公司	园林绿化工程施工	私营有限责任公司	市政公用工程(园林绿化)二级	小型
宁夏宝康市政园林工程有限公司	园林绿化工程施工	私营有限责任公司	市政公用工程(园林绿化)二级	小型
宁夏善途建设景观有限公司	园林绿化工程施工	私营有限责任公司	市政公用工程(园林绿化)二级	小型
佳禾景观建设有限公司	园林绿化工程施工	私营有限责任公司	市政公用工程(园林绿化)二级	小型
宁夏秀华园林景观工程有限公司	园林绿化工程施工	私营有限责任公司	市政公用工程(园林绿化)二级	小型
宁夏力丰市政景观有限公司	园林绿化工程施工	私营有限责任公司	市政公用工程(园林绿化)二级	中型
宁夏众捷建设景观工程有限公司	园林绿化工程施工	私营有限责任公司	市政公用工程(园林绿化)二级	微型
宁夏通信建设公司	架线及设备工程建筑	国有独资公司	通信工程二级	中型
宁夏中移通信技术工程有限公司	架线及设备工程建筑	国有独资公司	通信工程二级	小型
宁夏捷运通信工程建设有限公司	架线及设备工程建筑	私营有限责任公司	通信工程二级	小型

7—15 建筑业专业承包资质等级一、二级企业名单

Construction Industry List by Professional Contractor Qualification Criteria with First or Secord Grade

(2017)

单位名称 UnitName	行业类别 Sectors	注册类型 Registration Type	资质等级 Qualification Criteria	企业规模 Scale Enterprises
宁夏伊斯兰地质工程公司	其他房屋建筑业	国有企业	地基基础工程一级	中型
银川汇达建筑装饰工程有限公司	公共建筑装饰和装修	私营有限责任公司	建筑装修装饰工程一级	小型
宁夏古月建筑装饰工程有限公司	建筑幕墙装饰和装修	私营有限责任公司	建筑装修装饰工程一级	小型
宁夏建设投资集团装饰工程有限公司	建筑幕墙装饰和装修	其他有限责任公司	建筑装修装饰工程一级	中型
宁夏鑫吉海医疗工程有限公司	建筑幕墙装饰和装修	私营有限责任公司	建筑装修装饰工程一级	小型
宁夏凯田装饰设计工程有限公司	建筑幕墙装饰和装修	私营有限责任公司	建筑幕墙工程一级	小型
宁夏天府消防工程设备有限公司	电气安装	私营有限责任公司	消防设施工程一级	小型
宁夏安消消防设施工程有限公司	电气安装	私营有限责任公司	消防设施工程一级	小型
宁夏众邦消防工程有限公司	电气安装	私营有限责任公司	消防设施工程一级	小型
宁夏众安消防安全工程有限公司	电气安装	私营有限责任公司	消防设施工程一级	小型
宁夏久安消防工程有限公司	电气安装	私营有限责任公司	消防设施工程一级	小型
银川瑞安祥消防安全技术工程有限公司	电气安装	私营有限责任公司	消防设施工程一级	小型
宁夏嘉宁科技实业有限公司	电气安装	私营有限责任公司	电子与智能化工程一级	微型
宁夏送变电工程公司	架线及设备工程建筑	国有企业	输变电工程一级	中型
宁夏昊能电力有限公司	架线及设备工程建筑	私营有限责任公司	输变电工程一级	中型
宁夏有色地质工程公司	其他土木工程建筑施工	国有企业	地基基础工程二级(工矿钻井)	微型
宁夏地质工程勘察院	其他房屋建筑业	国有企业	地基基础工程二级	小型
宁夏大力岩土工程公司	其他房屋建筑业	国有企业	地基基础工程二级	中型
宁夏建筑科学研究院股份有限公司	其他房屋建筑业	私营股份责任公司	地基基础工程二级	小型
宁夏基础工程有限公司	其他房屋建筑业	其他有限责任公司	地基基础工程二级	小型
宁夏煤炭勘察工程公司	其他房屋建筑业	国有独资公司	地基基础工程二级	小型
宁夏夯利岩土工程有限公司	其他房屋建筑业	私营有限责任公司	地基基础工程二级	小型
宁夏夯中岩土工程有限公司	其他房屋建筑业	私营有限责任公司	地基基础工程二级	小型
宁夏建设投资集团岩土工程有限公司	其他房屋建筑业	国有独资公司	地基基础工程二级	小型
宁夏天力基础工程有限公司	其他房屋建筑业	私营有限责任公司	地基基础工程二级	小型
宁夏天斧机械化工程有限公司	其他房屋建筑业	私营有限责任公司	地基基础工程二级	小型
宁夏世筑装饰工程有限公司	公共建筑装饰和装修	私营有限责任公司	建筑装修装饰工程二级	微型
宁夏美筑广告装饰工程有限公司	公共建筑装饰和装修	私营有限责任公司	建筑装修装饰工程二级	小型
宁夏胜邺装饰工程有限公司	公共建筑装饰和装修	私营有限责任公司	建筑装修装饰工程二级	小型
银川市城市规划设计研究院装饰工程有限公司	公共建筑装饰和装修	私营有限责任公司	建筑装修装饰工程二级	微型
宁夏屹立建筑装饰工程有限公司	公共建筑装饰和装修	私营有限责任公司	建筑装修装饰工程二级	微型
宁夏环城建设工程有限公司	公共建筑装饰和装修	私营有限责任公司	建筑装修装饰工程二级	微型
宁夏集美建筑装饰工程有限公司	公共建筑装饰和装修	私营有限责任公司	建筑装修装饰工程二级	微型
宁夏完美艺家装饰工程有限公司	公共建筑装饰和装修	私营有限责任公司	建筑装修装饰工程二级	微型

7—15 续表1 continued

单位名称 UnitName	行业类别 Sectors	注册类型 Registration Type	资质等级 Qualification Griteria	企业规模 Scale Enterprises
宁夏元泰装饰工程有限公司	公共建筑装饰和装修	私营有限责任公司	建筑装修装饰工程二级	微型
宁夏佳骅建设工程有限公司	公共建筑装饰和装修	私营有限责任公司	建筑装修装饰工程二级	小型
宁夏弘亿元建筑装饰工程有限公司	公共建筑装饰和装修	私营有限责任公司	建筑装修装饰工程二级	微型
宁夏西美装饰工程有限公司	公共建筑装饰和装修	私营有限责任公司	建筑装修装饰工程二级	微型
宁夏森达广告装饰工程有限公司	公共建筑装饰和装修	私营有限责任公司	建筑装修装饰工程二级	微型
宁夏生美装饰工程有限公司	公共建筑装饰和装修	私营有限责任公司	建筑装修装饰工程二级	小型
宁夏三维空间装饰设计工程有限公司	公共建筑装饰和装修	私营有限责任公司	建筑装修装饰工程二级	微型
宁夏信誉建筑装饰工程有限公司	公共建筑装饰和装修	私营有限责任公司	建筑装修装饰工程二级	微型
宁夏金匠广告装饰工程有限公司	公共建筑装饰和装修	私营有限责任公司	建筑装修装饰工程二级	微型
银川市空间工程服务有限公司	公共建筑装饰和装修	私营有限责任公司	建筑装修装饰工程二级	小型
宁夏通恒建筑装饰有限公司	公共建筑装饰和装修	私营有限责任公司	建筑装修装饰工程二级	微型
宁夏博辉装饰工程有限公司	公共建筑装饰和装修	私营有限责任公司	建筑装修装饰工程二级	微型
宁夏百韧广告装饰工程有限公司	公共建筑装饰和装修	私营有限责任公司	建筑装修装饰工程二级	微型
银川泰冉装饰设计工程有限公司	公共建筑装饰和装修	私营有限责任公司	建筑装修装饰工程二级	微型
宁夏舜豪建筑装饰工程有限公司	公共建筑装饰和装修	私营有限责任公司	建筑装修装饰工程二级	微型
宁夏金利马建筑装饰工程有限公司	公共建筑装饰和装修	私营有限责任公司	建筑装修装饰工程二级	微型
宁夏通锦建筑装饰有限公司	公共建筑装饰和装修	私营有限责任公司	建筑装修装饰工程二级	微型
深装华南(宁夏)建筑装饰工程有限公司	公共建筑装饰和装修	私营有限责任公司	建筑装修装饰工程二级	微型
宁夏华艺装饰工程有限公司	公共建筑装饰和装修	私营有限责任公司	建筑装修装饰工程二级	微型
宁夏北方时空建筑装饰工程有限公司	公共建筑装饰和装修	私营有限责任公司	建筑装修装饰工程二级	微型
宁夏天邦装饰工程有限公司	建筑幕墙装饰和装修	私营有限责任公司	建筑装修装饰工程二级	微型
银川中房建设装饰有限公司	建筑幕墙装饰和装修	私营有限责任公司	建筑装修装饰工程二级	小型
宁夏三昌建筑装饰工程有限公司	建筑幕墙装饰和装修	私营有限责任公司	建筑装修装饰工程二级	微型
银川市民政福利建筑装饰有限公司	建筑幕墙装饰和装修	私营有限责任公司	建筑装修装饰工程二级	小型
宁夏建筑设计装饰工程有限公司	建筑幕墙装饰和装修	其他有限责任公司	建筑装修装饰工程二级	小型
银川市金利装饰发展有限公司	建筑幕墙装饰和装修	私营有限责任公司	建筑装修装饰工程二级	微型
宁夏中联装饰工程有限公司	建筑幕墙装饰和装修	私营有限责任公司	建筑装修装饰工程二级	小型
宁夏鑫北装饰有限公司	建筑幕墙装饰和装修	私营有限责任公司	建筑装修装饰工程二级	小型
宁夏新三星建设工程有限公司	建筑幕墙装饰和装修	私营有限责任公司	建筑装修装饰工程二级	微型
宁夏鑫翔建设集团股份有限公司	建筑幕墙装饰和装修	私营有限责任公司	建筑装修装饰工程二级	微型
银川新形象装饰设计工程有限公司	建筑幕墙装饰和装修	私营有限责任公司	建筑装修装饰工程二级	小型
宁夏恒亚制造安装有限公司	建筑幕墙装饰和装修	其他有限责任公司	建筑装修装饰工程二级	小型
宁夏僖泰装饰工程有限公司	建筑幕墙装饰和装修	私营有限责任公司	建筑装修装饰工程二级	小型
宁夏红鼎盛建设工程有限公司	建筑幕墙装饰和装修	私营有限责任公司	建筑幕墙工程二级	微型
银川金辉建筑装饰工程有限公司	建筑幕墙装饰和装修	私营有限责任公司	建筑幕墙工程二级	微型
宁夏鸿日建筑幕墙装饰有限公司	建筑幕墙装饰和装修	私营有限责任公司	建筑幕墙工程二级	小型
宁夏龙津消防安全技术有限公司	电气安装	私营有限责任公司	消防设施工程二级	微型
宁夏优泰消防安全工程有限公司	电气安装	私营有限责任公司	消防设施工程二级	微型

7—15 续表2 continued

单位名称 UnitName	行业类别 Sectors	注册类型 Registration Type	资质等级 Qualification Griteria	企业规模 Scale Enterprises
宁夏德瑞昇实业有限公司	电气安装	其他有限责任公司	消防设施工程二级	微型
宁夏仁昊建设工程有限公司	电气安装	私营有限责任公司	消防设施工程二级	微型
宁夏泰银消防设备安装工程有限公司	电气安装	私营有限责任公司	消防设施工程二级	小型
宁夏欣安消防工程有限公司	电气安装	私营有限责任公司	消防设施工程二级	微型
宁夏银盛达消防工程有限公司	电气安装	私营有限责任公司	消防设施工程二级	微型
宁夏易兴建设工程有限公司	电气安装	私营有限责任公司	消防设施工程二级	微型
宁夏宁电消防设备有限公司	电气安装	私营有限责任公司	消防设施工程二级	小型
宁夏丰亨环保消防工程有限公司	电气安装	私营有限责任公司	消防设施工程二级	微型
宁夏众辰安全技术有限公司	电气安装	私营有限责任公司	消防设施工程二级	小型
宁夏隆泰华消防工程有限公司	电气安装	私营有限责任公司	消防设施工程二级	小型
宁夏高力安装工程有限公司	电气安装	私营有限责任公司	消防设施工程二级	微型
宁夏恒创设备安装工程有限公司	电气安装	私营有限责任公司	消防设施工程二级	小型
宁夏安邦智能科技有限公司	电气安装	私营有限责任公司	消防设施工程二级	微型
宁夏建科骏瀚特种工程有限公司	其他土木工程建筑施工	私营有限责任公司	防水防腐保温工程二级	微型
宁夏层峰建设工程有限公司	其他土木工程建筑施工	私营有限责任公司	防水防腐保温工程二级	微型
宁夏茂林建设安装工程有限公司	其他土木工程建筑施工	私营有限责任公司	防水防腐保温工程二级	微型
宁夏住宅康克建材科技工程有限公司	其他土木工程建筑施工	其他有限责任公司	防水防腐保温工程二级	微型
银川恒丰达防腐保温工程有限公司	其他土木工程建筑施工	私营有限责任公司	防水防腐保温工程二级	小型
宁夏亚视电子科技有限公司	电气安装	私营有限责任公司	电子与智能化工程二级	小型
宁夏思源高科智能工程有限公司	电气安装	私营有限责任公司	电子与智能化工程二级	小型
宁夏奇文安全系统工程有限公司	电气安装	私营有限责任公司	电子与智能化工程二级	小型
宁夏金维电子科技有限公司	电气安装	私营有限责任公司	电子与智能化工程二级	微型
宁夏安正科贸有限公司	电气安装	私营有限责任公司	电子与智能化工程二级	小型
宁夏新锐达视讯有限公司	电气安装	私营有限责任公司	电子与智能化工程二级	微型
银川市福林科技有限公司	电气安装	私营有限责任公司	电子与智能化工程二级	微型
宁夏佳邦建筑智能化工程有限公司	电气安装	私营有限责任公司	电子与智能化工程二级	小型
宁夏正宇科技网络有限公司	电气安装	私营有限责任公司	电子与智能化工程二级	小型
宁夏智林智能科技有限公司	电气安装	私营有限责任公司	电子与智能化工程二级	小型
宁夏瑞威尔能源环境工程有限公司	环保工程施工	私营有限责任公司	环保工程二级	小型
宁夏清达有线电视网络有限公司	电气安装	私营有限责任公司	电子与智能化工程二级	微型
宁夏怡达公路工程有限公司	公路工程建筑	私营有限责任公司	公路路面工程二级	中型
宁夏东和交通工程开发有限公司	公路工程建筑	其他有限责任公司	公路交通工程(交通安全设施)二级	小型
宁夏诚业达电建科技有限公司	架线及设备工程建筑	私营有限责任公司	输变电工程二级	小型
宁夏百川输变电工程有限公司	架线及设备工程建筑	私营股份责任公司	输变电工程二级	小型
宁夏坤承电力工程有限公司	架线及设备工程建筑	私营有限责任公司	输变电工程二级	中型
宁夏天庆电力工程有限公司	架线及设备工程建筑	私营有限责任公司	输变电工程二级	小型
银川市亮化工程建设有限公司	架线及设备工程建筑	其他有限责任公司	城市及道路照明工程二级	小型

主要统计指标解释

【建筑业统计单位】 指从事房屋、构筑物建造和设备安装活动的法人企业。建筑业法人企业应同时具备的条件是：1.依法成立，有自己的名称、组织机构和场所，能够承担民事责任；2.独立拥有和使用资产，承担负债，有权与其他单位签订合同；3.独立核算盈亏，能够编制资产负债表。统计范围是具有建筑业资质等级的独立核算的总承包、专业承包和劳务分包企业。

【年末自有施工机械设备总台数】 指年末本企业（或单位）自有的直接用于工程施工的各种机械设备的台数。但不包括附属辅助生产机械设备、运输设备、生产试验机械设备的台数。

【年末自有施工机械设备总功率】 指年末本企业（或单位）自有的直接用于工程施工的各种机械设备年末总功率，按设定能力或查定能力计算。包括施工机械本身的动力和为该机械服务的单独动力设备，如电动机等。但不包括附属辅助生产机械设备、运输机械设备、生产试验机械设备的功率。计算单位用千瓦，动力换算可按1马力=0.735千瓦折合成千瓦数。电焊机、变压器、锅炉不计算动力。

【建筑业总产值】 是以货币表现的建筑业企业在一定时期内生产的建筑业产品和服务的总和。建筑业总产值包括三部分内容：

（1）建筑工程产值：指列入建筑工程预算内的各种工程价值。

（2）安装工程产值：指设备安装工程价值，不包括被安装设备本身价值。

（3）其他产值：建筑业总产值中除建筑工程、安装工程以外的产值。包括房屋构筑物修理产值、非标准设备制造产值、总包企业向分包企业收取的管理费以及不能明确划分的施工活动所完成的产值。

【工程结算收入】 指本企业承包工程实现的工程价款结算收入以及向发包单位收取的除工程价款以外的按规定列作营业收入的各种款项，如临时设施费、劳动保险费、施工机构调迁费等以及向发包单位收取的各种索赔款。

【建筑业增加值】 是建筑业企业在报告期内以货币表现的建筑业生产经营活动的最终成果。目前建筑业增加值采用分配法（收入法）计算，即从收入的角度出发，根据生产要素在生产过程中应得的收入份额计算。具体计算公式是：

建筑业增加值=本年提取的固定资产折旧+本年应付工资总额+本年应付福利费+管理费中的税金、劳动待业保险金+工程结算税金及附加+营业利润。

【工程结算利润】 指已结算工程实现的利润。如亏损以“-”号表示。计算公式为：工程结算利润=工程结算收入-工程结算成本-销售费用-工程结算税金及附加。

【企业总收入】 指与企业生产经营直接有关的各项收入，包括工程结算收入和其他业务收入。计算公式为：

企业总收入=工程结算收入+其他业务收入

【房屋建筑施工面积】 指在报告期内施过工的全部房屋建筑面积，它包括本期新开工的房屋面积、上期施工跨入本期继续施工的房屋面积、上期停缓建在本期恢复施工的房屋面积、本期竣工的房屋面积以及本期施工后又停缓建的房屋面积。

【房屋建筑竣工面积】 指在报告期内房屋建筑按照设计要求已全部完工，达到了住人和使用条件，经检查验收鉴定合格，正式移交使用单位的房屋建筑面积。

【从事建筑业活动的平均人数】 指建筑业企业（或单位）报告期实际拥有的、与建筑施工活动有关的平均人数，包括参加本企业（或单位）建筑施工活动的非本企业（或单位）人员，但不包括企业内部社会服务性机构的人员以及由本企业支付工资但所从事的工作与本企业生产基本无关的人员。

8

交通运输与邮电

Transport, Postal and Telecommunication Services

8—1 主要年份交通运输业主要经济指标

Major Economic Indicators of Transport Conveyance in Main Years

年 份 Year	载客汽车年末拥有量(辆) Number of Passenger Vehicles at Year-end	载货汽车年末拥有量(辆) Number of Truck at Year-end (unit)	公路客运量(万人) Passenger Traffic of Highways (10 000 persons)	公路客运周转量(万人公里) Passenger-kilometers of Highways (10 000 person-km)	公路货运量(万吨) Freight Traffic of Highways (10 000 tons)	公路货运周转量(万吨公里) Freight Ton-kilometers of Highways (10 000 ton-km)
1978	227	1028	185	12436	441	17512
1979	230	1083	162	10980	476	11429
1980	1225	3647	189	15004	469	10284
1981	1448	3668	265	14477	266	8391
1982	1488	3718	340	18282	284	10400
1983	1719	3154	344	20421	319	12018
1984	2030	3583	400	22801	292	12851
1985	2840	4791	529	30601	645	30305
1986	2838	4778	653	35965	672	29367
1987	3028	5152	815	41344	688	38034
1988	3313	5380	879	48898	649	37890
1989	3789	6023	1154	54764	646	36800
1990	4422	7532	1095	49564	685	36796
1991	4794	7913	1329	54133	735	40943
1992	5285	8533	1396	56210	862	46592
1993	5991	9306	1324	57166	960	56678
1994	6908	10068	1405	62297	957	58098
1995	7921	11387	1784	74634	1083	59637
1996	9754	12627	2057	82712	1103	62332
1997	13025	13819	2196	94080	1125	66804
1998	15393	15408	2396	106437	1210	78994
1999	17687	17353	2118	117973	1157	159830
2000	19286	17825	2457	134031	1422	170906
2001	21002	19278	2526	144234	1504	168145
2002	23395	17963	2672	152435	1600	190162
2003	27499	25117	1974	124815	1897	211205
2004	27928	24570	2240	142166	2013	216448
2005	28852	31253	2468	160420	2149	232092
2006	48154	28130	2475	162024	2170	235412
2007	56514	28035	2601	173365	2261	247417
2008	76417	35092	2775	187408	2428	263994
2009	106290	45953	2498	216942	9433	1257876
2010	133293	54316	2682	231846	10244	1347185
2011	206527	73279	2926	251785	11473	1498070
2012	267539	86579	3201	279481	12976	1728042
2013	328567	99235	2818	251389	14520	1604415
2014	391035	107336	3366	303176	15314	1643428
2015	460883	106105	3602	318396	10656	1370800
2016	542718	112795	3447	311482	8779	1132969
2017	630274	121208	2862	277263	7797	1032520

8—2 主要年份邮电业主要经济指标

Major Economic Indicators of Post and Telecommunication Services in Main Years

年 份 Year	邮电业务总量 (万元) Business Volume of Postal and Telecommunication (10 000 yuan)	函件 (万件) Number of Letters (10 000 pcs)	包件 (万件) Number of Packages (10 000pcs)	年末本地固定电话用户(户) Number of Telephone Subscribers (household)	#住宅电话 Residence	移动电话用户期末数(户) Number of Mobile Telephone Subscribers (household)	上网用户 (户) Number of Internet Users (household)
1978	183	413	7.4	2622			
1979	188	546	7.6	2717			
1980	200	603	7.4	3303			
1981	289	652	7.3	3498			
1982	310	674	6.9	3742			
1983	343	651	7.1	4230			
1984	377	636	11.3	5036			
1985	465	897	8.5	5738			
1986	532	949	9.8	6721			
1987	606	1001	9.5	7007			
1988	789	969	11.3	9003			
1989	998	934	10.2	10610			
1990	2307	976	9	12178			
1991	2953	1153	7	14036			
1992	3798	1086	8.5	16572			
1993	5800	1292	13	29502			
1994	8199	1225	9	49742	26509	2495	
1995	12967	1296	10	81657	55094	4740	
1996	18352	1356	11	108910	80450	8053	
1997	25225	1098	11	130056	95776	15457	
1998	37400	1090	11	160444	126770	31935	
1999	57015	1098	12.6	187467	150534	52902	
2000	72997	1213	15	260162	171586	107817	21102
2001	116008	1685	15.1	329612	185834	197215	47456
2002	130389	134	18.3	402525	214230	327112	116364
2003	150294	59	20.3	457690	246919	580460	150238
2004	199442	44	21.3	541000	253133	705009	181568
2005	218200	649	20.4	615000	267000	856800	221700
2006	246431	1964	17.5	572300	258030	1035800	108600
2007	280632	1132	18.2	535100	260900	1248600	114000
2008	326375	942	15	536835	259688	1226000	116410
2009	360200	1830	15.8	628400	302800	1469700	197400
2010	431880	1281	15.5	677691	339035	1821558	241946
2011	264017	600	17.1	495652	374830	2428721	307117
2012	293125	828	16.6	508069	402494	3102341	339593
2013	366108	655	17.3	509774	419314	3428468	385854
2014	365423	581	15.6	532104	430248	3796484	440269
2015	316125	594	17.4	389543	410576	3600094	492937
2016	348251	642	18.3	323852	387645	3906918	637648
2017	347126	682	16.7	297944	232587	4153148	683325

8—3 全社会客货运输量

Traffic Volume of Passenger and Freight

（2017）

指 标	Item	客运量（万人）Passenger Traffic（10 000 persons）	客运周转量（万人公里）Passenger-kilometers（10 000 person-km）	货运量（万吨）Freight Traffic（10 000 tons）	货运周转量（万吨公里）Freight Tonkilometers（10 000 ton-km）
公路运输	Highways	2862	277263	7797	1032520
民航运输	Civil Aviation	351	506480	1.6	2466

8—4 机动车拥有量

Ownership Volume of Motor Vehicle

单位:辆　　（2017）　　（unit）

指 标	Item	合 计 Total	# 个人 Personal	# 营运 Service	# 公交客运 Bus	# 出租客运 Taxi
总 计	**Total**	**821954**	**755794**	**74929**	**1893**	**5620**
汽车	Automotive	758832	696684	65581	1893	5620
载客汽车	Passenger Vehicles	630274	590814	10684	1893	5620
大型	Large-scale	4495	112	3195	1804	1
中型	Medium-sized	2293	912	469	79	0
小型	Small-scale	619296	585723	7020	10	5619
微型	Miniature	4190	4067	0	0	0
载货汽车	Truck	121209	101308	51489	0	0
重型	Heavy	18962	11025	18434	0	0
中型	Medium-sized	3397	3009	3073	0	0
轻型	Lightweight	98623	87066	29846	0	0
微型	Miniature	227	208	136	0	0
其它汽车	Others	7349	4562	3408	0	0
摩托车	Motorcycle	53827	53459	171	0	0
普通	Ordinary	52585	52261	171	0	0
轻便	Portable	1242	1198	0	0	0
拖拉机	Tractor	0	0	0	0	0
挂车	Trailer	9295	5651	9177	0	0

8—5 邮政、电信业务量

指　标	Item	单 位	Unit
邮电业务总量	Business Volume of Postal and Telecommunication	万元	10 000yuan
#邮政	Post	万元	10 000yuan
包件	Number of Packages	万件	10 000 pcs
订销报纸累计份数	Number of Subscribed and Sold Newspapers Cumulative Copies	万份	10 000 copies
订销杂志累计份数	Number of Subscribed and Sold Magazines Cumulative Copies	万份	10 000 copies
收寄特快专递	Pieces of Express Mail Services	万份	10 000 copies
市内电话年末到达户数	Number of Telephone Subscribers at Year-end	户	subscriber
住宅电话	Household Telephone Subscribers	户	subscriber
农村电话期末到达户数	Rural Fixed Telephone Subscribers at Year-end	户	subscriber
公用电话	Public Telephone	部	set
移动电话期末数	Number of Mobile Telephone Subscribers at Year-end	部	set
互联网用户	Number of Internet Users	户	subscriber
邮政局、所总数	Total Number of Post and Spot	处	unit
邮政服务网点	Number of Postal Offices	处	unit
电信服务网点	Number of Telecommunication Offices	处	unit
本地网及接入网设备总容量	Broad Band Subscribers Capacity of Internet	门	line
电话普及率	Popularization Rate of Telephone	部/百人	set/100persons
移动电话普及率	Popularization Rate of Mobile Telephone	部/百人	set/100persons

Business Volume of Post and Telecommunication Services

2007年	2008年	2009年	2010年	2011年	2012年	2013年	2014年	2015年	2016年	2017年
280632	326375	360200	431880	264017	293125	366108	365423	316125	348253	347126
15857	15196	14187	15836	10845	12318	13264	12832	17835	20514	20411
18.2	15.04	15.84	15.51	17.06	16.6	17.3	15.6	17.4	18.3	16.7
2429	2064.12	2168.05	2319.77	2720.8	2857.79	3281.1	3190.9	3164.27	2569.92	2752.85
179.8	154.75	158.28	167.3	174.85	174.88	168.15	158.08	173.75	184.05	166.19
41.7	36.59	25.31	28.87	25.41	26.9	21.4	17.3	29.38	96.42	103.42
535100	536835	451966	677691	495652	508069	509774	526517	389543	323852	297944
260900	259688	291551	339035	374830	402494	419314	430231	410576	387645	232587
90620	84612	73722	71847	60679	54640	49212	43214	26050	17819	17017
43300	37960	48545	47987	45743	42611	41248	39785	20716	16388	9341
1248600	1226000	1634830	1821558	2428721	3102341	3428468	3796467	3600094	3906918	4153148
114000	116410	197386	241946	307117	339593	385854	440291	492937	637648	683325
410	412	498	536	614	555	542	680	106	103	101
160	107	115	105	98	97	97	106	2109	2117	1186
250	305	383	431	516	458	445	426	1120	1292	1175
845000	899770	891521	876060	901443	929538	937147	975216	993214	987654	1004444
119.8	115.7	122.6	125.4	144.36	176.43	187.5	208.6	196.4	185.7	184.6
83.9	80.5	96.1	91.39	119.89	151.6	164.3	176.2	182.32	196.76	202.99

主要统计指标解释

【货(客)运量】 指在一定时期内,各种运输工具实际运送的货物(旅客)数量。货运按吨计算,客运按人计算。

【货物(旅客)周转量】 指在一定时期内,由各种运输工具运送的货物(旅客)数量与其相应运输距离的乘积之总和。计算公式为:

货物(旅客)周转量=∑货物(旅客)运输量×运输距离

【邮电业务总量】 即邮电专业产品量。邮电业务量按专业分类包括函件、机要文件、包裹、汇票、报刊发行、邮政快件、特快专递、邮政储蓄、集邮、公众电报、用户电报、传真、长途电话、出租电路、市话无线寻呼、移动电话、分组交换数据通信、出租代维等。

【移动电话用户】 指在邮电部门登记,通过移动电话交换机进入移动电话网、占有移动电话号码的电话用户,按实际办理登记手续进入邮电部门移动电话网的户数进行计算。一部(台)移动电话统计为一户。

【固定电话用户】 指在电信运营商营业网点办理开户登记手续并已接入固定电话网上,并按固定电话业务进行经营管理的全部电话用户。包括普通电话用户、公共电话用户、窄带综合业务数字网(N-ISDN)用户、智能网专用接入终端用户等。

【计算机互联网(INTERNET)用户】 计算机互联网是一个连接计算机网的网络,范围遍及全世界,包括局域网、城域网和广域网,旨在实现计算机资源共享。它分为两大类,一类是学术范围的非盈利的网络,另一类是商业性或非学术的网络。接入这个网络的用户,称为INTERNET用户。

9

内贸、外贸和旅游

Domestic Trade, Foreign Trade and Tourism

9—1 主要年份社会消费品零售总额分类情况

Total Retail Saled Values of Consumer Goods by Category in Main Years

单位:万元 (10 000yuan)

年份 Year	社会消费品零售总额 Total Retail Sales of Consumer Goods	按经济类型分 Grouped by Economic Type					按行业分 Grouped by Sector	
		国有经济 State-owned	集体经济 Collective-owned	个体经济 Individual	私营经济 Private	股份制经济 Share-holding	批发和零售业 Wholesale and Retail Trade	住宿和餐饮业 Hotels and Catering Services
1949	728	177		540			618	
1950	1128	335	69	711			860	66
1951	1601	468	99	1019			1245	75
1952	2080	616	172	1275			1555	90
1953	2588	678	297	1559			2024	94
1954	3131	906	516	1647			2604	139
1955	3101	994	524	1546			2672	115
1956	3505	1342	1046	963			2949	163
1957	3761	1384	1226	958			2968	164
1958	5098	2299	1925	455			4271	193
1959	7038	4537	2163	222			6520	331
1960	8007	5484	2460				7625	231
1961	7362	5211	2065				7271	256
1962	7079	5628	1225	83			6421	378
1963	6998	5354	1381	102			6319	375
1964	7059	5506	1404	46			6442	295
1965	7213	5575	1533	46			6610	286
1966	8193	6062	2111	5			7603	291
1967	7796	6136	1641	7			7435	250
1968	8324	6376	1928	10			7763	260
1969	8730	6616	2090	11			8231	275
1970	9857	7452	2375	14			9326	329
1971	10821	8254	2536	9			10354	352
1972	13137	9430	3370	12			12125	468
1973	13343	9738	3564	15			12709	484
1974	13933	10008	3778	10			13229	473
1975	14903	10766	3974	11			13963	559
1976	16050	11561	4328	18			15001	599
1977	16780	12039	4559	24			15628	577
1978	22581	14282	5963	40			18031	773
1979	26308	19110	6782	221			21049	885
1980	30622	22929	6924	417			24425	1066
1981	34389	24324	8970	970			27137	1102

9—1 续表1 continued

单位:万元 (10 000yuan)

年份 Year	社会消费品零售总额 Total Retail Sales of Consumer Goods	按经济类型分 Grouped by Economic Type					按行业分 Grouped by Sector	
		国有经济 State-owned	集体经济 Collective-owned	个体经济 Individual	私营经济 Private	股份制经济 Share-holding	批发和零售业 Wholesale and Retail Trade	住宿和餐饮业 Hotels and Catering Services
1982	39754	25835	12656	1243			31332	1436
1983	44007	27596	13924	2398			34590	1547
1984	52457	29743	15408	6932			41148	2104
1985	64364	36022	15084	12455			50945	2330
1986	74148	41250	18806	13215			59079	2499
1987	84158	43319	25144	14419			66184	3581
1988	106964	53149	32266	20370			84657	4406
1989	123437	61632	36472	23670			98072	4767
1990	135904	65184	36417	32575			107772	5487
1991	151126	71094	38439	39379			119229	6463
1992	173341	81822	43881	44707			136158	8091
1993	197262	93383	20010	50249	32864	382	181725	10960
1994	229350	106092	21929	61113	38550	1093	199277	23476
1995	306588	143211	29752	77665	52273	2715	267919	31548
1996	357052	158139	35227	90725	59843	11012	312164	36994
1997	396506	144521	32856	112897	63924	38925	346450	41993
1998	434333	138273	29095	131677	71097	56507	378256	47821
1999	471686	125797	23359	148339	86828	79256	408701	54567
2000	519939	111087	19636	175010	106822	99046	448299	63039
2001	567457	98044	17126	192152	118014	123542	486107	72563
2002	631580	88324	14679	225369	144302	149996	537957	85124
2003	719856	81502	12754	257501	165745	193922	611801	99806
2004	828554	78049	11349	299751	194872	236438	703023	117450
2005	954130	76948	11530	339585	231788	286559	809167	137023
2006	1107665	79711	10552	392046	405463	214033	941556	159583
2007	1317421	92843	11471	448567	510765	246667	1126913	184785
2008	1616499	97582	14296	522094	620487	349751	1370188	240549
2009	2042129	134824	11712	524427	629819	727251	1766161	272020
2010	2446470	86917	12848	574085	730708	994984	2131164	315306
2011	3116998	129041	14604	649466	851599	1469824	2737851	379147
2012	3569297	75602	15232	590872	1208496	1665508	3196050	373247
2013	4051813	70843	15741	725107	1085524	2117639	3655413	396400
2014	4454190	70801	19532	867631	1233817	2164136	4031619	422571
2015	4776287	47638	5893	1332987	1488606	1780833	4131980	644307
2016	5141927	45438	5383	1502518	1690331	1765915	4587696	554231
2017	5623113	51572	41969	2182577	1428396	1777773	5064667	558446

9—2 社会消费品零售总额

单位:万元 (2017)

指标	Item	合计 Total	兴庆区 Xingqing
社会消费品零售总额	**Total Retail Sales of Consumer Goods**	**5623113**	**2727618**
按销售单位所在地分	**Grouped by Location**		
城镇	Town	5465931	2705876
#城区	Urban Area	3752932	2532369
乡村	Country	157182	21742
按登记注册类型分	**Grouped by Economic Type**		
国有经济	State- Owned	51572	39753
集体经济	Cllective-Owned	41969	2764
私营经济	Private	1428396	216410
个体经济	Individual	2182577	1418558
股份制经济	Share-Holding	1777773	1030808
其他经济	Others	140826	19326
按行业分	**Grouped by Sector**		
批发业	Wholesale	763851	322744
#限额以上	Above Norm	385963	145502
零售业	Retail	4300816	2106512
#限额以上	Above Norm	2680502	1127056
住宿业	Lodging Industry	51831	26970
#限额以上	Above Norm	35476	15839
餐饮业	Catering Sevices	506615	271392
#限额以上	Above Norm	44161	27422

Total Retail Saled of Consumer Goods

(10 000 yuan)

金凤区 jinfeng	西夏区 Xixia	永宁县 Yongning	贺兰县 Helan	灵武市 Lingwu
813479	**267216**	**202169**	**1439340**	**173291**
798195	260842	182559	1372937	145523
793069	245897	15699	87336	78562
15285	6374	19610	66404	27768
3905	3203	80	231	4402
37198	154	509	1246	99
262591	37893	47951	814281	49270
169052	69620	104672	345688	74988
326077	154401	48225	175345	42917
14658	1946	732	102549	1616
150051	75304	58510	122912	34330
70277	83359	17839	32749	36237
553341	158163	122542	1246128	114130
461542	91320	25267	938514	36803
17943	1506	83	4332	998
16784	400	10	1425	1018
92144	32243	21034	65969	23834
9812	1634		5197	96

9—3 限额以上批发和零售业法人企业商品购进、销售、库存总额

单位:万元 (2017)

指 标	Item	法人企业数(个) Corporate Enterprises (unit)	商品购进额 Total Commodity Purchase
总 计	**Total**	**258**	**9056535**
兴庆区	Xingqing	64	1589494
西夏区	Xixia	23	1076922
金凤区	Jinfeng	53	4168112
永宁县	Yongning	31	617194
贺兰县	Helan	68	1144936
灵武市	Lingwu	19	459877
批发业	**Wholesale Trade**	**104**	**6409365**
按批发行业小类分2011	Grouped by Wholesale Industry Small Class 2011		
农、林、牧产品批发	Wholesale of Agricultural, Forestry, Animal Husbandry Products	3	36409
谷物、豆及薯类批发	Wholesale of Grain, Bean and Potatoes	2	35667
牲畜批发	Wholesale of Livestock	1	742
食品、饮料及烟草制品批发	Wholesale of Food,Beverages and Tobacoos	7	757050
米、面制品及食用油批发	Wholesale of Rice,Flour and Edible Oil	1	6981
肉、禽、蛋、奶及水产品批发	Wholesale of Meat and Aquatic Products	1	2283
盐及调味品批发	Wholesale of Salt and Condiments	1	4195
酒、饮料及茶叶批发	Wholesale of Beverages and tea	2	10105
烟草制品批发	Wholesale of Tobacoos	2	733486
纺织、服装及家庭用品批发	Wholesale of Textiles,Garments and Daily Consummer Aticles	3	45576
服装批发	Wholesale of Garments	2	33148
家用电器批发	Wholesale of Household Electrical Appliances	1	12428
文化、体育用品及器材批发	Wholesale of Cultural,Sports Goods Appliances and Equipments	1	27445
图书批发	Wholesale of Books	1	27445
医药及医疗器材批发	Wholesale of Medicines and Medical Appliances	14	419114
西药批发	Wholesale of Western Medicine	13	415481
医疗用品及器材批发	Wholesale of Medical Supplies and Equipment	1	3633
矿产品、建材及化工产品批发	Wholesale of Mineral Products,Building Materials and Chemical Products	60	4782431
煤炭及制品批发	Wholesale of Coal and Related Products	4	184008
石油及制品批发	Wholesale of Petroleum and Related Products	13	3797809
金属及金属矿批发	Wholesale of Metallic mineral Products	38	748491
化肥批发	Wholesale of Chemical Fertilizer	2	8111
农药批发	Wholesale of Pesticide	1	7357
其他化工产品批发	Wholesale of Other Chemical Products	2	36655
机械设备、五金产品及电子产品批发	Wholesale of Machinery,Hardware and Electronic Equipment	14	120373
农业机械批发	Wholesale of Agriculture Machinary	3	18621
汽车批发	Wholesale of MotorVehicles	7	98044

Total Purchases,Sales and Stock of Enterprises above Designated Size of Wholesale and Retail Trades

(10 000yuan)

商品销售额 Total Commodity Sales Value	通过公共网络实现的商品销售额 Commodity Sales Through Public Network	使用银行卡支付的商品销售额 Commodity Sales Payed for by Bank Cards	批发额 Wholesale Value	零售额 Retail Value	期末商品库存额 Total Stock at Year-end	年末零售营业面积(平方米) Area of Retail Business at Year-end(sq.m)
9463006	**431452**	**1236034**	**6154778**	**3308228**	**906731**	**1025623**
1638710	9680	264067	414761	1223949	213340	445212
988304	74725	16361	776977	211327	316508	43258
4391709	334079	461016	3551183	840526	187964	353663
648279		41722	567233	81046	35549	91689
1272494	12230	422161	355342	917152	133720	76077
523510	738	30707	489282	34227	19649	15724
6646212	**382980**	**348369**	**6043955**	**602258**	**549707**	**190751**
35097		25368	34871	227	8373	
32892		23163	32892		7652	
2205		2205	1979	227	721	
852524	305362	262081	849009	3515	65484	790
3490			3490		5200	
2575	418	221	2575		90	
5642			5642		1266	
10386		2487	6871	3515	7236	790
830431	304944	259373	830431		51693	
110765	320		99556	11209	11219	880
98444	320		87285	11159	6947	380
12321			12271	50	4272	500
25968			25968		5557	
25968			25968		5557	
456114		2568	303704	152411	39700	10533
451351		2568	298940	152411	38990	9333
4764			4764		710	1200
4773002	77298	54477	4341150	431852	394681	168716
192456			192456		426	100
3746955		3	3327784	419171	354528	165016
778561	77298	50109	767050	11511	37259	600
8166			8123	43	322	3000
7163		4365	6035	1128	1086	
39701			39701		1061	
135332		3874	132288	3044	19807	9832
20537			20537		4107	
100152		200	98150	2002	10305	9586

9—3 续表1

单位:万元 (2017)

指 标	Item	法人企业数(个) Corporate Enterprises (unit)	商品购进额 Total Commodity Purchase
电气设备批发	Wholesale of Electrical Equipment	1	496
计算机、软件及辅助设备批发	Wholesale of Computer, Software and Assistant Aplliances	1	
其他机械设备及电子产品批发	Wholesale of Other Machinary and Electric Equipment	2	3213
其他批发业	Other Wholesale	2	220968
再生物资回收与批发	Recovery and Wholesale of Recycled Materials	1	37553
其他未列明批发业	Other Wholesale Unlisted	1	183415
按批发行业小类分2017	Grouped by Wholesale Industry Small Class 2017		
农、林、牧、渔产品批发	Wholesale of Agricultural, Forestry, Animal Husbandry Products	3	36409
谷物、豆及薯类批发	Wholesale of Grain, Bean and Potatoes	2	35667
牲畜批发	Wholesale of Livestock	1	742
食品、饮料及烟草制品批发	Wholesale of Food,Beverages and Tobacoos	7	757050
米、面制品及食用油批发	Wholesale of Rice,Flour and Edible Oil	1	6981
肉、禽、蛋、奶及水产品批发	Wholesale of Meat and Aquatic Products	1	2283
盐及调味品批发	Wholesale of Salt and Condiments	1	4195
酒、饮料及茶叶批发	Wholesale of Beverages and tea	2	10105
烟草制品批发	Wholesale of Tobacoos	2	733486
纺织、服装及家庭用品批发	Wholesale of Textiles, Garments and Daily Consummer Aticles	3	45576
服装批发	Wholesale of Garments	2	33148
日用家电批发	Wholesale of Household Electrical Appliances	1	12428
文化、体育用品及器材批发	Wholesale of Cultural, Sports Goods Appliances and Equipments	1	27445
图书批发	Wholesale of Books	1	27445
医药及医疗器材批发	Wholesale of Medicines and Medical Appliances	14	419114
西药批发	Wholesale of Western Medicine	13	415481
医疗用品及器材批发	Wholesale of Medical Supplies and Equipment	1	3633
矿产品、建材及化工产品批发	Wholesale of Mineral Products, Building Materials and Chemical Products	60	4782431
煤炭及制品批发	Wholesale of Coal and Related Products	4	184008
石油及制品批发	Wholesale of Petroleum and Related Products	13	3797809
金属及金属矿批发	Wholesale of Metallic mineral Products	38	748491
化肥批发	Wholesale of Chemical Fertilizer	2	8111
农药批发	Wholesale of Pesticide	1	7357
其他化工产品批发	Wholesale of Other Chemical Products	2	36655
机械设备、五金产品及电子产品批发	Wholesale of Machinery, Hardware and Electronic Equipment	14	120373
农业机械批发	Wholesale of Agriculture Machinary	3	18621
汽车及零配件批发	Wholesale of MotorVehicles	7	98044
电气设备批发	Wholesale of Electrical Equipment	1	496
计算机、软件及辅助设备批发	Wholesale of Computer, Software and Assistant Aplliances	1	

continued

(10 000 yuan)

商品销售额 Total Commodity Sales Value	通过公共网络实现的商品销售额 Commodity Sales Through Public Network	使用银行卡支付的商品销售额 Commodity Sales Payed for by Bank Cards	批发额 Wholesale Value	零售额 Retail Value	期末商品库存额 Total Stock at Year-end	年末零售营业面积(平方米) Area of Retail Business at Year-end(sq.m)
3695			3603	92	2396	133
4568			3618	950	384	113
6381		3674	6381		2615	
257410			257410		4885	
39014			39014		3164	
218395			218395		1721	
35097		25368	34871	227	8373	
32892		23163	32892		7652	
2205		2205	1979	227	721	
852524	305362	262081	849009	3515	65484	790
3490			3490		5200	
2575	418	221	2575		90	
5642			5642		1266	
10386		2487	6871	3515	7236	790
830431	304944	259373	830431		51693	
110765	320		99556	11209	11219	880
98444	320		87285	11159	6947	380
12321			12271	50	4272	500
25968			25968		5557	
25968			25968		5557	
456114		2568	303704	152411	39700	10533
451351		2568	298940	152411	38990	9333
4764			4764		710	1200
4773002	77298	54477	4341150	431852	394681	168716
192456			192456		426	100
3746955		3	3327784	419171	354528	165016
778561	77298	50109	767050	11511	37259	600
8166			8123	43	322	3000
7163		4365	6035	1128	1086	
39701			39701		1061	
135332		3874	132288	3044	19807	9832
20537			20537		4107	
100152		200	98150	2002	10305	9586
3695			3603	92	2396	133
4568			3618	950	384	113

9—3 续表2

单位:万元 (2017)

指　标	Item	法人企业数(个) Corporate Enterprises (unit)	商品购进额 Total Commodity Purchase
其他机械设备及电子产品批发	Wholesale of Other Machinary and Electric Equipment	2	3213
其他批发业	Other Wholesale	2	220968
再生物资回收与批发	Recovery and Wholesale of Recycled Materials	1	37553
其他未列明批发业	Other Wholesale Unlisted	1	183415
按登记注册类型分	Grouped By Registration Type		
内资企业	Domestic Funded Enterprises	104	6409365
国有企业	State-owned Enterprises	5	772107
有限责任公司	Limited Liability Corporations	34	1331407
国有独资公司	State-owned Enterprises	2	164429
其他有限责任公司	Other Limited Liability Corporations	32	1166978
股份有限公司	Share-holding Corporations Ltd.	6	3215240
私营企业	Private Enterprises	59	1090611
私营有限责任公司	Private Limited Liability Corporations	59	1090611
按控股情况分	Grouped By Controlling Stake		
国有控股	State-owned	17	4387367
私人控股	Private	80	1941179
其他	Others	7	80820
按经营形式分	Grouped By Business Form		
独立门店	Indipendent Stores	84	2207657
连锁总店	Distributor Chain	3	832054
其他	Others	17	3369655
按单位规模分	Grouped By Unit Scale		
大型	large-scale	5	1402338
中型	Medium-scale	37	4214909
小型	Small-scale	55	646510
微型	Miniature	7	145609
零售业	**Retail Trade**	**154**	**2647170**
按零售行业小类分2011	Grouped by Retail Trade Industry Small Class 2011		
综合零售	Integrated Retail	15	765285
百货零售	Retail of General Merchandise	11	375010
超级市场零售	Retail of Supermarkets	4	390274
食品、饮料及烟草制品专门零售	Retail of Food,Beverages and Tobaccos	9	17298
粮油零售	Retail of Grain and Oil	1	1174
果品、蔬菜零售	Retail of Fruits and Vegetables	3	9628
酒、饮料及茶叶零售	Retail of Wine,Beverages and Tea	4	5629
其他食品零售	Retail of Other Food	1	867

continued

(10 000 yuan)

商品销售额 Total Commodity Sales Value	通过公共网络实现的商品销售额 Commodity Sales Through Public Network	使用银行卡支付的商品销售额 Commodity Sales Payed for by Bank Cards	批发额 Wholesale Value	零售额 Retail Value	期末商品库存额 Total Stock at Year-end	年末零售营业面积(平方米) Area of Retail Business at Year-end(sq.m)
6381		3674	6381		2615	
257410			257410		4885	
39014			39014		3164	
218395			218395		1721	
6646212	382980	348369	6043955	602258	549707	190751
865531	304944	259373	865531		63715	
1366176	74725	4237	1195574	170602	62853	8886
169904			169904			100
1196273	74725	4237	1025670	170602	62853	8786
3149778		3	2758602	391176	341743	159416
1264727	3311	84756	1224247	40480	81396	22449
1264727	3311	84756	1224247	40480	81396	22449
4442143	304944	259874	3906931	535211	419345	164896
2117731	78036	88495	2064792	52940	117343	22762
86338			72232	14107	13018	3093
2475268	380408	320498	2416464	58803	125023	27952
757023			420085	336938	304594	90419
3413921	2573	27871	3207405	206516	120090	72380
1427116	304944	259871	895012	532103	318296	159796
4319052	74725	27593	4277281	41771	160464	10376
753710	3311	60905	736838	16873	58992	20379
146334			134823	11510	11955	200
2816794	**48472**	**887665**	**110824**	**2705970**	**357024**	**834872**
830573	50	201224	2430	828143	44327	521859
438460		186031		438460	16172	312739
392113	50	15193	2430	389683	28155	209120
22128		3948	2533	19595	6724	9632
1276				1276	359	300
11341		3884		11341	1655	6492
8252		64	2276	5975	4634	2340
1259			257	1002	76	500

9—3 续表3

单位:万元 (2017)

指　标	Item	法人企业数(个) Corporate Enterprises (unit)	商品购进额 Total Commodity Purchase
纺织、服装及日用品专门零售	Special Retail of Textiles, Garments and Daily Consumer Articles	2	5820
服装零售	Retail of Garments	1	2719
钟表、眼镜零售	Retail of Watches and Glasses	1	3102
文化、体育用品及器材专门零售	Retail of Culture,Sports Appliances and Equipments	9	43506
体育用品及器材零售	Retail of Sports Goods Appliances and Equipments	1	9388
图书、报刊零售	Retail of Books, Newspapers and Magazines	2	13346
珠宝首饰零售	Retail of Jewelery	2	3926
工艺美术品及收藏品零售	Retail of Arts ,Crafts and Collections	2	14524
乐器零售	Retail of Musical Instruments Retail	1	1563
其他文化用品零售	Retail of Other Culture Appliances	1	759
医药及医疗器材专门零售	Retail of Medicines and Medical Appliances	12	120339
药品零售	Retail of Drug	11	119010
医疗用品及器材零售	Retail of Medical Supplies and Appliances	1	1329
汽车、摩托车、燃料及零配件专门零售	Retail of Motor Vehicles,Motorcycles,Fuel and Parts	91	1400961
汽车零售	Retail of Motor Vehicles	74	1327137
汽车零配件零售	Retail of Motor Vehicles and Parts	1	12224
机动车燃料零售	Retail of Motor Vehicles Fuel	16	61600
家用电器及电子产品专门零售	Special Retailof Household Electric Appliances and Electronic Products	13	288107
家用视听设备零售	Retail of Household Audio and Video Equipment	2	8286
日用家电设备零售	Retail of Household Electric Appliances	3	233128
计算机、软件及辅助设备零售	Retail of Computer,Software and Assistant Appliances	6	40460
通信设备零售	Retail of Communication Equipments	2	6233
五金、家具及室内装饰材料专门零售	Special Retail of Hardware,Furniture and Decoration Materials	2	4069
家具零售	Retail of Furniture	1	3021
其他室内装饰材料零售	Retail of Other Decoration Materials	1	1048
货摊、无店铺及其他零售业	Retail of Non-shop and Other Retails	1	1786
生活用燃料零售	Retail of Life Fuel	1	1786
按零售行业小类分2017	Grouped by Retail Trade Industry Small Class 2017		
综合零售	Integrated Retail	15	765285
百货零售	Retail of General Merchandise	11	375010
超级市场零售	Retail of Supermarkets	4	390274
食品、饮料及烟草制品专门零售	Retail of Food,Beverages and Tobaccos	9	17298
粮油零售	Retail of Grain and Oil	1	1174
果品、蔬菜零售	Retail of Fruits and Vegetables	3	9628
酒、饮料及茶叶零售	Retail of Wine,Beverages and Tea	4	5629
其他食品零售	Retail of Other Food	1	867

continued

(10 000 yuan)

商品销售额 Total Commodity Sales Value					期末商品库存额 Total Stock at Year-end	年末零售营业面积(平方米) Area of Retail Business at Year-end(sq.m)
	通过公共网络实现的商品销售额 Commodity Sales Through Public Network	使用银行卡支付的商品销售额 Commodity Sales Payed for by Bank Cards	批发额 Wholesale Value	零售额 Retail Value		
9509				9509	8511	282
3753				3753	4781	40
5757				5757	3730	242
44905	6	2894	1229	43676	26816	17865
10236				10236	7853	2000
13516				13516	4483	11200
3286	6	1694		3286	13167	3376
15340			135	15205	157	885
1665		1200	465	1200	933	254
864			629	234	224	150
140299		3693	22475	117824	18507	29896
139101		3693	22475	116626	18263	29196
1198				1198	244	700
1478398	29781	568904	34697	1443701	214692	144476
1388634	28679	554953	23159	1365475	209819	100038
16494		10512		16494	664	300
73270	1103	3438	11538	61732	4209	44138
280800	18635	105023	47459	233341	35933	83272
9766		4796		9766	573	13648
219693	9563	93320	34373	185320	25234	65227
42440	9071		10233	32207	9157	2666
8901		6907	2853	6048	969	1731
6017		1980		6017	716	25590
3959		1980		3959	706	5600
2058				2058	10	19990
4163				4163	797	2000
4163				4163	797	2000
830573	50	201224	2430	828143	44327	521859
438460		186031		438460	16172	312739
392113	50	15193	2430	389683	28155	209120
22128		3948	2533	19595	6724	9632
1276				1276	359	300
11341		3884		11341	1655	6492
8252		64	2276	5975	4634	2340
1259			257	1002	76	500

9—3 续表4

单位:万元 (2017)

指 标	Item	法人企业数(个) Corporate Enterprises (unit)	商品购进额 Total Commodity Purchase
纺织、服装及日用品专门零售	Special Retail of Textiles,Garments and Daily Consumer Articles	2	5820
服装零售	Retail of Garments	1	2719
厨具卫具及日用杂品零售	Retail of Watches and Glasses	1	3102
文化、体育用品及器材专门零售	Retail of Culture,Sports Appliances and Equipments	9	43506
体育用品及器材零售	Retail of Sports Goods Appliances and Equipments	1	9388
图书、报刊零售	Retail of Books, Newspapers and Magazines	2	13346
珠宝首饰零售	Retail of Jewelery	2	3926
工艺美术品及收藏品零售	Retail of Arts ,Crafts and Collections	2	14524
乐器零售	Retail of Musical Instruments Retail	1	1563
其他文化用品零售	Retail of Other Culture Appliances	1	759
医药及医疗器材专门零售	Retail of Medicines and Medical Appliances	12	120339
西药零售	Retail of Drug	10	118260
中药零售	Retail of Medical Supplies and Appliances	2	2079
汽车、摩托车、零配件和燃料及其他动力销售	Retail of Motor Vehicles,Motorcycles,Fuel and Parts	91	1400961
汽车新车零售	Retail of Motor Vehicles	75	1339361
机动车燃油零售	Retail of Motor Vehicles and Parts	11	42214
机动车燃气零售	Retail of Motor Vehicles Fuel	5	19386
家用电器及电子产品专门零售	Special Retailof Household Electric Appliances and Electronic Products	13	288107
家用视听设备零售	Retail of Household Audio and Video Equipment	2	8286
日用家电零售	Retail of Household Electric Appliances	3	233128
计算机、软件及辅助设备零售	Retail of Computer,Software and Assistant Appliances	6	40460
通信设备零售	Retail of Communication Equipments	2	6233
五金、家具及室内装饰材料专门零售	Special Retail of Hardware,Furniture and Decoration Materials	2	4069
家具零售	Retail of Furniture	2	4069
货摊、无店铺及其他零售业	Retail of Other Decoration Materials	1	1786
生活用燃料零售	Retail of Non-shop and Other Retails	1	1786
按登记注册类型分	Retail of Life Fuel		
内资企业	Domestic Funded Enterprises	150	2551316
国有企业	State-owned Enterprises	3	10321
集体企业	Collective-owned Enterprises	1	585
有限责任公司	Limited Liability Corporations	55	1167045
国有独资公司	State-owned Enterprises	2	14469
其他有限责任公司	Other Limited Liability Corporations	53	1152575
股份有限公司	Share-holding Corporations Ltd.	2	257006
私营企业	Private Enterprises	89	1116360
私营有限责任公司	Private Limited Liability Corporations	89	1116360

continued

(10 000 yuan)

商品销售额 Total Commodity Sales Value	通过公共网络实现的商品销售额 Commodity Sales Through Public Network	使用银行卡支付的商品销售额 Commodity Sales Payed for by Bank Cards	批发额 Wholesale Value	零售额 Retail Value	期末商品库存额 Total Stock at Year-end	年末零售营业面积(平方米) Area of Retail Business at Year-end(sq.m)
9509				9509	8511	282
3753				3753	4781	40
5757				5757	3730	242
44905	6	2894	1229	43676	26816	17865
10236				10236	7853	2000
13516				13516	4483	11200
3286	6	1694		3286	13167	3376
15340			135	15205	157	885
1665		1200	465	1200	933	254
864			629	234	224	150
140299		3693	22475	117824	18507	29896
138348		2940	22026	116322	18097	28696
1951		753	449	1502	410	1200
1478398	29781	568904	34697	1443701	214692	144476
1405128	28679	565465	23159	1381969	210483	100338
49202	1103	3401	6220	42982	4010	33284
24069		38	5319	18750	198	10854
280800	18635	105023	47459	233341	35933	83272
9766		4796		9766	573	13648
219693	9563	93320	34373	185320	25234	65227
42440	9071		10233	32207	9157	2666
8901		6907	2853	6048	969	1731
6017		1980		6017	716	25590
6017		1980		6017	716	25590
4163				4163	797	2000
4163				4163	797	2000
2712489	48421	854855	105039	2607450	346626	826072
10291		2940		10291	1312	765
986	986	197		986	36	300
1235099	43394	307168	90949	1144149	120793	471674
17017				17017	5255	13000
1218082	43394	307168	90949	1127132	115538	458674
273073		95468		273073	12426	164056
1193041	4041	449082	14089	1178951	212060	189277
1193041	4041	449082	14089	1178951	212060	189277

9—3 续表5

单位:万元 (2017)

指 标	Item	法人企业数（个）Corporate Enterprises (unit)	商品购进额 Total Commodity Purchase
港、澳、台商投资企业	Hong Kong, Macao and Taiwan Investment Enterprises	3	91119
与港澳台商合资经营企业	With the Joint Venture Enterprises from Hong Kong, Macao and Taiwan	1	56597
港澳台商独资企业	Hong Kong, Macao, Taiwan-Owned Enterprise	1	27168
其他港澳台投资企业	Other Hong Kong, Macao and Taiwan Investment Enterprises	1	7354
外商投资企业	Foreign Funded Enterprises	1	4735
中外合资经营企业	Sino-foreign Joint Venture Enterprises	1	4735
按控股情况分	Grouped By Controlling Stake		
国有控股	State-owned	8	55527
集体控股	Collective-owned	2	13189
私人控股	Private	126	1555039
港澳台商控股	Holding from Hong Kong, Macao and Taiwan	3	91119
外商控股	Foreign	2	38621
其他	Others	13	893675
按经营形式分	Grouped By Business Form		
独立门店	Indipendent Store	130	1862187
连锁总店	Distributor Chain	16	754818
其他	Others	8	30165
按单位规模分	Grouped By Unit Scale		
大型	Large-scale	5	841467
中型	Medium-scale	84	1480164
小型	Small-scale	61	321443
微型	Miniature	4	4096
按零售业态分	Grouped By Retail Formats		
有店铺零售	Have a Retail Store	149	2622095
超市	Supermarket	3	7115
大型超市	Hypermarket	6	635049
百货店	Department Store	10	341124
专业店	Speciality Store	45	480071
专卖店	Franchised Store	82	1156083
家居建材商店	Home Fureishing Materials Store	2	1860
厂家直销中心	Center of Manufacturer Direct Deal	1	792
无店铺零售	Non-store Retail	5	25075
其他	Others	5	25075

continued

(10 000 yuan)

商品销售额 Total Commodity Sales Value					期末商品库存额 Total Stock at Year-end	年末零售营业面积(平方米) Area of Retail Business at Year-end(sq.m)
	通过公共网络实现的商品销售额 Commodity Sales Through Public Network	使用银行卡支付的商品销售额 Commodity Sales Payed for by Bank Cards	批发额 Wholesale Value	零售额 Retail Value		
97217	50	32810	2430	94787	10397	8500
59483				59483	5910	300
29304		29304		29304	3275	200
8430	50	3506	2430	6000	1212	8000
7088			3355	3733	1	300
7088			3355	3733	1	300
60703		10219		60703	6919	31550
13584	986	197		13584	724	355
1701737	37872	637057	52468	1649269	263945	359382
97217	50	32810	2430	94787	10397	8500
56751			3355	53396	9459	77093
886802	9563	207382	52570	834232	65581	357992
2028801	39400	789893	51672	1977128	261593	457489
755296		91989	54948	700349	91201	345483
32697	9071	5782	4204	28493	4230	31900
840991		185075	34373	806619	66267	404786
1652506	45217	639892	52791	1599715	192153	307781
317869	3255	62698	23030	294839	98132	101745
5427			629	4797	472	20560
2788025	39400	887601	106100	2681925	353313	829378
8095		1630	401	7694	1845	5872
636458	50	93934	36803	599655	62746	343438
388797		186031		388797	6714	235946
478275	10671	50179	63796	414479	105385	134911
1272288	28679	555827	5100	1267188	176517	87981
2927				2927	105	20990
1185				1185	1	240
28769	9071	64	4724	24045	3711	5494
28769	9071	64	4724	24045	3711	5494

9—4 限额以上批发和零售业法人企业商品分类销售额

单位:万元 （2017）

指 标	Item	销售额 Sales Value	批发额 Wholesale Value	零售额 Retail Value
总 计	**Total**	**9147018**	**5835643**	**3311376**
批发业	**Wholesale Trade**	**6325095**	**5757526**	**567569**
粮油、食品类	Grain and Oils, Food	35918	35066	852
# 粮油类	Grain and Oils	24653	24653	
肉禽蛋类	Meat Poultry and eggs	4771	4771	
水产品类	Aquatic Products			
蔬菜类	Vegetables			
干鲜果品类	Dried and Fresh Melons and Fruits			
饮料类	Beverages	7971		7971
烟酒类	Tobacco and Liquor	846109	840408	5702
服装、鞋帽、针纺织品类	Clothing,Shoes,Hats and Textiles	76796	66362	10434
# 服装类	Clothing	28250	24703	3547
鞋帽类	Footwear and Hats			
针纺织品类	Textiles	48547	41660	6887
化妆品类	Cosmetics			
金银珠宝类	Gold,Silver and jewelry			
日用品类	Articles for Daily Use	6397	5487	910
# 儿童玩具类	Children`s toys			
五金、电料类	Hardware & Electrical Materials			
体育、娱乐用品类	Sports and Entertainment Products			
# 照相器材类	Photographic Equipments			
书报杂志类	Newspapers and Magazines	25968	25968	
电子出版物及音像制品类	E-journals and Video Products	385		385
家用电器和音像器材类	Household Appliances and Video Equipments	12647	12321	326
中西药品类	Traditional Chinese and Western Medicine	292446	150233	142213
# 西药类	Western Medicine	215829	108290	107539
中草药及中成药类	Traditional Chinese	76527	41854	34674
文化办公用品类	Cultral and Official Goods	3618	2668	950
# 计算机及其配套产品	Computer and Corollary Equipments	3618	2668	950
家具类	Furniture			
通讯器材类	Communication Appliances			
煤炭及制品类	Coal and Related Products	177320	177320	
木材及制品类	Wood and Wooden Products	111	111	
石油及制品类	Petroleum and Related Products	3770461	3373504	396957
化工材料及制品类	Raw Chemical Materials and Related Products	200721	200721	
# 化肥类	Fertilizer	19415	19415	
金属材料类	Metal Materials	608603	608603	
建筑及装潢材料类	Building and Decoration Materials	3327	3327	
机电产品及设备类	Mechanical & Electrical Products	34177	34151	26
# 农机类	Agricultural Machinery	16362	16362	
汽车类	Automobile	100220	100006	215
其他类	Others	121899	121269	630

Sale Values of Wholesale and Retail by Enterprises above Designated Size by Category

(10 000yuan)

指 标	Item	销售额 Sales Value	批发额 Wholesale Value	零售额 Retail Value
零售业	**Retail Trade**	**2821923**	**78117**	**2743807**
粮油、食品类	Grain and Oils, Food	295970	257	295714
# 粮油类	Grain and Oils	54897		54897
肉禽蛋类	Meat Poultry and eggs	37211		37211
水产品类	Aquatic Products	1378		1378
蔬菜类	Vegetables	6752		6752
干鲜果品类	Dried and Fresh Melons and Fruits	14586		14586
饮料类	Beverages	19174	1921	17253
烟酒类	Tobacco and Liquor	42141		42141
服装、鞋帽、针纺织品类	Clothing,Shoes,Hats and Textiles	252782	548	252234
# 服装类	Clothing	177728	365	177364
鞋帽类	Footwear and Hats	45913	183	45730
针纺织品类	Textiles	29141		29141
化妆品类	Cosmetics	47669		47669
金银珠宝类	Gold,Silver and jewelry	88892		88892
日用品类	Articles for Daily Use	89546	135	89411
# 儿童玩具类	Children`s toys	1349		1349
五金、电料类	Hardware & Electrical Materials	920		920
体育、娱乐用品类	Sports and Entertainment Products	13738	181	13557
# 照相器材类	Photographic Equipments	38		38
书报杂志类	Newspapers and Magazines	11600		11600
电子出版物及音像制品类	E-journals and Video Products	2787		2787
家用电器和音像器材类	Household Appliances and Video Equipments	177879	16441	161438
中西药品类	Traditional Chinese and Western Medicine	274319	14099	260219
# 西药类	Western Medicine	241830	11114	230716
中草药及中成药类	Traditional Chinese	30319	2986	27333
文化办公用品类	Cultral and Official Goods	50305	6998	43307
# 计算机及其配套产品	Computer and Corollary Equipments	10393	1178	9215
家具类	Furniture	6177		6177
通讯器材类	Communication Appliances	53221	12554	40667
煤炭及制品类	Coal and Related Products			
木材及制品类	Wood and Wooden Products			
石油及制品类	Petroleum and Related Products	59563	9293	50270
化工材料及制品类	Raw Chemical Materials and Related Products			
# 化肥类	Fertilizer			
金属材料类	Metal Materials			
建筑及装潢材料类	Building and Decoration Materials	10702		10702
机电产品及设备类	Mechanical & Electrical Products			
# 农机类	Agricultural Machinery			
汽车类	Automobile	1306322	15691	1290632
其他类	Others	18218		18218

9—5 限额以上批发和零售业法人企业主要财务状况

单位:万元 (2017)

指 标	Item	法人企业数(个) Number of Corporate (unit)
总 计	**Total**	**258**
兴庆区	Xingqing	64
西夏区	Xixia	23
金凤区	Jinfeng	53
永宁县	Yongning	31
贺兰县	Helan	68
灵武市	Lingwu	19
批发业	**Wholesale Trade**	**104**
按批发行业小类分2011	Grouped by Wholesale Industry Small Class 2011	
农、林、牧产品批发	Wholesale of Agricultural, Forestry, Animal Husbandry Products	3
谷物、豆及薯类批发	Wholesale of Grain, Bean and Potatoes	2
牲畜批发	Wholesale of Livestock	1
食品、饮料及烟草制品批发	Wholesale of Food,Beverages and Tobacoos	7
米、面制品及食用油批发	Wholesale of Rice,Flour and Edible Oil	1
肉、禽、蛋、奶及水产品批发	Wholesale of Meat and Aquatic Products	1
盐及调味品批发	Wholesale of Salt and Condiments	1
酒、饮料及茶叶批发	Wholesale of Beverages and tea	2
烟草制品批发	Wholesale of Tobacoos	2
纺织、服装及家庭用品批发	Wholesale of Textiles,Garments and Daily Consummer Aticles	3
服装批发	Wholesale of Garments	2
家用电器批发	Wholesale of Household Electrical Appliances	1
文化、体育用品及器材批发	Wholesale of Cultural,Sports Goods Appliances and Equipments	1
图书批发	Wholesale of Books	1
医药及医疗器材批发	Wholesale of Medicines and Medical Appliances	14
西药批发	Wholesale of Western Medicine	13
医疗用品及器材批发	Wholesale of Medical Supplies and Equipment	1
矿产品、建材及化工产品批发	Wholesale of Mineral Products, Building Materials and Chemical Products	60
煤炭及制品批发	Wholesale of Coal and Related Products	4
石油及制品批发	Wholesale of Petroleum and Related Products	13
金属及金属矿批发	Wholesale of Metallic mineral Products	38
化肥批发	Wholesale of Chemical Fertilizer	2
农药批发	Wholesale of Pesticide	1
其他化工产品批发	Wholesale of Other Chemical Products	2
机械设备、五金产品及电子产品批发	Wholesale of Mechanical Equipment, Hardware Products and Electronic Products	14
农业机械批发	Wholesale of Agriculture Machinary	3
汽车批发	Wholesale of MotorVehicles	7
电气设备批发	Wholesale of Electrical Equipment	1
计算机、软件及辅助设备批发	Wholesale of Computer,Software and Assistant Aplliances	1
其他机械设备及电子产品批发	Wholesale of Other Machinary and Electric Equipment	2
其他批发业	Other Wholesale	2
再生物资回收与批发	Recovery and Wholesale of Recycled Materials	1
其他未列明批发业	Other Wholesale Unlisted	1

Financial Indicators of Wholesale and Retail by Enterprises above Designated Size

(10 000yuan)

年初存货 Invertory at Begining of Year	流动资产合计 Total Working Capitals	应收帐款 Accounts Receivable	存货 Stock	固定资产合计 Total Fixed Assets	固定资产原价 Original Value of Fixed Assets	累计折旧 Accumulated Depreciation	本年折旧 Depreciation This Year
474854	**3715838**	**459939**	**577845**	**434362**	**640266**	**226162**	**34651**
133616	955118	116001	213904	91454	140494	58652	9758
32276	316718	64660	28057	60035	103864	47141	6159
159633	589083	121616	167902	178971	245775	68268	11048
22506	134396	36393	35543	20405	29428	10605	382
114367	508856	79951	113154	60464	91609	33329	5374
12457	1211667	41317	19286	23033	29096	8166	1930
199311	**2330537**	**285634**	**244237**	**248470**	**356067**	**112179**	**20373**
5324	17169	4075	8455	4535	4600	472	333
5108	15633	3934	7652	2897	2962	338	323
215	1536	141	803	1638	1638	134	10
41045	173497	1223	57016	42313	56308	13996	3544
337	12428		5533	5589	7620	2031	2031
258	753	241	357	126	161	34	29
825	8817	189	1266	119	358	239	3
5080	7351	790	5679	85	621	536	42
34545	144148	3	44182	36393	47548	11155	1438
5353	78257	14951	10459	9104	10800	1881	311
3168	73380	14951	6808	9100	10769	1854	310
2185	4877		3651	4	31	27	
3362	23190	6947	3147	2588	4792	2204	200
3362	23190	6947	3147	2588	4792	2204	200
21653	230701	117235	30432	15700	21007	5310	1395
20875	227509	115491	29722	15690	20929	5242	1390
778	3192	1744	710	10	78	68	4
99890	1531335	104126	111327	168946	249942	84304	14051
2570	39277	20338	1396	19022	27222	8201	820
66300	1244546	25152	71873	131394	201432	70750	11997
27035	235151	57510	35538	13215	17057	4023	512
195	376	-8	325	85	164	79	18
1798	3580	1119	1086	2176	2791	615	615
1992	8405	16	1109	3054	1278	636	91
20292	84800	25673	18486	2936	4774	2518	306
4552	12505	6121	4083	504	852	349	68
10849	34846	10439	9377	2042	3296	1934	211
2444	29469	6213	2048	356	573	218	10
397	1821	937	377				
2050	6160	1964	2601	35	53	18	18
2393	191589	11404	4916	2349	3844	1495	234
1929	25807	11403	3195	30	123	93	3
464	165782	1	1721	2320	3721	1402	231

9—5 续表1

单位:万元　　(2017)

指　标	Item	法人企业数(个) Number of Corporate (unit)
按批发行业小类分2017	Grouped by Wholesale Industry Small Class 2017	
农、林、牧、渔产品批发	Wholesale of Agricultural, Forestry, Animal Husbandry Products	3
谷物、豆及薯类批发	Wholesale of Grain, Bean and Potatoes	2
牲畜批发	Wholesale of Livestock	1
食品、饮料及烟草制品批发	Wholesale of Food,Beverages and Tobacoos	7
米、面制品及食用油批发	Wholesale of Rice,Flour and Edible Oil	1
肉、禽、蛋、奶及水产品批发	Wholesale of Meat and Aquatic Products	1
盐及调味品批发	Wholesale of Salt and Condiments	1
酒、饮料及茶叶批发	Wholesale of Beverages and tea	2
烟草制品批发	Wholesale of Tobacoos	2
纺织、服装及家庭用品批发	Wholesale of Textiles,Garments and Daily Consummer Aticles	3
服装批发	Wholesale of Garments	2
日用家电批发	Wholesale of Household Electrical Appliances	1
文化、体育用品及器材批发	Wholesale of Cultural,Sports Goods Appliances and Equipments	1
图书批发	Wholesale of Books	1
医药及医疗器材批发	Wholesale of Medicines and Medical Appliances	14
西药批发	Wholesale of Western Medicine	13
医疗用品及器材批发	Wholesale of Medical Supplies and Equipment	1
矿产品、建材及化工产品批发	Wholesale of Mineral Products, Building Materials and Chemical Products	60
煤炭及制品批发	Wholesale of Coal and Related Products	4
石油及制品批发	Wholesale of Petroleum and Related Products	13
金属及金属矿批发	Wholesale of Metallic mineral Products	38
化肥批发	Wholesale of Chemical Fertilizer	2
农药批发	Wholesale of Pesticide	1
其他化工产品批发	Wholesale of Other Chemical Products	2
机械设备、五金产品及电子产品批发	Wholesale of Mechanical Equipment, Hardware Products and Electronic Products	14
农业机械批发	Wholesale of Agriculture Machinary	3
汽车及零配件批发	Wholesale of MotorVehicles	7
电气设备批发	Wholesale of Electrical Equipment	1
计算机、软件及辅助设备批发	Wholesale of Computer,Software and Assistant Aplliances	1
其他机械设备及电子产品批发	Wholesale of Other Machinary and Electric Equipment	2
其他批发业	Other Wholesale	2
再生物资回收与批发	Recovery and Wholesale of Recycled Materials	1
其他未列明批发业	Other Wholesale Unlisted	1
按登记注册类型分	Grouped By Registration Type	
内资企业	Domestic Funded Enterprises	104
国有企业	State-owned Enterprises	5
有限责任公司	Limited Liability Corporations	34
国有独资公司	State-owned Enterprises	2
其他有限责任公司	Other Limited Liability Corporations	32
股份有限公司	Share-holding Corporations Ltd.	6
私营企业	Private Enterprises	59
私营有限责任公司	Private Limited Liability Corporations	59

continued

(10 000 yuan)

年初存货 Invertory at Begining of Year	流动资产合计 Total Working Capitals	应收帐款 Accounts Receivable	存货 Stock	固定资产合计 Total Fixed Assets	固定资产原价 Original Value of Fixed Assets	累计折旧 Accumulated Depreciation	本年折旧 Depreciation This Year
5324	17169	4075	8455	4535	4600	472	333
5108	15633	3934	7652	2897	2962	338	323
215	1536	141	803	1638	1638	134	10
41045	173497	1223	57016	42313	56308	13996	3544
337	12428		5533	5589	7620	2031	2031
258	753	241	357	126	161	34	29
825	8817	189	1266	119	358	239	3
5080	7351	790	5679	85	621	536	42
34545	144148	3	44182	36393	47548	11155	1438
5353	78257	14951	10459	9104	10800	1881	311
3168	73380	14951	6808	9100	10769	1854	310
2185	4877		3651	4	31	27	
3362	23190	6947	3147	2588	4792	2204	200
3362	23190	6947	3147	2588	4792	2204	200
21653	230701	117235	30432	15700	21007	5310	1395
20875	227509	115491	29722	15690	20929	5242	1390
778	3192	1744	710	10	78	68	4
99890	1531335	104126	111327	168946	249942	84304	14051
2570	39277	20338	1396	19022	27222	8201	820
66300	1244546	25152	71873	131394	201432	70750	11997
27035	235151	57510	35538	13215	17057	4023	512
195	376	-8	325	85	164	79	18
1798	3580	1119	1086	2176	2791	615	615
1992	8405	16	1109	3054	1278	636	91
20292	84800	25673	18486	2936	4774	2518	306
4552	12505	6121	4083	504	852	349	68
10849	34846	10439	9377	2042	3296	1934	211
2444	29469	6213	2048	356	573	218	10
397	1821	937	377				
2050	6160	1964	2601	35	53	18	18
2393	191589	11404	4916	2349	3844	1495	234
1929	25807	11403	3195	30	123	93	3
464	165782	1	1721	2320	3721	1402	231
199311	2330537	285634	244237	248470	356067	112179	20373
39069	188583	7139	54127	44689	60318	15629	3672
36215	1424723	117873	59864	50941	63380	15504	2246
1908	33297	17155	1031	18598	25776	7181	736
34307	1391426	100718	58832	32343	37604	8323	1510
51633	98645	2264	59166	125070	182607	58248	9912
72395	618587	158359	71080	27771	49763	22798	4543
72395	618587	158359	71080	27771	49763	22798	4543

9—5 续表2

单位:万元 (2017)

指　标	Item	法人企业数(个) Number of Corporate (unit)
按控股情况分	Grouped By Controlling Stake	
国有控股	State-owned	17
私人控股	Private	80
其他	Others	7
按经营形式分	Grouped By Business Form	
独立门店	Indipendent Stores	84
连锁总店	Distributor Chain	3
其他	Others	17
按单位规模分	Grouped By Unit Scale	
大型	large-scale	5
中型	Medium-scale	37
小型	Small-scale	55
微型	Miniature	7
零售业	**Retail Trade**	**154**
按零售行业小类分2011	Grouped by Retail Trade Industry Small Class 2011	
综合零售	Integrated Retail	15
百货零售	Retail of General Merchandise	11
超级市场零售	Retail of Supermarkets	4
食品、饮料及烟草制品专门零售	Retail of Food,Beverages and Tobaccos	9
粮油零售	Retail of Grain and Oil	1
果品、蔬菜零售	Retail of Fruits and Vegetables	3
酒、饮料及茶叶零售	Retail of Wine,Beverages and Tea	4
其他食品零售	Retail of Other Food	1
纺织、服装及日用品专门零售	Special Retail of Textiles,Garments and Daily Consumer Articles	2
服装零售	Retail of Garments	1
钟表、眼镜零售	Retail of Watches and Glasses	1
文化、体育用品及器材专门零售	Retail of Culture,Sports Appliances and Equipments	9
体育用品及器材零售	Retail of Sports Goods Appliances and Equipments	1
图书、报刊零售	Retail of Books, Newspapers and Magazines	2
珠宝首饰零售	Retail of Jewelery	2
工艺美术品及收藏品零售	Retail of Arts ,Crafts and Collections	2
乐器零售	Retail of Musical instrument	1
其他文化用品零售	Retail of Other Culture Appliances	1
医药及医疗器材专门零售	Retail of Medical Supplies and Appliances	12
药品零售	Retail of Drug	11
医疗用品及器材零售	Retail of Medical Supplies and Appliances	1
汽车、摩托车、燃料及零配件专门零售	Retail of Motor Vehicles,Motorcycles,Fuel and Parts	91
汽车零售	Retail of Motor Vehicles	74
汽车零配件零售	Retail of Motor Vehicles and Parts	1
机动车燃料零售	Retail of Motor Vehicles Fuel	16
家用电器及电子产品专门零售	Special Retailof Household Electric Appliances and Electronic Products	13
家用视听设备零售	Retail of Household Audio and Video Equipment	2
日用家电设备零售	Retail of Household Electric Appliances	3

continued

(10 000 yuan)

年初存货 Invertory at Begining of Year	流动资产合计 Total Working Capitals	应收帐款 Accounts Receivable	存货 Stock	固定资产合计 Total Fixed Assets	固定资产原价 Original Value of Fixed Assets	累计折旧 Accumulated Depreciation	本年折旧 Depreciation This Year
94816	424763	69323	126143	198979	281478	83212	14952
92529	1843359	201133	105568	34753	60601	27126	5066
11966	62415	15178	12526	14738	13988	1841	354
98010	1969556	195317	113434	72266	112294	43524	8077
13456	47823	3162	19815	110494	162521	52704	9645
87845	313158	87154	110989	65711	81252	15951	2650
16486	226912	40138	33887	136791	201097	64983	10457
131746	1720602	151113	140214	76372	110470	34844	5555
38606	308135	71821	58136	34744	41682	10097	3263
12474	74888	22561	12000	564	2819	2255	1097
275543	**1385301**	**174305**	**333608**	**185892**	**284199**	**113983**	**14279**
39386	266270	43268	35269	45455	83708	38311	2348
12794	174002	3020	11330	21313	44377	23122	1832
26592	92267	40249	23940	24142	39331	15189	516
6317	26989	7955	6228	6245	9264	4344	658
416	1164	98	324	393	773	380	37
1584	7300	2941	1577	4275	6237	3074	432
4204	18370	4844	4306	1493	2142	862	180
112	155	72	21	84	112	28	9
8031	10068	232	7976	943	1983	1040	133
4603	6526	79	4783	2	47	45	2
3428	3542	153	3193	941	1936	995	131
20505	42772	10224	23724	14567	17779	4081	572
5689	5228	290	4938	237			
4227	8059	2238	4257	7384	10327	2943	176
8811	14668	329	12672	6172	6471	931	331
233	12875	7225	144	774	977	203	65
841	939	1	933		5	5	1
704	1004	142	780				
15271	83035	33227	28412	7277	11131	4018	2335
15157	82595	33088	28167	7234	11087	4017	2334
113	439	139	244	43	44	1	1
147189	813567	70739	190959	95719	141851	53932	7841
142376	634137	46909	186273	83584	122850	43126	6308
1317	4351	904	713	1256	1548	292	73
3496	175078	22926	3973	10879	17453	10515	1460
37629	132029	7816	39709	8007	11364	3364	129
532	3020	611	574	47	49	8	1
28557	101142	2486	29026	5781	8279	2498	25

9—5 续表3

单位:万元 (2017)

指 标	Item	法人企业数(个) Number of Corporate (unit)
计算机、软件及辅助设备零售	Retail of Computer,Software and Assistant Appliances	6
通信设备零售	Retail of Communication Equipments	2
五金、家具及室内装饰材料专门零售	Special Retail of Hardware,Furniture and Decoration Materials	2
家具零售	Retail of Furniture	1
其他室内装饰材料零售	Retail of Other Decoration Materials	1
货摊、无店铺及其他零售业	Retail of Non-shop and Other Retails	1
生活用燃料零售	Retail of Life Fuel	1
按零售行业小类分2017	Grouped by Retail Trade Industry Small Class 2017	
综合零售	Integrated Retail	15
百货零售	Retail of General Merchandise	11
超级市场零售	Retail of Supermarkets	4
食品、饮料及烟草制品专门零售	Retail of Food,Beverages and Tobaccos	9
粮油零售	Retail of Grain and Oil	1
果品、蔬菜零售	Retail of Fruits and Vegetables	3
酒、饮料及茶叶零售	Retail of Wine,Beverages and Tea	4
其他食品零售	Retail of Other Food	1
纺织、服装及日用品专门零售	Special Retail of Textiles,Garments and Daily Consumer Articles	2
服装零售	Retail of Garments	1
厨具卫具及日用杂品零售	Retail of Kitchenware and Household Goods	1
文化、体育用品及器材专门零售	Retail of Culture,Sports Appliances and Equipments	9
体育用品及器材零售	Retail of Sports Goods Appliances and Equipments	1
图书、报刊零售	Retail of Books, Newspapers and Magazines	2
珠宝首饰零售	Retail of Jewelery	2
工艺美术品及收藏品零售	Retail of Arts ,Crafts and Collections	2
乐器零售	Retail of Musical instrument	1
其他文化用品零售	Retail of Other Culture Appliances	1
医药及医疗器材专门零售	Retail of Medical Supplies and Appliances	12
西药零售	Retail of Western Medicine	10
中药零售	Retail of Chinese medicine	2
汽车、摩托车、零配件和燃料及其他动力销售	Retail of Motor Vehicles,Motorcycles,Fuel and Parts	91
汽车新车零售	Retail of New Car	75
机动车燃油零售	Retail of Motor Vehicle Fuel	11
机动车燃气零售	Retail of Motor Vehicle Gas	5
家用电器及电子产品专门零售	Special Retailof Household Electric Appliances and Electronic Products	13
家用视听设备零售	Retail of Household Audio and Video Equipment	2
日用家电零售	Retail of Household Electric Appliances	3
计算机、软件及辅助设备零售	Retail of Computer,Software and Assistant Appliances	6
通信设备零售	Retail of Communication Equipments	2
五金、家具及室内装饰材料专门零售	Special Retail of Hardware,Furniture and Decoration Materials	2
家具零售	Retail of Furniture	2
货摊、无店铺及其他零售业	Retail of Non-shop and Other Retails	1
生活用燃料零售	Retail of Life Fuel	1

continued

(10 000 yuan)

年初存货 Invertory at Begining of Year	流动资产合计 Total Working Capitals	应收帐款 Accounts Receivable	存货 Stock	固定资产合计 Total Fixed Assets	固定资产原价 Original Value of Fixed Assets	累计折旧 Accumulated Depreciation	本年折旧 Depreciation This Year
7755	24140	4611	9180	2135	2760	625	88
785	3728	108	928	43	276	233	15
407	4596	657	614	927	1964	1037	58
401	3163	650	604	721	1744	1023	51
5	1433	7	10	206	220	14	7
809	5976	188	719	6753	5155	3857	206
809	5976	188	719	6753	5155	3857	206
39386	266270	43268	35269	45455	83708	38311	2348
12794	174002	3020	11330	21313	44377	23122	1832
26592	92267	40249	23940	24142	39331	15189	516
6317	26989	7955	6228	6245	9264	4344	658
416	1164	98	324	393	773	380	37
1584	7300	2941	1577	4275	6237	3074	432
4204	18370	4844	4306	1493	2142	862	180
112	155	72	21	84	112	28	9
8031	10068	232	7976	943	1983	1040	133
4603	6526	79	4783	2	47	45	2
3428	3542	153	3193	941	1936	995	131
20505	42772	10224	23724	14567	17779	4081	572
5689	5228	290	4938	237			
4227	8059	2238	4257	7384	10327	2943	176
8811	14668	329	12672	6172	6471	931	331
233	12875	7225	144	774	977	203	65
841	939	1	933		5	5	1
704	1004	142	780				
15271	83035	33227	28412	7277	11131	4018	2335
14992	81775	33003	27908	7177	11023	4011	2328
278	1260	224	504	100	108	7	7
147189	813567	70739	190959	95719	141851	53932	7841
143693	638489	47812	186986	84841	124398	43418	6381
3214	159945	21308	3635	5853	8300	4876	1029
282	15134	1619	339	5026	9154	5639	431
37629	132029	7816	39709	8007	11364	3364	129
532	3020	611	574	47	49	8	1
28557	101142	2486	29026	5781	8279	2498	25
7755	24140	4611	9180	2135	2760	625	88
785	3728	108	928	43	276	233	15
407	4596	657	614	927	1964	1037	58
407	4596	657	614	927	1964	1037	58
809	5976	188	719	6753	5155	3857	206
809	5976	188	719	6753	5155	3857	206

9—5 续表4

单位:万元 (2017)

指 标	Item	法人企业数(个) Number of Corporate (unit)
按登记注册类型分	Grouped By Registration Type	
内资企业	Domestic Funded Enterprises	150
国有企业	State-owned Enterprises	3
集体企业	Collective-owned Enterprises	1
有限责任公司	Limited Liability Corporations	55
国有独资公司	State-owned Enterprises	2
其他有限责任公司	Other Limited Liability Corporations	53
股份有限公司	Share-holding Corporations Ltd.	2
私营企业	Private Enterprises	89
私营有限责任公司	Private Limited Liability Corporations	89
港、澳、台商投资企业	Hong Kong, Macao and Taiwan Investment Enterprises	3
与港澳台商合资经营企业	With the Joint Venture Enterprises from Hong Kong, Macao and Taiwan	1
港澳台商独资企业	Hong Kong, Macao, Taiwan-Owned Enterprise	1
其他港澳台投资企业	Other Hong Kong, Macao and Taiwan Investment Enterprises	1
外商投资企业	Foreign Funded Enterprises	1
中外合资经营企业	Sino-foreign Joint Venture Enterprises	1
按控股情况分	Grouped By Controlling Stake	
国有控股	State-owned	8
集体控股	Collective-owned	2
私人控股	Private	126
港澳台商控股	Holding from Hong Kong, Macao and Taiwan	3
外商控股	Foreign	2
其他	Others	13
按经营形式分	Grouped By Business Form	
独立门店	Indipendent Store	130
连锁总店	Distributor Chain	16
其他	Others	8
按单位规模分	Grouped By Unit Scale	
大型	Large-scale	5
中型	Medium-scale	84
小型	Small-scale	61
微型	Miniature	4
按零售业态分	Grouped By Retail Formats	
有店铺零售	Have a Retail Store	149
超市	Supermarket	3
大型超市	Hypermarket	6
百货店	Department Store	10
专业店	Speciality Store	45
专卖店	Franchised Store	82
家居建材商店	Home Fureishing Materials Store	2
厂家直销中心	Center of Manufacturer Direct Deal	1
无店铺零售	Non-store Retail	5
其他	Others	5

continued

(10 000 yuan)

年初存货 Invertory at Begining of Year	流动资产合计 Total Working Capitals			固定资产合计 Total Fixed Assets	固定资产原价 Original Value of Fixed Assets	累计折旧 Accumulated Depreciation	
		应收帐款 Accounts Receivable	存货 Stock				本年折旧 Depreciation This Year
268079	1368281	173612	325745	173680	265493	107489	13233
1107	4737	274	1057	588	1559	971	119
23	102	30	36	28	51	24	2
115545	571639	118202	114925	75925	114775	50239	6169
4958	13957	2426	4950	14046	15212	6620	382
110587	557683	115776	109975	61879	99563	43619	5787
9796	149211	2067	9027	18983	37490	18507	1473
141608	642592	53039	200700	78157	111618	37749	5470
141608	642592	53039	200700	78157	111618	37749	5470
7363	13870	646	7758	11180	14912	3732	1046
4660	6558	651	4959	6791	9098	2307	309
2703	7399	82	2800	734	1650	916	227
	-87	-87		3655	4164	509	509
100	3149	48	105	1032	3794	2763	
100	3149	48	105	1032	3794	2763	
6667	34807	9874	6354	15049	19966	10370	966
245	6737	1137	722	1988	2350	363	44
185894	952736	114030	248275	104399	149314	55137	8302
7363	13870	646	7758	11180	14912	3732	1046
6639	13136	90	5532	1261	4023	2763	
68735	364015	48529	64967	52015	93634	41620	3921
182123	928856	94597	234612	137549	211930	87393	10849
90106	442414	77599	95099	45540	67320	24445	2693
3313	14031	2109	3897	2803	4949	2146	737
66817	349274	45289	63687	49269	86433	37164	3602
165816	808465	106751	166868	110283	156627	58576	7855
42148	223324	21702	102059	26131	40909	18222	2810
761	4238	563	994	209	229	20	12
271980	1243998	152708	329813	181964	281640	112932	14079
1762	5595	1638	1770	899	1512	732	136
61487	200409	42315	58322	29566	47028	17463	516
6255	164016	2977	5903	21084	44148	23122	1832
51936	330566	56675	113933	46633	67711	28728	4882
150356	538793	48755	149810	83074	120513	42868	6702
183	3155	44	75	706	720	14	7
1	1464	304	1	3	9	5	5
3562	141302	21597	3795	3928	2559	1052	200
3562	141302	21597	3795	3928	2559	1052	200

9—5 续表5

单位:万元　　　　(2017)

指　标	Item	在建工程 Construction in Process
总　计	**Total**	**179106**
兴庆区	Xingqing	42187
西夏区	Xixia	20610
金凤区	Jinfeng	70086
永宁县	Yongning	6883
贺兰县	Helan	3325
灵武市	Lingwu	36015
批发业	**Wholesale Trade**	**132358**
按批发行业小类分2011	Grouped by Wholesale Industry Small Class 2011	
农、林、牧产品批发	Wholesale of Agricultural, Forestry, Animal Husbandry Products	6726
谷物、豆及薯类批发	Wholesale of Grain, Bean and Potatoes	6726
牲畜批发	Wholesale of Livestock	
食品、饮料及烟草制品批发	Wholesale of Food,Beverages and Tobacoos	3597
米、面制品及食用油批发	Wholesale of Rice,Flour and Edible Oil	392
肉、禽、蛋、奶及水产品批发	Wholesale of Meat and Aquatic Products	
盐及调味品批发	Wholesale of Salt and Condiments	
酒、饮料及茶叶批发	Wholesale of Beverages and tea	
烟草制品批发	Wholesale of Tobacoos	3205
纺织、服装及家庭用品批发	Wholesale of Textiles,Garments and Daily Consummer Aticles	203
服装批发	Wholesale of Garments	203
家用电器批发	Wholesale of Household Electrical Appliances	
文化、体育用品及器材批发	Wholesale of Cultural,Sports Goods Appliances and Equipments	
图书批发	Wholesale of Books	
医药及医疗器材批发	Wholesale of Medicines and Medical Appliances	3635
西药批发	Wholesale of Western Medicine	3635
医疗用品及器材批发	Wholesale of Medical Supplies and Equipment	
矿产品、建材及化工产品批发	Wholesale of Mineral Products, Building Materials and Chemical Products	117683
煤炭及制品批发	Wholesale of Coal and Related Products	83
石油及制品批发	Wholesale of Petroleum and Related Products	115188
金属及金属矿批发	Wholesale of Metallic mineral Products	
化肥批发	Wholesale of Chemical Fertilizer	
农药批发	Wholesale of Pesticide	
其他化工产品批发	Wholesale of Other Chemical Products	2412
机械设备、五金产品及电子产品批发	Wholesale of Mechanical Equipment, Hardware Products and Electronic Products	467
农业机械批发	Wholesale of Agriculture Machinary	
汽车批发	Wholesale of MotorVehicles	467
电气设备批发	Wholesale of Electrical Equipment	
计算机、软件及辅助设备批发	Wholesale of Computer,Software and Assistant Aplliances	
其他机械设备及电子产品批发	Wholesale of Other Machinary and Electric Equipment	
其他批发业	Other Wholesale	48
再生物资回收与批发	Recovery and Wholesale of Recycled Materials	48
其他未列明批发业	Other Wholesale Unlisted	

continued

(10 000 yuan)

非流动资产合计 Total Non-current Assets	资产总计 Total Assets	流动负债合计 Total Current Liabilities	应付账款 Accounts Payable	非流动负债合计 Totale of	负债合计 Total Liabilities	所有者权益 Total Owners' Equities	实收资本 Paid-in Capitals	国家资本 State-owned Capitals
1318608	**5036463**	**3193447**	**618485**	**536059**	**3767978**	**1340646**	**952060**	**84136**
430996	1386116	772472	253318	183062	958387	427729	260218	61042
192294	509012	260121	22554	8168	293445	215567	164581	10673
452664	1043762	561352	158185	4432	576007	467754	202556	4488
64125	198520	123970	16026	92289	216259	54421	64672	
114772	623628	440681	67836	31686	472367	151260	127700	7009
63759	1275426	1034852	100567	216422	1251512	23914	132334	924
734360	**3064897**	**1992312**	**333752**	**473100**	**2490568**	**646490**	**560777**	**25916**
11832	29001	12457	2168	804	13261	15740	11220	
9750	25383	11394	2129	804	12198	13185	8720	
2082	3618	1063	38		1063	2555	2500	
115638	289135	40182	17289	8159	48341	240794	12838	7135
6552	18980	7888	190	7900	15788	3192	3751	3751
163	916	405	74		405	511	500	
2600	11417	3523	224	182	3705	7712	3384	3384
85	7437	5905			5905	1532	1100	
106237	250385	22461	16801	77	22538	227847	4103	
11120	89377	70643	58937		70643	18734	28042	
11117	84497	66230	58608		66230	18267	27942	
4	4881	4413	330		4413	467	100	
11116	34305	18029	9497	950	18979	15326	7009	7009
11116	34305	18029	9497	950	18979	15326	7009	7009
24114	254815	198311	96272	1041	199352	55463	25832	140
24090	251599	197920	96235	1041	198962	52638	25332	140
24	3216	391	37		391	2825	500	
446386	1977721	1477313	86675	312525	1814994	234888	356849	11632
20990	60267	29390	5045	1000	30390	29877	28607	6806
342271	1586817	1228617	48948	306919	1535535	123443	231964	4598
76579	311730	209459	31667	1676	236292	75438	93751	228
85	461	314	-119		314	147	100	
2294	5874	2027	504		2027	3847	1058	
4167	12572	7507	630	2930	10437	2136	1369	
6261	91061	88354	31471	990	89344	1717	12987	
525	13030	8832	4857		8832	4198	2850	
5140	39986	44195	14029		44195	-4209	6895	
356	29824	30299	8776		30299	-474	1000	
	1821	789	487	990	1779	42	42	
240	6401	4240	3323		4240	2161	2200	
107894	299482	87023	31445	148630	235653	63829	106000	
83	25890	15256	11403		15256	10634	10000	
107810	273593	71767	20042	148630	220397	53195	96000	

9—5 续表6

单位:万元 (2017)

指　标	Item	在建工程 Construction in Process
按批发行业小类分2017	Grouped by Wholesale Industry Small Class 2017	
农、林、牧、渔产品批发	Wholesale of Agricultural, Forestry, Animal Husbandry Products	6726
谷物、豆及薯类批发	Wholesale of Grain, Bean and Potatoes	6726
牲畜批发	Wholesale of Livestock	
食品、饮料及烟草制品批发	Wholesale of Food,Beverages and Tobacoos	3597
米、面制品及食用油批发	Wholesale of Rice,Flour and Edible Oil	392
肉、禽、蛋、奶及水产品批发	Wholesale of Meat and Aquatic Products	
盐及调味品批发	Wholesale of Salt and Condiments	
酒、饮料及茶叶批发	Wholesale of Beverages and tea	
烟草制品批发	Wholesale of Tobacoos	3205
纺织、服装及家庭用品批发	Wholesale of Textiles,Garments and Daily Consummer Aticles	203
服装批发	Wholesale of Garments	203
日用家电批发	Wholesale of Household Electrical Appliances	
文化、体育用品及器材批发	Wholesale of Cultural,Sports Goods Appliances and Equipments	
图书批发	Wholesale of Books	
医药及医疗器材批发	Wholesale of Medicines and Medical Appliances	3635
西药批发	Wholesale of Western Medicine	3635
医疗用品及器材批发	Wholesale of Medical Supplies and Equipment	
矿产品、建材及化工产品批发	Wholesale of Mineral Products, Building Materials and Chemical Products	117683
煤炭及制品批发	Wholesale of Coal and Related Products	83
石油及制品批发	Wholesale of Petroleum and Related Products	115188
金属及金属矿批发	Wholesale of Metallic mineral Products	
化肥批发	Wholesale of Chemical Fertilizer	
农药批发	Wholesale of Pesticide	
其他化工产品批发	Wholesale of Other Chemical Products	2412
机械设备、五金产品及电子产品批发	Wholesale of Mechanical Equipment, Hardware Products and Electronic Products	467
农业机械批发	Wholesale of Agriculture Machinary	
汽车及零配件批发	Wholesale of MotorVehicles	467
电气设备批发	Wholesale of Electrical Equipment	
计算机、软件及辅助设备批发	Wholesale of Computer,Software and Assistant Aplliances	
其他机械设备及电子产品批发	Wholesale of Other Machinary and Electric Equipment	
其他批发业	Other Wholesale	48
再生物资回收与批发	Recovery and Wholesale of Recycled Materials	48
其他未列明批发业	Other Wholesale Unlisted	
按登记注册类型分	Grouped By Registration Type	
内资企业	Domestic Funded Enterprises	132358
国有企业	State-owned Enterprises	3597
有限责任公司	Limited Liability Corporations	44646
国有独资公司	State-owned Enterprises	83
其他有限责任公司	Other Limited Liability Corporations	44563
股份有限公司	Share-holding Corporations Ltd.	63382
私营企业	Private Enterprises	20734
私营有限责任公司	Private Limited Liability Corporations	20734

continued

(10 000 yuan)

非流动资产合计 Total Non-current Assets	资产总计 Total Assets	流动负债合计 Total Current Liabilities	应付账款 Accounts Payable	非流动负债合计 Totale of	负债合计 Total Liabilities	所有者权益 Total Owners' Equities	实收资本 Paid-in Capitals	国家资本 State-owned Capitals
11832	29001	12457	2168	804	13261	15740	11220	
9750	25383	11394	2129	804	12198	13185	8720	
2082	3618	1063	38		1063	2555	2500	
115638	289135	40182	17289	8159	48341	240794	12838	7135
6552	18980	7888	190	7900	15788	3192	3751	3751
163	916	405	74		405	511	500	
2600	11417	3523	224	182	3705	7712	3384	3384
85	7437	5905			5905	1532	1100	
106237	250385	22461	16801	77	22538	227847	4103	
11120	89377	70643	58937		70643	18734	28042	
11117	84497	66230	58608		66230	18267	27942	
4	4881	4413	330		4413	467	100	
11116	34305	18029	9497	950	18979	15326	7009	7009
11116	34305	18029	9497	950	18979	15326	7009	7009
24114	254815	198311	96272	1041	199352	55463	25832	140
24090	251599	197920	96235	1041	198962	52638	25332	140
24	3216	391	37		391	2825	500	
446386	1977721	1477313	86675	312525	1814994	234888	356849	11632
20990	60267	29390	5045	1000	30390	29877	28607	6806
342271	1586817	1228617	48948	306919	1535535	123443	231964	4598
76579	311730	209459	31667	1676	236292	75438	93751	228
85	461	314	-119		314	147	100	
2294	5874	2027	504		2027	3847	1058	
4167	12572	7507	630	2930	10437	2136	1369	
6261	91061	88354	31471	990	89344	1717	12987	
525	13030	8832	4857		8832	4198	2850	
5140	39986	44195	14029		44195	-4209	6895	
356	29824	30299	8776		30299	-474	1000	
	1821	789	487	990	1779	42	42	
240	6401	4240	3323		4240	2161	2200	
107894	299482	87023	31445	148630	235653	63829	106000	
83	25890	15256	11403		15256	10634	10000	
107810	273593	71767	20042	148630	220397	53195	96000	
734360	3064897	1992312	333752	473100	2490568	646490	560777	25916
126505	315087	51901	26711	9110	61011	254076	18247	14144
112679	1537402	1169861	115134	224837	1419854	117547	202781	7903
20555	53852	24051	2923	1000	25051	28801	27406	6806
92124	1483550	1145810	112211	223837	1394803	88747	175375	1098
283362	382007	258305	9166	90497	348801	105366	112205	3729
211815	830402	512245	182740	148657	660901	169501	227544	140
211815	830402	512245	182740	148657	660901	169501	227544	140

9—5 续表7

单位:万元 (2017)

指 标	Item	在建工程 Construction in Process
按控股情况分	Grouped By Controlling Stake	
国有控股	State-owned	67447
私人控股	Private	62451
其他	Others	2460
按经营形式分	Grouped By Business Form	
独立门店	Indipendent Stores	65495
连锁总店	Distributor Chain	63225
其他	Others	3638
按单位规模分	Grouped By Unit Scale	
大型	large-scale	63382
中型	Medium-scale	51877
小型	Small-scale	3190
微型	Miniature	13909
零售业	**Retail Trade**	**46747**
按零售行业小类分2011	Grouped by Retail Trade Industry Small Class 2011	
综合零售	Integrated Retail	24204
百货零售	Retail of General Merchandise	24057
超级市场零售	Retail of Supermarkets	147
食品、饮料及烟草制品专门零售	Retail of Food,Beverages and Tobaccos	1245
粮油零售	Retail of Grain and Oil	
果品、蔬菜零售	Retail of Fruits and Vegetables	1104
酒、饮料及茶叶零售	Retail of Wine,Beverages and Tea	141
其他食品零售	Retail of Other Food	
纺织、服装及日用品专门零售	Special Retail of Textiles,Garments and Daily Consumer Articles	
服装零售	Retail of Garments	
钟表、眼镜零售	Retail of Watches and Glasses	
文化、体育用品及器材专门零售	Retail of Culture,Sports Appliances and Equipments	7631
体育用品及器材零售	Retail of Sports Goods Appliances and Equipments	
图书、报刊零售	Retail of Books, Newspapers and Magazines	6670
珠宝首饰零售	Retail of Jewelery	961
工艺美术品及收藏品零售	Retail of Arts ,Crafts and Collections	
乐器零售	Retail of Musical instrument	
其他文化用品零售	Retail of Other Culture Appliances	
医药及医疗器材专门零售	Retail of Medical Supplies and Appliances	2985
药品零售	Retail of Drug	2985
医疗用品及器材零售	Retail of Medical Supplies and Appliances	
汽车、摩托车、燃料及零配件专门零售	Retail of Motor Vehicles,Motorcycles,Fuel and Parts	10682
汽车零售	Retail of Motor Vehicles	2768
汽车零配件零售	Retail of Motor Vehicles and Parts	
机动车燃料零售	Retail of Motor Vehicles Fuel	7914
家用电器及电子产品专门零售	Special Retailof Household Electric Appliances and Electronic Products	
家用视听设备零售	Retail of Household Audio and Video Equipment	
日用家电设备零售	Retail of Household Electric Appliances	

continued

（10 000 yuan）

非流动资产合计 Total Non-current Assets	资产总计 Total Assets	流动负债合计 Total Current Liabilities	应付账款 Accounts Payable	非流动负债合计 Totale of	负债合计 Total Liabilities	所有者权益 Total Owners' Equities	实收资本 Paid-in Capitals	国家资本 State-owned Capitals
444000	868762	418262	90179	100626	518888	422034	171717	25776
274456	2117815	1543901	229515	369544	1913444	204371	370179	140
15904	78320	30149	14058	2930	58235	20085	18881	
307724	2277280	1549937	222906	382506	1957600	319680	397285	25827
264813	312636	212037	8070	200	212237	100399	109506	
161823	474982	230338	102776	90393	320731	226411	53986	90
295762	522674	288645	50545	89976	378621	216213	119807	
342305	2062907	1378024	178329	369445	1747469	315438	298622	14045
54788	362923	221287	92560	13679	260122	102801	110520	11643
41505	116393	104356	12318		104356	12037	31828	228
584248	**1971566**	**1201135**	**284733**	**62959**	**1277410**	**694156**	**391284**	**58220**
237854	504123	240082	107142	14306	254387	249736	85959	40500
170172	344174	141755	35871	12977	154732	189443	73200	40500
67682	159949	98327	71270	1329	99656	60294	12760	
16213	43202	31072	2466	2094	33696	9507	9320	574
548	1712	509	310	68	577	1135	574	574
6487	13787	9767	1834	1010	11307	2480	3500	
9094	27465	20795	321	1016	21811	5654	5216	
84	239	1	1		1	238	30	
1068	11135	8189	580	1256	9444	1691	3161	
2	6528	7483	35		7483	-955	1800	
1065	4607	706	545	1256	1962	2646	1361	
29511	72285	40344	12260	4832	46098	26187	24153	4335
1854	7082	4540	1354		4540	2542	2837	
16516	24574	13916	10039	3810	17726	6849	4055	4055
9692	24360	8772			8772	15588	16601	
1449	14325	12305	419	1022	13326	998	458	280
	939	811	448		811	127	100	
	1006				922	84	102	
14844	97878	70702	36691		70940	26938	13188	50
14801	97396	70347	36340		70586	26811	13138	50
43	482	355	352		355	127	50	
260011	1075593	714045	90129	39695	765364	310228	229888	1390
154585	790737	578193	83053	32926	622745	167992	138710	
1411	5762	4508	46	53	4562	1200	1750	
104016	279094	131343	7031	6715	138058	141036	89428	1390
16715	148744	87762	31374	695	88457	60287	13144	
95	3115	1728	653		1728	1387	1500	
14179	115321	65184	21086	695	65879	49442	4493	

9—5 续表8

单位:万元 (2017)

指　标	Item	在建工程 Construction in Process
计算机、软件及辅助设备零售	Retail of Computer,Software and Assistant Appliances	
通信设备零售	Retail of Communication Equipments	
五金、家具及室内装饰材料专门零售	Special Retail of Hardware,Furniture and Decoration Materials	
家具零售	Retail of Furniture	
其他室内装饰材料零售	Retail of Other Decoration Materials	
货摊、无店铺及其他零售业	Retail of Non-shop and Other Retails	
生活用燃料零售	Retail of Life Fuel	
按零售行业小类分2017	Grouped by Retail Trade Industry Small Class 2017	
综合零售	Integrated Retail	24204
百货零售	Retail of General Merchandise	24057
超级市场零售	Retail of Supermarkets	147
食品、饮料及烟草制品专门零售	Retail of Food,Beverages and Tobaccos	1245
粮油零售	Retail of Grain and Oil	
果品、蔬菜零售	Retail of Fruits and Vegetables	1104
酒、饮料及茶叶零售	Retail of Wine,Beverages and Tea	141
其他食品零售	Retail of Other Food	
纺织、服装及日用品专门零售	Special Retail of Textiles,Garments and Daily Consumer Articles	
服装零售	Retail of Garments	
厨具卫具及日用杂品零售	Retail of Kitchenware and Household Goods	
文化、体育用品及器材专门零售	Retail of Culture,Sports Appliances and Equipments	7631
体育用品及器材零售	Retail of Sports Goods Appliances and Equipments	
图书、报刊零售	Retail of Books, Newspapers and Magazines	6670
珠宝首饰零售	Retail of Jewelery	961
工艺美术品及收藏品零售	Retail of Arts ,Crafts and Collections	
乐器零售	Retail of Musical instrument	
其他文化用品零售	Retail of Other Culture Appliances	
医药及医疗器材专门零售	Retail of Medical Supplies and Appliances	2985
西药零售	Retail of Western Medicine	2985
中药零售	Retall of Chinese medicine	
汽车、摩托车、零配件和燃料及其他动力销售	Retail of Motor Vehicles,Motorcycles,Fuel and Parts	10682
汽车新车零售	Retail of New Car	2768
机动车燃油零售	Retail of Motor Vehicle Fuel	6868
机动车燃气零售	Retail of Motor Vehicle Gas	1046
家用电器及电子产品专门零售	Special Retailof Household Electric Appliances and Electronic Products	
家用视听设备零售	Retail of Household Audio and Video Equipment	
日用家电零售	Retail of Household Electric Appliances	
计算机、软件及辅助设备零售	Retail of Computer,Software and Assistant Appliances	
通信设备零售	Retail of Communication Equipments	
五金、家具及室内装饰材料专门零售	Special Retail of Hardware,Furniture and Decoration Materials	
家具零售	Retail of Furniture	
货摊、无店铺及其他零售业	Retail of Non-shop and Other Retails	
生活用燃料零售	Retail of Life Fuel	

continued

(10 000 yuan)

非流动资产合计 Total Non-current Assets	资产总计 Total Assets	流动负债合计 Total Current Liabilities	应付账款 Accounts Payable	非流动负债合计 Totale of	负债合计 Total Liabilities	所有者权益 Total Owners' Equities	实收资本 Paid-in Capitals	国家资本 State-owned Capitals
2266	26406	17983	8240		17983	8423	6400	
175	3903	2867	1395		2867	1035	751	
1281	5877	7868	3473		7868	-1990	1100	
922	4085	3085	3085		3085	1000	1000	
359	1793	4783	388		4783	-2990	100	
6753	12728	1073	619	83	1156	11572	11371	11371
6753	12728	1073	619	83	1156	11572	11371	11371
237854	504123	240082	107142	14306	254387	249736	85959	40500
170172	344174	141755	35871	12977	154732	189443	73200	40500
67682	159949	98327	71270	1329	99656	60294	12760	
16213	43202	31072	2466	2094	33696	9507	9320	574
548	1712	509	310	68	577	1135	574	574
6487	13787	9767	1834	1010	11307	2480	3500	
9094	27465	20795	321	1016	21811	5654	5216	
84	239	1	1		1	238	30	
1068	11135	8189	580	1256	9444	1691	3161	
2	6528	7483	35		7483	-955	1800	
1065	4607	706	545	1256	1962	2646	1361	
29511	72285	40344	12260	4832	46098	26187	24153	4335
1854	7082	4540	1354		4540	2542	2837	
16516	24574	13916	10039	3810	17726	6849	4055	4055
9692	24360	8772			8772	15588	16601	
1449	14325	12305	419	1022	13326	998	458	280
	939	811	448		811	127	100	
	1006				922	84	102	
14844	97878	70702	36691		70940	26938	13188	50
14737	96512	70321	36324		70321	26191	13088	50
107	1366	381	367		620	746	100	
260011	1075593	714045	90129	39695	765364	310228	229888	1390
155995	796499	582702	83099	32980	627306	169192	140460	
97608	257553	115831	6792	6695	122526	135027	85558	1090
6408	21541	15513	239	20	15533	6009	3871	300
16715	148744	87762	31374	695	88457	60287	13144	
95	3115	1728	653		1728	1387	1500	
14179	115321	65184	21086	695	65879	49442	4493	
2266	26406	17983	8240		17983	8423	6400	
175	3903	2867	1395		2867	1035	751	
1281	5877	7868	3473		7868	-1990	1100	
1281	5877	7868	3473		7868	-1990	1100	
6753	12728	1073	619	83	1156	11572	11371	11371
6753	12728	1073	619	83	1156	11572	11371	11371

9—5 续表9

单位:万元 (2017)

指　标	Item	在建工程 Construction in Process
按登记注册类型分	Grouped By Registration Type	
内资企业	Domestic Funded Enterprises	46745
国有企业	State-owned Enterprises	
集体企业	Collective-owned Enterprises	
有限责任公司	Limited Liability Corporations	18194
国有独资公司	State-owned Enterprises	6670
其他有限责任公司	Other Limited Liability Corporations	11525
股份有限公司	Share-holding Corporations Ltd.	23796
私营企业	Private Enterprises	4754
私营有限责任公司	Private Limited Liability Corporations	4754
港、澳、台商投资企业	Hong Kong, Macao and Taiwan Investment Enterprises	3
与港澳台商合资经营企业	With the Joint Venture Enterprises from Hong Kong, Macao and Taiwan	3
港澳台商独资企业	Hong Kong, Macao, Taiwan-Owned Enterprise	
其他港澳台投资企业	Other Hong Kong, Macao and Taiwan Investment Enterprises	
外商投资企业	Foreign Funded Enterprises	
中外合资经营企业	Sino-foreign Joint Venture Enterprises	
按控股情况分	Grouped By Controlling Stake	
国有控股	State-owned	6670
集体控股	Collective-owned	
私人控股	Private	16132
港澳台商控股	Holding from Hong Kong, Macao and Taiwan	3
外商控股	Foreign	
其他	Others	23943
按经营形式分	Grouped By Business Form	
独立门店	Indipendent Store	35246
连锁总店	Distributor Chain	11502
其他	Others	
按单位规模分	Grouped By Unit Scale	
大型	Large-scale	23943
中型	Medium-scale	17974
小型	Small-scale	4831
微型	Miniature	
按零售业态分	Grouped By Retail Formats	
有店铺零售	Have a Retail Store	43181
超市	Supermarket	44
大型超市	Hypermarket	147
百货店	Department Store	24057
专业店	Speciality Store	16039
专卖店	Franchised Store	2895
家居建材商店	Home Fureishing Materials Store	
厂家直销中心	Center of Manufacturer Direct Deal	
无店铺零售	Non-store Retail	3566
其他	Others	3566

continued

(10 000 yuan)

非流动资产合计 Total Non-current Assets	资产总计 Total Assets	流动负债合计 Total Current Liabilities	应付账款 Accounts Payable	非流动负债合计 Totale of	负债合计 Total Liabilities	所有者权益 Total Owners' Equities	实收资本 Paid-in Capitals	国家资本 State-owned Capitals
567892	1938190	1184815	277952	62959	1261090	677100	376888	57920
1445	6183	3492	3102	68	3559	2623	679	679
28	130	52	52		52	78		
249040	822694	474305	164152	16684	501213	321481	160295	16741
22476	36433	14743	10489	3893	18636	17796	15371	15371
226564	786261	459562	153664	12791	482577	303685	144924	1370
163641	312852	116608	22510	12681	129290	183562	63063	40500
153738	796332	590358	88136	33526	626976	169356	152851	
153738	796332	590358	88136	33526	626976	169356	152851	
15208	29078	15986	6780		15986	13093	12348	
8591	15149	6250	3319		6250	8899	7000	
2943	10342	6134	444		6134	4209	3889	
3674	3587	3602	3018		3602	-15	1460	
1148	4298	334	1		334	3963	2048	300
1148	4298	334	1		334	3963	2048	300
25204	60011	32074	13679	4958	37032	22980	18247	17420
2057	8794	6545	5025		6545	2249	550	
291423	1244161	860376	140557	42611	906079	338082	267875	
15208	29078	15986	6780		15986	13093	12348	
19343	32479	17784	8311	2578	20363	12117	42548	40800
231013	597042	268371	110380	12812	291407	305636	49716	
373399	1304272	837283	160200	47470	897300	406972	230032	12630
207603	650017	352516	122414	14473	367757	282260	154175	44500
3246	17277	11337	2119	1016	12353	4924	7077	1090
240452	589726	267611	106190	14133	281744	307982	82863	40500
292288	1102768	691858	113277	44521	746603	356165	262780	15671
51122	274446	235370	64664	4305	241845	32601	45289	2049
386	4626	6296	602		7219	-2593	352	
497927	1743942	1117975	279410	55805	1187095	556847	307367	58220
1117	6712	4419	481		4949	1763	2699	
98613	299022	177345	99787	4602	181947	117075	56860	40500
151977	315992	124305	27561	10399	134703	181289	32700	
99040	431623	319948	118924	6079	338812	92811	71078	17041
146294	685086	484081	32224	34726	518807	166279	143332	679
859	4015	6585	398		6585	-2570	600	
27	1491	1293	36		1293	199	100	
86321	227624	83161	5323	7155	90316	137308	83916	
86321	227624	83161	5323	7155	90316	137308	83916	

9—5 续表10

单位:万元 (2017)

指　　标	Item	集体资本 State-ownde Capitals
总　计	**Total**	**964**
兴庆区	Xingqing	933
西夏区	Xixia	30
金凤区	Jinfeng	
永宁县	Yongning	
贺兰县	Helan	
灵武市	Lingwu	
批发业	**Wholesale Trade**	**801**
按批发行业小类分2011	Grouped by Wholesale Industry Small Class 2011	
农、林、牧产品批发	Wholesale of Agricultural, Forestry, Animal Husbandry Products	
谷物、豆及薯类批发	Wholesale of Grain, Bean and Potatoes	
牲畜批发	Wholesale of Livestock	
食品、饮料及烟草制品批发	Wholesale of Food,Beverages and Tobacoos	
米、面制品及食用油批发	Wholesale of Rice,Flour and Edible Oil	
肉、禽、蛋、奶及水产品批发	Wholesale of Meat and Aquatic Products	
盐及调味品批发	Wholesale of Salt and Condiments	
酒、饮料及茶叶批发	Wholesale of Beverages and tea	
烟草制品批发	Wholesale of Tobacoos	
纺织、服装及家庭用品批发	Wholesale of Textiles,Garments and Daily Consummer Aticles	
服装批发	Wholesale of Garments	
家用电器批发	Wholesale of Household Electrical Appliances	
文化、体育用品及器材批发	Wholesale of Cultural,Sports Goods Appliances and Equipments	
图书批发	Wholesale of Books	
医药及医疗器材批发	Wholesale of Medicines and Medical Appliances	
西药批发	Wholesale of Western Medicine	
医疗用品及器材批发	Wholesale of Medical Supplies and Equipment	
矿产品、建材及化工产品批发	Wholesale of Mineral Products, Building Materials and Chemical Products	801
煤炭及制品批发	Wholesale of Coal and Related Products	
石油及制品批发	Wholesale of Petroleum and Related Products	
金属及金属矿批发	Wholesale of Metallic mineral Products	
化肥批发	Wholesale of Chemical Fertilizer	
农药批发	Wholesale of Pesticide	
其他化工产品批发	Wholesale of Other Chemical Products	801
机械设备、五金产品及电子产品批发	Wholesale of Mechanical Equipment, Hardware Products and Electronic Products	
农业机械批发	Wholesale of Agriculture Machinary	
汽车批发	Wholesale of MotorVehicles	
电气设备批发	Wholesale of Electrical Equipment	
计算机、软件及辅助设备批发	Wholesale of Computer,Software and Assistant Aplliances	
其他机械设备及电子产品批发	Wholesale of Other Machinary and Electric Equipment	
其他批发业	Other Wholesale	
再生物资回收与批发	Recovery and Wholesale of Recycled Materials	
其他未列明批发业	Other Wholesale Unlisted	

continued

(10 000 yuan)

法人资本 Corporate Capitals	个人资本 Personal Capitals	港澳台资本 Hongkong, Macao and Taiwan Capitals	外商资本 Foreign Capitais	营业收入 Total Revenue	主营业务收入 Revenue from Principal Business	营业成本 Business Costs	主营业务成本 Costs of Principal Business
700810	**155055**	**5348**	**5748**	**8391960**	**8313066**	**7830099**	**7789196**
173534	24709			1460039	1441246	1286350	1284390
122940	30938			889686	873097	854657	838869
148503	46558	1460	1548	3937643	3919077	3702917	3690918
42958	21714			556324	546390	529648	522529
86489	26113	3889	4200	1092080	1081446	1004344	1003352
126386	5024			456187	451810	452183	449137
457492	**76567**			**5912927**	**5866193**	**5685612**	**5647445**
8720	2500			33707	33660	32130	32130
8720				31480	31455	30072	30072
	2500			2227	2205	2058	2058
4103	1600			730225	729633	634494	634361
				3600	3490	3692	3677
	500			2618	2575	2329	2283
				5084	4921	3257	3217
	1100			8877	8877	7913	7913
4103				710046	709770	617304	617271
27592	450			96804	96804	94594	94594
27492	450			86273	86273	85562	85562
100				10531	10531	9032	9032
				21761	21645	18612	18612
				21761	21645	18612	18612
18245	7447			393929	393726	355224	355207
18245	6947			389857	389654	352053	352036
	500			4072	4072	3172	3172
286940	57476			4285144	4241628	4210080	4172470
20600	1201			203019	191196	196725	183840
211367	16000			3330261	3298903	3279990	3255470
53347	40175			703286	703012	686833	686636
	100			7421	7421	7201	7201
1058				7163	7163	6808	6808
568				33994	33932	32522	32515
5893	7094			125443	123183	116616	116209
1000	1850			20893	20892	18928	18928
4151	2744			89422	87626	84774	84774
	1000			5115	5115	3673	3673
42				4126	4126	4039	4039
700	1500			5887	5425	5202	4794
106000				225915	225915	223862	223862
10000				39252	39252	37699	37699
96000				186663	186663	186163	186163

9—5 续表11

单位:万元 (2017)

指标	Item	集体资本 State-ownde Capitals
按批发行业小类分2017	Grouped by Wholesale Industry Small Class 2017	
农、林、牧、渔产品批发	Wholesale of Agricultural, Forestry, Animal Husbandry Products	
谷物、豆及薯类批发	Wholesale of Grain, Bean and Potatoes	
牲畜批发	Wholesale of Livestock	
食品、饮料及烟草制品批发	Wholesale of Food,Beverages and Tobacoos	
米、面制品及食用油批发	Wholesale of Rice,Flour and Edible Oil	
肉、禽、蛋、奶及水产品批发	Wholesale of Meat and Aquatic Products	
盐及调味品批发	Wholesale of Salt and Condiments	
酒、饮料及茶叶批发	Wholesale of Beverages and tea	
烟草制品批发	Wholesale of Tobacoos	
纺织、服装及家庭用品批发	Wholesale of Textiles,Garments and Daily Consummer Aticles	
服装批发	Wholesale of Garments	
日用家电批发	Wholesale of Household Electrical Appliances	
文化、体育用品及器材批发	Wholesale of Cultural,Sports Goods Appliances and Equipments	
图书批发	Wholesale of Books	
医药及医疗器材批发	Wholesale of Medicines and Medical Appliances	
西药批发	Wholesale of Western Medicine	
医疗用品及器材批发	Wholesale of Medical Supplies and Equipment	
矿产品、建材及化工产品批发	Wholesale of Mineral Products, Building Materials and Chemical Products	801
煤炭及制品批发	Wholesale of Coal and Related Products	
石油及制品批发	Wholesale of Petroleum and Related Products	
金属及金属矿批发	Wholesale of Metallic mineral Products	
化肥批发	Wholesale of Chemical Fertilizer	
农药批发	Wholesale of Pesticide	
其他化工产品批发	Wholesale of Other Chemical Products	801
机械设备、五金产品及电子产品批发	Wholesale of Mechanical Equipment, Hardware Products and Electronic Products	
农业机械批发	Wholesale of Agriculture Machinary	
汽车及零配件批发	Wholesale of MotorVehicles	
电气设备批发	Wholesale of Electrical Equipment	
计算机、软件及辅助设备批发	Wholesale of Computer,Software and Assistant Aplliances	
其他机械设备及电子产品批发	Wholesale of Other Machinary and Electric Equipment	
其他批发业	Other Wholesale	
再生物资回收与批发	Recovery and Wholesale of Recycled Materials	
其他未列明批发业	Other Wholesale Unlisted	
按登记注册类型分	Grouped By Registration Type	
内资企业	Domestic Funded Enterprises	801
国有企业	State-owned Enterprises	
有限责任公司	Limited Liability Corporations	801
国有独资公司	State-owned Enterprises	
其他有限责任公司	Other Limited Liability Corporations	801
股份有限公司	Share-holding Corporations Ltd.	
私营企业	Private Enterprises	
私营有限责任公司	Private Limited Liability Corporations	

continued

(10 000 yuan)

法人资本 Corporate Capitals	个人资本 Personal Capitals	港澳台资本 Hongkong, Macao and Taiwan Capitals	外商资本 Foreign Capitais	营业收入 Total Revenue	主营业务收入 Revenue from Principal Business	营业成本 Business Costs	主营业务成本 Costs of Principal Business
8720	2500			33707	33660	32130	32130
8720				31480	31455	30072	30072
	2500			2227	2205	2058	2058
4103	1600			730225	729633	634494	634361
				3600	3490	3692	3677
	500			2618	2575	2329	2283
				5084	4921	3257	3217
	1100			8877	8877	7913	7913
4103				710046	709770	617304	617271
27592	450			96804	96804	94594	94594
27492	450			86273	86273	85562	85562
100				10531	10531	9032	9032
				21761	21645	18612	18612
				21761	21645	18612	18612
18245	7447			393929	393726	355224	355207
18245	6947			389857	389654	352053	352036
	500			4072	4072	3172	3172
286940	57476			4285144	4241628	4210080	4172470
20600	1201			203019	191196	196725	183840
211367	16000			3330261	3298903	3279990	3255470
53347	40175			703286	703012	686833	686636
	100			7421	7421	7201	7201
1058				7163	7163	6808	6808
568				33994	33932	32522	32515
5893	7094			125443	123183	116616	116209
1000	1850			20893	20892	18928	18928
4151	2744			89422	87626	84774	84774
	1000			5115	5115	3673	3673
42				4126	4126	4039	4039
700	1500			5887	5425	5202	4794
106000				225915	225915	223862	223862
10000				39252	39252	37699	37699
96000				186663	186663	186163	186163
457492	76567			5912927	5866193	5685612	5647445
4103				740491	739826	642864	642777
169557	24520			1217546	1206874	1187620	1176737
20600				183715	174445	178530	168158
148957	24520			1033831	1032429	1009090	1008579
108476				2816937	2787440	2769783	2745749
175357	52047			1137953	1132053	1085346	1082182
175357	52047			1137953	1132053	1085346	1082182

9—5 续表12

单位:万元 (2017)

指 标	Item	集体资本 State-ownde Capitals
按控股情况分	Grouped By Controlling Stake	
国有控股	State-owned	
私人控股	Private	
其他	Others	801
按经营形式分	Grouped By Business Form	
独立门店	Indipendent Stores	801
连锁总店	Distributor Chain	
其他	Others	
按单位规模分	Grouped By Unit Scale	
大型	large-scale	
中型	Medium-scale	
小型	Small-scale	801
微型	Miniature	
零售业	**Retail Trade**	**162**
按零售行业小类分2011	Grouped by Retail Trade Industry Small Class 2011	
综合零售	Integrated Retail	
百货零售	Retail of General Merchandise	
超级市场零售	Retail of Supermarkets	
食品、饮料及烟草制品专门零售	Retail of Food,Beverages and Tobaccos	30
粮油零售	Retail of Grain and Oil	
果品、蔬菜零售	Retail of Fruits and Vegetables	
酒、饮料及茶叶零售	Retail of Wine,Beverages and Tea	30
其他食品零售	Retail of Other Food	
纺织、服装及日用品专门零售	Special Retail of Textiles,Garments and Daily Consumer Articles	
服装零售	Retail of Garments	
钟表、眼镜零售	Retail of Watches and Glasses	
文化、体育用品及器材专门零售	Retail of Culture,Sports Appliances and Equipments	
体育用品及器材零售	Retail of Sports Goods Appliances and Equipments	
图书、报刊零售	Retail of Books, Newspapers and Magazines	
珠宝首饰零售	Retail of Jewelery	
工艺美术品及收藏品零售	Retail of Arts ,Crafts and Collections	
乐器零售	Retail of Musical instrument	
其他文化用品零售	Retail of Other Culture Appliances	
医药及医疗器材专门零售	Retail of Medical Supplies and Appliances	
药品零售	Retail of Drug	
医疗用品及器材零售	Retail of Medical Supplies and Appliances	
汽车、摩托车、燃料及零配件专门零售	Retail of Motor Vehicles,Motorcycles,Fuel and Parts	132
汽车零售	Retail of Motor Vehicles	
汽车零配件零售	Retail of Motor Vehicles and Parts	
机动车燃料零售	Retail of Motor Vehicles Fuel	132
家用电器及电子产品专门零售	Special Retailof Household Electric Appliances and Electronic Products	
家用视听设备零售	Retail of Household Audio and Video Equipment	
日用家电设备零售	Retail of Household Electric Appliances	

continued

(10 000 yuan)

法人资本 Corporate Capitals	个人资本 Personal Capitals	港澳台资本 Hongkong, Macao and Taiwan Capitals	外商资本 Foreign Capitais	营业收入 Total Revenue	主营业务收入 Revenue from Principal Business	营业成本 Business Costs	主营业务成本 Costs of Principal Business
145941				3963045	3923307	3802281	3767670
294821	75217			1869177	1862259	1808014	1804464
16730	1350			80706	80627	75317	75310
306137	64520			2169312	2152605	2038500	2024595
109506				666269	646771	613765	596985
41849	12047			3077346	3066817	3033348	3025865
119807				1240518	1210770	1098343	1074409
261045	23532			3893481	3880878	3834515	3823409
52360	45715			653856	649472	629906	626778
24280	7320			125072	125072	122849	122849
243317	**78488**	**5348**	**5748**	**2479032**	**2446874**	**2144486**	**2141751**
42300	1700	1460		750379	737468	598751	597456
31100	1600			369649	356837	289440	288163
11200	100	1460		380730	380631	309311	309293
110	8606			18588	18530	15976	15970
				675	625	1074	1067
	3500			9680	9680	8001	8001
110	5076			7156	7148	6034	6034
	30			1076	1076	867	867
1800	1361			8128	8128	6489	6489
1800				3207	3207	2737	2737
	1361			4920	4920	3752	3752
	19818			40222	38977	32915	32738
	2837			8749	8749	7012	7012
				11432	11233	8226	8195
	16601			3492	2808	2418	2418
	178			14388	14026	13368	13223
	100			1423	1423	1242	1242
	102			738	738	648	648
8888	4250			120638	120141	102792	102750
8888	4200			119614	119118	102028	101987
	50			1024	1024	763	763
180277	38452	3889	5748	1295076	1285606	1186412	1185206
96328	34293	3889	4200	1214708	1206158	1119254	1118260
1750				14099	14098	13329	13329
82198	4159		1548	66269	65351	53829	53618
8843	4301			236962	229176	194645	194645
1500				8186	8140	6587	6587
893	3600			181735	174237	148604	148604

9—5 续表13

单位:万元 (2017)

指　标	Item	集体资本 State-ownde Capitals
计算机、软件及辅助设备零售	Retail of Computer,Software and Assistant Appliances	
通信设备零售	Retail of Communication Equipments	
五金、家具及室内装饰材料专门零售	Special Retail of Hardware,Furniture and Decoration Materials	
家具零售	Retail of Furniture	
其他室内装饰材料零售	Retail of Other Decoration Materials	
货摊、无店铺及其他零售业	Retail of Non-shop and Other Retails	
生活用燃料零售	Retail of Life Fuel	
按零售行业小类分2017	Grouped by Retail Trade Industry Small Class 2017	
综合零售	Integrated Retail	
百货零售	Retail of General Merchandise	
超级市场零售	Retail of Supermarkets	
食品、饮料及烟草制品专门零售	Retail of Food,Beverages and Tobaccos	30
粮油零售	Retail of Grain and Oil	
果品、蔬菜零售	Retail of Fruits and Vegetables	
酒、饮料及茶叶零售	Retail of Wine,Beverages and Tea	30
其他食品零售	Retail of Other Food	
纺织、服装及日用品专门零售	Special Retail of Textiles,Garments and Daily Consumer Articles	
服装零售	Retail of Garments	
厨具卫具及日用杂品零售	Retail of Kitchenware and Household Goods	
文化、体育用品及器材专门零售	Retail of Culture,Sports Appliances and Equipments	
体育用品及器材零售	Retail of Sports Goods Appliances and Equipments	
图书、报刊零售	Retail of Books, Newspapers and Magazines	
珠宝首饰零售	Retail of Jewelery	
工艺美术品及收藏品零售	Retail of Arts ,Crafts and Collections	
乐器零售	Retail of Musical instrument	
其他文化用品零售	Retail of Other Culture Appliances	
医药及医疗器材专门零售	Retail of Medical Supplies and Appliances	
西药零售	Retail of Western Medicine	
中药零售	Retail of Chinese medicine	
汽车、摩托车、零配件和燃料及其他动力销售	Retail of Motor Vehicles,Motorcycles,Fuel and Parts	132
汽车零售	Retail of New Car	
机动车燃油零售	Retail of Motor Vehicle Fuel	132
机动车燃气零售	Retail of Motor Vehicle Gas	
家用电器及电子产品专门零售	Special Retailof Household Electric Appliances and Electronic Products	
家用视听设备零售	Retail of Household Audio and Video Equipment	
日用家电零售	Retail of Household Electric Appliances	
计算机、软件及辅助设备零售	Retail of Computer,Software and Assistant Appliances	
通信设备零售	Retail of Communication Equipments	
五金、家具及室内装饰材料专门零售	Special Retail of Hardware,Furniture and Decoration Materials	
家具零售	Retail of Furniture	
货摊、无店铺及其他零售业	Retail of Non-shop and Other Retails	
生活用燃料零售	Retail of Life Fuel	

continued

(10 000 yuan)

法人资本 Corporate Capitals	个人资本 Personal Capitals	港澳台资本 Hongkong, Macao and Taiwan Capitals	外商资本 Foreign Capitais	营业收入 Total Revenue	主营业务收入 Revenue from Principal Business	营业成本 Business Costs	主营业务成本 Costs of Principal Business
5900	500			39349	39149	32998	32998
550	201			7693	7650	6455	6455
1100				5143	5128	3575	3575
1000				3384	3384	2384	2384
100				1759	1744	1190	1190
				3897	3721	2933	2924
				3897	3721	2933	2924
42300	1700	1460		750379	737468	598751	597456
31100	1600			369649	356837	289440	288163
11200	100	1460		380730	380631	309311	309293
110	8606			18588	18530	15976	15970
				675	625	1074	1067
	3500			9680	9680	8001	8001
110	5076			7156	7148	6034	6034
	30			1076	1076	867	867
1800	1361			8128	8128	6489	6489
1800				3207	3207	2737	2737
	1361			4920	4920	3752	3752
	19818			40222	38977	32915	32738
	2837			8749	8749	7012	7012
				11432	11233	8226	8195
	16601			3492	2808	2418	2418
	178			14388	14026	13368	13223
	100			1423	1423	1242	1242
	102			738	738	648	648
8888	4250			120638	120141	102792	102750
8838	4200			118861	118364	101549	101507
50	50			1777	1777	1243	1243
180277	38452	3889	5748	1295076	1285606	1186412	1185206
98078	34293	3889	4200	1228808	1220256	1132583	1131589
80776	3559			44243	43970	38467	38255
1422	600		1548	22026	21380	15363	15363
8843	4301			236962	229176	194645	194645
1500				8186	8140	6587	6587
893	3600			181735	174237	148604	148604
5900	500			39349	39149	32998	32998
550	201			7693	7650	6455	6455
1100				5143	5128	3575	3575
1100				5143	5128	3575	3575
				3897	3721	2933	2924
				3897	3721	2933	2924

9—5 续表14

单位:万元 (2017)

指　标	Item	集体资本 State-ownde Capitals
按登记注册类型分	Grouped By Registration Type	
内资企业	Domestic Funded Enterprises	162
国有企业	State-owned Enterprises	
集体企业	Collective-owned Enterprises	
有限责任公司	Limited Liability Corporations	162
国有独资公司	State-owned Enterprises	
其他有限责任公司	Other Limited Liability Corporations	162
股份有限公司	Share-holding Corporations Ltd.	
私营企业	Private Enterprises	
私营有限责任公司	Private Limited Liability Corporations	
港、澳、台商投资企业	Hong Kong, Macao and Taiwan Investment Enterprises	
与港澳台商合资经营企业	With the Joint Venture Enterprises from Hong Kong, Macao and Taiwan	
港澳台商独资企业	Hong Kong, Macao, Taiwan-Owned Enterprise	
其他港澳台投资企业	Other Hong Kong, Macao and Taiwan Investment Enterprises	
外商投资企业	Foreign Funded Enterprises	
中外合资经营企业	Sino-foreign Joint Venture Enterprises	
按控股情况分	Grouped By Controlling Stake	
国有控股	State-owned	
集体控股	Collective-owned	
私人控股	Private	30
港澳台商控股	Holding from Hong Kong, Macao and Taiwan	
外商控股	Foreign	
其他	Others	132
按经营形式分	Grouped By Business Form	
独立门店	Indipendent Store	132
连锁总店	Distributor Chain	
其他	Others	30
按单位规模分	Grouped By Unit Scale	
大型	Large-scale	
中型	Medium-scale	
小型	Small-scale	162
微型	Miniature	
按零售业态分	Grouped By Retail Formats	
有店铺零售	Have a Retail Store	132
超市	Supermarket	
大型超市	Hypermarket	
百货店	Department Store	
专业店	Speciality Store	132
专卖店	Franchised Store	
家居建材商店	Home Fureishing Materials Store	
厂家直销中心	Center of Manufacturer Direct Deal	
无店铺零售	Non-store Retail	30
其他	Others	30

continued

（10 000 yuan）

法人资本 Corporate Capitals	个人资本 Personal Capitals	港澳台资本 Hongkong, Macao and Taiwan Capitals	外商资本 Foreign Capitais	营业收入 Total Revenue	主营业务收入 Revenue from Principal Business	营业成本 Business Costs	主营业务成本 Costs of Principal Business
240318	78488			2385961	2356227	2064803	2062942
				8697	8647	7928	7921
				843	843	676	676
128593	14800			1113282	1092457	932038	930322
				14666	14291	10761	10721
128593	14800			1098616	1078166	921277	919601
22563				229813	229813	179115	179115
89162	63688			1033325	1024468	945046	944907
89162	63688			1033325	1024468	945046	944907
2800		5348	4200	86745	84319	75013	74139
2800			4200	53079	50840	46067	45193
		3889		25232	25046	22803	22803
		1460		8433	8433	6143	6143
199			1548	6327	6327	4670	4670
199			1548	6327	6327	4670	4670
807	20			55911	53601	47447	47044
550				11615	11615	7248	7248
197047	70798			1482212	1462810	1336758	1335343
2800		5348	4200	86745	84319	75013	74139
199			1548	48774	48774	41340	41340
41914	7670			793775	785755	636679	636637
142430	63743	5348	5748	1758904	1735404	1546040	1543589
95986	13688			689917	681536	572164	572091
4901	1056			30211	29934	26282	26071
38763	3600			750876	742907	599243	599201
187800	48213	5348	5748	1450361	1428639	1293042	1290713
16504	26573			273158	270704	248492	248128
250	102			4638	4623	3709	3709
160507	77412	5348	5748	2453479	2421321	2121276	2118541
	2699			6698	6698	5740	5740
11200	3700	1460		583535	575938	475732	475713
31100	1600			327202	314390	252769	251492
26184	26173		1548	430927	427294	379862	379423
91324	43240	3889	4200	1101603	1093502	1004650	1003650
600				2502	2486	1731	1731
100				1013	1013	792	792
82810	1076			25553	25553	23210	23210
82810	1076			25553	25553	23210	23210

9—5 续表15

单位:万元　　　　　　　　　　　　　　　　　　　　　　　　　　　　　　　　　　　(2017)

指　标	Item	营业税金及附加 Business Taxesand Other Charges
总　计	**Total**	**52276**
兴庆区	Xingqing	5445
西夏区	Xixia	1398
金凤区	Jinfeng	41656
永宁县	Yongning	531
贺兰县	Helan	2373
灵武市	Lingwu	873
批发业	**Wholesale Trade**	**42771**
按批发行业小类分2011	Grouped by Wholesale Industry Small Class 2011	
农、林、牧产品批发	Wholesale of Agricultural, Forestry, Animal Husbandry Products	10
谷物、豆及薯类批发	Wholesale of Grain, Bean and Potatoes	10
牲畜批发	Wholesale of Livestock	
食品、饮料及烟草制品批发	Wholesale of Food,Beverages and Tobacoos	37977
米、面制品及食用油批发	Wholesale of Rice,Flour and Edible Oil	
肉、禽、蛋、奶及水产品批发	Wholesale of Meat and Aquatic Products	
盐及调味品批发	Wholesale of Salt and Condiments	47
酒、饮料及茶叶批发	Wholesale of Beverages and tea	12
烟草制品批发	Wholesale of Tobacoos	37918
纺织、服装及家庭用品批发	Wholesale of Textiles,Garments and Daily Consummer Aticles	386
服装批发	Wholesale of Garments	368
家用电器批发	Wholesale of Household Electrical Appliances	19
文化、体育用品及器材批发	Wholesale of Cultural,Sports Goods Appliances and Equipments	1
图书批发	Wholesale of Books	1
医药及医疗器材批发	Wholesale of Medicines and Medical Appliances	832
西药批发	Wholesale of Western Medicine	813
医疗用品及器材批发	Wholesale of Medical Supplies and Equipment	19
矿产品、建材及化工产品批发	Wholesale of Mineral Products, Building Materials and Chemical Products	3345
煤炭及制品批发	Wholesale of Coal and Related Products	351
石油及制品批发	Wholesale of Petroleum and Related Products	2191
金属及金属矿批发	Wholesale of Metallic mineral Products	741
化肥批发	Wholesale of Chemical Fertilizer	3
农药批发	Wholesale of Pesticide	
其他化工产品批发	Wholesale of Other Chemical Products	59
机械设备、五金产品及电子产品批发	Wholesale of Mechanical Equipment, Hardware Products and Electronic Products	137
农业机械批发	Wholesale of Agriculture Machinary	6
汽车批发	Wholesale of MotorVehicles	93
电气设备批发	Wholesale of Electrical Equipment	18
计算机、软件及辅助设备批发	Wholesale of Computer,Software and Assistant Aplliances	6
其他机械设备及电子产品批发	Wholesale of Other Machinary and Electric Equipment	14
其他批发业	Other Wholesale	83
再生物资回收与批发	Recovery and Wholesale of Recycled Materials	58
其他未列明批发业	Other Wholesale Unlisted	25

continued

(10 000 yuan)

主营业务税金及附加 Taxes and Other Charges onPrincipal Business	其他业务利润 Profits fromOther Businesses	销售费用 Selling Costs	管理费用 Management Costs	财务费用 Financial Costs	利息收入 Interest Income	利息支出 Interest Expense	资产减值损失 Asset Impairment Loss
50936	**29645**	**297992**	**116562**	**64729**	**5623**	**50337**	**25029**
5375	21025	104221	34756	29323	452	23406	19945
980	1936	18833	4940	2557	532	1063	237
41046	2140	110674	46628	4227	3495	4810	2724
382	185	22290	3253	3537	-64	364	2
2283	4360	35186	23581	10624	303	6521	1684
871		6788	3404	14461	906	14175	437
41591	**6307**	**106712**	**47275**	**43923**	**4832**	**40366**	**3626**
10	25	474	1024	203		200	
10	25	462	837	137		135	
		12	187	65		65	
37710	1269	5693	16089	-2576	2922	315	-84
	96	208	584	1	-5	5	-84
		37	191	59		56	
23	123	481	573	-1	1		
12	807	361	249	281		254	
37675	243	4607	14493	-2916	2926		
386	1	2503	461	255	-12	2	437
368		1823	144	264		2	437
19	1	679	317	-9	-12		
1	117	861	1678	-29	32		50
1	117	861	1678	-29	32		50
824	180	17897	8989	3196	91	1732	-98
804	180	17750	8782	3190	90	1726	-98
19		147	208	6	1	5	
2441	3665	73400	13297	21228	1756	16253	2875
279	47	2133	1091	393	9	297	285
1359	3393	58072	8388	14535	897	14455	2637
741	172	12321	3060	5993	850	1370	-47
3		242	61	16		16	
		122	168	115		115	
59	54	510	530	175			
137	1050	5142	3590	1702	21	1632	445
6	1	2629	361	31	-1	33	-2
93	1027	2443	1661	888	15	850	447
18		59	808	751	7	749	
6		10	51	30			
14	22		709	2			
83		744	2147	19946	22	20232	
58		744	331	-166	11	118	
25			1816	20112	11	20114	

9—5 续表16

单位:万元 (2017)

指 标	Item	营业税金及附加 Business Taxesand Other Charges
按批发行业小类分2017	Grouped by Wholesale Industry Small Class 2017	
农、林、牧、渔产品批发	Wholesale of Agricultural, Forestry, Animal Husbandry Products	10
谷物、豆及薯类批发	Wholesale of Grain, Bean and Potatoes	10
牲畜批发	Wholesale of Livestock	
食品、饮料及烟草制品批发	Wholesale of Food,Beverages and Tobacoos	37977
米、面制品及食用油批发	Wholesale of Rice,Flour and Edible Oil	
肉、禽、蛋、奶及水产品批发	Wholesale of Meat and Aquatic Products	
盐及调味品批发	Wholesale of Salt and Condiments	47
酒、饮料及茶叶批发	Wholesale of Beverages and tea	12
烟草制品批发	Wholesale of Tobacoos	37918
纺织、服装及家庭用品批发	Wholesale of Textiles,Garments and Daily Consummer Aticles	386
服装批发	Wholesale of Garments	368
日用家电批发	Wholesale of Household Electrical Appliances	19
文化、体育用品及器材批发	Wholesale of Cultural,Sports Goods Appliances and Equipments	1
图书批发	Wholesale of Books	1
医药及医疗器材批发	Wholesale of Medicines and Medical Appliances	832
西药批发	Wholesale of Western Medicine	813
医疗用品及器材批发	Wholesale of Medical Supplies and Equipment	19
矿产品、建材及化工产品批发	Wholesale of Mineral Products, Building Materials and Chemical Products	3345
煤炭及制品批发	Wholesale of Coal and Related Products	351
石油及制品批发	Wholesale of Petroleum and Related Products	2191
金属及金属矿批发	Wholesale of Metallic mineral Products	741
化肥批发	Wholesale of Chemical Fertilizer	3
农药批发	Wholesale of Pesticide	
其他化工产品批发	Wholesale of Other Chemical Products	59
机械设备、五金产品及电子产品批发	Wholesale of Mechanical Equipment, Hardware Products and Electronic Products	137
农业机械批发	Wholesale of Agriculture Machinary	6
汽车及零配件批发	Wholesale of MotorVehicles	93
电气设备批发	Wholesale of Electrical Equipment	18
计算机、软件及辅助设备批发	Wholesale of Computer,Software and Assistant Aplliances	6
其他机械设备及电子产品批发	Wholesale of Other Machinary and Electric Equipment	14
其他批发业	Other Wholesale	83
再生物资回收与批发	Recovery and Wholesale of Recycled Materials	58
其他未列明批发业	Other Wholesale Unlisted	25
按登记注册类型分	Grouped By Registration Type	
内资企业	Domestic Funded Enterprises	42771
国有企业	State-owned Enterprises	37966
有限责任公司	Limited Liability Corporations	1537
国有独资公司	State-owned Enterprises	324
其他有限责任公司	Other Limited Liability Corporations	1213
股份有限公司	Share-holding Corporations Ltd.	1564
私营企业	Private Enterprises	1704
私营有限责任公司	Private Limited Liability Corporations	1704

continued

(10 000 yuan)

主营业务税金及附加 Taxes and Other Charges onPrincipal Business	其他业务利润 Profits fromOther Businesses	销售费用 Selling Costs	管理费用 Management Costs	财务费用 Financial Costs	利息收入 Interest Income	利息支出 Interest Expense	资产减值损失 Asset Impairment Loss
10	25	474	1024	203		200	
10	25	462	837	137		135	
		12	187	65		65	
37710	1269	5693	16089	-2576	2922	315	-84
	96	208	584	1	-5	5	-84
		37	191	59	0	56	
23	123	481	573	-1	1		
12	807	361	249	281		254	
37675	243	4607	14493	-2916	2926		
386	1	2503	461	255	-12	2	437
368		1823	144	264		2	437
19	1	679	317	-9	-12		
1	117	861	1678	-29	32		50
1	117	861	1678	-29	32		50
824	180	17897	8989	3196	91	1732	-98
804	180	17750	8782	3190	90	1726	-98
19		147	208	6	1	5	
2441	3665	73400	13297	21228	1756	16253	2875
279	47	2133	1091	393	9	297	285
1359	3393	58072	8388	14535	897	14455	2637
741	172	12321	3060	5993	850	1370	-47
3		242	61	16		16	
		122	168	115		115	
59	54	510	530	175			
137	1050	5142	3590	1702	21	1632	445
6	1	2629	361	31	-1	33	-2
93	1027	2443	1661	888	15	850	447
18		59	808	751	7	749	
6		10	51	30			
14	22		709	2			
83		744	2147	19946	22	20232	
58		744	331	-166	11	118	
25			1816	20112	11	20114	
41591	6307	106712	47275	43923	4832	40366	3626
37698	578	6156	17327	-2944	2954	5	-34
1462	1275	16522	8799	15873	1339	15080	143
251	47	1350	906	259	8	218	285
1211	1228	15172	7893	15614	1331	14862	-142
735	2682	51732	5981	892	2	615	2637
1696	1772	32303	15168	30102	538	24666	880
1696	1772	32303	15168	30102	538	24666	880

9—5 续表17

单位:万元 (2017)

指　标	Item	营业税金及附加 Business Taxesand Other Charges
按控股情况分	Grouped By Controlling Stake	
国有控股	State-owned	40237
私人控股	Private	2393
其他	Others	141
按经营形式分	Grouped By Business Form	
独立门店	Indipendent Stores	39411
连锁总店	Distributor Chain	1266
其他	Others	2093
按单位规模分	Grouped By Unit Scale	
大型	large-scale	39018
中型	Medium-scale	2504
小型	Small-scale	1178
微型	Miniature	71
零售业	**Retail Trade**	**9505**
按零售行业小类分2011	Grouped by Retail Trade Industry Small Class 2011	
综合零售	Integrated Retail	4572
百货零售	Retail of General Merchandise	3438
超级市场零售	Retail of Supermarkets	1134
食品、饮料及烟草制品专门零售	Retail of Food,Beverages and Tobaccos	134
粮油零售	Retail of Grain and Oil	7
果品、蔬菜零售	Retail of Fruits and Vegetables	5
酒、饮料及茶叶零售	Retail of Wine,Beverages and Tea	119
其他食品零售	Retail of Other Food	3
纺织、服装及日用品专门零售	Special Retail of Textiles,Garments and Daily Consumer Articles	35
服装零售	Retail of Garments	6
钟表、眼镜零售	Retail of Watches and Glasses	29
文化、体育用品及器材专门零售	Retail of Culture,Sports Appliances and Equipments	80
体育用品及器材零售	Retail of Sports Goods Appliances and Equipments	11
图书、报刊零售	Retail of Books, Newspapers and Magazines	3
珠宝首饰零售	Retail of Jewelery	37
工艺美术品及收藏品零售	Retail of Arts ,Crafts and Collections	28
乐器零售	Retail of Musical instrument	2
其他文化用品零售	Retail of Other Culture Appliances	1
医药及医疗器材专门零售	Retail of Medical Supplies and Appliances	354
药品零售	Retail of Drug	354
医疗用品及器材零售	Retail of Medical Supplies and Appliances	1
汽车、摩托车、燃料及零配件专门零售	Retail of Motor Vehicles,Motorcycles,Fuel and Parts	3225
汽车零售	Retail of Motor Vehicles	2948
汽车零配件零售	Retail of Motor Vehicles and Parts	58
机动车燃料零售	Retail of Motor Vehicles Fuel	220
家用电器及电子产品专门零售	Special Retailof Household Electric Appliances and Electronic Products	972
家用视听设备零售	Retail of Household Audio and Video Equipment	18
日用家电设备零售	Retail of Household Electric Appliances	816

continued

(10 000 yuan)

主营业务税金及附加 Taxes and Other Charges onPrincipal Business	其他业务利润 Profits fromOther Businesses	销售费用 Selling Costs	管理费用 Management Costs	财务费用 Financial Costs	利息收入 Interest Income	利息支出 Interest Expense	资产减值损失 Asset Impairment Loss
39066	3476	62437	26352	-1583	3039	1013	2805
2384	1969	41896	19411	44800	1442	38901	821
141	861	2379	1512	705	352	453	
39312	3374	43095	26317	42565	3307	38169	1061
587	2682	34707	6301	779	2	498	2637
1692	251	28911	14657	579	1523	1699	-71
38189	3041	51990	15079	-874	2069	788	2554
2179	2825	37683	25147	37666	1921	37371	273
1152	478	15149	6751	3224	841	2005	800
71	-37	1891	299	3907	2	202	
9345	**23338**	**191279**	**69287**	**20806**	**791**	**9971**	**21403**
4568	9879	109498	21171	3158	13	111	19995
3434	9879	58460	9324	2462	2	32	19981
1134		51039	11847	696	11	79	14
131	8	2587	1081	588	1	536	
7		178	108	-1	2		
5		1525	584	273	1	256	
117	8	823	365	280	-1	280	
3		60	24	37			
35		999	852	467		389	
6		305	413	393		389	
29		694	439	74			
80	168	4021	3150	904	8	565	4
11		1814	180	110			4
3	168	1608	1723	14		-2	
37		353	730	291		195	
28		86	432	488	8	372	
2		114	38				
1		46	46	1			
354	477	9495	4153	1017	141	1017	15
354	477	9411	4015	1017	141	1017	15
1		83	138				
3161	4111	38143	29666	13786	695	7084	1386
2894	4101	32171	24995	12904	569	6163	1322
58		194	262	181	5	171	64
210	10	5778	4410	701	121	750	
972	7541	25350	7795	756	-74	138	2
18		1208	339	46	15		
816	7498	19466	5490	478	-102	3	2

9—5 续表18

单位:万元 (2017)

指　标	Item	营业税金及附加 Business Taxesand Other Charges
计算机、软件及辅助设备零售	Retail of Computer,Software and Assistant Appliances	110
通信设备零售	Retail of Communication Equipments	28
五金、家具及室内装饰材料专门零售	Special Retail of Hardware,Furniture and Decoration Materials	46
家具零售	Retail of Furniture	13
其他室内装饰材料零售	Retail of Other Decoration Materials	33
货摊、无店铺及其他零售业	Retail of Non-shop and Other Retails	87
生活用燃料零售	Retail of Life Fuel	87
按零售行业小类分2017	Grouped by Retail Trade Industry Small Class 2017	
综合零售	Integrated Retail	4572
百货零售	Retail of General Merchandise	3438
超级市场零售	Retail of Supermarkets	1134
食品、饮料及烟草制品专门零售	Retail of Food,Beverages and Tobaccos	134
粮油零售	Retail of Grain and Oil	7
果品、蔬菜零售	Retail of Fruits and Vegetables	5
酒、饮料及茶叶零售	Retail of Wine,Beverages and Tea	119
其他食品零售	Retail of Other Food	3
纺织、服装及日用品专门零售	Special Retail of Textiles,Garments and Daily Consumer Articles	35
服装零售	Retail of Garments	6
厨具卫具及日用杂品零售	Retail of Kitchenware and Household Goods	29
文化、体育用品及器材专门零售	Retail of Culture,Sports Appliances and Equipments	80
体育用品及器材零售	Retail of Sports Goods Appliances and Equipments	11
图书、报刊零售	Retail of Books, Newspapers and Magazines	3
珠宝首饰零售	Retail of Jewelery	37
工艺美术品及收藏品零售	Retail of Arts ,Crafts and Collections	28
乐器零售	Retail of Musical instrument	2
其他文化用品零售	Retail of Other Culture Appliances	1
医药及医疗器材专门零售	Retail of Medical Supplies and Appliances	354
西药零售	Retail of Western Medicine	354
中药零售	Retail of Chinese medicine	1
汽车、摩托车、零配件和燃料及其他动力销售	Retail of Motor Vehicles,Motorcycles,Fuel and Parts	3225
汽车新车零售	Retail of New Car	3006
机动车燃油零售	Retail of Motor Vehicle Fuel	122
机动车燃气零售	Retail of Motor Vehicle Gas	98
家用电器及电子产品专门零售	Special Retailof Household Electric Appliances and Electronic Products	972
家用视听设备零售	Retail of Household Audio and Video Equipment	18
日用家电零售	Retail of Household Electric Appliances	816
计算机、软件及辅助设备零售	Retail of Computer,Software and Assistant Appliances	110
通信设备零售	Retail of Communication Equipments	28
五金、家具及室内装饰材料专门零售	Special Retail of Hardware,Furniture and Decoration Materials	46
家具零售	Retail of Furniture	46
货摊、无店铺及其他零售业	Retail of Non-shop and Other Retails	87
生活用燃料零售	Retail of Life Fuel	87

continued

(10 000 yuan)

主营业务税金及附加 Taxes and Other Charges onPrincipal Business	其他业务利润 Profits fromOther Businesses	销售费用 Selling Costs	管理费用 Management Costs	财务费用 Financial Costs	利息收入 Interest Income	利息支出 Interest Expense	资产减值损失 Asset Impairment Loss
110		3754	1764	204	13	114	
28	43	922	203	28		21	
13	987	608	952	134		130	
13	987	515	313	131		130	
		93	639	3			
31	166	577	466	–3	7		
31	166	577	466	–3	7		
4568	9879	109498	21171	3158	13	111	19995
3434	9879	58460	9324	2462	2	32	19981
1134		51039	11847	696	11	79	14
131	8	2587	1081	588	1	536	
7		178	108	–1	2		
5		1525	584	273	1	256	
117	8	823	365	280	–1	280	
3		60	24	37			
35		999	852	467		389	
6		305	413	393		389	
29		694	439	74			
80	168	4021	3150	904	8	565	4
11		1814	180	110			4
3	168	1608	1723	14		–2	
37		353	730	291		195	
28		86	432	488	8	372	
2		114	38				
1		46	46	1			
354	477	9495	4153	1017	141	1017	15
354	477	9411	3871	1000	141	1017	15
1		83	282	17			
3161	4111	38143	29666	13786	695	7084	1386
2952	4101	32365	25257	13085	574	6334	1386
112	10	2649	1978	490	78	548	
98		3129	2432	211	44	201	
972	7541	25350	7795	756	–74	138	2
18		1208	339	46	15		
816	7498	19466	5490	478	–102	3	2
110		3754	1764	204	13	114	
28	43	922	203	28		21	
13	987	608	952	134		130	
13	987	608	952	134		130	
31	166	577	466	–3	7		
31	166	577	466	–3	7		

9—5 续表19

单位:万元 (2017)

指　标	Item	营业税金及附加 Business Taxesand Other Charges
按登记注册类型分	Grouped By Registration Type	
内资企业	Domestic Funded Enterprises	9090
国有企业	State-owned Enterprises	28
集体企业	Collective-owned Enterprises	5
有限责任公司	Limited Liability Corporations	5023
国有独资公司	State-owned Enterprises	88
其他有限责任公司	Other Limited Liability Corporations	4935
股份有限公司	Share-holding Corporations Ltd.	1708
私营企业	Private Enterprises	2327
私营有限责任公司	Private Limited Liability Corporations	2327
港、澳、台商投资企业	Hong Kong, Macao and Taiwan Investment Enterprises	378
与港澳台商合资经营企业	With the Joint Venture Enterprises from Hong Kong, Macao and Taiwan	297
港澳台商独资企业	Hong Kong, Macao, Taiwan-Owned Enterprise	71
其他港澳台投资企业	Other Hong Kong, Macao and Taiwan Investment Enterprises	9
外商投资企业	Foreign Funded Enterprises	37
中外合资经营企业	Sino-foreign Joint Venture Enterprises	37
按控股情况分	Grouped By Controlling Stake	
国有控股	State-owned	419
集体控股	Collective-owned	72
私人控股	Private	4664
港澳台商控股	Holding from Hong Kong, Macao and Taiwan	378
外商控股	Foreign	240
其他	Others	3732
按经营形式分	Grouped By Business Form	
独立门店	Indipendent Store	7005
连锁总店	Distributor Chain	2305
其他	Others	195
按单位规模分	Grouped By Unit Scale	
大型	Large-scale	3723
中型	Medium-scale	5178
小型	Small-scale	564
微型	Miniature	40
按零售业态分	Grouped By Retail Formats	
有店铺零售	Have a Retail Store	9366
超市	Supermarket	6
大型超市	Hypermarket	2098
百货店	Department Store	3235
专业店	Speciality Store	1157
专卖店	Franchised Store	2833
家居建材商店	Home Fureishing Materials Store	34
厂家直销中心	Center of Manufacturer Direct Deal	5
无店铺零售	Non-store Retail	139
其他	Others	139

continued

(10 000 yuan)

主营业务税金及附加 Taxes and Other Charges onPrincipal Business	其他业务利润 Profits fromOther Businesses	销售费用 Selling Costs	管理费用 Management Costs	财务费用 Financial Costs	利息收入 Interest Income	利息支出 Interest Expense	资产减值损失 Asset Impairment Loss
8930	23338	183724	67669	20611	734	9766	21420
28	45	605	380	-5	3	-2	
5		40	105	1			
4953	13495	109927	36511	5666	213	3690	1089
32	335	2070	2109	13	7		
4920	13160	107857	34402	5653	206	3690	1089
1708	4103	37587	4841	2122			19971
2237	5696	35565	25832	12827	518	6078	360
2237	5696	35565	25832	12827	518	6078	360
378		6876	1377	222	21	206	-17
297		2171	835	72	4	58	-17
71		1256	542	140	11	143	
9		3448		10	5	4	
37		680	241	-27	36		
37		680	241	-27	36		
349	379	4623	3295	536	17	374	
72		2923	886	111	12	98	
4574	10877	66443	39304	16784	670	9241	1432
378		6876	1377	222	21	206	-17
240	4103	13391	917	573	36		5049
3732	7978	97024	23509	2582	35	53	14939
6888	11136	107123	44431	19021	469	9554	16350
2305	12198	82600	23011	1628	322	324	5053
152	4	1556	1846	158		93	
3723	12030	100388	22233	2938	30	3	19971
5063	8881	77621	36826	14351	566	8010	1415
554	2427	12947	9461	3469	195	1914	16
5		322	767	48		44	
9207	23338	190138	67863	20825	713	9930	21403
6		798	387	80	1	69	
2098	11601	79695	17577	1594	-91	82	5063
3230	5776	45749	8649	1863	2	32	14932
1092	2225	26734	15052	3711	476	2668	112
2779	3736	36814	25500	13422	326	7044	1295
1		165	656	121			
2		183	43	35		34	
139		1141	1424	-18	78	42	
139		1141	1424	-18	78	42	

9—5 续表20

单位:万元 (2017)

指　标	Item	公允价值变动收益 Profits and Losses on The Changes in Fair Value
总　计	**Total**	
兴庆区	Xingqing	
西夏区	Xixia	
金凤区	Jinfeng	
永宁县	Yongning	
贺兰县	Helan	
灵武市	Lingwu	
批发业	**Wholesale Trade**	
按批发行业小类分2011	Grouped by Wholesale Industry Small Class 2011	
农、林、牧产品批发	Wholesale of Agricultural, Forestry, Animal Husbandry Products	
谷物、豆及薯类批发	Wholesale of Grain, Bean and Potatoes	
牲畜批发	Wholesale of Livestock	
食品、饮料及烟草制品批发	Wholesale of Food,Beverages and Tobacoos	
米、面制品及食用油批发	Wholesale of Rice,Flour and Edible Oil	
肉、禽、蛋、奶及水产品批发	Wholesale of Meat and Aquatic Products	
盐及调味品批发	Wholesale of Salt and Condiments	
酒、饮料及茶叶批发	Wholesale of Beverages and tea	
烟草制品批发	Wholesale of Tobacoos	
纺织、服装及家庭用品批发	Wholesale of Textiles,Garments and Daily Consummer Aticles	
服装批发	Wholesale of Garments	
家用电器批发	Wholesale of Household Electrical Appliances	
文化、体育用品及器材批发	Wholesale of Cultural,Sports Goods Appliances and Equipments	
图书批发	Wholesale of Books	
医药及医疗器材批发	Wholesale of Medicines and Medical Appliances	
西药批发	Wholesale of Western Medicine	
医疗用品及器材批发	Wholesale of Medical Supplies and Equipment	
矿产品、建材及化工产品批发	Wholesale of Mineral Products, Building Materials and Chemical Products	
煤炭及制品批发	Wholesale of Coal and Related Products	
石油及制品批发	Wholesale of Petroleum and Related Products	
金属及金属矿批发	Wholesale of Metallic mineral Products	
化肥批发	Wholesale of Chemical Fertilizer	
农药批发	Wholesale of Pesticide	
其他化工产品批发	Wholesale of Other Chemical Products	
机械设备、五金产品及电子产品批发	Wholesale of Mechanical Equipment, Hardware Products and Electronic Products	
农业机械批发	Wholesale of Agriculture Machinary	
汽车批发	Wholesale of MotorVehicles	
电气设备批发	Wholesale of Electrical Equipment	
计算机、软件及辅助设备批发	Wholesale of Computer,Software and Assistant Aplliances	
其他机械设备及电子产品批发	Wholesale of Other Machinary and Electric Equipment	
其他批发业	Other Wholesale	
再生物资回收与批发	Recovery and Wholesale of Recycled Materials	
其他未列明批发业	Other Wholesale Unlisted	

continued

(10 000 yuan)

投资收益 Investment Income	营业利润 Business Profits	营业外收入 Revenue Excluding Business	营业外支出 Non-business Expenditure	利润 总额 Total Profits	应交所得税 Tax Payable	应付职工薪酬 Benefits of Employee Payable	应交 增值税 Added Tax Payable
33390	**40348**	**12166**	**15342**	**41436**	**24056**	**134787**	**96836**
1708	-17422	4870	9615	-18156	4967	43796	18275
200	7274	429	575	6777	685	12342	6735
29771	58924	4648	3716	59565	14067	42451	24695
710	-2222	759	390	-1839	281	5576	24896
1002	15349	1091	1006	16300	3977	27248	21443
	-21555	371	39	-21211	80	3375	791
29450	**13024**	**5376**	**3431**	**14385**	**13717**	**55487**	**52416**
	-134	794	100	560	27	511	-902
	-38	718	100	580	27	476	-902
	-96	76		-20		35	
26611	65363	1017	538	65842	9830	15716	14704
	-800	920	2	118		383	
	2	78		81		80	
73	920		1	919	129	556	155
	62			61	3	290	45
26538	65180	19	536	64663	9698	14407	14504
	-1831	42		-1790	128	657	429
	-2325	42		-2284	2	419	311
	494			494	126	238	118
1	590	73		663		1268	8
1	590	73		663		1268	8
	7947	240	339	7860	2339	8444	5053
	7427	240	336	7342	2210	8259	4892
	521		3	518	129	185	162
2837	-35856	1776	2337	-36991	1198	25453	32082
	2042	55	1	2096	511	1350	3100
	-35550	379	924	-36088	239	22053	27848
2837	-2798	1195	1407	-3591	402	1615	913
	-102	17	6	-90		278	
	355	129		485		72	
	198			198	46	85	220
	-2189	1327	63	-947	46	2276	1011
	-1061	1313		252	39	526	19
	-883	14	58	-929	3	791	252
	-195	1	1	-195		484	149
	-10		1	-11		42	1
	-39		3	-65	4	433	589
1	-20866	107	53	-20811	148	1163	31
	587	5		594	148	436	31
1	-21453	102	53	-21405		727	

9—5 续表21

单位:万元 (2017)

指　标	Item	公允价值变动收益 Profits and Losses on The Changes in Fair Value
按批发行业小类分2017	Grouped by Wholesale Industry Small Class 2017	
农、林、牧、渔产品批发	Wholesale of Agricultural, Forestry, Animal Husbandry Products	
谷物、豆及薯类批发	Wholesale of Grain, Bean and Potatoes	
牲畜批发	Wholesale of Livestock	
食品、饮料及烟草制品批发	Wholesale of Food,Beverages and Tobacoos	
米、面制品及食用油批发	Wholesale of Rice,Flour and Edible Oil	
肉、禽、蛋、奶及水产品批发	Wholesale of Meat and Aquatic Products	
盐及调味品批发	Wholesale of Salt and Condiments	
酒、饮料及茶叶批发	Wholesale of Beverages and tea	
烟草制品批发	Wholesale of Tobacoos	
纺织、服装及家庭用品批发	Wholesale of Textiles,Garments and Daily Consummer Aticles	
服装批发	Wholesale of Garments	
日用家电批发	Wholesale of Household Electrical Appliances	
文化、体育用品及器材批发	Wholesale of Cultural,Sports Goods Appliances and Equipments	
图书批发	Wholesale of Books	
医药及医疗器材批发	Wholesale of Medicines and Medical Appliances	
西药批发	Wholesale of Western Medicine	
医疗用品及器材批发	Wholesale of Medical Supplies and Equipment	
矿产品、建材及化工产品批发	Wholesale of Mineral Products, Building Materials and Chemical Products	
煤炭及制品批发	Wholesale of Coal and Related Products	
石油及制品批发	Wholesale of Petroleum and Related Products	
金属及金属矿批发	Wholesale of Metallic mineral Products	
化肥批发	Wholesale of Chemical Fertilizer	
农药批发	Wholesale of Pesticide	
其他化工产品批发	Wholesale of Other Chemical Products	
机械设备、五金产品及电子产品批发	Wholesale of Mechanical Equipment, Hardware Products and Electronic Products	
农业机械批发	Wholesale of Agriculture Machinary	
汽车及零配件批发	Wholesale of MotorVehicles	
电气设备批发	Wholesale of Electrical Equipment	
计算机、软件及辅助设备批发	Wholesale of Computer,Software and Assistant Aplliances	
其他机械设备及电子产品批发	Wholesale of Other Machinary and Electric Equipment	
其他批发业	Other Wholesale	
再生物资回收与批发	Recovery and Wholesale of Recycled Materials	
其他未列明批发业	Other Wholesale Unlisted	
按登记注册类型分	Grouped By Registration Type	
内资企业	Domestic Funded Enterprises	
国有企业	State-owned Enterprises	
有限责任公司	Limited Liability Corporations	
国有独资公司	State-owned Enterprises	
其他有限责任公司	Other Limited Liability Corporations	
股份有限公司	Share-holding Corporations Ltd.	
私营企业	Private Enterprises	
私营有限责任公司	Private Limited Liability Corporations	

continued

(10 000 yuan)

投资收益 Investment Income	营业利润 Business Profits	营业外收入 Revenue Excluding Business	营业外支出 Non-business Expenditure	利润 总额 Total Profits	应交所得税 Tax Payable	应付职工薪酬 Benefits of Employee Payable	应交 增值税 Added Tax Payable
	-134	794	100	560	27	511	-902
	-38	718	100	580	27	476	-902
	-96	76		-20		35	
26611	65363	1017	538	65842	9830	15716	14704
	-800	920	2	118		383	
	2	78		81		80	
73	920		1	919	129	556	155
	62			61	3	290	45
26538	65180	19	536	64663	9698	14407	14504
	-1831	42		-1790	128	657	429
	-2325	42		-2284	2	419	311
	494			494	126	238	118
1	590	73		663		1268	8
1	590	73		663		1268	8
	7947	240	339	7860	2339	8444	5053
	7427	240	336	7342	2210	8259	4892
	521		3	518	129	185	162
2837	-35856	1776	2337	-36991	1198	25453	32082
	2042	55	1	2096	511	1350	3100
	-35550	379	924	-36088	239	22053	27848
2837	-2798	1195	1407	-3591	402	1615	913
	-102	17	6	-90		278	
	355	129		485		72	
	198			198	46	85	220
	-2189	1327	63	-947	46	2276	1011
	-1061	1313		252	39	526	19
	-883	14	58	-929	3	791	252
	-195	1	1	-195		484	149
	-10		1	-11		42	1
	-39		3	-65	4	433	589
1	-20866	107	53	-20811	148	1163	31
	587	5		594	148	436	31
1	-21453	102	53	-21405		727	
29450	13024	5376	3431	14385	13717	55487	52416
26612	65889	1011	538	66362	9826	16614	14667
200	-12767	933	483	-12274	1603	9025	5005
	2061	24	1	2084	508	1240	2851
200	-14827	909	482	-14358	1095	7785	2154
	-15651	377	888	-16161	169	19833	27501
2638	-24448	3054	1522	-23542	2119	10016	5243
2638	-24448	3054	1522	-23542	2119	10016	5243

9—5 续表22

单位:万元 (2017)

指　标	Item	公允价值变动收益 Profits and Losses on The Changes in Fair Value
按控股情况分	Grouped By Controlling Stake	
国有控股	State-owned	
私人控股	Private	
其他	Others	
按经营形式分	Grouped By Business Form	
独立门店	Indipendent Stores	
连锁总店	Distributor Chain	
其他	Others	
按单位规模分	Grouped By Unit Scale	
大型	large-scale	
中型	Medium-scale	
小型	Small-scale	
微型	Miniature	
零售业	**Retail Trade**	
按零售行业小类分2011	Grouped by Retail Trade Industry Small Class 2011	
综合零售	Integrated Retail	
百货零售	Retail of General Merchandise	
超级市场零售	Retail of Supermarkets	
食品、饮料及烟草制品专门零售	Retail of Food,Beverages and Tobaccos	
粮油零售	Retail of Grain and Oil	
果品、蔬菜零售	Retail of Fruits and Vegetables	
酒、饮料及茶叶零售	Retail of Wine,Beverages and Tea	
其他食品零售	Retail of Other Food	
纺织、服装及日用品专门零售	Special Retail of Textiles,Garments and Daily Consumer Articles	
服装零售	Retail of Garments	
钟表、眼镜零售	Retail of Watches and Glasses	
文化、体育用品及器材专门零售	Retail of Culture,Sports Appliances and Equipments	
体育用品及器材零售	Retail of Sports Goods Appliances and Equipments	
图书、报刊零售	Retail of Books, Newspapers and Magazines	
珠宝首饰零售	Retail of Jewelery	
工艺美术品及收藏品零售	Retail of Arts ,Crafts and Collections	
乐器零售	Retail of Musical instrument	
其他文化用品零售	Retail of Other Culture Appliances	
医药及医疗器材专门零售	Retail of Medical Supplies and Appliances	
药品零售	Retail of Drug	
医疗用品及器材零售	Retail of Medical Supplies and Appliances	
汽车、摩托车、燃料及零配件专门零售	Retail of Motor Vehicles,Motorcycles,Fuel and Parts	
汽车零售	Retail of Motor Vehicles	
汽车零配件零售	Retail of Motor Vehicles and Parts	
机动车燃料零售	Retail of Motor Vehicles Fuel	
家用电器及电子产品专门零售	Special Retailof Household Electric Appliances and Electronic Products	
家用视听设备零售	Retail of Household Audio and Video Equipment	
日用家电设备零售	Retail of Household Electric Appliances	

continued

(10 000 yuan)

投资收益 Investment Income	营业利润 Business Profits	营业外收入 Revenue Excluding Business	营业外支出 Non-business Expenditure	利润 总额 Total Profits	应交所得税 Tax Payable	应付职工薪酬 Benefits of Employee Payable	应交 增值税 Added Tax Payable
26612	57249	1535	1471	57321	11275	41157	46318
2838	-44855	3815	1716	-43406	2257	12944	5628
	630	25	244	471	185	1387	471
985	-20143	3626	761	-17579	7519	24681	19312
	6815	364	877	6302	169	15871	5459
28466	26352	1386	1792	25662	6029	14935	27646
	34409	494	952	33951	6639	30825	43098
26740	-17101	2709	987	-15371	5609	19751	6458
2200	-851	2173	1491	-762	1468	4768	2871
511	-3433	1	1	-3433		144	-11
3940	**27324**	**6791**	**11911**	**27050**	**10340**	**79300**	**44420**
1498	-5053	2135	10590	-9481	2502	17082	8050
1266	-12189	471	9236	-16924	1077	12416	3771
232	7136	1664	1354	7443	1425	4666	4279
96	-1683	1245	117	-554	26	1136	479
	-691	927		236		168	297
96	-612	210	20	-421		489	9
	-465	108	97	-454	26	398	173
	85			85		81	
	-714			-714		991	269
	-647			-647		408	30
	-68			-68		584	239
21	-831	511	20	-330	43	4236	275
	-382		15	-397		677	68
	-143	273	2	139		2713	18
1	-337	71	2	-268		495	
20	6	167		173	41	240	182
	28			27	3	82	14
	-4			-4		29	-7
	2831	107	40	2873	583	8252	2544
	2792	107	40	2835	583	8118	2543
	38			38		134	2
2300	25395	2444	1090	27583	5723	35863	23980
2300	24020	2422	978	26330	5249	32839	21220
	13	4	8	10		25	67
	1362	18	105	1244	474	2999	2693
	7443	320	36	7728	1417	9885	8507
	-13	8	1	-5		288	1
	6878	297	12	7163	1349	6916	5594

9—5 续表23

单位:万元 (2017)

指 标	Item	公允价值变动收益 Profits and Losses on The Changes in Fair Value
计算机、软件及辅助设备零售	Retail of Computer,Software and Assistant Appliances	
通信设备零售	Retail of Communication Equipments	
五金、家具及室内装饰材料专门零售	Special Retail of Hardware,Furniture and Decoration Materials	
家具零售	Retail of Furniture	
其他室内装饰材料零售	Retail of Other Decoration Materials	
货摊、无店铺及其他零售业	Retail of Non-shop and Other Retails	
生活用燃料零售	Retail of Life Fuel	
按零售行业小类分2017	Grouped by Retail Trade Industry Small Class 2017	
综合零售	Integrated Retail	
百货零售	Retail of General Merchandise	
超级市场零售	Retail of Supermarkets	
食品、饮料及烟草制品专门零售	Retail of Food,Beverages and Tobaccos	
粮油零售	Retail of Grain and Oil	
果品、蔬菜零售	Retail of Fruits and Vegetables	
酒、饮料及茶叶零售	Retail of Wine,Beverages and Tea	
其他食品零售	Retail of Other Food	
纺织、服装及日用品专门零售	Special Retail of Textiles,Garments and Daily Consumer Articles	
服装零售	Retail of Garments	
厨具卫具及日用杂品零售	Retail of Kitchenware and Household Goods	
文化、体育用品及器材专门零售	Retail of Culture,Sports Appliances and Equipments	
体育用品及器材零售	Retail of Sports Goods Appliances and Equipments	
图书、报刊零售	Retail of Books, Newspapers and Magazines	
珠宝首饰零售	Retail of Jewelery	
工艺美术品及收藏品零售	Retail of Arts ,Crafts and Collections	
乐器零售	Retail of Musical instrument	
其他文化用品零售	Retail of Other Culture Appliances	
医药及医疗器材专门零售	Retail of Medical Supplies and Appliances	
西药零售	Retail of Western Medicine	
中药零售	Retail of Chinese medicine	
汽车、摩托车、零配件和燃料及其他动力销售	Retail of Motor Vehicles,Motorcycles,Fuel and Parts	
汽车新车零售	Retail of New Car	
机动车燃油零售	Retail of Motor Vehicle Fuel	
机动车燃气零售	Retail of Motor Vehicle Gas	
家用电器及电子产品专门零售	Special Retailof Household Electric Appliances and Electronic Products	
家用视听设备零售	Retail of Household Audio and Video Equipment	
日用家电零售	Retail of Household Electric Appliances	
计算机、软件及辅助设备零售	Retail of Computer,Software and Assistant Appliances	
通信设备零售	Retail of Communication Equipments	
五金、家具及室内装饰材料专门零售	Special Retail of Hardware,Furniture and Decoration Materials	
家具零售	Retail of Furniture	
货摊、无店铺及其他零售业	Retail of Non-shop and Other Retails	
生活用燃料零售	Retail of Life Fuel	

continued

(10 000 yuan)

投资收益 Investment Income	营业利润 Business Profits	营业外收入 Revenue Excluding Business	营业外支出 Non-business Expenditure	利润 总额 Total Profits	应交所得税 Tax Payable	应付职工薪酬 Benefits of Employee Payable	应交 增值税 Added Tax Payable
	520	15	23	512	68	2467	744
	58			58		213	2168
	-171	4	18	-186		472	125
	28	1	17	12		472	125
	-199	2	1	-198			
25	109	25	1	133	47	1382	192
25	109	25	1	133	47	1382	192
1498	-5053	2135	10590	-9481	2502	17082	8050
1266	-12189	471	9236	-16924	1077	12416	3771
232	7136	1664	1354	7443	1425	4666	4279
96	-1683	1245	117	-554	26	1136	479
	-691	927		236		168	297
96	-612	210	20	-421		489	9
	-465	108	97	-454	26	398	173
	85			85		81	
	-714			-714		991	269
	-647			-647		408	30
	-68			-68		584	239
21	-831	511	20	-330	43	4236	275
	-382		15	-397		677	68
	-143	273	2	139		2713	18
1	-337	71	2	-268		495	
20	6	167		173	41	240	182
	28			27	3	82	14
	-4			-4		29	-7
	2831	107	40	2873	583	8252	2544
	2680	107	40	2722	583	8109	2543
	151			151		143	2
2300	25395	2444	1090	27583	5723	35863	23980
2300	24033	2426	986	26339	5249	32864	21287
	568	2	47	492	258	1735	2042
	793	17	57	753	216	1263	651
	7443	320	36	7728	1417	9885	8507
	-13	8	1	-5		288	1
	6878	297	12	7163	1349	6916	5594
	520	15	23	512	68	2467	744
	58			58		213	2168
	-171	4	18	-186		472	125
	-171	4	18	-186		472	125
25	109	25	1	133	47	1382	192
25	109	25	1	133	47	1382	192

9—5 续表24

单位:万元 (2017)

指 标	Item	公允价值变动收益 Profits and Losses on The Changes in Fair Value
按登记注册类型分	Grouped By Registration Type	
内资企业	Domestic Funded Enterprises	
国有企业	State-owned Enterprises	
集体企业	Collective-owned Enterprises	
有限责任公司	Limited Liability Corporations	
国有独资公司	State-owned Enterprises	
其他有限责任公司	Other Limited Liability Corporations	
股份有限公司	Share-holding Corporations Ltd.	
私营企业	Private Enterprises	
私营有限责任公司	Private Limited Liability Corporations	
港、澳、台商投资企业	Hong Kong, Macao and Taiwan Investment Enterprises	
与港澳台商合资经营企业	With the Joint Venture Enterprises from Hong Kong, Macao and Taiwan	
港澳台商独资企业	Hong Kong, Macao, Taiwan-Owned Enterprise	
其他港澳台投资企业	Other Hong Kong, Macao and Taiwan Investment Enterprises	
外商投资企业	Foreign Funded Enterprises	
中外合资经营企业	Sino-foreign Joint Venture Enterprises	
按控股情况分	Grouped By Controlling Stake	
国有控股	State-owned	
集体控股	Collective-owned	
私人控股	Private	
港澳台商控股	Holding from Hong Kong, Macao and Taiwan	
外商控股	Foreign	
其他	Others	
按经营形式分	Grouped By Business Form	
独立门店	Indipendent Store	
连锁总店	Distributor Chain	
其他	Others	
按单位规模分	Grouped By Unit Scale	
大型	Large-scale	
中型	Medium-scale	
小型	Small-scale	
微型	Miniature	
按零售业态分	Grouped By Retail Formats	
有店铺零售	Have a Retail Store	
超市	Supermarket	
大型超市	Hypermarket	
百货店	Department Store	
专业店	Speciality Store	
专卖店	Franchised Store	
家居建材商店	Home Fureishing Materials Store	
厂家直销中心	Center of Manufacturer Direct Deal	
无店铺零售	Non-store Retail	
其他	Others	

continued

(10 000 yuan)

投资收益 Investment Income	营业利润 Business Profits	营业外收入 Revenue Excluding Business	营业外支出 Non-business Expenditure	利润 总额 Total Profits	应交所得税 Tax Payable	应付职工薪酬 Benefits of Employee Payable	应交 增值税 Added Tax Payable
3940	23702	6572	11869	23254	9098	75607	42360
	-240	927	3	695	95	243	400
	17			17	2	48	9
1277	24817	3936	2060	26637	5590	33561	21791
25	-103	298	3	193	47	4028	210
1252	24920	3637	2057	26445	5544	29532	21581
1266	-14266	371	9203	-19067		8243	619
1397	13374	1338	603	14973	3411	33513	19542
1397	13374	1338	603	14973	3411	33513	19542
	2897	218	25	3087	1063	3244	1897
	3654	152	20	3786	947	1524	1461
	420	43	5	458	117	407	344
	-1177	23		-1157		1314	92
	726	1	17	710	179	448	162
	726	1	17	710	179	448	162
45	-115	1429	13	1312	258	5485	2297
	375			375	56	1474	553
2397	19834	3225	1254	22656	5750	45734	25587
	2897	218	25	3087	1063	3244	1897
	-12736	254	1493	-9944	179	1133	336
1498	17069	1664	9126	9564	3034	22229	13751
3612	23400	4601	9707	19156	7097	58244	31588
328	3715	2102	2194	7637	3110	19538	11091
	210	88	9	257	133	1518	1741
1498	4107	1863	9828	157	3031	19025	11143
2326	24922	3275	1803	27173	6506	49640	26373
116	-1457	1637	277	-44	802	10518	6860
	-248	15	3	-235	1	117	43
3940	27636	6693	11805	27401	10311	77892	44185
96	-216	3		-214		413	346
232	2222	2187	2839	5596	2774	11554	9807
1266	1272	217	7760	-6270	1077	11732	3597
1346	6330	775	221	6872	1515	21057	8643
1000	18276	3496	981	21653	4945	33005	21747
	-204	2	1	-203		65	1
	-44	13	1	-33		66	45
	-312	98	106	-351	29	1408	235
	-312	98	106	-351	29	1408	235

9—6 限额以上批发和零售业连锁经营情况

单位:万元 (2017)

指　标	Item	连锁总店数（个）Number of Chain Stores（unit）
总　计	**Total**	**24**
按登记注册类型分	**Grouped By Registration Type**	
内资企业	Domestic Funded Enterprises	24
国有企业	State-owned Enterprises	2
有限责任公司	Limited Liability Corporations	8
其他有限责任公司	Other Limited Liability Corporations	8
股份有限公司	Share-holding Corporations Ltd.	4
私营企业	Private Enterprises	10
私营有限责任公司	Limited Liability Corporations	9
私营股份有限公司	Private Share-holding Corporations Ltd.	1
按行业分	**Grouped By Sector**	
批发业	Wholesale Trade	3
文化、体育用品及器材批发	Wholesale of Culture, Sports Goods and Equipment	1
矿产品、建材及化工产品批发	Wholesale of Mineral Products, Building Materialsand Chemical Products	2
机械设备、五金产品及电子产品批发	Wholesale of Mechanical Equipment,hardware and Electronic Products	
零售业	Retail Trade	21
综合零售	Integrated Retail	6
食品、饮料及烟草制品专门零售	Food, Beverages and Tobacco Products Sold Exclusively	1
文化、体育用品及器材专门零售	Retail of Culture,Sports Appliances and Equipments	2
医药及医疗器材专门零售	Retail of Medicines and Medical Appliances	8
汽车、摩托车、燃料及零配件专门零售		2
家用电器及电子产品专门零售	Special Retail ofHousehold Electric Appliances and Electronic Products	2
按业态分	**Grouped By Retail Formats**	
超市	Supermarket	2
大型超市	Hypermarket	2
百货店	Department Stores	2
专业店	Speciality Store	15
其中:加油站	Gas Station	3
专卖店	Store	3
其他	Others	

Chain Operations Statistics of Wholesale and Retail by Enterprises above Designated Size

(10 000 yuan)

商品购进总额 Total Purchase	统一配送 Unified Distribution	商品销售总额 Total Sales of Commodities	零售额 Retail Sales
1972399	**1208213**	**1868195**	**1387862**
1972399	1208213	1868195	1387862
14847	14847	15065	12941
685963	338041	655464	621091
685963	338041	655464	621091
1205661	821511	1129095	710246
65928	33814	68571	43584
44830	12716	47033	42172
21098	21098	21538	1412
823675	823675	746874	325901
2164	2164	2211	88
821511	821511	744663	325814
1148724	384538	1121321	1061961
624144	40014	612098	609396
2491		2655	2655
20713	12684	23077	23077
57756	55092	59853	37568
226890	65860	221830	221830
216731	210889	201809	167436
17674	3831	14351	14351
381053	33886	371635	371635
225417	2297	226112	223410
1335825	1168199	1241060	765589
982541	821511	905685	486837
12429		15037	12878

9—7 限额以上住宿和餐饮业法人企业经营情况

单位:万元　　　　(2017)

指　标	Item	法人企业数(个) Number of Corporate Unit (unit)
总　计	**Total**	**62**
住宿业	**Hotels**	**33**
按住宿业行业小类分(2011)	Grouped by Hotels Industry Small Class(2011)	
旅游饭店	Turist Hotel	28
一般旅馆	General Hotel	3
其他住宿业	Other Hotel	1
按住宿业行业小类分(2017)	Grouped by Hotels Industry Small Class(2011)	
旅游饭店	Turist Hotel	29
旅游饭店	Turist Hotel	29
一般旅馆	General Hotel	4
其他一般旅馆	Other General Hotel	4
按登记注册类型分	Grouped By Registration Type	
内资企业	Domestic Funded Enterprises	33
国有企业	State-owned Enterprises	2
集体企业	Collective-owned Enterprises	1
有限责任公司	Limited Liability Corporations	15
国有独资公司	State-owned Enterprises	2
其他有限责任公司	Other Limited Liability Corporations	13
股份有限公司	Share-holding Corporations Ltd.	
私营企业	Private Enterprises	15
私营独资企业	Private Owned Enterprises	
私营有限责任公司	Private Limited Liability Corporations	15
按控股情况分	Grouped By Controlling Stake	
国有控股	State-owned	7
集体控股	Collective-owned	3
私人控股	Private	21
港澳台商控股	Holding from Hong Kong, Macao and Taiwan	
外商控股	Foreign	
其他	Others	2
按经营形式分	Grouped By Business Form	
独立门店	Indipendent Stores	30
连锁门店	Distributor Chain	
其他	Others	3
按单位规模分	Grouped By Unit Scale	
大型	Large-scale	
中型	Medium-scale	8
小型	Small-scale	25
微型	Miniature	
按星级分	Grouped By Star Grade	
五星	Five	
四星	Four	12
三星	Three	7
二星	Two	
一星	One	
其他	Others	13
餐饮业	**Catering Servies**	**29**
按餐饮业行业小类分(2011)	Grouped by Catering Industry Small Class(2011)	
正餐服务	Dinner Service	28

Bussiness of Hotels and Catering Servies by Enterprises above Designated Size

(10 000 yuan)

从业人员(人) Number of Employees at Year-end (Person)	营业额 Business Revenue	使用银行卡支付的营业额 Business Revenue payed for Bank Cards	客房收入 From Hotel Rooms	通过公共网络实现的客房收入 Hotel Rooms Revenue from Public Network	通过非自营平台实现的客房收入 Hotel Rooms Revenue from Non-proprietary Platform	餐费收入 From Meals
6203	**89075**	**24500**	**31873**	**4110**	**608**	**51206**
3685	**55778**	**15632**	**25004**	**3408**	**608**	**25180**
3438	52648	14892	23414	3028	558	23900
102	909	642	855	280		35
14	272	98	163	100	50	109
3569	54597	14892	23986	3028	558	25036
3569	54597	14892	23986	3028	558	25036
116	1180	740	1018	380	50	144
116	1180	740	1018	380	50	144
3685	55778	15632	25004	3408	608	25180
613	9556	80	5330	31	31	2855
20	232		232			
1731	27811	9540	11531	2354	527	13253
157	3133		1554			909
1574	24678	9540	9976	2354	527	12344
1321	18179	6011	7912	1022	50	9072
1321	18179	6011	7912	1022	50	9072
1279	20378	1805	9969	1425	32	7687
206	2183	450	798	142	16	869
1850	24586	9142	10722	1626	345	11862
350	8631	4235	3515	215	215	4762
3225	45172	10352	20821	3139	393	19457
460	10606	5279	4184	269	215	5723
1777	31267	7913	14152	1985	541	14229
1908	24510	7719	10853	1423	67	10951
1444	20794	4345	9321	2114	31	9588
580	7256	2756	2686	36	1	3879
1530	25779	8531	12425	1258	576	10577
2518	**33297**	**8868**	**6868**	**703**		**26026**
2461	32773	8727	6787	703		25598

9—7 续表1

单位:万元 (2017)

指　标	Item	法人企业数(个) Number of Corporate Unit (unit)
按餐饮业行业小类分(2017)	Grouped by Catering Industry Small Class(2017)	
正餐服务	Dinner Service	29
正餐服务	Dinner Service	29
快餐服务	Fast Food Service	
按登记注册类型分	Grouped By Registration Type	
内资企业	Domestic Funded Enterprises	29
有限责任公司	Limited Liability Corporations	5
国有独资公司	State-owned Enterprises	
其他有限责任公司	Other Limited Liability Corporations	5
股份有限公司	Share-holding Corporations Ltd.	
私营企业	Private Enterprises	24
私营独资企业	Private Owned Enterprises	
私营合伙企业	Private Partnership Enterprises	
私营有限责任公司	Private Limited Liability Corporations	21
私营股份有限公司	Private Share-holding Corporations Ltd.	3
外商投资企业	Foreign Funded Enterprises	
中外合资经营企业	Sino-foreign Joint Venture Enterprises	
按控股情况分	Grouped By Controlling Stake	
国有控股	State-owned	1
集体控股	Collective-owned	
私人控股	Private	26
外商控股	Foreign	
其他	Others	2
按经营形式分	Grouped By Business Form	
独立门店	Indipendent Stores	26
连锁门店	Distributor Chain	
其他	Others	3
按单位规模分	Grouped By Unit Scale	
大型	large-scale	
中型	Medium-scale	3
小型	Small-scale	26
微型	Miniature	
住宿业按地区分组	**Accommodation Industry Grouped by Region**	**33**
银川市	Yinchuan	33
兴庆区	Xingqing	16
西夏区	Xixia	3
金凤区	Jinfeng	10
永宁县	Yongning	1
贺兰县	Helan	2
灵武市	Lingwu	1
餐饮业按地区分组	**Catering Industry Grouped by Region**	**29**
银川市	Yinchuan	29
兴庆区	Xingqing	9
西夏区	Xixia	2
金凤区	Jinfeng	13
永宁县	Yongning	
贺兰县	Helan	4
灵武市	Lingwu	1

continued

(10 000 yuan)

从业人员(人) Number of Employees at Year-end (Person)	营业额 Business Revenue	使用银行卡支付的营业额 Business Revenue payed for Bank Cards	客房收入 From Hotel Rooms	通过公共网络实现的客房收入 Hotel Rooms Revenue from Public Network	通过非自营平台实现的客房收入 Hotel Rooms Revenue from Non-proprietary Platform	餐费收入 From Meals
2518	33297	8868	6868	703		26026
2518	33297	8868	6868	703		26026
2518	33297	8868	6868	703		26026
741	11414	4139	4364	498		6946
741	11414	4139	4364	498		6946
1777	21883	4729	2505	205		19080
1509	19868	4462	2505	205		17065
268	2015	268				2015
37	173		51			120
2185	28740	8643	5401	703		22968
296	4384	226	1417			2938
2188	28844	8868	5432	703		23044
330	4453		1437			2982
722	13205	3913	3702	498		9406
1796	20093	4955	3167	205		16620
3685	**55778**	**15632**	**25004**	**3408**	**608**	**25180**
3685	55778	15632	25004	3408	608	25180
1835	25303	7541	11111	2034	343	11383
78	1366		757			438
1379	23098	7515	10776	853	265	9958
56	648		637			
225	3854		1500	520		2113
112	1509	576	222	1		1287
2518	**33297**	**8868**	**6868**	**703**		**26026**
2518	33297	8868	6868	703		26026
1312	19879	4372	4390	498		15238
72	479	268	51			425
824	8772	3323	1740	164		6996
277	3837	827	358	15		3367
33	331	79	331	26		0

9—7 续表2

单位:万元 (2017)

指 标	Item	通过公共网络实现的餐费收入 Meal Revenue from Public Network
总 计	**Total**	**3607**
住宿业	**Hotels**	**2941**
按住宿业行业小类分(2011)	Grouped by Hotels Industry Small Class(2011)	
旅游饭店	Turist Hotel	2941
一般旅馆	General Hotel	
其他住宿业	Other Hotel	
按住宿业行业小类分(2017)	Grouped by Hotels Industry Small Class(2011)	
旅游饭店	Turist Hotel	2941
旅游饭店	Turist Hotel	2941
一般旅馆	General Hotel	
其他一般旅馆	Other General Hotel	
按登记注册类型分	Grouped By Registration Type	
内资企业	Domestic Funded Enterprises	2941
国有企业	State-owned Enterprises	66
集体企业	Collective-owned Enterprises	
有限责任公司	Limited Liability Corporations	2156
国有独资公司	State-owned Enterprises	
其他有限责任公司	Other Limited Liability Corporations	2156
股份有限公司	Share-holding Corporations Ltd.	
私营企业	Private Enterprises	719
私营独资企业	Private Owned Enterprises	
私营有限责任公司	Private Limited Liability Corporations	719
按控股情况分	Grouped By Controlling Stake	
国有控股	State-owned	2059
集体控股	Collective-owned	4
私人控股	Private	781
港澳台商控股	Holding from Hong Kong, Macao and Taiwan	
外商控股	Foreign	
其他	Others	97
按经营形式分	Grouped By Business Form	
独立门店	Indipendent Stores	2837
连锁门店	Distributor Chain	
其他	Others	104
按单位规模分	Grouped By Unit Scale	
大型	Large-scale	
中型	Medium-scale	2323
小型	Small-scale	618
微型	Miniature	
按星级分	Grouped By Star Grade	
五星	Five	
四星	Four	2755
三星	Three	8
二星	Two	
一星	One	
其他	Others	178
餐饮业	**Catering Servies**	**666**
按餐饮业行业小类分(2011)	Grouped by Catering Industry Small Class(2011)	
正餐服务	Dinner Service	663

continued

(10 000 yuan)

通过非自营平台实现的餐费收入 Meal Rooms Revenue from Non-proprietary Platform	商品销售额 From Commo ditie	其他收入 From Other Income	客房数(间) Number of Rooms(room)	床位数(个) Number of Beds (unit)	餐位数(位) Number of Dining-seats (person)	年末餐饮营业面积(平方米) Operating Area of Catering Servies at Year-end(sq.m)
225	**1353**	**4644**	**14334**	**26245**	**49404**	**161934**
225	**1044**	**4550**	**13009**	**24148**	**37293**	**81637**
225	939	4396	12622	23501	36538	77797
		19	195	333	135	640
			33	50	100	1200
225	1044	4531	12781	23765	37058	79797
225	1044	4531	12781	23765	37058	79797
		19	228	383	235	1840
		19	228	383	235	1840
225	1044	4550	13009	24148	37293	81637
66	18	1354	605	796	1488	2255
			84	168		
159	810	2217	10439	19992	29567	44666
	596	74	8220	16407	25176	1550
159	214	2144	2219	3585	4391	43116
	216	979	1881	3192	6238	34716
	216	979	1881	3192	6238	34716
66	645	2077	9367	18101	28209	12451
	115	401	273	463	300	1790
62	273	1729	2444	4088	8178	58107
97	11	343	925	1496	606	9289
128	1020	3874	12344	23034	36187	75647
97	24	676	665	1114	1106	5990
225	498	2388	1817	2736	5319	25471
0	546	2162	11192	21412	31974	56166
66	528	1356	1657	2843	5881	27601
0	212	479	755	1335	2475	19935
159	199	2579	10438	19706	28417	32101
	309	**94**	**1325**	**2097**	**12111**	**80297**
	293	94	1282	2011	11511	78527

9—7 续表3

单位:万元 (2017)

指 标	Item	通过公共网络实现的餐费收入 Meal Revenue from Public Network
按餐饮业行业小类分(2017)	Grouped by Catering Industry Small Class(2017)	
正餐服务	Dinner Service	666
正餐服务	Dinner Service	666
快餐服务	Fast Food Service	
按登记注册类型分	Grouped By Registration Type	
内资企业	Domestic Funded Enterprises	666
有限责任公司	Limited Liability Corporations	228
国有独资公司	State-owned Enterprises	
其他有限责任公司	Other Limited Liability Corporations	228
股份有限公司	Share-holding Corporations Ltd.	
私营企业	Private Enterprises	437
私营独资企业	Private Owned Enterprises	
私营合伙企业	Private Partnership Enterprises	
私营有限责任公司	Private Limited Liability Corporations	437
私营股份有限公司	Private Share-holding Corporations Ltd.	
外商投资企业	Foreign Funded Enterprises	
中外合资经营企业	Sino-foreign Joint Venture Enterprises	
按控股情况分	Grouped By Controlling Stake	
国有控股	State-owned	
集体控股	Collective-owned	
私人控股	Private	666
外商控股	Foreign	
其他	Others	
按经营形式分	Grouped By Business Form	
独立门店	Indipendent Stores	666
连锁门店	Distributor Chain	
其他	Others	
按单位规模分	Grouped By Unit Scale	
大型	large-scale	
中型	Medium-scale	228
小型	Small-scale	437
微型	Miniature	
住宿业按地区分组	**Accommodation Industry Grouped by Region**	**2941**
银川市	Yinchuan	2941
兴庆区	Xingqing	2254
西夏区	Xixia	
金凤区	Jinfeng	117
永宁县	Yongning	
贺兰县	Helan	570
灵武市	Lingwu	
餐饮业按地区分组	**Catering Industry Grouped by Region**	**666**
银川市	Yinchuan	666
兴庆区	Xingqing	228
西夏区	Xixia	
金凤区	Jinfeng	236
永宁县	Yongning	
贺兰县	Helan	201
灵武市	Lingwu	

continued

(10 000 yuan)

通过非自营平台实现的餐费收入 Meal Rooms Revenue from Non-proprietary Platform	商品销售额 From Commo ditie	其他收入 From Other Income	客房数(间) Number of Rooms(room)	床位数(个) Number of Beds (unit)	餐位数(位) Number of Dining-seats (person)	年末餐饮营业面积(平方米) Operating Area of Catering Servies at Year-end(sq.m)
	309	94	1325	2097	12111	80297
	309	94	1325	2097	12111	80297
	309	94	1325	2097	12111	80297
	12	93	733	1181	2260	20443
	12	93	733	1181	2260	20443
	298	1	592	916	9851	59854
	298	1	592	916	8321	52654
					1530	7200
		3	81	215	228	350
	304	67	973	1448	10971	69654
	5	25	271	434	912	10293
	299	69	1030	1639	11238	74154
	10	25	295	458	873	6143
	6	90	531	796	1650	16306
	303	4	794	1301	10461	63991
225	**1044**	**4550**	**13009**	**24148**	**37293**	**81637**
225	1044	4550	13009	24148	37293	81637
128	682	2126	2160	3622	6390	39858
	170		8244	16460	25036	950
97	76	2288	1584	2332	4191	27660
	11		570	920		5869
	105	136	359	664	1520	6000
			92	150	156	1300
	309	**94**	**1325**	**2097**	**12111**	**80297**
	309	94	1325	2097	12111	80297
	161	90	619	932	4332	32756
		3	81	215	428	950
	35	1	404	622	4454	36208
	113		101	183	2297	6983
			120	145	600	3400

9—8 限额以上住宿和餐饮业法人企业主要财务状况

单位：万元 （2017）

指　标	Item	法人企业数（个）Number of Corporate(unit)	流动资产合计 Total Working Capitals
总　计	**Total**	**62**	**142499**
住宿业	**Hotels**	**33**	**114011**
按住宿业行业小类分(2011)	Grouped by Hotels Industry Small Class(2011)		
旅游饭店	Turist Hotel	28	108621
一般旅馆	General Hotel	3	252
其他住宿业	Other Hotel	1	678
按住宿业行业小类分(2017)	Grouped by Hotels Industry Small Class(2017)		
旅游饭店	Turist Hotel	29	113081
旅游饭店	Turist Hotel	29	113081
一般旅馆	General Hotel	4	930
其他一般旅馆	Other General Hotel	4	930
按登记注册类型分	Grouped By Registration Type		
内资企业	Domestic Funded Enterprises	33	114011
国有企业	State-owned Enterprises	2	6256
集体企业	Collective-owned Enterprises	1	208
有限责任公司	Limited Liability Corporations	15	57213
国有独资公司	State-owned Enterprises	2	1656
其他有限责任公司	Other Limited Liability Corporations	13	55557
股份有限公司	Share-holding Corporations Ltd.		
私营企业	Private Enterprises	15	50335
私营独资企业	Private Owned Enterprises		
私营有限责任公司	Private Limited Liability Corporations	15	50335
按控股情况分	Grouped By Controlling Stake		
国有控股	State-owned	7	11251
集体控股	Collective-owned	3	1070
私人控股	Private	21	90579
港澳台商控股	Holding from Hong Kong, Macao and Taiwan		
外商控股	Foreign		
其他	Others	2	11112
按经营形式分	Grouped By Business Form		
独立门店	Indipendent Stores	30	110760
连锁门店	Distributor Chain		
其他	Others	3	3251
按单位规模分	Grouped By Unit Scale		
大型	Large-scale		
中型	Medium-scale	8	19576
小型	Small-scale	25	94435
微型	Miniature		
按星级分	Grouped By Star Grade		
五星	Five		
四星	Four	12	31007
三星	Three	7	5076
二星	Two		
一星	One		
其他	Others	13	73469
餐饮业	**Catering Servies**		
按餐饮业行业小类分(2011)	Grouped by Catering Industry Small Class(2011)		
正餐服务	Dinner Service	28	28415

Financial Indicators of Hotels and Catering Servies by Enterprises above Designed Size

(10 000 yuan)

应收帐款 Accounts Receivable	存货 Stock	固定资产合计 Total Fixed Assets	固定资产原价 Original Value of Fixed Assets	累计折旧 Accumulated Depreciation	本年折旧 Depreciation this year	在建工程 Construction in Process	资产总计 Total Assets
17510	**5185**	**160624**	**246025**	**90112**	**26377**	**13142**	**342095**
13736	**3812**	**145580**	**216093**	**74452**	**20427**	**7797**	**279375**
13613	3751	140114	207840	71649	19975	2256	262602
17	8	690	848	173	116	5541	6404
2	8		113	113			678
13717	3796	144890	215133	74166	20311	2256	272293
13717	3796	144890	215133	74166	20311	2256	272293
18	16	690	960	286	116	5541	7082
18	16	690	960	286	116	5541	7082
13736	3812	145580	216093	74452	20427	165364	279375
450	1268	77799	101999	24200	3490	79402	85658
0		5	27	23		5	213
11780	805	30396	59526	29383	14786	41091	98304
461	290	4800	5308	509	175	5822	7478
11319	515	25596	54218	28875	14611	35269	90826
1506	1739	37381	54541	20846	2151	44866	95200
1506	1739	37381	54541	20846	2151	44866	95200
1174	1785	102699	149845	47146	17684	107055	118306
41	14	955	1956	1001	23	2013	3082
1693	1993	41915	64271	26294	2710	56227	146805
10828	19	11	21	10	10	69	11181
12899	3640	138138	199771	65571	19988	157650	268410
837	171	7442	16322	8880	439	7714	10965
1873	2073	97508	143595	46086	14196	100184	119761
11863	1738	48072	72498	28365	6231	65179	159614
1819	1043	42761	73538	34447	11504	47801	78807
203	158	7407	16938	9783	4037	9851	14927
11610	2566	90637	118325	27704	4550	102481	175950
3767	1363	14901	29789	15563	5938	33542	61957

9—8 续表1

单位:万元 (2017)

指　标	Item	法人企业数(个) Number of Corporate(unit)	流动资产合计 Total Working Capitals
按餐饮业行业小类分(2017)	Grouped by Catering Industry Small Class(2017)		
正餐服务	Dinner Service	29	28487
正餐服务	Dinner Service	29	28487
快餐服务	Fast Food Service		
按登记注册类型分	Grouped By Registration Type		
内资企业	Domestic Funded Enterprises	29	28487
有限责任公司	Limited Liability Corporations	5	8529
国有独资公司	State-owned Enterprises		
其他有限责任公司	Other Limited Liability Corporations	5	8529
股份有限公司	Share-holding Corporations Ltd.		
私营企业	Private Enterprises	24	19958
私营独资企业	Private Owned Enterprises		
私营合伙企业	Private Partnership Enterprises		
私营有限责任公司	Private Limited Liability Corporations	21	16076
私营股份有限公司	Private Share-holding Corporations Ltd.	3	3882
外商投资企业	Foreign Funded Enterprises		
中外合资经营企业	Sino-foreign Joint Venture Enterprises		
按控股情况分	Grouped By Controlling Stake		
国有控股	State-owned	1	127
集体控股	Collective-owned		
私人控股	Private	26	27250
外商控股	Foreign		
其他	Others	2	1111
按经营形式分	Grouped By Business Form		
独立门店	Indipendent Stores	26	27270
连锁门店	Distributor Chain		
其他	Others	3	1217
按单位规模分	Grouped By Unit Scale		
大型	large-scale		
中型	Medium-scale	3	11202
小型	Small-scale	26	17285
微型	Miniature		
住宿业按地区分组	**Accommodation Industry Grouped by Region**	**33**	**114011**
银川市	Yinchuan	33	114011
兴庆区	Xingqing	16	53384
西夏区	Xixia	3	1238
金凤区	Jinfeng	10	28765
永宁县	Yongning	1	10103
贺兰县	Helan	2	4704
灵武市	Lingwu	1	15818
餐饮业按地区分组	**Catering Industry Grouped by Region**	**29**	**28487**
银川市	Yinchuan	29	28487
兴庆区	Xingqing	9	16893
西夏区	Xixia	2	231
金凤区	Jinfeng	13	6621
永宁县	Yongning		
贺兰县	Helan	4	544
灵武市	Lingwu	1	4198

continued

(10 000 yuan)

应收帐款 Accounts Receivable	存货 Stock	固定资产合计 Total Fixed Assets	固定资产原价 Original Value of Fixed Assets	累计折旧 Accumulated Depreciation	本年折旧 Depreciation this year	在建工程 Construction in Process	资产总计 Total Assets
3774	1373	15044	29932	15661	5951	34233	62721
3774	1373	15044	29932	15661	5951	34233	62721
3774	1373	15044	29932	15661	5951	34233	62721
773	412	3317	6694	3413	957	10708	19238
773	412	3317	6694	3413	957	10708	19238
3001	961	11727	23237	12248	4994	23525	43483
1029	839	8792	17151	9097	4659	18551	34627
1972	123	2935	6086	3151	334	4974	8856
30	36	17	164	147	21	53	180
3180	1236	13612	27441	14581	5876	31353	58603
565	101	1415	2326	932	54	2827	3938
3282	1183	13465	27321	14623	5875	31184	58454
492	190	1579	2611	1038	76	3049	4266
450	327	3406	6636	3762	965	6399	17601
3324	1047	11638	23296	11899	4986	27835	45120
13736	**3812**	**145580**	**216093**	**74452**	**20427**	**165364**	**279375**
13736	3812	145580	216093	74452	20427	165364	279375
1088	1191	38574	80496	42175	15456	44853	98237
196	264	4814	5365	551	175	5833	7071
1223	2170	86927	108433	25186	4122	95989	124754
10101		11	21	10	10	11	10114
289	104	4931	7473	2542	361	7427	12131
840	83	10324	14306	3988	302	11251	27069
3774	**1373**	**15044**	**29932**	**15661**	**5951**	**34233**	**62721**
3774	1373	15044	29932	15661	5951	34233	62721
2546	815	9762	20335	11106	5023	15669	32562
42	46	417	564	147	21	453	684
998	490	3513	6455	2973	531	15085	21706
127	23	174	334	258	13	783	1327
62		1178	2243	1178	364	2243	6441

9—8 续表2

单位:万元 (2017)

指　标	Item	流动负债合计 Total Current Liabilities	应付账款 Accounts Payable
总　计	**Total**	**134651**	**31415**
住宿业	**Hotels**	**86710**	**26976**
按住宿业行业小类分(2011)	Grouped by Hotels Industry Small Class(2011)		
旅游饭店	Turist Hotel	75512	22439
一般旅馆	General Hotel	2199	33
其他住宿业	Other Hotel	121	
按住宿业行业小类分(2017)	Grouped by Hotels Industry Small Class(2017)		
旅游饭店	Turist Hotel	84389	26944
旅游饭店	Turist Hotel	84389	26944
一般旅馆	General Hotel	2320	33
其他一般旅馆	Other General Hotel	2320	33
按登记注册类型分	Grouped By Registration Type		
内资企业	Domestic Funded Enterprises	86710	26976
国有企业	State-owned Enterprises	5177	2498
集体企业	Collective-owned Enterprises	23	
有限责任公司	Limited Liability Corporations	30578	17025
国有独资公司	State-owned Enterprises	6454	440
其他有限责任公司	Other Limited Liability Corporations	24123	16585
股份有限公司	Share-holding Corporations Ltd.		
私营企业	Private Enterprises	50932	7454
私营独资企业	Private Owned Enterprises		
私营有限责任公司	Private Limited Liability Corporations	50932	7454
按控股情况分	Grouped By Controlling Stake		
国有控股	State-owned	31496	17981
集体控股	Collective-owned	848	673
私人控股	Private	52936	7990
港澳台商控股	Holding from Hong Kong, Macao and Taiwan		
外商控股	Foreign		
其他	Others	1430	332
按经营形式分	Grouped By Business Form		
独立门店	Indipendent Stores	84863	26523
连锁门店	Distributor Chain		
其他	Others	1847	453
按单位规模分	Grouped By Unit Scale		
大型	Large-scale		
中型	Medium-scale	26778	18835
小型	Small-scale	59932	8142
微型	Miniature		
按星级分	Grouped By Star Grade		
五星	Five		
四星	Four	45668	16552
三星	Three	7122	683
二星	Two		
一星	One		
其他	Others	25043	5237
餐饮业	**Catering Servies**		
按餐饮业行业小类分(2011)	Grouped by Catering Industry Small Class(2011)		
正餐服务	Dinner Service	47186	4420

continued

(10 000 yuan)

非流动负债合计 Totale of Non-current Liabilities	负债合计 Total Liabilities	所有者权益 Total Owners' Equities	实收资本 Paid-in Capitals	国家资本 State-owned Capitals	集体资本 Collective-owned Capitals	法人资本 Corporate Capitals	个人资本 Personal Capitals
178425	**312876**	**29219**	**122779**	**22821**	**3593**	**64719**	**31646**
168450	**254960**	**24415**	**91972**	**22821**	**3593**	**46358**	**19199**
165248	240560	22042	90059	22821	3581	45758	17898
3202	5401	1002	812		12	600	200
	121	557	101				101
165248	249437	22855	91059	22821	3581	45758	18898
165248	249437	22855	91059	22821	3581	45758	18898
3202	5522	1560	913		12	600	301
3202	5522	1560	913		12	600	301
168450	254960	24415	91972	22821	3593	46358	19199
98098	103274	-17616	4012	4012			
	23	189	12		12		
45182	75560	22744	47720	18809	3581	16348	8983
200	6454	1024	152			152	
44982	69105	21721	47568	18809	3581	16195	8983
25170	76103	19098	40227			30011	10216
25170	76103	19098	40227			30011	10216.2
104726	136022	-17716	22973	22821		152	
9	857	2225	3593		3593		
63714	116650	30155	55360			36161	19199.0
	1430	9751	10045			10045	
168450	253113	15297	77543	8405	3581	46358	19199
	1847	9118	14428	14416	12		
114598	141376	-21615	23872	22284		1088	500
53852	113584	46030	68100	537	3593	45270	18699
6395	52062	26745	55662	20437		27811	7414
7435	14557	371	7636	537	1887	1600	3612
154620	179464	-3514	27674	1847	1707	16948	7173
9975	57162	4796	30778			18360	12417

9—8 续表3

单位:万元 (2017)

指　标	Item	流动负债合计 Total Current Liabilities	应付账款 Accounts Payable
按餐饮业行业小类分(2017)	Grouped by Catering Industry Small Class(2017)		
正餐服务	Dinner Service	47941	4439
正餐服务	Dinner Service	47941	4439
快餐服务	Fast Food Service		
按登记注册类型分	Grouped By Registration Type		
内资企业	Domestic Funded Enterprises	47941	4439
有限责任公司	Limited Liability Corporations	28513	1639
国有独资公司	State-owned Enterprises		
其他有限责任公司	Other Limited Liability Corporations	28513	1639
股份有限公司	Share-holding Corporations Ltd.		
私营企业	Private Enterprises	19428	2800
私营独资企业	Private Owned Enterprises		
私营合伙企业	Private Partnership Enterprises		
私营有限责任公司	Private Limited Liability Corporations	14249	1985
私营股份有限公司	Private Share-holding Corporations Ltd.	5179	815
外商投资企业	Foreign Funded Enterprises		
中外合资经营企业	Sino-foreign Joint Venture Enterprises		
按控股情况分	Grouped By Controlling Stake		
国有控股	State-owned	2159	14
集体控股	Collective-owned		
私人控股	Private	37896	3302
外商控股	Foreign		
其他	Others	7886	1124
按经营形式分	Grouped By Business Form		
独立门店	Indipendent Stores	39941	3390
连锁门店	Distributor Chain		
其他	Others	8001	1049
按单位规模分	Grouped By Unit Scale		
大型	large-scale		
中型	Medium-scale	21999	1546
小型	Small-scale	25942	2893
微型	Miniature		
住宿业按地区分组	**Accommodation Industry Grouped by Region**	**86710**	**26976**
银川市	Yinchuan	86710	26976
兴庆区	Xingqing	39852	17134
西夏区	Xixia	6012	345
金凤区	Jinfeng	23590	4745
永宁县	Yongning	68	
贺兰县	Helan	10223	4505
灵武市	Lingwu	6964	248
餐饮业按地区分组	**Catering Industry Grouped by Region**	**47941**	**4439**
银川市	Yinchuan	47941	4439
兴庆区	Xingqing	28177	2815
西夏区	Xixia	2359	14
金凤区	Jinfeng	13341	1541
永宁县	Yongning		
贺兰县	Helan	1281	70
灵武市	Lingwu	2783	

continued

(10 000 yuan)

非流动负债合计 Totale of Non-current Liabilities	负债合计 Total Liabilities	所有者权益 Total Owners' Equities	实收资本 Paid-in Capitals	国家资本 State-owned Capitals	集体资本 Collective-owned Capitals	法人资本 Corporate Capitals	个人资本 Personal Capitals
9975	57916	4804	30808			18360	12447
9975	57916	4804	30808			18360	12447
9975	57916	4804	30808			18360	12447
9000	37513	-18276	3618			3618	
9000	37513	-18276	3618			3618	
975	20403	23080	27190			14742	12447
771	15020	19607	23736			13959	9777
204	5383	3473	3453			783	2670
	2159	-1979	100			100	
9975	47871	10732	30190			17742	12447
	7886	-3948	518			518	
9910	49851	8604	30103			17842	12260
65	8066	-3800	705			518	187
9000	30999	-13399	4398			1518	2880.0
975	26917	18203	26410			16842	9567
168450	**254960**	**24415**	**91972**	**22821**	**3593**	**46358**	**19199**
168450	254960	24415	91972	22821	3593	46358	19199
45261	85113	13125	47671	20975	3581	7038	16077
200	6012	1059	185		12	152	21
119189	142780	-18026	11348	1847		7400	2101
	68	10045	10045			10045	
	10223	1907	1110			110	1000
3800	10764	16305	21613			21613	
9975	**57916**	**4804**	**30808**			**18360**	**12447**
9975	57916	4804	30808			18360	12447
9676	37853	-5291	14203			2491	11711
204	2563	-1879	200			200	
90	13431	8275	12349			11664	685
5	1286	41	556			505	51
	2783	3658	3500			3500	

9—8 续表4

单位:万元 (2017)

指　标	Item	营业收入 Total Revenue	主营业务收入 Revenue from Principal Business
总　计	**Total**	**86209**	**85305**
住宿业	**Hotels**	**54319**	**53419**
按住宿业行业小类分(2011)	Grouped by Hotels Industry Small Class(2011)		
旅游饭店	Turist Hotel	50668	50086
一般旅馆	General Hotel	1556	1276
其他住宿业	Other Hotel	220	220
按住宿业行业小类分(2017)	Grouped by Hotels Industry Small Class(2017)		
旅游饭店	Turist Hotel	52544	51924
旅游饭店	Turist Hotel	52544	51924
一般旅馆	General Hotel	1775	1495
其他一般旅馆	Other General Hotel	1775	1495
按登记注册类型分	Grouped By Registration Type		
内资企业	Domestic Funded Enterprises	54319	53419
国有企业	State-owned Enterprises	9117	9111
集体企业	Collective-owned Enterprises	232	232
有限责任公司	Limited Liability Corporations	27610	26769
国有独资公司	State-owned Enterprises	3008	2962
其他有限责任公司	Other Limited Liability Corporations	24602	23807
股份有限公司	Share-holding Corporations Ltd.		
私营企业	Private Enterprises	17360	17307
私营独资企业	Private Owned Enterprises		
私营有限责任公司	Private Limited Liability Corporations	17360	17307
按控股情况分	Grouped By Controlling Stake		
国有控股	State-owned	19506	19332
集体控股	Collective-owned	2087	1842
私人控股	Private	24162	23681
港澳台商控股	Holding from Hong Kong, Macao and Taiwan		
外商控股	Foreign		
其他	Others	8565	8565
按经营形式分	Grouped By Business Form		
独立门店	Indipendent Stores	43879	42979
连锁门店	Distributor Chain		
其他	Others	10440	10440
按单位规模分	Grouped By Unit Scale		
大型	Large-scale		
中型	Medium-scale	30015	29918
小型	Small-scale	24304	23501
微型	Miniature		
按星级分	Grouped By Star Grade		
五星	Five		
四星	Four	19821	19794
三星	Three	7087	6962
二星	Two		
一星	One		
其他	Others	25534	24825
餐饮业	**Catering Servies**	31890	31886
按餐饮业行业小类分(2011)	Grouped by Catering Industry Small Class(2011)		
正餐服务	Dinner Service	31376	31373

continued

(10 000 yuan)

营业成本 Business Costs	主营业务成本 Costs of Principal Business	营业税金及附加 Business Taxes and Other Charges	主营业务税金及附加 Taxes and Other Charges on Principal Business	其他业务利润 Profits from Other Businesses	销售费用 Selling Costs
36047	**36009**	**1235**	**1231**	**484**	**34020**
22089	**22051**	**899**	**895**	**436**	**23015**
21119	21081	852	849	436.0	21343
402	402	32	32		604
47	47	10	10		127
21640	21601	856	852	436	22284
21640	21601	856	852	436	22284
450	450	42	42		731
450	450	42	42		731
22089	22051	899	895	436	23015
2013	2013	19	19		8976
		1	1		83
14139	14101	499	496	432	6992
2494	2494	44	44		70
11645	11607	454	452	432	6922
5937	5937	380	378	4	6965
5937	5937	380	378	4	6965
10941	10912	446	446		9128
1143	1143	25	23	432	393
8154	8145	401	400	4	10491
1850	1850	27	27		3003
18079	18041	731	727	436	20339
4010	4010	167	167		2677
12218	12218	433	433		14351
9871	9832	466	462	436	8664
11645	11645	585	585	4	4412
3708	3679	196	196		2071
6216	6206	113	111	432	15591
13958	13958	336	336	48	11005
13741	13741	333	332	48	10865

9—8 续表5

单位:万元 (2017)

指 标	Item	营业收入 Total Revenue	主营业务收入 Revenue from Principal Business
按餐饮业行业小类分(2017)	Grouped by Catering Industry Small Class(2017)		
正餐服务	Dinner Service	31890	31886
正餐服务	Dinner Service	31890	31886
快餐服务	Fast Food Service		
按登记注册类型分	Grouped By Registration Type		
内资企业	Domestic Funded Enterprises	31890	31886
有限责任公司	Limited Liability Corporations	11012	11008
国有独资公司	State-owned Enterprises		
其他有限责任公司	Other Limited Liability Corporations	11012	11008
股份有限公司	Share-holding Corporations Ltd.		
私营企业	Private Enterprises	20878	20878
私营独资企业	Private Owned Enterprises		
私营合伙企业	Private Partnership Enterprises		
私营有限责任公司	Private Limited Liability Corporations	18972	18972
私营股份有限公司	Private Share-holding Corporations Ltd.	1906	1906
外商投资企业	Foreign Funded Enterprises		
中外合资经营企业	Sino-foreign Joint Venture Enterprises		
按控股情况分	Grouped By Controlling Stake		
国有控股	State-owned	173	173
集体控股	Collective-owned		
私人控股	Private	27384	27381
外商控股	Foreign		
其他	Others	4333	4333
按经营形式分	Grouped By Business Form		
独立门店	Indipendent Stores	27467	27463
连锁门店	Distributor Chain		
其他	Others	4423	4423
按单位规模分	Grouped By Unit Scale		
大型	large-scale		
中型	Medium-scale	12657	12654
小型	Small-scale	19232	19232
微型	Miniature		
住宿业按地区分组	**Accommodation Industry Grouped by Region**	**54319**	**53419**
银川市	Yinchuan	54319	53419
兴庆区	Xingqing	24211	23671
西夏区	Xixia	1405	1366
金凤区	Jinfeng	22884	22601
永宁县	Yongning	637	637
贺兰县	Helan	3674	3636
灵武市	Lingwu	1509	1509
餐饮业按地区分组	**Catering Industry Grouped by Region**	**31890**	**31886**
银川市	Yinchuan	31890	31886
兴庆区	Xingqing	19001	18998
西夏区	Xixia	479	479
金凤区	Jinfeng	8483	8483
永宁县	Yongning		
贺兰县	Helan	3644	3644
灵武市	Lingwu	284	284

continued

(10 000 yuan)

营业成本 Business Costs	主营业务成本 Costs of Principal Business	营业税金及附加 Business Taxes and Other Charges	主营业务税金及附加 Taxes and Other Charges on Principal Business	其他业务利润 Profits from Other Businesses	销售费用 Selling Costs
13958	13958	336	336	48	11005
13958	13958	336	336	48	11005
13958	13958	336	336	48	11005
4298	4298	35	35		3709
4298	4298	35	35		3709
9660	9660	301	301	48	7296
820	8720	198	198		6814
941	941	103	103	48	483
67	67	1	1		146
12292	12292	326	326	48	8560
1599	1599	9	9		2299
12456	12456	312	312	48	8631
1502	1502	24	24		2374
4012	4012	82	82		4602
9946	9946	254	254	48	6403
22089	**22051**	**899**	**895**	**436**	**23015**
22089	22051	899	895	436	23015
12980	12942	652	649	436	6530
822	822	15	15		152
5841	5841	157	157		14051
128	128	2	2		491
1749	1749	67	66		972
568	568	6	6		819
13958	**13958**	**336**	**336**	**48**	**11005**
13958	13958	336	336	48	11005
6716	6716	239	239		6993
299	299	6	6	48	157
4690	4690	70	70		3097
2149	2149	12	12		748
105	105	8	8		10

9—8 续表6

单位:万元 (2017)

指　标	Item	管理费用 Management Costs	财务费用 Financial Costs
总　计	**Total**	**23800**	**2898**
住宿业	**Hotels**	**14008**	**1866**
按住宿业行业小类分(2011)	Grouped by Hotels Industry Small Class(2011)		
旅游饭店	Turist Hotel	13020	1856
一般旅馆	General Hotel	447	0
其他住宿业	Other Hotel	2	6
按住宿业行业小类分(2017)	Grouped by Hotels Industry Small Class(2017)		
旅游饭店	Turist Hotel	13558	1860
旅游饭店	Turist Hotel	13558	1860
一般旅馆	General Hotel	450	6
其他一般旅馆	Other General Hotel	450	6
按登记注册类型分	Grouped By Registration Type		
内资企业	Domestic Funded Enterprises	14008	1866
国有企业	State-owned Enterprises	2008	15
集体企业	Collective-owned Enterprises	105	
有限责任公司	Limited Liability Corporations	6627	44
国有独资公司	State-owned Enterprises	337	3
其他有限责任公司	Other Limited Liability Corporations	6290	41
股份有限公司	Share-holding Corporations Ltd.		
私营企业	Private Enterprises	5268	1808
私营独资企业	Private Owned Enterprises		
私营有限责任公司	Private Limited Liability Corporations	5268	1808
按控股情况分	Grouped By Controlling Stake		
国有控股	State-owned	3600	16
集体控股	Collective-owned	397	7
私人控股	Private	6951	1822
港澳台商控股	Holding from Hong Kong, Macao and Taiwan		
外商控股	Foreign		
其他	Others	3060	21
按经营形式分	Grouped By Business Form		
独立门店	Indipendent Stores	10649	1849
连锁门店	Distributor Chain		
其他	Others	3359	17
按单位规模分	Grouped By Unit Scale		
大型	Large-scale		
中型	Medium-scale	7146	52
小型	Small-scale	6862	1815
微型	Miniature		
按星级分	Grouped By Star Grade		
五星	Five		
四星	Four	4495	420
三星	Three	1339	81
二星	Two		
一星	One		
其他	Others	7636	1361
餐饮业	**Catering Servies**	9793	1031
按餐饮业行业小类分(2011)	Grouped by Catering Industry Small Class(2011)		
正餐服务	Dinner Service	9624	1030

continued

(10 000 yuan)

利息收入 Interest Income	利息支出 Interest Expense	资产减值损失 Asset Impairment Loss	投资收益 Investment Income	营业利润 Business Profits
3	**2222**	**-42**	**38**	**-11741**
-1	**1424**	**-42**	**16**	**-7531**
-1	1418	-42	16	-7497
				70
	6			27
-1	1418	-42	16	-7628
-1	1418	-42	16	-7628
	6			97
	6			97
-1	1424	-42	16	-7531
-2				-3913
				44
-2	9	-40	9	-679
1		4		19
-3	9	-44	9	-698
2	1415	-2	8	-2984
2	1415	-2	8	-2984
-5	0	-40	4	-4617
1	6			121
2	1419	-2	12	-3640
0				605
4	1424	7	16	-7790
-5		-49		259
-5	0	-40		-4144
4	1424	-2	16	-3387
-2	41	-42		-1692
2	79		4	-303
-1	1305		12	-5405
4	798		22	-4210
4	798		22	-4192

9—8 续表7

单位:万元 (2017)

指　标	Item	管理费用 Management Costs	财务费用 Financial Costs
按餐饮业行业小类分(2017)	Grouped by Catering Industry Small Class(2017)		
正餐服务	Dinner Service	9793	1031
正餐服务	Dinner Service	9793	1031
快餐服务	Fast Food Service		
按登记注册类型分	Grouped By Registration Type		
内资企业	Domestic Funded Enterprises	9793	1031
有限责任公司	Limited Liability Corporations	6460	803
国有独资公司	State-owned Enterprises		
其他有限责任公司	Other Limited Liability Corporations	6460	803
股份有限公司	Share-holding Corporations Ltd.		
私营企业	Private Enterprises	3333	228
私营独资企业	Private Owned Enterprises		
私营合伙企业	Private Partnership Enterprises		
私营有限责任公司	Private Limited Liability Corporations	3048	210
私营股份有限公司	Private Share-holding Corporations Ltd.	285	18
外商投资企业	Foreign Funded Enterprises		
中外合资经营企业	Sino-foreign Joint Venture Enterprises		
按控股情况分	Grouped By Controlling Stake		
国有控股	State-owned	62	
集体控股	Collective-owned		
私人控股	Private	8348	1019
外商控股	Foreign		
其他	Others	1383	12
按经营形式分	Grouped By Business Form		
独立门店	Indipendent Stores	8308	1016
连锁门店	Distributor Chain		
其他	Others	1485	15
按单位规模分	Grouped By Unit Scale		
大型	large-scale		
中型	Medium-scale	6599	865
小型	Small-scale	3194	166
微型	Miniature		
住宿业按地区分组	**Accommodation Industry Grouped by Region**	**14008**	**1866**
银川市	Yinchuan	14008	1866
兴庆区	Xingqing	5625	151
西夏区	Xixia	493	1
金凤区	Jinfeng	6929	1385
永宁县	Yongning	2	2
贺兰县	Helan	546	5
灵武市	Lingwu	412	322
餐饮业按地区分组	**Catering Industry Grouped by Region**	**9793**	**1031**
银川市	Yinchuan	9793	1031
兴庆区	Xingqing	7963	891
西夏区	Xixia	70	3
金凤区	Jinfeng	1240	125
永宁县	Yongning		
贺兰县	Helan	434	5
灵武市	Lingwu	86	7

continued

(10 000 yuan)

利息收入 Interest Income	利息支出 Interest Expense	资产减值损失 Asset Impairment Loss	投资收益 Investment Income	营业利润 Business Profits
4	798		22	–4210
4	798		22	–4210
4	798		22	–4210
0	676			–4293
0	676			–4293
4	122		22	83
1	109		22	7
3	13			77
				–104
4	798		22	–3136
0				–970
4	797		22	–3233
1	0			–977
1	822			–3503
3	–25		22	–707
–1	**1424**	**–42**	**16**	**–7531**
–1	1424	–42	16	–7531
–2	121	–40	9	–1675
				–115
–1	1303	–2	8	–5468
				11
2	1	0		334
				–618
4	**798**		**22**	**–4210**
4	798		22	–4210
4	836		22	–3778
				–55
	–47			–739
	2			296
0	7			67

9—8 续表8

单位:万元 (2017)

指　标	Item	营业外收入 Revenue from Excluding Business	营业外支出 Expence from Excluding Business
总　计	**Total**	509	355
住宿业	**Hotels**	346	250
按住宿业行业小类分(2011)	Grouped by Hotels Industry Small Class(2011)		
旅游饭店	Turist Hotel	344	250
一般旅馆	General Hotel		0
其他住宿业	Other Hotel	0	
按住宿业行业小类分(2017)	Grouped by Hotels Industry Small Class(2017)		
旅游饭店	Turist Hotel	346	250
旅游饭店	Turist Hotel	346	250
一般旅馆	General Hotel	0	0
其他一般旅馆	Other General Hotel	0	0
按登记注册类型分	Grouped By Registration Type		
内资企业	Domestic Funded Enterprises	346	250
国有企业	State-owned Enterprises	22	172
集体企业	Collective-owned Enterprises		0
有限责任公司	Limited Liability Corporations	113	35
国有独资公司	State-owned Enterprises	43	7
其他有限责任公司	Other Limited Liability Corporations	71	28
股份有限公司	Share-holding Corporations Ltd.		
私营企业	Private Enterprises	211	43
私营独资企业	Private Owned Enterprises		
私营有限责任公司	Private Limited Liability Corporations	211	43
按控股情况分	Grouped By Controlling Stake		
国有控股	State-owned	93	199
集体控股	Collective-owned	1	6
私人控股	Private	253	46
港澳台商控股	Holding from Hong Kong, Macao and Taiwan		
外商控股	Foreign		
其他	Others		
按经营形式分	Grouped By Business Form		
独立门店	Indipendent Stores	332	233
连锁门店	Distributor Chain		
其他	Others	14	18
按单位规模分	Grouped By Unit Scale		
大型	Large-scale		
中型	Medium-scale	101	200
小型	Small-scale	245	50
微型	Miniature		
按星级分	Grouped By Star Grade		
五星	Five		
四星	Four	232	72
三星	Three	17	10
二星	Two		
一星	One		
其他	Others	96	169
餐饮业	**Catering Servies**	163	104
按餐饮业行业小类分(2011)	Grouped by Catering Industry Small Class(2011)		
正餐服务	Dinner Service	162	104

continued

(10 000 yuan)

利润总额 Total Profits	应交所得税 Tax Payable	应付职工薪酬 Benefits of Employee Payable	应交增值税 Added Tax Payable	从事住宿和餐饮业活动 的从业人员平均人数(人) Average Number of Employees Engaged in the Accommodation and Catering Industry(person)
-11580	**354**	**56529**	**1986**	**6144**
-7407	**152**	**47078**	**1113**	**3643**
-7373	128	46243	1099	3379
69	24	265	12	119
27		47	2	14
-7503	128	46766	1099	3510
-7503	128	46766	1099	3510
97	24	312	14	133
97	24	312	14	133
-7407	152	47078	1113	3643
-4064	2	34424	114	606
44	11	71	7	37
-601	27	7390	590	1679
54	-9	1214	33	129
-655	36	6176	557	1550
-2786	112	5193	402	1321
-2786	112	5193	402	1321
-4724	-6	38371	516	1174
116	19	789	47	213
-3404	129	7389	542	1865
605	10	529	8	391
-7661	141	45782	1044	3137
255	11	1296	69	506
-4243	13	39893	280	1720
-3163	139	7185	833	1923
-1502	102	6865	378	1325
-296	24	1834	456	573
-5478	26	37856	279	1614
-4174	202	9451	873	2501
-4157	199	9258	862	2434

9—8 续表9

单位:万元

(2017)

指　标	Item	营业外收入 Revenue from Excluding Business	营业外支出 Expence from Excluding Business
按餐饮业行业小类分(2017)	Grouped by Catering Industry Small Class(2017)		
正餐服务	Dinner Service	163	104
正餐服务	Dinner Service	163	104
快餐服务	Fast Food Service		
按登记注册类型分	Grouped By Registration Type		
内资企业	Domestic Funded Enterprises	163	104
有限责任公司	Limited Liability Corporations	76	76
国有独资公司	State-owned Enterprises		
其他有限责任公司	Other Limited Liability Corporations	76	76
股份有限公司	Share-holding Corporations Ltd.		
私营企业	Private Enterprises	87	28
私营独资企业	Private Owned Enterprises		
私营合伙企业	Private Partnership Enterprises		
私营有限责任公司	Private Limited Liability Corporations	67	25
私营股份有限公司	Private Share-holding Corporations Ltd.	20	3
外商投资企业	Foreign Funded Enterprises		
中外合资经营企业	Sino-foreign Joint Venture Enterprises		
按控股情况分	Grouped By Controlling Stake		
国有控股	State-owned	9	66
集体控股	Collective-owned		
私人控股	Private	133	34
外商控股	Foreign		
其他	Others	22	4
按经营形式分	Grouped By Business Form		
独立门店	Indipendent Stores	141	101
连锁门店	Distributor Chain		
其他	Others	22	3
按单位规模分	Grouped By Unit Scale		
大型	large-scale		
中型	Medium-scale	67	15
小型	Small-scale	96	89
微型	Miniature		
住宿业按地区分组	**Accommodation Industry Grouped by Region**	**346**	**250**
银川市	Yinchuan	346	250
兴庆区	Xingqing	105	69
西夏区	Xixia	40	7
金凤区	Jinfeng	200	174
永宁县	Yongning		
贺兰县	Helan	1	
灵武市	Lingwu		
餐饮业按地区分组	**Catering Industry Grouped by Region**	**163**	**104**
银川市	Yinchuan	163	104
兴庆区	Xingqing	115	22
西夏区	Xixia	9	66
金凤区	Jinfeng	32	15
永宁县	Yongning		
贺兰县	Helan	8	1
灵武市	Lingwu		0

continued

(10 000 yuan)

利润总额 Total Profits	应交所得税 Tax Payable	应付职工薪酬 Benefits of Employee Payable	应交增值税 Added Tax Payable	从事住宿和餐饮业活动 的从业人员平均人数(人) Average Number of Employees Engaged in the Accommodation and Catering Industry(person)
-4174	202	9451	873	2501
-4174	202	9451	873	2501
-4174	202	9451	873	2501
-4294	1	3532	191	751
-4294	1	3532	191	751
120	201	5919	682	1750
26	200	4967	640	1484
94	1	952	42	266
-162		137	9	54
-3060	201	8003	865	2163
-952	1	1311		284
-3187	199	8002	866	2176
-987	3	1449	7	325
-3451	134	3548	164	700
-723	68	5903	709	1801
-7407	**152**	**47078**	**1113**	**3643**
-7407	152	47078	1113	3643
-1639	20	8096	763	1734
-82	14	287	7	112
-5414	18	37262	247	1407
11	10	201	8	65
335	89	776	53	225
-618		455	35	100
-4174	**202**	**9451**	**873**	**2501**
-4174	202	9451	873	2501
-3685	169	5729	265	1288
-113	1	249	12	84
-751	21	2731	374	818
303	11	662	215	281
73		80	8	30

9—9 重点商品交易市场成交情况

指 标	Item	市场个数（个）Number of Markets(unit)	#亿元以上市场 Markets Over 100Million Yuan
总 计	Total	**39**	**23**
按经营环境分	**Grouped by Business Environment**		
露天式	Open Air	6	6
封闭式	Closed	33	17
其他	Others		
按经营方式分	**Grouped by Star**		
批发	Wholesale	14	10
零售	Retail	25	13
按市场类别分	**Grouped by Market**		
综合市场	Integrated Markets	6	4
工业消费品综合市场	Industrial Products Integrated Markets	1	1
农产品综合市场	Farm Produce Comprehensive Markets	2	2
其他综合市场	Others	3	1
专业市场	Special Markets	33	19
生产资料市场	Production Markets	5	4
农业生产用具市场	Agricultural Productions Markets	1	1
木材市场	Wood Markets		
金属材料市场	Metal Materials Markets	3	2
机械设备市场	Machinery and Equipment Markets	1	1
农产品市场	Agricultural Products Markets	5	5
粮油市场	Grain and Oil Markets	1	1
蔬菜市场	Vegetables Markets	2	2
水产品市场	Aquatil Products Markets		
干鲜果品市场	Fresh and Dried Fruits Markets	1	1
其他农产品市场	Others	1	1
纺织、服装、鞋帽市场	Textile, Garments, Footwear and Hat Wear Markets	7	3
布料及纺织品市场	Textiles and Textile Goods Markets		
服装市场	Garments	2	
鞋帽市场	Footwear and Hat Wear Markets	1	
其他纺织服装鞋帽市场	Others	4	3
日用品及文化用品市场	Daily Use Articles and Cultaral Goods Markets		
其他日用品及文化用品市场	Others		
电器、通讯器材、电子设备市场	Electrical,Communication Appliances and ElectronicEquipment Markets	2	1
通讯器材市场	Communication Appliances Markets	1	
计算机及辅助设备市场	Computer and Assistant Appliances Markets	1	1
家具、五金及装饰材料市场	Furniture,Hardware & Electrical Materials and Decoration Materials Markets	12	5
家具市场	Furniture Markets	5	3
装饰材料市场	Building and Decoration Materials Markets	3	
灯具市场	Lamps Markets	1	
其他装修市场	Others	3	2
汽车、摩托车及零配件市场	Automotive,Motorcycle and Accessories Markets	1	1
汽车市场	Automotive Markets	1	1
花、鸟、鱼、虫市场	Flowers, Birds, Fish and Insects Markets	1	
花卉市场	Flower Markets	1	

Basic Statistics on Commodity Exchange Markets of Transaction Value

2017

摊位数量（个）Number of Booths(unit)	#亿元以上市场 Markets Over 100 Million Yuan	成交额（万元）Turnover (10 000yuan)	#亿元以上市场 Markets Over 100 Million Yuan	营业面积（平方米）Area of business (square meter)	#亿元以上市场 Markets Over 100 Million Yuan	成交额（万元）Turnoverr (10 000yuan)	#亿元以上市场 Markets Over 100 Million Yuan
19707	**15925**	**2248781**	**2203928**	**2046723**	**1494596**	**2248781**	**2203928**
4941	4941	1265245	1265245	782370	782370	1265245	1265245
14766	10984	983536	938683	1264353	712226	983536	938683
7344	6018	1771265	1751909	1327825	987500	1771265	1751909
12363	9907	477516	452019	718898	507096	477516	452019
3875	2914	213308	196380	374020	105020	213308	196380
356	356	27103	27103	40000	40000	27103	27103
1495	1495	36107	36107	31020	31020	36107	36107
2024	1063	150098	133170	303000	34000	150098	133170
15832	13011	2035473	2007548	1672703	1389576	2035473	2007548
2201	2137	657488	656546	302027	289027	657488	656546
186	186	91900	91900	14000	14000	91900	91900
1719	1655	542083	541141	255470	242470	542083	541141
296	296	23505	23505	32557	32557	23505	23505
3525	3525	1068260	1068260	658473	658473	1068260	1068260
58	58	18600	18600	7864	7864	18600	18600
2005	2005	427646	427646	143117	143117	427646	427646
1123	1123	409023	409023	470900	470900	409023	409023
339	339	212991	212991	36592	36592	212991	212991
6341	5372	159917	155678	150837	120000	159917	155678
427		1367		13000		1367	
190		1556		14737		1556	
5724	5372	156994	155678	123100	120000	156994	155678
374	314	34700	34200	12000	9000	34700	34200
60		500		3000		500	
314	314	34200	34200	9000	9000	34200	34200
3171	1663	111988	92864	542366	313076	111988	92864
1185	1006	50772	48701	148529	113720	50772	48701
1147		15815		148264		15815	
80		685		7800		685	
759	657	44716	44163	237773	199356	44716	44163
220		3120		7000		3120	
220		3120		7000		3120	

9—10 利用外资情况

Utilization of Foreign Capital

单位:万美元　　　　(2017)　　　　(USD 10 000)

指标	Item	新批项目个数（个）Number of Newly Approved Project (unit)	项目总投资 Total Investment of Project	合同外资 Contracted Foreign Investment	实际利用外资 Actual Utilization of Foreign Capital
直接利用外资	Foreign Direct Investment	21	531730.63	246110	3064.88
#中外合资企业	Sino-foreign Joint Ventures	12	463186.72	207701.07	
外商独资企业	Foreign Funds Enterprises	9	68543.91	38408.93	3064.88

9—11 进出口贸易总额

Number of Major Export Commodities

单位:亿元　　　　(2017)　　　　(100 million yuan)

指标	Item	合计 Total
进出口贸易总额	Total Trade Value of Imports and Exports	270.62
出口贸易总额	Total Trade Value of Exports	195.99
进口贸易总额	Total Trade Value of Imports	74.64

9—12 主要出口商品数量

Number of Major Export Commodities

指 标	Item	单位	Unit	2017 年
铁合金	Ferrosilicon	千克	Kilogram	49072052
碳化硅	Silicon Carbide	千克	Kilogram	24782530
抗菌素	Antibiotics	千克	Kilogram	3104994
羊绒衫	Cashmere Sweater	件	pieces	917362
其他活性炭	Other Activated Carbon	千克	Kilogram	30470688
制成的饲料添加剂	Made of Feed Additives	千克	Kilogram	23585126
其他未混合的水果汁	Unmixed fruit juice	千克	Kilogram	618535
葡萄酒	Wine	升	Litre	3549
天然蜂蜜	Natural Honey	千克	Kilogram	3667920

9—13 旅游情况

Basic Statistics of Traveling

指 标	Item	单位	Unit	2017 年	2016 年
接待国内游客总人数	Total Number of Domestic Visitors	万人次	10 000 person-times	1428.80	1100
接待国内游客总收入	Total Income of Domestic Visitors	亿元	100 million yuan	130.19	104
接待国内游客人均花费额	Per Capita Amount of Domestic Visitors	元	yuan	911.18	945.45
接待海外旅游者	Number of Overseas Tourists	人次	person-times	45839	18509
旅游外汇收入	Tourism Exchange Income	万美元	USD 100 million	2702	2849

注:接待国内游客人均花费额类不含农家乐部分。

a)The per capita amount of domestic visitors does not agritainment.

9—14 批发零售企业按销售额排序(市区)

The Sort of Wholesale and Retail Enterprises in Terms of Sales Value(City)

2017

序号 Number	单位名称 Unit Name
1	中国石油天然气股份有限公司西北销售宁夏分公司
2	中国烟草总公司宁夏回族自治区公司
3	中国石油化工股份有限公司宁夏石油分公司
4	中国石油天然气股份有限公司宁夏银川销售公司
5	银川市新华百货连锁超市有限公司
6	宁夏回族自治区烟草公司银川市公司
7	银川新华百货商店股份有限公司
8	宁夏上陵实业(集团)有限公司
9	国药控股宁夏有限公司
10	银川新华百货东桥电器有限公司
11	宁夏驰创贸易有限责任公司
12	宁夏兰星石油销售(集团)公司
13	宁夏东钢物资有限责任公司
14	宁夏西北轴承物资商贸有限公司
15	银川王府井百货有限责任公司
16	宁夏华源耀康医药有限公司
17	银川五宝实业发展有限公司
18	宁夏众欣联合中信医药有限公司
19	宁夏华润万家生活超市有限公司
20	宁夏金福源汽车销售服务有限公司
21	宁夏众欣联合医药贸易有限公司
22	宁夏驰川汽车销售服务有限公司
23	宁夏共享商务有限公司
24	银川嘉利鑫商贸有限公司
25	宁夏宁北长兴汽车销售服务有限公司
26	银川富润华塑料化工有限公司
27	宁夏宝来源冶金炉料有限公司
28	宁夏国芳百货购物广场有限公司
29	宁夏银川上陵丰田汽车销售服务有限公司
30	宁夏隆盛冶金有限公司

9—15 批发零售企业按零售额排序(市区)

The Sort of Wholesale and Retail Enterprises in Terms of Retail Value(City)

(2017)

序号 Number	单位名称 Unit Name
1	银川市新华百货连锁超市有限公司
2	银川新华百货商店股份有限公司
3	中国石油化工股份有限公司宁夏石油分公司
4	中国石油天然气股份有限公司宁夏银川销售公司
5	银川新华百货东桥电器有限公司
6	国药控股宁夏有限公司
7	银川王府井百货有限责任公司
8	宁夏华源耀康医药有限公司
9	银川五宝实业发展有限公司
10	宁夏华润万家生活超市有限公司
11	宁夏金福源汽车销售服务有限公司
12	宁夏驰川汽车销售服务有限公司
13	宁夏宁北长兴汽车销售服务有限公司
14	宁夏国芳百货购物广场有限公司
15	宁夏银川上陵丰田汽车销售服务有限公司
16	银川恒信东方汽车销售服务有限公司
17	宁夏国大药房连锁有限公司
18	宁夏宁北长城汽车专营有限公司
19	宁夏苏宁云商销售有限公司
20	宁夏物美超市有限公司
21	宁夏润之星汽车销售服务有限公司
22	宁夏上陵迈轮汽车销售服务有限公司
23	银川王府井奥特莱斯商业有限公司
24	宁夏兰星石油销售(集团)公司
25	宁夏润德汽车销售服务有限公司
26	银川万达百货有限公司
27	银川宝辰行汽车销售服务有限公司
28	宁夏金顺通汽车销售服务有限公司
29	宁夏东辉汽车销售服务有限公司
30	宁夏好世界汽车销售服务有限公司

9—16 批发零售企业按固定资产合计排序(市区)

TheSortofWholesaleandRetailEnterprisesinTermsofOriginalValueofFixedAssets(City)

(2017)

序号 Number	单位名称 Unit Name
1	中国石油化工股份有限公司宁夏石油分公司
2	中国烟草总公司宁夏回族自治区公司
3	中国石油天然气股份有限公司宁夏银川销售公司
4	银川市新华百货连锁超市有限公司
5	银川新华百货商店股份有限公司
6	宁夏驰创贸易有限责任公司
7	宁夏建筑物资有限公司
8	国药控股宁夏有限公司
9	银川市新华书店有限公司
10	银川市煤气供热有限公司
11	宁夏悦恒福黄金珠宝有限公司
12	宁夏储备粮滨河储备库
13	银川新华百货东桥电器有限公司
14	宁夏国大药房连锁有限公司
15	宁夏金福源汽车销售服务有限公司
16	宁夏驰川汽车销售服务有限公司
17	银川大润发商业有限公司
18	宁夏小任果业发展有限公司
19	银川五宝实业发展有限公司
20	宁夏供销社日杂鞭炮有限公司
21	银川宝辰行汽车销售服务有限公司
22	宁夏回族自治区烟草公司银川市公司
23	宁夏宝塔油气销售有限公司
24	宁夏上陵实业(集团)有限公司
25	宁夏兰星石油销售(集团)公司
26	宁夏金顺通汽车销售服务有限公司
27	宁夏电投长润实业有限公司
28	宁夏计算机软件技术服务有限公司
29	宁夏上陵迈轮汽车销售服务有限公司
30	宁夏银川上陵丰田汽车销售服务有限公司

9—17 批发零售企业按利润总额排序(市区)

The Sort of Wholesale and Retail Enterprises in Terms of Total Profits(City)

(2017)

序号 Number	单位名称 Unit Name
1	中国烟草总公司宁夏回族自治区公司
2	宁夏回族自治区烟草公司银川市公司
3	银川新华百货东桥电器有限公司
4	银川市新华百货连锁超市有限公司
5	中国石油天然气股份有限公司宁夏银川销售公司
6	国药控股宁夏有限公司
7	银川王府井百货有限责任公司
8	宁夏驰创贸易有限责任公司
9	银川恒信东方汽车销售服务有限公司
10	宁夏国大药房连锁有限公司
11	宁夏银川上陵丰田汽车销售服务有限公司
12	宁夏恒昌顺贸易有限公司
13	宁夏润之星汽车销售服务有限公司
14	宁夏东辉汽车销售服务有限公司
15	宁夏驰川汽车销售服务有限公司
16	宁夏上陵迈轮汽车销售服务有限公司
17	宁夏众欣联合中信医药有限公司
18	宁夏金福源汽车销售服务有限公司
19	宁夏回族自治区盐业公司
20	宁夏银古石油有限公司
21	宁夏金顺通汽车销售服务有限公司
22	银川昌昊汽车检测有限责任公司
23	银川洁能科技有限公司
24	宁夏共享商务有限公司
25	宁夏宁北长兴汽车销售服务有限公司
26	宁夏津朔医疗用品有限公司
27	宁夏宁北长城汽车专营有限公司
28	宁夏格力电器销售有限公司
29	宁夏众欣联合医药贸易有限公司
30	宁夏普济大药房

9—18 住宿餐饮业企业按营业收入排序

The Sort of Hotels and Catering Servies Enterprises by Business Income

(2017)

序号 Number	单位名称 Unit Name
1	银川国际交流中心酒店管理有限公司
2	宁夏悦海宾馆
3	宁夏波斯顿饭店管理有限公司
4	银川立达深航国际酒店有限公司
5	宁夏德隆楼德鼎逸品清真食品有限公司
6	宁夏太阳神大酒店有限公司
7	银川西府井饭店有限公司
8	宁夏黄河明珠投资有限公司黄河明珠大酒店
9	宁夏虹桥大酒店有限责任公司
10	宁夏机场酒店管理有限公司
11	宁夏工会大厦
12	宁夏昊王国际饭店有限公司
13	宁夏贺兰纳帝国际饭店股份公司
14	宁夏国贸新天地大酒店有限公司
15	宁夏世纪大饭店有限公司
16	宁夏宝塔宾馆有限公司
17	宁夏中银大唐酒店有限公司
18	宁夏地德人和酒店有限公司
19	宁夏宝什利德实业有限公司
20	宁夏天乐百盛餐饮有限公司
21	宁夏祥元宾馆有限公司
22	宁夏九洲国际饭店有限公司
23	银川马伟餐饮经营管理有限公司
24	银川市迎宾楼餐饮有限责任公司
25	银川同福餐饮服务有限公司
26	银川颐和大酒店有限公司
27	银川满春大酒店(有限公司)
28	宁夏银大湖城旅游饭店(有限公司)
29	宁夏六盘红餐饮管理有限责任公司
30	宁夏兰一山庄旅游度假有限公司

9—19 住宿餐饮业企业按客房收入排序

The Sort of Hotels and Catering Servies Enterprises by Hotel Rooms Income

（2017）

序号 Number	单位名称 Unit Name
1	宁夏悦海宾馆
2	银川国际交流中心酒店管理有限公司
3	宁夏波斯顿饭店管理有限公司
4	银川西府井饭店有限公司
5	银川立达深航国际酒店有限公司
6	宁夏工会大厦
7	宁夏太阳神大酒店有限公司
8	宁夏机场酒店管理有限公司
9	宁夏虹桥大酒店有限责任公司
10	宁夏地德人和酒店有限公司
11	宁夏贺兰纳帝国际饭店股份公司
12	宁夏国贸新天地大酒店有限公司
13	宁夏宝什利德实业有限公司
14	宁夏黄河明珠投资有限公司黄河明珠大酒店
15	银川同福餐饮服务有限公司
16	宁夏九洲国际饭店有限公司
17	宁夏世纪大饭店有限公司
18	宁夏兰花花国际大酒店有限公司
19	宁夏宝塔宾馆有限公司
20	银川颐和大酒店有限公司
21	宁夏盛世花园大酒店有限公司
22	宁夏昊王国际饭店有限公司
23	宁夏海悦建国饭店有限公司
24	银川满春大酒店(有限公司)
25	宁夏臻君酒店管理有限公司
26	宁夏唐渠大酒店(有限公司)
27	宁夏龙华锦玥大饭店有限公司
28	灵武市凯悦国际饭店有限公司
29	宁夏兰一山庄旅游度假有限公司
30	宁夏祥元宾馆有限公司

9—20 商品交易市场按成交额排序

The Sort of Commodity Trading Market by Turnover Values

(2017)

序号 Number	市场名称 Market Name	单位(管理机构)名称 Uni(t Management Agencies)Name	市场负责人 Market Leader
1	望远现代金属物流园	宁夏望远现代金属物流集团股份有限公司	冯彩萍
2	宁夏四季鲜果品蔬菜批发市场	宁夏四季鲜果品蔬菜批发市场有限公司	唐旭峰
3	润恒农副产品冷链物流产业园	宁夏润恒农产品市场有限公司	张安新
4	新世纪冷链物流中心	宁夏新世纪市场管理有限公司	王朝虎
5	北环批发市场	银川北环蔬菜果品综合批发市场管理有限公司	金建军
6	东环批发市场	银川市环盛商贸有限公司	唐月英
7	银川商城	银川盛广汇商业经营管理有限公司	卢　浩
8	燕宝钢材市场	宁夏燕宝钢材市场有限公司	张　宁
9	西北农资城	银川博源物业服务有限公司	李　冬
10	鼓楼商场	宁夏回族自治区供销合作社鼓楼商场	赵　喜

9—21 商品交易市场按营业面积排序

The Sort of Commodity Trading Market by Business Area

(2017)

序号 Number	市场名称 Market Name	单位(管理机构)名称 Uni(t Management Agencies)Name	市场负责人 Market Leader
1	宁夏四季鲜果品蔬菜批发市场	宁夏四季鲜果品蔬菜批发市场有限公司	唐旭峰
2	润恒农副产品冷链物流产业园	宁夏润恒农产品市场有限公司	张安新
3	望远现代金属物流园	宁夏望远现代金属物流集团股份有限公司	冯彩萍
4	月星国际家居建材广场	银川月星市场经营管理有限公司	朱魏晨
5	燕宝钢材市场	宁夏燕宝钢材市场有限公司	张　宁
6	银川商城	银川盛广汇商业经营管理有限公司	卢　浩
7	红星美凯龙家居市场	上海红星美凯龙品牌管理有限公司银川分公司	陆慧华
8	居然之家家居建材城	银川居然之家家居建材有限公司	罗　威
9	龙盘家俬城	银川龙盘市场有限公司	朱福强
10	宁夏商都	银川卓达物业服务有限公司	李　莉

9—22 银川市星级宾馆一览表

List of Star Hotels in Yinchuan City

（2017）

宾馆名称 Hotel Name	地址 Address	电话 Telephone	星级 Star
虹桥大酒店	银川市解放西街16号	0951-6918888	★★★★
西港航空酒店	银川市兴庆区胜利北街87号	0951-4090888	★★★★
太阳神大酒店	银川市北京东路123号	0951-7868888	★★★★
工会大厦	银川市解放东街1号	0951-6037025	★★★★
黄河明珠大酒店	兴庆区新华东街520号	0951-6036666	★★★★
灵武中银大唐酒店	灵武市南熏路西湖公园	0951-4598888	★★★★
昊王国际饭店	银川得胜工业园新胜西路北3号	0951-8989891	★★★★
贺兰国际饭店	贺兰欣兰广场西侧	0951-8990782	★★★★
海悦建国大酒店	兴庆区南熏东街3号	0951-6080777-7401	★★★★
同福大饭店	银川市新华东街93号	0951-6032678	★★★★
海天大酒店	兴庆区解放东街333号	0951-7866666	★★★★
盛世花园酒店	银川市玉皇阁北街46号	0951-6037999	★★★★
森淼度假酒店	银川市南绕城高速公路植物园出口处向南300米	0951-5687131	★★★★
柏森国际饭店	银川市兴庆区南薰西街88号(三林巷口)	0951-8501999	★★★★
镇北堡天沐温泉酒店	银川市西夏区镇北堡镇温泉小镇内	0951-7836666	★★★★
长相忆宾馆	银川市玉皇阁北街120号	0951-6710668	★★★
沙湖宾馆	银川市文化西街58号	0951-5012128	★★★
世纪大饭店	银川市玉皇阁北街24号	0951-6080688	★★★
铁道宾馆	银川市西夏区火车站西侧	0951-3962118	★★★
祥元宾馆	银川市长城东路280号	0951-4915888	★★★
绿洲饭店	银川市解放西街33号	0951-5029777	★★★
满春大酒店	银川市丽景街418号	0951-3990999	★★★
智俊大饭店	兴庆区丽景北街151号	0951-7680444	★★★
昊源宾馆	银川市中山南街裕民巷15号	0951-6021286	★★★
银泉宾馆	银川市胜利北街157号	0951-4081688	★★★
玉皇阁酒店	银川市玉皇阁北街	0951-6026031	★★★
宝塔宾馆	金凤区宁安大街88号	0951-5699592	★★★
格林豪泰北京路店	兴庆区丽景北街在水一方A区	0951-7680444	★★★
民航宾馆	银川市民族北街34号	0951-6012881	★★★
金润恒通饭店	上海东路841号	0951-5115092	★★★
金汇大酒店	清河南街649号	0951-4082388	★★★
东泰阳光饭店	永宁县宁和北街阳光花园B区1-1号	0951-8015588	★★★
西夏城度假酒店	兴庆区临河镇横城村	0951-4753306	★★★
银大湖城大饭店	贺兰县马家寨109国道金角	0951-8080666	★★★
宁夏龙华锦玥大饭店	金凤区正源南街70号	0951-7692166	★★★
清源大厦	西夏区怀远路自治区党校	0951-6660281	★★★
云来连锁酒店东门店	解放西街169号	0951-3936666	★★★
云来连锁酒店长城路店	长城东路	0951-3938888	★★★
旺元精品酒店	银川市兴庆区清和南街风机厂路口639号	0951-3828888	★★★
富源大酒店	银川市上海东路896号	0951-3966666	★★★
桃源酒店	兴庆区清河南街1352号	0951-5104666	★★★
诚利宾馆	金凤区长城中路62号社会主义学院综合楼	0951-7834588	★★★

主要统计指标解释

【社会消费品零售总额】 指国民经济各行业直接售给城乡居民和社会集团的消费品总额，它是反映各行业通过多种商品流通渠道向居民和社会集团供应的生活消费品总量，是研究国内零售市场变动情况、反映经济景气程度的重要指标。

社会消费品零售总额包括：(1)售给城乡居民作为生活用的商品和修建房屋用的建筑材料；(2)售给社会集团的各种办公用品和公用消费品；(3)售给机关、团体、学校、部队、企业、事业单位的职工食堂和旅店(招待所)附设专门供本店旅客食用，不对外营业的食堂的各种食品、燃料；企业单位和国营农场直接售给本单位职工和职工食堂的自己生产的产品；(4)售给部队干部、战士生活用和粮食、副食品、衣着品、日用品、燃料；(5)售给来华的外国人、华侨、港澳台同胞的消费品；(6)居民自费购买的中、西药品、中药材及医疗用品；(7)报社、出版社直接售给居民和社会集团的报纸、图书、杂志，集邮公司出售的新、旧纪念邮票、特种邮票、首日封、集邮册、集邮工具等；(8)旧货寄售商店自购、自销部分的商品；(9)煤气公司、液化石油气站售给居民和社会集团的煤气灶具和罐装液化气石油气；(10)农民售给非农业居民和社会集团的商品。不包括售给国民经济各部门企业、事业单位(包括国有经济的农场)生产经营用的各种原材料、燃料、设备、工具等和售给批发零售贸易业、餐饮业作为转卖用的商品，旧货寄售商店受托寄售卖出的商品，服务业的营业收入，邮局出售邮票的收入，自来水、电力、煤气生产(供应)单位的产品供应收入，也不包括农民之间的商品销售。

【商品销售总额】 指对本企业(单位)以外的单位和个人出售的商品金额(包括售给本单位消费用的商品，含增值税)。它反映批发零售贸易业在国内市场上销售商品以及出口商品的总量。商品销售总额包括：(1)售给城乡居民和社会集团消费用的商品；(2)售给工业、农业、建筑业、运输邮电业、批发零售贸易业、餐饮业、服务业等作为生产、经营使用的商品；(3)售给批发零售贸易业作为转卖或加工后转卖的商品；(4)对国(境)外直接出口的商品。不包括出售本企业(单位)自用的废旧包装用品；未通过买卖行为付出的商品；经本单位介绍，由买卖双方直接结算，本单位只收取手续费的业务；购货退出的商品以及商品损耗和损失等。

【零售额】 指售给城乡居民用于生活消费和社会集团用于公共消费的商品金额。

商品零售包括：(1)售给城乡居民的各种生活消费品，售给入境旅游的外国人、华侨、港澳台同胞的各类商品；(2)售给行政事业单位、社会团体、军队和武警等机构的商品，以及以零售方式售给各类企业的商品。具体包括：用于非生产和社会交往的办公用品，如通讯设备、计算器具和设备、电讯网络设备、文印设备、音像视听器材和设备、纸张、本册、文具及装订文印材料、家具、日用电器、针纺织品、清洁卫生用品、文体用品、奖品、纪念品、礼品等；供内部人员乘坐的交通工具和燃料；用于办公设施修缮的各类配件、材料、工具等；用于取暖和防暑降温的设备、燃料、材料及食品等；专用于教学的用品和设备；非营利医疗机构的中、西药品、中药材和医疗设备器材；非专用的劳动保护用品；不对外营业的内部食堂用的餐具、炊具、设备、清洁卫生工具和食品、燃料等；军队、武警用于其人员生活的衣着品和个人用品；其他各类非生产性设备和用品。

商品零售不包括：(1)售给城乡居民已确知是用于生产、经营的商品；(2)售给各类农业生产者的生产资料类商品，如农机、农药化肥、农膜、种子饲料等商品；(3)售给企业单位生产用具及生产上专用的劳动保护用品。

【营业额】 指住宿和餐饮业单位在经营活动中因提供服务或销售商品等取得的全部收入，包括：客房收入、餐费收入、商品销售额(含增值税)和其他收入。不包括法人单位附营的其他行业产业活动单位的餐费收入、商品销售收入等各项收入。

【客房收入】 指住宿和餐饮业单位在经营活动中因提供住宿服务取得的收入。不包括法人单位附营的其他行业产业活动单位的客房收入。

【餐费收入】 指住宿和餐饮业单位因为顾客提供就餐服务取得的收入。包括：经烹饪、调制加工后出售的各种食品，如主食、炒菜、凉拌菜等的收入。不包括法人单位附营的其他行业产业活动单位的餐费收入。

【其他收入】 指营业额中除客房收入、餐费收入、商品销售额(含增值税)以外的其他收入。

【进出口总额】 海关进出口总额指实际进出我国国境的货物总金额。包括对外贸易实际进出口货样。来料加工装配进出口货物，国家间、联合国及国际组织无偿援助物资和赠送品，华侨、港澳台同胞和外籍华人捐赠品，租赁期满归承租人所有的租赁货物。进料加工进出口货物。边境地方贸易及边境地区小额贸易进出口货物(边民互市贸易除外)，中外合资企业、中外合作经营企业、外商独资经营企业进出口货物和公用物品，到、离岸价格在规定限额以上进出口货物和广告品(无商业价值、无使用价值和免费提供出口的除外)，从保税仓库提取在中国境内销售的进口货物，以及其他进出口货物。进出口总额用以观察一个国家在对外贸易方面的总规模，我国规定出口货物按离岸价格统计，进口货物按到岸价格统计。

【利用外资】 指我国各级政府、部门、企业和其他经济组织通过对外借款、吸收外商直接投资以及用其他方式筹措的境外现汇、设备、技术等。

10

财政金融保险

Governement Finance,Financial Intermediation and Insurance

10—1 主要年份地方财政收支情况

ocal Financial Revenue and Expenditure in Main Years

单位:万元 (10 000 yuan)

年 份 Year	地方财政收入 Local Financial Revenue	# 市区 City	地方财政支出 Local Financial Expenditure	#市区 City	# 基本建设支出 Capital Construction	# 农业支出 Expenditure for Surporting Rural Production	# 文教科学卫生 Science, education culture and healh care
1951	201	79	39	23	4		
1952	307	159	92	67	16		
1953	452	307	243	88	7	1	70
1954	850	604	337	181	91	2	79
1955	607	326	225	83	14	4	66
1956	584	341	409	198	54	5	172
1957	730	422	392	176	33	7	158
1958	773	721	1040	652	694	6	139
1959	1356	1242	1349	929	785	36	234
1960	2100	1576	2571	1761	1618	73	382
1961	1007	903	1631	876	638	113	343
1962	970	843	1194	759	439	26	319
1963	1145	982	1387	858	541	62	288
1964	1457	1108	1904	1244	871	84	499
1965	1580	1175	1641	1027	636	83	557
1966	1935	1501	1930	1207	742	83	578
1967	1434	1101	1520	892	651	42	461
1968	1260	913	1455	941	664	27	435
1969	2198	1782	1932	1298	1043	13	520
1970	2827	2381	2294	1430	1234	34	568
1971	3277	2798	2837	1527	1095	48	625
1972	3886	3265	3069	1873	975	80	709
1973	4449	3657	3451	2163	837	118	756
1974	4574	3655	3885	2507	1211	153	834
1975	5467	4308	4324	2410	1200	191	901
1976	5333	4037	5214	2528	1993	158	993
1977	5522	4057	5257	2776	1682	188	1035
1978	7254	5413	6833	3915	2317	202	
1979	7117	5441	8272	4688	2337	1955	
1980	3881	2396	6669	3411	276	1932	
1981	3160	1671	5153	2416	217	1070	

10—1 续表 continued

单位:万元 (10 000 yuan)

年份 Year	地方财政收入 Local Financial Revenue	# 市区 City	地方财政支出 Local Financial Expenditure	#市区 City	# 基本建设支出 Capital Construction	# 农业支出 Expenditure for Surporting Rural Production	# 文教科学卫生 Science, education culture and healh care
1982	3958	2271	7478	4221	501	1052	
1983	4087	2554	9219	5669	723	1335	
1984	5833	4080	12048	7390	809	1199	
1985	13171	10544	12223	6974	744	1472	
1986	14056	11251	17413	10993	1242	1513	
1987	15941	12815	15306	8986	368	1578	
1988	18850	15133	18230	10862	436	2023	
1989	21277	17458	21238	13674	470	2425	
1990	22965	19173	22367	14382	453	2315	
1991	26391	22130	26179	18147	493	1680	
1992	24737	19790	25198	16805	641	2136	
1993	31260	24223	31211	19732	866	2614	
1994	19598	14899	33718	21292	797	1878	
1995	26402	20868	42954	28799	1641	1673	
1996	42468	32474	51499	35104	2487	2279	
1997	54396	41935	66118	45690	2297	3099	
1998	74720	61745	85335	63941	2360	3394	
1999	80515	66323	90549	67040	2694	3369	
2000	94989	79183	123786	91481	16031	3416	
2001	123089	103303	163850	118290	25296	3530	
2002	133234	112189	202666	147863	36049	4689	
2003	160561	137437	234359	177796	29063	9665	
2004	194609	162362	284863	215923	30969	12876	
2005	249307	210424	343573	254325	35907	14021	
2006	299372	244279	431830	306971	47976	16419	
2007	539726	389012	744479	499537			
2008	646674	467143	926417	613012			
2009	925713	655309	1114240	641419			
2010	1379942	932676	1768768	1041810			
2011	1801422	1253585	2377933	1515983			
2012	1873131	1331335	2672293	1693464			
2013	2232886	1623472	3077821	1943088			
2014	2517282	1785730	3685557	2379303			
2015	2438310	1622913	3718067	2330739			
2016	2276231	1632488	3970408	2668690			
2017	2245024	1494755	3924870	2479659			

10—2 地方财政收入

Local Financial Revenue

单位:万元 （2017） （10 000 yuan）

指标	Item	合计 Total	市区 City	永宁县 Yongning	贺兰县 Helan	灵武市 Lingwu
本年收入总计	**Total Government Revenue This Year**	**2245024**	**1494755**	**152021**	**199130**	**399118**
一般公共预算收入	**General Budget Revenue**	**1774561**	**1234280**	**126633**	**110566**	**303082**
税收收入	Total Tax Revenue	1054355	675492	50588	77531	250744
增值税	Value-added Tax	483127	286327	22052	25151	149597
营业税	Business Tax	3531	1551	98	602	1280
企业所得税	Corporate Income Tax	76797	60063	3489	5013	8232
个人所得税	Individual Income Tax	57401	45267	1445	1735	8954
资源税	Resource Tax					
城市维护建设税	City Maintenance and Construction Tax	114456	75701	3709	4342	30704
房产税	House Property Tax	59066	39037	4015	3637	12377
印花税	Stamp Tax	34786	23251	1950	2261	7324
城镇土地使用税	Urban Land Use Tax	47622	19273	6906	6680	14763
土地增值税	Land Appreciation Tax	41668	32348	1750	5455	2115
车船税	Tax on Vehicles and Boat Operation	24159	17804	612	4419	1324
耕地占用税	Farm Land Occupation Tax	21996	12743	427	1940	6886
契税	Deed Tax	89746	62127	4135	16296	7188
非税收入	Total Non-tax Revenue	720206	558788	76045	33035	52338
专项收入	Special Program Recipts	81257	53235	5602	4488	17932
行政事业性收费收入	Charge of Administrative and Institutional Units	56890	25128	4227	16865	10670
罚没收入	Penalty Receipts	30371	17935	2798	4036	5602
国有资本经营收入	Operating Income of State-owned Capital	140387	91062	48979		346
国有资源(资产)有偿使用收入	Income from National Resources(assets)Paid Using	372669	337682	13407	6623	14957
其他收入	Other Income	8068	6314	67	402	1285
基金预算收入	**Fund Budget Revenue**	**427876**	**259097**	**25388**	**88564**	**54827**
国有土地使用权出让收入	Income from the use of state-owned land	370173	209684	23025	87522	49942
国有资本经营预算收入	**State-owned Capital Management Budget Revenue**	**42587**	**1378**			**41209**
国有资本经营收入	Income from State-owned Capital Operation	42587	1378			41209

10—3 地方财政支出

Local Financial Expenditure

单位:万元 （2017） （10 000 yuan）

指标	Item	合计 Total	市区 City	永宁县 Yongning	贺兰县 Helan	灵武市 Lingwu
本年支出总计	**Total Government Expenditure This Year**	**3924870**	**2479659**	**324709**	**420698**	**699804**
一般公共预算支出	General Budget Expenditure	**3418283**	**2189993**	**297528**	**328433**	**602329**
一般公共服务支出	Expenditure for General Public Services	194809	131487	15892	17539	29891
国防支出	Expenditure for National Defense					
公共安全支出	Expenditure for Public Security	145993	110943	10620	10660	13770
教育支出	Expenditure for Education	360501	213241	41368	42486	63406
科学技术支出	Expenditure for Science and Technology	82161	64684	3348	4752	9377
文化体育与传媒支出	Expenditure for Culture,Sports and Media	50637	38190	2114	3487	6846
社会保障和就业支出	Expenditure forSocial Safety Net and Employment Effort	306204	161390	33927	41597	69290
医疗卫生与计划生育支出	Expenditure for Medical and Health Care	205942	143415	18840	16662	27025
节能环保支出	Expenditure for Environment Protection	197500	138067	10051	18066	31316
城乡社区支出	Expenditure forUrban and Rural Community Affairs	961540	686307	81876	56414	136943
农林水支出	Expenditure for Agriculture,Forestryand Water Conservancy	307785	124205	49315	62816	71449
交通运输支出	Expenditure for Transportation	89306	62646	6360	5664	14636
资源勘探信息等支出	Expenditure for Resource Exploration,Electricityand Information Technology	164336	94015	2623	20836	46862
商业服务业等支出	Expenditure for Business Service Industry Affairs	47324	38688	793	3718	4125
金融支出	Expenditure for Financial	30906	15270	80	20	15536
国土海洋气象等支出	Expenditure forLand Resources And Meteorology Affairs	30677	18136	1393	6447	4701
住房保障支出	Expenditure for Affordable Houses	111143	78041	4038	5961	23103
粮油物资储备支出	Expenditure for Reserve for Cereals and Oils	1219	549	55	493	122
其他支出(类)	Other Expenditure	21437	21033		360	44
债务付息支出	Expenditure for Debt Principal and Interest	108863	49686	14835	10455	33887
政府性基金支出	**Governmental fund Expenditure**	**466087**	**289666**	**27181**	**92265**	**56975**
国有土地使用权出让相关支出	Expenditure for State-owned Land Use Right Transfer	422513	259966	23025	87530	51992
城市公用事业附加相关支出	Expenditure for Urban Public Utilities	2387		187	200	2000
农业土地开发资金相关支出	Expenditure for Agricultural Land Development Funds	1657		549	1108	
城市基础设施配套费相关支出	Expenditure for The cost of the urban infrastructure	20953	20617		336	
污水处理费相关支出	Expenditure for Sewage Disposal	1204		410	494	300
新型墙体材料专项基金相关支出	Expenditure for Special Fund for New wall materials	1767	1400	335		32
彩票公益金相关支出	Expenditure for Lottery Ticket Public Welfare Fund	9240	5524	1502	892	1322
其他政府性基金相关支出	Other Expenditure	3380	703	672	685	1320
国有资本经营支出	**Expenditure for State-owned Capital Operation**	**40500**				**40500**

注:自2017年起散装水泥专项资金相关支出指标并入新型墙体材料专项基金相关支出。

10—4 主要年份金融机构存、贷款余额

Total Deposits and Loans of Financial Institutions in Main Years

单位:万元 (10 000 yuan)

年 份 Year	各项存款余额 Total Deposits	# 国家银行 State Bank	# 居民储蓄 Saving Deposits	各项贷款余额 Total Loans	# 国家银行 State Bank	# 工业贷款 Loans to Industrial Sector	# 商业贷款 Loans to Commercial Sector	# 农业贷款 Loans to Agricultural Sector
1951	27	27	8	13	13		2	7
1952	51	51	12	25	25		2	10
1953	92	92	19	39	39	2	5	21
1954	1137	1137	135	1092	1092	28	43	19
1955	2256	2256	155	2605	2605	80	1213	29
1956	2525	2525	248	2966	2966	50	569	178
1957	3282	3282	355	3523	3523	10	426	118
1958	5898	5898	413	6088	6088	225	1700	49
1959	19157	19157	625	19480	19480	1548	4528	89
1960	31169	31169	757	31608	31608	3248	2093	167
1961	18809	18809	752	19481	19481	2002	8101	178
1962	12994	12994	936	13213	13213	883	633	536
1963	9310	9310	670	10824	10824	538	1767	520
1964	8908	8908	892	9326	9326	456	2294	404
1965	13077	13077	1009	13907	13907	256	3375	438
1966	21340	21340	1195	20958	20958	415	6076	966
1967	23802	23802	1291	24300	24300	489	6405	804
1968	21700	21700	1361	22263	22263	679	6991	633
1969	26827	26827	1333	27592	27592	848	7299	577
1970	26021	26021	1455	27210	27210	2461	10592	563
1971	29952	29952	1723	30038	30038	5528	13362	751
1972	26818	26818	2025	27003	27003	4970	12852	379
1973	29112	29112	2303	28643	28643	2019	13350	354
1974	28487	28487	2575	28972	28972	4309	12420	337
1975	36203	36203	2774	36696	36696	3864	14235	445
1976	37683	37683	2957	38506	38506	4596	12950	642
1977	41410	41410	3383	42337	42337	4041	14454	759
1978	49659	49659	3903	50310	50310	3802	17152	934
1979	50928	50928	5135	50453	50453	4044	17681	1131
1980	83659	83659	6734	83659	83659	6700	16611	908
1981	**98680**	**98680**	**8862**	**99103**	**99103**	**7519**	**20505**	**758**

10—4 续表 continued

单位:万元 (10 000 yuan)

年 份 Year	各项存款余额 Total Deposits	# 国家银行 State Bank	# 居民储蓄 Saving Deposits	各项贷款余额 Total Loans	# 国家银行 State Bank	# 工业贷款 Loans to Industrial Sector	# 商业贷款 Loans to Commercial Sector	# 农业贷款 Loans to Agricultural Sector
1982	71523	71523	11802	72742	72742	6803	22173	676
1983	107439	107439	15814	106354	106354	8699	20620	464
1984	148583	148583	23568	149627	149627	12361	24332	4228
1985	95110	95110	30382	98640	98640	26876	40067	4992
1986	115343	115343	42416	126374	126374	36572	46583	6282
1987	128112	128112	57368	170829	170829	47666	55486	8961
1988	149310	149310	71642	224608	224608	62190	79357	8570
1989	180472	180472	93624	257532	257532	78071	89926	11639
1990	225386	225386	122634	311791	311791	108775	100529	12956
1991	281564	281564	154230	399997	399997	131676	107238	13563
1992	345822	345822	186737	468094	468094	156467	128217	13913
1993	416441	416441	236156	570809	570809	184433	151318	15877
1994	674904	549733	362184	796435	690839	205252	168235	26422
1995	863818	708656	493414	900108	782052	233542	175200	23903
1996	1097742	933259	628206	1051645	931411	294426	239680	27268
1997	1242053	1091149	714143	1201302	1032897	328032	275001	33885
1998	1389316	1215715	813962	1310574	1164919	335518	290594	42587
1999	1903393	1642217	913344	1848119	1655668	377651	433091	46311
2000	2232318	1885173	998236	2053071	1774688	362999	373399	49141
2001	2813614	2319854	1239655	2353019	1970644	405628	315090	75352
2002	3583910	2666719	1548067	2854180	2177933	407808	283762	136569
2003	4641305	3069964	1930771	3724738	2543640	458811	262614	218000
2004	5139463	3455615	2188016	4013796	2840865	496620	267837	261023
2005	6126851	4200698	2649514	5517095	4152282	456304	308036	331312
2006	7182299		3063847	6612150		450296	336665	356859
2007	8096592		3264143	7960248		669992	371927	390264
2008	9939064		4231523	9650819		1172224	292573	330976
2009	12789671		5194029	12891250		1142625	325506	410443
2010	15979613		6344542	16410628				
2011	18101999		7252604	19454215				
2012	21082811		9014685	22829704				
2013	23409309		10152220	26606157				
2014	26089685		10898949	31859330				
2015	30177702		13049710	36539817				
2016	33434020		13913467	40765663				
2017	35872321		14969408	44603072				

10—5 金融机构年末存、贷款余额

Total Deposits and Loans of Financial Institutions at Year-end

单位:万元　　　　（2017）　　　　（10 000 yuan）

指　标	Item	合 计 Total	市 区 City	永宁县 Yongning	贺兰县 Helan	灵武市 Lingwu
年末各项存款余额	**Total Deposits at Year-end**	**35872321**	**31363047**	**1284846**	**1470124**	**1754304**
境内存款	Domestic Deposits	35865699	31357159	1284781	1469731	1754028
住户存款	Households Deposits	14969408	11880283	938530	1046682	1103913
活期存款	Demand Deposits	6136909	4869193	329730	387734	550251
定期及其他存款	Time Deposits and Others	8832499	7011090	608800	658947	553661
非金融企业存款	Non-financial Deposits	11474371	10772906	140139	255589	305737
活期存款	Demand Deposits	6324516	5840127	86395	183487	214507
定期及其他存款	Time Deposits and Others	5149855	4932779	53745	72102	91230
广义政府存款	Deposits of Government in Broad Money	8233101	7518148	205112	166461	343380
财政性存款	Fiscal Deposits	1133873	1038604	7315	7105	80850
机关团体存款	Organizations & communities Deposits	7099228	6479544	197798	159356	262530
非银行业金融机构存款	Non-banking Financial Institutions Deposits	1188819	1185822	999	999	999
境外存款	Overseas Deposits	6622	5887	66	393	276
年末各项贷款余额	**Total Loans at Year-end**	**44603072**	**40142809**	**1254430**	**1109749**	**2096083**
境内贷款	Domestic Loans	44602450	40142224	1254394	1109749	2096083
住户贷款	Households Loans	8504184	6582844	547955	638666	734719
短期贷款	Short-term Loans	2669562	1719617	252493	316530	380921
消费贷款	Consumption Loans	1112310	919202	39455	61885	91768
经营贷款	Business Loans	1557252	800415	213038	254645	289153
中长期贷款	Medium & Long-term Loans	5834622	4863227	295462	322136	353798
消费贷款	Consumption Loans	4283930	3714991	194273	226102	148565
经营贷款	Business Loans	1550692	1148235	101189	96035	205233
非金融企业及机关团体贷款	Non-financial Corporationsand Organizations& communities Loans	36098266	33559381	706439	471083	1361364
短期贷款	Short-term Loans	9048987	7990834	253794	204299	600061
中长期贷款	Medium & Long-term Loans	24442638	23140368	372751	211061	718459
票据融资	Bill Financing	2590736	2412274	79894	55723	42844
各项垫款	Every Advance Money	15905	15905			
境外贷款	Overseas Loans	621	585	36		

10—6 中资全国性大型银行年末存、贷款余额

Total Deposits and Loans of Financial Institutions at Year-end

单位:万元 （2017） （10 000 yuan）

指 标	Item	合 计 Total	市 区 City	永宁县 Yongning	贺兰县 Helan	灵武市 Lingwu
年末各项存款余额	**Total Deposits at Year-end**	**17490966**	**15332827**	**666245**	**611528**	**880365**
境内存款	Domestic Deposits	17485406	15327993	666180	611144	880089
个人存款	Personal Deposits	7576477	6155243	439286	449173	532775
活期储蓄存款	Demand Savings Deposits	4033901	3187035	235067	235470	376329
定期储蓄存款	Time Savings Deposits	1894225	1543308	137881	130010	83027
结构性存款	Structured Deposits	410167	382120	5208	7920	14919
单位存款	Unit Deposits	9391296	8658173	225894	160913	346315
活期存款	Demand Savings Deposits	5494640	4990849	120790	123968	259034
定期存款	Time Savings Deposits	1641169	1537535	72250	8730	22654
保证金存款	Margin Deposit	623009	539042	29048	22602	32317
结构性存款	Structured Deposits	140580	133980	1000	800	4800
国库定期存款	Treasury Time Deposit	255700	255700			
非存款类金融机构存款	Non-deposit Financial Institutions Deposits	261933	258878	999	1058	999
境外存款	Overseas Deposits	5559	4834	66	384	276
年末各项贷款余额	**Total Loans at Year-end**	**29315563**	**27084937**	**485259**	**372401**	**1372965**
境内贷款	Overseas Loans	29315124	27084534	485223	372401	1372965
短期贷款	Short-term Loans	5236751	4451320	195029	108703	481699
个人贷款及透支	Personal Loans and Overdrafts	771789	578871	60827	39731	92360
个人消费贷款	Personal Consumption Loans	543828	442421	23640	25481	52286
单位贷款及透支	Unit Ordinary Loans and Overdrafts	4464962	3872448	134203	68972	389339
经营贷款及透支	Business Loans and Overdrafts	3936869	3365185	131767	68972	370946
固定资产贷款	Fixed Asset Loans	336457	330500			5957
贸易融资	Trade Finance	191636	176764	2436		12436
中长期贷款	Medium & Long-term Loans	22858750	21438831	290194	263333	866393
个人贷款	Personal Loans	3781372	3178581	203148	213560	186083
个人消费贷款	Personal Consumption Loans	3412222	2880236	184343	201118	146525
单位贷款	Corporate Loans	19077379	18260251	87046	49773	680310
经营贷款	Business Loans	1503477	1380639	7086	4329	111423
固定资产贷款	Fixed Asset Loans	17484392	16817962	79959	45444	541027
并购贷款	Annexation loans	24000	24000			
贸易融资	Trade Financing	65510	37650			27860
票据融资	Bill Financing	1213634	1188395		365	24874
各项垫款	Every Advance Money	5989	5989			
境外贷款	Overseas Loans	439	403	36		

10—7 政策性银行年末存、贷款余额

Total Deposits and Loans of Policy Banks at Year-end

单位:万元　　　　（2017）　　　　（10 000 yuan）

指标	Item	合计 Total	市区 City	永宁县 Yongning	贺兰县 Helan	灵武市 Lingwu
年末各项存款余额	**Total Deposits at Year-end**	**408448**	**327926**	**14093**	**41897**	**24533**
单位存款	Unit Deposits	408448	327926	14093	41897	24533
活期存款	Demand Savings Deposits	395525	324192	13433	41897	16004
定期存款	Time Savings Deposits	760	0	660		100
保证金存款	Margin Deposit	12163	3734		1	8429
年末各项贷款余额	**Total Loans at Year-end**	**1512786**	**1058701**	**249998**	**84598**	**119490**
短期贷款	Short-term Loans	382947	231141	47428	1798	102581
单位贷款及透支	Unit Ordinary Loans and Overdrafts	382947	231141	47428	1798	102581
经营贷款及透支	Business Loans and Overdrafts	382947	231141	47428	1798	102581
中长期贷款	Medium & Long-term Loans	1129839	827560	202570	82800	16909
单位贷款	Corporate Loans	1129839	827560	202570	82800	16909
非存款类金融机构贷款	Non-deposit Financial Institutions Loans					
票据融资	Bill Financing					
融资租赁	Finance Leases					
各项垫款	Every Advance Money					

注:2010年国家开发银行进行了股改,表中政策性银行仅包括农业发展银行。

a) The National Development Bank shares changed in 2010, Policy banks in the table only includes the Agricultural Develpoment Bank.

10—8 地方性金融机构年末存、贷款余额

Total Deposits and Loans of Local Financial Institutions at Year-end

单位:万元 （2017） （10 000 yuan）

指 标	Item	合 计 Total	市 区 City	永宁县 Yongning	贺兰县 Helan	灵武市 Lingwu
年末各项存款余额	**Total Deposits at Year-end**	**13466155**	**11338436**	**597194**	**761969**	**768556**
个人存款	Personal Deposits	6716047	5074498	499244	571167	571138
活期储蓄存款	Demand Savings Deposits	1644039	1230588	94663	144865	173923
定期储蓄存款	Time Savings Deposits	2773110	1653359	364087	391232	364431
结构性存款	Structured Deposits	2203211	2108569	35051	33566.	26024
单位存款	Unit Deposits	5940712	5454542	97950	190801	197419
活期存款	Demand Savings Deposits	2899674	2604061	66445	116363	112805
定期存款	Time Savings Deposits	1331803	1191807	21750	41836	76409
保证金存款	Margin Deposit	1461790	1423253	4234	30099	4204
结构性存款	Structured Deposits	174704	164783	5521	400	4000
非存款类金融机构存款	Treasury Time Deposit	681912	681912			
年末各项贷款余额	**Total Loans at Year-end**	**9718012**	**7989313**	**519173**	**605898**	**603628**
短期贷款	Short-term Loans	4432986	3405712	263830	366741	396703
个人贷款及透支	Personal Loans and Overdrafts	1803130	1048690	191667	274212	288561
个人消费贷款	Personal Consumption Loans	521341	432217	15815	33827	39483
单位贷款及透支	Unit Ordinary Loans and Overdrafts	2579856	2307022	72163	92529	108141
经营贷款及透支	Business Loans and Overdrafts	2554156	2284922	72163	92529	104541
固定资产贷款	Fixed Asset Loans	25700	22100			3600
贸易融资	Trade Finance					
中长期贷款	Medium & Long-term Loans	4104454	3556251	175449	183799	188955
个人贷款	Personal Loans	1403395	1038056	92314	105311	167715
个人消费贷款	Personal Consumption Loans	311355	277511	9930	21875	2039
单位贷款	Corporate Loans	2701059	2518195	83135	78488	21240
经营贷款	Business Loans	2228561	2097978	52705	57538	20340
固定资产贷款	Fixed Asset Loans	472498	420217	30430	20951	900
票据融资	Bill Financing	1175595	1022373	79894	55357	17970
各项垫款	Every Advance Money	4977	4977			

注:地方性金融机构包括宁夏银行、石嘴山银行、农村商业银行、农村信用社、村镇银行。

a)Local financial institutions included Bank of Ningxia, Yellow River Rural Commercial Bank, Rural Credit Cooperatives and Village Bank.

10—9 保险业务情况

Basic Statistics for Insurance Companies

单位:万元　　　　（2017）　　　　（10 000 yuan）

指标	Item	保费收入 Premium	赔款支出 Reparation
总计	**Total**	945371	266018
财产险	**Property Insurance**	**314800**	**141464**
企业财产险	Enterprise Property Insurance	16808	5078
家庭财产险	Family Property Insurance	4414	654
责任险	Liability Insurance	14861	6516
机动车辆险	Motor Vehicle Insurance	243316	116903
货物运输险	Freight Transport Insurance	1276	420
工程险	Engineering Insurance	2378	1839
农业险	Agriculture Insurance	14661	7484
其他险	Other Insurance	17086	2571
人身险	**Personal Accident Insurance**	**630571**	**124553**
人寿险	Life Insurance	476052	101687
意外伤害险	Accident Injury Insurance	24560	5903
健康险	Health Insurance	129959	16963

主要统计指标解释

【一般公共预算收入】 指属于地方一般公共预算的收入,包括地方企业上交利润,城市维护建设税(不含铁道部门、各银行总行、各保险公司总公司集中缴纳的部分),房产税,城镇土地使用税,土地增值税,车船税,耕地占用税,契税,烟叶税,印花税,增值税25%部分,纳入共享范围的企业所得税40%部分,个人所得税40%部分,证券交易印花税3%部分,海洋石油资源税以外的其他资源税,地方非税收入等。

【税收收入】 包括增值税、消费税、企业所得税、企业所得税退税、个人所得税、资源税、固定资产投资方向调节税、城市维护建设税、房产税、印花税、城镇土地使用税、土地增值税、车船税、耕地占用税、契税、烟叶税和其他税收收入。

【企业所得税】 指税务机关按《中华人民共和国企业所得税暂行条例》征收的企业所得税及依照《中华人民共和国外商投资企业和外国企业所得税法》征收的外商投资企业和外国企业所得税。税务机关对港澳台商投资企业征收的企业所得税也包括在内。

【个人所得税】 指反映按照《中华人民共和国个人所得税法》和《对储蓄存款利息所得征收个人所得税的实施办法》征收的个人所得税。

【一般公共预算支出】 指一般公共服务,公共安全支出,地方统筹的各项社会事业支出等。

【一般公共服务支出】 指政府提供一般公共服务的支出。

【年末金融机构人民币各项存款余额】 指企业、机关、团体和居民根据可以收回的原则,把货币存入银行或其他信用机构保管并取得一定利息的年末货币总量。

【年末金融机构人民币各项贷款余额】 指年终时银行或其他信用机构根据必须归还的原则,按一定利率,为企业、个人等提供资金贷款的总额。不包括外币贷款。

【住户存款余额】 指城乡居民在某一时点上,在银行和其他金融机构的本(人民币)、外币储蓄存款总额。不包括居民的手存现金和工矿企业、部队、机关、团体等单位存款。

【保费收入】 保险费收入指投保人或被保险人为获得保险保障而付给保险人的代价。储金收入指投保人为取得经济保障而存入保险公司的存款,保险期满,保险公司连同部分利息退还投保人。

【赔款支出】 赔款指财产保险在被保险财产发生保险合同规定的损失后,保险公司按实际损失给予的经济补偿金额。给付指人身保险在保险责任发生的意外伤害或事故及返还性保险期满,保险公司给保险人支付的款项。

11

人民生活和物价

people's living conditions ang price indices

11—1 主要年份城市居民收支及价格指数情况

Income and Expenditure of Uran Households and Price Indices in Main Years

年 份 Year	城镇居民人均 可支配收入(元) Per Capita Disposable Income of Uran Households(yuan)	城镇居民人均 消费性支出(元) Per Capita Consumption Expenditure of Uran Households(yuan)	恩格尔系数 (%) Engel's Coefficient (%)	居民消费价格 总指数(%) Consumer price Index(%)	#服务项目 价格指数 Service Items Price Price	商品零售 价格指数(%) Retail Price Index (%)
1949	118.64	110.96	60.1			
1950	136.13	135.94	60.1			
1951	156.15	166.52	60.11	123.7		113.3
1952	179.24	204.02	60.11	106.7		102.6
1953	187	205.38	60.03	104.7		102.8
1954	195.04	206.7	59.94	101.4		102.1
1955	203.43	208.05	59.85	100.7		101.2
1956	212.18	209.44	59.75	100.1		100.2
1957	221.56	211.09	59.65	102.5		101.5
1958	222.31	210.03	60.04	102.4		101.7
1959	222.97	209.52	60.24	102.9		102
1960	223.64	209.74	60.24	104.3		104.4
1961	224.31	210.79	60	120.2		120.6
1962	224.99	212.85	59.48	95.1		95.3
1963	226.08	216.48	58.66	88.9		89.1
1964	233.73	218.25	58.66	94.9		95.7
1965	263.9	235.81	57.02	97.7		97.5
1966	268.74	238.59	57.49	98.2		98.1
1967	273.58	241.75	57.87	102.5		102.5
1968	278.5	245.26	58.18	101.3		101.3
1969	283.51	249.08	58.44	102.5		102.5
1970	288.62	253.26	58.62	100.8		100.8
1971	293.81	257.74	58.76	99.8		99.7
1972	299.1	262.5	58.84	100.4		100.4
1973	304.49	267.59	58.88	100.3		100.3
1974	309.97	272.97	58.87	100.4		100.4
1975	315.55	278.65	58.83	100.6		100.7
1976	321.23	284.62	58.74	100.9		101.1
1977	327.01	291.24	58.75	108.2		108.4
1978	346.08	306.12	58.75	100.6	100	100.7
1979	369.49	314.13	60.04	101.2	100.1	101.3
1980	488.18	403.32	54.75	106.5	105	106.5

11—1 续表 continued

年 份 Year	城镇居民人均可支配收入(元) Per Capita Disposable Income of Uran Households(yuan)	城镇居民人均消费性支出(元) Per Capita Consumption Expenditure of Uran Households(yuan)	恩格尔系数(%) Engel's Coefficient (%)	居民消费价格总指数(%) Consumer price Index(%)	#服务项目价格指数 Service Items Price Price	商品零售价格指数(%) Retail Price Index (%)
1981	485.01	422.9	52.5	101.7	103.2	101.6
1982	501.36	448.07	52.92	101.2	102.6	101.1
1983	550	477.46	55.05	101.8	98.5	101.7
1984	672.43	583.3	54.69	103.8	101.9	103.8
1985	815.45	703.41	47.92	108.9	112.3	108.6
1986	972.44	830.82	46.35	107.3	109.8	107.1
1987	1050.51	916.73	49.26	110.1	100.7	111
1988	1170.23	1177.16	46.9	117.2	107.6	118.1
1989	1298.92	1241.06	53.1	115.8	105.6	116.7
1990	1580.72	1432.67	52.92	106.3	145.3	102.9
1991	1708.5	1490	49.42	106	113.3	105.3
1992	1961.6	1683.8	46.11	109.7	117.1	108.9
1993	2326	2159.5	42.09	116.7	140.3	113.9
1994	3410.4	3036.1	43.89	124.3	115.9	119.1
1995	3931.7	3540.5	44.15	117.3	120.3	114.7
1996	4252.07	3684.99	44.5	107	107.7	106.2
1997	4471.08	4016.61	42.67	104.1	114.1	102.2
1998	4821.05	4398.48	39	100.2	117.7	97.1
1999	5167.67	4484.4	36.25	100.1	105.5	98.7
2000	5621.51	5369.05	34.15	99.2	107.6	97.7
2001	6256.61	5507.79	33.73	101.4	109.6	100.6
2002	6845.28	5979.36	35.68	99.5	103.9	98.7
2003	7245.32	6093.01	36.37	101.7	104.5	99.8
2004	7984.33	6728.85	37.37	103.2	102.9	102
2005	8852.42	7311.38	35.76	101.7	102.9	100.6
2006	10067.76	8288.47	34.62	101.6	101.9	101.2
2007	12185.47	9176.42	36.28	105.3	102.1	103.6
2008	14458	11455	35.38	107.6	101.5	105.9
2009	15715.44	12271.76	32.81	99.7	100.4	98.5
2010	17073.12	13589	32.07	103.8	104.8	102.5
2011	19480.85	14931.24	35.28	105.5	104.1	104.2
2012	21900.5	16389.53	33.38	102.6	102.6	100.6
2013	23776.41	16843.79	32.26	103.5	101.8	102.3
2014	26117.69	20401.22	30.5	102.1	102.8	100.8
2015	28261.37	21694.03	30.32	101.6	103.4	100.2
2016	30477.81	22897.85	29.08	101.7	101.8	100.8
2017	32980.81	23124.48	28.77	101.7	103.6	101.5

11—2 城镇居民家庭就业情况

(2017)

指 标	Item	单 位	unit
调查人口和就业情况	**Statistics of Survey Population and Employment**		
户均常住人口	Resident Population of Average Household	人	person
由本户供养的在校学生	Enrollment Students Supported by the Family	人/户	Person / household
不由本户供养的在校学生	Enrollment Students Non-Supported by the Family	人/户	Person / household
非在校学生	Non School Students	人/户	Person / household
受教育程度	Education Level	人/户	Person / household
未上过学	Never go to School	人/户	Person / household
小学	Primary School	人/户	Person / household
初中	Junior Secondary School	人/户	Person / household
高中	Senior Secondary School	人/户	Person / household
大学专科	Junior College	人/户	Person / household
大学本科	Undergraduate	人/户	Person / household
研究生	Postgraduate	人/户	Person / household
常住劳动力情况	Labor Situation		
劳动力人数	Number of Labor Force	人/户	Person / household
整劳动力人数	Number of Full Labour Force	人/户	Person / household
半劳动力人数	Number of Semi Labour Force	人次	person-time
常住从业人员情况	**Employment Situation**		
常住成员从业人数	Number of Employment	人/就业者	Person / employment
参加医疗保险情况	Basic Medical Care Insurance		
新型农村合作医疗	New Rural Co-operative Medical System	人/户	Person / household
城镇职工基本医疗保险	Urban Workers	人/户	Person / household
(城镇)居民基本医疗保险	(urban)Non-employment Residents	人/户	Person / household
公费医疗	Free Medical Care	人/户	Person / household
商业医疗保险	Commercial Medical Insurance	人/户	Person / household
其他医疗保险	Other Medical Insurance	人/户	Person / household
没有参加任何医疗保险	Non-Participated in any Medical Insurance	人/户	Person / household
参加养老保险情况	Basic Pension Insurance		
新型农村社会养老保险	New Rural Old-age Insurance	人/户	Person / household
城镇职工基本养老保险	Urban Workers	人/户	Person / household
(城镇)居民社会养老保险	(urban)Non-employment Residents	人/户	Person / household
商业养老保险	Commercial Pension Insurance	人/户	Person / household
其他养老保险	Other Pension Insurance	人/户	Person / household
没有参加任何养老保险	Non-Participated in any Pension Insurance	人/户	Person / household

Employed Conditions of Urban Households

总平均 Total Average	低收入户 Low Income Households	中低收入户 Lower Middle IncomeHouseholds	中等收入户 Middle Income Households	中高收入户 Upper MiddleIncome Households	高收入户 High Income Households
2.80	3.38	3.08	2.69	2.54	2.38
0.51	0.92	0.58	0.42	0.36	0.29
0.00	0.00	0.00	0.00	0.00	0.00
2.16	2.23	2.30	2.11	2.13	2.04
2.67	3.15	2.89	2.54	2.48	2.33
0.08	0.16	0.10	0.06	0.11	0.00
0.39	0.65	0.47	0.34	0.39	0.12
0.73	1.14	0.85	0.72	0.53	0.33
0.61	0.67	0.65	0.61	0.63	0.53
0.45	0.31	0.53	0.54	0.41	0.49
0.38	0.21	0.30	0.23	0.37	0.82
0.02	0.00	0.00	0.04	0.03	0.03
2.02	2.06	2.18	2.04	1.95	1.87
1.13	1.63	1.50	1.12	0.82	0.58
0.90	0.44	0.68	0.92	1.13	1.29
1.34	1.41	1.66	1.32	1.05	1.23
0.20	0.58	0.23	0.12	0.05	0.00
1.09	0.45	0.86	1.27	1.33	1.67
0.52	0.83	0.86	0.46	0.30	0.13
0.00	0.00	0.00	0.00	0.00	0.01
0.11	0.07	0.06	0.12	0.10	0.20
0.01	0.00	0.02	0.02	0.00	0.00
0.19	0.20	0.21	0.15	0.23	0.05
0.10	0.29	0.14	0.05	0.02	0.02
1.17	0.54	0.95	1.34	1.46	1.64
0.22	0.22	0.30	0.23	0.23	0.06
0.03	0.06	0.03	0.03	0.05	0.01
0.00	0.00	0.00	0.00	0.00	0.01
0.50	0.95	0.76	0.39	0.19	0.13

11—2 续表

(2017)

指 标	Item	单位	unit
从事行业	**Engaged in Sector**		
第一产业	Primary Industry	人/户	Person / household
第二产业	Secondary Industry	人/户	Person / household
采矿业	Mining	人/户	Person / household
制造业	Manufacturing	人/户	Person / household
电力、热力、燃气及水生产供应业	Production and Distribution of Electricity	人/户	Person / household
建筑业	Construction	人/户	Person / household
第三产业	Tertiary Industry	人/户	Person / household
批发和零售业	Wholesale and Retail Trades	人/户	Person / household
交通运输、仓储和邮政业	Traffic,Transports,Storage and Post	人/户	Person / household
住宿和餐饮业	Hotels and Catering Services	人/户	Person / household
信息传输、软件业和信息技术服务业	Information Transmission,Computer Services and Software	人/户	Person / household
金融业	Financial Intermediation	人/户	Person / household
房地产业	Real Estate	人/户	Person / household
租赁和商务服务业	Leasing and Business Services	人/户	Person / household
科学研究和技术服务业	Scientific Research and Technical Service	人/户	Person / household
水利、环境和公共设施管理业	Management of Water Conservancy,Environment	人/户	Person / household
居民服务、修理和其他服务业	Services to Households and Other Services	人/户	Person / household
教育	Education	人/户	Person / household
卫生和社会工作	Health and Social Welfare	人/户	Person / household
文化、体育和娱乐业	Culture, Sports and Entertainment	人/户	Person / household
公共管理、社会保障和社会组织	Public Management,Social Security and Social Organization	人/户	Person / household
国际组织	International Organization	人/户	Person / household
从事职业	**Engaged in Occupation**		
国家机关、党群组织、企业、事业单位负责人	Head of State organs, Party organizations, Enterprises and Government-affiliated institutions	人/户	Person / household
专业技术人员	Professionals	人/户	Person / household
办事人员和有关人员	Staff and Related Personnel	人/户	Person / household
商业、服务业人员	Business and Service Personnel	人/户	Person / household
农、林、牧、渔、水利业生产人员	Production Personnel of Agricultural, Forestry, Animal Husbandry, Fishery and Water Conservancy Industry	人/户	Person / household
生产、运输设备操作人员及有关人员	Production, Transport Equipment Operators and Related Personnel	人/户	Person / household
军人	Soldier	人/户	Person / household
不便分类的其他从业人员	Other Practitioners without Classification	人/户	Person / household

continued

总平均 Total Average	低收入户 Low Income Households	中低收入户 Lower Middle IncomeHouseholds	中等收入户 Middle Income Households	中高收入户 Upper Middle IncomeHouseholds	高收入户 High Income Households
0.02	0.04	0.03	0.02	0.01	0.01
0.34	0.29	0.45	0.39	0.27	0.35
0.08	0.06	0.06	0.08	0.09	0.14
0.12	0.10	0.20	0.19	0.08	0.02
0.08	0.02	0.07	0.07	0.05	0.19
0.07	0.12	0.12	0.05	0.04	0.00
0.97	1.07	1.17	0.92	0.77	0.86
0.28	0.31	0.47	0.28	0.19	0.07
0.14	0.11	0.11	0.11	0.18	0.17
0.06	0.15	0.04	0.06	0.01	0.02
0.03	0.04	0.05	0.03	0.02	0.04
0.04	0.02	0.01	0.03	0.06	0.11
0.01	0.00	0.04	0.00	0.00	0.00
0.02	0.02	0.03	0.01	0.04	0.01
0.01	0.01	0.00	0.00	0.00	0.03
0.02	0.01	0.02	0.04	0.00	0.02
0.15	0.27	0.25	0.11	0.05	0.07
0.07	0.07	0.05	0.10	0.09	0.06
0.05	0.04	0.03	0.03	0.08	0.07
0.02	0.01	0.01	0.04	0.03	0.00
0.07	0.02	0.06	0.07	0.03	0.19
0.00	0.00	0.00	0.00	0.00	0.00
0.02	0.01	0.01	0.02	0.01	0.03
0.22	0.12	0.23	0.27	0.26	0.21
0.31	0.09	0.31	0.31	0.26	0.62
0.43	0.61	0.69	0.40	0.23	0.14
0.02	0.03	0.03	0.02	0.00	0.01
0.25	0.33	0.29	0.22	0.27	0.19
0.00	0.00	0.00	0.00	0.00	0.00
0.09	0.22	0.10	0.09	0.03	0.03

11—3 城镇居民家庭年末主要消费拥有情况

（2017）

指　标	Item	单位	unit	总平均 Total Average
摩托车	Motorcycle	辆	unit	8.44
助力车	Powered Bicycle	辆	unit	35.89
家用汽车	Automobile	辆	unit	37.87
洗衣机	Washing Machine	台	set	99.03
电冰箱	Refrigerator	台	set	98.60
彩色电视机	Color Television Set	台	set	100.81
计算机	Computer	台	set	81.31
组合音响	Hi-Fi Stereo Component	套	set	–
摄像机	Video Camera	架	set	–
照相机	Camera	架	set	29.60
其它中高档乐器	Secondary and Top Grade Musical Instrument	件	set	7.02
微波炉	Microwave Oven	台	set	67.80
空调器	Air Conditioner	台	set	23.19
淋浴热水器	Water Heater for Shower	台	set	95.66
消毒碗柜	Disinfection Cupboard	台	set	–
洗碗机	Dishwasher	台	set	0.40
健身器材	Health Equipment	套	set	5.03
固定电话	Telephone	部	unit	19.10
移动电话	Mobile Telephone	部	unit	244.54
#接入互联网移动电话	Mobile Telephone Accessed to Internet	部	unit	210.34
接入有线电视机	Television Accessed to Network	台	set	80.16
接入互联网计算机	Computer Accessed to Internet	台	set	70.87

Employed Conditions of Urban Ownership Volume of Major Consumer Goods by Urban Households at Year-end

低收入户 Low Income Households	中低收入户 Lower Middle Income Households	中等收入户 Middle Income Households	中高收入户 Upper Middle IncomeHouseholds	高收入户 High Income Households
12.76	7.23	7.41	9.59	5.65
43.39	38.32	45.70	30.88	22.08
29.59	31.45	39.28	41.57	46.69
96.60	100.00	98.94	101.30	98.33
93.29	99.57	98.04	101.34	103.41
95.06	100.22	98.72	103.87	105.87
68.83	78.69	79.64	84.59	97.84
–	–	–	–	–
–	–	–	–	–
10.90	20.05	36.98	30.68	48.45
6.32	2.33	9.44	10.65	6.54
44.28	66.04	66.05	78.46	80.38
3.40	10.14	22.83	33.80	41.55
90.05	96.80	92.24	97.70	100.51
–	–	–	–	–
0.00	0.00	0.00	1.18	0.87
2.01	3.26	4.70	4.37	8.51
7.50	6.74	14.10	26.56	42.12
260.85	255.96	229.73	237.39	236.46
218.88	218.73	197.93	192.38	218.19
62.58	79.70	86.07	84.67	83.03
58.67	61.94	73.66	74.09	87.97

11—4 城镇居民家庭收支情况(年人均)

(2017)

指 标	item	总平均 Total Average
可支配收入(新口径)	**Disposable Income(new caliber)**	**32980.81**
工资性收入	Income from Wages and Salaries	21322.46
工资	Wages	19927.51
实物福利	Material Benefits	21.39
其他	Others	1373.55
经营净收入	Net Income from Business	3181.96
第一产业经营净收入	Primary Industry	101.29
第二产业经营净收入	Secondary Industry	586.39
第三产业经营净收入	Tertiary Industry	2494.28
财产净收入	Net Income from Properties	1925.06
利息净收入	Interest	-49.22
红利收入	Dividend	8.07
储蓄性保险净收益	Net Profit of Savings Insurance	0.74
转让承包土地经营权租金净收入	Rent Income of Transfer Contract Land Management Right	28.24
出租房屋财产性收入	Rental Housing Property Income	488.89
出租机械、专利、版权等资产的收入	Rent Income of Machinery, Patents, Copyrights and Other Assets	39.72
其他财产净收入	Others	7.42
房屋虚拟租金	Virtual Rent of House	1401.20
转移净收入	Net Income from Transfer	6551.33
转移性收入	Transfer Income	8809.18
养老金或离退休金	Pension	8134.65
社会救济和补助	Social Relief	90.56
转移性支出	Transfer Expenditure	2257.85
个人所得税	Individual Income-tax	127.39
社会保障支出	Social Security Expenditures	1980.73
外来从业人员寄给家人的支出	Expenses for Family by Foreign Employees	0.00
赡养支出	Support Expenditures	62.02
其他转移性支出	Others	87.71
消费支出	**Consumption Expenditure**	**23124.48**
食品烟酒	Food, Cigarettes and Liquor	5942.43
食品	Food	3475.92
谷物	Cereal	388.65
薯类	Potatoes	28.93
豆类	Beans	43.51
食用油	Edible Oil	128.42
蔬菜和食用菌	Vegetable and Edible Fungus	479.35
肉类	Meat	807.21
禽类	Poultry	159.26
水产品	Aquatic Products	128.37
蛋类	Eggs	69.80
奶类	Dairy Products	297.95
干鲜瓜果类	Dry and Fresh Fruits	557.58
糖果糕点类	Sweets and Cakes	122.09
其他食品	Others	264.82
烟酒	Cigarettes and Liquor	443.87
烟草	Tobacco	334.12
酒类	Wine	109.75
饮料	Beverag	109.44

Basic Statistics of Cash Income and Expenditure by Urban Households (Annual Average)

低收入户 Low Income Households	中低收入户 Lower Middle IncomeHouseholds	中等收入户 Middle Income Households	中高收入户 Upper Middle IncomeHouseholds	高收入户 High Income Households
12024.00	**22642.05**	**32196.23**	**42455.95**	**66369.20**
8655.16	16412.01	20094.25	22054.57	45910.73
8452.03	15748.03	18705.81	20494.55	42079.71
4.65	2.30	13.26	42.84	55.62
198.49	661.68	1375.17	1517.17	3775.40
2465.05	3227.94	3672.31	3866.17	2855.98
18.48	135.94	60.99	−0.43	324.89
345.03	542.79	1211.46	856.84	0.00
2101.54	2549.20	2399.86	3009.77	2531.09
734.68	1428.91	1577.56	1941.53	4593.02
−142.49	−173.67	−140.00	32.49	255.02
0.00	17.96	4.39	15.46	2.89
0.00	0.00	0.00	4.11	0.00
36.40	12.02	1.70	0.00	97.01
127.71	454.42	338.22	220.04	1489.50
15.40	30.00	39.18	35.96	90.75
0.00	−0.54	−2.94	15.07	31.38
697.66	1088.73	1337.01	1618.40	2626.47
169.11	1573.19	6852.12	14593.69	13009.47
1083.41	3230.79	8896.81	17017.69	17975.46
580.62	2872.69	8339.83	16275.87	16595.49
322.13	48.28	2.95	13.64	0.00
914.30	1657.60	2044.69	2424.00	4965.99
4.06	39.62	67.76	143.24	461.76
885.49	1541.62	1884.03	2068.54	4088.86
0.00	0.00	0.00	0.00	0.00
16.55	32.00	44.00	101.39	142.37
8.20	44.36	48.90	110.84	273.00
13958.22	**17041.68**	**25240.80**	**27665.15**	**36585.83**
4065.67	4832.69	6203.02	6649.17	8951.94
2624.56	2986.89	3625.73	3914.09	4663.09
340.22	341.12	428.79	405.87	454.58
25.18	24.79	30.30	32.65	34.00
35.02	38.64	45.37	47.94	54.86
103.64	106.78	134.01	159.89	151.29
396.96	417.16	469.68	570.66	588.30
572.93	659.63	805.11	937.85	1187.99
120.91	141.36	183.78	180.34	186.28
60.23	87.73	160.87	177.67	187.50
56.02	58.57	65.28	83.21	94.25
249.78	255.23	308.87	312.49	392.62
376.70	486.72	587.94	614.61	807.22
89.80	114.63	121.85	122.62	176.49
197.17	254.55	283.88	268.28	347.70
318.53	308.94	464.44	489.01	721.65
266.07	256.24	355.85	371.69	465.32
52.46	52.71	108.59	117.32	256.33
82.05	101.38	103.22	133.32	139.66

11—4 续表

(2017)

指 标	Item	总平均 Total Average
饮食服务	Catering Services	1913.20
食堂用餐	Dining Room	27.00
其他在外饮食	Other Dining Outside	1885.81
食品加工服务费	Food Processing Service Charge	0.39
衣着	Clothing	2000.68
衣类	Clothes	1597.67
鞋类	Shoes	403.01
居住	Residence	4263.74
租赁房房租	Rent of Rental Housing	130.32
住房维修及管理	Housing Maintenance and Management	707.38
水电燃料及其他	Hydropower Fuel and Others	956.76
自有住房折算租金	Converted Rent of Owned Housing	2469.28
生活用品及服务	Daily Necessities and Services	1428.57
家具及室内装饰品	Furniture and Interior Decoration	305.88
家用器具	Household Appliances	268.33
家用纺织品	Home Textiles	135.36
家庭日用杂品	Family Daily Necessities	276.08
个人用品	Personal Items	384.90
家庭服务	Domestic Service	58.02
交通通信	Transport and Communications	3385.35
交通	Transport	2379.44
交通工具	Traffic Tools	766.54
交通费	Traffic Expense	487.61
交通工具用燃料	Fuel for Transportation	562.77
交通工具使用及维修	Use and Maintenance of Transportation	562.53
车辆保险支出	Expenses of Vehicle Insurance	256.04
通信	Communications	1005.90
通信工具	Communication Tools	295.10
通信服务	Communication Services	710.80
教育文化娱乐	Education, Culture and Recreation	3267.51
教育	Education	1669.00
学前教育	Pre-primary Education	122.61
小学教育	Primary Education	199.54
初中教育	Junior Secondary Education	226.70
高中教育	Senior Secondary Education	205.79
中专职高教育	Vocational Secondary Education	49.05
大专及以上教育	Junior College and Above Education	740.37
成人教育	Adult Education	124.95
文化娱乐	Cultural and Recreation	1598.52
文娱耐用消费品	Entertainment and Durable Consumer Goods	201.57
其他文娱用品	Other Entertainment Products	225.60
文化娱乐服务	Cultural Entertainment Service	1171.35
医疗保健	Health Care and Medical Services	2198.32
医疗器具及药品	Medical Apparatus and Medicine	966.18
医疗服务	Medical Service	1232.14
门诊总费用	Total Cost of Outpatient Service	473.22
住院总费用	Total Hospitalization Expenses	758.92
其他用品和服务	Other Articles and Services	637.88
其他用品	Other Articles	314.32
其他服务	Other Services	323.57

continued

低收入户 Low Income Households	中低收入户 Lower Middle IncomeHouseholds	中等收入户 Middle Income Households	中高收入户 Upper Middle IncomeHouseholds	高收入户 High Income Households
1040.52	1435.46	2009.63	2112.76	3427.53
12.04	42.99	17.40	17.58	47.97
1028.00	1392.18	1991.79	2095.00	3379.02
0.49	0.30	0.45	0.18	0.55
1190.47	1744.60	1962.61	2289.58	3197.61
931.24	1383.13	1522.68	1868.01	2600.96
259.23	361.46	439.92	421.57	596.65
2508.50	3432.18	5468.45	4667.53	6020.15
127.27	87.16	216.91	160.06	62.50
150.52	573.01	1711.22	702.57	549.80
780.23	784.09	993.24	1063.00	1272.17
1450.49	1987.93	2547.08	2741.91	4135.68
734.06	1013.75	1597.87	1403.34	2770.52
106.62	118.57	325.18	261.11	850.86
87.68	231.52	287.02	262.24	553.67
64.01	84.54	197.61	111.19	256.89
194.85	225.54	274.50	303.37	427.32
260.46	323.27	411.45	404.76	587.42
20.46	30.31	102.11	60.68	94.38
2040.59	2217.34	3705.10	5008.14	4690.77
1303.54	1372.93	2582.83	3799.99	3445.12
421.38	274.56	766.58	2037.29	534.69
250.53	430.32	574.40	438.28	848.35
323.16	319.68	652.39	719.46	944.40
308.48	348.38	589.45	604.95	1117.68
143.20	144.62	281.50	270.46	513.31
737.05	844.41	1122.27	1208.16	1245.65
193.21	236.65	322.93	419.47	349.93
543.85	607.76	799.34	788.69	895.72
2247.62	2330.83	3363.81	3799.84	5224.71
1497.00	1436.61	1634.37	1874.27	2028.72
128.24	181.45	113.09	64.30	111.47
146.06	196.68	275.82	266.09	122.84
209.81	162.88	464.18	229.33	66.13
174.98	190.64	192.87	317.55	164.23
142.00	25.74	28.51	22.56	0.00
621.18	629.11	368.28	927.84	1263.82
74.75	50.11	191.62	46.59	300.23
750.62	894.22	1729.44	1925.57	3195.99
63.39	102.68	221.66	291.05	404.57
171.03	215.31	270.30	189.89	303.30
516.20	576.23	1237.48	1444.63	2488.12
971.20	1126.08	2294.58	3280.62	4036.69
432.17	454.86	1029.58	1400.49	1838.63
539.03	671.22	1265.01	1880.13	2198.06
319.40	340.48	383.56	757.92	656.46
219.63	330.74	881.45	1122.21	1541.61
200.10	344.23	645.38	566.91	1693.44
121.24	190.56	349.61	267.77	753.14
78.86	153.66	295.77	299.14	940.30

11—5 城镇居民平均每人全年购买商品数量

（2017）

指 标	item	单位	unit	总平均 Total Average
食用植物油	Edible Vegetable Oil	千克	kg	8.00
猪肉	Pork	千克	kg	7.30
牛肉	Beef	千克	kg	4.20
羊肉	Mutton	千克	kg	5.60
禽类	Poultry	千克	kg	6.50
鲜蛋	Fresh Eggs	千克	kg	7.70
鱼	Fish	千克	kg	3.30
鲜菜	Fresh Vegetables	千克	kg	99.30
白酒	Liquor	千克	kg	0.80
啤酒	Beer	千克	kg	1.90
鲜瓜果	Fruits	千克	kg	69.20
糕点	Cake	千克	kg	2.80
鲜奶	Fresh Dairy Products	千克	kg	14.60
酸奶	Yogurt	千克	kg	6.10
鞋类	Shoes	双	pair	2.70
液化石油气	Liquefied Petroleum Gas	千克	kg	2.20
管道天然气	Pipeline Natural Gas	立方米	cu.m	77.80

Employed Conditions of Urban Households

低收入户 Low Income Households	中低收入户 Lower Middle IncomeHouseholds	中等收入户 Middle Income Households	中高收入户 Upper Middle IncomeHouseholds	高收入户 High Income Households
6.60	6.96	8.27	9.81	8.81
5.35	5.99	8.00	8.22	9.82
2.64	3.12	3.85	4.85	5.24
4.66	4.78	5.73	6.86	6.11
5.05	5.90	7.56	7.52	7.30
6.53	6.39	7.48	8.97	9.93
1.84	2.63	3.90	4.23	4.61
86.11	87.23	93.51	120.91	114.48
0.40	0.53	0.77	0.72	1.36
2.22	1.55	2.83	1.98	1.02
56.59	67.14	70.28	74.34	83.56
2.17	2.58	3.30	2.76	3.64
11.83	14.30	13.21	19.24	16.34
4.12	4.77	5.78	7.43	9.62
2.44	2.81	2.81	2.32	2.91
3.26	3.68	1.24	1.38	0.54
71.56	61.47	69.34	119.47	83.66

11—6 城镇居民家庭住房基本情况

（2017）

指 标	Item	单 位	unit	总平均 Total Average
现住房建筑面积	Housing Sonstruction Area	平方米	sq.m	31.50
本住户居住空间样式	Residential Space Style			100.0
单栋楼房	Single Building	%	%	1.05
单栋平房	Single Bungalow	%	%	2.44
四居室及以上单元房	Four and above Bedroom	%	%	2.84
三居室单元房	Three Bedroom	%	%	31.09
二居室单元房	Two Bedroom	%	%	61.46
一居室单元房	One Bedroom	%	%	0.38
筒子楼或连片平房	Tube-shaped apartment or Many of the Bungalow	%	%	0.74
其他	Others			0.00
主要建筑材料	Main Building Materials	%	%	100.00
钢筋混凝土	Reinforced Concrete	%	%	31.80
砖混材料	Brick Material	%	%	66.93
砖瓦砖木	Tile and Brick	%	%	1.27
竹草土坯	Bamboo Grass Mud	%	%	0.00
其他	Others	%	%	0.00
现住房房屋来源	Source of House			100.00
租赁公房	Lease Public Housing	%	%	1.23
租赁私房	Lease Private Housing	%	%	4.23
自建住房	House Built by Oneself	%	%	1.92
购买商品房	Purchase Commercial Housing	%	%	51.37
购买房改住房	Purchase Reform Housing	%	%	24.55
购买保障性住房	Purchase Affordable Housing	%	%	4.98
拆迁安置房	Removal and Resettlement Housing	%	%	7.36
继承或获赠住房	Inheritance or Gift of Housing	%	%	1.53
免费借用房	Free Use of Housing	%	%	2.05
雇主提供免费住房	Provided Free Housing by Employers	%	%	0.79
其他来源	Others	%	%	0.00

Housing Statistics of Urban Households

低收入户 Low Income Households	中低收入户 Lower Middle IncomeHouseholds	中等收入户 Middle Income Households	中高收入户 Upper Middle IncomeHouseholds	高收入户 High Income Households
23.88	27.29	34.43	33.36	42.31
100.0	100.0	100.0	100.0	100.0
3.43	0.00	0.98	0.58	0.70
4.37	6.28	1.22	0.00	0.22
0.00	2.41	2.57	0.87	6.10
20.74	21.13	26.60	39.10	50.01
70.36	68.53	67.34	57.67	42.62
0.00	0.00	0.72	1.21	0.00
1.10	1.65	0.57	0.58	0.34
0.00	0.00	0.00	0.00	0.00
100.00	100.00	100.00	100.00	100.00
20.47	33.02	28.49	34.26	39.68
77.88	64.78	69.85	64.44	59.99
1.65	2.20	1.66	1.30	0.34
0.00	0.00	0.00	0.00	0.00
0.00	0.00	0.00	0.00	0.00
100.00	100.00	100.00	100.00	100.00
0.00	2.72	2.24	1.28	0.00
7.65	4.13	4.64	4.91	0.34
3.70	3.86	1.44	0.00	0.22
52.77	48.58	48.13	49.76	56.15
18.89	21.75	22.30	34.24	28.81
0.00	3.28	3.58	7.18	11.20
10.49	11.46	10.40	1.25	2.51
0.00	2.39	3.02	0.00	0.00
3.99	1.82	3.46	1.37	0.00
2.50	0.00	0.79	0.00	0.78
0.00	0.00	0.00	0.00	0.00

11—7 农村居民家庭就业情况

(2017)

指标	Item	单位	unit
调查人口和就业情况	**Statistics of Survey Population and Employment**		
户均常住人口	Resident Population of Average Household	人	person
由本户供养的在校学生	Enrollment Students Supported by the Family	人/户	Person / household
不由本户供养的在校学生	Enrollment Students Non-Supported by the Family	人/户	Person / household
非在校学生	Non School Students	人/户	Person / household
6周岁及以上住户成员受教育程度	**Education Level**		
未上过学	Never go to School	人/户	Person / household
小学	Primary School	人/户	Person / household
初中	Junior Secondary School	人/户	Person / household
高中	Senior Secondary School	人/户	Person / household
大学专科	Junior College	人/户	Person / household
大学本科	Undergraduate	人/户	Person / household
研究生	Postgraduate	人/户	Person / household
常住劳动力情况	**Labor Situation**		
劳动力人数	Number of Labor Force	人/户	Person / household
整劳动力人数	Number of Full Labour Force	人/户	Person / household
半劳动力人数	Number of Semi Labour Force	人/户	Person / household
常住从业人员情况	**Employment Situation**		
常住成员从业人数	Number of Employment	人/就业者	Person / employment
参加医疗保险情况	Basic Medical Care Insurance		
新型农村合作医疗	New Rural Co-operative Medical System	人/户	Person / household
城镇职工基本医疗保险	Urban Workers	人/户	Person / household
(城镇)居民基本医疗保险	(urban)Non-employment Residents	人/户	Person / household
公费医疗	Free Medical Care	人/户	Person / household
商业医疗保险	Commercial Medical Insurance	人/户	Person / household
其他医疗保险	Other Medical Insurance	人/户	Person / household
没有参加任何医疗保险	Non-Participated in any Medical Insurance	人/户	Person / household
参加养老保险情况	Basic Pension Insurance		
新型农村社会养老保险	New Rural Old-age Insurance	人/户	Person / household
城镇职工基本养老保险	Urban Workers	人/户	Person / household
(城镇)居民社会养老保险	(urban)Non-employment Residents	人/户	Person / household
商业养老保险	Commercial Pension Insurance	人/户	Person / household
其他养老保险	Other Pension Insurance	人/户	Person / household
没有参加任何养老保险	Non-Participated in any Pension Insurance	人/户	Person / household

Employed Conditions of Rural Households

总平均 Total Average	低收入户 Low Income Households	中低收入户 Lower Middle IncomeHouseholds	中等收入户 Middle Income Households	中高收入户 Upper Middle IncomeHouseholds	高收入户 High Income Households
3.43	3.90	3.80	3.53	3.19	2.88
0.63	0.92	1.08	0.69	0.41	0.21
0.00	0.00	0.00	0.00	0.00	0.00
2.65	2.82	2.57	2.62	2.65	2.56
0.33	0.51	0.38	0.21	0.37	0.21
0.88	1.04	0.99	1.05	0.73	0.62
1.38	1.46	1.43	1.45	1.26	1.38
0.45	0.50	0.42	0.45	0.57	0.37
0.13	0.16	0.16	0.07	0.07	0.15
0.10	0.08	0.25	0.07	0.06	0.05
0.00	0.00	0.01	0.00	0.00	0.00
2.46	2.53	2.35	2.45	2.43	2.48
1.39	1.62	1.74	1.45	1.19	1.09
1.07	0.90	0.61	1.00	1.23	1.39
2.11	2.06	2.05	2.08	2.14	2.23
2.21	2.31	2.12	2.31	2.05	2.23
0.08	0.00	0.06	0.05	0.17	0.09
0.14	0.21	0.15	0.06	0.18	0.13
0.00	0.00	0.00	0.00	0.00	0.01
0.02	0.04	0.00	0.04	0.05	0.00
0.00	0.00	0.02	0.00	0.00	0.00
0.01	0.00	0.00	0.03	0.02	0.02
1.72	1.71	1.65	1.77	1.46	1.90
0.09	0.03	0.06	0.08	0.16	0.11
0.09	0.03	0.12	0.04	0.17	0.07
0.01	0.00	0.02	0.00	0.02	0.00
0.07	0.08	0.05	0.07	0.15	0.07
0.48	0.68	0.45	0.50	0.49	0.33

11—7 续表

(2017)

指 标	Item	单位	unit
从事行业	**Engaged in Sector**		
第一产业	Primary Industry	人/户	Person / household
第二产业	Secondary Industry	人/户	Person / household
采矿业	Mining	人/户	Person / household
制造业	Manufacturing	人/户	Person / household
电力、热力、燃气及水生产供应业	Production and Distribution of Electricity	人/户	Person / household
建筑业	Construction	人/户	Person / household
第三产业	Tertiary Industry	人/户	Person / household
批发和零售业	Wholesale and Retail Trades	人/户	Person / household
交通运输、仓储和邮政业	Traffic,Transports,Storage and Post	人/户	Person / household
住宿和餐饮业	Hotels and Catering Services	人/户	Person / household
信息传输、软件业和信息技术服务业	Information Transmission,Computer Services and Software	人/户	Person / household
金融业	Financial Intermediation	人/户	Person / household
房地产业	Real Estate	人/户	Person / household
租赁和商务服务业	Leasing and Business Services	人/户	Person / household
科学研究和技术服务业	Scientific Research and Technical Service	人/户	Person / household
水利、环境和公共设施管理业	Management of Water Conservancy,Environment	人/户	Person / household
居民服务、修理和其他服务业	Services to Households and Other Services	人/户	Person / household
教育	Education	人/户	Person / household
卫生和社会工作	Health and Social Welfare	人/户	Person / household
文化、体育和娱乐业	Culture, Sports and Entertainment	人/户	Person / household
公共管理、社会保障和社会组织	Public Management,Social Security and Social Organiza-tion	人/户	Person / household
国际组织	International Organization	人/户	Person / household
从事职业	**Engaged in Occupation**		
国家机关、党群组织、企业、事业单位负责人	Head of State organs, Party organizations, Enterprises and Government-affiliated institutions	人/户	Person / household
专业技术人员	Professionals	人/户	Person / household
办事人员和有关人员	Staff and Related Personnel	人/户	Person / household
商业、服务业人员	Business and Service Personnel	人/户	Person / household
农、林、牧、渔、水利业生产人员	Production Personnel of Agricultural, Forestry, Animal Husbandry, Fishery and Water Conservancy Industry	人/户	Person / household
生产、运输设备操作人员及有关人员	Production, Transport Equipment Operators and Related Personnel	人/户	Person / household
军人	Soldier	人/户	Person / household
不便分类的其他从业人员	Other Practitioners without Classification	人/户	Person / household

continued

总平均 Total Average	低收入户 Low Income Households	中低收入户 Lower Middle IncomeHouseholds	中等收入户 Middle Income Households	中高收入户 Upper Middle IncomeHouseholds	高收入户 High Income Households
0.92	1.04	0.76	0.70	0.73	1.16
0.44	0.45	0.56	0.45	0.49	0.30
0.03	0.02	0.02	0.02	0.01	0.02
0.12	0.10	0.16	0.15	0.14	0.10
0.01	0.01	0.00	0.00	0.01	0.02
0.28	0.32	0.38	0.28	0.32	0.16
0.75	0.57	0.72	0.93	0.92	0.77
0.15	0.07	0.17	0.23	0.15	0.20
0.16	0.17	0.18	0.17	0.14	0.17
0.08	0.08	0.06	0.12	0.10	0.05
0.01	0.01	0.00	0.00	0.01	0.02
0.00	0.00	0.00	0.00	0.00	0.01
0.00	0.00	0.00	0.00	0.00	0.00
0.00	0.00	0.01	0.00	0.01	0.00
0.00	0.00	0.00	0.00	0.00	0.00
0.04	0.01	0.02	0.08	0.10	0.02
0.18	0.16	0.17	0.19	0.22	0.13
0.02	0.00	0.02	0.03	0.01	0.04
0.03	0.00	0.03	0.03	0.04	0.05
0.02	0.01	0.07	0.00	0.00	0.01
0.07	0.05	0.01	0.07	0.15	0.08
0.00	0.00	0.00	0.00	0.00	0.00
0.00	0.00	0.00	0.00	0.00	0.00
0.07	0.04	0.11	0.06	0.10	0.07
0.08	0.05	0.01	0.11	0.15	0.11
0.20	0.16	0.22	0.26	0.23	0.16
0.90	1.03	0.73	0.68	0.73	1.12
0.27	0.25	0.32	0.30	0.24	0.26
0.00	0.00	0.00	0.00	0.00	0.00
0.59	0.54	0.66	0.67	0.69	0.51

11—8 农村居民家庭收支情况(年人均)

(2017)

指 标	item	总平均 Total Average
可支配收入(新口径)	**Disposable Income (new caliber)**	**13087.04**
工资性收入	Income from Wages and Salaries	6103.00
工资	Wages	5974.24
实物福利	Material Benefits	8.55
其他	Others	120.21
经营净收入	Net Income from Business	5633.32
第一产业经营净收入	Primary Industry	3538.70
第二产业经营净收入	Secondary Industry	114.42
第三产业经营净收入	Tertiary Industry	1980.20
财产净收入	Net Income from Properties	395.32
利息净收入	Interest	-49.46
红利收入	Dividend	19.15
储蓄性保险净收益	Net Profit of Savings Insurance	0.00
转让承包土地经营权租金净收入	Rent Income of Transfer Contract Land Management Right	158.65
出租房屋财产性收入	Rental Housing Property Income	237.80
出租机械、专利、版权等资产的收入	Rent Income of Machinery, Patents, Copyrights and Other Assets	32.00
其他财产净收入	Others	-2.81
房屋虚拟租金	Virtual Rent of House	0.00
转移净收入	Net Income from Transfer	955.41
转移性收入	Transfer Income	1562.15
养老金或离退休金	Pension	864.22
社会救济和补助	Social Relief	52.73
转移性支出	Transfer Expenditure	606.74
个人所得税	Individual Income-tax	4.79
社会保障支出	Social Security Expenditures	521.96
外来从业人员寄给家人的支出	Expenses for Family by Foreign Employees	0.00
赡养支出	Support Expenditures	7.33
其他转移性支出	Others	72.66
总支出	**Total Expenditure**	**23933.60**
消费支出	**Consumption Expenditure**	**11507.33**
食品烟酒	Food, Cigarettes and Liquor	3218.36
食品	Food	2469.10
谷物	Cereal	412.85
薯类	Potatoes	26.71
豆类	Beans	19.97
食用油	Edible Oil	157.17
蔬菜和食用菌	Vegetable and Edible Fungus	302.16
肉类	Meat	700.56
禽类	Poultry	162.61
水产品	Aquatic Products	38.27
蛋类	Eggs	41.21
奶类	Dairy Products	106.25
干鲜瓜果类	Dry and Fresh Fruits	303.34
糖果糕点类	Sweets and Cakes	55.05
其他食品	Others	142.94
烟酒	Cigarettes and Liquor	252.38
烟草	Tobacco	210.88
酒类	Wine	41.50
饮料	Beverag	61.55

Income and Expenditure by Rural Households(Annual Average)

低收入户 Low Income Households	中低收入户 Lower Middle IncomeHouseholds	中等收入户 Middle Income Households	中高收入户 Upper Middle IncomeHouseholds	高收入户 High Income Households
2879.15	**8564.15**	**11796.69**	**16763.56**	**29645.52**
3143.25	5596.58	6891.67	8454.30	7266.44
3127.16	5502.49	6854.86	8122.11	7062.75
5.26	5.68	17.17	5.96	9.93
10.82	88.41	19.64	326.24	193.76
-540.94	2143.63	3532.20	6275.90	19705.57
-729.89	860.85	2073.80	3598.19	14024.54
5.46	95.39	-3.41	129.83	391.73
183.48	1187.39	1461.81	2547.88	5289.29
46.14	389.25	436.63	452.68	753.38
-60.04	-0.54	-88.40	-56.65	-48.01
0.00	9.31	12.29	11.35	72.29
0.00	0.00	0.00	0.00	0.00
48.22	174.45	270.11	159.48	161.43
33.55	148.53	242.49	284.57	563.00
25.76	57.51	0.00	67.50	4.76
-1.34	0.00	0.14	-13.58	-0.09
0.00	0.00	0.00	0.00	0.00
230.71	434.68	936.19	1580.68	1920.14
895.21	1056.13	1294.96	2354.56	2523.73
345.61	328.86	554.44	1626.57	1747.27
73.71	22.00	47.74	90.24	29.96
664.50	621.45	358.77	773.88	603.59
8.28	0.99	0.41	11.79	2.36
551.04	535.99	334.94	636.08	547.39
0.00	0.00	0.00	0.00	0.00
1.01	4.22	8.11	13.96	11.69
104.16	80.25	15.32	112.05	42.16
24329.66	**16900.93**	**22151.41**	**22649.53**	**35617.55**
10166.75	**10697.81**	**11149.56**	**11579.27**	**14593.65**
2452.28	2719.76	3320.69	3501.88	4439.61
1964.39	2040.05	2583.76	2696.83	3306.80
286.88	276.70	399.25	398.05	780.25
21.15	31.38	25.89	26.52	29.15
14.18	16.37	23.48	20.58	27.63
138.25	130.14	176.75	155.39	196.88
265.96	255.96	317.01	339.00	352.95
543.44	583.03	762.24	772.28	912.05
135.52	116.29	165.79	224.49	187.73
28.56	33.10	50.59	42.08	40.15
32.24	34.85	41.83	54.52	46.20
95.63	104.34	92.79	112.08	130.90
243.42	288.26	300.54	322.63	383.26
43.15	52.66	61.43	64.90	56.29
116.01	116.95	166.16	164.30	163.36
167.89	197.06	247.92	322.43	363.45
136.54	173.57	202.23	283.85	287.30
31.35	23.49	45.69	38.58	76.15
61.90	57.91	44.48	70.74	74.43

11—8 续表1

(2017)

指 标	item	总平均 Total Average
饮食服务	Catering Services	435.33
食堂用餐	Dining Room	10.90
其他在外饮食	Other Dining Outside	414.78
食品加工服务费	Food Processing Service Charge	9.65
衣着	Clothing	979.23
衣类	Clothes	739.82
鞋类	Shoes	239.41
居住	Residence	2191.42
租赁房房租	Rent of Rental Housing	36.80
住房维修及管理	Housing Maintenance and Management	381.58
水电燃料及其他	Hydropower Fuel and Others	716.66
自有住房折算租金	Converted Rent of Owned Housing	1056.37
生活用品及服务	Daily Necessities and Services	707.34
家具及室内装饰品	Furniture and Interior Decoration	155.51
家用器具	Household Appliances	146.80
家用纺织品	Home Textiles	77.75
家庭日用杂品	Family Daily Necessities	146.02
个人用品	Personal Items	169.29
家庭服务	Domestic Service	11.97
交通通信	Transport and Communications	1841.02
交通	Transport	1299.40
交通工具	Traffic Tools	450.88
交通费	Traffic Expense	146.94
交通工具用燃料	Fuel for Transportation	388.43
交通工具使用及维修	Use and Maintenance of Transportation	313.15
车辆保险支出	Expenses of Vehicle Insurance	134.31
通信	Communications	541.62
通信工具	Communication Tools	187.63
通信服务	Communication Services	353.99
教育文化娱乐	Education, Culture and Recreation	1232.20
教育	Education	910.56
学前教育	Pre-primary Education	74.20
小学教育	Primary Education	63.61
初中教育	Junior Secondary Education	150.32
高中教育	Senior Secondary Education	197.45
中专职高教育	Vocational Secondary Education	43.44
大专及以上教育	Junior College and Above Education	303.18
成人教育	Adult Education	78.35
文化娱乐	Cultural and Recreation	321.64
文娱耐用消费品	Entertainment and Durable Consumer Goods	97.78
其他文娱用品	Other Entertainment Products	72.26
文化娱乐服务	Cultural Entertainment Service	151.59
医疗保健	Health Care and Medical Services	1134.49
医疗器具及药品	Medical Apparatus and Medicine	399.77
医疗服务	Medical Service	734.71
门诊总费用	Total Cost of Outpatient Service	342.81
住院总费用	Total Hospitalization Expenses	391.90
其他用品和服务	Other Articles and Services	203.27
其他用品	Other Articles	103.15
其他服务	Other Services	100.12

continued

低收入户 Low Income Households	中低收入户 Lower Middle IncomeHouseholds	中等收入户 Middle Income Households	中高收入户 Upper Middle IncomeHouseholds	高收入户 High Income Households
258.11	424.75	444.53	411.88	694.93
4.31	5.42	16.22	14.08	17.30
246.89	413.97	416.60	386.16	663.27
6.91	5.35	11.71	11.63	14.37
775.37	954.25	907.54	1093.16	1233.80
586.81	688.79	651.98	852.52	979.80
188.56	265.46	255.56	240.63	254.00
1879.53	1885.37	2309.82	2256.78	2789.39
23.20	25.08	44.52	53.47	43.42
259.55	246.95	457.64	418.36	590.45
626.69	625.78	864.48	670.58	838.45
970.08	987.55	943.19	1114.37	1317.07
637.05	635.91	587.73	652.21	1077.23
155.75	204.66	120.65	146.23	140.36
120.78	87.88	85.27	153.56	314.80
69.82	47.06	56.38	54.00	175.22
121.43	118.33	137.18	145.05	223.77
164.04	173.09	168.30	144.53	198.60
5.24	4.88	19.95	8.83	24.48
1576.55	1499.07	1519.12	1925.38	2878.12
1142.05	1004.86	978.04	1313.16	2210.79
496.91	155.98	259.54	477.14	943.55
125.85	122.01	140.46	130.70	230.28
282.02	503.51	321.65	435.92	403.28
237.27	223.35	256.39	269.40	633.68
142.05	88.37	130.54	87.08	236.52
434.50	494.22	541.08	612.22	667.33
165.74	180.38	175.22	204.96	220.45
268.76	313.83	365.87	407.27	446.89
1433.68	1580.64	1083.92	1064.44	865.31
1164.37	1321.89	767.01	714.66	420.32
78.31	79.14	73.17	67.31	70.99
76.17	82.60	54.27	23.08	76.18
168.75	299.99	154.43	64.03	23.45
264.99	285.23	134.53	126.78	140.85
60.81	65.50	71.54	7.97	0.00
451.50	469.52	110.56	358.48	48.25
63.85	39.92	168.52	67.02	60.60
269.31	258.74	316.91	349.78	444.99
71.55	64.56	46.50	171.91	151.06
66.88	81.61	89.78	66.26	54.87
130.88	112.58	180.63	111.61	239.07
1237.93	1234.34	1247.68	958.90	936.52
325.90	390.83	423.26	403.25	478.48
912.03	843.51	824.43	555.65	458.04
344.23	419.59	318.16	297.91	317.80
567.80	423.92	506.27	257.74	140.23
174.35	188.48	173.05	126.52	373.67
125.67	114.78	84.34	64.89	119.85
48.68	73.70	88.71	61.63	253.83

11—8 续表2

(2017)

指　标	item	总平均 Total Average
生产经营费用支出	Expenditure of Production and Operating	5150.79
第一产业经营费用支出	Operating Expenditure of Primary Industry	3940.47
农业	Farming	2760.45
林业	Forestry	5.17
牧业	Animal Husbandry	997.30
渔业	Fishery	177.54
第二产业生产费用支出	Production Expenditure of Secondary Industry	78.46
采矿业	Mining	0.00
制造业	Manufacturing	18.27
电力、热力、燃气及水生产和供应业	Production and Distribution of Electricity	0.00
建筑业	Construction	60.19
第三产业经营费用支出	Operating Expenditure of Tertiary Industry	1131.87
批发和零售业	Wholesale and Retail Trades and Catering Services	40.83
交通运输、仓储和邮政业	Transport, Postal and Telecommunication Services	968.02
住宿和餐饮业	Hotels and Catering Services	4.57
房地产业	Real Estate	0.00
租赁和商务服务业	Leasing and Business Services	0.39
居民服务、修理和其他服务业	Services to Households and Other Services	40.08
其他	Others	0.00
农林牧渔服务业	Agriculture, Forestry, Animal Husbandry and Fishery Service	77.97
财产性支出	Property Expenditure	95.26
转移性支出	Transfer Expenditure	606.74
部分商业保险支出	Part of Commercial Insurance Expenditure	212.63
购置资产及非经常性转移支出	Purchase Assets and Non Recurrent Transfer Expenditure	4329.00
借贷性支出	Borrowing Expenditure	2031.85

continued

低收入户 Low Income Households	中低收入户 Lower Middle IncomeHouseholds	中等收入户 Middle Income Households	中高收入户 Upper Middle IncomeHouseholds	高收入户 High Income Households
6901.48	1655.72	2728.17	3521.71	11638.84
4734.26	865.07	2358.77	2593.44	9938.34
3234.74	774.76	2165.44	1918.78	6192.84
0.62	0.03	10.75	16.16	0.00
790.30	90.28	182.58	658.50	3656.25
708.60	0.00	0.00	0.00	89.25
8.98	82.32	13.76	61.48	252.10
0.00	0.00	0.00	0.00	0.00
0.00	82.32	0.00	0.00	0.00
0.00	0.00	0.00	0.00	0.00
8.98	0.00	13.76	61.48	252.10
2158.23	708.33	355.65	866.79	1448.40
7.77	49.12	82.83	9.94	60.77
2081.66	634.48	251.93	552.58	1150.81
0.00	4.12	14.21	0.00	5.55
0.00	0.00	0.00	0.00	0.00
0.46	1.30	0.00	0.00	0.00
0.00	8.32	6.46	145.32	57.55
0.00	0.00	0.00	0.00	0.00
68.33	10.98	0.23	158.94	173.72
66.78	57.33	101.72	103.19	165.16
664.50	621.45	358.77	773.88	603.59
223.56	72.54	276.63	211.16	308.40
3909.86	3146.06	5682.60	4589.88	4637.30
2396.74	650.01	1853.94	1870.45	3670.60

11—9 农村居民家庭住房基本情况

（2017）

指标	Item	单位	unit
现住房建筑面积	**Housing Sonstruction Area**	**平方米**	**sq.m**
本住户居住空间样式	Residential Space Style		
单栋楼房	Single Building	%	%
单栋平房	Single Bungalow	%	%
四居室及以上单元房	Four and above Bedroom	%	%
三居室单元房	Three Bedroom	%	%
二居室单元房	Two Bedroom	%	%
一居室单元房	One Bedroom	%	%
筒子楼或连片平房	Tube-shaped apartment or Many of the Bungalow	%	%
其他	Others		
主要建筑材料	Main Building Materials	%	%
钢筋混凝土	Reinforced Concrete	%	%
砖混材料	Brick Material	%	%
砖瓦砖木	Tile and Brick	%	%
竹草土坯	Bamboo Grass Mud	%	%
其他	Others	%	%
现住房房屋来源	Source of House		
租赁公房	Lease Public Housing	%	%
租赁私房	Lease Private Housing	%	%
自建住房	House Built by Oneself	%	%
购买商品房	Purchase Commercial Housing	%	%
购买房改住房	Purchase Reform Housing	%	%
购买保障性住房	Purchase Affordable Housing	%	%
拆迁安置房	Removal and Resettlement Housing	%	%
继承或获赠住房	Inheritance or Gift of Housing	%	%
免费借用房	Free Use of Housing	%	%
雇主提供免费住房	Provided Free Housing by Employers	%	%
其他来源	Others	%	%

Housing Statistics of Rural Households

总平均 Total Average	低收入户 Low Income Households	中低收入户 Lower Middle	中等收入户 Middle Income Households	中高收入户 Upper Middle	高收入户 High Income Households
36.48	**32.44**	**32.46**	**32.98**	**40.88**	**48.23**
100.00	100.00	100.00	100.00	100.00	100.00
3.62	6.68	0.44	5.86	1.27	5.02
86.34	84.18	87.65	84.97	79.68	90.21
0.64	3.10	0.00	0.44	0.00	0.00
4.05	2.27	7.17	6.03	2.42	4.10
4.37	2.42	1.58	2.70	15.96	0.67
0.00	0.00	0.00	0.00	0.00	0.00
0.78	1.35	2.09	0.00	0.67	0.00
0.20	0.00	1.06	0.00	0.00	0.00
100.00	100.00	100.00	100.00	100.00	100.00
6.77	6.09	6.40	5.25	13.49	4.44
44.47	38.74	42.20	42.12	44.02	50.00
47.77	55.17	50.41	52.62	39.88	43.79
0.60	0.00	0.00	0.00	1.55	1.77
0.39	0.00	0.99	0.00	1.06	0.00
100.00	100.00	100.00	100.00	100.00	100.00
0.00	0.00	0.00	0.00	0.00	0.00
0.00	0.00	0.00	0.00	0.00	0.00
86.38	89.17	85.58	82.15	80.29	89.89
2.11	2.38	4.11	4.22	0.00	0.67
0.30	0.93	0.00	0.64	0.00	0.00
0.40	0.00	0.90	0.00	0.00	1.35
10.80	7.52	9.41	12.99	19.71	8.09
0.00	0.00	0.00	0.00	0.00	0.00
0.00	0.00	0.00	0.00	0.00	0.00
0.00	0.00	0.00	0.00	0.00	0.00
0.00	0.00	0.00	0.00	0.00	0.00

11—10 农民人均消费品消费量

（2017）

指 标	item	单位	unit	总平均 Total Average
粮食消费量	Grain Consumption	公斤	kg	166.94
谷物消费量	Cereal Consumption	公斤	kg	162.57
小麦	Wheat	公斤	kg	66.27
稻谷	Unhusked Rice	公斤	kg	93.26
玉米	Corn	公斤	kg	0.34
其他谷物	Others	公斤	kg	2.69
薯类消费量	Potatoes Consumption	公斤	kg	1.16
豆类消费量	Beans Consumption	公斤	kg	3.22
油脂类消费量	Oil Consumption	公斤	kg	9.52
蔬菜及菜制品	Vegetable and Vegetable Products	公斤	kg	91.43
肉类	Meat	公斤	kg	17.07
猪肉	Pork	公斤	kg	5.73
牛肉	Beef	公斤	kg	4.37
羊肉	Mutton	公斤	kg	6.08
禽类	Poultry	公斤	kg	8.33
水产品	Aquatic Products	公斤	kg	2.16
蛋类及蛋制品	Eggs and Eggs Products	公斤	kg	5.20
奶和奶制品	Dairy Products	公斤	kg	11.29
干鲜瓜果类	Dry and Fresh Fruits	公斤	kg	74.72
糖果糕点类	Sweets and Cakes	公斤	kg	3.84
饮料	Beverage	公斤	kg	0.24
烟叶	Tobacco	公斤	kg	22.83
酒	Wine	公斤	kg	2.04

Per Capita Consumption of Consumer Goods by Rural Households

低收入户 Low Income Households	中低收入户 Lower Middle IncomeHouseholds	中等收入户 Middle Income Households	中高收入户 Upper Middle IncomeHouseholds	高收入户 High Income Households
102.64	93.69	142.68	143.56	394.69
99.48	89.47	138.26	138.96	388.84
51.10	47.86	73.06	69.89	98.28
47.60	40.25	64.05	66.23	280.21
0.03	0.41	0.05	0.61	0.69
0.75	0.95	1.10	2.23	9.65
0.82	1.58	0.92	1.32	1.14
2.34	2.64	3.50	3.29	4.72
8.34	7.76	10.76	9.44	12.06
80.34	75.30	92.24	100.56	115.78
13.44	13.52	18.54	19.24	22.40
4.79	3.72	7.19	6.08	7.57
3.32	4.25	4.57	4.60	5.45
4.52	4.93	6.21	7.37	8.07
6.90	5.89	8.32	11.62	9.83
1.72	1.92	2.73	2.30	2.28
4.14	4.52	5.18	6.69	5.89
10.52	10.68	10.18	12.73	12.73
63.31	73.40	68.13	77.96	94.95
2.98	3.58	3.85	4.64	4.40
0.26	0.22	0.17	0.31	0.27
15.09	17.66	25.26	25.41	34.10
1.53	1.68	2.22	2.43	2.54

11—11　农民百户耐用消费品拥有量

(2017)

指标	Item	单位	unit	总平均 Total Average
家用汽车	Automobile	辆	unit	38.20
摩托车	Motorcycle	辆	unit	68.64
助力车	Powered Bicycle	辆	unit	79.36
洗衣机	Washing Machine	台	set	104.54
电冰箱	Refrigerator	台	set	101.82
微波炉	Microwave Oven	台	set	19.78
彩色电视机	Color TV Set	台	set	115.49
接入有线电视	Access Cable TV	台	set	13.17
空调	Air Conditioner	台	set	1.09
热水器	Water Heater	台	set	88.23
太阳能热水器	Solar Water Heater	台	set	73.76
消毒碗柜	Disinfection Cupboard	台	set	–
洗碗机	Dishwasher	台	set	1.25
排油烟机	Lampblack Machine	台	set	36.01
固定电话	Telephone	部	set	5.80
移动电话	Mobile Telephone	部	set	279.08
接入互联网	Access the Internet	部	set	180.36
计算机	Computer	台	set	30.82
接入互联网	Access the Internet	台	set	11.08
摄像机	Video Disc Player	台	set	–
照相机	Camera	架	set	5.43
中高档乐器	Secondary and Top Grade Musical Instrument	台	set	0.33
健身器材	Health Equipment	台	set	0.68
组合音响	Hi-Fi Stereo Component	套	set	–

Number of Durable Consumer Goods Owned Per Hundred by Rural Households

低收入户 Low Income Households	中低收入户 Lower Middle IncomeHouseholds	中等收入户 Middle Income Households	中高收入户 Upper Middle IncomeHouseholds	高收入户 High Income Households
31.78	52.11	33.64	32.23	46.53
82.36	54.96	70.43	69.81	56.69
77.92	72.90	81.12	73.20	90.70
105.03	102.03	107.44	105.28	103.04
101.81	95.33	101.33	102.62	103.42
12.26	12.87	18.77	32.32	23.37
119.87	107.61	118.11	117.48	113.56
10.47	10.80	17.51	19.10	12.05
2.15	0.00	0.00	1.28	2.27
96.22	75.77	92.00	90.35	88.00
78.37	68.41	75.01	73.76	72.16
–	–	–	–	–
2.33	0.00	0.00	2.74	1.51
31.99	23.84	45.16	39.25	37.50
2.19	7.54	4.55	2.92	13.57
287.81	292.14	283.40	275.37	258.07
175.31	217.53	180.48	191.48	157.05
23.06	33.46	29.42	35.30	30.24
6.49	5.83	8.14	13.80	16.46
–	–	–	–	–
0.78	1.06	5.69	14.80	6.10
1.72	0.00	0.00	0.00	0.00
0.00	0.00	0.00	1.17	2.39
–	–	–	–	–

11—12 居民消费价格指数

单位:%　　　　　　　　　　　　　　　　　　　　　　　　(2017,以上年价格为100)

指 标	Item	年度 Year	月份 Month 一 Jan.	二 Feb.
居民消费价格总指数	**Consumer Price Index**	**101.7**	**102.8**	**100.7**
非食品烟酒价格指数	Price Index of Excluding Food ,Tobacco and liquor	103.1	103.7	103.2
食品(原口径)指数	Food(Previous Definitions)Index	98.8	101.0	95.2
非食品(原口径)指数	Non-Food(Previous Definitions) Index	102.9	103.6	103.1
服务价格指数	Service Items Price Index	103.6	104.6	104.2
工业品价格指数	Producer Price Index	102.6	102.8	102.4
鲜活食品价格指数	Fresh Food Price Index	96.6	102.3	87.5
消费品价格指数	**Consumer Goods Price Index**	**100.9**	**102.0**	**99.1**
能源价格指数	Energy Price Index	104.1	105.9	106.1
非食品价格指数	Non-food Price Index	102.6	103.1	102.7
扣除食品和能源价格指数	Price Index of Excluding Food and Energy	102.5	103.0	102.6
扣除鲜菜鲜果价格指数	Price Index of Excluding Fresh Vegetables and Fresh Fruits	102.1	102.8	102.3
扣除自有住房价格指数	Price Index of Excluding Private Housing	101.6	102.4	100.2
居住(扣自有住房)价格指数	Residence(Excluding Private Housing) Price Index	102.7	102.4	102.3
食品烟酒	Food ,Tobacco and Liquor	98.8	101.0	95.6
食品	Food	98.1	101.5	93.1
粮食	Grain	100.8	100.4	101.0
大米	Rice	100.1	100.4	100.9
面粉	Flour	100.3	100.2	99.3
其他粮食	Others	96.6	95.6	95.3
粮食制品	Grain Products	103.7	103.0	105.1
薯类	Tubers	92.5	112.1	93.3
薯类	Tubers	92.5	112.1	93.3
豆类	Beans and Products	100.3	101.1	100.3
干豆	Beans	99.4	99.0	96.8
豆制品	Bean Products	100.3	101.1	100.4
食用油	Edible oil and Fats	99.9	99.2	98.4
食用植物油	Edible Vegetable Oil	99.9	99.1	98.3
食用动物油	Edible Animal Oil	100.0	100.0	100.0
菜	Vegetables	89.3	100.7	69.2
鲜菜	Fresh Vegetables	88.9	100.6	68.4
干菜及菜制品	Dry Vegetables and Related Products	101.0	103.2	103.2
畜肉类	Livestock Meat	98.3	103.2	101.3
猪肉	Pork	94.0	106.2	100.4
牛肉	Beef	100.0	100.7	101.0
羊肉	Mutton	100.7	101.5	100.9
畜肉副产品	Meat by-products	97.4	113.8	111.4
其他畜肉及制品	Others	100.3	101.6	101.6
禽肉类	Poultry	98.8	100.9	99.5
鸡	Chicken	99.5	102.2	100.4
鸭	Duck	97.1	97.2	94.7
其他禽肉及制品	Others	97.5	98.6	98.2

Consumer Price Indices

(2017, preceding year=100) %

三 Mar.	四 Apr.	五 May.	六 June.	七 July.	八 Aug.	九 Sept.	十 Oct.	十一 Nov.	十二 Dec.
101.1	**101.8**	**101.8**	**101.7**	**101.4**	**101.2**	**101.2**	**102.1**	**102.5**	**102.5**
103.5	103.6	103.1	102.7	102.1	101.8	102.5	103.1	103.6	103.6
95.9	97.8	98.7	99.3	99.7	99.9	98.3	99.8	99.9	100.0
103.4	103.5	103.0	102.6	102.0	101.7	102.4	103.0	103.5	103.5
105.0	104.7	104.8	104.4	102.5	101.7	102.9	103.2	102.9	102.3
102.2	102.7	101.7	101.4	101.8	101.8	102.2	103.1	104.3	104.8
88.8	94.2	97.6	99.5	100.3	100.4	95.3	98.6	99.2	99.4
99.4	**100.5**	**100.4**	**100.4**	**100.9**	**100.9**	**100.5**	**101.6**	**102.3**	**102.6**
105.9	105.3	104.0	102.6	101.6	103.3	102.7	103.4	105.0	103.9
103.0	103.1	102.6	102.3	101.8	101.5	102.1	102.7	103.1	103.1
102.8	102.9	102.6	102.3	101.8	101.4	102.1	102.7	103.0	103.1
102.5	102.4	101.9	101.5	101.2	101.1	101.7	102.3	102.8	102.8
100.8	101.6	101.5	101.4	101.3	101.2	101.3	102.3	102.7	102.7
102.4	102.3	102.3	102.4	104.0	103.0	102.9	102.8	103.1	102.7
96.2	98.0	98.8	99.3	99.8	99.9	98.4	99.8	99.9	100.0
94.0	96.8	98.1	98.9	99.6	99.8	97.4	99.5	99.7	99.8
101.0	101.2	101.3	101.0	100.8	100.6	100.1	100.5	100.5	100.6
100.6	100.9	100.1	99.2	98.7	98.1	99.0	101.3	101.0	100.5
98.0	97.9	99.3	99.7	99.9	102.8	101.7	101.0	101.4	102.8
97.5	98.3	98.1	97.8	97.8	98.3	96.2	94.7	95.0	94.5
105.1	105.2	105.2	105.2	105.1	102.7	102.0	102.1	101.8	101.9
103.8	83.3	80.9	76.8	89.8	94.0	96.8	105.6	93.8	101.1
103.8	83.3	80.9	76.8	89.8	94.0	96.8	105.6	93.8	101.1
99.8	99.6	99.9	101.3	101.3	101.2	99.9	99.5	99.8	99.5
98.4	100.3	99.8	100.6	99.8	99.7	100.2	99.6	98.9	99.7
99.9	99.6	99.9	101.3	101.4	101.3	99.9	99.5	99.8	99.4
101.0	101.7	99.3	99.2	98.7	99.5	99.9	100.8	100.7	100.1
101.0	101.8	99.3	99.2	98.6	99.5	99.9	100.8	100.8	100.1
100.0	100.0	100.0	100.0	100.0	100.0	100.0	100.0	100.0	100.0
69.0	78.6	89.1	100.1	108.4	109.7	92.5	97.3	93.2	94.0
68.1	77.9	88.5	100.0	108.7	110.1	92.3	97.2	92.9	93.8
102.6	102.2	102.1	101.8	103.1	100.0	98.1	98.6	98.5	99.3
99.2	98.0	96.4	95.1	95.5	95.2	96.9	98.4	100.5	100.6
97.8	94.9	90.8	88.5	89.6	88.6	90.0	92.3	95.0	95.6
100.6	99.5	98.4	99.5	99.1	99.3	100.2	100.0	100.5	101.4
98.4	99.5	99.8	97.3	98.0	98.1	101.2	102.9	106.1	105.1
107.8	99.2	93.8	92.5	91.2	89.8	91.3	94.1	94.8	95.1
99.7	99.3	99.6	100.3	99.8	100.0	99.4	100.9	100.9	101.0
99.1	96.9	97.9	96.9	96.9	98.7	98.9	99.3	100.4	100.2
99.0	96.6	98.1	96.6	96.6	99.7	99.9	100.6	102.3	102.1
98.0	99.7	99.2	100.8	99.6	96.2	95.8	93.9	95.1	95.8
99.5	97.2	97.4	97.3	97.3	96.8	97.1	97.1	96.8	96.6

11—12 续表1

单位:%

（2017,以上年价格为100）

指标	Item	年度 Year	月份 Month 一 Jan.	二 Feb.
水产品	Aquatic Products	104.2	106.1	100.4
淡水鱼	Freshwater Fish	102.1	106.9	95.0
海水鱼	Marine Fish	106.2	111.0	108.9
虾蟹类	shrimps,Prawn and Crabs	104.5	102.5	101.8
其他水产品及制品	Others	108.2	105.4	108.8
蛋类	Eggs	99.7	92.6	87.9
鸡蛋	Chicken	99.8	92.4	87.3
其他蛋及制品	Others	98.1	95.4	95.5
奶类	Milk	100.0	99.8	100.8
鲜奶	Fresh Milk	98.6	98.7	101.5
酸奶	Yoghourt	102.7	99.7	101.8
奶粉	Milk Powder	99.8	102.2	100.5
其他奶制品	Others	100.1	98.7	96.1
干鲜瓜果类	Dried and Fresh Melons and Fruits	102.0	104.6	102.2
鲜瓜果	Fresh Melons and Fruits	104.6	107.1	103.1
坚果	Nuts	97.7	100.6	102.3
瓜果制品	Products of Melons and Fruits	97.1	99.1	95.6
糖果糕点类	Sugar,Candy and Cake	99.5	99.6	99.8
食糖	Sugar	99.8	99.9	95.8
糖果	Candy	100.8	99.9	101.5
糕点	Cake	98.9	99.3	99.8
其他糖果糕点	Others	100.2	100.0	100.9
调味品	Flavoring	102.9	101.2	101.5
食用盐	Edible Salt	100.0	100.0	100.0
酱油	Sauce	105.9	100.3	100.3
食醋	Edible Vinegar	104.4	100.5	100.5
调味酱	Bechamel	102.6	105.9	107.3
味精	MSG	99.5	98.6	98.4
其他调味品	Others	102.3	102.0	102.6
其他食品类	Other Food	99.3	99.3	98.2
方便食品	Convenience Food	101.3	98.2	99.0
淀粉及制品	Starch and Derived Products	96.2	100.0	96.8
膨化食品	Puffed Food	100.7	100.0	99.2
茶及饮料	Tea and Beverages	99.9	99.1	99.1
茶叶	Tea	99.2	97.9	98.8
固体咖啡	Solid Coffee	103.5	100.3	101.0
其他固体饮料	Other Solid Drink	98.0	96.7	94.5
饮用水	Drinking Water	99.4	104.2	104.2
果汁饮料	Juice	103.3	106.0	105.6
其他液体饮料	Others	95.2	91.9	90.7

continued

(2017,preceding year=100) %

三 Mar.	四 Apr.	五 May.	六 June.	七 July.	八 Aug.	九 Sept.	十 Oct.	十一 Nov.	十二 Dec.
105.5	106.0	104.2	104.8	103.8	102.0	103.4	104.1	106.0	104.6
105.1	106.0	102.5	103.4	101.2	97.8	99.8	102.8	104.7	101.7
107.0	106.0	105.4	105.5	104.3	102.5	104.5	104.2	106.8	108.9
103.5	104.2	104.2	105.1	105.1	105.1	105.8	103.9	107.1	105.3
108.0	108.3	108.2	108.2	109.3	110.0	109.1	107.7	107.5	107.9
92.8	95.5	90.7	94.5	101.4	111.2	104.6	104.5	106.8	113.4
92.7	95.2	90.3	94.3	101.7	112.0	104.9	104.8	107.3	114.4
94.5	98.7	97.0	97.3	97.6	100.3	100.3	100.0	100.1	100.3
99.5	99.5	98.0	98.3	98.2	97.7	100.2	102.2	102.8	102.5
98.6	97.8	95.0	94.8	94.8	94.4	99.7	102.6	102.8	102.8
102.4	103.2	103.2	103.2	103.2	102.4	102.9	103.5	103.5	103.5
98.8	99.5	98.7	98.1	98.8	98.8	98.8	100.2	102.0	101.5
98.7	97.5	97.5	104.7	101.6	100.0	100.0	101.9	103.2	101.2
106.8	110.6	111.4	106.3	98.3	95.2	92.5	97.6	100.1	99.2
111.6	117.4	120.3	113.6	100.8	94.2	90.0	97.7	102.1	100.6
98.8	99.6	98.5	94.8	93.7	96.6	97.3	97.5	96.5	96.8
97.3	97.0	97.0	97.0	97.0	97.0	97.0	97.0	97.0	97.0
99.4	99.6	98.9	99.8	100.4	100.2	99.5	98.5	99.1	99.7
99.5	100.7	101.7	100.4	100.0	100.0	100.0	100.0	100.0	100.0
101.5	100.7	100.0	100.7	100.0	100.0	100.6	101.6	101.4	101.2
98.6	98.9	97.8	99.4	100.7	100.3	98.9	96.9	97.8	98.9
99.4	99.4	99.4	99.4	100.0	100.2	100.2	100.1	101.6	101.6
103.0	104.3	103.4	103.2	103.3	103.3	102.9	103.0	102.7	102.7
100.0	100.0	100.0	100.0	100.0	100.0	100.0	100.0	100.0	100.0
106.3	108.1	107.0	106.9	106.9	106.9	106.9	106.9	106.9	106.9
105.5	106.4	104.2	104.9	104.9	104.9	104.9	104.9	104.9	105.5
101.8	101.8	101.8	102.0	102.4	102.4	102.4	102.4	100.8	100.9
98.2	99.1	100.0	100.0	100.0	100.0	100.0	100.0	100.0	100.0
102.6	105.8	103.9	102.6	102.6	102.6	100.8	101.4	100.8	100.2
98.8	99.0	98.5	97.7	99.2	99.3	100.3	100.6	100.7	99.6
100.4	98.1	97.2	99.9	103.9	103.9	103.9	103.4	103.9	103.9
96.4	99.3	98.7	93.8	93.8	93.8	95.6	96.3	96.9	93.2
100.0	100.0	100.0	100.0	100.0	100.4	101.8	102.6	101.2	102.6
98.3	100.0	98.8	99.4	100.2	100.1	100.6	101.3	101.2	100.8
98.8	100.9	97.2	96.8	97.2	95.7	99.5	104.5	102.2	101.4
99.7	104.6	101.2	105.8	108.3	106.3	105.3	103.5	102.8	103.1
95.7	102.0	103.5	99.2	99.0	98.5	95.3	95.6	97.8	98.6
100.1	94.9	94.8	99.3	98.1	100.0	100.0	98.0	100.0	100.0
105.8	105.1	104.5	102.9	103.3	101.8	101.2	102.0	102.4	99.7
91.0	92.3	95.2	92.2	94.0	98.9	98.9	99.6	99.7	98.8

11—12 续表2

单位:%　　　　(2017,以上年价格为100)

指 标	Item	年度 Year	月份 Month 一 Jan.	二 Feb.
烟酒	**Tobacco and Liquor**	**99.9**	**100.6**	**100.3**
烟草	Tobacco	100.0	100.0	100.0
烟草	Tobacco	100.0	100.0	100.0
酒类	Liquor	99.7	102.0	100.9
白酒	White spirit	99.8	102.6	101.0
葡萄酒	Wine	98.9	100.0	100.0
啤酒	Beer	100.4	101.4	100.9
其他酒类	Others	96.3	100.0	100.0
在外餐饮	Out-dining	100.1	100.0	100.0
正餐	Dinner	100.0	100.0	100.0
快餐	Fast Food	100.0	100.0	100.0
地方小吃	Local Snacks	100.0	100.0	100.0
其他在外餐饮	Others	100.6	100.0	100.0
衣着	**Clothing**	**101.7**	**100.7**	**99.6**
服装	Garments	101.6	100.6	99.4
男式服装	Men's Clothing	101.9	101.3	99.5
男式西服	Western-style Clothes	103.5	101.7	101.6
男式冬衣	Winter Coat	105.6	109.4	104.4
男式夹克衫	Clip Grams Shirt	101.3	100.0	98.4
男式毛线衣	Wool Sweaters	97.0	94.7	92.8
男式运动装	Sport swear	99.8	101.1	97.0
男式衬衫T恤	Shirts and T-shirts	101.9	101.3	101.3
男式裤子	Trousers	103.2	104.4	100.2
男式内衣	Underwear	99.4	95.3	95.3
女式服装	Women's Clothing	101.5	100.4	99.8
女式外套	Outerwear	99.4	99.6	99.6
女式冬衣	Winter Coat	98.5	100.8	98.1
女式毛线衣	Wool Sweaters	98.4	93.6	93.6
女式运动装	Sport swear	99.9	101.1	99.0
女式衬衫T恤	Shirts and T-shirts	106.7	101.6	101.6
女式裤子	Trousers	105.8	107.4	107.4
女式裙子	skirts	104.2	99.4	99.4
女式内衣	Underwear	97.2	100.3	100.3
儿童服装	Children Clothing	101.0	97.2	95.5
婴幼服装	Baby's Clothing	103.3	100.7	99.8
儿童上衣	Upper Outer Garment	97.3	91.6	88.9
儿童裤子	Trousers	95.7	92.7	92.0
儿童裙子	Skirts	112.0	111.1	110.1

continued

(2017, preceding year=100) %

三 Mar.	四 Apr.	五 May.	六 June.	七 July.	八 Aug.	九 Sept.	十 Oct.	十一 Nov.	十二 Dec.
99.9	**99.6**	**99.7**	**99.4**	**99.8**	**99.8**	**99.9**	**99.9**	**100.0**	**100.0**
100.0	100.0	100.0	100.0	100.0	100.0	100.0	100.0	100.0	100.0
100.0	100.0	100.0	100.0	100.0	100.0	100.0	100.0	100.0	100.0
99.8	98.8	99.0	97.9	99.4	99.5	99.6	99.6	99.9	100.0
99.9	98.7	98.9	97.0	99.6	99.9	100.2	99.8	100.2	100.0
97.8	99.1	98.2	99.6	100.0	98.7	97.4	97.4	98.7	100.0
101.5	100.0	100.7	100.7	98.8	99.3	99.3	100.8	100.8	100.8
94.7	94.7	94.7	94.7	97.4	94.7	97.4	97.4	94.7	94.7
100.0	100.0	100.0	100.0	100.0	100.0	100.1	100.2	100.2	100.2
100.0	100.0	100.0	100.0	100.0	100.0	100.0	100.1	100.1	100.1
100.0	100.0	100.0	100.0	100.0	100.0	100.0	100.0	100.0	100.0
100.0	100.0	100.0	100.0	100.0	100.0	100.0	100.0	100.0	100.0
100.0	100.0	100.0	100.0	100.0	100.0	101.0	102.1	102.1	102.1
100.0	**101.3**	**100.3**	**99.0**	**99.9**	**99.6**	**100.7**	**103.8**	**106.8**	**109.1**
99.6	101.1	100.5	99.3	100.3	99.8	100.5	103.2	106.0	109.0
99.3	101.0	100.7	100.0	100.9	100.3	101.2	103.0	106.1	109.7
99.7	103.5	100.9	103.2	105.5	105.5	105.5	104.8	101.6	108.4
104.4	104.4	104.4	104.4	104.4	104.4	104.4	104.4	106.7	111.7
95.9	99.3	99.3	98.0	98.0	98.0	97.6	102.6	114.1	116.2
96.1	96.1	96.1	96.1	96.1	96.1	96.1	96.3	97.7	109.8
96.0	99.2	94.9	93.3	94.4	94.4	102.8	111.2	106.8	107.1
101.8	101.9	102.4	98.6	98.6	97.2	99.9	102.4	109.1	108.7
99.0	102.3	104.2	101.6	105.0	102.5	102.3	102.7	106.5	108.3
96.5	96.6	97.7	97.7	97.7	97.7	98.0	102.2	109.3	109.4
100.0	100.6	100.5	99.3	100.2	99.8	100.3	103.3	105.6	107.7
99.3	102.3	101.4	96.8	95.9	99.4	99.5	98.7	100.7	100.7
98.1	98.1	98.1	98.1	98.1	98.1	98.1	98.1	97.6	101.0
96.8	96.8	96.8	96.8	96.8	96.8	96.8	99.5	102.8	114.5
96.0	99.2	94.9	93.3	94.4	94.4	102.8	111.2	106.8	107.1
103.6	105.2	104.4	103.4	107.1	104.9	105.1	110.5	115.7	116.9
107.9	108.9	108.7	104.5	104.5	105.5	102.9	102.9	105.7	104.3
100.3	101.2	102.6	102.0	104.8	100.7	104.6	111.7	111.7	111.7
96.8	93.9	95.0	95.0	95.0	95.0	93.7	96.4	103.1	103.1
99.2	106.8	99.7	95.9	97.6	96.1	97.5	103.4	109.1	115.0
104.5	106.9	108.7	105.3	105.3	98.9	100.1	101.2	103.3	105.7
92.5	102.4	92.1	90.6	92.3	92.8	94.4	101.6	109.6	121.1
94.0	101.9	92.2	85.0	89.7	89.6	94.8	100.6	108.8	108.8
115.3	122.1	115.7	109.1	109.1	106.3	103.8	111.8	114.1	118.6

11—12 续表3

单位:%　　　　　　　　　　　　　　　　　　　　　　　　(2017,以上年价格为100)

指 标	Item	年度 Year	月份 Month 一 Jan.	二 Feb.
服装材料	Clothing Material	102.3	100.0	100.0
服装材料	Clothing Material	102.3	100.0	100.0
其他衣着及配件	Other Clothing and Accessories	98.7	99.3	98.7
袜子	Socks	100.0	100.0	100.0
帽子	Hats	99.6	100.0	100.0
其他衣着配件	Others	97.0	98.3	96.7
衣着加工服务费	Clothing Manufacturing Services	101.0	100.0	100.0
衣着洗涤保养	Cleaning and Maintenance	101.2	100.0	100.0
衣着加工	Clothing Manufacturin	100.0	100.0	100.0
鞋类	Shoes	102.6	101.3	100.1
鞋	Shoes	102.6	101.1	100.0
男鞋	Male	99.8	97.6	97.6
女鞋	Female	100.7	99.1	96.9
童鞋	Children	111.5	112.5	111.8
鞋类加工服务	Shoes Manufacturing Services	102.7	114.5	114.5
鞋类加工服务	Shoes Manufacturing Services	102.7	114.5	114.5
居住	**Residence**	**103.0**	**104.8**	**104.4**
租赁房房租	Rental Housing Rent	100.7	105.4	104.4
公房房租	Public Houses	100.0	100.0	100.0
私房房租	Private Houses	100.9	106.8	105.4
住房保养维修及管理	Housing Maintenance and management	104.7	104.9	104.9
住房装潢材料	Housing Decoration Materials	105.8	104.0	104.0
木地板	Wood Flooring	106.0	104.6	105.5
瓷砖	Ceramic	109.5	107.1	107.1
水泥	Cement	114.0	107.9	107.9
涂料	Painting	100.0	100.0	100.0
板材	Boarding	106.5	108.8	106.9
管材	Tubing	112.7	112.5	112.5
厨卫设备	Hutch Defends Equipment	102.8	105.2	105.2
门窗	Door & Window	107.6	105.8	105.8
其他住房装潢材料	Others	95.9	88.2	88.2
物业管理费	Property Management Fee	106.8	112.3	112.3
物业管理费	Property Management Fee	106.8	112.3	112.3
住房装潢维修	Housing Decoration Maintenance	100.6	100.0	100.0
装潢维修费	Decoration Maintenance fee	100.7	100.0	100.0
其他住房费用	Other Housing fee	100.0	100.0	100.0

continued

(2017, preceding year=100) %

三 Mar.	四 Apr.	五 May.	六 June.	七 July.	八 Aug.	九 Sept.	十 Oct.	十一 Nov.	十二 Dec.
100.0	100.0	101.8	103.6	103.6	103.6	103.6	103.6	103.6	103.6
100.0	100.0	101.8	103.6	103.6	103.6	103.6	103.6	103.6	103.6
98.6	99.4	98.4	96.9	98.4	98.3	99.0	98.1	99.1	100.0
100.0	100.0	100.0	100.0	100.0	100.0	100.0	100.0	100.0	100.0
100.0	100.0	100.0	100.0	100.0	98.5	98.5	97.7	100.0	100.0
96.5	98.4	96.1	92.3	96.1	96.9	98.5	96.9	97.9	100.0
100.0	100.0	100.0	100.0	100.0	100.0	100.0	104.0	104.0	104.0
100.0	100.0	100.0	100.0	100.0	100.0	100.0	104.9	104.9	104.9
100.0	100.0	100.0	100.0	100.0	100.0	100.0	100.0	100.0	100.0
101.3	102.2	99.9	97.7	98.6	98.8	101.4	106.8	111.0	112.0
101.2	102.2	99.8	97.6	98.5	98.8	101.4	106.9	111.1	112.2
98.1	96.7	96.6	93.1	95.6	97.1	99.7	104.5	110.8	111.3
98.8	102.0	97.8	95.4	95.4	95.4	100.4	107.3	110.1	110.1
113.3	113.5	110.1	110.2	110.2	109.0	106.4	110.0	113.8	117.9
106.3	100.0	100.0	100.0	100.0	100.0	100.0	100.0	100.0	100.0
106.3	100.0	100.0	100.0	100.0	100.0	100.0	100.0	100.0	100.0
104.0	**103.4**	**103.4**	**103.5**	**103.7**	**102.4**	**101.7**	**101.6**	**101.8**	**101.6**
103.4	101.7	101.7	101.7	100.5	99.4	99.4	98.6	98.3	95.0
100.0	100.0	100.0	100.0	100.0	100.0	100.0	100.0	100.0	100.0
104.2	102.1	102.1	102.1	100.6	99.2	99.2	98.2	97.9	93.8
105.6	106.1	106.2	106.0	106.0	103.5	103.2	103.1	103.6	104.0
105.5	106.4	106.5	106.2	106.2	106.9	106.2	106.1	105.9	105.7
107.9	106.7	105.6	105.2	105.5	105.5	105.5	106.2	106.8	106.8
108.4	109.3	110.1	110.1	110.1	110.1	110.1	110.1	110.1	111.5
111.5	115.2	115.2	115.2	118.9	122.5	113.6	113.6	113.6	113.6
100.0	100.0	100.0	100.0	100.0	100.0	100.0	100.0	100.0	100.0
105.3	106.6	106.6	106.6	106.6	107.5	106.6	107.0	105.9	103.7
115.7	115.7	115.7	112.1	108.7	114.4	113.4	113.4	113.4	106.2
104.3	103.1	102.4	102.1	101.9	101.9	101.9	101.9	101.9	102.7
108.2	111.0	111.0	110.2	109.5	108.8	108.1	106.1	104.1	103.4
91.4	94.8	96.9	96.9	96.9	100.0	100.0	100.0	100.0	100.0
112.3	112.3	112.3	112.3	112.3	100.0	100.0	100.0	100.0	100.0
112.3	112.3	112.3	112.3	112.3	100.0	100.0	100.0	100.0	100.0
100.0	100.0	100.0	100.0	100.0	100.0	100.0	100.0	102.3	104.5
100.0	100.0	100.0	100.0	100.0	100.0	100.0	100.0	102.7	105.3
100.0	100.0	100.0	100.0	100.0	100.0	100.0	100.0	100.0	100.0

11—12 续表4

单位:%　　　　（2017,以上年价格为100）

指标	Item	年度 Year	月份 Month 一 Jan.	二 Feb.
水电燃料	Water,Electricity and Fuel	102.2	100.3	100.3
水	Water	109.1	100.0	100.0
水	Water	109.1	100.0	100.0
电	Electricity	100.0	100.0	100.0
电	Electricity	100.0	100.0	100.0
燃气	Gas	100.0	100.0	100.0
管道燃气	Pipeline Natural Gas	100.0	100.0	100.0
液化石油气	Liquefied Petroleum Gas	100.0	100.0	100.0
取暖费	Heating fee	100.0	100.0	100.0
取暖费	Heating fee	100.0	100.0	100.0
其他燃料	Other Fuel	114.5	107.7	107.7
其他燃料	Other Fuel	114.5	107.7	107.7
自有住房	Private Housing	103.4	108.5	107.6
自有住房	Private Housing	103.4	108.5	107.6
生活用品及服务	**Articles of daily use and Services**	**102.1**	**102.1**	**102.0**
家具及室内装饰品	Furniture and Upholstery	104.0	101.5	101.9
家具	Furniture	103.6	101.1	101.6
柜	Cabinets	103.8	100.6	100.3
床	Beds	102.7	100.0	100.5
桌	Tables	101.1	101.4	101.9
椅	Chairs	101.4	102.9	102.9
沙发	Sofas	106.7	102.4	103.5
其他家具	Others	102.8	98.4	100.0
室内装饰品	Upholstery	106.7	104.1	104.1
灯具	lamps and Lanterns	107.6	105.2	105.2
其他室内装饰品	Other	101.8	99.0	99.0
家用器具	Home Appliances	104.3	103.6	104.0
大型家用器具	Major	104.2	102.5	103.4
洗衣机	Washing Machine	102.1	99.6	99.5
电冰箱(柜)	Refrigerator(cabinet)	106.4	104.4	105.4
抽油烟机	Exhaust Fan	100.7	100.9	100.8
空调器	Air Conditioner	109.5	118.1	118.8
热水器	Water Heater	103.3	94.0	97.7
炉具灶具	Cooker	99.2	96.2	96.2
微波炉	Microwave Oven	103.2	99.0	101.1
其他大型家用器具	Others	102.0	96.8	96.8

continued

(2017, preceding year=100) %

三 Mar.	四 Apr.	五 May.	六 June.	七 July.	八 Aug.	九 Sept.	十 Oct.	十一 Nov.	十二 Dec.
100.3	100.3	100.3	100.6	103.8	103.8	103.8	103.8	104.2	104.2
100.0	100.0	100.0	100.0	118.3	118.3	118.3	118.3	118.3	118.3
100.0	100.0	100.0	100.0	118.3	118.3	118.3	118.3	118.3	118.3
100.0	100.0	100.0	100.0	100.0	100.0	100.0	100.0	100.0	100.0
100.0	100.0	100.0	100.0	100.0	100.0	100.0	100.0	100.0	100.0
100.0	100.0	100.0	100.0	100.0	100.0	100.0	100.0	100.0	100.0
100.0	100.0	100.0	100.0	100.0	100.0	100.0	100.0	100.0	100.0
100.0	100.0	100.0	100.0	100.0	100.0	100.0	100.0	100.0	100.0
100.0	100.0	100.0	100.0	100.0	100.0	100.0	100.0	100.0	100.0
100.0	100.0	100.0	100.0	100.0	100.0	100.0	100.0	100.0	100.0
107.7	107.7	107.7	116.7	116.7	116.7	116.7	116.7	125.0	125.0
107.7	107.7	107.7	116.7	116.7	116.7	116.7	116.7	125.0	125.0
106.4	105.1	105.1	105.1	103.2	101.5	99.9	99.9	99.9	99.9
106.4	105.1	105.1	105.1	103.2	101.5	99.9	99.9	99.9	99.9
102.5	**101.9**	**101.5**	**101.9**	**102.1**	**101.9**	**102.4**	**102.1**	**102.4**	**102.4**
103.0	102.8	103.0	103.0	103.9	104.9	104.9	105.7	107.0	106.6
102.4	101.9	102.2	102.2	103.4	104.5	104.5	105.5	107.0	106.9
100.8	101.3	101.3	101.3	104.1	106.7	106.7	107.1	107.6	107.6
101.2	101.8	102.0	102.0	103.1	104.1	104.1	103.9	105.1	105.1
102.4	100.0	100.0	100.0	99.7	99.3	99.3	101.1	102.9	105.0
102.9	100.0	100.0	100.0	99.0	98.0	98.0	101.9	105.8	105.8
105.1	104.3	105.1	105.3	107.1	108.6	108.6	109.8	111.2	109.5
102.5	103.3	103.3	103.3	103.3	103.3	103.3	103.4	105.1	105.1
106.4	108.6	108.6	107.7	106.9	107.1	107.1	107.1	107.1	105.1
107.6	110.0	110.0	109.0	108.0	108.0	108.0	108.0	108.0	104.6
100.2	101.4	101.4	101.4	101.4	102.4	102.4	102.4	102.4	107.8
104.7	103.9	102.8	104.3	105.1	104.5	105.0	104.1	104.8	104.7
104.4	104.5	102.7	103.7	104.8	104.2	105.3	104.6	105.1	104.9
99.5	100.5	98.5	98.7	102.4	103.1	105.2	105.7	106.1	106.1
106.4	107.4	105.0	105.7	106.1	105.1	107.8	106.6	108.7	107.7
104.7	104.2	99.9	99.8	99.8	99.9	99.9	99.3	99.6	99.6
118.7	113.8	107.9	111.5	110.8	106.8	105.6	103.4	101.6	101.6
101.3	101.2	103.1	105.0	106.0	106.5	106.5	107.1	106.4	105.8
96.2	98.0	100.0	99.9	99.9	100.0	100.0	99.0	101.0	104.7
101.1	101.1	101.8	102.4	105.0	106.0	106.0	106.0	106.0	103.5
96.8	97.4	100.9	102.5	106.0	106.0	106.0	105.6	105.3	105.3

单位:%　　（2017,以上年价格为100）

指 标	Item	年度 Year	月份 Month 一 Jan.	二 Feb.
小家电	Small	104.6	106.6	105.8
厨房小家电	Kitchen	107.0	111.3	111.3
生活小家电	Household	101.6	101.2	99.5
家用纺织品	Home textile	101.4	105.8	103.4
床上用品	Bed Articles	101.8	110.0	108.2
被子	Quilt	100.8	105.6	103.9
床单被套	Bed Sheet and Duvet Cover	103.3	117.1	115.2
其他床上用品	Others	100.7	105.2	103.5
窗帘门帘	Curtain	103.4	105.6	105.6
窗帘门帘	Curtain	103.4	105.6	105.6
其他家用纺织品	Others	98.0	96.5	89.3
其他家用纺织品	Others	98.0	96.5	89.3
家庭日用杂品	Household Articles Daily Use	98.9	99.7	99.1
洗涤卫生用品	Washing Sanitary Articles	97.4	98.5	97.6
清洗用品	Cleaning Articles	99.3	101.6	101.8
清洁用具	Cleaning Appliance	96.2	99.3	95.8
清洁用纸	Cleaning Paper	96.7	95.7	95.7
厨具餐具茶具	Kitchen,Tableware and Tea Set	100.1	100.6	100.7
厨具	Kitchen	99.3	99.3	99.3
餐具	Tableware	101.4	101.1	102.4
茶具	Tea Set	99.7	104.9	102.3
家用手工工具	Hand Tools for Household Use	100.0	100.0	100.0
家用手工工具	Hand Tools for Household Use	100.0	100.0	100.0
其他家庭日用杂品	Others	99.9	100.6	99.7
配电附件	Distribution Accessories	103.0	104.9	102.5
雨具	Rain Gear	97.2	98.5	96.8
其他日用杂品	Others	99.9	100.0	100.0
个人护理用品	Personal-care Products	100.6	102.3	102.0
化妆品	Cosmetics	100.9	103.1	103.1
清洁化妆品	Cleaning	100.0	100.0	100.0
护肤化妆品	Skin-care	100.0	100.0	100.0
彩妆化妆品	Make-up	102.9	110.5	110.5
化妆器具	Make-up Appliances	100.0	100.0	100.0
其他护理用品类	Other Nursing Materials	100.1	100.9	100.1
清洁类护理用品	Cleaning	97.6	100.7	98.8
护发美发用品	Bath & Slim	100.4	100.9	100.4
护理器具	Nursing Appliances	103.1	101.5	101.5
其他护理用品	Others	100.1	100.1	100.1

continued

(2017, preceding year=100) %

三 Mar.	四 Apr.	五 May.	六 June.	七 July.	八 Aug.	九 Sept.	十 Oct.	十一 Nov.	十二 Dec.
105.4	102.2	102.9	106.0	106.0	105.1	104.3	102.7	104.0	104.3
108.9	103.0	104.3	109.9	109.9	108.2	106.7	103.9	103.9	103.9
101.2	101.2	101.2	101.2	101.2	101.2	101.2	101.2	104.1	104.7
102.1	101.8	101.7	101.2	101.2	100.5	99.8	99.8	99.8	100.2
101.8	101.8	100.9	100.0	100.0	100.0	100.0	100.0	100.0	100.0
100.0	100.0	100.0	100.0	100.0	100.0	100.0	100.0	100.0	100.0
104.4	104.4	102.1	100.0	100.0	100.0	100.0	100.0	100.0	100.0
100.0	100.0	100.0	100.0	100.0	100.0	100.0	100.0	100.0	100.0
105.6	105.6	105.6	105.6	105.6	102.7	100.0	100.0	100.0	100.0
105.6	105.6	105.6	105.6	105.6	102.7	100.0	100.0	100.0	100.0
98.7	97.4	99.1	99.1	99.1	99.1	99.1	99.1	99.1	100.8
98.7	97.4	99.1	99.1	99.1	99.1	99.1	99.1	99.1	100.8
98.6	98.1	98.5	98.7	97.8	98.1	99.7	99.6	99.5	99.4
96.5	96.6	96.3	97.2	96.5	96.1	98.0	97.9	98.4	98.9
101.2	101.2	99.0	98.6	96.8	97.6	97.8	98.6	99.0	98.7
94.4	93.0	96.9	97.7	97.5	93.0	95.5	97.5	96.5	97.5
94.5	95.7	93.9	95.7	95.7	97.1	100.0	97.7	99.2	100.1
99.3	98.7	99.8	100.5	98.1	99.9	101.3	101.0	100.6	100.1
98.3	97.6	99.7	100.6	96.5	99.0	101.3	100.6	100.0	98.8
100.5	100.9	100.9	101.4	100.5	101.8	101.8	101.8	101.8	101.8
100.0	97.1	97.1	97.1	98.6	98.5	100.0	100.0	100.0	101.1
100.0	100.0	100.0	100.0	100.0	100.0	100.0	100.0	100.0	100.0
100.0	100.0	100.0	100.0	100.0	100.0	100.0	100.0	100.0	100.0
101.0	99.5	100.3	99.1	99.3	98.7	100.3	100.6	100.0	99.2
109.2	101.0	103.2	99.0	98.6	102.2	105.2	106.8	103.7	99.7
96.8	96.8	98.4	96.8	98.2	96.8	96.8	96.8	96.8	96.8
100.0	100.0	100.0	100.0	100.0	98.3	100.0	100.0	100.0	100.0
102.2	101.1	100.0	100.0	100.3	99.9	100.0	100.0	99.8	99.9
103.1	101.5	100.0	100.0	100.0	100.0	100.0	100.0	100.0	100.0
100.0	100.0	100.0	100.0	100.0	100.0	100.0	100.0	100.0	100.0
100.0	100.0	100.0	100.0	100.0	100.0	100.0	100.0	100.0	100.0
110.5	105.0	100.0	100.0	100.0	100.0	100.0	100.0	100.0	100.0
100.0	100.0	100.0	100.0	100.0	100.0	100.0	100.0	100.0	100.0
100.7	100.3	100.0	100.1	100.9	99.6	99.9	99.9	99.5	99.7
99.3	99.3	98.8	98.0	98.9	95.0	96.0	96.0	95.6	95.2
101.3	100.4	100.4	100.4	100.4	100.4	100.4	100.4	99.4	100.4
101.5	101.5	101.5	102.4	104.5	104.5	104.5	104.5	104.5	104.5
101.1	100.1	99.4	100.1	100.1	100.0	100.0	100.0	99.9	99.9

11—12 续表6

单位:%　　　　（2017,以上年价格为100）

指标	Item	年度 Year	月份 Month 一 Jan.	二 Feb.
家庭服务	Home Service	106.8	100.9	102.7
家政服务	Housekeeping	107.5	98.5	101.3
家庭维修服务	Maintenance	105.5	105.3	105.3
交通和通信	**Transportation and Communication**	**102.9**	**106.1**	**104.4**
交通	Transportation	103.6	107.8	105.3
交通工具	Transportation Facility	100.6	99.6	99.2
小型汽车	Sedan	100.1	99.2	98.7
电动自行车	Electric Bicycle	106.8	104.3	104.3
自行车	Bicycles	104.2	103.0	103.0
其他交通工具	Others	100.0	100.0	100.0
交通工具用燃料	Fuel of Vehicles Use	110.3	117.1	117.9
汽油	Gasoline	111.6	119.1	120.0
柴油	Diesel Oil	112.8	121.4	122.5
其他车用能源	Others	102.3	105.3	105.3
交通工具使用和维修	Use and Maintance of Transporatation Facility	108.8	119.8	119.8
停车费	Parking Fees	122.5	158.1	158.1
车辆使用费	Fees for Vehicles Use	110.2	122.7	122.7
交通工具零配件	Accessories	99.2	100.0	100.0
车辆修理与保养	Repair and Maintenance of Vehicles	100.0	100.0	100.0
交通费	Traffic Fare	99.7	106.5	97.2
市内公共交通	Urban Traffic	100.0	100.0	100.0
出租汽车	Taxi	100.0	100.0	100.0
飞机票	Air Tickets	98.7	130.2	88.4
火车票	Train Tickets	100.0	100.0	100.0
长途汽车	Coach	100.0	100.0	100.0
其他交通费	Others	102.9	100.0	102.5
通信	Communication	101.4	102.2	102.5
通信工具	Communication Facility	100.8	103.7	103.4
固定电话机	Telephone	112.1	108.2	108.2
移动电话机	Mobile Telephone	100.1	103.3	102.9
通信工具零配件	Accessories	100.8	104.8	104.8
通信服务	Communication Service	101.5	101.8	102.3
固定电话费	Telephone	100.0	100.0	100.0
移动通信费	Mobile Communications	100.0	100.0	100.0
上网费	On Network Costs	103.5	106.1	106.1
其他通信服务	Others	116.7	100.0	118.2

continued

(2017,preceding year=100) %

三 Mar.	四 Apr.	五 May.	六 June.	七 July.	八 Aug.	九 Sept.	十 Oct.	十一 Nov.	十二 Dec.
108.1	108.4	108.4	108.4	108.4	108.4	108.4	106.3	106.3	107.2
109.7	110.3	110.3	110.3	110.3	110.3	110.3	106.9	106.9	106.9
105.3	105.3	105.3	105.3	105.3	105.3	105.3	105.3	105.3	107.7
104.4	**104.4**	**104.4**	**103.5**	**100.3**	**100.3**	**100.0**	**102.0**	**103.3**	**101.7**
106.2	106.0	105.8	104.1	99.4	100.1	99.6	102.3	104.3	102.6
98.0	99.6	100.8	100.9	100.9	100.1	100.2	100.2	104.0	104.0
97.3	98.9	100.1	100.1	100.1	99.6	99.6	99.6	103.9	103.9
105.1	107.0	109.0	109.0	109.0	106.9	106.9	106.9	106.9	106.9
103.0	104.8	104.8	106.4	106.4	101.4	103.3	104.7	104.7	104.7
100.0	100.0	100.0	100.0	100.0	100.0	100.0	100.0	100.0	100.0
117.2	115.4	111.1	105.4	102.3	107.6	105.6	107.7	111.2	107.5
119.3	117.1	112.0	105.4	102.7	108.8	106.8	109.5	112.4	108.8
121.7	119.1	113.3	106.0	102.9	109.7	107.4	110.3	113.4	109.4
105.3	105.3	105.3	105.3	100.0	100.0	97.7	96.4	103.3	99.0
119.8	119.8	119.8	119.5	99.8	99.8	99.8	99.8	99.8	99.8
158.1	158.1	158.1	158.1	100.0	100.0	100.0	100.0	100.0	100.0
122.7	122.7	122.7	122.7	100.0	100.0	100.0	100.0	100.0	100.0
100.0	100.0	100.0	98.6	98.6	98.6	98.6	98.6	98.6	98.6
100.0	100.0	100.0	100.0	100.0	100.0	100.0	100.0	100.0	100.0
102.9	100.9	100.7	98.2	95.4	95.8	95.0	103.4	103.3	99.1
100.0	100.0	100.0	100.0	100.0	100.0	100.0	100.0	100.0	100.0
100.0	100.0	100.0	100.0	100.0	100.0	100.0	100.0	100.0	100.0
114.3	103.6	102.8	92.5	84.4	85.9	84.6	114.2	115.9	96.1
100.0	100.0	100.0	100.0	100.0	100.0	100.0	100.0	100.0	100.0
100.0	100.0	100.0	100.0	100.0	100.0	100.0	100.0	100.0	100.0
101.4	101.4	101.4	101.4	104.6	112.9	104.1	103.0	101.0	101.0
100.5	101.1	101.6	102.1	102.3	100.8	101.1	101.5	101.0	99.6
96.7	98.7	100.5	102.3	101.8	100.5	101.5	102.8	101.3	96.6
108.2	114.9	114.9	114.9	114.9	114.9	114.9	114.9	110.3	106.2
95.6	97.5	99.7	101.8	101.1	99.6	100.9	102.4	100.9	95.6
100.0	100.0	100.0	100.0	100.0	100.0	100.0	100.0	100.0	100.0
102.3	102.3	102.3	102.3	102.3	100.5	100.5	100.5	100.5	100.5
100.0	100.0	100.0	100.0	100.0	100.0	100.0	100.0	100.0	100.0
100.0	100.0	100.0	100.0	100.0	100.0	100.0	100.0	100.0	100.0
106.1	106.1	106.1	106.1	106.1	100.0	100.0	100.0	100.0	100.0
118.2	118.2	118.2	118.2	118.2	118.2	118.2	118.2	118.2	118.2

11—12 续表7

单位:%　　　　(2017,以上年价格为100)

指 标	Item	年度 Year	月份 Month 一 Jan.	二 Feb.
邮递服务	Postal Service	102.2	100.0	100.0
邮政邮寄	Post	100.0	100.0	100.0
快递服务	Expressage	103.1	100.0	100.0
教育文化和娱乐	**Education,Culture and Recreation**	**102.7**	**101.9**	**100.3**
教育	Education	103.1	101.7	101.7
教育用品	Education Products	103.4	103.6	103.6
工具书	Reference Book	104.3	104.7	104.7
教材	Textbook	103.6	108.8	108.8
参考资料	Reference Material	103.6	100.2	100.2
其他教育用品	Others	100.0	100.0	100.0
教育服务	Educational Service	103.0	101.3	101.3
学前教育	Pre-school	111.6	111.8	111.8
小学初中教育	Primary and Junior Schools	104.7	107.2	107.2
高中中职教育	High and Vocational Schools	100.0	100.0	100.0
高等教育	Higher Education	100.0	100.0	100.0
课外教育	Professional Skills Training	106.7	100.0	100.0
专业技能培训	Professional Skills Training	98.5	93.5	93.5
文化娱乐	Cultural and Recreation	102.2	102.3	98.5
文娱耐用消费品	Durable Consumer Goods for Cultural and Recreation	101.3	101.3	101.1
电视机	TV Set	100.6	101.8	101.3
照相机	Camera	99.2	102.0	98.9
台式计算机	Desktop Computer	103.5	101.0	104.0
笔记本平板	Tablets	100.8	102.1	100.1
乐器	Musical Instruments	102.8	100.0	100.0
音响	Sound Equipment	101.1	99.6	99.6
其他文娱耐用消费品	Ohters	99.8	98.9	99.1
其他文娱用品	Other Entertainment Products	101.5	101.9	105.3
书报杂志	Newspapers and Magazines	101.6	101.6	101.6
纸张文具	Paper and Stationery	100.5	101.1	101.1
体育户外用品	Sports and Outdoor Products	100.0	100.0	100.0
游戏用品和玩具	Games and Toys	100.0	100.0	100.0
园艺花卉及用品	Gardening Flowers and Products	100.5	100.0	121.3
宠物及用品	Pets and Products	102.8	105.8	105.8
其他文化娱乐用品	Ohters	101.1	102.2	102.2
文化娱乐服务	Cultural and Recreation Services	99.4	98.5	98.5
电影票	Movie Tickets	100.0	100.0	100.0
景点门票	Attractions Tickets	100.0	100.0	100.0
有线电视	Cable Television	100.0	100.0	100.0
健身活动	Fitness Activities	97.4	93.9	93.9
其他文娱服务	Others	100.0	100.0	100.0

continued

(2017, preceding year=100) %

三 Mar.	四 Apr.	五 May.	六 June.	七 July.	八 Aug.	九 Sept.	十 Oct.	十一 Nov.	十二 Dec.
100.0	100.0	100.0	100.0	104.4	104.4	104.4	104.4	104.4	104.4
100.0	100.0	100.0	100.0	100.0	100.0	100.0	100.0	100.0	100.0
100.0	100.0	100.0	100.0	106.3	106.3	106.3	106.3	106.3	106.3
101.4	**102.2**	**102.4**	**102.3**	**101.3**	**101.4**	**105.7**	**105.0**	**104.2**	**103.8**
100.9	101.2	101.2	101.2	101.2	101.2	106.6	106.6	106.6	106.2
102.9	102.9	102.9	102.9	102.9	102.9	104.1	104.1	104.1	103.7
104.7	104.7	104.7	104.7	104.7	104.7	104.7	104.7	104.7	100.0
104.5	104.5	104.5	104.5	104.5	104.5	100.0	100.0	100.0	100.0
101.8	101.8	101.8	101.8	101.8	101.8	107.8	107.8	107.8	107.8
100.0	100.0	100.0	100.0	100.0	100.0	100.0	100.0	100.0	100.0
100.5	100.9	100.9	100.9	100.9	100.9	107.1	107.1	107.1	106.7
102.5	105.3	105.3	105.3	105.3	105.3	121.5	121.5	121.5	121.5
107.2	107.2	107.2	107.2	107.2	107.2	100.0	100.0	100.0	100.0
100.0	100.0	100.0	100.0	100.0	100.0	100.0	100.0	100.0	100.0
100.0	100.0	100.0	100.0	100.0	100.0	100.0	100.0	100.0	100.0
100.0	100.0	100.0	100.0	100.0	100.0	120.2	120.2	120.2	120.2
97.3	97.3	97.3	97.3	97.3	97.3	104.0	104.0	104.0	100.6
102.2	103.5	104.0	103.7	101.5	101.7	104.5	102.7	101.0	100.6
101.2	101.7	101.1	102.2	101.9	101.0	101.3	100.8	101.1	101.3
102.8	103.7	100.8	102.1	101.9	99.1	98.1	98.1	98.8	99.0
98.4	98.4	98.4	98.4	98.4	98.4	99.8	99.8	99.8	99.8
104.3	104.0	105.5	105.5	104.4	102.3	103.8	102.8	102.3	102.3
97.8	98.9	98.9	102.1	102.4	101.3	102.1	100.8	101.3	101.9
100.0	100.0	100.0	100.0	100.0	106.3	106.8	106.8	106.8	106.8
99.6	99.6	101.9	101.9	101.9	101.9	101.9	101.9	101.9	101.9
99.1	99.1	99.9	100.7	100.5	100.2	100.0	100.0	100.0	100.0
101.7	101.5	101.5	101.5	100.4	100.4	100.8	100.8	100.8	100.8
104.6	104.6	104.6	104.6	104.6	104.6	104.6	104.6	104.6	104.6
101.1	101.1	101.1	101.1	100.0	100.0	100.0	100.0	100.0	100.0
100.0	100.0	100.0	100.0	100.0	100.0	100.0	100.0	100.0	100.0
100.0	100.0	100.0	100.0	100.0	100.0	100.0	100.0	100.0	100.0
98.6	97.4	97.4	97.4	97.4	97.4	100.0	100.0	100.0	100.0
105.8	105.8	105.8	105.8	100.0	100.0	100.0	100.0	100.0	100.0
102.2	102.2	102.2	102.2	100.0	100.0	100.0	100.0	100.0	100.0
98.5	98.5	98.5	100.0	100.0	100.0	100.0	100.0	100.0	100.0
100.0	100.0	100.0	100.0	100.0	100.0	100.0	100.0	100.0	100.0
100.0	100.0	100.0	100.0	100.0	100.0	100.0	100.0	100.0	100.0
100.0	100.0	100.0	100.0	100.0	100.0	100.0	100.0	100.0	100.0
93.9	93.9	93.9	100.0	100.0	100.0	100.0	100.0	100.0	100.0
100.0	100.0	100.0	100.0	100.0	100.0	100.0	100.0	100.0	100.0

11—12 续表8

单位:%　　　　（2017,以上年价格为100）

指标	Item	年度 Year	月份 Month 一 Jan.	二 Feb.
旅游	Touring and Outing	106.4	107.4	92.4
旅行社收费	Travel Agent Fees	107.7	109.0	91.0
其他旅游	Others	100.0	100.0	100.0
医疗保健	**Health Care**	**106.3**	**104.6**	**108.3**
药品及医疗器具	Medicines and Medical Apparatus	104.2	106.3	106.0
中药	Traditional Chinese Medicines	101.8	103.0	102.2
中药材	Traditional Chinese	98.8	99.5	97.1
中成药	Chinese Patent Medicine	103.4	104.9	104.9
西药	Western Medicines	104.0	104.5	104.4
抗微生物药	Antimicrobial	100.2	100.6	100.6
消化系统用药	Digestive System	102.1	99.3	99.3
呼吸系统用药	Respiratory	102.3	104.8	104.8
解热镇痛药	Antipyretic and Analgesic	101.7	102.8	102.8
抗肿瘤药	Antineoplastic	99.5	100.0	100.0
激素及影响内分泌药	Hormone and Endocrine	109.0	111.0	111.0
心血管系统用药	Cardiovascular	109.5	116.2	116.2
血液系统用药	Hematological system	98.5	103.7	102.6
治疗精神障碍药	Antipsychotics	112.8	110.5	110.5
神经系统用药	Nervous System	99.9	99.8	99.8
消毒防腐及创伤外科用药	Disinfection Antiseptics and Traumatology Department	102.5	98.3	98.3
泌尿系统用药	Urinary System	111.1	111.3	111.3
维生素、矿物质类药	Vitamin and Mineral	109.2	108.8	108.8
调节水、电解质及酸碱平衡药	Regulate water Electrolyte and Acid-base Balance	102.7	100.0	100.0
滋补保健品	Nourishing Health Products	110.6	118.2	118.2
医疗卫生器具	Medical Apparatus	99.7	103.0	103.0
医疗卫生器具	Medical Apparatus	99.7	103.0	103.0
保健器具	Health Care Apparatus	100.9	101.3	101.3
保健器具	Health Care Apparatus	100.9	101.3	101.3
医疗服务	Medical Services	108.8	102.6	111.0
综合医疗类	Comprehensive Medical	107.7	101.5	109.6
一般医疗服务	General Medical Services	99.4	103.8	102.3
一般治疗操作	General Treatment Operation	118.0	100.3	119.8
护理	Nursing	98.7	100.0	98.6
其他综合医疗服务	Others	100.0	100.0	100.0
诊断类	Diagnosis	107.2	100.0	107.9
病理学诊断	Pathology	150.5	100.0	155.1
实验室诊断	Laboratory	100.0	100.0	100.0
影像学诊断	Iconography	104.8	100.0	105.2
临床诊断	Clinic	113.2	100.0	114.4

continued

(2017, preceding year=100) %

三 Mar.	四 Apr.	五 May.	六 June.	七 July.	八 Aug.	九 Sept.	十 Oct.	十一 Nov.	十二 Dec.
107.7	112.3	116.0	110.9	102.5	104.5	114.4	109.1	102.1	100.1
109.5	115.0	119.9	113.3	103.0	105.3	117.2	111.1	102.5	100.1
100.0	100.0	100.0	100.0	100.0	100.0	100.0	100.0	100.0	100.0
108.8	**108.7**	**106.3**	**106.2**	**106.1**	**105.6**	**105.6**	**105.2**	**105.1**	**105.3**
106.9	106.8	103.0	103.3	103.2	103.6	103.4	102.8	102.5	103.0
102.2	102.2	102.7	102.6	101.9	101.0	101.0	100.1	100.4	102.7
97.1	97.1	98.9	98.6	98.6	98.6	98.6	98.1	98.1	105.7
104.9	104.9	104.8	104.8	103.7	102.3	102.3	101.1	101.6	101.1
104.4	104.2	104.1	104.2	104.4	104.8	104.5	103.6	102.8	102.2
100.6	100.0	100.0	100.0	100.0	100.0	100.0	100.0	100.0	100.0
99.3	99.3	99.3	100.6	102.0	105.7	105.8	104.5	105.4	104.5
104.8	104.8	103.0	99.6	99.6	101.5	101.5	101.5	101.5	101.5
102.8	102.8	102.8	102.8	102.8	100.2	100.2	100.2	100.2	100.2
100.0	100.0	100.0	100.0	100.0	100.0	100.0	97.8	97.8	97.8
111.0	111.0	111.0	111.0	111.6	111.6	114.0	110.4	98.8	98.1
116.2	115.2	115.8	115.8	115.8	103.9	103.9	101.9	97.8	97.8
102.6	101.6	101.2	101.2	101.2	101.6	101.6	88.4	88.4	88.4
110.5	110.5	110.3	110.3	111.1	111.1	111.1	122.3	122.3	113.3
99.8	99.8	99.8	99.8	99.8	100.3	100.0	100.0	100.0	100.0
98.3	98.3	98.3	98.3	98.3	111.3	111.3	106.2	106.2	106.2
111.3	111.3	111.3	111.3	111.3	111.3	111.3	110.3	110.3	110.1
108.8	108.8	108.8	108.8	108.8	114.0	108.6	109.0	109.0	109.0
100.0	100.0	100.0	104.8	104.8	104.5	104.5	104.6	104.6	104.6
123.2	123.2	101.4	104.3	104.3	108.1	108.1	108.1	108.1	108.1
103.0	103.0	103.0	100.0	100.0	96.3	96.3	96.3	96.3	96.3
103.0	103.0	103.0	100.0	100.0	96.3	96.3	96.3	96.3	96.3
101.3	101.3	101.3	101.3	101.3	101.3	100.0	100.0	100.0	100.0
101.3	101.3	101.3	101.3	101.3	101.3	100.0	100.0	100.0	100.0
111.0	111.0	110.2	109.7	109.7	108.1	108.1	108.1	108.1	108.1
109.6	109.6	107.3	107.3	107.3	107.9	107.9	107.9	107.9	107.9
102.3	102.3	96.7	96.7	96.7	98.6	98.6	98.6	98.6	98.6
119.8	119.8	119.8	119.8	119.8	119.4	119.4	119.4	119.4	119.4
98.6	98.6	98.6	98.6	98.6	98.6	98.6	98.6	98.6	98.6
100.0	100.0	100.0	100.0	100.0	100.0	100.0	100.0	100.0	100.0
107.9	107.9	107.9	107.9	107.9	107.9	107.9	107.9	107.9	107.9
155.1	155.1	155.1	155.1	155.1	155.1	155.1	155.1	155.1	155.1
100.0	100.0	100.0	100.0	100.0	100.0	100.0	100.0	100.0	100.0
105.2	105.2	105.2	105.2	105.2	105.2	105.2	105.2	105.2	105.2
114.4	114.4	114.4	114.4	114.4	114.4	114.4	114.4	114.4	114.4

11—12 续表9

单位:%　　　　(2017,以上年价格为100)

指标	Item	年度 Year	月份 Month 一 Jan.	二 Feb.
治疗类	Therapy	125.9	100.0	128.2
临床手术治疗	Clinical Operation	124.3	100.0	126.5
临床非手术治疗	Non-Clinical Operation	127.1	100.0	129.5
康复类	Rehabilitation	97.5	100.0	97.2
康复医疗	Rehabilitation Therapy	97.5	100.0	97.2
中医医疗服务类	Chinese Medicine Service	105.4	124.5	116.5
中医治疗	Chinese Medicine Therapy	105.4	124.5	116.5
其他医疗服务	Others	100.0	100.0	100.0
其他用品和服务	**Other Goods and Services**	**102.3**	**105.3**	**103.4**
其他用品类	Other Items	102.0	108.1	105.8
首饰手表	Jewellery and Watches	102.7	111.8	108.9
金饰品	Gold	104.0	116.6	111.7
银饰品	Silver	103.8	111.6	109.0
铂金饰品	Platinum	101.3	109.7	106.9
手表	Watches	101.6	106.5	106.5
其他杂项用品	Others	100.4	100.6	99.4
箱包	Luggage	101.2	100.0	100.0
母婴用品	Maternal and Child Products	101.0	100.3	100.3
眼镜	Glasses	98.5	102.1	97.6
其他服务类	Other Services	102.6	103.2	101.6
旅馆住宿	Hotel Accommodation	97.0	99.1	99.1
宾馆住宿	Hotel	97.4	98.4	98.4
其他住宿	Others	96.4	100.0	100.0
美容美发洗浴	Beauty,Hairdressing and Bath	99.6	100.9	94.1
美容	Beauty	99.4	100.0	92.9
美发	Hairdressing	99.5	102.0	92.1
洗浴	Bath	100.0	100.0	100.0
养老服务	Service for the aged	109.5	108.2	108.2
金融保险	Finance and Insurance	104.7	104.8	104.8
金融服务	Finance Services	100.0	100.0	100.0
车辆保险	Vehicle Insurance	100.0	100.0	100.0
旅行保险	Travel Insurance	100.0	100.0	100.0
其他保险	Other Insurance	109.6	110.0	110.0
其他服务类	Other Services	100.0	100.0	100.0
中介服务	Intermediary Agent	100.0	100.0	100.0
其他服务	Others	100.0	100.0	100.0

continued

(2017, preceding year=100) %

三 Mar.	四 Apr.	五 May.	六 June.	七 July.	八 Aug.	九 Sept.	十 Oct.	十一 Nov.	十二 Dec.
128.2	128.2	128.2	128.2	128.2	128.2	128.2	128.2	128.2	128.2
126.5	126.5	126.5	126.5	126.5	126.5	126.5	126.5	126.5	126.5
129.5	129.5	129.5	129.5	129.5	129.5	129.5	129.5	129.5	129.5
97.2	97.2	97.2	97.2	97.2	97.2	97.2	97.2	97.2	97.2
97.2	97.2	97.2	97.2	97.2	97.2	97.2	97.2	97.2	97.2
116.5	116.5	116.5	110.0	110.0	93.6	93.6	93.6	93.6	93.6
116.5	116.5	116.5	110.0	110.0	93.6	93.6	93.6	93.6	93.6
100.0	100.0	100.0	100.0	100.0	100.0	100.0	100.0	100.0	100.0
103.7	**103.3**	**102.9**	**102.1**	**99.4**	**100.4**	**101.3**	**102.7**	**101.6**	**101.9**
104.1	104.4	102.5	101.8	97.9	98.2	98.8	100.7	100.0	102.5
105.9	106.3	103.4	102.5	96.5	97.3	98.1	100.9	99.7	103.2
108.9	110.9	105.7	102.7	94.8	96.6	97.7	100.6	98.7	107.8
109.0	106.7	106.7	104.8	100.0	100.0	100.0	100.0	100.0	100.0
103.9	103.5	100.7	101.9	94.4	95.5	96.7	102.2	100.5	101.3
101.4	101.4	101.4	101.4	101.4	100.0	100.0	100.0	100.0	100.0
100.2	100.4	100.5	100.3	101.0	100.3	100.3	100.4	100.6	100.8
100.0	100.0	100.0	100.0	101.3	102.7	102.7	102.7	102.7	102.7
102.7	102.7	103.2	103.8	104.4	100.0	100.0	97.7	98.2	98.8
97.6	98.4	98.4	96.9	96.9	96.9	96.9	100.0	100.0	100.0
103.4	102.4	103.2	102.4	100.6	102.2	103.3	104.4	103.0	101.4
95.5	91.9	95.5	91.7	90.0	97.2	102.6	108.4	101.3	93.3
95.1	94.1	95.1	89.2	86.7	97.9	106.4	108.6	104.9	96.7
96.1	88.7	96.1	96.1	96.1	96.1	96.1	108.2	96.1	88.3
100.0	100.0	100.0	100.0	100.0	100.0	100.0	100.0	100.0	100.0
100.0	100.0	100.0	100.0	100.0	100.0	100.0	100.0	100.0	100.0
100.0	100.0	100.0	100.0	100.0	100.0	100.0	100.0	100.0	100.0
100.0	100.0	100.0	100.0	100.0	100.0	100.0	100.0	100.0	100.0
115.1	115.1	115.1	115.1	106.4	106.4	106.4	106.4	106.4	106.4
104.8	104.8	104.8	104.8	104.8	104.8	104.8	104.3	104.3	104.3
100.0	100.0	100.0	100.0	100.0	100.0	100.0	100.0	100.0	100.0
100.0	100.0	100.0	100.0	100.0	100.0	100.0	100.0	100.0	100.0
100.0	100.0	100.0	100.0	100.0	100.0	100.0	100.0	100.0	100.0
110.0	110.0	110.0	110.0	110.0	110.0	110.0	108.5	108.5	108.5
100.0	100.0	100.0	100.0	100.0	100.0	100.0	100.0	100.0	100.0
100.0	100.0	100.0	100.0	100.0	100.0	100.0	100.0	100.0	100.0
100.0	100.0	100.0	100.0	100.0	100.0	100.0	100.0	100.0	100.0

11—13 商品零售价格分类指数

Retail Price Indices by Classification

单位:%　　（2017,以上年价格为100）

指　标	Item	指 数 Indice
商品零售价格指数	**Retail Price Index**	**101.5**
食品	**Food**	**99.1**
粮食	Grain	100.5
大米	Rice	100.1
面粉	Flour	100.3
其他粮食	Others	96.6
粮食制品	Grain Products	103.7
薯类	Tubers	92.5
薯类	Tubers	92.5
豆类	Beans and Products	100.0
干豆	Beans	99.4
豆制品	Bean Products	100.3
食用油	Edible oil and Fats	99.9
食用植物油	Edible Vegetable Oil	99.9
食用动物油	Edible Animal Oil	100.0
菜	Vegetables	91.8
鲜菜	Fresh Vegetables	88.9
干菜及菜制品	Dry Vegetables and Related Products	101.0
畜肉类	Livestock Meat	98.1
猪肉	Pork	94.0
牛肉	Beef	100.0
羊肉	Mutton	100.7
畜肉副产品	Meat by-products	97.4
其他畜肉及制品	Others	100.3
禽肉类	Poultry	98.8
鸡	Chicken	99.5
鸭	Duck	97.1
其他禽肉及制品	Others	97.5
水产品	Aquatic Products	103.9
淡水鱼	Freshwater Fish	102.1
海水鱼	Marine Fish	106.2
虾蟹类	shrimps,Prawn and Crabs	104.5
其他水产品及制品	Others	108.2
蛋类	Eggs	99.3
鸡蛋	Chicken	99.8
其他蛋及制品	Others	98.1
奶类	Milk	100.4
鲜奶	Fresh Milk	98.6
酸奶	Yoghourt	102.7

11—13 续表1 continued

（2017，preceding year=100） （2017年）

指 标	Item	指 数 Indice
奶粉	Milk Powder	99.8
其他奶制品	Others	100.1
干鲜瓜果类	Dried and Fresh Melons and Fruits	101.5
鲜瓜果	Fresh Melons and Fruits	104.6
坚果	Nuts	97.7
瓜果制品	Products of Melons and Fruits	97.1
糖果糕点类	Sugar,Candy and Cake	99.8
食糖	Sugar	99.8
糖果	Candy	100.8
糕点	Cake	98.9
其他糖果糕点	Others	100.2
调味品	Flavoring	103.6
食用盐	Edible Salt	100.0
酱油	Sauce	105.9
食醋	Edible Vinegar	104.4
调味酱	Bechamel	102.6
味精	MSG	99.5
其他调味品	Others	102.3
其他食品类	Other Food	100.3
方便食品	Convenience Food	101.3
淀粉及制品	Starch and Derived Products	96.2
膨化食品	Puffed Food	100.7
在外餐饮	Out-dining	100.1
正餐	Dinner	100.0
快餐	Fast Food	100.0
地方小吃	Local Snacks	100.0
其他在外餐饮	Others	100.6
饮料、烟酒	**Beverages , Tobacco and Liquor**	**99.2**
茶及饮料	Tea and Beverages	98.4
茶叶	Tea	99.2
固体咖啡	Solid Coffee	103.5
其他固体饮料	Other Solid Drink	98.0
饮用水	Drinking Water	99.4
果汁饮料	Juice	103.3
其他液体饮料	Others	95.2
烟草	Tobacco and Liquor	100.0
烟草	Tobacco	100.0
酒类	Liquor	99.3
白酒	White spirit	99.8

11—13 续表2 continued

单位:% （2017,以上年价格为100）

指 标	Item	指 数 Indice
葡萄酒	Wine	98.9
啤酒	Beer	100.4
其他酒类	Others	96.3
服装、鞋帽	**Garments ,Shoes and Hats**	**101.0**
服装	Garments	101.4
男士服装	Men's Clothing	101.5
男式西服	Western-style Clothes	103.5
男式冬衣	Winter Coat	105.6
男式夹克衫	Clip Grams Shirt	101.3
男式毛线衣	Wool Sweaters	97.0
男式运动装	Sport swear	99.8
男式衬衫T恤	Shirts and T-shirts	101.9
男式裤子	Trousers	103.2
男式内衣	Underwear	99.4
女士服装	Women's Clothing	101.2
女式外套	Outerwear	99.4
女式冬衣	Winter Coat	98.5
女式毛线衣	Wool Sweaters	98.4
女式运动装	Sport swear	99.9
女式衬衫T恤	Shirts and T-shirts	106.7
女式裤子	Trousers	105.8
女式裙子	skirts	104.2
女式内衣	Underwear	97.2
儿童服装	Children Clothing	101.8
婴幼服装	Baby's Clothing	103.3
儿童上衣	Upper Outer Garment	97.3
儿童裤子	Trousers	95.7
儿童裙子	Skirts	112.0
鞋帽袜	Shoes ,Hats and Socks	101.4
鞋	Shoes	101.8
男鞋	Male	99.8
女鞋	Female	100.7
童鞋	Children	111.5
袜子	Socks	100.0
袜子	Socks	100.0
帽子	Hats	99.6
帽子	Hats	99.6
其他衣着配件	Others	97.0
其他衣着配件	Others	97.0

11—13 续表3 continued

(2017,preceding year=100) %

指 标	Item	指 数 Indice
纺织品	**Textile**	**102.0**
服装材料	Clothing Material	102.3
服装材料	Clothing Material	102.3
床上用品	Bed Articles	102.0
被子	Quilt	100.8
床单被套	Bed Sheet and Duvet Cover	103.3
其他床上用品	Others	100.7
家用电器及音像器材	**Home Appliances and Audio & Video Equipment**	**102.3**
家庭设备	Household Equipment	104.1
洗衣机	Washing Machine	102.1
电冰箱(柜)	Refrigerator(cabinet)	106.4
抽油烟机	Exhaust Fan	100.7
空调器	Air Conditioner	109.5
热水器	Water Heater	103.3
炉具灶具	Cooker	99.2
微波炉	Microwave Oven	103.2
厨房小家电	Kitchen	107.0
生活小家电	Household	101.6
其他大型家用器具	Other Home Appliances	102.0
文娱用耐用消费品	Durable Consumer Goods for Cultural and Recreation	100.2
电视机	TV Set	100.6
照相机	Camera	99.2
音响	Sound Equipment	101.1
其他文娱耐用消费品	Others	99.8
专业音像器材	Professional Audio and Video Equipment	101.2
专业音响器材	Audio	100.9
专业声像器材	Video	101.5
文化办公用品	**Cultural and Office Goods**	**101.1**
纸张文具	Paper and Stationery	100.5
台式计算机	Desktop Computer	103.5
笔记本平板	Tablets	100.8
电脑附件	Computer Accessories	98.4
打印复印机	Printers	99.2
教学设备	Teaching Equipment	100.0
日用品	**Commodity**	**100.5**
日用百货	General Merchandise	101.9
电动自行车	Electric Bicycle	106.8
自行车	Bicycles	104.2
雨具	Others	97.2
护理器具	Nursing Appliances	103.1

11—13 续表4 continued

单位:%　　　　(2017,以上年价格为100)

指　标	Item	指 数 Indice
清洁用纸	Cleaning Paper	96.7
化妆器具	Make-up Appliances	100.0
厨具餐具茶具	Kitchen,Tableware and Tea Set	100.0
厨具	Kitchen	99.3
餐具	Tableware	101.4
茶具	Tea Set	99.7
清洗用品	Cleaning Articles	99.3
清洗用品	Cleaning Articles	99.3
其他日用品	Others	101.4
灯具	lamps and Lanterns	107.6
箱包	Luggage	101.2
母婴用品	Maternal and Child Products	101.0
眼镜	Glasses	98.5
其他护理用品	Other Nursing Materials	100.1
其他日用杂品	Other Daily Groceries	99.9
体育娱乐用品	**Sports and Entertainment Goods**	**100.8**
体育户外用品	Sports and Outdoor Products	100.0
体育户外用品	Sports and Outdoor Products	100.0
娱乐用品	Recreation Products	101.4
乐器	Musical Instruments	102.8
游戏用品和玩具	Games and Toys	100.0
园艺花卉及用品	Gardening Flowers and Products	100.5
宠物及用品	Pets and Products	102.8
其他文化娱乐用品	Others	101.1
交通、通信用品	**Transportation and Communication Articles**	**100.7**
交通运输机械	Transport machinery	99.8
小型汽车	Sedan	100.1
大中型客车	Large and Medium Coach	99.8
交通工具零配件	Accessories	99.2
通信器材	Telecom Equipment	102.1
固定电话机	Telephone	112.1
移动电话机	Mobile Telephone	100.1
其他通信器材	Others	96.1
家具	**Furniture**	103.1
柜	Cabinets	103.8
床	Beds	102.7
桌	Tables	101.1

11—13 续表5 continued

（2017，preceding year=100） %

指 标	Item	指 数 Indice
椅	Chairs	101.4
沙发	Sofas	106.7
其他家具	Others	102.8
化妆品	**Cosmetics**	**100.2**
清洁化妆品	Cleaning	100.0
护肤化妆品	Skin-care	100.0
彩妆化妆品	Make-up	102.9
清洁类护理用品	Cleaning Nursing Materials	97.6
护发美发用品	Bath & Slim Materials	100.4
金银饰品	**Gold and Silver Jewellery**	**103.0**
金饰品	Gold	104.0
银饰品	Silver	103.8
铂金饰品	Platinum	101.3
中西药品及医疗保健用品	**Traditional Chinese & Western Medicines and Health Care Products**	**102.7**
医疗卫生器具	Medical Apparatus	99.7
医疗卫生器具	Medical Apparatus	99.7
中药	Traditional Chinese Medicines	100.4
中药材	Traditional Chinese	98.8
中成药	Chinese Patent Medicine	103.4
西药	Western Medicines	103.9
抗微生物药	Antimicrobial	100.2
消化系统用药	Digestive System	102.1
呼吸系统用药	Respiratory	102.3
解热镇痛药	Antipyretic and Analgesic	101.7
抗肿瘤药	Antineoplastic	99.5
激素及影响内分泌药	Hormone and Endocrine	109.0
心血管系统用药	Cardiovascular	109.5
血液系统用药	Hematological system	98.5
治疗精神障碍药	Antipsychotics	112.8
神经系统用药	Nervous System	99.9
消毒防腐及创伤外科用药	Disinfection Antiseptics and Traumatology Department	102.5
泌尿系统用药	Urinary System	111.1
维生素、矿物质类药	Vitamin and Mineral	109.2
调节水、电解质及酸碱平衡药	Regulate water Electrolyte and Acid-base Balance	102.7
保健器具及用品	Health Equipment and Supplies	107.3

单位:%　　　　(2017,以上年价格为100)

指　标	Item	指 数 Indice
保健器具	Health Care Apparatus	100.9
滋补保健品	Nourishing Health Products	110.6
书报杂志及电子出版物	**Books,Newspapers, Magazine and Electronic Publications**	**103.7**
教材及参考书	Textbook and Supplies	103.3
工具书	Reference Book	104.3
教材	Textbook	103.6
参考资料	Reference Material	103.6
其他教育用品	Others	100.0
书报杂志	Newspapers and Magazines	104.6
书报杂志	Newspapers and Magazines	104.6
计算机办公软件	Computer Office Software	100.0
计算机办公软件	Computer Office Software	100.0
燃料	**Fuel**	**107.7**
煤炭及制品	Coal and Related Product	115.2
原煤	Raw Coal	120.8
煤制品	Coal Product	115.2
石油及制品	Oil and Related Product	107.2
管道燃气	Pipeline Gas	100.0
液化石油气	Liquefied Petroleum Gas	100.0
汽油	Gasoline	111.6
柴油	Diesel Oil	112.8
建筑材料及五金电料	**Building Materials and Metal Materials**	**105.9**
建筑装璜材料	Building Decoration Materials	105.2
木地板	Wood Flooring	106.0
瓷砖	Ceramic	109.5
水泥	Cement	114.0
涂料	Painting	100.0
板材	Boarding	106.5
管材	Tubing	112.7
厨卫设备	Hutch Defends Equipment	102.8
门窗	Door & Window	107.6
其他住房装潢材料	Others	95.9
五金水暖	Hardware Plumbing	107.4
家用手工工具	Hand Tools for Household Use	100.0
配电附件	Distribution Accessories	103.0
水暖器材	Plumbing Equipment	113.8

11—14 各种物价总指数

Variety of Price Indices

单位:% (%)

指 标	Item	居民消费价格总指数 Consumer Price Index	商品零售价格总指数 Retail Price Index
以 1957 年价格为 100	Year of 1957=100	893.3	598.2
以 1962 年价格为 100	Year of 1962=100	711.0	480.5
以 1965 年价格为 100	Year of 1965=100	862.6	578.0
以 1970 年价格为 100	Year of 1970=100	819.0	549.2
以 1978 年价格为 100	Year of 1978=100	734.6	490.3
以 1980 年价格为 100	Year of 1980=100	681.6	454.5
以 1985 年价格为 100	Year of 1985=100	575.5	385.9
以 1990 年价格为 100	Year of 1990=100	337.4	228.8
以 1992 年价格为 100	Year of 1992=100	290.4	199.4
以 1995 年价格为 100	Year of 1995=100	170.4	128.3
以 1997 年价格为 100	Year of 1997=100	166.6	118.1
以 1998 年价格为 100	Year of 1998=100	152.9	121.6
以 1999 年价格为 100	Year of 1999=100	152.8	123.2
以 2000 年价格为 100	Year of 2000=100	157.2	131.5
以 2001 年价格为 100	Year of 2001=100	151.9	125.4
以 2002 年价格为 100	Year of 2002=100	152.8	126.8
以 2003 年价格为 100	Year of 2003=100	150.1	127.2
以 2004 年价格为 100	Year of 2004=100	145.4	124.7
以 2005 年价格为 100	Year of 2005=100	148.3	128.3
以 2006 年价格为 100	Year of 2006=100	140.8	122.7
以 2007 年价格为 100	Year of 2007=100	133.7	118.3
以 2008 年价格为 100	Year of 2008=100	124.2	111.7
以 2009 年价格为 100	Year of 2009=100	124.6	113.4
以 2010 年价格为 100	Year of 2010=100	119.8	110.1
以 2011 年价格为 100	Year of 2011=100	113.8	106.3
以 2012 年价格为 100	Year of 2012=100	111.1	105.7
以 2013 年价格为 100	Year of 2013=100	107.3	103.3
以 2014 年价格为 100	Year of 2014=100	105.1	102.5
以 2015 年价格为 100	Year of 2015=100	104.9	103.9
以 2016 年价格为 100	Year of 2016=100	101.7	101.5

11—15 工业生产者出厂价格指数

单位:%　　　　(以上年价格为100)

指 标	Item	2010
全部工业品出厂价格总指数	**Total Industry Products Price Index**	**108.8**
核心指数	Core Index	—
高技术	Hi-technology	—
能源	Enery	—
按轻重工业分	Grouped by Light and Heavy Industry	
轻工业	Light Industry	108.3
以农产品为原料	Raw Material of Agricultural Products	111.5
以非农产品为原料	Raw Material of Non-Agricultural Products	103.8
重工业	Heavy Industry	109
采掘	Mining & Quarrying	123.1
原料	Raw Material	108.3
加工	Process	101.2
按生产生活资料分	Grouped by Means of Production and Means of Livilyhood	
生产资料	Means of Production	109.1
采掘	Mining & Quarrying	123.1
原料	Raw Material	108.3
加工	Process	105.9
生活资料	Consumer Goods	106.2
食品	Food	108.3
衣着	Clothing	104.7
一般日用品	Artiales for Daily Used	102.7
耐用消费品	Durable Cinsumer Goods	105.4
按初级中间最终产品分	Grouped by Primary Products Intermediate Products and fiual Products	
初级产品	Primary Products	—
矿产品	Minerals	—
废料	Waste	—
中间产品	Intermediate Products	—
最终产品	Final Products	—
最终投资品	Final Investment	—
最终消费品	Final Consumption Goods	—
按工业部门分	Grouped by Industry Branch	—
冶金工业	Metallurgy Industry	108.1
电力工业	Electric Power Industry	105.8
煤炭及炼焦工业	Coal and Coking Industry	123.1
石油工业	Petroleum Industry	110.2
化学工业	Chemistry Industry	105.4
机械工业	Machinery Industry	101.1
建筑材料工业	Building Materials Industry	97.5
森林工业	Forest Industry	102.1

Industrial Producer Price Indices

(preceding year=100) (%)

2011	2012	2013	2014	2015	2016	2017
109.1	**99.4**	**95**	**97.1**	**94.5**	**98.9**	**112.3**
112.2	97.4	96.2	96.3	97.3	99.2	106.1
106.1	89.1	94	98	102.7	102.6	104.1
106.5	100.9	94.3	97.4	92.3	98.5	117.9
119.4	100.4	97.6	99.8	99.5	99.5	100.8
117.6	101.8	100.2	101.3	99.9	98.9	100.4
128.3	93.3	83.4	90.4	97.1	103.2	103.3
107.2	99.2	94.5	96.6	93.5	98.7	114.8
112.1	92.5	71.5	92.6	89.8	96.2	129.0
105.8	101.6	98.4	98	93	99.5	115.5
108.3	96.4	95.7	94.6	97	98.2	106.5
108.6	99.8	95.1	97	93.9	98.7	113.7
112.1	92.5	71.5	92.6	89.8	96.2	129.0
105.7	102	98.7	98	92.8	99.4	115.7
112.7	98.5	97.1	96.4	97.8	98.5	105.1
114.3	95.2	93.7	98.3	99.9	100	102.1
109.5	100.1	100.4	102.5	101	98.2	100.2
114.3	108.2	103.4	104.8	98.4	93.8	101.7
120.6	88.2	84.5	91.3	98.8	103.8	104.3
101.1	100.5	100	100.2	101	100.1	100.0
112.1	92.5	71.5	92.6	89.8	96.2	129.0
112.1	92.5	71.5	92.6	89.8	96.2	129.0
—	—	—	—	—	—	—
108.9	100.4	97.7	97.4	94.8	99.2	110.8
107	101.2	98.3	98.5	95.1	98.2	107.1
111.9	102.3	97.1	96.5	89.6	97	108.5
103	100.2	99.3	100	99.4	99.2	105.9
110.5	95.9	94.8	94.4	91.9	102.4	115.7
100.4	100.9	100	100	99.3	99.3	107.8
110.1	92.6	75.2	91.2	87.7	100.3	141.2
115.8	108.3	98.5	96.9	81.5	95.9	111.5
116.8	91.3	89.4	90.6	97.5	97.7	107.2
103	100.5	98.3	99.6	99.6	99.9	100.3
102.6	95.2	97.2	96.4	93.3	99.3	110.8
100.1	100.5	100.3	100.3	101.1	100.1	100.0

11—15 续表

单位:%　　（以上年价格为100）

指　标	Item	2010
食品工业	Food Industry	108.5
纺织工业	Textile Industry	116.4
缝纫工业	Sewing Industry	104.7
皮革工业	Leather Industry	98
造纸工业	Papermaking Industry	106.7
文教艺术用品工业	Culture and Education Articles Industry	100.9
其它工业	Others Industry	107.4
按工业行业分	Grouped by Industry Sector	
煤炭开采和洗选业	Mining and Washing of Coal	123.1
农副食品加工业	Processing of Food from Agricultural Products	105.6
食品制造业	Manufacture of Foods	109.8
饮料制造业	Manufacture of Beverages	111.1
纺织业	Manufacture of Textile	115.6
纺织服装、鞋、帽制造业	Manufacture of Textile Wearing Apparel,Footware and Caps	100.3
皮革、毛皮、羽毛(绒)及其制品业	Manufacture of Leather,Fur,Feather and Related Products	98
木材加工及木、竹、藤、棕、草制品业	Processing of Timber,Manufacture of Wood,Bamboo,Rattan,Palm and Straw Products	101
家具制造业	Manufacture of Furniture	102.6
造纸及纸制品业	Manufacture of Paper and Paper Products	106.7
印刷业和记录媒介的复制	Printing,Reproduction of Recording Media	98.7
石油加工、炼焦及核燃料加工业	Processing of Petroleum,Coking,Processing of Nuclear Fuel	110.5
化学原料及化学制品制造业	Manufacture of Raw Chemical Materials and Chemical Products	105.2
医药制造业	Manufacture of Medicines	102.3
化学纤维制造业	Manufacture of Chemical Fibers	90.9
橡胶制品业	Manufacture of Rubber	108.4
塑料制品业	Manufacture of Plastics	103
非金属矿物制品业	Manufacture of Non-metallic Mineral Products	98.6
黑色金属冶炼及压延加工业	Smelting and Pressing of Ferrous Metals	103.9
有色金属冶炼及压延加工业	Smelting and Pressing of Non-ferrous Metals	115.4
金属制品业	Manufacture of Metal Products	94.1
通用设备制造业	Manufacture of General Purpose Machieery	102.5
专用设备制造业	Manufacture of Special Purpose Machieery	97.6
交通运输设备制造业	Manufacture of Transport Equipment	100
电气机械及器材制造业	Manufacture of Electrical Machinery and Equipment	98.4
仪器仪表及文化、办公用机械制造业	Manufacture of Measuring Instruments and Machinery for Cultural Activity and Office Work	94.4
电力、热力的生产和供应业	Production and Suppy of Electric Power,Steam and Hot Water	105.8
燃气生产和供应业	Production and Suppy of Gas	100
水的生产和供应业	Production and Suppy of Tap Water	120.3

continued

(preceding year=100) (%)

2011	2012	2013	2014	2015	2016	2017
108.9	100.7	101.3	102.6	99.8	98.3	100.7
126.7	102.4	99.7	100.4	100.1	100.1	99.7
109.6	105.4	100.5	104.2	100.5	98.3	102.4
115.6	109.4	107.4	102.7	94.9	88.9	100.4
104.2	100.2	97.8	100	100	100.2	103.7
102.8	104.8	103.9	100.3	100	100	100.4
115.1	101.3	98.3	97.7	101.6	100.4	112.1
112.1	92.5	71.5	92.6	89.8	95.7	132.5
108.7	102.8	104.6	100.6	99.3	101	101.5
123.2	91.1	85.8	96.1	96.6	98.1	101.5
106.6	102.6	98.6	102.3	103	99.6	100.4
126.4	102.5	99.7	100.6	100.1	99.9	99.9
102.4	102.2	101.7	101.1	100	100.1	100.0
115.6	109.4	107.4	102.7	94.9	88.9	100.4
98.9	100.3	100.7	100.6	101.1	100.1	100.0
100.9	100.6	100	100.2	101.2	100.1	100.0
104.2	100.2	97.8	100	100	100.2	103.7
102.8	105.2	104.2	100.4	100	100	100.4
114.1	105.4	97	94.6	80.4	99.8	122.0
116.2	102	94.3	90.8	102.5	93.2	103.9
106.2	88.1	93.6	98	102.9	102.9	104.6
—	—	—	—	—	—	—
117.8	85	87.1	85.7	89.8	92.1	115.5
106	99.7	96.9	102	92.1	95	105.4
104.9	96.2	97.3	96.3	93.9	99.1	111.8
107.9	94.6	96.9	90	86.9	98.3	103.2
110.6	94.3	93	94.9	92.6	106.5	120.9
113.6	102.5	97.5	98.4	95.8	98.2	112.4
103.7	100.2	99.8	99.9	99.8	99.6	100.2
100.1	99.8	97.3	97.1	100	99.7	100.4
101.8	100	100	100	100	—	—
102.2	100	96	99.4	99.4	100.1	100.4
104.8	100.9	99.3	97.6	100.1	100.2	100.1
100.4	102.6	100	100	99.3	99.3	107.8
100	133	114.9	115.6	101.3	90.7	110.1
115.1	102	100	101.2	111.4	103	103.5

11—16 工业生产者购进价格指数

单位:%　　（以上年价格为100）

指标	Item	2010
全部原材料购进价格总指数	**Purchasing Price of Materials**	**115.8**
按初级中间最终产品分	**Grouped by Intermediate Product and Final Product**	
初级产品	Primary Product	—
农产品	Agricultural Product	—
矿产品	Minerals	—
废料	Scrap	—
中间产品	Intermediate Product	—
九大类原材料购进价格指数	**Classification of Purchasing Price of Materials**	
燃料、动力类	Fuel and Power	116
黑色金属材料类	Ferrous Metals	110.2
钢材	Steel	107.5
其它	Others	118.6
有色金属材料及电线类	Nonferrous Metals and Electric Wires	128.5
化工原料类	Raw Chemical Materials	116.1
木材及纸浆类	Timber and Paper Pulp	101.6
建筑材料及非金属类	Building Materials and Non-metallic Mineral	111
其它工业原材料及半成品类	Others Industry Raw Materials and Semi-manufantures	110
农副产品类	Agricultural Products	116.3
纺织原料类	Textile Materials	109.1

11—17 房地产价格指数

单位:%　　房地产月同比价格指数　　（2017,以上年价格为100）

指标	Item	1月	2月
新建住宅价格指数	**New Residential Buildings Sales Price Index**	**102.4**	**102.2**
新建商品住宅价格指数	**New Commercialized Houses Sales Price Index**	**102.4**	**102.2**
90m² 及以下	Housing of 90 Square Meters Below	103.4	103.5
90-144m²	Housing of Square Meters Below 90 and 140	102.1	101.8
144m² 以上	Housing of 144 Square Meters Above	102.6	102.5
二手住宅价格指数	**Second-hand House Sales Price Index**	**100.1**	**99.9**
90m² 及以下	Housing of 90 Square Meters Below	100.5	100.4
90-144m²	Housing of Square Meters Below 90 and 140	99.9	99.6
144m² 以上	Housing of 144 Square Meters Above	98.8	98.6

单位:%　　房地产月环比价格指数　　（2017,以上年价格为100）

指标	Item	1月	2月
新建住宅价格指数	**New Residential Buildings Sales Price Index**	**99.9**	**99.8**
新建商品住宅价格指数	**New Commercialized Houses Sales Price Index**	**99.9**	**99.8**
90㎡及以下	Housing of 90 Square Meters Below	99.5	99.9
90-144㎡	Housing of Square Meters Below 90 and 140	99.7	99.8
144㎡以上	Housing of 144 Square Meters Above	100.8	99.8
二手住宅价格指数	**Second-hand House Sales Price Index**	**99.8**	**99.7**
90㎡及以下	Housing of 90 Square Meters Below	99.9	99.8
90-144㎡	Housing of Square Meters Below 90 and 140	99.8	99.6
144㎡以上	Housing of 144 Square Meters Above	99.8	99.7

Purchasing Price Indices of Industrial Producer

(preceding year=100) (%)

2011	2012	2013	2014	2015	2016	2017
115	**104.2**	**96.9**	**97**	**84.6**	**96.4**	**113.4**
119.7	106.8	95.8	96.9	76.4	92.3	119.0
115.5	101	101.3	101.7	96.3	96.8	100.5
121.9	109.7	93.2	94.5	65.9	90	129.0
117.7	90.9	86.7	89.7	76.8	99.6	111.0
108.4	100.2	98.5	97.1	96.1	102.3	106.2
116.5	107.4	96	96.4	74.3	94.1	121.9
108.9	93.8	89.4	92.1	92.1	103.3	114.6
107.5	96.2	88.9	93.4	96.8	104	113.2
112.5	87.7	90.5	88.8	79.8	101	119.5
104.2	94.2	94.3	91.3	97.1	97.8	111.9
120.8	100.3	93.9	93.8	88.4	98.1	114.2
101.9	100.8	99.4	99.7	99.8	102.2	102.0
123	110.3	87.4	91.4	90.2	98.7	105.5
108.7	103.1	104.9	98.9	98	101.6	101.9
115.5	101	101.3	101.7	96.3	96.7	100.5
114.7	97.3	98.6	100.7	99.6	99.2	106.2

Price Indices of Real Estate

(2017, preceding year=100) (%)

3月	4月	5月	6月	7月	8月	9月	10月	11月	12月
102.2	**101.7**	**101.5**	**102.1**	**102.3**	**102.7**	**102.8**	**102.9**	**103.7**	**104**
102.2	**101.7**	**101.5**	**102.1**	**102.4**	**102.7**	**102.8**	**102.9**	**103.7**	**104**
103.2	101.9	101.2	101.4	101.2	101.3	101.6	101.7	102.9	103.3
101.8	101.6	101.3	101.8	102.2	102.7	102.5	102.8	103.4	103.5
102.6	102	102.6	103.4	103.6	103.8	104.4	104.1	105.2	105.6
99.7	**99.7**	**99.8**	**100**	**100**	**100.1**	**100.1**	**100**	**100.7**	**101**
100.1	100.2	100.4	100.3	100.3	100.5	100.5	100.6	101	101.2
99.4	99.4	99.5	99.8	99.8	99.7	99.6	99.5	100.4	100.8
98.5	98.5	98.8	99.4	99.5	99.9	100.1	100.1	101	101

(2017, preceding month =100) (%)

3月	4月	5月	6月	7月	8月	9月	10月	11月	12月
100.1	**100.2**	**100.4**	**100.5**	**100.4**	**100.5**	**100.3**	**100.1**	**101**	**100.5**
100.1	**100.2**	**100.4**	**100.5**	**100.4**	**100.5**	**100.3**	**100.1**	**101**	**100.5**
99.8	99.6	100.4	100.5	100.6	100.2	100.5	100.3	101.4	100.7
100.2	100.5	100.3	100.4	100.4	100.6	100.1	100.2	100.9	100.4
100.2	99.8	100.8	100.7	100.3	100.5	100.8	100	101	100.8
100	**100.1**	**100.2**	**100.1**	**100**	**100.2**	**100**	**99.9**	**100.6**	**100.3**
100	100.2	100.3	100.1	100	100.2	100.1	99.9	100.4	100.3
100	100	100.2	100	100	100.1	100	100	100.9	100.3
100.1	100	100.3	100.2	100.2	100.2	100	99.9	100.4	100

主要统计指标解释

【城乡居民人均可支配收入】 指调查户在调查内获得的、可用于最终消费支出和储蓄的总和，即调查户可以用来自由支配的收入。可支配收入既包括现金，也包括实物收入。按照收入的来源，可支配收入包含四项，分别为：工资性收入、经营净收入、财产净收入和转移净收入。

可支配收入=工资性收入+经营净收入+财产净收入+转移净收入

其中：经营净收入=经营收入—经营费用—生产性固定资产折旧—生产税

财产净收入=财产性收入—财产性支出转移净收入=转移性收入—转移性支出

【城乡居民消费支出】 指住户用于满足家庭日常生活消费需要的全部支出，包括用于消费品的支出和用于服务性消费的支出。根据用途不同，消费支出可划分为食品烟酒、衣着、居住、生活用品及服务、交通通信、教育文化娱乐、医疗保健、其他用品及服务八大类。根据来源不同，消费支出可划分为现金消费支出、实物消费支出(含自产自用、来自单位、来自政府和其它社会组织)。

【居民消费价格指数(简称CPI)】 是指城乡居民购买并用于日常生活消费的商品和服务项目的价格。居民消费价格调查的任务是调查、搜集和整理这些商品和服务项目的价格，并编制居民消费价格指数(英文名称：ConsumerPriceln-dex缩写：CPI)，旨在反应一定时期内居民所消费商品及服务项目的价格水平变动趋势和变动程度。居民消费价格水平的变动率在一定程度上反映了通货膨胀(或紧缩)的程度。

【商品零售价格指数(简称RPI)】 商品的零售价格是商品在流通过程中最后一个环节的价格，是工业、商业、餐饮和其他零售企业向城乡居民、机关团体出售生活消费品和办公用品的价格。商品零售价格调查的任务是系统地调查、搜集和整理市场商品零售价格资料，编制商品零售价格指数(RPI)，以此反映市场商品零售价格的变动趋势和变动程度。其目的在于掌握商品价格的变动趋势，为国家宏观调控和国民经济核算提供参考依据。

【工业生产者价格指数】 包括工业生产者出厂价格指数(简称PPI)和工业生产者购进价格指数(简称IPI)，是反映工业产品价格变化趋势和变动幅度的统计指标，是工业品价格在不同时间和空间条件下平均变动的相对数。工业生产者价格包括工业品第一次出售时的出厂价格和企业作为中间投入的原材料、燃料、动力购进价格，是进行国民经济核算和经济管理的重要依据。

【房地产价格指数】 是综合反映住宅商品价格水平总体变化趋势和变化幅度的相对数，住宅销售价格指数由全国70个大中城市的新建商品住宅销售价格指数和二手住宅销售价格指数组成。

12

城市公用事业

City Public Utilities

12—1 主要年份城市设施水平

指 标	Item	单位	Unit
人均日生活用水量	Per Capita Daily Water Consumption for Residential Use	升	liter
用水普及率	Coverage Rate of Urban Population with Access to Tap Water	%	%
每万人拥有公交车辆	Number of Public Transportation Vehicles Per 10 000 Population	标台	unit
燃气普及率	Coverage Rate of Urban Population with Access to Gas	%	%
人均拥有城市道路面积	Per Capita Area of Paved Roads	平方米	sq.m
排水管道密度	Density of City Sewage Pipes	公里/平方公里	km/sq.km
污水处理率	Rate of Sewage Disposal	%	%
#污水处理厂集中处理率	Rate of Sewage Disposal	%	%
粪便处理率	Rate of Disposal of Excrement and Urine	%	%
清运生活垃圾无害化处理率	Rate of Life Garbage Disposal	%	%
人均公园绿地面积	Per Capita Park Green Area	平方米	sq.m
建成区绿地率	Parks and Green land Rate of Developed Areas	%	%
建成区绿化覆盖率	Green Covered Rate of Completed Area	%	%

注:城市公用事业数据资料均来自相关部门。

12—2 主要年份城市环境卫生

指 标	Item	单位	Unit
从业人数	Number of Employed Persons	人	person
道路清扫保洁面积	Area under Cleaning Program	万平方米	10 000 sq.m
#机械清扫	Mechanical Cleaning	万平方米	10 000 sq.m
生活垃圾清运量	Volume of Garbage Disposal	万吨	10 000 tons
生活垃圾无害化处理厂(场)	Harmless Treatment Plant of Garbage(Field)	座	unit
生活垃圾无害化处理能力	Harmless Treatment Capacity of Garbage	吨/日	ton/day
生活垃圾无害化处理量	Harmless Treatment quantity of Garbage	万吨	10 000 tons
粪便清运量	Volume of Excrement and Urine Disposal	万吨	10 000 tons
公厕数量	Number of Public Lavatories	座	unit
#水冲式	Flush	座	unit
市容环卫专用车辆	NumberSanitationof Special Vehicles for Environmental	辆	vehicle

The Level of Urban Facilities in Main Years

2009年	2010年	2011年	2012年	2013年	2014年	2015年	2016年	2017年
162	164.9	153.2	163	163.5	165	184	194	213
99.5	99.5	85	96.3	97.3	96	96	96	96
14.1	11	11.5	13.3	14.3	13.9	17.4	10.25	12.38
97.8	82.4	73.9	82.6	83.3	99.6	89.9	96	97
15.1	15.3	12.2	13.6	19.8	13.7	13.7	15.28	15.47
3.8	3.7	4.1	4	4	4.2	4	7.65	7.91
87	91.8	92	92	93	93	93.8	95.2	95.3
87	91.8	92	92	93	93	93.8	95.2	95.3
100	100	100	100	100	100	100	100	100
100	100	100	100	100	100	100	97	96
14	12.1	12.2	13.4	15.1	16.1	16.3	16.52	16.79
43.2	43.2	43.3	41.9	41.1	40.4	40.9	41.48	42.11
43	43	43.2	41.7	41.1	40.4	40.9	41.51	42.14

a)Date in this table came from related department.

Environmental Sanitation in Main Years

2009年	2010年	2011年	2012年	2013年	2014年	2015年	2016年	2017年
2591	3290	3045	3233	3734	4028	4476	4589	5021
1793	1503	1916	2544	3697	3885	4188	4156	4251
490	520	520	520	556	1090	1443	1578	2091
26	29	29.6	37	41	44	51	46.7	50.1
1	1	1	1	1	1	2	2	2
1000	1000	1000	1000	1000	1000	2500	2500	3000
26	29	29.6	37	41	44	51	45.3	48.3
0.8	1	1	1	1	0.8	1	6	5
288	338	338	392	214	215	263	285	309
251	301	301	355	211	214	263	285	309
279	340	301	299	634	818	1100	1033	1301

12—3 主要年份城市供水

指 标	Item	单位	Unit
年末水厂个数	Number of Waterworks at Year-end	个	unit
地下水综合生产能力	Synthesize Productivity of Groundwater	万立方米/日	10 000 cu.m/day
水质综合合格率	Qualified Rate of Water Quality at Year-end	%	%
年末供水管道总长度	Length of Water Supply Pipelines	公里	km
全年供水总量	Total Annual Volume of Water Supply	万立方米	10 000 cu.m
#生产用量	Volume of Productive Use	万立方米	10 000 cu.m
居民生活用量	Volume of Residential Use	万立方米	10 000 cu.m
城市公共管网漏失率	Rate of City Public Pipe Network	%	%
用水户数	Number of Households with Access to Tap Water	万户	10 000 household
用水人口	Number of Residents with Access to Tap Water	万人	10 000 person
城市居民人均生活用水量	Volume of Per Capita in Urban Life	升/人·日	liter/person·day

12—4 主要年份城市园林绿化

指 标	Item	单位	Unit
园林绿地面积	Area of Parks and Green land	公顷	hectare
#建成区公园绿地面积	Area of Public Parks and Green land	公顷	hectare
年末绿化覆盖面积	Green Covered Area at Year-end	公顷	hectare
#建成区	Completed Area	公顷	hectare
公园个数	Number of Parks	个	unit
公园面积	Area of Parks	公顷	hectare

12—5 主要年份城市公共交通

指 标	Item	单位	Unit
公共汽车运营车辆数	Number of Public Vehicles under Operation	辆	unit
标准运营车辆	Number of Standard Vehicles under Operation	标台	unit
运营线路网长度	Network Length	公里	km
客运总量	Volume of Passenger	万人次	10 000 person-times
出租汽车数	Number of Taxi	辆	unit
出租汽车从业人员	Drivers of Taxi	人	person

Tap Water Supply of City in Main Years

2009年	2010年	2011年	2012年	2013年	2014年	2015年	2016年	2017年
6	6	6	6	6	7	8	8	8
44	44	41	39.4	40.2	34.5	44.6	44.6	40
100	100	100	100	100	100	100	100	100
831	841	850	859	641	724	739	772.87	792.47
10225	10525	11249	11468	11835	9717	10824	11445	13778
2917	2671	2642	2413	2445	2101	2655	2984	932
4452	5104	5182	5381	5776	6316	6718	6925	3345
9.8	10.2	9.9	10.1	11.7	11.5	13.4	13.4	10.47
22.9	23	36.3	34.6	36.5	38.1	37.8	39.5	39.3
105.3	107.6	125.4	122	128	140	138.9	140	143
162	165	153	163	167	115	133	145	160

Parks and Green Areas of City in Main Years

2009年	2010年	2011年	2012年	2013年	2014年	2015年	2016年	2017年
5181	5407	5584	5884	7413	8506	9022	9683	9951
1545	1556	1651	1780	2173	2213	2263	2322	2400
5403	5701	5865	6165	7694	8694	9209	9869	10111
4976	5188	5332	5632	6102	6506	6821	7086	7301
17	17	17	17	17	19	20	20	21
532	532	950	532	532	660	730	730	1252

Public Transportation of City in Main Years

2009年	2010年	2011年	2012年	2013年	2014年	2015年	2016年	2017年
1321	1401	1377	1535	1645	1616	1949	1818	2202
1492	1421	1514	1762	1942	1907	2398	2246	2755
410	420	450	489	1594	1755	1979	658	702
17378	18171	19920	25445	30048	30271	30653	31025	29321
5006	5006	5006	5278	5364	5364	5364	5364	5364
11000	9667	12000	12000	12000	13193	12000	13400	10077

12—6 主要年份市政建设及城市燃气

指 标	Item	单位	Unit	2009 年
市政建设	**Public Facilities**			
年末实有道路长度	Length of Paved Roads at Year-end	公里	km	490
道路面积	Area of Street	万平方米	10 000sq.m	1594
#人行道面积	Area of Sidewalk	万平方米	10 000sq.m	478
年末实有桥梁数	Number of Bridge at Year-end	座	unit	47
#立交桥	Overpass	座	unit	2
排水管道长度	Length of Draining Water Pipelines	公里	km	436
路灯盏数	Number of Street Lights	盏	unit	115305
污水年排放量	Volume of Sewage Annual Emission	万立方米	10 000cu.m	9203
污水处理厂座数	Number of Sewage Treatment Plant	座	unit	4
污水年处理量	Volume of Sewage Annual Disposal	万立方米	10 000cu.m	8004
液化石油气	**Liquefied Petroleum Gas**			
供气总量	Volume of Gas Supply	吨	ton	7890
#家庭用量	Volume of Household	吨	ton	7890
用气户数	Number of Household Used Gas	户	household	150000
#家庭用户	Household	户	household	150000
用气人口	Population with Access to Gas	万人	10 000 persons	45
天然气	**Natural Gas**			
供气总量	Volume of Gas Supply	万立方米	10 000cu.m	55092
#家庭用量	Volume of Household	万立方米	10 000cu.m	55092
用气户数	Number of Household Used Gas	户	household	195000
#家庭用户	Household	户	household	195000
用气人口	Population with Access to Gas	万人	10 000 persons	58.5
供气管道长度	Length of Gas Pipelines	公里	km	1334
集中供热	**Heating**			
供热能力(热水)	Heating Capacity(hot water)	兆瓦	mega watts	2947
#热电厂供热(热水)	Heating by Thermal Power Plan(t hot water)	兆瓦	mega watts	977.22
锅炉房供热	Heating by Boiler Room	兆瓦	mega watts	1955.5
供热总量(热水)	Quantity of Heat Supplied(hot water)	万吉焦	10 000gigajoules	2894
#热电厂供热(热水)	Heating by Thermal Power Plan(t hot water)	万吉焦	10 000gigajoules	905
管道长度(热水)	Length of Heating Pipelines(hot water)	公里	km	656
供热面积	Area of Centralized Heating	万平方米	10 000sq.m	3279
#住宅	Residence	万平方米	10 000sq.m	2721
集中供热率	Rate of Heating	%	%	71

12—7 主要年份城市规模及用地情况

指 标	Item	单位	Unit	2009 年
城市建成区面积	**Developed Areas of Cities**	**平方公里**	**sq.km**	**115.7**
城市建设用地面积	**Land Used of City Areas and Floor Space of Buildings**	**平方公里**	**sq.km**	**115.7**
#居住用地	Land Used of Residence	平方公里	sq.km	36.9
公共设施用地	Land Used of Public Facilities	平方公里	sq.km	22.5
工业用地	Land Used of Industry	平方公里	sq.km	14.6
仓储用地	Land Used of Warehousing	平方公里	sq.km	5.4
交通设施用地	Land Used of External Transport	平方公里	sq.km	5
公用设施用地	Land Used of Municipal Utilities	平方公里	sq.km	5.2

Public Transportation of City in Main Years

2010 年	2011 年	2012 年	2013 年	2014 年	2015 年	2016 年	2017 年
506	551	563	598	605	616	687	696.77
1652	1796	1809	1837	1881	1897	2535	2565.14
352	395	398	407	447	447	537	543.84
49	49	49	52	85	90	86	90
2	2	2	2	4	4	3	3
451	522	538	544	683	689	1136	1175.87
118093	120900	128000	134530	137198	143534	132466	126407
10525	10931	13281	15283	15658	15664	15992	16179
4	5	5	5	6	6	6	8
9662	10057	12125	14214	14568	14724	15227	15419
7684	6950	11084	12321	14000	6570	5117	4056.29
7684	6950	5500	5573	5000	5528	4566	4056.29
100000	90000	72500	77060	97000	90000	101000	100920
100000	90000	72500	75198	97000	80000	90000	100920
39.9	35.92	28.3	20.45	21.34	13.5	13	22.01
86937	95626	147354	172394	172394	162000	163000	122153.97
86937	95626	45666	63261	60130	19785	46139	19561.84
278617	305588	336116	458688	519000	522531	562435	599772
278617	305588	336116	458609	519000	520000	557868	596612
66.36	72.95	80.2	113.29	123.76	124.8	135	130.75
1527	1560	1751	2124	2417	2542	2674.72	3233.04
2994.72	3107.72	3394.4	3551.62	3519.32	4028.1	4081.8	4519
977.22	977.22	977.2	989.22	935.22	1027	1027	1654
2003.5	2130.5	2417.2	2562.4	2584.1	3001.1	3054.8	2865
2940	2066.52	2462.7	2058.43	2176.65	2254.77	2539.67	2924
905	638.4	843.4	679.2	748.39	732.45	732.45	1075
755	963	1297	1384	1299	1672.68	1874.18	3000
3452	3564	3914	4093	4247	4663	5710.84	6138.8
2790	2680	3012	3197	3412	3699	4452.51	4835.9
71	71.1	72.4	73	71	71	71.3	80.2

Size and Land Used of City in Main Years

2010 年	2011 年	2012 年	2013 年	2014 年	2015 年	2016 年	2017 年
120.6	**126.4**	**135.1**	**148.6**	**160.8**	**166.8**	**170.70**	**194.04**
120.6	**126.4**	**135.1**	**148.6**	**160.8**	**166.8**	**170.70**	**194.04**
37.7	39.7	42.8	45.5	49.4	50.9	52.16	57.89
23.1	24	25.1	27.1	27.6	27.9	28.65	30.38
14.8	15	15.2	15.5	15.7	15.8	16.65	29.56
5.4	5.7	6.4	7.2	7.2	7.2	7.43	7.47
5.2	5.2	5.4	7.3	10.1	11.7	27.36	29.40
5.2	5.2	6.5	6.6	6.6	6.9	9.33	9.43

主要统计指标解释

【水综合生产能力】 指按供水设施取水、净化、送水、出厂输水干管等环节设计能力计算的综合生产能力。包括在原设计能力的基础上，经挖、革、改增加的生产能力。计算时，以四个环节中最薄弱的环节为主确定能力。原则上按设计能力填报，对于经过更新改造后，实际生产能力与设计能力相差很大的，按实际能力填报。

【供水管道长度】 指从送水泵至用户水表之间所有管道的长度。不包括新安装尚未使用、水厂内以及用户建筑物内的管道。在同一条街道埋设两条或两条以上管道时，应按每条管道的长度计算。

【供水总量】 指报告期供水企业（单位）供出的全部水量。包括有效供水量和漏损水量。有效供水量指水厂将水供出厂外后，各类用户实际使用到的水量。包括售水量和免费供水量。售水量指报告期供水企业（单位）收费供应的水量。免费供水量指无偿供应的水量，比如消防用水，特困居民免收水费的水量等。漏损水量指在供水过程中由于管道及附属设施破损而造成的漏水量、失窃水量以及水表失灵少计算的水量。

管道及附属设施漏水量指供水管道、闸井、表井、消火栓及中间加压设施（水池、水库、水塔）等各种管道及附属供水设施的明漏、暗漏、溢流、渗漏等漏失的水量。

【集中供热】 指从一个或多个热源通过热网向城市的热用户供给生产和生活热能的方式。要求具有一定的规模：大、中城市供热设备的单机容量在7兆瓦及以上（锅炉单台容量在10吨/时及以上），民用建筑供热面积在10万平方米及以上；小城市供热设备的单机容量在3兆瓦及以上（锅炉单台容量在4吨/时及以上），民用建筑供热面积在4万平方米及以上。工业供热能力不得小于7兆瓦（单台锅炉容量不小于10吨/时）。

【供热总量】 指在报告期供热企业（单位）向城市热用户输送全部蒸汽和热水的总热量。

【运营线路网长度】 指公共交通线路所通过的运营线路净长度。计算公式：运营线路网长度＝运营线路总长度－∑重复的线路长度

【污水处理能力】 指污水处理厂（或污水处理装置）每昼夜处理污水量的设计能力。

【绿化覆盖面积】 指城市中的乔木、灌木、草坪等所有植被的垂直投影面积。包括公园绿地、防护绿地、生产绿地、附属绿地、其他绿地的绿化种植覆盖面积、屋顶绿化覆盖面积以及零散树木的覆盖面积，不含各类绿地中的水域面积以及没有被植被覆盖的面积（硬化道路、无屋顶绿化的建筑物等）。乔木树冠下重迭的灌木和草本植物不能重复计算。

【绿地面积】 指报告期末用作园林和绿化的各种绿地面积。包括公园绿地、生产绿地、防护绿地、附属绿地和其他绿地的面积。

【公园绿地】 城市中向公众开放的、以游憩为主要功能，有一定的游憩设施和服务设施，同时兼有健全生态、美化景观、防灾减灾等综合作用的绿化用地。它是城市建设用地、城市绿地系统和城市市政公用设施的重要组成部分。

13

教育、科学、文化

Education, Science and Culture

13—1 主要年份各类学校在校学生数

单位:人

年份 Year	高等学校 Higher Education	# 普通高等学校 Regular Institutions of Higher Education	中等职业教育 Vocational Secondary Education	# 中等专业学校 Regular Specialized Secondary Schools	# 职业学校 Vocational Education Schools	普通中学 Regular Secondary Education Schools	小学 Primary Schools
1949			190	190		482	11151
1950			419	419		562	11459
1951			708	708		508	11975
1952			1247	1247		729	14769
1953			1389	1389		885	17549
1954			1379	1379		1219	16939
1955			1088	1088		1638	20483
1956			1720	1720		2530	27199
1957			1673	1673		3526	31500
1958	329	329	2254	2254		5285	52329
1959	784	784	2609	2609		6918	60622
1960	1079	1079	4522	4522		7081	65047
1961	1288	1288	2817	2817		6205	51191
1962	1174	1174	919	919		5729	44091
1963	1084	1084	724	724		6804	50397
1964	1056	1056	816	816		7497	62525
1965	982	982	1005	1005		9322	71561
1966	808	808	900	900		9278	67636
1967	627	627	635	635		8766	66962
1968	351	351	612	612		7696	70280
1969						11696	73706
1970			200	200		16141	70880
1971			300	300		19701	78410
1972	441	441	445	445		19741	91292
1973	1025	1025	693	693		25048	102186
1974	1614	1614	800	800		31220	112264
1975	2023	1719	1438	1438		40450	119871
1976	3097	2089	1440	1440		53128	125505
1977	2929	2160	1766	1766		61198	126011
1978	2690	2476	1896	1896		66814	126512
1979	7919	2542	2025	2025		63285	126062
1980	8582	3432	2648	2648		59887	123975
1981	7145	5078	3512	2668		55417	119041

Number of Students Enrollment by Level and Type in Main Years

(person)

年份 Year	高等学校 Higher Education	# 普通高等学校 Regular Institutions of Higher Education	中等职业教育 Vocational Secondary Education	# 中等专业学校 Regular Specialized Secondary Schools	# 职业学校 Vocational Education Schools	普通中学 Regular Secondary Education Schools	小学 Primary Schools
1982	8776	4204	3349	2677		52891	115465
1983	10485	4563	4254	3342	279	54279	116699
1984	8519	5025	5757	3362	1377	54361	124486
1985	11139	5790	7547	4423	1580	72492	127998
1986	12536	6540	7420	5435	708	65506	128881
1987	12035	6681	11389	6216	2962	71233	130626
1988	12849	6949	12530	6539	3318	66622	129165
1989	13327	7183	12398	6539	2922	63840	126347
1990	12338	7279	11939	6463	2724	69628	123323
1991	11581	7234	18482	11526	2822	68373	119993
1992	11554	7803	20740	12399	3063	67684	118854
1993	13625	8848	22937	13638	3452	63037	119394
1994	15246	9701	28962	18678	3511	63064	172321
1995	14645	9873	22719	12613	3488	65217	123587
1996	15090	9700	23373	12730	3150	67636	131027
1997	11301	10173	24652	13692	3046	69072	127990
1998	19283	10522	28895	17979	3366	69797	132165
1999	22025	12249	29100	19240	3447	70811	132018
2000	28879	15901	32327	22977	4174	77013	136022
2001	43441	20134	35105	26993	3816	84674	136781
2002	55489	25947	31965	24391	3809	92068	135561
2003	62235	30891	35733	26667	3734	99186	134594
2004	57434	36801	36163	26421	4363	104201	140541
2005	60034	40925	42516	30650	5284	107253	142453
2006	71558	46073	45616	31351	7007	106880	147824
2007	74904	52657	48823	30071	8624	109841	149188
2008	79619	60505	57608	33912	10350	115179	149977
2009	86307	62432	64499	40496	9536	120550	147663
2010	98132	69678	64730	46079	9404	123331	147483
2011	98975	74082	67992	50330	11903	123785	148184
2012	107978	78721	60456	45429	11060	125665	147703
2013	117248	88477	53923			128649	151903
2014	124760	97593	42020			130551	156931
2015	123507	97996	44739			130200	162121
2016	127580	98912	41434			129365	167635
2017	106916	101638	38294			130380	173587

13—2 主要年份各类学校专任教师数

单位:人

年份 Year	高等学校 Higher Education	#普通高等学校 Regular Institutions of Higher Education	中等职业教育 Vocational Secondary Education	#中等专业学校 Regular Specialized Secondary Schools	#职业学校 Vocational Education Schools	普通中学 Regular Secondary Education Schools	小学 Primary Schools
1949			21	21		40	433
1950			30	30		31	453
1951			42	42		37	508
1952			78	78		41	637
1953			67	67		45	487
1954			84	84		55	442
1955			55	55		62	525
1956			101	101	118		646
1957			103	103	142		779
1958	79	79	124	124	293		1223
1959	165	165	157	157	313		1397
1960	247	247	189	189	298		1682
1961	336	336	272	272	348		1622
1962	320	320	217	217	364		1591
1963	293	293	223	223	416		1682
1964	273	273	109	109	455		1965
1965	272	272	113	113	480		2214
1966	223	223	74	74	535		2447
1967	217	217	67	67	549		2079
1968	264	264	49	49	551		2264
1969	230	230	43	43	620		2612
1970	230	230	116	116	747		2862
1971	514	514	117	117	877		2679
1972	374	374	144	144	1047		3128
1973	467	467	161	161	1278		3512
1974	496	496	189	189	1393		3660
1975	535	518	330	330	1623		3969
1976	595	534	237	237	2132		4170
1977	674	580	232	232	2530		4433
1978	658	637	208	208	2503		4479
1979	718	712	370	370	2640		4369
1980	766	738	473	388	2913		4563
1981	724	720	506	506		2938	4551

Number of Full-time Teachers by Level and Type of Schools in Main Years

(person)

年份 Year	高等学校 Higher Education	#普通高等学校 Regular Institutions of Higher Education	中等职业教育 Vocational Secondary Education	#中等专业学校 Regular Specialized Secondary Schools	#职业学校 Vocational Education Schools	普通中学 Regular Secondary Education Schools	小学 Primary Schools
1982	990	862	1715	1378		3543	5063
1983	1173	1004	1695	1430	19	3622	5111
1984	1270	1126	1715	1363	89	3623	5082
1985	1426	1251	1737	1363	81	4135	5428
1986	1526	1322	2277	1853	46	4002	5314
1987	1590	1371	1512	969	200	3945	5338
1988	1789	1432	1747	969	217	3913	5407
1989	1749	1492	1984	975	221	5099	5534
1990	1717	1466	1672	950	273	4473	5388
1991	1803	1486	1948	1180	237	4210	5216
1992	1870	1562	2163	1328	233	4328	5536
1993	1829	1499	2232	1364	251	4382	5853
1994	1889	1736	2377	1465	248	4348	5988
1995	1792	1627	2428	1534	277	4466	6087
1996	1626	1626	2174	1364	240	4518	6054
1997	1779	1669	1872	975	263	4600	6140
1998	1777	1589	2249	1622	294	4625	6214
1999	1829	1646	2331	1516	299	4683	6543
2000	1897	1714	2352	1454	311	4855	6961
2001	2062	1867	2095	1345	320	5013	7087
2002	2063	1876	2159	1373	297	5256	7066
2003	2791	2711	1468	721	305	5675	6950
2004	2917	2917	1431	651	273	5873	6752
2005	3161	3161	1380	549	323	6146	6856
2006	3407	3407	1648	720	364	6398	6873
2007	3564	3564	1645	723	366	6424	6949
2008	3957	3892	2159	862	421	6941	6937
2009	3720	3655	2739	902	440	7185	7200
2010	5069	5004	2222	743	437	7310	7236
2011	5356	5290	1970	734	299	7555	7356
2012	5771	5703	1880	810	493	7789	7582
2013	6189	6119	2142			7940	7820
2014	6678	6606	2048			8182	8049
2015	7013	6937	1187			8537	8280
2016	6996	6920	1196			8752	8581
2017	7029	6953	1047			9023	8872

13—3 教育事业

(2017)

指 标	Item	单位	Unit	总计 Total	市区 City	永宁县 Yongning	贺兰县 Helan	灵武市 Lingwu
学校数	**Number of Schools**							
普通高等学校	Regular Institutions of Higher Education	所	unit	17	15	2		
成人高等学校	Institutions of Higher Education for Adult	所	unit	1	1			
中等职业学校	Regular Specialized Secondary Schools	所	unit	14	10	2	1	1
中学	Secondary Education Schools	所	unit	78	50	11	6	11
小学	Primary Schools	所	unit	194	108	28	26	32
本年毕业生数	**Graduates in This Year**							
普通高等学校	Regular Institutions of Higher Education	人	person	36876	33552	3324		
#研究生	Postgraduates	人	person	1539	1539			
成人高等学校	Institutions of Higher Education for Adult	人	person	1371	1371			
中等职业学校	Regular Specialized Secondary Schools	人	person	12499	9360	1242	1216	681
中学	Secondary Education Schools	人	person	42820	28802	5207	4291	4520
小学	Primary Schools	人	person	26266	15883	3900	3282	3201
本年招生数	**Number of New Student Enrollment This Year**							
普通高等学校	Regular Institutions of Higher Education	人	person	43894	39815	4079		
#研究生	Postgraduates	人	person	2247	2247			
成人高等学校	Institutions of Higher Education for Adult	人	person	950	950			
中等职业学校	Regular Specialized Secondary Schools	人	person	11659	7739	2202	532	1186
中学	Secondary Education Schools	人	person	44991	29491	7940	4592	4734
小学	Primary Schools	人	person	30881	19763	3892	3844	3382

Education

指 标	Item	单位	Unit	总计 Total	市 区 City	永宁县 Yongning	贺兰县 Helan	灵武市 Lingwu
本年在校学生数	**Number of Students Enrollment in This Year**							
普通高等学校	Regular Institutions of Higher Education	人	person	106916	94023	12893		
#研究生	Postgraduates	人	person	5278	5278			
成人高等学校	Institutions of Higher Education for Adult	人	person					
中等职业学校	Regular Specialized Secondary Schools	人	person	38294	27847	5222	1705	3520
中学	Secondary Education Schools	人	person	130380	85971	17024	13483	13902
小学	Primary Schools	人	person	173587	107751	23583	21676	20577
本年教职工数	**Number of Teachers and Staff in This Year**							
普通高等学校	Regular Institutions of Higher Education	人	person	10263	9423	840		
成人高等学校	Institutions of Higher Education for Adult	人	person	124	124			
中等职业学校	Regular Specialized Secondary Schools	人	person	1643	1231	134	152	126
中学	Secondary Education Schools	人	person	9930	6529	1335	1092	974
小学	Primary Schools	人	person	9056	5370	1199	1269	1218
本年专任教师数	**Number of Full-time Teachers in This Year**							
普通高等学校	Regular Institutions of Higher Education	人	person	7029	6335	694		
成人高等学校	Institutions of Higher Education for Adult	人	person	76	76			
中等职业学校	Regular Specialized Secondary Schools	人	person	1047	753	85	83	126
中学	Secondary Education Schools	人	person	9023	5948	1222	888	965
小学	Primary Schools	人	person	8872	5301	1198	1156	1217

13—4 学龄儿童入学和小学、初中毕业生情况

Enrollment of School-age Children and Graduates of Primary and Secondary Schools

指标	Item	单位	Uint	2016 年	2017 年
学龄儿童入学情况	**Enrollment of Children at School-age**				
学龄儿童数	Number of Children at School-age	人	person	158924	173581
已入学学龄儿童数	Total Enrollment		person	158924	173587
学龄儿童入学率	Persontage of Children at School-age Enrollment	%	%	100	100
小学毕业生升学情况	**Enrollment of Graduates of Primary Schools**				
小学毕业生数	Number of Graduates of Primary Schools	人	person	25458	26266
初级中学学校招生数	New Enrollment of Junior Secondary Schools	人	person	25631	26578
小学毕业生升学率	New Enrollment Percentage of Graduates of Primary Schools	%	%	100	100
初中毕业生升学情况	**Enrollment of Graduates of Junior Secondary Schools**				
初中毕业生数	Number of Graduates of Junior Secondary Schools	人	person	24293	24522
高中学校招生数	New Enrollment of Senior Secondary Schools	人	person	17866	18413
普通高中升学率	New Enrollment Percentage of Graduates of Regular Secondary Schools	人	person	61.8	75.1

13—5 广播电视基本情况

Basic Statistics on Radio and TV Stations

	Item	单位	Unit	2016年	2017年
广播	**Broadcasting**				
广播发射台和转播台	Broadcast Transmitting and Repeating Stations	座	unit	6	7
广播人口覆盖率	Population Coverage on Radio	%	%	100	100
节目套数	Program	套	unit	6	6
全年播出时间	Total Broadcasting-time This Year	时	hours	26452	26633
新闻资讯	News Programs	时	hours	8805	8828
专题服务	Special Subject Programs	时	hours	5494	5491
综艺类	General Entertainment Programs	时	hours	5868	5876
广告	Advertising Programs	时	hours	5268	5290
其他	Others	时	hours	1017	1030
广播节目制作	Production of Broadcasting	小时	hour	7354	7461
新　闻	News	小时	hour	2237	2283
专　题	Featured	小时	hour	1735	1719
综　艺	Variety	小时	hour	783	784
广　告	Advertising Programs	小时	hour	2442	2504
其　他	Others	小时	hour	157	171
电视	**TV**				
电视发射台和转播台	TV Transmission and Relaying Stations	座	unit	8	6
电视人口覆盖率	Viewer Rate	%	%	100	100
节目套数	Program	套	unit	6	6
全年播出时间	Production of TV Programs	时	hours	37101	37041
新闻资讯	News Programs	时	hours	2914	2946
专题服务	Special Subject Programs	时	hours	3379	3369
综艺类	General Entertainment Programs	时	hours	3551	3530
广告	Advertising Programs	时	hours	6603	6548
影视剧	TV Play Programs	时	hours	18394	18384
其他	Others	时	hours	2260	2264
电视节目制作	Production of TV Programs	小时	hour	7354	4801
新闻资讯	News Programs	时	hours	2237	1323
专题服务	Special Subject Programs	时	hours	1735	1584
综艺类	General Entertainment Programs	时	hours	783	543
广告	Advertising Programs	时	hours	2442	1179
其他	Others	时	hours	157	172

13—6 新闻出版情况

Publication of Books,Magazines and Newspapers

指　标	Item	单位	Uint	2016年	2017年
图书出版种数	**Total**	**种**	**kind**	**3098**	**3909**
新出版	New Publication	种	kind	1645	811
总印数	Printed Copies	万册	10 000 copies	4549	5837
总印张	Printed Sheets	千印张	1000 sheets	462663	628680
期刊出版种数	**Number of Magazine Publication**	**种**	**kind**	**37**	**37**
总印数	Printed Copies	万册	10 000 copies	679	649
总印张	Printed Sheets	千印张	1000 sheets	54238	47627
报纸出版种数	**Number of Newspaper Publication**	**种**	**kind**	**19**	**19**
总印数	Printed Copies	万份	10 000 copies	10469	10524
总印张	Printed Sheets	千印张	1000 sheets	275443	271142

13—7 公共图书馆基本情况

(2017)

指标	Item	总藏书量(册) Total Collections (volumes)	#开架书刊 Open-shelf Books	书架单层总长度(米) Total Length of Shelves(m)
合　计	**Total**	**3905281**	**1453587**	**67445**
其中:宁夏图书馆	Ningxia Library	2167924	519104	44896
市属合计	**Public Libraries at Yinchuan Municipal Level**	**1737357**	**934483**	**22549**
银川市图书馆	Yinchuan	948617	485344	12219
兴庆区图书馆	Xingqing	108323	85394	1750
金凤区图书馆	Jinfeng	47570	47418	750
西夏区图书馆	Xixia	96154	76154	1000
永宁县图书馆	Yongning	126187	121291	1800
贺兰县图书馆	Helan	236958	98579	3200
灵武市图书馆	Lingwu	173548	20303	1830

13—8 艺术表演团体基本情况

(2017)

指标	Item	本团原创首演剧目 Original Created and Showed Performances	国内演出场次 Number of Domestic Performances
合　计	Total	2	1813
区属合计	Total of Provincial Level	2	1218
宁夏歌舞团	Ningxia Sing and Dance Troupe		269
宁夏京剧团	Ningxia Peking-opera Troupe		335
宁夏话剧团	Ningxia Drama Troupe	1	222
宁夏秦腔剧团	Ningxia Qinqiang Troupe	1	392
市属合计	Total of Yinchuan Municiqal Level		595
银川艺术剧院有限公司	Yinchuan Art Theatre Ltd.		595

13—9 群众艺术馆、文化馆基本情况

(2017)

指标	Item	举办展览个数(个) Number of Exhibitions (unit)
合　计	Total	52
其中:宁夏文化馆	Ningxia Cultral Center	21
市属合计	**Total Cultral Center at Yinchuan Municiqal Level**	**31**
银川市文化艺术馆	Yinchuan	10
兴庆区文化馆	Xingqing	5
金凤区文化馆	Jinfeng	2
西夏区文化馆	Xixia	8
永宁县文化馆	Yongning	2
贺兰县文化馆	Helan	4
灵武市文化馆	Lingwu	

Facilities and Services of Public Libraries

发放借书证数（个） Number of Library Cards Distributed(unit)	总流通人次（千人次） Total Number of Circulation (1000person-times)	#书刊外借千人次 Number of Books Borrowed by Readers	为读者举办各种活动 Activites Hold for Readers 次数(次) Times(times)	为读者举办各种活动 Activites Hold for Readers 参加人次（人次） Participated (Person-times	阅览室座席（个） Seating Capacity of Rerding-rooms	#少儿阅读室座席 Seats for Younger Children
128739	**2924.24**	**1057.71**	**255**	**104445**	**4020**	**762**
62898	1530	556.59	109	54396	1500	150
65841	**1394.24**	**501.12**	**146**	**50049**	**2520**	**612**
10474	607.14	312.74	54	27161	864	176
1798	33.96	17.39	10	12000	306	48
7500	61.92	4.45	11	1850	240	60
1430	170	70	14	2440	164	48
9130	45	20	18	2074	280	46
1421	362.3	67.88	37	4444	490	108
34088	113.92	8.66	2	80	176	126

Basic Statistics of Art Performance Troupes

# 农村演出场次 Shows in Rural Areas	国内观众人次（千人次） Number of Domestic Spectators (1000person-times)	国外演出场次（场） Number of Perfofmances Showed Abroad (unit)
662	1114.61	
542	1014.61	
93	222.5	
135	70.33	
64	139.2	
250	582.58	
120	100	
120	100	

Basic Statistics of Mass Art Centres and Cultral Centres

组织文艺活动次数（次） Art Performances and Story-telling Sessions (times)	举办训练班 Training Courses 班次（次） Number of Classes(times)	举办训练班 Training Courses 培训人次（人次） Number of Persons Completing Courses (person-times)
2452	349	27600
145	40	4600
2307	**309**	**23000**
465	100	5000
362	34	3000
500	80	2000
310	41	6000
200	10	2000
120	24	3200
350	20	1800

13—10 银川市规模以上工业企业科技活动情况

Basic Statistics on Scientific Reserch of Indusrtial Enterprises above Designated Size in Yinchuan

指 标	Item	2017年
企业数(个)	Number of Enterprises(unit)	462
#有 R&D 活动的企业	Number of Enterprises Having R&D Activities	121
#有研发机构单位数	Number of Enterprises Having R&D Institutions	72
R&D 人员折合全时人员当量(人年)	Full-time Equivalent of R&D Persone(1 man-year)	3923
基础研究	Basic Research	
应用研究	Applied Research	84
试验发展	Experimental Development	3840
R&D 经费内部支出(万元)	Intramural Expenditure on R&D(10000 yuan)	157253.4
按经济活动类型分	Grouped by Type of Intramural Expenditure on R&D	
#基础研究支出	Basic Research	
应用研究支出	Applied Research	2625.8
试验发展支出	Experimental Development	154627.6
按资金来源分	Grouped by Fund Resource	
#企业资金	Self-raised Funds by Enterprises	143061.8
政府资金	Government Funds	14027.1
其他资金	Others	164.4
境外资金	Foreign Funds	6.1
R&D 经费内部支出相当于国内生产总值比例(%)	Proportion of Intramural Expenditure on R&D to GDP(%)	1.39
专利申请数(件)	Patent Applications(item)	1276
#发明专利	Inventive Patent	682
发表科技论文(篇)	Scientific Papers Issued(pieces)	616
新产品开发项目数(项)	Number of New Products R&D Projec(t item)	672
新产品开发经费支出(万元)	Expenditure of New Products R&D Projec(t 10000 yuan)	81442.3
新产品产值(万元)	Output Value of New Products(10000 yuan)	2420749.1
新产品销售收入(万元)	Sales Revenue of New Products(10000 yuan)	2235867.1
技术改造经费支出(万元)	Expenditure of Technology Update(10000 yuan)	267527.3
技术引进经费支出(万元)	Expenditure of Technology Introduction(10000 yuan)	244.9
消化吸收经费支出(万元)	Expenditure for Assimilation of Technology(10000 yuan)	50.0
购买国内技术经费支出(万元)	Expenditure for Purchase of Domestic Technology(10000 yuan)	5077.5

主要统计指标解释

【高等学校】 指按国家规定审批程序批准举办，通过全国统一招生考试招收高级中等学校毕业生或具有同等学历者，实施高等教育，培养高等专门人才的学校。包括大学、专门学院、高等专科学校和短期职业大学。

【成人高等学校】 指按照国家规定的审批程序批准举办，招收高中毕业或同等学历者，利用多种形式对成人实施高等教育，培养相当普通高等学校专科或本科毕业水平的专门人才的学校。包括广播电视大学、职工高等学校、农民高等学校、干部管理学院、教育学院、独立函授学院以及普通高等学校举办的函授、夜大学等。

【毕业生数】 指上学年度内，具有学籍的学生学完教学计划规定的全部课程，考试及格，实际毕业的学生数。不包括结业生和肄业生数。

【招生数】 指新学年开学时，一年级实际招收入学的新生数。不包括留级生和复学生数。

【在校学生数】 指学年初具有学籍的在校生总数。

【专任教师】 指主要从事教育工作人员。包括临时（一年以内）调去帮助做其他工作的教学人员。不包括调离教学岗位，担任行政领导工作或其他工作的原教学人员；不包括兼任教师和代课教师。

【艺术表演团体】 指从事戏曲、音乐、舞蹈、杂技等专业艺术表演，有独立账户，实行单独核算的团体。不包括半工半艺、半农半艺的业余剧团。

【艺术表演观众人数（人次）】 指售票、包场演出或民族地区免费演出的艺术表演观众人次数。不包括彩排审查和内部观摩演出的观看人次数。

14

卫生、体育、民政、司法及其他

Public Health, Sports, Civil Administration, Justic ang Others

14—1 主要年份卫生发展情况

年份 Year	卫生机构数(个) Number of Health Care Institutions (unit)	医院、卫生院(个) Hospitals and Health Centers (unit)	#医院 Hospitals	卫生技术人员(人) Medical Technology personne(1 person)	#医生 Doctors	卫生机构床位数(张) Number of Beds in Health Care Institutions (bed)
1949	3	13	1	124	102	40
1950	18	15	4	158	14	40
1951	31	15	4	182	122	50
1952	26	15	4	251	148	120
1953	37	19	8	371	189	150
1954	51	21	10	471	231	200
1955	56	22	11	514	239	255
1956	83	21	10	708	396	276
1957	83	22	11	779	422	341
1958	96	25	14	992	487	501
1959	129	25	14	1210	648	635
1960	176	26	15	1379	777	726
1961	195	35	24	1444	735	739
1962	175	36	25	1344	692	795
1963	167	36	25	1500	756	924
1964	205	37	26	1712	815	1126
1965	199	37	26	1707	788	1234
1966	195	42	31	1834	812	1296
1967	190	42	31	1858	820	1313
1968	177	42	31	1905	852	1348
1969	176	42	31	1951	912	1448
1970	182	43	32	1993	993	1432
1971	192	47	36	2174	1060	1764
1972	208	48	37	2867	1273	1830
1973	243	47	36	3002	1396	1891
1974	257	46	35	3478	1605	2075
1975	275	53	42	3625	1653	2429
1976	313	55	44	3950	1813	2650
1977	331	57	46	4275	1934	2953
1978	312	60	60	4280	2000	2859
1979	337	58	58	4572	2078	2653
1980	392	60	60	5126	2354	2749
1981	416	61	61	5400	2352	3008
1982	466	61	61	5785	2440	3180

注:从2007年起含社区卫生服务中心、诊所卫生所和医务室,从2011年起含村卫生室。

Basic Statistics of Health Care Development in Main Years

年份 Year	卫生机构数(个) Number of Health Care Institutions (unit)	医院、卫生院(个) Hospitals and Health Centers (unit)	#医院 Hospitals	卫生技术人员(人) Medical Technology personne(1 person)	#医生 Doctors	卫生机构床位数(张) Number of Beds in Health Care Institutions (bed)
1983	474	63	63	6085	2610	3237
1984	438	63	63	6093	2613	3470
1985	433	59	59	6252	2758	3495
1986	475	53	53	6720	3021	3792
1987	478	45	45	7060	3221	3797
1988	455	56	56	7316	3418	4237
1989	447	55	55	7650	3585	4253
1990	510	54	54	7876	4082	4491
1991	472	51	51	8224	4060	4906
1992	471	53	53	8567	4136	5082
1993	389	50	50	8798	4364	5645
1994	403	74	74	7493	3641	5680
1995	134	76	76	7552	3845	5759
1996	148	67	67	7820	3678	5575
1997	135	67	67	7990	3754	5730
1998	136	67	67	7881	3564	5908
1999	136	40	40	7894	3612	5761
2000	137	39	39	7932	4033	6166
2001	137	86	49	8189	3860	6148
2002	130	83	42	7900	3357	6155
2003	149	94	53	8256	3582	6845
2004	163	107	62	8751	3762	7726
2005	158	104	59	8619	3660	8058
2006	143	95	52	8581	3631	8132
2007	495	101	58	10733	4541	7975
2008	595	101	59	11532	4827	8333
2009	533	101	61	12626	5096	8506
2010	543	99	61	13667	5301	9472
2011	862	99	61	14651	5461	10329
2012	903	91	53	15952	5829	11313
2013	931	92	54	17562	6429	12898
2014	939	92	53	19288	7059	13688
2015	964	92	53	20408	7578	14079
2016	967	104	65	22077	8306	15494
2017	1027	109	70	23603	8990	16675

a)Since 2007, date in this table included community sanitary serive center, clinic health conter and infirmary, included village clinic since 2011.

14—2 卫生机构、床位、人员数

单位:人 (2017)

指 标	Item	机构数(个) Health Care Institutions (unit)
总 计	**Total**	**1027**
医院	**Hospitals**	**70**
综合医院	Ceneral Hospitals	37
中医医院	Hospitals Specialized in Chinese Medicine	8
中西医结合医院	Hospitals of Traditional Chinise and Western Medicine	1
专科医院	Specialized Hospitals	24
基层医疗卫生机构	**Primary level of Medieal and Health Institutions**	**920**
社区卫生服务中心(站)	Community Health Centers(station)	82
卫生院	Health Centers	39
村卫生室	Village Clinics	235
门诊部	Clinics	10
诊所、卫生所、医务室	Clinics,Health Centers and Dispensaries	554
专业公共卫生机构	**Professional Publil Health Agencies**	**29**
急救中心(站)	Emergency Centers(station)	1
采供血机构	Blood Stations	1
妇幼保健院(所、站)	Maternity and Child Care Centers(unit, station)	5
疾病预防控制中心	Center for Disease Control and Prevention	8
卫生监督所(中心)	Health Supervision centers(center)	8
计划生育服务机构	Family Planning Centers	3
健康教育所(站、中心)	Health Education Centers(station,center)	3
其他卫生机构	**Other Institutions**	**8**
医学在职培训机构	Health In-service Training Centers	
疗养院	Sanatoriums	1
统计信息中心	Statistical Information Center	1
其他	**Others**	**6**

Number of Health Care Institutions,Beds and Persons

(person)

床位数(张) Beds (bed)	工作人员 Number of Staff	卫生技术人员 Medical Technical Personnel	#医生 Doctors	其他技术人员 Other Technical Personnel	管理人员 Administrators	工勤人员 Workers
16675	**28764**	**23603**	**8990**	**1111**	**1675**	**1956**
15061	**21589**	**17637**	**6356**	**892**	**1444**	**1616**
11403	16597	13760	5008	595	1144	1098
1743	2111	1812	678	135	63	101
60	90	78	25	4	6	2
1855	2791	1987	645	158	231	415
877	**4551**	**3837**	**1858**	**61**	**65**	**169**
212	1134	1063	359	18	22	31
665	908	799	322	30	33	46
	448	29	20			
	174	133	56	10	7	24
	1887	1813	1101	3	3	68
637	**2385**	**1992**	**727**	**130**	**136**	**127**
	33	20	12		3	10
	133	101	17	13	7	12
637	1511	1291	442	79	64	77
	450	373	228	30	26	21
	183	156		1	19	7
	55	41	19	2	12	
	20	10	9	5	5	
100	**239**	**137**	**49**	**28**	**30**	**44**
100	41	27	15	2	11	1
	15	5	1	7	3	
	183	**105**	**33**	**19**	**16**	**43**

14—3 卫生事业
Health Protection

(2017)

指 标	Item	全市 Yinchuan	#市区 City
机构数(个)	Health Care Institutions(unit)	1027	610
#医院	Hospitals	70	66
床位数(张)	Beds(bed)	16675	12821
人员数(人)	Number of Sta(f f person)	28764	15467
卫生技术人员	Medical Technical Personnel	23603	20165
执业(助理)医师	Licensed and Assistant Doctors	8990	7756
#执业医师	Licensed Doctors	8369	7394
注册护士	Regietered Nurses	10763	9386
药师(士)	Phamacis(t person)	1268	1012
技师(士)	Technician(person)	1244	1042
#检验师	Library Technician	825	697
其他	Others	1338	969
其他技术人员	Other Technical Personnel	1111	893
管理人员	Administrators	1675	1483
工勤技能人员	Workers	1956	1712

14—4 中心敬老院、敬老院情况
Basic Statistics of Homes for the Elderly

(2017)

指 标	Item	全市 Yinchuan
院数(个)	Number of Geracomiums(unit)	27
床位数(张)	Beds(bed)	4196
年末在院人员数(人)	Adoptd Persons at Year-end(person)	1313

14—5 群众体育活动情况
Basic Statistics of Mass Sports

(2017)

指 标	Item	举办全民健身活动次数(次) Number of Mass Sports Activities hold (times)	参加活动人数(万人) Number of Attendees (10000persons)
总 计	**Total**	**188**	**56.2**
银川市	Yinchuan	11	13
兴庆区	Xingqing	42	5.2
西夏区	Xixia	17	2.8
金凤区	Jinfeng	26	11.8
永宁县	Yongning	47	8
贺兰县	Helan	24	9.6
灵武市	Lingwu	21	5.8

14—6 体育场地数(标准)

Number of Sports Venues(Standard)

单位:个　　　　(2017)　　　　(unit)

指 标	Item	体育场 Stadium	体育馆 Gymnasium	游泳馆 Natatorium	游泳池 Swimming Pool	综合训练馆 Comprehenswe Training Venue
总 计	**Total**	**26**	**16**	**11**	**5**	**24**
兴庆区	Xingqing	8	5	8	1	1
西夏区	Xixia	7	5	1	2	19
金凤区	Jinfeng		2	1		
永宁县	Yongning	4				
贺兰县	Helan	2	3		1	3
灵武市	Lingwu	5	1	1	1	1

注:2017 年不包括大中专院校的体育场、馆。

a)The date in above table is not included colleges and technical secondary school in 2016.

14—7 重点优抚对象人员情况

Basic Statistics of Key Preferencial Treatment Group

单位:人　　　　(person)

指 标	Item	2016 年	2017 年
重点优抚对象总人数	Total Number of Recsiving Key Preferential Treatnent	3385	3580
残疾军人		1136	967
"三属"人员	Three Types of Family Members	95	98
#烈士家属	Family Members of Martyr	43	40
牺牲军人家属	Family Members of Sacrifice Soldiers	25	26
病故军人家属	Family Members of Disseas Dead Soldiers	27	32
在乡退伍红军老战士、在乡西路 军红军老 战士、红军失散人员	Retired Old Soldiers ofRed Army in the Township, Old Soldiers of Xilujun in the Township and Lost Staff of Red Army	1	0
在乡复员军人	Number of Demobilized Soldiers in Rural Areas	396	296
带病回乡退伍军人	Number of Returning Soldiers With Disseas	68	76
参战退役人员	Number of Ex-serviceman of War -participater	318	312
参核退役人员	Number of Ex-serviceman of Nuclear-participater	131	142

14—8 社会救济对象情况

Basic Statistics of Social Relief

单位:人 (person)

指标	Item	2016年	2017年
城乡低保对象	Number of Persons Receiving Minimum Living Allowance in Urban and Rural Areas	43072	39017
#城市低保对象	Number of Persons Receiving Minimum Living Allowance in Urban Areas	17849	15425
农村低保对象	Number of Persons Receiving Minimum Living Allowance in Rural Areas	25223	23592
特困人员总数		1286	1288
#集中供养	Concentrated Support	425	444
散居供养	Scatterd Support	861	844

14—9 律师、公证、调解工作基本情况

Basic Statistics on Lawyers,Notarization and Mediation

指 标	Item	单位	Unit	2016年	2017年
律师工作	**Lawyers**				
律师事务所	Number of Law Offices	家	unit	62	72
律师	Lawyers	人	person	1360	1607
担任法律顾问	Legal Advisors	家	unit	1598	1820
民(商)事代理	Agent of Civil Cases	件	case	14678	12918
刑事辩护	Defender of Criminal Cases	件	case	1138	1985
非诉讼事件	Agent of Non-Litigious Legal Affairs	件	case	1969	1774
解答法律询问	Agent of Legal Advisory	人次	person-time	19041	15945
代写法律事务文书	Agent of Legal Documents Written on Behalf of Clients	件	case	5330	5945
公证工作	**Notarization**				
公证处	Number of Notary Offices	家	unit	5	5
公证员	Notaries Personnel	人	person	56	52
办理公证	Number of Notarized Documents	件	case	29448	37662
办理涉外公证	Number of Notarized Documents Concerning Foreign Affairs	件	case	3884	4050
人民调解	**People's Mediation**				
人民调解委员会	Number of Full-time Judicial Assistants	个	unit	851	765
人民调解员	Number of People's Mediation Committees	人	person	4522	5443
调解民间纠纷	Number of Mediators	件	case	8545	8917

14—10 社会治安

Public Security

指 标	Item	单位	Unit	2016年	2017年
火灾	**Fire Accidents**				
火灾起数	Number of Fire Accidents	起	case	2084	1748
火灾死亡、伤亡人数	Number of Deaths and Injuries	人	person	3	2
#死亡人数	Number of Deaths	人	person	3	2
火灾事故经济损失	Losses Converted into Cash	万元	10 000 yuan	619.29	485.49
交通事故	**Traffic Accidents**				
交通事故起数	Number of Traffic Accidents	起	case	790	769
交通事故死亡、伤亡人数	Number of Deaths and Injuries	人	person	1047	993
#死亡人数	Number of Deaths	人	person	101	87
交通事故经济损失	Economil Loss of Traffic Accident	万元	10 000 yuan	449.56	624.59
刑事案件	**Criminal Cases**				
刑事案件立案数	Registered Criminal Cases	起	case	22519	19577
刑事案件破案数	Solved Criminal Cases	起	case	9276	9522

14—11 银川市一级以上地震情况

Basic Statistics of Level One Grade above Earthquake

年份 Year	发震时间 Earthquake Occurrence					震中位 Epicenter			震级 Earthquake magnitude
	月 Month	日 Date	时 Hour	分 Minute	秒 Second	经度 Longitude	纬度 Latitude	地点 Place	Ms
2017	3	7	11	41	42	106.30°	38.02°	灵武	1.5
2017	3	7	11	44	13	106.29°	38.04°	灵武	1.6
2017	5	9	8	8	46	106.29°	38.03°	灵武	1.2
2017	5	11	20	1	55	106.28°	38.04°	灵武	2.5
2017	8	25	2	3	28	106.39°	37.82°	灵武	1.7
2017	10	28	21	4	0	106.39°	38.01°	灵武	1.4
2017	12	18	22	45	6	106.26°	38.55°	银川	1.4

注：据宁夏地震台网测定，不含离台较远的单台地震。

a)The data in above table excluding from the station far single seismic station.

14—12 工业"三废"排放及处理利用情况

指标	Item	单位	Unit
工业废水排放总量	**Industrial Waste Water Discharge**	**万吨**	**10 000 tons**
工业废水中污染物排放量	**Pollutant Emissions of Volume Industrial Waste Water**		
化学需氧量	Chemical Oxygon Demand	吨	ton
氨氮	Ammonia Nitrogen	吨	ton
镉	Cadmium	千克	Kilogram
六价铬	Hexavalent Chromium	千克	Kilogram
铅	Lead	千克	Kilogram
砷	Arsenic	千克	Kilogram
挥发酚	Volatile Phenol	千克	Kilogram
氰化物	Cyanide	千克	Kilogram
石油类	Oil Type	吨	ton
工业废气排放总量	**Waste Air Emission Volume of Industrial**	**万标立方米**	**standard10 000cu.m**
工业二氧化硫排放量	**Emission Volume of Industrial Sulphur Dioxide**	**吨**	**ton**
工业氮氧化物排放量	**Emission Volume of Industrial Nitrogen Oxide**	**吨**	**ton**
烟(粉)尘排放量	**Emission Volume of Soot(dust)**	**吨**	**ton**
工业固体废物产生量	**Solid Wastes Produced Volume of Industrial**	**万吨**	**10 000 tons**
工业固体废物综合利用量	**Solid Wastes Utilized Volume of Industrial**	**万吨**	**10 000 tons**
工业固体废物贮存量	**Solid Wastes Stored Volume of Industrial**	**万吨**	**10 000 tons**
工业固体废物处置量	**Solid Wastes Dealed Volume of Industrial**	**万吨**	**10 000 tons**
工业固体废物排放量	**Solid Wastes Discharge Volume of Industrial**	**万吨**	**10 000 tons**
工业取水总量	**Water Volume of Industrial**	**万吨**	**standard10 000cu.m**

注:2011 年,烟尘与工业粉尘合并统计,指标更名称为"烟(粉)尘"排放量。

14—13 万元工业增加值主要污染物排放强度

单位:吨/万元

指标	Item	2010 年
万元工业增加值废水排放强度	Emission Intensity of Waste Water	19.73
万元工业增加值化学需氧量排放强度	Emission Intensity of ChemicalOxygen Demand	0.0050
万元工业增加值烟(粉)尘排放强度	Emission Intensity of Industrial Fumes(dust)	0.0035
万元工业增加值二氧化硫排放强度	Emission Intensity of Sulfur Dioxide	0.0081

Basic Statistics of Industrial Waste Water, Waste Gas&Solid Wastes Discharge and Utilization

2016 年	2017 年
3672.26	**2310.39**
4697.29	2457.70
551.5	328.86
5.94	4.01
9.3	
1286.84	5374.98
166.57	0.003
21.95	6.41
24966392.44	**24682971.52**
24365.73	**13727.69**
26006.22	**19527.64**
11220.04	**29421.02**
902.39	**1108.11**
334.96	**359.59**
261.19	**362.48**
309.39	**386.26**
5954.94	**6260.77**

a) The data in above table that soot and industrial dust merger statistics, index name changed to soo(t dust) emissions Since 2011.

Intensity of Main Pollutant Emissions by Ten Thousand Value Added of Industry

(ton/10 000yuan)

2011 年	2012 年	2013 年	2014 年	2015 年	2016 年	2017 年
15.33	12.64	11.84	9.9	8.6	6.08	3.48
0.0046	0.0035	0.0032	0.0025	0.0018	0.0008	0.0004
0.0067	0.0056	0.0052	0.0049	0.0033	0.0019	0.0044
0.0190	0.0224	0.0177	0.0122	0.0115	0.0040	0.0021

主要统计指标解释

【卫生机构】 指各个部门(军事部门除外)、各种性质的设有专职卫生技术人员的卫生事业机 构包括:医院、卫生院、门诊部、采供血机构、妇幼 保健院(所、站)、专科疾病防治院(所、站)、疾病预 防控制中心(防疫站)、卫生监督所、医学科学研究 机构、医学在职培训机构、健康教育所(站、中心)、 其他卫生机构。

【医院】 指名称为医院、设有固定床位能收

容病人住院并能为病人提供医疗、护理服务的医 疗机构。包括县及县以上医院、农村乡卫生院、其 他医院三部分,按所属性质分为卫生部门、工业及 其他部门、集体所有制三类。其中县及县以上医 院按业务性质分为综合医院和专科医院。

【卫生技术人员】 指卫生事业机构支付工资的全部固定职工和合同制职工中现任职务为卫生技术工作的人员。包括执业医师、执业助理医师、注册护士、药剂人员、检验人员、其他。

【医生】 指经卫生部门审查合格,从事医疗工作的专业人员。包括卫生技术人员中的执业医师、执业助理医师、其他。

【公证员】 是国家的法律工作者,是在公证处专门行使国家证明权,独立办理公证事务的法律专业人员。

【公证文书】 是指公证处根据当事人的申请,依照事实和法律,按照法定程序制作的,具有特殊法律效力的司法证明文书。

【废水排放总量】 废水包括生产废水和生活废水。生产废水指企业事业单位在生产、科研、医疗等工作中,向外环境排放的所有废水。

【工业废水达标量】 指全国达到国家排放标准的外排工业废水量(包括经过处理和未经处理的)。但不包括虽经处理仍未达到国家排放标准的工业废水。

【工业粉尘回收量】 指经过各种回收处理装置回收的工业粉尘和尘泥量(包括干法和湿法)。

【工业粉尘排放量】 指生产工艺过程中排放的固体粉状物重量。

【工业固体废物产生量】 指工矿企业、事业单位在生产(试验)过程中产生的工业固体废弃物 总量,不包括矿山开采的剥离废石和掘进废石(煤 矸石除外)。

【工业固体废物综合利用量】 指已用作农业服料、造田、生产建筑材料以及其他方式综合利用 的工业固体废物量(不包括填埋和焚烧量)。

【三废综合利用产品产值】 指企业利用“三废”作为主要原料生产的回收利用的产品产值。

【三废综合利用利润】 指企业利用“三废”作为主要原料生产和回收利用的产品售后所得的利润额。

【污染事故】 指由于某种原因引起的、偶然的、突发性的向环境排放污染物,从而造成环境污染和损害,其直接经济损失在千元以上的事件。

15

全区分市县资料

Statistical Data by City and County

15—1 各市县地区生产总值

Gross Domestic Product by City and County

单位:万元 （2017） （10 000 yuan）

地区	Region	地区生产总值 Gross Domestic Product	第一产业 Primary Industry	第二产业 Secondary Industry	工业 Industry	建筑业 Construction	第三产业 Tertiary Industry	人均地区生产总值（元/人） Per Capita GDP (yuan/person)
银川市	**Yinchuan**	**18032581**	**613745**	**9042897**	**6633460**	**2411101**	**8375939**	**81660**
兴庆区	Xingqing	5464917	77125	1099461	676149	423502	4288330	73463
西夏区	Xixia	3390113	60630	1802040	1200581	601795	1527443	94904
金凤区	Jinfeng	2184215	42341	1056234	399698	656648	1085640	69232
永宁县	Yongning	1359380	155510	701451	391312	311045	502418	56431
贺兰县	Helan	1277278	175002	629458	433343	196176	472818	49417
灵武市	Lingwu	4356679	103137	3754253	3532377	221935	499289	149061
石嘴山市	**Shizuishan**	**5350118**	**277025**	**3232683**	**2651456**	**581227**	**1840410**	**66956**
大武口区	Dawukou	2164167	9828	1286635	1041794	244840	867704	70648
惠农区	Huinong	1607738	60934	1067464	870025	197439	479340	78675
平罗县	Pingluo	1578213	206263	878584	739636	138948	493366	54728
吴忠市	**Wuzhong**	**5081146**	**578026**	**2990179**	**2203100**	**787610**	**1512941**	**36394**
利通区	Litong	1895153	176594	1174851	846823	328028	543707	45931
红寺堡区	Hongsipu	193421	47465	90402	53249	37411	55554	9604
盐池县	Yanchi	855304	63369	516364	381701	134936	275571	54627
同心县	Tongxin	633354	114092	279305	192558	86747	239957	19192
青铜峡市	Qingtongxia	1503914	176505	929257	728769	200488	398152	50881
固原市	**Guyuan**	**2700952**	**510211**	**736357**	**371657**	**364872**	**1454384**	**22061**
原州区	Yuanzhou	1176599	150385	322526	193412	129251	703688	27768
西吉县	Xiji	615062	151004	145734	43282	102452	318324	17725
隆德县	Longde	250126	52693	74769	28719	46050	122665	16054
泾源县	Jingyuan	159689	27278	51798	15015	36783	80613	15814
彭阳县	Pengyang	499476	128852	141530	91229	50336	229094	25379
中卫市	**Zhongwei**	**3741277**	**528058**	**1671547**	**1168596**	**503173**	**1541672**	**32374**
沙坡头区	Shapotou	1716929	232124	663713	533407	130464	821091	42041
中宁县	Zhongning	1500752	177521	829939	545858	284146	493292	43271
海原县	Haiyuan	523596	118413	177894	89331	88563	227289	13076

注:1.本表绝对数按当年价格计算。
2.各市县产业数据按照最新三次产业划分执行。

Notes: a) Level data in this table are calculated at current prices.
b) The data of all cities and counties was calculated according to the division of the latest three strata industries.

15—1 续表 continued

地区 Region	构成(%) Conposition(%) 第一产业 Primary Industry	第二产业 Secondary Industry	第三产业 Tertiary Industry	指数(上年=100) Indices(preceding year=100) 地区生产总值 Gross Demestic Product	第一产业 Primary Industry	第二产业 Secondary Industry	第三产业 Tertiary Industry	人均地区生产总值 Per Capita GDP
银川市 Yinchuan	**3.4**	**50.1**	**46.4**	**108.0**	**104.2**	**106.4**	**110.1**	**106.5**
兴庆区 Xingqing	1.4	20.1	78.5	110.0	103.6	105.4	111.6	109.0
西夏区 Xixia	1.8	53.2	45.1	105.0	103.6	101.1	109.2	104.1
金凤区 Jinfeng	1.9	48.4	49.7	105.0	103.6	100.9	109.3	101.5
永宁县 Yongning	11.4	51.6	37.0	104.5	104.4	103.2	106.7	102.9
贺兰县 Helan	13.7	49.3	37.0	106.0	104.5	104.9	108.3	104.5
灵武市 Lingwu	2.4	86.2	11.5	111.2	104.4	112.0	107.1	110.1
石嘴山市 Shizuishan	**5.2**	**60.4**	**34.4**	**107.2**	**104.6**	**106.3**	**109.2**	**106.2**
大武口区 Dawukou	0.5	59.5	40.1	106.8	104.5	105.2	109.8	106.2
惠农区 Huinong	3.8	66.4	29.8	107.2	104.2	106.7	108.6	105.6
平罗县 Pingluo	13.1	55.7	31.3	107.6	104.7	107.6	109.0	106.6
吴忠市 Wuzhong	**11.4**	**58.8**	**29.8**	**108.0**	**104.6**	**108.9**	**107.5**	**106.8**
利通区 Litong	9.3	62.0	28.7	107.8	105.0	108.3	107.9	106.5
红寺堡区 Hongsipu	24.5	46.7	28.7	109.1	104.9	114.5	105.3	107.7
盐池县 Yanchi	7.4	60.4	32.2	110.1	104.2	112.2	107.8	108.9
同心县 Tongxin	18.0	44.1	37.9	109.6	104.7	113.1	108.4	108.5
青铜峡市 Qingtongxia	11.7	61.8	26.5	106.2	104.3	106.4	106.6	105.3
固原市 Guyuan	**18.9**	**27.3**	**53.8**	**107.7**	**104.2**	**109.5**	**108.1**	**106.9**
原州区 Yuanzhou	12.8	27.4	59.8	108.0	104.0	109.7	108.2	106.7
西吉县 Xiji	24.6	23.7	51.8	107.8	104.6	111.5	107.7	107.3
隆德县 Longde	21.1	29.9	49.0	106.4	104.0	106.2	107.5	106.9
泾源县 Jingyuan	17.1	32.4	50.5	103.0	104.3	98.8	105.4	102.1
彭阳县 Pengyang	25.8	28.3	45.9	108.8	103.9	113.1	109.4	108.2
中卫市 Zhongwei	**14.1**	**44.7**	**41.2**	**107.5**	**104.1**	**107.3**	**109.2**	**106.8**
沙坡头区 Shapotou	13.5	38.7	47.8	107.9	104.0	110.3	107.4	106.9
中宁县 Zhongning	11.8	55.3	32.9	107.6	104.3	105.2	113.3	106.5
海原县 Haiyuan	22.6	34.0	43.4	106.1	104.0	105.9	107.5	106.0

注:本表指数按可比价格计算。

Note: Indices in this table was calculated at constant prices.

15—2 各市县农林牧渔业总产值

Gross Output Value of Agriculture, Forestry, Animal Husbandry and Fishery by City and County

单位:万元　　（按现行价格计算 calculated at current price）(2017)　　(10 000 yuan)

地区	Region	农林牧渔业总产值 Gross Output Value of Agriculture, Forestry, Animal Husbandry and Fishery	农业 Agriculture	林业 Forestry	牧业 Animal Husbandry	渔业 Fishery	农林牧渔服务业 Output Value of Services for Agriculture, Forestry, Animal Husbandry and Fishery	农林牧渔业总产值指数(上年=100) Indices of Gross Output (preceding year=100)
全区总计	**Total**	**5174168**	**3089621**	**96885**	**1556804**	**186235**	**244623**	**104.5**
银川市	**Yinchuan**	**1236546**	**752550**	**9684**	**319487**	**78870**	**75954**	**104.4**
银川市辖区	District	379258	200066	3231	117116	15680	43165	104.0
永宁县	Yongning	290402	217059	2852	52086	8248	10157	104.0
贺兰县	Helan	350884	225745	462	66078	47913	10686	105.2
灵武市	Lingwu	216002	109681	3139	84207	7029	11946	104.4
石嘴山市	**Shizuishan**	**543649**	**352503**	**3002**	**113538**	**55233**	**19372**	**104.6**
大武口区	Dawukou	26318	7737	556	3408	10541	4075	104.6
惠农区	Huinong	125331	75012	1048	41856	3810	3604	104.4
平罗县	Pingluo	392000	269754	1397	68273	40883	11693	104.7
吴忠市	**Wuzhong**	**1216063**	**593097**	**14471**	**536436**	**20909**	**51150**	**104.7**
利通区	Litong	390220	144176	1016	219025	5004	21000	104.9
红寺堡区	Hongsipu	93237	65190	2979	21682	0	3387	104.5
盐池县	Yanchi	145558	49011	4178	83837	239	8293	104.6
同心县	Tongxin	245638	134153	2219	102076	0	7190	104.3
青铜峡市	Qingtongxia	341410	200567	4080	109817	15667	11280	104.8
固原市	**Guyuan**	**1140436**	**688062**	**60386**	**325688**	**1260**	**65039**	**104.2**
原州区	Yuanzhou	335803	221656	4687	88449	657	20353	104.3
西吉县	Xiji	326353	229788	4099	73474	603	18390	104.5
隆德县	Longde	126839	69950	10543	39456	0	6890	104.3
泾源县	Jingyuan	83326	15623	17034	39373	0	11296	103.8
彭阳县	Pengyang	268116	151046	24023	84937	0	8110	103.9
中卫市	**Zhongwei**	**1037474**	**703408**	**9341**	**261655**	**29962**	**33108**	**104.6**
沙坡头区	Shapotou	446112	307461	3070	100520	22612	12450	105.2
中宁县	Zhongning	356596	243013	2946	91352	7264	12020	104.5
海原县	Haiyuan	234766	152935	3325	69783	86	8638	103.7

15—3 各市县农林牧渔业增加值

Value-added of Agriculture, Forestry, Animal Husbandry and Fishery by City and County

单位:万元　　（按现行价格计算 calculated at current price）(2017)　　(10 000 yuan)

地　区	Region	农林牧渔业增加值 Value Added of Agriculture, Forestry, Animal Husbandry and Fishery	农业 Agriculture	林业 Forestry	牧业 Animal Husbandry	渔业 Fishery	农林牧渔服务业 Output Value of Services for Agriculture, Forestry, Animal Husbandry and Fishery	农林牧渔业增加值指数（上年=100） Indices of Value Added of Agriculture, Forestry, Animal Husbandry and Fishery (preceding year=100)
全区总计	**Total**	**2662745**	**1742644**	**33899**	**657712**	**72005**	**156486**	**104.4**
银川市	**Yinchuan**	**662049**	**453463**	**3369**	**127285**	**29364**	**48568**	**104.3**
银川市辖区	District	209897	128548	1147	46807	5726	27669	104.0
永宁县	Yongning	160213	129601	955	19999	3172	6485	104.4
贺兰县	Helan	180542	130156	163	25797	17632	6794	104.5
灵武市	Lingwu	111397	65158	1104	34682	2833	7620	104.5
石嘴山市	**Shizuishan**	**286588**	**206406**	**1095**	**44855**	**21877**	**12356**	**104.5**
大武口区	Dawukou	12581	4191	192	1499	4092	2608	104.7
惠农区	Huinong	63780	44028	409	15619	1457	2267	104.1
平罗县	Pingluo	210226	158186	494	27737	16327	7481	104.7
吴忠市	**Wuzhong**	**623179**	**330150**	**5134**	**247085**	**8080**	**32730**	**104.6**
利通区	Litong	202618	75433	372	111326	2046	13440	104.9
红寺堡区	Hongsipu	48569	36891	888	8622	0	2167	104.8
盐池县	Yanchi	68932	26770	1533	35226	96	5307	104.1
同心县	Tongxin	117113	67487	880	44155	0	4591	104.7
青铜峡市	Qingtongxia	185947	123569	1460	47756	5938	7224	104.4
固原市	**Guyuan**	**545109**	**348071**	**21087**	**133844**	**462**	**41645**	**104.3**
原州区	Yuanzhou	161736	113909	1655	32935	241	12996	104.2
西吉县	Xiji	159578	114457	1492	31665	221	11742	104.5
隆德县	Longde	57016	31414	3868	17292	0	4441	104.3
泾源县	Jingyuan	34528	6982	6117	14141	0	7288	104.1
彭阳县	Pengyang	132252	81308	7954	37811	0	5178	104.1
中卫市	**Zhongwei**	**545821**	**404554**	**3214**	**104643**	**12222**	**21187**	**104.2**
沙坡头区	Shapotou	239575	185144	967	36183	9334	7947	104.1
中宁县	Zhongning	184439	136046	1032	36830	2856	7675	104.3
海原县	Haiyuan	121807	83365	1214	31630	31	5566	104.0

15—4 各市县规模以上工业企业主要经济指标

Main Economic Indicators on Industrial Enterprises above Designated Size by City and County

单位:个、万元 (2017) (unit,10 000 yuan)

地 区	Region	企业单位数 Number of Enterprises	亏损企业 Loss-suffering Enterprises	资产总计 Total Assets	流动资产 Current Assets	固定资产 Fixed Assets
全区总计	**Total**	**1223**	**325**	**94955029**	**31221779**	**37272427**
银川市	**Yinchuan**	**461**	**123**	**35752467**	**12092633**	**16412782**
兴庆区	Xingqing	20	3	5259922	916508	3069784
西夏区	Xixia	77	27	7573389	2783921	3304827
金凤区	Jinfeng	41	8	2055023	928271	236331
永宁县	Yongning	73	10	2149379	1042244	742881
贺兰县	Helan	110	37	2259167	1181559	752659
灵武市	Lingwu	140	38	16455588	5240131	8306300
石嘴山市	**Shizuishan**	**221**	**83**	**9857704**	**4831101**	**3826988**
大武口区	Dawukou	48	16	2371404	1307757	674496
惠农区	Huinong	79	29	3730159	1851075	1302802
平罗县	Pingluo	94	38	3756140	1672269	1849690
吴忠市	**Wuzhong**	**357**	**72**	**13881640**	**4531313**	**6426221**
利通区	Litong	131	28	4285592	1403086	1536439
红寺堡区	Hongsipu	15	1	856103	189284	492298
盐池县	Yanchi	46	8	2725700	600946	1394790
同心县	Tongxin	54	4	2197108	967143	988281
青铜峡市	Qingtongxia	111	31	3817138	1370854	2014413
固原市	**Guyuan**	**50**	**10**	**1696689**	**388787**	**1160074**
原州区	Yuanzhou	26	4	799063	244188	490980
西吉县	Xiji	8	2	208421	43836	148139
隆德县	Longde	8	4	61549	19896	34388
泾源县	Jingyuan	3	0	32439	16125	10943
彭阳县	Pengyang	5	0	595217	64742	475625
中卫市	**Zhongwei**	**133**	**37**	**19560521**	**7080906**	**4426091**
沙坡头区	Shapotou	80	23	6118079	2071662	2709979
中宁县	Zhongning	48	14	12520402	4766915	1086926
海原县	Haiyuan	5	0	922040	242329	629187
其 他	Others	1	0	14206009	2297040	5020273

15—4 续表1 continued

单位:个、万元 (2017) (unit, 10 000 yuan)

地 区	Region	固定资产原值 Original Value of Fixed Assets	累计折旧 Accumulated Depreciation	流动负债 Liquid Liabilities	非流动负债合计 Total Non-current Liabilities	所有者权益 Owners' Equities
全区总计	**Total**	**54754121**	**18190815**	**41762834**	**21464765**	**29576778**
银川市	**Yinchuan**	**23212117**	**7879413**	**14362259**	**8728509**	**12369489**
兴庆区	Xingqing	5646896	2866199	2008143	1416324	1831976
西夏区	Xixia	4886882	1917000	2575197	1685258	3232283
金凤区	Jinfeng	477192	249329	676072	439976	901920
永宁县	Yongning	1211222	494341	1059960	185814	854376
贺兰县	Helan	929802	228781	1077391	282256	843921
灵武市	Lingwu	10060124	2123763	6965495	4718882	4705012
石嘴山市	**Shizuishan**	**5642426**	**2084271**	**5800630**	**1172983**	**2603106**
大武口区	Dawukou	1345542	531222	1121719	330666	847217
惠农区	Huinong	2420149	1103689	2311984	98277	1114673
平罗县	Pingluo	1876735	449361	2366927	744040	641215
吴忠市	**Wuzhong**	**9555791**	**2770690**	**5794967**	**3630519**	**4280573**
利通区	Litong	2294953	565685	1834667	974322	1423123
红寺堡区	Hongsipu	586558	95881	123353	357404	375346
盐池县	Yanchi	1586654	205047	893345	1073253	743609
同心县	Tongxin	1112306	102170	712999	585077	792456
青铜峡市	Qingtongxia	3975320	1801908	2230603	640463	946040
固原市	**Guyuan**	**1201055**	**194838**	**612333**	**509675**	**538374**
原州区	Yuanzhou	519759	53974	467087	80563	245398
西吉县	Xiji	180073	34692	54457	86195	41262
隆德县	Longde	47153	12164	17806	2608	37551
泾源县	Jingyuan	28364	13350	8290	819	23130
彭阳县	Pengyang	425706	80658	64694	339491	191032
中卫市	**Zhongwei**	**6238048**	**1490737**	**8985919**	**3324901**	**5884132**
沙坡头区	Shapotou	3296068	735177	2565669	1304327	2161177
中宁县	Zhongning	2236271	673501	6189898	1643233	3408606
海原县	Haiyuan	705709	82060	230352	377340	314348
其 他	Others	8904685	3770866	6206726	4098179	3901104

15—4　续表2　continued

单位:个、万元　　(2017)　　(unit,10 000 yuan)

地　区	Region	实收资本 Total Paid-up Capital	国家资本 National	主营业务收入 Revenue from Principal Business	主营业务成本 Cost of Principal Business	管理费用 Overhead Charges
全区总计	**Total**	**21564921**	**4404625**	**40671604**	**34075585**	**1669943**
银川市	**Yinchuan**	**8936848**	**2040037**	**19128912**	**16293037**	**588650**
兴庆区	Xingqing	746521	329957	4320191	3965496	48368
西夏区	Xixia	2481499	795692	4460594	3222060	163023
金凤区	Jinfeng	349320	40016	1154025	1027300	36715
永宁县	Yongning	314636	3980	1289572	1016234	93989
贺兰县	Helan	715467	25155	1059565	882789	61789
灵武市	Lingwu	4329405	845236	6844965	6179157	184767
石嘴山市	**Shizuishan**	**2072984**	**212254**	**6631916**	**6026505**	**225106**
大武口区	Dawukou	580817	160961	1044682	893324	83464
惠农区	Huinong	942452	50704	2881559	2700359	70486
平罗县	Pingluo	549715	589	2705674	2432823	71156
吴忠市	**Wuzhong**	**2763912**	**746518**	**6653544**	**5711338**	**160329**
利通区	Litong	774443	261502	2450902	2068512	69772
红寺堡区	Hongsipu	286226	16422	115405	68801	5912
盐池县	Yanchi	580652	106790	723342	551069	15284
同心县	Tongxin	389710	100941	598225	470621	11727
青铜峡市	Qingtongxia	732881	260863	2765671	2552334	57634
固原市	**Guyuan**	**363607**	**27429**	**459761**	**305001**	**22262**
原州区	Yuanzhou	168286	18266	189278	142859	7683
西吉县	Xiji	22535	1450	37102	25660	1202
隆德县	Longde	19583	0	22910	18632	1345
泾源县	Jingyuan	13863	7713	19377	14997	1502
彭阳县	Pengyang	139340	0	191094	102853	10530
中卫市	**Zhongwei**	**5316424**	**343926**	**4879664**	**4086366**	**139429**
沙坡头区	Shapotou	1389862	166698	2235468	1930691	82605
中宁县	Zhongning	3751062	71108	2487407	2047931	53618
海原县	Haiyuan	175500	106120	156789	107744	3206
其　他	Others	2111147	1034462	2917808	1653338	534168

15—4 续表3 continued

单位:个、万元 (2017) (unit, 10 000 yuan)

地 区	Region	利息支出 Interest Expenses	利润总额 Total Profits	亏损企业亏损总额 Losses Value of Loss-suffering Enterprises	本年应付职工薪酬 Employee Earnings Payable This Year	全部职工年平均人数(人) Annual Average Employed Persons(person)
全区总计	**Total**	**1341863**	**1460391**	**1292796**	**2679514**	**308243**
银川市	**Yinchuan**	**618914**	**373710**	**875232**	**816033**	**104382**
兴庆区	Xingqing	92406	173190	814	141162	16244
西夏区	Xixia	115178	286424	106604	186970	26780
金凤区	Jinfeng	12184	48540	8459	52013	7086
永宁县	Yongning	31633	88461	4414	80947	11618
贺兰县	Helan	23432	38661	17681	65929	12793
灵武市	Lingwu	344080	-261567	737259	289012	29861
石嘴山市	**Shizuishan**	**184989**	**-25892**	**225900**	**405477**	**63609**
大武口区	Dawukou	34932	-17862	83169	112238	15365
惠农区	Huinong	39642	16308	69056	161148	22711
平罗县	Pingluo	110416	-24337	73675	132092	25533
吴忠市	**Wuzhong**	**233261**	**315885**	**118566**	**315064**	**46619**
利通区	Litong	61156	123885	22887	110066	18765
红寺堡区	Hongsipu	13015	20076	51	5272	624
盐池县	Yanchi	41540	89089	1273	19045	4194
同心县	Tongxin	45264	67352	2430	14110	2967
青铜峡市	Qingtongxia	72285	15483	91925	166571	20069
固原市	**Guyuan**	**22868**	**77419**	**3669**	**65753**	**7092**
原州区	Yuanzhou	8373	25063	1897	14139	2488
西吉县	Xiji	3958	5651	179	2526	810
隆德县	Longde	267	-912	1593	1861	633
泾源县	Jingyuan	185	1704	0	2286	336
彭阳县	Pengyang	10085	45914	0	44940	2825
中卫市	**Zhongwei**	**192108**	**398508**	**69430**	**231864**	**34718**
沙坡头区	Shapotou	101695	106840	51638	102217	15531
中宁县	Zhongning	72783	268883	17792	127489	18973
海原县	Haiyuan	17631	22786	0	2158	214
其 他	Others	89723	320761	0	845324	51823

15—5 各市县固定资产投资

Investment in Fixed Assets in Urban Area by City and County

单位:万元　　　　（2017）　　　　（10 000 yuan）

地 区	Region	计划总投资 Total Planned Investment	本年新开工项目计划投资 Planned Investment of New Projects This Year	本年完成投资 Investment Completed This Year	住宅 Residential Buildings	本年新增固定资产 Newly Increased Fixed Assets This Year
全区总计	**Total**	**139075016**	**36089062**	**37251215**	**4080707**	**22056653**
银川市	**Yinchuan**	**60230539**	**13843442**	**15553976**	**2697421**	**9117842**
银川市辖区	District	32323125	7787732	8414902	2258891	5336855
兴庆区	Xingqing	16848219	4000925	3549632	948551	2248932
西夏区	Xixia	4615716	1143361	1548999	108003	1690338
金凤区	Jinfeng	10859190	2643446	3316271	1202337	1397585
永宁县	Yongning	3799846	892471	1133800	236073	396924
贺兰县	Helan	4134633	2243039	1767892	124880	1335208
灵武市	Lingwu	19972935	2920200	4237382	77577	2048855
石嘴山市	**Shizuishan**	**10729368**	**5543067**	**4245903**	**117851**	**2786264**
石嘴山市	District	7276059	3646385	2948782	66660	2081327
大武口区	Dawukou	4369628	1427341	1325571	26925	760046
惠农区	Huinong	2906431	2219044	1623211	39735	1321281
平罗县	Pingluo	3453309	1896682	1297121	51191	704937
吴忠市	**Wuzhong**	**18975458**	**6950585**	**6856304**	**333903**	**4146409**
利通区	Litong	7562322	2945048	2485447	114248	1424941
红寺堡区	Hongsipu	933439	623406	658282	4700	575387
盐池县	Yanchi	4680471	1071168	1707097	115879	761937
同心县	Tongxin	2275295	1576584	717949	59617	652477
青铜峡市	Qingtongxia	3523931	734379	1287529	39459	731667
固原市	**Guyuan**	**9454232**	**3495576**	**3795198**	**595166**	**2135028**
原州区	Yuanzhou	3898676	1042866	1609955	477083	624684
西吉县	Xiji	1445468	1010358	559594	42404	315438
隆德县	Longde	1517551	294766	576135	33924	561492
泾源县	Jingyuan	1083577	592406	478529	41755	304875
彭阳县	Pengyang	1508960	555180	570985	0	328539
中卫市	**Zhongwei**	**12225846**	**3328867**	**2624966**	**336366**	**1971792**
沙坡头区	Shapotou	4858205	1603641	1257884	241502	1101859
中宁县	Zhongning	6149932	1141928	860774	59077	520024
海原县	Haiyuan	1217709	583298	506308	35787	349909
不分地区	Not Classified by Region	27459573	2927525	4174868	0	1899318

15—5 续表1 continued

单位:个、万元 （2017） （unit, 10 000 yuan）

地 区	Region	本年施工房屋面积 Floor Space of Buildings Under Construction This Year	本年竣工房屋面积 Floor Space of Buildings Completed This Year	本年竣工房屋价值 Value of Buildings Completed This Year	施工项目个数 Number of Projects Under Construction	本年新开工 Started This Year	本年投产项目个数 Number of Project Put into Use This Year
全区总计	**Total**	**85735923**	**16542097**	**3347597**	**4771**	**3409**	**3408**
银 川 市	**Yinchuan**	**45697364**	**9166526**	**2368249**	**1554**	**1068**	**1043**
银川市辖区	District	36175193	7122913	2028735	631	350	383
兴 庆 区	Xingqing	17519312	3777995	1088374	231	124	108
西 夏 区	Xixia	1793839	623753	203275	209	98	121
金 凤 区	Jinfeng	16862042	2721165	737086	191	128	154
永 宁 县	Yongning	3944740	556871	69495	189	148	127
贺 兰 县	Helan	2564322	642844	120520	420	376	355
灵 武 市	Lingwu	3013109	843898	149499	314	194	178
石嘴山市	**Shizuishan**	**2957714**	**497150**	**106975**	**865**	**739**	**729**
石嘴山市	District	2212711	390641	82525	545	489	504
大武口区	Dawukou	1676998	101527	29291	264	229	240
惠 农 区	Huinong	535713	289114	53234	281	260	264
平 罗 县	Pingluo	745003	106509	24450	320	250	225
吴 忠 市	**Wuzhong**	**8537762**	**1065354**	**237034**	**927**	**609**	**663**
利 通 区	Litong	5264461	678361	149969	264	145	144
红寺堡区	Hongsipu	178894	54746	6438	139	104	108
盐 池 县	Yanchi	1056295	30113	4110	149	96	106
同 心 县	Tongxin	1277824	238938	60955	188	128	142
青铜峡市	Qingtongxia	760288	63196	15562	187	136	163
固 原 市	**Guyuan**	**5386660**	**1084504**	**231532**	**672**	**473**	**506**
原 州 区	Yuanzhou	3286035	471547	96328	142	86	73
西 吉 县	Xiji	431089	18180	1968	128	87	115
隆 德 县	Longde	1134767	378819	77624	135	72	102
泾 源 县	Jingyuan	319700	172455	44912	123	113	113
彭 阳 县	Pengyang	215069	43503	10700	144	115	103
中 卫 市	**Zhongwei**	**7586624**	**1736749**	**403807**	**620**	**433**	**371**
沙坡头区	Shapotou	4732087	1697469	400133	213	164	116
中 宁 县	Zhongning	2648786	37280	3174	151	78	70
海 原 县	Haiyuan	205751	2000	500	256	191	185
不分地区	Not Classified by Region	15569799	2991814	0	133	87	96

15—6 各市县社会消费品零售额

Total Retail Sales of Consumer Goods by City and County

单位:万元 (2017) (10 000 yuan)

地　区	Region	社会消费品零售额 Total Retail Sales of Consumer Goods	批发业 Wholesale Trade	零售业 Retail Trade	住宿业 Hotels	餐饮业 Catering Services
银川市	**Yinchuan**	**5623114**	**763853**	**4300816**	**51831**	**506615**
兴庆区	Xingqing	2727619	322746	2106512	26970	271392
西夏区	Xixia	267216	75304	158163	1506	32243
金凤区	Jinfeng	813479	150051	553341	17943	92144
永宁县	Yongning	202169	58510	122542	83	21034
贺兰县	Helan	1439340	122912	1246128	4332	65969
灵武市	Lingwu	173291	34330	114130	998	23834
石嘴山市	**Shizuishan**	**1112811**	**206442**	**655031**	**5791**	**245548**
大武口区	Dawukou	501507	59631	285527	3961	152389
惠农区	Huinong	351023	74129	219767	221	56907
平罗县	Pingluo	260281	72682	149737	1610	36252
吴忠市	**Wuzhong**	**1126905**	**263381**	**456118**	**8069**	**399336**
利通区	Litong	572604	120021	175233	4840	272510
红寺堡区	Hongsipu	61862	10024	43473	822	7543
盐池县	Yanchi	135635	79256	22072	0	34307
同心县	Tongxin	132231	31325	84393	602	15911
青铜峡市	Qingtongxia	224574	22756	130948	1805	69065
固原市	**Guyuan**	**710953**	**167085**	**291160**	**22701**	**230007**
原州区	Yuanzhou	351752	68732	145247	8355	129419
西吉县	Xiji	162752	23635	66185	5391	67540
隆德县	Longde	64689	35769	18542	925	9453
泾源县	Jingyuan	44367	18149	15348	4622	6248
彭阳县	Pengyang	87393	20800	45837	3408	17347
中卫市	**Zhongwei**	**730682**	**194901**	**436926**	**5629**	**93225**
沙坡头区	Shapotou	399884	72364	260639	4150	62731
中宁县	Zhongning	230164	75448	133541	955	20220
海原县	Haiyuan	100634	47089	42747	524	10274

15—7 各地市县地方公共财政收入

单位:万元 (2017)

地区	Region	1978	1980	1985	1995	2000
全区总计	**Total**	**30225**	**19389**	**28064**	**85740**	**197082**
区级	**Autonomous Regional Level**	**14502**	**10237**	**6228**	**37174**	**50592**
地市县级	**Prefecture Level**	**15723**	**9152**	**21836**	**48566**	**146490**
银川市	**Yinchuan**	**7267**	**3880**	**13172**	**26402**	**83064**
银川市辖区	District	5466	2396	10545	20868	24832
兴庆区	Xingqing					
西夏区	Xixia					
金凤区	Jinfeng					
永宁县	Yongning	401	410	604	1674	4299
贺兰县	Helan	375	365	614	1673	4218
灵武市	Lingwu	1025	709	1409	2187	6257
石嘴山市	**Shizuishan**	**4141**	**2125**	**4957**	**9555**	**29192**
石嘴山市	District	3141	1413	3651	723	8827
大武口区	Dawukou					
惠农区	Huinong					
平罗县	Pingluo	1000	712	1306	2360	6194
吴忠市	**Wuzhong**	**3398**	**2122**	**2897**	**8689**	**24610**
利通区	Litong	1598	783	1504	3230	5413
红寺堡区	Hongsipu					
盐池县	Yanchi	213	224	290	539	2549
同心县	Tongxin	241	198	139	697	1455
青铜峡市	Qingtongxia	1346	917	964	4052	11162
固原市	**Guyuan**	**1182**	**833**	**538**	**3208**	**7874**
原州区	Yuanzhou	602	479	308	1274	3017
西吉县	Xiji	245	156	102	380	1058
隆德县	Longde	123	106	6	603	1781
泾源县	Jingyuan	63	45	22	206	545
彭阳县	Pengyang			65	436	651
中卫市	**Zhongwei**	**1081**	**1109**	**1236**	**4764**	**12912**
沙坡头区	Shapotou	516	564	462	2892	7425
中宁县	Zhongning	375	374	774	1670	4487
海原县	Haiyuan	190	171		202	1000

注:1. 各县(区、市)合计数不等于大市数据,大市包含市本级数据;

2. 2015 年以前沙坡头区数据包含中卫市本级,2015 年起沙坡头区数据不包含中卫市本级。

Local Public Government Revenue by Prefecture, City and County

(10 000 yuan)

2005	2011	2012	2013	2014	2015	2016	2017
477216	**2199767**	**2639569**	**3083376**	**3398627**	**3734474**	**3876576**	**4175888**
130904	**546301**	**672106**	**801381**	**872639**	**1065445**	**1182353**	**1436962**
346312	**1653466**	**1967463**	**2281995**	**2525988**	**2669029**	**2694223**	**2738926**
181645	**966202**	**1131320**	**1345999**	**1535998**	**1709831**	**1731960**	**1774561**
44311	206395	244566	277306	317148	357466	381232	367239
	70212	81749	100352	115067	129600	140966	132216
	18673	22634	26567	30910	35105	41365	56687
	26386	33275	39587	46830	53105	58502	64166
8129	75064	91101	108862	125520	144588	132821	126633
7325	93361	112730	130241	145449	156220	150809	110566
11452	141809	137703	157766	181635	186642	234335	303082
72900	**263831**	**297937**	**309948**	**291020**	**267490**	**247391**	**230627**
14796	51939	63516	66344	62683	57155	54433	45682
	35867	44479	47605	42101	34682	31857	27620
	16072	19037	18739	20582	22473	22576	18062
21036	68241	76568	85731	92585	86162	80185	80414
50177	**219148**	**287426**	**324749**	**351384**	**319659**	**325587**	**326885**
8978	19041	27847	33429	29601	32596	34516	28389
1850	8388	10907	14630	17518	16051	17310	20431
4971	36470	57956	69581	85230	75713	77184	71860
3423	12230	17014	21061	20246	22254	21550	23490
20856	68681	79102	92263	104150	69944	74827	79451
14024	**79788**	**103345**	**130567**	**152950**	**159094**	**157827**	**166805**
2220	14967	20169	23298	25037	25071	25070	24192
1803	8460	9505	11420	13604	16675	15213	16817
1204	4636	6378	9637	11479	13500	12834	10306
1080	3531	4597	6422	10138	12613	13637	15077
1319	16519	20269	25436	29296	22100	21866	24018
27566	**124497**	**147435**	**170732**	**194636**	**212955**	**231458**	**240048**
15572	63333	73434	82080	6	8	14	27670
10395	54660	65420	76091	86143	94129	101718	111488
1599	6504	8581	12561	15819	17412	20106	22066

a)The total data of all cities and counties is not equal to the data of big city, and the data of big city induding city level data.

b)The data of Shapotou area does not contain the level of Zhongwei city since 2015.

15—8 各地市县地方公共财政支出

单位:万元

地 区	Region	1978	1980	1985	1995	2000
全区总计	**Total**	**57485**	**57163**	**97811**	**229963**	**608020**
区 级	**Autonomous Regional Level**	**30989**	**29029**	**48071**	**92232**	**266998**
地市县级	**Prefecture Level**	**26496**	**28134**	**49740**	**137731**	**341022**
银 川 市	**Yinchuan**	**6794**	**6669**	**12224**	**42953**	**110739**
银川市辖区	District	3915	3411	6974	28798	29658
兴 庆 区	Xingqing					
西 夏 区	Xixia					
金 凤 区	Jinfeng					
永 宁 县	Yongning	935	898	1454	4190	7910
贺 兰 县	Helan	1073	1300	1587	4077	7818
灵 武 市	Lingwu	871	1060	2209	5888	15498
石嘴山市	**Shizuishan**	**3861**	**3561**	**6233**	**23364**	**50874**
石嘴山市	District	2513	2212	4089	3714	18783
大武口区	Dawukou					
惠 农 区	Huinong					
平 罗 县	Pingluo	1348	1349	2144	6982	11589
吴 忠 市	**Wuzhong**	**4964**	**5830**	**10138**	**27021**	**61721**
利 通 区	Litong	1724	1652	3260	8234	12046
红寺堡区	Hongsipu					
盐 池 县	Yanchi	1100	1467	2578	3922	12561
同 心 县	Tongxin	1042	1675	2389	5353	14519
青铜峡市	Qingtongxia	1098	1036	1911	7522	15805
固 原 市	**Guyuan**	**7032**	**7565**	**13578**	**26417**	**77143**
原 州 区	Yuanzhou	2747	3210	3927	6955	19851
西 吉 县	Xiji	1471	1959	3191	6129	16873
隆 德 县	Longde	972	1042	1659	4166	12249
泾 源 县	Jingyuan	468	545	1228	1997	7181
彭 阳 县	Pengyang			2025	3394	12605
中 卫 市	**Zhongwei**	**3845**	**4509**	**7567**	**17976**	**40545**
沙坡头区	Shapotou	1624	1742	2908	7878	15896
中 宁 县	Zhongning	1074	1054	1736	5170	9608
海 原 县	Haiyuan	1147	1713	2923	4928	15041

注:1. 各县(区、市)合计数不等于大市数据,大市包含市本级数据。

2. 2015 年以前沙坡头区数据包含中卫市本级,2015 年起沙坡头区数据不包含中卫市本级。

Local Public Government Expenditure by Prefecture, City and County

(10 000 yuan)

2005	2011	2012	2013	2014	2015	2016	2017
1602509	**7059096**	**8643616**	**9224819**	**10004526**	**11384858**	**12545380**	**13727841**
718290	**2000263**	**2231298**	**2188943**	**2409918**	**3112664**	**3066278**	**3579426**
884219	**5058833**	**6412318**	**7035876**	**7594608**	**8272194**	**9479102**	**10148415**
353762	**1472546**	**1867446**	**2205311**	**2639036**	**2878980**	**3310717**	**3418283**
152513	365452	438868	467468	549048	606096	714366	755055
	136417	151863	180970	216748	217824	241068	299492
	62863	82435	82454	95396	97518	143515	174261
	63075	79441	86731	110626	148964	183511	164635
21859	180797	206078	243312	278827	314378	300914	297528
21387	163715	225419	248186	272002	271869	322582	328433
33666	253272	342965	393173	452049	434581	525174	602329
149331	**648406**	**777175**	**831682**	**791844**	**793531**	**882217**	**901063**
40298	148990	190568	208903	194426	187021	208437	199775
	72687	90449	106418	95946	87073	98097	94596
	76303	100119	102485	98480	99948	110340	105179
46954	202261	227146	253365	273453	285316	302472	323572
84708	**1081638**	**1399324**	**1398375**	**1447684**	**1568074**	**1766106**	**2002162**
25671	74942	102394	93356	93616	113444	135629	140141
10906	115570	142014	151210	155705	174971	220625	281471
26806	175361	209240	239415	262616	284015	329841	366215
34122	229261	300557	308046	315483	361316	436715	528471
40048	218102	259627	222046	232467	247527	274418	290756
185472	**1081060**	**1359933**	**1494503**	**1654252**	**1835195**	**2090434**	**2259975**
43043	186667	227775	269458	264392	309841	350140	383724
38614	258553	316371	339132	355083	386036	448286	512188
24900	142897	171967	192861	195738	216547	254826	288891
16357	102210	117061	141378	148593	149616	191508	202097
26098	168121	213969	244376	282891	275921	303766	362727
110946	**775183**	**1008440**	**1106005**	**1061792**	**1196414**	**1429628**	**1566932**
46362	302723	394290	445093	48944	62723	92030	116558
30941	237504	312803	306257	287355	319633	377858	449771
33643	234956	301347	354655	373434	409121	457150	519224

a) The total data of all cities and counties is not equal to the data of big city, and the data of big city induding city level data.

b) The data of Shapotou area does not contain the level of Zhongwei city since 2015.

15—9 主要年份各市县农村居民人均可支配收入

单位:元,%

地 区	Region	2011		2012		2013	
		收入水平 Income	比上年增长 Growth	收入水平 Income	比上年增长 Growth	收入水平 Income	比上年增长 Growth
全 区	**Total**	**5931**	**15.7**	**6776**	**14.2**	**7599**	**12.1**
沿黄地区	**Plain**	**7149**	**14.9**	**8143**	**13.9**	**9104**	**11.8**
中南部地区	**Mountain Area**	**4193**	**16.1**	**4856**	**15.8**	**5550**	**14.3**
银 川 市	**Yinchuan**	**7309**	**14.8**	**8341**	**14.1**	**9341**	**12.0**
兴 庆 区	Xingqing	8425	14.4	9538	13.2	10663	11.8
西 夏 区	Xixia	5787	16.4	6678	15.4	7827	17.2
金 凤 区	Jinfeng	6535	14.8	7450	14.0	8359	12.2
永 宁 县	Yongning	7195	15.2	8225	14.3	9223	12.1
贺 兰 县	Helan	7591	15.3	8692	14.5	9694	11.5
灵 武 市	Lingwu	7649	15.0	8707	13.8	9752	12.0
石嘴山市	**Shizuishan**	**7248**	**15.1**	**8279**	**14.2**	**9278**	**12.1**
大武口区	Dawukou	6354	14.8	7252	14.1	8124	12.0
惠 农 区	Huinong	7298	15.0	8321	14.0	9325	12.1
平 罗 县	Pingluo	7420	15.4	8486	14.4	9530	12.3
吴 忠 市	**Wuzhong**	**5921**	**14.9**	**6767**	**14.3**	**7605**	**12.4**
利通区	Litong	7741	14.9	8770	13.3	9823	12.0
红寺堡区	Hongsipu	3956	14.9	4533	14.6	5211	14.9
盐 池 县	Yanchi	4668	13.1	5392	15.5	6211	15.2
同 心 县	Tongxin	4159	15.2	4783	15.0	5457	14.1
青铜峡市	Qingtongxia	7466	15.5	8542	14.4	9457	10.7
固 原 市	**Guyuan**	**4297**	**16.3**	**4984**	**16.0**	**5695**	**14.3**
原 州 区	Yuanzhou	4501	16.7	5214	15.8	5944	14.0
西 吉 县	Xiji	4195	16.1	4866	16.0	5539	13.8
隆 德 县	Longde	4174	16.0	4834	15.8	5535	14.5
泾 源 县	Jingyuan	3861	16.1	4529	17.3	5176	14.3
彭 阳 县	Pengyang	4363	16.6	5050	15.7	5807	15.0
中卫市	**Zhongwei**	**5260**	**16.6**	**6021**	**14.5**	**6681**	**11.0**
沙坡头区	Shapotou	6499	15.5	7353	13.1	8146	10.8
中 宁 县	Zhongning	6243	14.9	7148	14.5	7945	11.1
海 原 县	Haiyuan	3852	16.6	4488	16.5	5139	14.5

注:根据2013年城乡一体化住户调查新口径测算方法,按照年度间收入增幅不变的原则,对2010–2015年的农民人均纯收入统一调整为农民人均可支配收入。

Per Capita Annual Disposable Income of Rural Households by City and County in Main Years

(yuan,%)

2014		2015		2016		2017	
收入水平 Income	比上年增长 Growth	收入水平 Income	比上年增长 Growth	收入水平 Income	比上年增长 Growth	收入水平 Income	比上年增长 Growth
8410	**10.7**	**9119**	**8.4**	**9852**	**8.0**	**10738**	**9.0**
10023	**10.1**	**10821**	**8.0**	**11661**	**7.8**	**12661**	**8.6**
6227	**12.2**	**6818**	**9.5**	**7505**	**10.1**	**8347**	**11.2**
10275	**10.0**	**11148**	**8.5**	**12037**	**8.0**	**13087**	**8.7**
11677	9.5	12625	8.1	13600	7.7	14788	8.7
8618	10.1	9334	8.3	10112	8.3	10975	8.5
9187	9.9	9941	8.2	10746	8.1	11629	8.2
10130	9.8	10995	8.5	11865	7.9	12855	8.3
10667	10.0	11628	9.0	12560	8.0	13668	8.8
10756	10.3	11650	8.3	12546	7.7	13659	8.9
10215	**10.1**	**10995**	**7.6**	**11829**	**7.6**	**12880**	**8.9**
8896	9.5	9563	7.5	10261	7.3	11185	9.0
10269	10.1	11074	7.8	11850	7.0	12857	8.5
10502	10.2	11300	7.6	12196	7.9	13276	8.9
8442	**11.0**	**9150**	**8.4**	**9938**	**8.6**	**10912**	**9.8**
10787	9.8	11589	7.4	12576	8.5	13675	8.7
5837	12.0	6408	9.8	7081	10.5	7896	11.5
6975	12.3	7674	10.0	8532	11.2	9549	11.9
6123	12.2	6711	9.6	7388	10.1	8216	11.2
10435	10.3	11200	7.3	12040	7.5	13135	9.1
6395	**12.3**	**7002**	**9.5**	**7714**	**10.2**	**8579**	**11.2**
6693	12.6	7296	9.0	8070	10.6	8961	11.0
6222	12.3	6857	10.2	7566	10.3	8401	11.0
6199	12.0	6769	9.2	7462	10.2	8305	11.3
5805	12.1	6375	9.8	7032	10.3	7842	11.5
6530	12.4	7158	9.6	7861	9.8	8790	11.8
7403	**10.8**	**8002**	**8.1**	**8626**	**7.8**	**9365**	**8.6**
8971	10.1	9669	7.8	10375	7.3	11249	8.4
8819	11.0	9580	8.6	10356	8.1	11245	8.6
5765	12.2	6258	8.5	6872	9.8	7658	11.4

a) Pursuant to 2013 urban-rural integration resident survey new method,we follow the priciple of constant yearly income growth rate to uniformly adjust the 2010-2015 farmers ' per capita net income as farmers ' per capita disposable income.

15—10 各市县城镇居民人均可支配收入

Per Capita Annual Disposable Income of Urban Households by City and County

单位:元 (yuan)

市县	Region	2014 收入水平 Income	2014 比上年增长 Growth	2015 收入水平 Income	2015 比上年增长 Growth	2016 收入水平 Income	2016 比上年增长 Growth	2017 收入水平 Income	2017 比上年增长 Growth
全区	**Total**	**23285**	**8.4**	**25186**	**8.2**	**27153**	**7.8**	**29472**	**8.5**
沿黄地区	**Plain**	**24160**	**8.4**	**26154**	**8.3**	**28172**	**7.7**	**30540**	**8.4**
中南部地区	**Mountain Area**	**18449**	**8.5**	**19920**	**8.0**	**21534**	**8.1**	**23383**	**8.6**
银川市	**Yinchuan**	**26118**	**9.1**	**28261**	**8.2**	**30478**	**7.8**	**32981**	**8.2**
兴庆区	Xingqing	28246	9.3	30514	8.0	32781	7.4	35452	8.1
西夏区	Xixia	21347	9.1	23125	8.3	24976	8.0	26985	8.0
金凤区	Jinfeng	27957	9.5	30361	8.6	32734	7.8	35560	8.6
永宁县	Yongning	23017	8.7	25091	9.0	26948	7.4	29211	8.4
贺兰县	Helan	22791	9.0	24548	7.7	26468	7.8	28641	8.2
灵武市	Lingwu	24310	8.5	26255	8.0	28329	7.9	30624	8.1
石嘴山市	**Shizuishan**	**22380**	**8.1**	**24168**	**8.0**	**25970**	**7.5**	**28186**	**8.5**
大武口区	Dawukou	24671	8.5	26768	8.5	28855	7.8	31365	8.7
惠农区	Huinong	19914	8.0	21495	7.9	23110	7.5	25056	8.4
平罗县	Pingluo	19736	7.8	21216	7.5	22738	7.2	24606	8.2
吴忠市	**Wuzhong**	**19853**	**8.5**	**21553**	**8.6**	**23351**	**8.3**	**25364**	**8.6**
利通区	Litong	21710	8.8	23582	8.6	25303	7.3	27387	8.2
红寺堡区	Hongsipu	16489	8.3	17875	8.4	19412	8.6	21195	9.2
盐池县	Yanchi	19157	8.5	20919	9.2	22673	8.4	24677	8.8
同心县	Tongxin	17131	8.6	18758	9.5	20277	8.1	22101	9.0
青铜峡市	Qingtongxia	20292	8.4	22003	8.4	23633	7.4	25547	8.1
固原市	**Guyuan**	**19677**	**8.8**	**21144**	**7.5**	**22717**	**7.4**	**24628**	**8.4**
原州区	Yuanzhou	20680	8.8	22463	8.6	24154	7.5	26258	8.7
西吉县	Xiji	18601	8.7	19965	7.3	21411	7.2	23210	8.5
隆德县	Longde	17441	9.2	18632	6.8	20047	7.6	21732	8.4
泾源县	Jingyuan	18565	9.0	19735	6.3	21158	7.2	22918	8.3
彭阳县	Pengyang	18591	8.5	20049	7.8	21612	7.8	23345	8.0
中卫市	**Zhongwei**	**19931**	**8.2**	**21604**	**8.4**	**23277**	**7.7**	**25344**	**8.9**
沙坡头区	Shapotou	20920	8.4	22703	8.5	24339	7.2	26488	8.8
中宁县	Zhongning	19831	7.8	21481	8.3	23141	7.7	25293	9.3
海原县	Haiyuan	17570	8.3	19046	8.4	20592	8.1	22346	8.5

注:2013年国家统计局实施了城乡一体化住户调查改革,此表数据是改革后新口径数据。

The NBS implemented integrated household income and expenditure survey reform in 2013,The data shown in this table is of new scope that is different from this before 2013.

附记

Apprndix

2017年大事记

一月份

1月18日，银川市统计局机关党委组织党员参观“宁夏精神暨两学一做”主题展活动。

是日，银川市统计局开展春节前走访问慰问活动。

是日，银川市统计局组织相关人员慰问残疾人。

是日，银川市统计局召开2016年统计业务总结会。

二月份

2月6日，银川市统计局综合科荣获“百佳效能科室”、宁管记荣获“百优服务标兵”称号。

2月7日，银川市统计局召开局党组中心组第一次集中(扩大)学习会。

2月13日，银川市统计局传达学习银川市委十四届三次全会、市纪委十四届二次全会、全市经济工作部署会、“建设之春”推进会、自治区统计局中心组学习会等会议精神。

2月10–14日，银川市农普办督查组对全市第三次全国农业普查工作进展情况进行督查。

2月23–24日，银川市统计局召开银川市规模以上工业企业统计业务培训会议。

2月27日，银川市统计局局长孙志强主持召开会议，通报赴杭州统计局的学习情况。

2月28日，银川市统计局荣获自治区实施妇女儿童发展规划先进集体称号。

三月份

3月16日，银川市统计局召开2017年机关党建暨党风廉政建设工作会议。

3月17日，银川市统计局举办2017年全市基本单位统计暨“一套表”调查单位审核确认工作业务培训会。

3月22日，银川市统计局局长孙志强带领相关处室负责人，赴灵武市郝家桥镇新民村开展下基层送政策活动。

是日，银川市统计局党组书记、局长孙志强捐助1000元救助金，慰问新民村困难户。

3月20–23日，银川市统计局联合银川市商务局对28家汽车4S店开展了专项统计执法检查。

3月28日，银川市统计局对全市贸易企业开展统计业务培训。

3月31日，银川市第三次农业普查正式登记工作全面完成。

四月份

4月1日，中共银川市委决定，高卫东任银川市统计局党组成员、副局长。

4月2日，银川市统计局在2016年度市直部门效能考评中被评为优秀等次，并被评为“保障项目先进单位”。

4月10日，银川市统计局党组书记、局长孙志强主持召开统计业务工作推进会。

4月11日，银川市统计局举办全市建设领域统计改革培训会。

4月14日，银川市统计局召开全局干部大会，安排部署“守纪律 敢担当 有作为”作风建设活动。

4月15日，银川市统计局参与“治安防范常识暨国家安全教育宣传日”活动，向市民发放《统计法》宣传资料。

4月22–25日，国务院农普办事后质量抽查组组长周献华率队对银川市贺兰县“三农普”事后质量进行抽查。

五月份

5月2日–19日，银川市统计局在国家统计局统计干部培训基地（成都信息工程大学）对全市统计系统干部分批次开展为期7天业务培训。

5月16日，银川市统计局党组书记、局长孙志强主持召开会议，传达学习市委常委（扩大）会议精神。

5月18日，银川市统计局组织开展“你的心愿我来点亮 圆梦微心愿”第二十七个“全国助残日”活动。

5月24日，银川市统计局对两家商贸企业统计违法行为进行查处，罚款1.3万元。

六月份

6月8日，银川市统计局组织全体党员学习习近平总书记关于推进“两学一做”学习教育常态化制度化的重要指示精神以及国家统计局、中共银川市委关于推进“两学一做”学习教育常态化制度化的相关要求。

是日，银川市统计局举办“两学一做”暨统计法规统计基础知识闭卷考试。

6月15日，银川市统计局党组书记、局长孙志强主持召开会议，再次传达学习自治区第十二次党代会精神。

七月份

7月1日，银川市统计局被自治区精神文明委员会确定为2017—2020年度自治区级文明单位。这是银川市统计局第二次被评为自治区级文明单位。

是日，银川市统计局召开纪念中国共产党成立96周年暨优秀党员表彰大会。

7月18日，银川市统计局机关党委组织全体党员、干部职工到银川市党史馆、档案馆参观。

7月19–20日，银川市统计局对永宁县、西夏区限额以下抽样调查样本单位进行执法检查。

7月24日，银川市统计局在“八一建军节”前夕慰问武警宁夏总队银川支队驻银川行政中心警卫连。

7月31日，银川市统计局召开干部警示教育大会。

八月份

8月4日上午，银川市统计局组织全体党员，参加银川市“共产党员献爱心”捐款活动。

8月10日，银川市统计局前往灵武市郝家桥镇新民村开展扶贫帮困活动。

8月11日，银川市统计局党组中心组召开8月份集中理论学习会。

8月15–16日，银川市统计局统计执法检查组对金凤区良田镇、银川林场、贺兰县洪广镇和宁夏暖泉农场等4家单位进行农业统计数据质量执法检查。

8月22日，银川市统计局组织全体党员干部到银川市检察院参观《预防职务犯罪警示教育》展览。

九月份

9月1日，银川市统计局干部陈铁华撰写的《银川市三新统计方法制度研究》受邀参加第十九次全国统计科学讨论会。

9月5–7日，银川市统计局组织开展银川市文明城市问卷调查测评工作。

9月14日，银川市统计局举办全市限额以上商贸企业统计业务培训班。

9月18日，银川市统计局组织2017年全市全面建成小康社会统计监测培训。

9月26–27日，银川市统计局对全市固定资产投资、建筑业和房地产开发企业统计人员进行业务培训。

9月29日，银川市统计局邀请宁夏社会安全消防知识宣传教育中心消防安全教官为全体干部职工讲解消防安全知识。

9月28日，银川市统计局对全市规模以上工业企业进行统计业务知识培训。

十月份

10月13日，银川市统计局采购安装了12套Window7专业版操作系统，银川市统计局再用计算机操作系统实现正版化。

10月17日，银川市统计局在全国第4个“扶贫日”前往灵武市郝家桥镇新民村开展扶贫帮困活动。

十一月份

11月13日，银川市统计局召开全市基本单位名录库暨“一套表”调查单位审核确认工作培训会议。

11月20日，银川市统计局党组召开中心组理论学习会，集中学习党的十九大报告、《中国共产党章程》。

11月23日，银川市统计局召开全市统计系统学习贯彻党的十九大精神主题宣讲报告会。

十二月份

12月5日，银川市统计局党组召开专题会议，专题安排“学、查、改”干部作风整治活动。

12月6日，银川市统计局召开“学习十九大精神，开展‘学、查、改’干部作风整治活动”动员会。

12月7日，全新改版的银川市统计局门户网站正式上线运行。

12月8日，组织全局干部职参加《统计法》和《统计法实施条例》考试。

12月14日，国家统计局统计执法监督局巡视员陈博东一行18人对银川市及相关县(市)区进行统计执法检查。自治区统计局副局长周万佩、市委常委、常务副市长杨有贤参加会议。

12月15日，银川市统计局“学、查、改”领导小组办公室召开会议，对第一阶段学习教育活动进行细化部署安排。

12月20日，银川市统计局组织召开城市商业综合体统计专项调查专题会议。

12月21日，银川市统计局党组书记、局长孙志强主持召开干部会议，传达学习国家统计局统计执法监督局巡视员陈博东同志在贺兰县、灵武市讲话精神。局班子成员以及各科室负责人参加会议。

12月28日，新改版的银川市统计局内部信息网站正式上线运行。

中国统计出版社最新图书简目

（仅供参考,以实际出版为准）

统计资料

中国统计年鉴　中国统计摘要　中国第三产业统计年鉴
中国第三次全国农业普查综合资料　国际统计年鉴　金砖国家联合统计手册
中国-东盟国家统计手册　中国农村统计年鉴　中国县域统计年鉴
中国农产品价格调查年鉴　中国城市统计年鉴　中国价格统计年鉴
中国贸易外经统计年鉴　中国零售和餐饮连锁企业统计年鉴　中国商品交易市场 统计年鉴
大中型批发零售和住宿餐饮企业统计年鉴　中国住户调查年鉴　中国工业统计年鉴
中国环境统计年鉴　中国能源统计年鉴　中国建筑业统计年鉴
中国房地产统计年鉴　中国固定资产投资统计年鉴　中国对外直接投资统计公报
中国人口和就业统计年鉴　中国劳动统计年鉴　中国社会统计年鉴
中国科技统计年鉴　中国高技术产业统计年鉴　全国企业创新调查年鉴
中国文化及相关产业统计年鉴　2018年时间利用调查资料　中国妇女儿童状况统计资料
中国基本单位统计年鉴　中国教育统计年鉴　中国教育经费统计年鉴
中国民族统计年鉴　中国残疾人事业统计年鉴

省级综合统计年鉴系列

北京　天津　河北　山西　内蒙古　辽宁　吉林　黑龙江　上海　江苏　浙江　安徽　福建　江西　山东　河南　湖北
湖南　广东　广西　海南　重庆　四川　贵州　云南　西藏　陕西　甘肃　青海　宁夏　新疆　新疆生产建设兵团

市(县)级综合统计年鉴系列

滨海新区　石家庄　唐山　邯郸　保定　沧州　邢台　廊坊　承德　衡水　秦皇岛　张家口　太原　大同　阳泉
长治　晋城　朔州　晋中　运城　忻州　临汾　吕梁　呼和浩特　呼和浩特新城区　鄂尔多斯　包头　沈阳　大连
长春　吉林　延吉　四平　通化　松原　哈尔滨　齐齐哈尔　黑龙江垦区　上海浦东新区　南京　无锡　徐州　常州
苏州　南通　连云港　淮安　盐城　扬州　镇江　泰州　宿迁　江阴　丹阳　海门　杭州　宁波　温州　嘉兴　湖州
绍兴　金华　衢州　舟山　台州　丽水　合肥　安庆　马鞍山　福州　厦门　宁德　漳州　龙岩　南昌　九江　上饶
新余　抚州　萍乡　赣州　吉安　景德镇　济南　青岛　潍坊　枣庄　日照　滕州　郑州　洛阳　平顶山　三门峡
商丘　信阳　济源　汝州　武汉　十堰　荆州　宜昌　荆门　咸宁　长沙　广州　深圳　惠州　东莞　汕尾　南宁
柳州　桂林　梧州　来宾　河池　防城港　海口　三亚　成都　贵阳　黔南　毕节　昆明　西安　咸阳　延安　宝鸡
安康　铜川　汉中　榆林　兰州　庆阳　银川　乌鲁木齐　兵团一师　兵团十师

调查年鉴系列

天津　内蒙古　上海　浙江　福建　河南湖北　湖南　广东　广西　重庆　四川云南　甘肃　宁夏

统计方法应用/实用手册

实用SAS统计分析教程　Python数据分析基础　统计公文知识问答　领导干部统计知识问答
乡镇统计人员岗位知识培训系列教材:辅助调查员岗位基础知识　乡镇统计人员岗位基础知识
县级统计人员岗位知识培训系列教材:Excel在统计工作中的应用　简明统计分析
地市级统计人员岗位知识培训系列教材:统计报告与演示 中国国民经济核算体系(2016)基础知识
全国统计专业技术资格考试系列考试用书: 统计业务知识(第四版)　统计业务知识学习指导与习题
全国统计专业技术资格考试系列考试用书: 统计相关知识(第四版)　统计相关知识学习指导与习题

统计通俗读物/统计科普图书

我国20个统计指标的历史变迁　联合国工业发展组织:2016年工业发展报告
中国古代统计发展史　理解国民账户

重点图书

波澜壮阔四十年　砥砺奋进铸就辉煌——改革开放40年与时俱进的中国统计
新编英汉汉英统计大词典　中国国民经济核算体系2016　国民经济行业分类注释
挑大学选专业2019—考研择校指南　挑大学选专业2019—高考志愿填报指南　中华医学统计百科全书

中国统计出版社发行部电话:(010)63376907 63376908 同楬行书店电话:68783171 68783172
地址:北京市丰台区西三环南路甲6号 邮政编码:100073 网址:http://www.zgtjcbs.com